Individuelle Lernunterstützung in Schülerarbeitsphasen

Waxmann Verlag GmbH
Steinfurter Straße 555, 48159 Münster
info@waxmann.com

Empirische Erziehungswissenschaft

herausgegeben von

Rolf Becker, Sigrid Blömeke, Wilfried Bos,
Hartmut Ditton, Cornelia Gräsel, Eckhard Klieme,
Rainer Lehmann, Thomas Rauschenbach,
Hans-Günther Roßbach, Knut Schwippert,
Christian Tarnai, Rudolf Tippelt,
Rainer Watermann, Horst Weishaupt,
Jürgen Zinnecker

Band 15

Waxmann 2009
Münster / New York / München / Berlin

Kathrin Krammer

Individuelle Lernunterstützung in Schülerarbeitsphasen

Eine videobasierte Analyse des Unterstützungsverhaltens
von Lehrpersonen im Mathematikunterricht

Waxmann 2009
Münster / New York / München / Berlin

Bibliografische Informationen der Deutschen Nationalbibliothek
Die Deutsche Nationalbibliothek verzeichnet diese Publikation in
der Deutschen Nationalbibliografie; detaillierte bibliografische
Daten sind im Internet über http://dnb.d-nb.de abrufbar.

Die vorliegende Arbeit wurde von der Philosophischen Fakultät
der Universität Zürich im Herbstsemester 2008 auf Antrag
von Prof. Dr. Kurt Reusser und Prof. Dr. Manfred Prenzel
als Dissertation angenommen.

Empirische Erziehungswissenschaft, Band 15
ISSN 1862-2127
ISBN 978-3-8309-2156-1

© Waxmann Verlag GmbH, 2009
Postfach 8603, 48046 Münster

www.waxmann.com
info@waxmann.com

Umschlaggestaltung: Pleßmann Kommunikationsdesign, Ascheberg
Satz: Stoddart Satz- und Layoutservice, Münster
Druck: Hubert & Co., Göttingen
Gedruckt auf alterungsbeständigem Papier, DIN 6738

Abstract

The dissertation arose in the framework of the TIMSS 1999 video study and the in-depth study building on this in Switzerland. In total, 156 mathematics lessons in the 8th school year from three language regions and different school types were filmed. The overriding goal of the study was to develop a representative view of teaching in Switzerland.

The theme of the dissertation is teachers' assistance of individual students in the seatwork phases. The seatwork phases took up almost half of the instruction time in the Swiss lessons of the TIMSS 1999 video study but have been barely examined. The dissertation focuses on the support behaviour of the teachers during the seatwork phases as a form of adaptation in teaching. The scientific objective of the work is to illustrate the significance of individual support as a component of the interaction behaviour as well as to describe teachers' individual support behaviour in seatwork phases for the first time in a representative sample of this size.

In the theoretical part of the work, the meaning of adaptive teaching, of the seatwork phases and of teachers' assistance of individual students' work will be demonstrated and substantiated. Based on the findings of teaching and learning research, the adaptivity of teachers' support to the learning process, the understanding orientation, as well as the cognitive activation and the active participation of the learners can be summarised as key features of effective teacher assistance with regard to students' learning.

The video-based analysis of teacher assistance during seatwork phases in the empirical part of this work ensues by means of a category system developed according to theory and data, and enables statements to be made about the scope, content and quality of support. With regard to the quality of support, the question is addressed of whether the assistance stimulates the learners to carry out further independent thought steps. The data base of this investigation, which has an exploratory character, is presented by two overlapping samples. First, teacher assistance is analysed in the representative sample of 130 Swiss lessons with seatwork phases from the TIMSS 1999 video study. Second, the subsample from German-speaking Switzerland is supplemented with lessons from teachers who, by their own account, practise a more open instruction, in which they apply "extended teaching and learning forms". This second sample, encompassing a total of 76 lessons, is not representative, but instead enables a comparison of the forms of support in lessons with different instructional styles. Following the description of the forms of teacher assistance in the seatwork phases, the distribution of the features of assistance measured will be related to the function of the seatwork phase and to the perception of the support behaviour by the learners as well as to their performance and interest.

The results show that on average, the teachers use just over half of the duration of the seatwork phases for teacher assistance and mostly refer to mathematics-related aspects. Just under half of this mathematics-related support time is cognitively activating in the sense that the learners are stimulated to carry out their own further thought steps. The quality of the support proves to be dependent on the function and the social form of the seatwork phases: In phases in which the learners are working on demanding exercises and have the opportunity for cooperation, the proportion of cognitively activating support is higher. Moreover, the analysis of the subsample from German-speaking Switzerland indicates that the proportion of cognitively activating support in lessons with a more open instructional style is higher than in lessons with a traditional instructional style.

With regard to the students' perception of the support behaviour, it is apparent that the evaluation in classes of the school type with basic requirements as well as in classes with a more open instructional style is higher than in classes with extended and high requirements and with a traditional instructional style. In the more open instructional style, a positive association between the cognitively activating support and the students' perception of the quality of support can be detected. Overall, however, only few associations are apparent between the support features measured in the video analysis and the perception of the support quality as well as with performance and interest of the learners.

On the basis of the results, conclusions will be drawn for further research questions and the methods of video-based interaction analysis as well as for building up effective support behaviour in teacher education. In particular, the analysis of teacher-student interactions in teacher education with a focus on the thought and understanding processes of the learner can be attributed with a high potential for fostering the diagnosis and support competence of teachers.

Zusammenfassung

Die vorliegende Arbeit entstand im Rahmen der TIMSS 1999 Videostudie und der darauf aufbauenden Vertiefungsstudie in der Schweiz. Insgesamt wurden dazu 156 Mathematiklektionen des 8. Schuljahres aus allen drei Sprachregionen und unterschiedlichen Schultypen gefilmt. Übergreifendes Ziel der Studie war es, eine repräsentative Sicht auf den Unterricht in der Schweiz zu erarbeiten.

Thema der Dissertation ist die Lernunterstützung in den noch kaum untersuchten Phasen der Schülerarbeit, diese nehmen in den Schweizer Lektionen der TIMSS 1999 Videostudie beinahe die Hälfte der Unterrichtszeit ein. Die Dissertation fokussiert auf das Unterstützungsverhalten der Lehrpersonen während den Schülerarbeitsphasen als eine Form der adaptiven Anpassung des Unterrichtsangebots. Wissenschaftliche Zielsetzung der Arbeit ist es, die Bedeutung der individuellen Unterstützung als Komponente des Interaktionsverhaltens aufzuzeigen sowie das Unterstützungsverhalten erstmals in einer repräsentativen Stichprobe dieser Größe zu beschreiben.

Im theoretischen Teil der Arbeit werden die Bedeutung der Individualisierung im Unterricht, der Schülerarbeitsphasen und der Lernunterstützung als Komponente des Interaktionsverhaltens aufgezeigt und begründet. Aufgrund der Befunde der Lehr-Lernforschung lassen sich die adaptive Orientierung der Unterstützung am Lernprozess, die Verstehensorientierung sowie die kognitive Aktivierung und die aktive Partizipation der Lernenden als Kernmerkmale einer wirksamen individuellen Lernunterstützung im Hinblick auf fachliches und überfachliches Lernen zusammenfassen.

Die videobasierte Analyse der individuellen Lernunterstützung während der Schülerarbeitsphasen im empirischen Teil dieser Arbeit erfolgt mittels eines theorie- und datengeleitet erarbeiteten Kategoriensystems und erlaubt Aussagen über Umfang, Inhalt und Qualität der Unterstützung. In Bezug auf die Qualität der Unterstützung wird der Frage nachgegangen, ob die Unterstützung die Lernenden zu weiteren selbständigen Denkschritten anregt. Als Datenbasis dieser Untersuchung mit explorativem Charakter dienen zwei sich gegenseitig überlappende Stichproben. Als Erstes wird die Unterstützung in der repräsentativen Stichprobe der 130 Schweizer Lektionen mit Schülerarbeitsphasen aus der TIMSS 1999 Videostudie analysiert. Als Zweites wird die Teilstichprobe aus der Deutschschweiz mit Lektionen von Lehrpersonen ergänzt, welche nach eigenen Angaben einen offeneren Unterricht praktizieren, in dem sie „Erweiterte Lehr-Lernformen" einsetzen. Diese zweite Stichprobe von insgesamt 76 Lektionen ist nicht repräsentativ, dafür erlaubt sie einen Vergleich der Unterstützungsform in Lektionen mit unterschiedlichem Unterrichtsstil. Im Anschluss an die Beschreibung der Unterstützungsformen in den Schülerarbeitsphasen wird die Verteilung der erhobenen Merkmale der Unterstützung in Beziehung gesetzt zur Funktion der Schülerarbeitsphase und zur Wahrnehmung des Unterstützungsverhaltens durch die Lernenden sowie zu deren Leistung und Interesse.

Die Ergebnisse zeigen, dass die Lehrpersonen durchschnittlich gut die Hälfte der Dauer der Schülerarbeitsphasen für die individuelle Unterstützung nutzen und sich zumeist auf mathematikbezogene Aspekte der Aufgabenbearbeitung beziehen. Knapp die Hälfte dieser mathematikbezogenen Unterstützungszeit ist in dem Sinne kognitiv aktivierend, dass die Lernenden zu weiteren eigenen Denkschritten angeregt werden. Die Qualität der Unterstützung erweist sich als abhängig von der Funktion und der Sozialform der Schülerarbeitsphasen: In Phasen, in denen die Lernenden anspruchsvolle Übungsaufgaben bearbeiten und die Gelegenheit zur Kooperation haben, ist der Anteil kognitiv aktivierender Unterstützung höher. Die Analyse der Teilstichprobe aus der Deutschschweiz weist zudem darauf hin, dass der Anteil kognitiv aktivierender Unterstützung in Lektionen mit offenerem Unterrichtsstil höher ist als in Lektionen mit traditionellem Unterrichtsstil.

In Bezug auf die Schülerwahrnehmung des Unterstützungsverhaltens fällt auf, dass die Einschätzung in Klassen des Schultypus mit Grundansprüchen sowie in Klassen mit offenerem Unterrichtsstil höher liegt als in Klassen mit erweiterten und hohen Ansprüchen und mit traditionellem Unterrichtsstil. Im offeneren Unterrichtsstil lässt sich ein positiver Zusammenhang zwischen der kognitiv aktivierenden Unterstützung und der Schülerwahrnehmung der Unterstützungsqualität feststellen. Insgesamt zeigen sich jedoch nur wenige Zusammenhänge für die in der Videoanalyse erfassten Unterstützungsmerkmale mit der Wahrnehmung der Unterstützungsqualität sowie mit Leistung und Interesse der Lernenden.

Auf der Basis der Ergebnisse werden Schlussfolgerungen für weiterführende Forschungsfragen und die Methode der videobasierten Interaktionsanalyse sowie für den Aufbau von effektivem Unterstützungsverhalten in der Lehrerbildung abgeleitet. Insbesondere der Analyse von Lehrer-Schüler-Interaktionen in der Lehrerbildung mit Fokus auf die Denk- und Verstehensprozesse der Lernenden kann ein hohes Potenzial zur Förderung der Diagnose- und Unterstützungskompetenz von Lehrpersonen zugesprochen werden.

Inhalt

II: Empirischer Teil

Vorwort

Die vorliegende Arbeit entstand im Rahmen der TIMSS 1999 Videostudie und der auf dieser Datenbasis aufbauenden Vertiefungsstudie für die Schweiz[1], für die weitere Befragungsdaten auf Seiten der Lernenden und der Lehrpersonen erhoben und zusätzliche Lektionen gefilmt wurden. Entsprechend war ich für die Unterrichtsanalysen auf die Vorarbeit und die Unterstützung zahlreicher Personen angewiesen. An dieser Stelle bedanke ich mich dafür, dass mir die Analyse der Daten aus der schweizerischen Vertiefungsstudie ermöglicht wurde und danke allen, die zur Erhebung und Aufbereitung der Daten beigetragen haben: den Forschungsteams am LessonLab Research Institute in Los Angeles unter der Leitung von James Stigler und Ron Gallimore und am Pädagogischen Institut der Universität Zürich unter der Leitung von Kurt Reusser und Christine Pauli sowie den Lehrpersonen und Schülerinnen und Schülern, welche sich zur Teilnahme an der Videostudie bereit erklärt hatten und damit die Untersuchung der Lehr-Lernprozesse im Unterricht möglich machten.

Mein besonderer Dank gilt Christine Pauli und Kurt Reusser, sie haben mich zu dieser Arbeit ermutigt und mit konstruktiven und anregenden Hinweisen und Rückmeldungen zum Gelingen dieser Arbeit sowohl inhaltlich als auch methodisch maßgeblich beigetragen. Ohne ihre äußerst kompetente Unterstützung wäre diese Arbeit nicht möglich gewesen. Weiter danke ich Domenica Flütsch und Anita Lovasz für die engagierte und gewissenhafte Mitarbeit bei der Codierung der Daten.

Finanziell wurde die vorliegende Dissertation durch die Aebli Näf Stiftung unterstützt. Neben der Unterstützung meiner Arbeit hat sie mit einem Stipendium den mehrmonatigen Forschungsaufenthalt am LessonLab Research Institute (LLRI) in Los Angeles und am Leibniz-Institut für die Pädagogik der Naturwissenschaften (IPN) in Kiel ermöglicht. Den Teams beider Forschungsinstitute verdanke ich sehr viele Anregungen und weiterführende Gedanken, sie haben den Prozess der Arbeit entscheidend mitbeeinflusst. Der Austausch mit den Durchführenden der TIMSS Videostudien am LLRI war sehr anregend und insbesondere die Gespräche mit Ron Gallimore haben meinen Geist geweckt respektive „roused my mind" in Bezug auf die Einordnung der Möglichkeiten und Grenzen der videobasierten Erfassung von verstehensorientierten Lehrer-Schüler-Interaktionen. Im Forschungskontext der

---

1 In der Schweiz wurden die Daten für die TIMSS 1999 Videostudie in den Jahren 1998-2000 unter der Leitung des Pädagogischen Institutes der Universität Zürich erhoben. Forschungspartner innerhalb der Schweiz waren das Ufficio Studi e Ricerche, Bellinzona und der Service de la Recherche en Education (SRED), Genève.
Die internationale Koordination oblag der kooperativen Leitung der International Association of the Evaluation of Education Achievement (IEA), dem National Center for Education Statistics und dem LessonLab Research Institute (LLRI) in Los Angeles, California.
Die nationale und internationale Videostudie wurde finanziell unterstützt durch Beiträge des U.S. Department of Education, des Schweizerischen Nationalfonds zur Förderung der wissenschaftlichen Forschung (SNF), der Stiftung Ecoscientia und der Conférence Suisse de Coordination pour la Recherche en Education (CORECHED).
Die vorliegende Arbeit wurde durch ein Stipendiat der Aebli Näf Stiftung unterstützt.

IPN-Videostudie von Manfred Prenzel und Tina Seidel und ihren Mitarbeitenden stieß ich auf einen breiten Erfahrungshintergrund und viel Expertise im Umgang mit Unterrichtsvideos und habe wertvolle Anregungen erhalten. Mit Manfred Prenzel habe ich einen sehr kompetenten Zweitbegutachter gefunden und die Diskussionen mit Mareike Kobarg und Tina Seidel zur Analyse der Lernbegleitung im Unterricht und mit Jörg Wittwer zum Tutoring als Form der Unterstützung des Lernens haben mir sehr geholfen. Allen danke ich sehr für die Ermöglichung dieser Forschungsaufenthalte, die unkomplizierte und herzliche Aufnahme und die große Unterstützung, die ich genießen durfte.

Speziell bedanken möchte ich mich bei Isabelle Hugener. Sie ist mir, als Studien- und Arbeitskollegin sowie als persönliche Freundin, eine langjährige Weggefährtin in Bezug auf die Auseinandersetzung mit Fragen der Individualisierung im Unterricht und der Arbeit mit Unterrichtsvideos. Sowohl in fachbezogenen Diskussionen als auch privat habe ich von ihr sehr große Unterstützung erfahren.

Eine Dissertation entsteht nicht nur durch inhaltliche Inspirationen und Diskussionen, sondern ist auch von kniffligen statistischen Fragen und viel Detailarbeit gekennzeichnet. Diesbezüglich bedanke ich mich herzlich für die kompetente Beratung in statistischen Fragen durch Monika Waldis, Urs Grob und Rolf Rimmele und das sorgfältige Korrekturlesen der Arbeit durch Jonna Truniger, Dana Schöneberg und Marieke Pilz.

Neben der inhaltlichen und fachlichen Unterstützung wurde mir während meiner Arbeit auch im privaten Umfeld sehr viel Unterstützung, Ermutigung und Rücksichtnahme entgegengebracht. Meine Familie und mein Freundeskreis haben mir während der Dissertationszeit sehr verständnisvoll, mit vielen aufmunternden Worten und großer Geduld zur Seite gestanden. Insbesondere danke ich meiner Mutter, Kathy Krammer-Breitschmid, dass sie mir das Studium mit ermöglicht und immer an mich und meine Entscheidungen und Fähigkeiten geglaubt hat.

Das Vertrauen von anderen als kompetent eingeschätzten Personen in die eigenen Kompetenzen ist eine wichtige Grundlage dessen, was man sich selber zutraut und bewältigen kann und will. Ich danke allen herzlich, die mich mit ihrem Vertrauen in meine Kompetenzen unterstützt haben!

1 Einleitung

1.1 Ausgangslage

Aktuell vorliegende Ergebnisse aus der internationalen Vergleichsstudie PISA bescheinigen dem Bildungssystem der Schweiz – trotz der allgemein erfolgreichen Rangposition – mit einem hohen Anteil von Jugendlichen auf niedrigen Kompetenzstufen eine mangelnde Fähigkeit in Bezug auf den Umgang mit Heterogenität, wie sie zum Beispiel auch für Deutschland festgestellt wird (Prenzel et al., 2004, 2005; Zahner Rossier et al., 2004, 2005). Die Förderung des Leistungsniveaus bedarf der Optimierung der Passung zwischen Bildungsangebot und Nutzungsmöglichkeiten der Lernenden (Fend, 1998, 2002). Damit sind auf Angebotsseite bildungspolitische Maßnahmen gefordert, wie sie zum Beispiel aktuell in Deutschland mit dem Masterplan und den darin enthaltenen Vorschlägen zur frühen gemeinsamen Einschulung mit dem Zweck des Schaffens günstiger Ausgangsbedingungen für das Lernen vorgelegt werden. Auf der Ebene des Unterrichtens benötigen die Lehrpersonen Kompetenzen im Umgang mit Heterogenität, um der täglichen Herausforderung der Unterrichtsgestaltung zur Förderung der Lernenden mit ihren unterschiedlichen Voraussetzungen begegnen zu können. Die Lehrpersonen haben die Aufgabe, ein optimales Lernangebot zu schaffen und zugleich die Lernenden darin zu unterstützen, dieses Angebot optimal zu nutzen (Pauli & Reusser, 2006, S. 788f.). Mit den Formen der adaptiven Unterrichtsgestaltung werden Möglichkeiten beschrieben, um das Unterrichtsangebot sowohl auf der Ebene der allgemeinen methodischen und didaktischen Unterrichtsorganisation als auch auf der Ebene der Lehrer-Schüler-Interaktion[2] an die Unterschiedlichkeit der Lernenden anzupassen. Die Bedeutung der adaptiven Unterrichtsgestaltung wird spätestens seit der Reformpädagogik diskutiert und findet auch empirische Bestätigung, mit Effekten sowohl auf kognitive als auch auf affektive Variablen der Schülerinnen und Schüler (z.B. Brophy, 1999; Klieme, Schümer & Knoll, 2001; Scheerens & Bosker, 1997; Seidel & Shavelson, 2007).

Im aktuellen Lehr-Lernverständnis wird (Mathematik-)Lernen als individueller Aufbau von kognitiven Strukturen beschrieben, der aus der aktiven Auseinandersetzung mit Inhalten und anderen Personen hervorgeht und auf dem je unterschiedlichen Vorwissen basiert (z.B. De Corte, 1995; Reusser, 2000, 2001b). Die individuelle Unterschiedlichkeit des Lernens unterstreicht die Notwendigkeit der adaptiven Unterrichtsgestaltung und macht deutlich, dass den Phasen des selbständigen Arbeitens im Unterricht eine große Bedeutung zukommt. Die Schülerarbeits-

---

2   In der vorliegenden Arbeit wird mit Bezug auf den Leitfaden für sprachliche Gleichbehandlung von Frau und Mann (Universitätsleitung der Universität Zürich, 2006) auf die Verwendung von geschlechtergerechten Formulierungen geachtet. Für feststehende zusammengesetzte Begriffe wie zum Beispiel „Lehrer-Schüler-Interaktion" oder „Schülerarbeitsphasen" ließen sich jedoch keine geschlechtergerechten Formulierungen ohne gleichzeitige unbeabsichtigte Bedeutungsveränderung oder Akzentverschiebungen finden. In solchen Fällen, in denen auf die Verwendung zusätzlich weiblicher Personenbezeichnungen verzichtet wird, gilt die männliche Form für beide Geschlechter.

phasen ermöglichen die aktive Auseinandersetzung aller Lernenden mit den Inhalten und gleichzeitig hat die Lehrperson die Möglichkeit, die einzelnen Lernenden in dieser Phase adaptiv zu unterstützen. Die individuelle Lernunterstützung in den Schülerarbeitsphasen als eine Form der Individualisierung im Unterricht steht im Zentrum dieser Arbeit.

Mit der Analyse der Unterstützung der Lernenden durch die Lehrperson wird auf die Prozessebene der Lehrer-Schüler-Interaktion im Unterricht fokussiert. Die Auseinandersetzung mit der Bedeutung und der Form des Gesprächs hat eine lange Tradition und geht bis auf Sokrates zurück. Spezifisch zum Unterstützungsverhalten der Lehrperson in Schülerarbeitsphasen liegen jedoch nur wenige Untersuchungen und relativ wenige theoretische Arbeiten vor. Basierend auf dem sozialkonstruktivistischen Lehr-Lernverständnis wird die Unterstützung von Lernprozessen in der Interaktion vor allem im Rahmen der Unterstützung in Einzelgesprächen als Tutoring und/oder Scaffolding untersucht. Je nach Kontext und Fokus wird die Unterstützung der Lernprozesse im Gespräch als *Scaffolding* (z.B. Bliss, Askew & Macrae, 1996; Chi, Siler, Jeong, Yamauchi & Hausmann, 2001; Collins, Brown & Newman, 1989, S. 71; Hogan & Pressley, 1997c; Lajoie, 2005; Stone, 1998; Wood, Bruner & Ross, 1976) oder auch nur als *Tutoring* (z.B. VanLehn, Siler, Murray, Yamauchi & Baggett, 2003), *Teacher Assistance* (z.B. Tharp & Gallimore, 1988), *Teacher Intervention* (z.B. Mercer & Fisher, 1992) oder *Guided Participation* (z.B. Rogoff, 1990) bezeichnet. Im deutschsprachigen Kontext findet man vergleichsweise wenige Arbeiten, die sich mit dem Unterstützungsverhalten auseinandersetzen. Hier wird die Lernunterstützung zum Beispiel auch als *Lernbegleitung* (z.B. Kobarg & Seidel, 2007), *Lernhilfe* (z.B. Keller, 1993) oder *Lernbetreuung* (z.B. Bräu, 2006) bezeichnet. Den unterschiedlichen Ansätzen mit ihrer zum Teil unterschiedlichen Fokussierung ist gemeinsam, dass sie sich mit den Fragen nach den Formen und der Wirksamkeit der adaptiven verstehensorientierten Unterstützung der Lern- und Verstehensprozesse von einzelnen oder einer kleinen Gruppe von Lernenden durch eine Person mit mehr Expertise beim Lösen eines Problems oder einer Aufgabe im Hinblick auf das zukünftige selbständige Bewältigen solcher Probleme durch die Lernenden befassen.

1.2 Zielstellung

In Ergänzung zu den vergleichenden Leistungsstudien TIMSS und PISA erlauben Videostudien die Untersuchung von Prozessmerkmalen des Unterrichts. Bis jetzt wurden in den Videosurveys hauptsächlich Merkmale des Inhalts und der Strukturierung des Unterrichts beschrieben (Hugener, Rakoczy, Pauli & Reusser, 2006b; Pauli & Reusser, 2006). Im Rahmen des Vergleichs des Mathematikunterrichts in sieben Ländern in der TIMSS 1999 Videostudie hat sich u.a. gezeigt, dass der Anteil der Dauer der Schülerarbeitsphasen in der Schweiz mit beinahe der Hälfte der mathematikbezogenen Unterrichtszeit relativ hoch ist (Hiebert et al., 2003; Pauli & Reusser, 2006; Reusser & Pauli, 2003; Reusser, Pauli & Waldis, in Druck).

Der hohe Anteil der Schülerarbeitsphasen am Unterrichtsgeschehen in der Schweiz macht sie zusätzlich zur theoretischen Relevanz zum interessanten Untersuchungsgegenstand. Während in der gemeinsam mit Isabelle Hugener verfassten Lizentiatsarbeit die Organisation der Schülerarbeitsphasen in der Deutschschweiz bezüglich der Differenzierung im Zentrum stand (Makroadaption als Ermöglichung von individuellen Lernwegen) (Hugener & Krammer, 2001, in Druck), wird in der vorliegenden Arbeit auf die *Lernunterstützung während dieser Phasen der selbständigen Schülerarbeit* fokussiert (Mikroadaption des Unterrichtsangebots).

Die Arbeit bezieht sich auf das Sample der 147 Schweizer Lektionen aus der TIMSS 1999 Videostudie sowie die zusätzlich für die Schweizer Vertiefungsstudie gefilmten 15 Lektionen mit „Erweiterten Lehr-Lernformen". Sie geht der Frage nach, in welchem *Ausmaß* und in welcher *Form* die Lehrpersonen die Phasen der selbständigen Schülerarbeit zur individuellen Unterstützung der Denk- und Verstehensprozesse der einzelnen Schülerinnen und Schüler – als eine Form der Individualisierung – nutzen.

Neben der Beschreibung des Umfangs der Unterstützung in den Schülerarbeitsphasen zielt die Arbeit auch auf die systematische und quantifizierende *Erfassung der Qualität der Prozesse auf der Mikroebene des Unterrichts* ab und damit auf die Beurteilung der beobachtbaren Sichtstruktur der Interaktionen in den Schülerarbeitsphasen in Bezug auf deren Tiefenstruktur respektive die Funktion der Interaktion für die Denk- und Lernprozesse der Schülerinnen und Schüler (Klieme, 2006; Pauli & Reusser, 2006). Diese wurde bisher vor allem im Rahmen von Fallstudien in der qualitativ-interpretativen Lehr-Lernforschung analysiert, insbesondere auch in der Forschung zum Mathematikunterricht (z.B. Cobb & Bauersfeld, 1995; Cobb & Whitenack, 1996; Maier & Voigt, 1991). Videobasierte Untersuchungen zur Qualität der Lehrer-Schüler-Interaktionen allgemein und spezifisch in Schülerarbeitsphasen im Rahmen größerer Stichproben liegen kaum vor. Einzig in der IPN-Videostudie wurden in einer Zufallsstichprobe von 50 Doppellektionen aus dem naturwissenschaftlichen Unterricht qualitative Merkmale des Interaktionsverhaltens als eine Variable der Lernbegleitung systematisch erfasst, aber insgesamt konnte nur ein geringes Ausmaß an Lernbegleitung festgestellt werden (Seidel et al., 2006).

Ausgehend von den in qualitativ-interpretativen Arbeiten zur Lehrer-Schüler-Interaktion in Einzelgesprächen identifizierten Merkmalen der erfolgreichen Unterstützung der Denk- und Verstehensprozesse von einzelnen Lernenden wird sowohl theorie- als auch datengeleitet ein Kategoriensystem zur Analyse der Lernunterstützung in den Schülerarbeitsphasen der Schweizer Lektionen erarbeitet.

Aufgrund der Tatsache, dass nicht mehr wie im einfachen Prozess-Produkt-Paradigma von einer direkten Wirkung von Unterrichtsmerkmalen auf Schülervariablen ausgegangen wird, sondern die individuelle Lernunterstützung nur eine von vielen Mediatorvariablen im systemtheoretischen Angebots-Nutzungs-Modell des Lernens darstellt und sowohl die Leistungsentwicklung der Lernenden als auch ihre motivationalen Orientierungen multideterminiert sind (Klieme, 2006; Pauli & Reusser, 2006), kann kein direkter Zusammenhang zwischen der Verbreitung und

Form des Unterstützungsverhaltens der Lehrpersonen in den Schülerarbeitsphasen und dem Leistungsfortschritt oder dem Interesse der Lernenden erwartet werden. Trotzdem wird der Zusammenhang exploriert, möglich wäre zum Beispiel, dass sich das Unterstützungsverhalten als eine dominante Komponente im Zusammenspiel der unterschiedlichen Determinanten von Leistung und mathematikbezogenem Interesse herausstellt. Als eine entscheidende Determinante der Nutzung des unterrichtlichen Angebots hat sich erwiesen, dass die Lernenden den Unterricht als unterstützend erleben (Prenzel, 1995; Prenzel, Kramer & Drechsel, 2001; Ryan & Deci, 2000). Aus diesem Grund wird auch der Zusammenhang des analysierten Unterstützungsverhaltens mit der Wahrnehmung des Interaktions- und Unterstützungsverhaltens durch die Lernenden überprüft.

Anschließend an die Ergebnisdarstellung werden die Daten in Beziehung zu den vorliegenden Befunden aus der Unterrichtsforschung gesetzt und es wird über Implikationen sowohl für weitere Untersuchungen als auch für die Aus- und Weiterbildung von Lehrpersonen nachgedacht.

1.3 Aufbau der Arbeit

Theoretischer Teil
Der theoretische Teil der Arbeit gliedert sich in vier Teile und wird durch ein zusammenfassendes Fazit zur individuellen Unterstützung in Schülerarbeitsphasen abgerundet.

Einleitend wird im *ersten Teil* (Kapitel 2) der problemgeschichtliche Hintergrund der Frage nach der individuellen Lernunterstützung sowohl als Umsetzung als auch als Herausforderung der Individualisierung im Unterricht aufgespannt. Formen der Individualisierung als Umgang mit der Heterogenität der Lernenden und deren Bedeutung aus empirischer Sicht werden aufgezeigt. Als bedeutsam für das Lernen erweist sich insbesondere die Qualität der Mikroprozesse des Unterrichts in Form von verstehensorientierten Interaktionen. Deshalb wird spezifisch auf die Mikroprozess-Ebene der Lehrer-Schüler-Interaktion als Methode und Medium des Unterrichts eingegangen. Die Bedeutung der Lehrer-Schüler-Interaktion aus pädagogischer und empirischer Sicht wird dargelegt. Anschließend wird ein Überblick über die unterschiedlichen Ansätze und Methoden zur Erfassung von Lehrer-Schüler-Interaktionen gegeben und dabei die vorliegende Arbeit eingeordnet.

Im *zweiten Teil* (Kapitel 3) werden die Schülerarbeitsphasen als Phasen zur Ermöglichung von individuellen Lernprozessen und die Rolle der Lehrperson in diesen Unterrichtsphasen behandelt. Mögliche Funktionen der selbständigen Schülerarbeit im Unterricht für den Lernprozess werden aufgezeigt und der Forschungsstand zur Verbreitung der Schülerarbeitsphasen sowie zum Verhalten der Lehrperson in diesen Phasen dargestellt.

Um die Lernunterstützung und deren Ziel und Bedeutung detailliert beschreiben zu können, wird im *dritten Teil* (Kapitel 4) das sozial-konstruktivistische Lernverständnis und dessen didaktische Umsetzung im Konzept des Scaffoldings beschrieben und die damit zusammenhängenden Konzepte und Begrifflichkeiten werden geklärt.

Anschließend an die Ausführung des theoretischen Hintergrunds und Konzepts der individuellen, verstehensorientierten Lernunterstützung als Scaffolding, wird im *vierten Teil* (Kapitel 5) auf der Basis der aktuellen Lehr-Lernforschung zur Lernunterstützung, die vor allem im Rahmen von Einzelgesprächen entstanden ist, auf die Merkmale der erfolgreichen Lernunterstützung eingegangen.

Den Theorieteil abschließend werden im *fünften Teil* (Kapitel 6) die Erkenntnisse zu Bedeutung und Umsetzung der individuellen Lernunterstützung in den Schülerarbeitsphasen zusammengefasst und als Überleitung zum empirischen Teil die offenen Fragen und Möglichkeiten der Analyse der Lernunterstützung in den Schülerarbeitsphasen diskutiert.

Empirischer Teil
Die im theoretischen Teil erarbeiteten Ausführungen und Erkenntnisse bilden die Grundlage für die Untersuchung des Unterstützungsverhaltens in den im Rahmen der TIMSS 1999 Videostudie gefilmten Mathematiklektionen der Schweiz. Als Erstes werden die *Fragestellungen* der Untersuchung vorgestellt (Kapitel 7).

Im Kapitel zur *Methode* (Kapitel 8) werden das Vorgehen bei der Analyse der Unterrichtsvideos sowie das Kategoriensystem zur Erfassung der individuellen Lernunterstützung in den Schülerarbeitsphasen beschrieben.

Die Darstellung der *Ergebnisse* (Kapitel 9) gliedert sich entlang der Fragestellungen. In einem ersten Schritt werden die deskriptiven und explorativen Analysen der Lernunterstützung berichtet. Zuerst werden die Ergebnisse zur individuellen Lernunterstützung in der repräsentativen Stichprobe der Schweiz beschrieben. Daran anschließend werden die Befunde zur individuellen Lernunterstützung im offeneren und traditionellen Unterrichtsstil in der mit ELF-Lektionen erweiterten Teilstichprobe aus der Deutschschweiz verglichen. Im zweiten Schritt erfolgt die Darstellung der Ergebnisse zu den explorativen Zusammenhangsberechnungen der erhobenen Lernunterstützung mit der Wahrnehmung des Unterstützungsverhaltens der Lernenden sowie mit deren Mathematikleistung und Interesse. Die Ergebnisse werden jeweils zuerst für die repräsentative Stichprobe der Schweiz und dann für die erweiterte Teilstichprobe der Deutschschweiz beschrieben.

Diskussion
In der Diskussion (Kapitel 10) werden die zentralen Ergebnisse der Arbeit zusammengeführt und diskutiert. Es werden Schlussfolgerungen zur Analyse der individuellen Lernunterstützung gezogen. Ebenfalls diskutiert werden das methodische Vorgehen dieser Arbeit und dessen Vorteile und Grenzen. Daran anknüpfend wird ein Ausblick auf weiterführende Fragestellungen gegeben. Die Arbeit abrundend wird auf Implikationen dieser Arbeit für die Aus- und Weiterbildung eingegangen und es werden (videobasierte) Möglichkeiten zum Aufbau von Kompetenzen für die individuelle Unterstützung in Schülerarbeitsphasen aufgezeigt.

I: Theoretischer Teil

2 Individuelle Lernunterstützung als Form der Individualisierung im Unterricht

Der individuellen Unterstützung von Lernenden im Unterricht kommt aus unterschiedlichen Perspektiven eine hohe Bedeutung zu. Eine Antwort auf die Frage nach den Möglichkeiten des Umgangs mit der Heterogenität im Unterricht ist die, die Lernprozesse der einzelnen Schülerinnen und Schüler individuell zu begleiten und zu unterstützen. Demnach ist die individuelle Lernunterstützung in den Schülerarbeitsphasen *eine* Form der Individualisierung im Unterricht. Zugleich erfordert das mit der Individualisierung im Unterricht zunehmend selbständige Lernen der Schülerinnen und Schüler vermehrt individuelle Unterstützung. Die Frage nach der Gestaltung der Interaktion der Lehrperson zur Anregung und Unterstützung des Lernens lag bereits im Brennpunkt der Unterrichtsgestaltung der traditionellen geisteswissenschaftlich geprägten Didaktik und ist auch zentrales Thema der aktuellen Lehr-Lernforschung, welche sich zunehmend an psychologischen Lerntheorien orientiert und die Unterstützung individueller Lernprozesse als Komponente der Prozessqualität von Unterricht untersucht. Zur Einordnung der Frage nach der individuellen Lernunterstützung, der in den weiteren Kapiteln dieser Arbeit nachgegangen wird, wird in diesem einleitenden Kapitel die Mehr-Dimensionalität des Problemfelds aufgespannt und Einblick in die Entwicklungslinien der betreffenden Themenfelder gegeben. Als Erstes wird auf Möglichkeiten des Umgangs mit der Heterogenität der Lernenden eingegangen. Anschließend wird ein Überblick über die theoretischen und empirischen Ansätze gegeben, welche sich mit der Lehrer-Schüler-Interaktion auseinandersetzen, um dabei auch die Zielsetzung der vorliegenden Arbeit nochmals deutlich zu machen und einzuordnen.

2.1 Individualisierung als Antwort auf die Heterogenität der Lernenden

Bereits bei Platon finden wir die Individualisierung als Konzept im Umgang mit der Verschiedenartigkeit und Heterogenität der Menschen: „Jedem das Seine."[3] Dieser breit rezipierte (und zum Teil unterschiedlich verwendete) Leitsatz bezieht sich mit der Forderung, dass jeder Mensch so behandelt werden soll, wie es seinem Wesen und den individuellen Umständen entspricht, vor allem auf die Dimension

---

3   Das Diktum „Jedem das Seine" stammt aus Platons Politeia, welche sich mit der Frage der Gerechtigkeit befasst (Höffe, 1997). Platon formuliert damit sein Gerechtigkeitsprinzip, nach welchem einerseits jeder Mensch das Seine bekommen soll und niemandem das Seine genommen werden soll. Andererseits soll jeder das Seine für die Gemeinschaft tun, und zwar in Art und Umfang so, wie es seinem Wesen, seinen Möglichkeiten und den individuellen Umständen entspricht.

der Gerechtigkeit im zwischenmenschlichen Umgang. Neben der immer wieder diskutierten Forderung nach Gerechtigkeit und deren Umsetzung im Unterricht kommt der Individualisierung aus lernpsychologischer Perspektive zunehmend Bedeutung zu und die aktuelle Literatur zeugt von hoher praktischer und empirischer Relevanz der individualisierenden Unterrichtsgestaltung und damit verbundener Fragen.

Der in Schulklassen und ab dem Ende des 19. Jahrhunderts meist in Jahrgangsklassen organisierte Unterricht ist schon seit jeher mit dem Problem konfrontiert, dass nicht alle Schülerinnen und Schüler im gleichen Lerntempo und in derselben Verstehenstiefe schulische Kompetenzen und Fertigkeiten erwerben (vgl. Jenzer, 1991). Im Rahmen reformpädagogischer Ansätze rückte das Lernen der einzelnen Lernenden in den Mittelpunkt der Diskussion über die Unterrichtsgestaltung. Entsprechend wurden erste Konzepte zur Individualisierung im Unterricht entwickelt, die über die letzten hundert Jahre Verfeinerungen, Differenzierungen und Akzentuierungen erfahren haben und sich auch mit aktuellen Erkenntnissen der Lehr-Lernpsychologie begründen lassen. Auch aktuelle Ergebnisse der empirischen Unterrichtsforschung bestätigen die Bedeutung der adaptiven Unterrichtsgestaltung für das Lernen der Schülerinnen und Schüler.

Die Frage nach dem Umgang mit Heterogenität im Unterricht ist aufgrund verschiedener Bewegungen im Bildungssystem hochaktuell. Beispielsweise zeigen die Ergebnisse der internationalen Leistungsvergleichsstudie PISA, dass es Ländern wie Deutschland und der Schweiz im Vergleich mit anderen Ländern wie zum Beispiel Finnland nicht gelingt, alle Lernenden genügend zu fördern (z.B. Prenzel et al., 2004). Als Konsequenz werden u.a. Möglichkeiten und Bedingungen des Umgangs mit Heterogenität thematisiert (z.B. Wellenreuther, 2005; Wenning, 2004), verbunden mit Fragen bezüglich der Kompatibilität mit der Einführung von Bildungsstandards (z.B. Lersch, 2006). Im Rahmen von aktuellen Trends im Schulsystem werden von den Lehrpersonen Kompetenzen zur Individualisierung des Unterrichts erwartet, wie zum Beispiel bei der Einführung von altersgemischtem Lernen (Laging, 1999), dem Umgang mit der migrationsbedingten Heterogenität oder der zunehmenden Integration von Kindern mit besonderen Bedürfnissen in Regelklassen (Ellinger & Engelhardt, 2006; Hess, 2004). Dementsprechend erfährt die Suche nach Möglichkeiten der Individualisierung und deren Voraussetzungen und Grenzen hohe Aufmerksamkeit, wie zum Beispiel in der Analyse der adaptiven Lehrkompetenz (Beck et al., 2008; Beck & Guldimann, 2006) und mit Bezug auf die Praxis in Themenheften zur „Individualisierung" (Pädagogik, 2006) und zum „Diagnostizieren und Fördern" (Becker et al., 2006) deutlich wird. Nachfolgend wird ein Überblick über die Geschichte, Problemstellung und Möglichkeiten des Umgangs mit Heterogenität im Unterricht gegeben und anschließend deren Bedeutung aus empirischer Sicht beleuchtet.

2.1.1 Didaktisches Konzept der Individualisierung im Unterricht

Die Idee der Individualisierung des Lernens weist eine lange Tradition auf und ist auch aus einem aktuellen kognitiv-konstruktivistischen Lehr-Lernverständnis eine zentrale Anforderung an den Unterricht.

2.1.1.1 Historische Wurzeln der Individualisierung

Die Einsicht, dass der Erfolg des Handelns der Lehrperson von dessen Adaptivität abhängt, kann bis zurück nach China und in das antike Griechenland im 4. Jahrhundert v. Chr. verfolgt werden (vgl. Corno & Snow, 1986). Von Platon über Quintilian bis Herbart findet sich die Auffassung, dass man den Zögling nur an sich selbst und seinen Voraussetzungen, nicht aber an anderen messen darf (vgl. Becker, 1997). Beispielsweise beklagt Herbart „die Verschiedenheit der Köpfe" als Hauptproblem des Unterrichts (Tillmann & Wischer, 2006, S. 44). Mit der Forderung einer Pädagogik vom Kinde aus, welche durch die Reformpädagogik zu Beginn des 20. Jahrhunderts erhoben wurde, erfuhr die pädagogische Diskussion eine neue Akzentuierung in Bezug auf das Prinzip der Individualisierung. Ausgehend von der Kritik an der bestehenden öffentlichen Schule, der man eine übertriebene Orientierung an der Lehrperson und an Inhalt und Lehrplan vorwarf, und u.a. mit Bezug auf Pädagogen wie Rousseau als Entdecker der Kindheit und Begründer der negativen Erziehung und Pestalozzi als Vertreter des Anschauungsunterrichts wurde im Rahmen der Reformpädagogik die Orientierung von Erziehung und Unterricht am Kinde postuliert (vgl. Oelkers, 1996).[4]

Die meisten Vertreter und Vertreterinnen der Reformpädagogik (z.B. Dewey, Freinet, Gaudig, Kerschensteiner, Montessori, Otto, Parkhurst, Petersen) agierten unabhängig voneinander in sogenannten Reformschulen und versuchten mit unterschiedlichen Methoden der Zuweisung der Schülerinnen und Schüler zu verschiedenen Lehrstoffen, Medien und Zielen die Anpassung des Unterrichts an individuelle Lernvoraussetzungen zu erreichen. Erst Nohl und seine Schüler destillierten aus der Vielzahl von Reformbemühungen die Einheit eines pädagogischen Programms und kreierten „*die* Reformpädagogik" als solche (vgl. Terhart, 1997).

Kernanliegen der Bemühungen im Rahmen der Reformpädagogik ist die Kindorientierung (Reble, 1991): Nicht die Schule und ihre Ansprüche an das Kind stehen im Mittelpunkt des pädagogischen Denkens, sondern die optimale Entwicklung des einzelnen Kindes und eine Schule, die diese Entwicklung ermöglicht. Dewey bezeichnete diese Neuorientierung am Kinde auch als „kopernikanische Wende zum Kind" (Oelkers, 1999, S. 10). Erforderlich ist laut Dewey, dass „jeder

---

4 Übersichtsdarstellungen der Reformpädagogik finden sich zum Beispiel in Scheibe (1994) und Röhrs (1998). Während Scheibe sich nur auf die deutsche Reformpädagogische Bewegung bezieht, betrachtet sie Röhrs unter internationalem Aspekt. Eine kritische Diskussion der Reformpädagogik als Epoche leistet Oelkers (1996).

einzelne die Gelegenheit haben soll, seine Kräfte in sinnvollen Betätigungen anzuwenden" (Dewey, zitiert nach Oelkers, 1996, S. 181f.).

In der „Kritischen Didaktik" von Schwerdt (1955) wird die didaktische Konsequenz dieser Kindorientierung als Wandel von der „Aufprägung" und bloßen Nachahmung hin zur Anpassung des Unterrichts an die Lernenden und zur Förderung ihrer Selbständigkeit, Selbstbildung und Eigenverantwortung im Unterricht beschrieben und die Umsetzung und unterschiedlichen Akzentuierungen werden im Rahmen der einzelnen Ansätze zusammengetragen. Beispielsweise plädiert Gaudig für die freie geistige Tätigkeit der Schülerinnen und Schüler aus eigenem Antrieb, mit eigenen Kräften, auf selbst gewählten Bahnen und zu frei gewählten Zielen. Damit erfahren formale Bildungsinhalte wie Problemlösefähigkeiten und Lernstrategien eine besondere Aufmerksamkeit. Kerschensteiner hingegen betont die bildende Bedeutung der Inhalte und wird damit zu einem Vertreter der materialen Bildung und einer an Inhalten orientierten Didaktik, die mit einer möglichst geringen Menge von Inhalt möglichst tiefe Verstehensprozesse der einzelnen Lernenden auslösen will (vgl. Schwerdt, 1955).

2.1.1.2 Formen der inneren Differenzierung und der Öffnung des Unterrichts

In den verschiedenen Unterrichtskonzepten der Reformpädagogik finden sich bereits viele Möglichkeiten zur Individualisierung des Unterrichts, die noch heute ihre Aktualität haben (vgl. Dietrich, 1991; Ipfling, 1991; Jürgens, 2000; Reble, 1991). Beispielsweise stellen die von Kerschensteiner vorgeschlagene Möglichkeit der Selbstkontrolle sowie die von Montessori, Petersen (Jena-Plan) und insbesondere Parkhurst (Dalton-Plan) postulierte Differenzierung der Lernzeit und der Lernaufgaben nach Anspruchsgrad und Interessen noch heute verbreitete Möglichkeiten der Differenzierung im Unterricht dar.

In der deutschsprachigen Auseinandersetzung mit Fragen der Unterrichtsgestaltung tritt der Diskurs über die Individualisierung in den 1970er- und 80er-Jahren im Zuge eines gesamtgesellschaftlichen Demokratisierungs- und Individualisierungsprozesses in eine neue Phase. Die Differenzierung im Unterricht wird als Maßnahme zur Umsetzung von Chancengleichheit im Bildungssystem und zum Umgang mit der Heterogenität innerhalb einer Klasse beschrieben, Ziel ist die Schaffung optimaler Lernmöglichkeiten zur optimalen Förderung der einzelnen Schülerinnen und Schüler. Unter dem Begriff der inneren Differenzierung[5] (auch Binnendifferenzierung) werden verschiedene Möglichkeiten zur Differenzierung des Unterrichts in Bezug auf die unterschiedlichen Voraussetzungen der Lernenden vorgeschlagen (Bönsch, 1981, 1983, 1991, 1995; Geppert & Preuss, 1978; Klafki & Stöcker, 1976, 1985; Meyer-Willner, 1979; Schittko, 1984; Winkeler, 1975):

---

5   „Innere" Differenzierung betrifft die Differenzierung innerhalb des Unterrichts, während unter dem Begriff der „äußeren" Differenzierung unterrichtsübergreifende Organisationsformen, zum Beispiel in Form der Bildung von leistungshomogenen Gruppen, gemeint sind.

- Methodische Differenzierung: z.B. Maß der Unterstützung, Zeitaufwand;
- Inhaltliche Differenzierung: z.B. Komplexität, Stoffumfang, Lernziele;
- Soziale Differenzierung: z.B. Einzellernen, Partner- oder Gruppenarbeit;
- Mediale Differenzierung: z.B. Hilfsmittel, Lernmedien.

Um an die unterschiedlichen Präferenzen der Lernenden anzuknüpfen, wird zusätzlich zur Leistungsdifferenzierung die Interessendifferenzierung gefordert.

Die beschriebenen Möglichkeiten der inneren Differenzierung des Unterrichts als Antwort auf die Heterogenität der Lernenden erfahren ungebremste Aktualität (z.B. Paradies & Linser, 2001) und finden ihre Umsetzung in unterschiedlichen Unterrichtsmethoden (vgl. Bönsch, 1995). Die Möglichkeiten des Einsatzes von Differenzierungsmaßnahmen reichen von konventionellen Modellen, in denen sich Phasen des lehrerzentrierten Unterrichtsgesprächs im öffentlichen Unterricht mit Phasen der individuellen Aufgabenbearbeitung abwechseln, bis hin zu Modellen der konsequent schülerorientierten inneren Differenzierung, wie sie in Konzepten der methodisch-organisatorischen und didaktisch-inhaltlichen Öffnung des Unterrichts (z.B. Bastian, 1995; Brügelmann, 1998) oder den „Erweiterten Lehr- und Lernformen" (z.B. Achermann, 1993; Croci, Imgrüth, Landwehr & Spring, 1995; EDK, 1993; Müllener-Malina & Leonhardt, 1997) vorliegen.

Formen des offeneren Unterrichts, in denen das individualisierende Lernen in hohem Maße umgesetzt ist, wie zum Beispiel die Freiarbeit, die Arbeit nach Arbeitsplänen und das projektorientierte Lernen haben ihre Wurzeln in der Reformpädagogik. Als zentrale Prinzipien verfolgen sie die Ermöglichung von individuellen Lern- und Denkwegen und die Erhöhung des Selbststeuerungsgrades mit dem Ziel der Selbststeuerungsfähigkeiten und der Interessenförderung im Hinblick auf das übergeordnete Ziel der Befähigung zum lebenslangen Lernen. Damit erfahren neben der inneren Differenzierung die Selbststeuerung des Lernens als Voraussetzung, Mittel und Ziel des Unterrichts (z.B. Weinert, 1984) und die selbständige Anwendung von Wissen und Kompetenzen (z.B. De Corte, 2003) besondere Aufmerksamkeit. Der Aufbau von individualisierenden Lernumgebungen, die sowohl auf die Selbststeuerung als auch auf eine hohe Verstehensintensität ausgerichtet sind (Reusser, 2001a), entspricht dem aktuellen Erkenntnisstand der Lehr-Lernpsychologie (z.B. Bolhuis, 2003; Bransford, Brown & Cocking, 1999; Lambert & McCombs, 1998; Reusser, 2001b).

Mit der Öffnung des Unterrichts und den damit verbundenen Zieldimensionen erweitern sich die Anforderungen an die Lehrperson: sie wird zur Begleiterin und Beraterin der Lernenden, welche die Schülerinnen und Schüler verstehensorientiert zum selbstgesteuerten Lernen befähigt und sie einzeln unterstützt (vgl. Reusser, 1999; Stebler, Reusser & Pauli, 1994). Im Rahmen der Unterstützung der Lernenden in individualisierenden Formen des Unterrichts rückt das Einzelgespräch in den Fokus der Aufmerksamkeit (vgl. Bönsch, 1995, 1997; Bönsch, 2000): Die Interaktion der Lehrperson mit einzelnen Lernenden ermöglicht die Anpassung des Unterrichts an die interindividuell unterschiedlichen Lernvoraussetzungen, wie sie auch im Rahmen des adaptiven Lehrens in der anglo-amerikanischen Forschung diskutiert wird.

2.1.1.3 Adaptives Lehren

In der Folge der kognitiven Wende in der Psychologie hat sich insbesondere in der anglo-amerikanischen Unterrichtsforschung der Fokus auf die Lernprozesse und deren interindividuell unterschiedliche Bedingungen gerichtet. Im Rahmen der Forschung zu Aptitude-Treatment-Interaction (ATI) wurde ausgehend vom Bewusstsein über die unterschiedlichen Lernvoraussetzungen der Frage nachgegangen, ob und inwieweit verschiedene Lernende von unterschiedlichen Unterrichtsmethoden profitieren, d.h. es wurde nach Wechselbeziehungen von Lernmerkmalen und Unterrichtsmethoden gesucht (vgl. Cronbach & Snow, 1977).

Die ATI-Forschung erbrachte zahlreiche und widersprüchliche Ergebnisse zu den Wechselwirkungen zwischen Variablen seitens der Lernenden und Unterrichtsmerkmalen und damit kaum Empfehlungen für die praktische Umsetzung im Unterricht. Dies zum einen darum, weil Interaktionen zwischen Effekten schwieriger zu finden sind als Haupteffekte, und zum anderen aufgrund von methodologischen und statistischen Mängeln, verschiedenen Operationalisierungen der Lernvoraussetzungen und undeutlichen Unterscheidungen der untersuchten Methoden (vgl. z.B. Flammer, 1975). Nur einige wenige Zusammenhänge ließen sich mehrfach replizieren und gelten als bestätigte Ergebnisse der ATI-Forschung. Zum Beispiel zeigt ein geringes Maß an Strukturierung positive motivationale Effekte auf begabtere Schülerinnen und Schüler, während schwächere Schülerinnen und Schüler eher verunsichert und demotiviert reagieren. Dieser ATI-Effekt zwischen Ausmaß an Strukturierung und Motivation wird damit erklärt, dass eine hohe Strukturierung die Komplexität vermindert und so den Informationsverarbeitungsprozess von schwächeren Lernenden vereinfacht, und er wird häufig als Argument zur Begründung dafür verwendet, dass der offene Unterricht für Lernende mit ungünstigen Lernvoraussetzungen eher weniger geeignet ist (vgl. Reinmann & Mandl, 2006, S. 643).

Ausgehend von der ATI-Forschung und deren Grundannahme der unterschiedlichen lernrelevanten Voraussetzungen der Lernenden sowie der Suche nach Möglichkeiten der Anpassung des Unterrichts an diese individuell unterschiedlichen Voraussetzungen entstand das Konzept der adaptiven Lehre (Adaptive Teaching) (Corno & Snow, 1986; Snow, Corno & Jackson, 1996; Snow & Swanson, 1992; Wang, 1980; Wang, Rubenstein & Reynolds, 1985): Verschiedene methodische Variationsmöglichkeiten erlauben es der Lehrperson, den Unterricht den unterschiedlichen Lernvoraussetzungen anzupassen und damit unterschiedliche Lernprozesse zu ermöglichen.

> Adaptive teaching is teaching that arranges environmental conditions to fit learners' individual differences. As learners gain in aptitude through experience with respect to the instructional goals at hand, such teaching adapts

by becoming less intrusive. Less intrusion, less teacher or instructional mediation, increases the learner's information processing and/or behavioral burdens, and with this the need for more learner self-regulation. As the learner adapts, so also must the teacher. By this definition, the instruction both adapts to the learner and allows the learner to adapt to the instruction. The teaching-learning transaction is dynamic and must be tuned to aptitude complexes in the learner that encompass intellectual abilities, personality motivation characteristics, and cognitive style. (Corno & Snow, 1986, S. 621)

Corno und Snow (1986) unterscheiden Variationsmöglichkeiten auf zwei Ebenen, sogenannte Makro- und Mikroadaptionen. Die Makroadaptionen umfassen Anpassungen des Unterrichts über einen längeren Zeitrahmen, wie sie zum Beispiel mit der Wahl der Unterrichtsmethode und der darin berücksichtigten Differenzierungsaspekte geschehen. Die Mikroadaptionen beschreiben kurzfristige Anpassungen des Unterrichts in der Lehrer-Schüler-Interaktion von Moment zu Moment.

Die Dynamik des Anpassungsprozesses erklären Corno und Snow (1986) anhand eines Kontinuums der Direktheit der instruktionalen Vermittlung. Die Lehrperson übernimmt für die Lernenden jene Anforderungen im Lernprozess, welchen diese zu einem bestimmten Moment noch nicht gewachsen sind. „As instruction takes over more of the information processing burden, learning depends less on general intellectual abilities. As instruction takes over more of the burden for behavioral control, learning depends less on selfcontrol" (a.a.O., S. 620). Erfahrene Lehrpersonen können sich auf dem Kontinuum der instruktionalen Vermittlung respektive der individuellen Anpassung an die Lernvoraussetzungen der Lernenden flexibel vor- und rückwärtsbewegen. Ziel ist die schrittweise Übergabe der Kontrolle über die Lernsituation an die Lernenden. Aus diesem Grund soll die Unterstützung der Lehrperson auf ein Minimum beschränkt sein, damit die Schülerinnen und Schüler einhergehend mit dem Zuwachs an Kompetenzen mehr und mehr Selbständigkeit, Selbstbestimmung und Selbstverantwortung übernehmen.

Zentrale Voraussetzungen sowohl für die Mikro- als auch die Makroadaptivität des Unterrichts sind das Diagnostizieren der Lernvoraussetzungen und das Überwachen des Lernfortschritts. In der Interaktion mit einzelnen Lernenden ermöglicht sich die Lehrperson die Anpassung der Unterstützung an die individuellen Voraussetzungen und Bedürfnisse und gleichzeitig erhält sie Informationen über deren Lernfortschritt, welche sie für die Planung weiterer Unterrichtsschritte und deren Anpassung an die individuellen Lernvoraussetzungen nutzen kann:

Providing adaptive instruction requires that alternate means of instruction are matched to students on the basis of knowledge about each individual's background, talents, interests, and past performance. An individual child's abilities are assessed, both upon entrance to and during the course of learning, and the information obtained is used in selecting subsequent alternative learning opportunities. (Wang, 1980, S. 122)

Die Überlegungen zur Adaptivität des Unterrichts und das Feststellen der Lern-voraussetzungen sind immer an die Frage nach den Dimensionen der Adaptivität respektive der Unterschiedlichkeit bezüglich der Lernvoraussetzungen geknüpft. Die (oben angeführte) Erklärung mit den unterschiedlichen Möglichkeiten der Lernenden zur Informationsverarbeitung findet sich unter dem Stichwort des „cognitive load" respektive „overload" auch in aktuellen Diskussionen zu den Möglichkeiten und Grenzen der Informationsverarbeitung in offenen Lern-umgebungen beziehungsweise zu den Anforderungen an sogenannte adaptive Lehr-systeme (Sweller, van Merriënboer & Paas, 1998; van Merriënboer, Clark & de Croock, 2002; van Merriënboer, Kirschner & Kester, 2003; van Merriënboer & Paas, 2003). Unter dieser Perspektive verfolgt die adaptive Unterstützung das über-geordnete Ziel der Vermeidung einer kognitiven Überlastung. Neben der Ebene der Anpassung an die Anforderungen der Informationsverarbeitung gilt es als zusätz-liche Dimensionen der Adaptivität die Unterschiede in Bezug auf intellektuelle Fähigkeiten, kognitive Kompetenzen, motivationale Tendenzen, persönliche Eigen-schaften bis hin zu moralischen Haltungen und sozialen Einstellungen zu beachten (z.B. Gustafsson & Undheim, 1996; Jonassen & Grabowski, 1993; Weinert, 1996).

Aufgrund dieser Überlegungen und einhergehend mit der Entwicklung der Möglichkeiten im Bereich der Computertechnologie wurde versucht, Programme zur Anpassung an die einzelnen Lernenden zu entwickeln, wie sie aktuell im Rah-men sogenannter adaptiver Lehrsysteme (vgl. Leutner, 2006) in Formen adaptiven E-Learnings (z.B. Magoulas, Papanikolaou & Grigoriadou, 2003; Shute & Towle, 2003) und intelligenter Tutoring-Systeme (Anderson, Boyle & Reiser, 1985; du Boulay & Luckin, 2001) betrieben werden. Das Ziel hierbei ist, dass die Lehr-systeme sich dem Lernprozess der einzelnen Lernenden anpassen. Die Anpassung reicht vom Variieren des Faktors Zeit (vgl. Mastery Learning) bis hin zu elaborier-ten Varianten der computerbasierten adaptiven Unterstützung beim Aufbau von Problemlösekompetenzen im Rahmen von „faded worked out examples" (Schwonke et al., 2007).

Zusammengefasst zeigt sich das adaptive Lehren als Bemühung um optimale Passung des Unterrichts an die Nutzungsmöglichkeiten seitens der Lernenden. Im Rahmen der mehrebenenanalytischen Betrachtungsweise des Bildungswesens als Angebots-Nutzungs-Modell (vgl. Fend, 1998, 2002; Helmke, 2003) entspricht dies den Passungsbemühungen auf der Ebene des Unterrichts. Die Makroadaption des Unterrichts betrifft Maßnahmen der inneren Differenzierung zur Gestaltung eines individualisierenden Unterrichts, mit welchem die Lehrperson individuelle Lern-prozesse ermöglicht und sich die Gelegenheit für die Mikroadaption und die Über-wachung des individuellen Lernfortschritts der einzelnen Lernenden schafft. Die Mikroadaption des Unterrichts wiederum realisiert sich als Anpassung von Ange-bot und Nutzung im Rahmen der im Fokus der vorliegenden Arbeit stehenden Interaktion der Lehrperson mit einzelnen Lernenden.

2.1.2 Adaptivität als Merkmal von Unterrichtsqualität

Der individualisierenden Unterrichtsgestaltung kommt auch aus empirischer Sicht eine hohe Relevanz zu. Mit der Differenzierung und Adaptivität im Unterricht wird nach der optimalen Förderung der Lernprozesse der einzelnen Lernenden im Unterrichtsverband gesucht und damit auch den Bestrebungen nach einer kognitiv aktivierenden und schülerorientierten Unterrichtsgestaltung entsprochen, welche neben der klaren Strukturierung des Unterrichts und dessen Inhalten und der effizienten Klassenführung als relevante Merkmale eines lernförderlichen Unterrichts gelten (vgl. Clausen, Reusser & Klieme, 2003; Helmke, 2003; Klieme, 2006; Klieme, Lipowsky, Rakoczy & Ratzka, 2006a; Klieme et al., 2001; Kunter et al., 2006).

In Meta-Analysen der Lehr-Lernforschung im Rahmen des Prozess-Produkt-Paradigmas bestätigt sich die Bedeutung der adaptiven, individuellen Unterrichtsgestaltung und Lernunterstützung (Brophy, 1999; Fraser, Walberg, Welch & Hattie, 1987; Scheerens & Bosker, 1997). Eine von Seidel und Shavelson (2007) auf der Grundlage des Lern-Prozess-Modells von Bolhuis (Bolhuis, 2003) durchgeführte Meta-Analyse der Unterrichtsforschung der vergangenen zehn Jahre belegt ebenfalls, dass die aktive Einbindung der Lernenden in den Unterricht, die kognitive Aktivierung, Rückmeldungen an die Lernenden und das Überwachen von Lernfortschritt und Verstehensprozess bedeutende Effekte auf den Lernfortschritt sowie motivational-affektive Merkmale der Lernenden haben.

Der breite Konsens bezüglich der Bedeutung der Adaptivität im Unterricht schlägt sich erst langsam in der Forschung zu Formen der konkreten Umsetzung adaptiven Unterrichts nieder. Trotz theoretisch und empirisch belegter Relevanz finden sich erst wenige Studien zum Umgang mit Heterogenität im Unterricht und es besteht allgemein die Forderung nach mehr Forschung zu den Formen und Wirkungen der Individualisierung im Unterricht (vgl. Einsiedler, 2000; Lipowsky, 1999, 2002; Pauli, Reusser, Waldis & Grob, 2003; Tillmann & Wischer, 2006).

Die Analyse der Lektionen aus der Schweiz im Sample der TIMSS 1999 Videostudie in Bezug auf den Einsatz von Maßnahmen zur inneren Differenzierung wie zum Beispiel Schwierigkeitsgraddifferenzierung, individuelles Lerntempo, Möglichkeit zur Selbstkontrolle und Möglichkeit zur Kooperation zeigt, dass Formen innerer Differenzierung vor allem im Unterricht der Deutschschweiz durchaus eingesetzt werden (Hugener & Krammer, 2001, in Druck). Der Einsatz von Maßnahmen zur Öffnung des Unterrichts bestätigt sich auch in den Ergebnissen einer Lehrerbefragung in der Deutschschweiz (Stebler & Reusser, 2000). Auch im Grundschulunterricht in Deutschland werden verschiedene Formen der Öffnung des Unterrichts praktiziert (Hartinger, 2005). Der Physikunterricht der Sekundarstufe I hingegen ist relativ einheitlich als lehrerzentrierter Demonstrationsunterricht angelegt, in dem die Inhalte im Klassengespräch erarbeitet werden (Seidel et al., 2006; Seidel et al., 2007). Das bestätigt die von Hage, Bischoff, Dichanz, Eubel, Oehlschläger und Schwittmann (1985) festgestellte und breit rezipierte Monokultur des Frontalunterrichts in deutschen Schulen.

Die Erfragung von Skripts zur Gestaltung des Mathematikunterrichts durch Pauli und Reusser (2003) zeigt, dass sich sowohl bei den Lehrpersonen aus Deutschland als auch bei den Lehrpersonen aus der Schweiz die schriftlichen Beschreibungen von Einführungs- und Vertiefungsstunden unterscheiden. Die Einführungslektionen werden zum Beispiel von einer Mehrheit der Lehrpersonen als fragend-entwickelndes Unterrichtsgespräch charakterisiert. In den Vertiefungslektionen liegt der Anteil an selbständiger Schülerarbeit etwas höher. Gleichzeitig finden sich bei Lehrpersonen beider Länder alternative Inszenierungsmuster. Insbesondere in der Schweiz fallen die als „Erweiterte Lehr-Lernformen" (ELF) bezeichneten Lektionen mit reformorientierten Beschreibungen auf, welche von einem vermehrten Einbezug von Gelegenheiten zum selbständigen Problemlösen und diskursiven Elementen zu zeugen scheinen. Die „Erweiterten Lehr-Lernformen" finden in den entsprechenden Lektionen der Schweiz vor allem als Unterricht mit Wochenplan ihre Umsetzung. Sie werden von Experten im Vergleich zu traditionellem Unterricht mehrheitlich positiv eingeschätzt. Auch die Schülerinnen und Schüler berichten über ein höheres Wohlbefinden in diesem Unterricht (Pauli et al., 2003). Neben dem höheren Wohlbefinden im Unterricht werden weitere positive Wirkungen der individualisierenden Unterrichtsgestaltung auf überfachliche Kompetenzen festgestellt. So wirkt sich zum Beispiel die Öffnung des Unterrichts auf das Selbstbestimmungsempfinden der Lernenden aus, interessanterweise unabhängig davon, welche Formen der Öffnung eingesetzt werden (Hartinger, 2005).

In Bezug auf die Wirkung von individualisierendem Unterricht auf die schulischen Leistungen gibt es nur wenige und heterogene Befunde. Die Vermutung liegt nahe, dass die Leistungen weniger von der Unterrichtsform als von der Qualität von deren Umsetzung in Bezug auf allgemeine Kriterien der Unterrichtsqualität wie Klarheit, Strukturiertheit, kognitive Aktivierung und Verstehensorientierung abhängen (vgl. Beck et al., 2008; Lipowsky, 2002, 2006; Stebler & Reusser, 2000). Insbesondere der Qualität der Prozesse auf der Mikroebene des Unterrichts, welche sich in den kognitiv anregenden Interaktionen und verstehensorientierten Lernaktivitäten manifestiert, kommt eine entscheidende Rolle zu (Lipowsky, 2002). Für die Bedeutung des Unterstützungsverhaltens spricht auch der Befund von Weinert und Helmke (1996), die als gemeinsames Unterrichtsmerkmal von erfolgreichen Lehrpersonen u.a. feststellen, dass diese, falls nötig, den Lernenden individuelle Unterstützung anbieten. Lehrpersonen, welche den Unterricht adaptiv gestalten, werden von den Lernenden als unterstützender wahrgenommen (Vaughn, Schumm, Niarhos & Daugherty, 1993). Die Wahrnehmung eines unterstützenden Verhaltens durch die Lehrperson zeigt Zusammenhänge mit der Motivation, der Interessenentwicklung, dem Einsatz von tiefenorientierten Lernstrategien sowie der Qualität des Verstehens (vgl. Seidel & Prenzel, 2006, S. 229).

Offene, individualisierte Unterrichtsformen werden von den Lernenden als different zum traditionellen Unterricht wahrgenommen (Gijbels, van de Watering, Dochy & van den Bossche, 2006) und erfordern von ihnen erweiterte Kompetenzen zur Steuerung und Reflexion des eigenen Lernens (Lipowsky, 2002). Dies bedingt das Bewusstsein und die Kompetenz der Lehrperson für die Begleitung und Unterstützung der Lernenden.

Als Voraussetzungen zum Umgang mit der Heterogenität im Unterricht und Bestandteile einer adaptiven Lehrkompetenz (vgl. Beck et al., 2008) lassen sich demnach ein Repertoire von Methoden zur Differenzierung von Unterricht, Sachkompetenz und eine damit verbundene diagnostische Kompetenz charakterisieren, welche eine an den Lern- und Verstehensprozessen orientierte Gestaltung des Unterrichts unter Berücksichtigung der allgemeinen Qualitätsmerkmale für Unterricht erlauben und den Aufbau der Kompetenzen zum selbstgesteuerten Lernen unterstützen. Gerade die Orientierung am Lernprozess erweist sich als große Herausforderung (de Kock, Sleegers & Voeten, 2005) und die diagnostische Kompetenz als häufig unzulänglich (Heller, 2004). Zusätzlich wird die Bedeutung von einer die Heterogenität befürwortenden Einstellung der Lehrpersonen thematisiert, über deren tatsächlichen Einfluss auf die Gestaltung und Wirkung des Unterrichts liegen jedoch praktisch keine Befunde vor (vgl. Tillmann & Wischer, 2006).

Insgesamt zeigt sich, dass sowohl in der Forschung als auch in Konzepten des Unterrichts ein breiter Konsens in Bezug auf die Bedeutung der individualisierenden Unterrichtsgestaltung für die Entwicklung von fachlichen und überfachlichen Kompetenzen besteht. Die Qualität einer individualisierenden Unterrichtsgestaltung entscheidet sich weniger am Ausmaß der Öffnung oder an der Anzahl eingesetzter Differenzierungsaspekte als vielmehr an der Umsetzung von allgemeinen Qualitätsmerkmalen und insbesondere der Qualität der Prozesse des Lernens und der Interaktionen im Unterricht. Damit kommt dem Unterstützungsverhalten der Lehrperson eine besondere Bedeutung im Rahmen einer adaptiven Unterrichtsgestaltung zu.

2.2 Lehrer-Schüler-Interaktion als Medium und Methode des Unterrichts

Wie die Frage nach der Individualisierung im Unterricht hat auch die Auseinandersetzung mit der Interaktion zwischen der Lehrperson und den Lernenden und deren Bedeutung für den Aufbau von Wissen eine lange Tradition. Die Bedeutung des Gesprächs für das Lernen lässt sich bis zu grundsätzlichen, philosophischen Überlegungen zum Zusammenhang von Sprache und Denken zurückführen, die ebenfalls eine lange Tradition haben und immer noch hohe Aufmerksamkeit erfahren (z.B. Burri, 1997). Seit Beginn der Auseinandersetzung mit Fragen über die zentrale didaktische Frage des „Wie" des Lehrens steht das Gespräch als Möglichkeit der Unterstützung des Lernens durch eine ältere und fähigere Person im Mittelpunkt des Interesses der Unterrichtsgestaltung. Als Ursprungsform des Lernens im Dialog und als paradigmatisches Beispiel gilt das sokratische Lehrgespräch, in welchem beschrieben wird, wie Sokrates das Wissen, das sein Sklave und Schüler Menon in sich trägt, hervorlockt, ohne ihn direkt zu belehren. Platon lässt Sokrates das Grundprinzip der als Mäeutik bezeichneten fragenden Gesprächsführung folgendermaßen formulieren:

> Sieh nun aber zu, was er (der Schüler, d. Verf.) von dieser Verlegenheit (nachweislich falsche Ansicht, d. Verf.) aus mit mir suchend finden wird, indem ich ihn immer nur frage und niemals lehre. Und gib wohl Acht, ob du mich je darauf betriffst, dass ich ihn belehre und ihm vortrage und nicht seine eigenen Gedanken nur ihn abfrage. (Platon, 1991, S. 55, zitiert nach Becker-Mrotzek & Vogt, 2001, S. 71)

Diese Form der Gesprächsführung fußte bei Sokrates auf der Grundannahme, dass die Wahrheit in der Vernunft jedes Menschen verankert ist und nur mit Hilfe der „geistigen Geburtshilfe" ans Licht gebracht werden muss (griech. Maieutik „Hebammenkunst"). Sie dient als Vorbild der fragend-entwickelnden Unterrichtsmethode allgemein und der genetisch-sokratischen Methode von Wagenschein (Wagenschein, 1999). Im Zusammenhang mit der Führung von Klassengesprächen gilt die sokratische Gesprächsführung noch immer als beispielhafte Form, heute aber unter der lernpsychologischen Grundannahme, dass der Aufbau von Wissen und Verstehen basierend auf dem Vorwissen und in aktiver Auseinandersetzung mit dem Gegenstand erfolgt (vgl. Goldenberg, 1993).

Trotz der langen Tradition der Auseinandersetzung mit dem Lehrgespräch fand der Begriff der „Lehrer-Schüler-Interaktion" erst Anfang der 70er-Jahre Eingang in die deutschsprachige Diskussion, u.a. mit dem Kapitel „Soziale Interaktion in der Schulklasse" von Otto Peters im von Ingenkamp herausgegebenen Handbuch der Unterrichtsforschung (Peters, 1970). Beim Lesen dieses Handbuchkapitels wird deutlich, dass die Lehrer-Schüler-Interaktion zu Beginn vor allem aus sozialpsychologischer Perspektive betrachtet wurde. Auch im anglo-amerikanischen Standardwerk zur Lehrer-Schüler-Interaktion von Brophy und Good (1976), das auch auf deutsch übersetzt wurde und in welchem die Autoren eingangs die Anpassung des Unterrichts an die individuellen Lernvoraussetzungen fordern, stehen die Erwartungshaltungen der Lehrperson gegenüber den Lernenden und die Auswirkung dieser Erwartungshaltungen auf die Lernenden und deren Lernerfolg im Zentrum der Forschung zur Lehrer-Schüler-Interaktion. In diesem Zusammenhang breite Rezeption hat der Pygmalion-Effekt (auch Rosenthal-Effekt) erfahren, welcher beschreibt, dass der Erfolg von Lernenden im Sinne einer selbsterfüllenden Prophezeiung den Erwartungshaltungen der Lehrperson gemäß verläuft. Im abschließenden Ratschlag der Autoren kommt die damalige Beziehungs- und Verhaltensorientierung in der Diskussion um die Lehrer-Schüler-Interaktion deutlich zum Ausdruck: die Lehrpersonen sollten vor allem Freude am Unterrichten zeigen und sich auf die Unterstützung von leistungsschwächeren Schülerinnen und Schülern konzentrieren. Die eingangs geforderte Adaptivität im Unterricht äußert sich hauptsächlich in der Forderung nach der Einbindung von Schülerinteressen und realistischen Zielerwartungen gegenüber den Lernenden (Brophy & Good, 1976).

Unter dem Begriff der Lehrer-Schüler-Interaktion wird aktuell in den Handbüchern der Erziehungswissenschaft und Pädagogischen Psychologie, wie von Peters (1970) eingeführt und von Biermann (1985) in seinem Buch „Interaktion – Unterricht – Schule" fortgesetzt, hauptsächlich auf den Erziehungs- und Sozialisationsaspekt der Interaktion eingegangen (z.B. Brunner, 2006; Perrez, Huber & Geissler, 2006). Im um zehn Jahre älteren Standardwerk der Pädagogischen Psychologie aus dem anglo-amerikanischen Forschungsraum von Gage und Berliner (1996) werden zum Thema der Interaktion im Unterricht Ergebnisse aus der Prozess-Produkt-Forschung zusammengefasst, in deren Tradition nach den leistungsförderlichen Merkmalen des Unterrichts gesucht wurde. Dort wird zum Beispiel das Frageverhalten der Lehrperson im Unterricht oder ihre Reaktion auf Schüler-Antworten im Klassengespräch erörtert. Eine Ergänzung um die kognitionspsychologische Perspektive leistet Richert (2006). Neben der Charakterisierung von Unterricht als Interaktionsgeschehen (hier lassen sich die oben genannten Ansätze zu Erziehung und Sozialisation einordnen) gibt sie einen kurzen Überblick über die Lehrer-Schüler-Interaktion als Thema der Didaktik sowie vor allem der Lehr-Lernforschung und erweitert damit das Feld mit den Ansätzen zur Erforschung von Interaktionsmustern im Unterricht und der Konversationsanalyse.

Diesen Entwicklungslinien folgend lassen sich eine eher pädagogische Perspektive mit dem Schwerpunkt der Beziehungsgestaltung und eine stärker didaktische Perspektive auf die Lehr-Lernprozesse in der Lehrer-Schüler-Interaktion unterscheiden. Diese Gliederung entspricht auch dem Vorschlag zur Einordnung der Forschung zu Lehrer-Schüler-Interaktionen von Einsiedler (2000) und von Thies (2000) in dem von Schweer (2000) herausgegebenen Buch „Lehrer-Schüler-Interaktion: Pädagogisch psychologische Aspekte des Lehrens und Lernens in der Schule". Beide strukturieren ihre Darstellung der Befundlage zur Lehrer-Schüler-Interaktion nach deren Bedeutung für a) die Beziehungsgestaltung und b) das Anregen, Begleiten und Unterstützen der Lern- und Verstehensprozesse. Dieser Gliederung folgend wird ein Überblick über die beiden Perspektiven auf die Lehrer-Schüler-Interaktion gegeben und abschließend auf Möglichkeiten der Analyse der Lehrer-Schüler-Interaktion im Unterricht eingegangen.

2.2.1 Lehrer-Schüler-Interaktion als Beziehungsgestaltung

Im Rahmen der geisteswissenschaftlichen Pädagogik wurde die Lehrer-Schüler-Interaktion lange Zeit vor allem unter dem Aspekt der Beziehung betrachtet, wie sie zum Beispiel bei Nohl (1935/2002) als *pädagogischer Bezug* (erste explizite theoretische Fundierung der pädagogischen Beziehung) oder bei Bollnow (1964/2001) als die zwischenmenschliche *Begegnung* (konstitutiv für die Menschwerdung) beschrieben wird. In diesem Zusammenhang wurde auf Dimensionen des Beziehungs- und Erziehungsverhaltens fokussiert, welche aktuell hauptsächlich in der Erziehungspsychologie behandelt werden (Thies, 2000). Als zentrale Ziele der Beziehungsgestaltung in der Interaktion wurden die Persönlichkeitsentwicklung und der Aufbau von Einstellungen diskutiert. In diesem Verständnis beschreibt die Interaktion nicht einfach den Austausch zwischen zwei Personen, sondern sie ist Ausdruck der menschlichen Beziehung, welche wie zum Beispiel bei Freire (1974) von gegenseitigem Respekt und Interesse sowie der Gleichstellung der Interaktionspartner geprägt sein sollte (vgl. Renshaw, 2004).

Eines der ersten zur Analyse der Lehrer-Schüler-Interaktionen entwickelten Kategoriensysteme war das FIAC (Flanders Interaction Analysis Categories) (vgl. Einsiedler, 2000). Flanders unterscheidet in den 60er-Jahren zwischen indirektem und direktem Lehrverhalten und empfiehlt für einen effektiven Unterricht ein eher indirektes Lehrverhalten, welches sich durch die Akzeptanz von Schülergefühlen, Lob und Ermutigung, das Eingehen auf Ideen von Schülerinnen und Schülern und das Stellen von Fragen auszeichnet. Das Verfahren von Flanders wurde über viele Jahre hinweg relativ häufig eingesetzt, hat aber größere Reliabilitäts- und Validitätsprobleme (vgl. Klauer, 2006, S. 86f.).

Dem Ausdruck der Beziehungsgestaltung in der Interaktion wurde im Rahmen der Erziehungs- und Unterrichtsstilforschung nachgegangen (vgl. Thies, 2000). Vor allem im deutschsprachigen Raum sehr einflussreich sind die Analysen des Beziehungsverhaltens von Tausch und Tausch (1998), die in der Tradition der humanistischen Psychologie und geprägt durch die Arbeiten von Carl Rogers entstanden sind. Als Dimensionen des Erziehungsverhaltens identifizierten sie einerseits die Wertschätzung/Geringschätzung und andererseits die Lenkung/Autorität. Davon ausgehend empfehlen sie die folgenden vier Verhaltensweisen zur Förderung der Persönlichkeitsentwicklung:

- Achtung – Wärme – Rücksichtnahme;
- Empathisches Verstehen;
- Echtheit – Übereinstimmung – Aufrichtigkeit;
- Förderliche, nicht dirigierende Einzelaktivitäten.

Zur Beobachtung des entsprechenden Beziehungsverhaltens der Lehrpersonen im Unterricht legen Tausch und Tausch Operationalisierungen der genannten Dimensionen vor. Die Forschungsgruppe um Tausch und Tausch hat insbesondere für die emotionale Wärme positive Effekte auf das Wohlbefinden der Lernenden festgestellt. Zusammenhänge zu Leistungsbereitschaft und -verhalten konnten keine nachgewiesen werden (vgl. Einsiedler, 2000).

Fragen der Gestaltung der Beziehung sowie des Erziehungsverhaltens gehören in der Unterrichtsforschung in den Bereich der Klassenführung sowie des Klassenklimas und stehen nicht im Zentrum dieser Arbeit. Trotz einer großen Einigkeit darüber, dass das Klassenklima sehr entscheidend für die Lernbereitschaft und letztlich die Leistung der Schülerinnen und Schüler ist, hat sich gezeigt, dass die Erforschung des Klassenklimas u.a. aufgrund der Probleme bei der reliablen Erfassung von beziehungsbezogenen Komponenten sehr schwierig ist (z.B. Helmke, 2002). Der Fokus der vorliegenden Arbeit ist nicht auf das Erziehungsverhalten der Lehrperson und deren emotionale Beziehung zu den Lernenden gerichtet, sondern auf die Form der Unterstützung der Lern- und Verstehensprozesse während der

Phasen der selbständigen Schülerarbeit, auf deren Bedingungen im Folgenden eingegangen wird. Die Frage nach der Beziehungsgestaltung respektive der pädagogischen Dimension der Interaktionen im Unterricht bleibt aber unbestritten von
hoher Relevanz (z.b. Bönsch, 2002). Der Fokus auf das soziale Lernen im Unterricht ermöglicht das Schaffen der Verhaltensvoraussetzungen für Lehr-Lernprozesse und die wertschätzende Haltung gegenüber den Lernenden ist die Grundlage für deren Partizipation im Unterricht.

2.2.2   Lehrer-Schüler-Interaktion als Lernunterstützung

Das Unterrichtsgespräch als Medium und Methode jeden Unterrichts (Bittner,
2006) hat neben der geschilderten Funktion für die Beziehungsgestaltung die
zentrale didaktische Funktion der Anregung und Begleitung des Lernens (z.b.
Cowie & van der Aalsvoort, 2000; Hicks, 1996). Die Unterrichtsforschung belegt,
dass die Qualität des Unterrichtsgesprächs und der Lehrer-Schüler-Interaktionen
Einfluss auf den Lernerfolg der Schülerinnen und Schüler haben (z.b. Brophy,
1999; Scheerens & Bosker, 1997).

Überlegungen zur lernförderlichen Form der Lehrer-Schüler-Interaktion
basieren auf dem ihnen zugrunde liegenden Lernverständnis. Aus der behavioristischen Perspektive wurde unter Ausblendung der Prozesse der Informationsverarbeitung das Lernen als rezeptiver Prozess und dementsprechend das Lehren
als die Vermittlung (Transmission) von Wissen und die positive Verstärkung
erwünschten Verhaltens charakterisiert (vgl. Edelmann, 2000). Unter anderem ausgelöst durch den „Sputnik-Schock" wurde in der Diskussion über Unterricht die
Frage virulent, wie in der Schule der Aufbau von Schlüsselkompetenzen zum auto-
nomen, kreativen Lernen und Problemlösen gefördert werden kann. Basierend auf
der Lehr-Lernforschung der vergangenen ca. fünfzig Jahre wird heute Lernen übereinstimmend als konstruktiver Prozess aufgefasst und hat das Modell der Wissensvermittlung, wie es mit dem Nürnberger Trichter karikiert wird und welches auf der
Annahme der Möglichkeit eines rein rezeptiven Lernens basiert, ausgedient: „It is a
constructive, cumulative, self-regulated, goal-oriented, situated, collaborative, and
individually different process of knowledge building and meaning building" (De
Corte, 1995, S. 40).

Im Rahmen des aktuellen Verständnisses von Lernen als konstruktivem, selbst-
gesteuertem Prozess, in dem die Lernenden in Interaktion mit bedeutungsvollen
Inhalten und anderen Menschen basierend auf ihrem Vorwissen ihre Kompetenzen
aufbauen, erweitert sich die Rolle der Lehrperson und damit auch die Funktion der
Lehrer-Schüler-Interaktion. Die dementsprechend erweiterten Dimensionen des
Handelns der Lehrperson beschreibt Bolhuis (2003) als „Process-oriented
Teaching". Mit dieser Begriffswahl betont sie die Ausrichtung des Unterrichts auf
die Lernprozesse der einzelnen Schülerinnen und Schüler. Ausgehend von der
Multidimensionalität der Lernprozesse unterscheidet sie vier Prinzipien (Bolhuis,
2003, S. 338ff.):

- Unterstützen des Übergangs von fremd- zu selbstgesteuertem Lernen: Aufbau von Kompetenzen zur Reflexion und Steuerung des eigenen Lernens;
- Stimulieren der geistigen Aktivität: herausfordernde Problemstellungen, bedeutungsvolle Kontexte;
- Aufmerksamkeit für emotionale Aspekte des Lernens: Motivation, günstige Attributionsmuster und Unsicherheitsorientierung fördern;
- Prozess und Ergebnis des Lernens als soziales Phänomen: Aufbau von sozialen und kollaborativen Kompetenzen, Anregen der kritischen und gemeinsamen Auseinandersetzung dadurch, dass Wissen immer eine soziale Konstruktion von Realität darstellt.

In den vier Prinzipien wird die verstärkte Orientierung des Unterrichtens an den je individuellen sozialen, motivationalen und regulatorischen Bedingungen des Lernens, aber auch das Ziel der Ermöglichung von Lernprozessen mit hoher Verstehensintensität deutlich. Insofern werden in den vier Prinzipien des Processoriented Teaching die Unterrichtsqualitätskriterien der Schülerorientierung und der kognitiven Aktivierung integriert und es wird der multiplen Bedingtheit des Lernens Rechnung getragen. Damit hat das Lehr-Lernverständnis gegenüber dem herkömmlichen Modell der direkt instruktionalen Wissensvermittlung eine starke Erweiterung und psychologische Fundierung erfahren.

Erstens sind Lernprozesse multipel bedingt und verlaufen individuell unterschiedlich. Entsprechend erfordert das Unterrichten ein Bewusstsein für die Heterogenität und die multiplen Bedingungsfaktoren sowie eine adaptive Unterrichtsgestaltung.

Zweitens wird Lernen explizit als sozialer Prozess betrachtet, entsprechend kommt der Interaktion für das Lernen eine zentrale Bedeutung zu. Im Rahmen sozial-konstruktivistischer Theorien wird die Bedeutung der Interaktion für das Lernen eingehend untersucht und wurde die Metapher „Scaffolding" (englisch: scaffold = Gerüst) für die Beschreibung der aktiven und einfühlsamen Lehrer-Schüler-Interaktion eingeführt. Auf die Bedeutung der Interaktion für das Lernen im Rahmen des sozial-konstruktivistischen Lernverständnisses wird in Kapitel 4.1 näher eingegangen.

Drittens strebt Unterricht multikriteriale Wirkungen an. Neben dem Aufbau von inhaltlichen Kompetenzen wird die zunehmende Steuerung des eigenen Lernens angestrebt (z.B. Reusser, 2001a). Der Unterricht zielt sowohl auf kognitive und metakognitive Wirkungen als auch auf emotionale und motivationale Wirkungen wie zum Beispiel die empfundene Selbstwirksamkeit, die Motivation und das Interesse ab (z.B. Pintrich, Marx & Boyle, 1993).

Über lange Zeit wurden die Dimensionen der Persönlichkeitsentwicklung und des fachlichen Lernen getrennt betrachtet. Mittlerweile hat sich gezeigt, dass die Förderung beider Dimensionen für das (mathematische) Lernen wichtig ist und sie sich in keiner Weise ausschließen (Kunter, 2005). Im Rahmen der Analyse von Unterrichtsdialogen bestätigt sich, dass „challenge" und „caring" einander nicht ausschließen und Lehrpersonen im Unterrichtsgespräch gleichzeitig die Motivation fördern und das Denken herausfordern können (Turner & Meyer, 2004). Für die durch die Lernenden wahrgenommene Motivationsunterstützung und kognitive Aktivierung erweist sich die strukturierte Unterrichtsführung als besonders bedeutsam (Rakoczy, 2006; Rakoczy et al., 2007).

Brophy (1999) beurteilt die adaptive verstehensorientierte Unterstützung der Lernprozesse als zentrale Komponente des Unterrichtens. Formen der verstehensorientierten und schülerorientierten Lehrer-Schüler-Interaktion sind zum Beispiel kognitiv aktivierende Fragen, welche die Reflexion sowohl über den Inhalt als auch über den Lernprozess anregen (z.b. Mercer, 1995). Das Entwickeln der Inhalte und Kernideen geschieht in verstehensorientierten Gesprächen, an denen die Lernenden aktiv partizipieren. Für die aktive Partizipation der Lernenden kann ein Einfluss auf deren Lernprozesse und -ergebnisse nachgewiesen werden (Pauli & Lipowsky, 2007; Seidel & Kobarg, in Vorb.). Fehler oder unterschiedliche Vorgehensweisen werden im verstehensorientierten Unterricht als Lerngelegenheiten erkannt und als Ausgangspunkt für die Reflexion des Vorgehens genutzt. Leider zeigt sich zum Beispiel in den Physiklektionen der IPN-Videostudie, dass im Unterrichtsgespräch selten Fehler thematisiert werden. Es bestätigt sich dafür, dass die Vermischung von Bewertungs- und Lernsituationen dem Thematisieren und Eingehen auf Fehlvorstellungen und Denkfehler abträglich ist (Meyer, Seidel & Prenzel, 2006; Seidel et al., 2006). Die Förderung der Partizipation der Lernenden bedingt wie bereits im Rahmen der pädagogischen Perspektive auf die Lehrer-Schüler-Interaktionen aufgezeigt (Kapitel 2.2.1) ein Klima der gegenseitigen Wertschätzung und die Transparenz der Verstehensorientierung sowie eine entsprechende Bewertungskultur. Mit letztgenanntem Punkt wird wieder deutlich, dass das Interaktions- und Unterrichtsgeschehen immer in den Zusammenhang mit den schulischen Rahmenbedingungen zu setzen ist (systemtheoretisches Angebots-Nutzungs-Modell von Schule und Unterricht, vgl. z.B. Fend, 2002) und zum Beispiel die Etablierung einer oberflächlichen Testkultur hinderlich sein kann für die Verstehensorientierung im Unterricht (vgl. Oelkers & Reusser, 2008). Deshalb muss das Verhalten der Lehrpersonen auch in Abhängigkeit zu entsprechenden Normierungsprozessen betrachtet werden.

Videobasierte Unterrichtsanalysen zeigen, dass die Lehrpersonen das Unterrichtsgespräch dominieren, wenig auf die individuellen Lernprozesse der Schülerinnen und Schüler eingehen (Bliss et al., 1996; Kobarg, Prenzel & Schwindt, in Druck; Kobarg & Seidel, 2007; Seidel et al., 2006) und das Gespräch auch stabil über mehrere Inhalte und Zeitpunkte hauptsächlich für Erklärungen nutzen (Seidel & Prenzel, 2006). Dies könnte als Hinweis auf ein unzureichend aktualisiertes Lernverständnis der Lehrpersonen gedeutet werden, die noch immer von der direkten Vermittlung und Aufnahme von Wissen ausgehen (Duit & Treagust, 2003). Auch die Analyse des Umgangs mit Schülerfehlern in Lektionen aus den USA und Italien ergibt, dass auftretende Fehler selten als Diskussionsgelegenheit in Bezug auf die angewendeten Strategien wahrgenommen werden (Santagata, 2005). Das Verhalten der Lehrpersonen aus den beiden Ländern unterscheidet sich insofern, als dass die Lehrpersonen in den USA möglichst schnell die richtige Antwort

suchen und bei Auftreten eines Fehlers die Frage von anderen Lernenden beantworten lassen, während die Lehrpersonen in den italienischen Lektionen die
Lernenden dazu veranlassen, ihre eigene falsche Antwort zu korrigieren. Der
Unterschied könnte laut der Autorin ein Hinweis auf ein unterschiedliches Lernverständnis sein. Jedenfalls veranschaulichen die Ergebnisse die Notwendigkeit,
Lehrpersonen für die Schüler- und Verstehensorientierung im Interaktionsverhalten
zu sensibilisieren und diese in Aus- und Weiterbildung zum zentralen Bezugspunkt
der Gestaltungsformen von Unterricht zu machen sowie einen reflexiven Umgang
mit dem eigenen Interaktionsverhalten aufzubauen.

Die angesprochenen Ergebnisse zur Form der Lehrer-Schüler-Interaktionen
stammen aus der Untersuchung von Lehrer-Schüler-Interaktionen im gesamten
Unterricht.[6] Im Fokus der vorliegenden Arbeit stehen die Lehrer-Schüler-Interaktionen in den Phasen der selbständigen Schülerarbeit. Auf Forschungsergebnisse
aus der Unterrichtsforschung zur individuellen Lernunterstützung spezifisch in
diesen Phasen der selbständigen Schülerarbeit wird weiter unten detailliert eingegangen. Einerseits liegen Ergebnisse aus Beobachtungen des Verhaltens der Lehrpersonen während der Schülerarbeitsphasen vor (vgl. Kapitel 2.3). Andererseits
wurde im Rahmen des sozial-konstruktivistischen Lernverständnisses vor allem in
Tutoring-Situationen nach den Bedingungen und Wirkungen der individuellen
Lernunterstützung geforscht (vgl. Kapitel 5).

Insgesamt zeigt sich bezüglich der Ziele des Unterrichts allgemein und insbesondere des Unterrichtsgesprächs, dass sowohl die Gestaltung eines wertschätzenden Klimas und die Förderung Persönlichkeitsentwicklung als auch die Unterstützung der kognitiven und metakognitiven Aspekte des Lernens von großer Bedeutung sind (z.B. Salonen & Vauras, 2006). Im Fokus dieser Arbeit steht vor
allem die Unterstützung, welche die Lehrperson in Bezug auf den Aufbau von
Wissen gibt. Die Funktion der Interaktion für den Aufbau von Wissen und
bedeutsame diesbezügliche Merkmale werden in Kapitel 4 erörtert.

2.2.3   Theorien und Methoden zur Erfassung
der Lehrer-Schüler-Interaktion

Aufgrund der Bedeutung der Unterrichtsgespräche ist ein reflexiver Umgang mit
dem Interaktionsverhalten im Unterricht unabdingbar (Bittner, 2006; Thies, 2000).
So relevant die Auseinandersetzung mit der Lehrer-Schüler-Interaktion ist, so
heterogen zeigt sich aber auch die Theorie- und Forschungslandschaft, die sich mit
der Interaktion befasst, und es erweist sich als schwierig, eine Übersicht zu gewin-

---

6   In Bezug auf das öffentliche Unterrichtsgespräch häufig kritisiert wird das fragend-entwickelnde Lehrgespräch, wie es zum Beispiel von Aebli (1997) beschrieben wird. Pauli
(2006) zeigt einleuchtend auf, dass das fragend-entwickelnde Vorgehen im Unterricht als
geleiteter problemlösender Aufbau von Strukturen in keiner Weise einem lehrergeleiteten
Ratespiel gleichzusetzen ist und unter Einhaltung der Kriterien der Verstehens- und Schülerorientierung und der Reflexivität im Lösungsprozess die Umsetzung eines sozial-
konstruktivistischen Lernverständnisses darstellt.

nen (z.B. Edwards & Westgate, 1994). Wie zu Beginn des Kapitels aufgezeigt, geht die Auseinandersetzung mit der Interaktion als Methode und Medium des Lehrens und Lernens bis auf Sokrates zurück. Unterschiedliche Forschungsdisziplinen wie die Psychologie, Linguistik, Anthropologie und Pädagogik befassen sich mit der Sprache und beeinflussen die Diskussion um die Interaktionen im Unterricht (z.B. Burbules & Bruce, 2001; Gayle, Preiss, Burrell & Allen, 2006; Renshaw, 2004; Rex, Steadman & Graciano; 2006). Gemeinsam sind den unterschiedlichen Ansätzen die Fragen nach der Funktion der Sprache für das Denken und nach den Merkmalen der Sprache. Aktuelle Positionen im Rahmen der Erforschung der sozialen Interaktionen gehen davon aus, dass sich das Denken einerseits in der Interaktion manifestiert und diese strukturiert, andererseits wird durch die Interaktion gleichzeitig das Denken angeregt (Burbules & Bruce, 2001; Schegloff, 1989; van der Aalsvoort & Harink, 2000).

Die Heterogenität der Disziplinen und Ansätze, welche sich mit der sprachlichen Interaktion befassen, spiegelt sich in der Heterogenität der Begrifflichkeiten, die zu deren Bezeichnung verwendet werden. Die Breite und die unterschiedliche Verwendung der Bezeichnung der Lehrer-Schüler-Interaktionen als Kommunikation im Unterricht (z.B. Becker-Mrotzek & Vogt, 2001; Gayle et al., 2006; Wilkinson, 1982), Diskurs im Unterricht (z.B. Cazden, 1986; Cazden, 1988; Christie, 2005; Green & Harker, 1988; Kieran, Forman & Sfard, 2002; Walshaw & Anthony, 2008), Unterrichtsgespräch (z.B. Edwards & Westgate, 1994; Lampert & Blunk, 1998; Nürnberg, 1999), Gespräch zwischen Lehrperson und Lernenden (z.B. Mercer, 1995) oder Dialog (z.B. Burbules & Bruce, 2001; Palincsar, 1986; Renshaw, 2004; Ruf & Gallin, 1998) verdeutlichen die Vielschichtigkeit des Phänomens.

Allgemeine kommunikationspsychologische Ansätze befassen sich hauptsächlich mit den Prozessen der Interaktion als Austausch von Informationen. Zum Beispiel unterscheidet Schulz von Thun (2001) im Modell der vier Seiten einer Botschaft den sachbezogenen Aspekt der Information (Inhalt), die Botschaft über das Verhältnis zur Interaktionspartnerin oder zum Interaktionspartner (Beziehung), die Handlungsaufforderung an das Gegenüber (Appell) und eine Aussage über das Befinden der eigenen Person (Selbstoffenbarung). Entsprechend der beschriebenen vier Seiten einer Nachricht hört das Gegenüber auch mit vier Ohren (ebd.). Wird die Botschaft im Sinne des oder der Sprechenden interpretiert, entspricht dies einer kongruenten Interaktion. Wird die Botschaft anders verstanden, besteht eine Inkongruenz. Das Erkennen von Inkongruenzen in der Interaktion erlaubt das Überdenken des kommunikativen Handelns und das Entwickeln von konkreten Alternativen für weitere Interaktionen. Voraussetzungen für kongruente Interaktionen sind nach Schulz von Thun (2001) die Echtheit und Authentizität, die Klarheit und die Offenheit der Personen.

Im Rahmen (sozio-)linguistischer Ansätze wird verstärkt die Form des Gesprächs im Unterricht untersucht. Eines der ersten Bücher mit linguistischen Zugänge zum Unterrichtsgespräch ist das von Cazden, John und Hymes anfangs der 70er-Jahre des 20. Jahrhunderts (1972). Es versammelt Beiträge zu linguistischen

Aspekten der Sprache von Kindern und der Verwendung der Sprache im Unterricht, erste Studien zu Gesprächsmustern im Unterricht werden vorgelegt. Mittlerweile liegen viele linguistisch orientierte Forschungsarbeiten zur Interaktion im Unterricht vor, welche sich hauptsächlich qualitativer Methoden der Diskursanalyse, Ethnomethodologie und Ethnographie bedienen (van der Aalsvoort & Harink, 2000).

Im Rahmen eher allgemein ausgerichteter Ansätze der Interaktions- und Konversationsanalyse wurde das typische Dialogmuster im Unterricht als IRE-Muster (Initial-Reply-Feedback) durch Mehan (1979) beschrieben, welches häufig zitiert wurde und als Argument für die Kritik an der Engführung im Unterrichtsgespräch und zum Teil sehr unproduktive Diskussionen über die richtige Interaktions- oder Fragetechnik im Unterricht diente (Macbeth, 2003), ohne dass es mit Anspruch auf eine Aussage zur Qualität des beschriebenen Gesprächs identifiziert worden war (vgl. Pauli, 2006).

Ein Beispiel der disziplinär ausgerichteten Weiterentwicklung der linguistischen Unterrichtsanalyse sind die mathematikdidaktischen Arbeiten von Cobb, Bauersfeld und Krummheuer (Becker-Mrotzek & Vogt, 2001). Sie beschreiben die interpretative Interaktionsanalyse zur Identifizierung von Interaktionsmustern im (erfolgreichen) Mathematikunterricht und betonen die soziale Einbettung der Bedeutungskonstruktion im Dialog (z.B. Bauersfeld, 1994; Bauersfeld, 1995; Cobb & Bauersfeld, 1995; Maier & Voigt, 1991; Voigt, 1995).

Aktuell beruhen viele qualitative Untersuchungen zur Lehrer-Schüler-Interaktion auf sorgfältigen Mikroanalysen von erfolgreichen Unterrichtsgesprächen (vgl. Pauli, 2006), sowohl in Bezug auf das öffentliche Unterrichtsgespräch (z.B. Kovalainen, Kumpulainen & Vasama, 2001; Leinhardt & Steele, 2005) als auch in Bezug auf Einzelgespräche wie zum Beispiel im Tutoring (z.B. Lepper, Drake & O'Donnell-Johnson, 1997; Merrill, Reiser, Merrill & Landes, 1995).

Als Metapher für das Lernen im Dialog fand das „Scaffolding" Eingang in die englischsprachige Diskussion um die Analyse der Lehrer-Schüler-Interaktionen: „Scaffolding provides a powerful image of dialogic instruction" (Renshaw, 2004). Die Metapher wurde von Wood, Bruner und Ross zum Beschreiben der Unterstützung von Kindern beim Lösen eines Problems eingeführt (Wood et al., 1976) und wurde zum Synonym der Unterstützung beim Durchqueren der von Vygotsky konzipierten Zone der nächsten Entwicklung beim Lernen (Cazden, 1988; Stone, 1998). Mittlerweile hat sich Scaffolding auch als Synonym für die verstehensorientierte Unterstützung des zunehmend selbständigen Lernens und Problemlösens durch die Schülerinnen und Schüler im Unterrichtsgespräch etabliert (Cazden, 1988; Collins et al., 1989; Hogan & Pressley, 1997c). Entsprechend ist das Konzept des Scaffoldings von zentraler Bedeutung für die vorliegende Arbeit, weshalb auf die Einführung und die Merkmale des Scaffoldings als Lernunterstützung sowie die diesbezügliche Forschung ausführlich eingegangen wird (vgl. Kapitel 4 und 5).

Eher quantitative Forschungszugänge zur Lehrer-Schüler-Interaktion finden sich im Rahmen der Prozess-Produkt-Forschung, in der nach Merkmalen des Lehrerverhaltens gesucht wird, welche Einfluss auf die Leistungsentwicklung der

Schülerinnen und Schüler haben. In diesem Zusammenhang wurden einzelne Komponenten des Interaktionsverhaltens der Lehrperson wie zum Beispiel das Frageverhalten genauer untersucht (Diedrich, Thussbas & Klieme, 2002; Hiebert & Wearne, 1993; Niegemann & Stadler, 2001; Zohar, Schwartzer & Tamir, 1998). Ergebnisse aus der Forschung zum Unterrichtsgespräch waren zum Beispiel, dass die Wartezeit nach der Lehrerfrage ausreichend bemessen sein soll, so dass den Lernenden angemessen Zeit zum Denken bleibt (z.B. Brophy & Good, 1986; Gage & Berliner, 1996; Shuell, 1996). In Bezug auf die Qualität der Lehrerfrage hat sich herausgestellt, dass eine höhere kognitive Aktivierung der Lernenden erzielt wird durch offene Fragen nach Begründungen und Möglichkeiten des Vorgehens als durch geschlossene Fragen mit nur einer Antwortmöglichkeit (z.B. Hiebert & Wearne, 1993).

Kritisiert wird an dieser Forschungstradition der statische Interaktionsbegriff, in dem nur einzelne Merkmale der Lehrperson mit einzelnen Merkmalen der Lernenden in Beziehung gesetzt werden (z.B. Perrez et al., 2006; Thies, 2000). Daher geht der Trend von unidirektionalen Modellen zur Erforschung von Wechselwirkungen, wie sie im transaktionalen Modell der Interaktion von Nickel beschrieben werden (Nickel, 1985). Lehrperson und Lernende beeinflussen gemeinsam den Verlauf der Interaktion, intrapersonale Bedingungsvariablen prädeterminieren die konkrete Interaktion und modifizieren die aktuellen kognitiven und emotionalen Prozesse:

> Der Lehrer reagiert auf den Schüler, durch die Gegenreaktion des Schülers wird aber gleichermassen das Folgeverhalten des Lehrers reguliert (soziale Interaktion). Die Verhaltensweisen beider werden zusätzlich durch selektive Wahrnehmungsprozesse gefiltert und unterliegen einer Vielzahl von Einflüssen (Person-Situation-Interaktion). Letztendlich führt die Verschränkung der wechselseitigen Wahrnehmungsprozesse zu einer Transformation der Situation als solcher (Transaktion). (Thies, 2000, S. 53f.)

Neben der Berücksichtigung der Dynamik der Interaktion fordern Perrez und Mitarbeitende (2006) den Einbezug der im systemtheoretischen Ansatz unterschiedenen Makro-, Meso- und Mikroebene des Unterrichts. Die Forderung nach einem verstärkten Einbezug der Dynamik der Interaktion, der Rolle der Lernenden und der systemtheoretischen Sichtweise findet breite Unterstützung (z.B. Kumpulainen & Mutanen, 2000; Rogoff, 1990) und wird auch spezifisch für die Analyse des Scaffoldings im Mathematikunterricht formuliert (Anghileri, 2006). Gleichzeitig genügen aber nur wenige Untersuchungen diesen Ansprüchen, meist im Rahmen detaillierter Fallanalysen.

Ein weiterer Kritikpunkt an der quantitativ orientierten empirischen Forschung betrifft, dass diese sich vorwiegend mit leistungsbezogenen Interaktionen und störungsbezogenen Interaktionen befasst (Shuell, 1996). Sozio-emotionale Effekte wurden meist vernachlässigt (Hascher, Baillod & Wehr, 2004). Dabei zeigen sich gerade für die Klassengesprächsmerkmale Zusammenhänge mit emotionalen Aspekten des Lernens. Zum Beispiel kann sich die Engführung im Gespräch negativ auf Motivation und Interesse auswirken (Seidel, Rimmele & Prenzel, 2003b).

Im Rahmen des um die multiplen Dimensionen und Bedingungen des Lernens erweiterten Angebots-Nutzungs-Modells des schulischen Lernens (als sogenannt erweitertes Prozess-Produkt-Paradigma) stellen Videoanalysen ein geeignetes Verfahren zur Beschreibung der Prozessqualität des Unterrichts dar (Hugener et al., 2006b; Pauli & Reusser, 2006; Petko, Waldis, Pauli & Reusser, 2003; Seidel et al., 2006; von Aufschnaiter & Welzel, 2001). Im Vergleich mit Befragungsdaten der Lehrpersonen und der Lernenden erweist sich die Unterrichtsbeobachtung von Außenstehenden auf der Basis von Videoaufnahmen für die Erfassung von Interaktionsmerkmalen als überlegen (Kobarg et al., in Druck; Seidel & Shavelson, 2007).[7] Aus diesem Grund werden auch für die vorliegende Arbeit die im Rahmen der TIMSS 1999 Videostudie in der Schweiz gefilmten Lektionen als Ausgangspunkt der Analyse der Lehrer-Schüler-Interaktionen verwendet. Die videobasierte Unterrichtsforschung mit großen Samples, wie sie zum Beispiel mit den in Ergänzung zu internationalen Vergleichsstudien durchgeführten TIMSS 1995 und TIMSS 1999 Videostudien vorliegen, haben bis anhin hauptsächlich die Beschreibung von Unterrichtsmerkmalen, die sich auf den Aufbau und den Inhalt der Lektionen beziehen, geleistet. Im Rahmen der IPN-Videostudie werden darüber hinaus Prozessmerkmale wie zum Beispiel die prozessorientierte Lernbegleitung einbezogen. Auch für Daten aus der deutsch-schweizerischen Videostudie zum Mathematikunterricht „Unterrichtsqualität, Lernverhalten und mathematisches Verständnis" (Klieme, Lipowsky, Rakoczy & Ratzka, 2006a; Lipowsky, Rakoczy, Klieme, Reusser & Pauli, 2005) ist über die Beschreibung der Lektionen und deren Verlauf und Inhalt (Klieme, Pauli & Reusser, 2006b) hinaus die vertiefte Analyse des Interaktionsverhaltens geplant (Pauli & Lipowsky, 2007; Reusser & Pauli, 2006).

Der Versuch, in Unterrichtsvideos erhobene Gestaltungsmerkmale in Bezug zur Leistung zu setzen, erweist sich als komplexes Unterfangen (z.B. Pauli & Reusser, 2006; Reusser et al., in Druck; Seidel et al., 2006). Durch die Lehrer-Schüler-Interaktionen in den Schülerarbeitsphasen kann keine Aufklärung von Leistungsunterschieden erwartet werden, da die individuelle Lernunterstützung einerseits nur eine von vielen Variablen auf der Seite des Lernangebots im Unterricht darstellt und andererseits auch nicht für die gesamte Unterrichtszeit, sondern nur während der Phasen des selbständigen Lernens erhoben wurde. Erste Analysen von Pauli und Lipowsky im Rahmen der deutsch-schweizerischen Videostudie haben gezeigt, dass die gleichmäßig verteilte Beteiligung der Schülerinnen und Schüler im Klassenunterricht mit Merkmalen der Unterrichtsqualität und der Leistungsentwicklung im Zusammenhang steht, sich aber keine entsprechenden Zusammenhänge für das Interaktionsverhalten in den Schülerarbeitsphasen feststellen lassen

---

7   Die Videodaten eignen sich auch zum Einbezug verschiedener Perspektiven bei der Analyse der Lehr-Lernprozesse, wie zum Beispiel die Perspektive der beteiligten Lernenden und der Lehrperson unter Verwendung der Videos als Anregung zur Rekonstruktion von Unterrichtsereignissen in anschließend an den Unterricht durchgeführten Interviews („stimulated recall") (Clarke, Keitel & Shimizu, 2006).

(Lipowsky, Pauli & Rakoczy, 2008; Lipowsky, Rakoczy, Pauli, Reusser & Klieme, 2007).

Für die im Rahmen der TIMSS 1999 Videostudie durchgeführte Vertiefungsstudie in der Schweiz wurde ein Schülerfragebogen entwickelt, welcher die Unterrichtswahrnehmung sowie motivationsbezogene Aspekte der Lernenden erfragt (Reusser et al., in Druck; Waldis, in Druck). Damit liegen Angaben der Lernenden vor, die mit den in den Videos erfassten Interaktionsmerkmalen in Beziehung gesetzt werden können. So lassen sich Zusammenhänge zwischen dem analysierten Unterstützungsverhalten und der Einschätzung des Unterstützungsverhaltens durch die Lernenden überprüfen. Gerade die Wahrnehmung eines unterstützenden Verhaltens gilt als entscheidend in Bezug auf die Nutzung des Unterrichtsangebots (Prenzel, 1995; Ryan & Deci, 2000; vgl. Seidel et al., 2006, S. 802f.).

Primäres Ziel der Analyse der Interaktionen in dieser Arbeit ist es, die Form der Interaktionen zu beschreiben und festzustellen, in welchem Ausmaß die Lehrpersonen in den Schülerarbeitsphasen in den Lektionen der Schweiz schülerorientierte, verstehensorientierte Lernunterstützung leisten. Aufgrund der Menge und der Merkmale der vorliegenden Unterrichtsvideos (z.B. Kamera- und Mikrophonführung, die auf die Lehrperson zentriert ist) kann im Rahmen der Beschreibung der Interaktionen nicht der Anspruch erhoben werden, der Dynamik der Interaktionen zum Beispiel durch einen verstärkten Einbezug der Beiträge der Lernenden Rechnung zu tragen. Trotz der Fokussierung auf das Gesprächsverhalten der Lehrperson wird am Begriff der Lehrer-Schüler-Interaktion festgehalten, da das Verhalten der Lehrperson einerseits als Reaktion auf das Verhalten der Lernenden verstanden wird und andererseits eine Reaktion der Lernenden auslöst.[8]

Unterrichtsvideos stellen wie aufgezeigt ein ideales Medium für die Analyse von Lehrer-Schüler-Interaktionen im Rahmen der Unterrichtsforschung dar. Eine Kombination von verschiedenen qualitativen Methoden zur Interpretation der Daten mit anschließender Quantifizierung und statistischen Berechnungen hat sich als sogenannter Multi-Method-Approach gegenüber den früher stark getrennten Perspektiven auf das Interaktionsgeschehen durchgesetzt (z.B. Green & Harker, 1988; Jacobs, Kawanaka & Stigler, 1999; van der Aalsvoort, Cowie & Mercer, 2000) und wird als angemessen erachtet, um der Komplexität des Interaktionsgeschehens gerecht zu werden (z.B. Fischer, 2002).

Zusätzlich zur empirischen Analyse von Lehrer-Schüler-Interaktionen eignen sich Unterrichtsvideos auch für die Umsetzung und Förderung eines reflexiven Zugangs zu den Lehr-Lernprozessen im Rahmen der Aus- und Weiterbildung von Lehrpersonen (Pauli & Reusser, 2006). Die Befunde zur mangelnden Verstehens- und Schülerorientierung in den Unterrichtsgesprächen und die im Vergleich von Unterrichtsvideos über verschiedene Zeitpunkte im Schuljahr festgestellte Stabilität

---

8 So wie die Interaktion der Lehrperson mit den Lernenden in einer Lektion als „one part of a ‚long conversation' that lasts for the whole of their relationship" (Mercer, 1995, S. 70) verstanden wird, lässt sich die Interaktion der Lehrperson mit einzelnen Lernenden in den Schülerarbeitsphasen ebenfalls als ein Ausschnitt aus der die Schülerarbeitsphase überdauernden Interaktion zwischen der Lehrperson und den Lernenden sehen und ist auch eine einzelne Äußerung der Lehrperson als Interaktionsbeitrag aufzufassen.

der Interaktionsmuster (Seidel & Prenzel, 2006) verdeutlichen die Notwendigkeit einer Fokussierung auf die Lehrer-Schüler-Interaktionen in der Aus- und Weiterbildung der Lehrpersonen. Insbesondere die videobasierte Analyse der Lehrer-Schüler-Interaktionen durch Lehrpersonen wird als Form der Unterrichtsentwicklung von verschiedenen Forschenden vorgeschlagen (Edwards & Westgate, 1994; Tharp & Gallimore, 1988), zum Teil in Form von Aktionsforschung als Kollaboration von Lehrpersonen aus der Praxis und Forschenden, und bestätigt sich in entsprechenden Projekten als vielversprechender Ansatz (z.B. Gutstein & Mack, 1999; Myhill, Jones & Hopper, 2006; Siemon & Virgona, 2003). Auf Möglichkeiten und Bedingungen der videobasierten Analyse von Lehrer-Schüler-Interaktionen im Rahmen der Aus- und Weiterbildung von Lehrpersonen zur Förderung einer verstehensorientierten, kognitiv aktivierenden Unterstützung der Lernprozesse im Unterricht wird in der abschließenden Diskussion eingegangen.

2.3 Fazit: Individuelle Lernunterstützung als Herausforderung der Individualisierung im Unterricht

Im Fokus dieser Arbeit steht die individuelle Lernunterstützung in den Schülerarbeitsphasen. Die individuelle Lernunterstützung stellt eine Form der Individualisierung im Unterricht dar. Sowohl die Auseinandersetzung mit der Frage nach dem Umgang mit Heterogenität im Unterricht als auch die Beschäftigung mit der Lehrer-Schüler-Interaktion haben bereits eine längere Tradition. Als Ausgangspunkt für die vorliegende Arbeit wurden in diesem Kapitel die Entwicklungslinien und zentralen Themen zur Frage des Umgangs mit Heterogenität sowie zur Beschäftigung mit der Lehrer-Schüler-Interaktion aufgespannt. Herausgearbeitet wurde, dass die individuelle Lernunterstützung zur Anregung und Begleitung von Denk- und Verstehensprozessen eine Möglichkeit der Individualisierung im Unterricht ist und zugleich eine besondere Herausforderung im individualisierenden Unterricht darstellt.

Die Individualisierung im Unterricht als Antwort auf die Frage nach dem Umgang mit Heterogenität wurde in unterschiedlichen reformpädagogischen Ansätzen vor allem mit dem Ziel der Orientierung am Kinde postuliert. Zusätzlich motiviert wurde die Individualisierung durch die gesellschaftliche Bestrebung, allen Kindern die gleichen Bildungschancen zukommen zu lassen. In reformpädagogischen Ansätzen wurden Möglichkeiten zur Umsetzung der Individualisierung im Unterricht aufgezeigt, welche noch heute Bestandteil didaktischer Konzepte zur Differenzierung des Unterrichts sind. Die Relevanz der adaptiven Unterrichtsgestaltung erfährt in der aktuellen Lehr-Lernforschung Bestätigung. Adaptivität und Schülerorientierung wurden als bedeutsame Merkmale eines erfolgreichen Unterrichts erkannt. Als Formen der adaptiven Gestaltung von Unterricht werden Maßnahmen auf der Makroebene und auf der Mikroebene des Unterrichts unterschieden. Auf der Makroebene werden Anpassungen umschrieben, welche sich auf einen längeren Zeitraum beziehen, wie z.B. die Unterrichtsmethode oder die eingesetzten Aspekte zur Differenzierung im Unterricht. Auf der Mikroebene des Unterrichts werden die Anpassungen von Moment zu Moment beschrieben, welche sich vor allem in der Lehrer-Schüler-Interaktion äußern. Insbesondere für die Prozessebene der Lehrer-Schüler-Interaktion können positive Zusammenhänge mit Motivation, Interesse und Verstehensqualität der Schülerinnen und Schüler nachgewiesen werden.

Didaktische Konzepte zur Individualisierung im Unterricht beinhalten oft einen hohen Anteil an selbständiger Schülerarbeit. Diese Unterrichtsphasen sollen den Lernenden die aktive Auseinandersetzung mit den Inhalten, selbständige Verstehens- und Denkleistungen und die Übernahme der Steuerung des eigenen Lernens ermöglichen. In diesem Zusammenhang theoretisch oft ungeklärt oder nur marginal behandelt sowie empirisch wenig erforscht bleibt die Rolle der Lehrperson während dieser Unterrichtsphasen. Gerade die Phasen der selbständigen Schülerarbeit eröffnen der Lehrperson die Gelegenheit zur individuellen Unterstützung der Lernenden im Dialog. Im Gegenzug erfordern Freiräume für individuelles und selbständiges Lernen im Unterricht aber auch eine stärkere individuelle Unterstützung der Lern- und Verstehensprozesse. Somit stellt die individuelle Lernunterstützung eine Umsetzungsform, aber gleichzeitig auch eine besondere Herausforderung der individualisierenden Unterrichtsgestaltung dar.

Bis zu den 60er-Jahren des 20. Jahrhunderts wurde die Lehrer-Schüler-Interaktion hauptsächlich – in der Tradition der geisteswissenschaftlichen Pädagogik – unter dem Aspekt der Beziehungsgestaltung und Erziehung besprochen. Diese Diskussionslinie fand ihre Fortsetzung vor allem in der humanistischen Psychologie und der Sozialpsychologie des Unterrichts. Mit der kognitiven Wende richtete sich das Interesse vermehrt auf die Erforschung von Lehr-Lernprozessen. Damit wurden die didaktischen Konzepte zunehmend von Erkenntnissen aus der Lernpsychologie beeinflusst (vgl. Baer, Fuchs, Füglister, Reusser & Wyss, 2006). Im Rahmen dieser psychologischen Fundierung der Didaktik rückte das Hauptaugenmerk auf die Schaffung von Situationen im Unterricht, welche die Lernenden kognitiv anregen, d.h. diese zum Denken und Problemlösen herausfordern mit dem Ziel des Aufbaus eines vernetzten, flexiblen und transferfähigen Wissens und tiefen Verstehens sowie von Kompetenzen zum selbständigen Lernen und Problemlösen. In diesem Zusammenhang kommt der Lehrperson eine hohe Bedeutung zu, indem sie einerseits durch die Vorbereitung des Unterrichts entsprechend herausfordernde Lerngelegenheiten schafft, andererseits auf der Mikroprozess-Ebene des Unterrichts in der Interaktion mit den Lernenden deren Lernprozesse adaptiv anregt, begleitet und unterstützt.

Lehrer-Schüler-Interaktionen im Rahmen des Unterrichtsgesprächs erfahren erst seit Ende der 60er-Jahre größere Aufmerksamkeit im Rahmen der empirischen Unterrichtsforschung, einhergehend mit dem verstärkten Interesse an Prozessen und dem zunehmenden Bewusstsein für differentielle Interaktionsprozesse und für die multiplen Bedingungen des Lernens. Damit ist der Forschungsbereich der Interaktionsanalysen vergleichsweise jung, zugleich erweisen sich die verschiedenen Forschungsansätze als sehr heterogen. Der Trend geht hin zu einer Integration von verschiedenen qualitativen und quantitativen Analysemethoden, und als besonders geeignet für die Analyse von Interaktionen im Unterricht erweisen sich Video-aufzeichnungen. Die individuelle Lernunterstützung in Schülerarbeitsphasen als Umsetzungsform und Herausforderung der individualisierenden Unterrichts-gestaltung ist bis heute wenig erforscht.

3   Phasen der selbständigen Schülerarbeit im Unterricht

Traditionellerweise wird die selbständige Schülerarbeit als alternative Sozialform zum öffentlichen Unterricht in der deutschsprachigen Didaktik-Literatur als *Stillarbeit* oder *Einzelarbeit* bezeichnet und damit gleichzeitig eine Abgrenzung zu Formen des kollaborativen Lernens wie Partner- oder Gruppenarbeit vorgenommen. In der englischsprachigen Literatur findet man meistens den Begriff „Seatwork" zur Benennung derjenigen Phase im Unterricht, in der die Lernenden selbständig arbeiten. Um Formen des kollaborativen Lernens nicht auszuschließen und die Selbständigkeit der Schülerinnen und Schüler während dieser Unterrichtsphase hervorzuheben, werden für die vorliegende Arbeit die Begriffe „Phase der selbständigen Schülerarbeit" respektive in der kürzeren Form „Schülerarbeitsphase" gewählt.[9] Mit dieser Begriffswahl soll in keiner Weise impliziert werden, dass die Schülerinnen und Schüler während öffentlichen Phasen im Unterricht nicht arbeiten oder lernen, sondern der größere Anteil des *selbständigen* Arbeitens im Gegensatz zur Arbeit der Schülerinnen und Schüler in öffentlichen Phasen wird hervorgehoben.

Häufig wird der Auftrag für die selbständige Schülerarbeit in der vorangehenden öffentlichen Phase des Unterrichts erteilt, zum Teil arbeiten die Lernenden in diesen Phasen aber auch anhand eines schriftlichen Auftrags oder eines Arbeitsplans, in dem die zu erfüllenden Aufträge formuliert sind (vgl. Krammer, Hugener & Reusser, 2007a).

Der während der Schülerarbeitsphase vergrößerte zeitliche Freiraum gegenüber dem öffentlichen Unterricht ermöglicht, wie im vorangehenden Kapitel aufgezeigt, die Individualisierung des Lernens und den Einsatz von Differenzierungsmaßnahmen. Den Lernenden wird die Gelegenheit für eigenständige Denk- und Konstruktionsprozesse gegeben. Gleichzeitig erwachsen der Lehrperson durch die Schülerarbeitsphasen erweiterte Aufgaben. Einerseits bedürfen die Phasen der selbständigen Schülerarbeit der sorgfältigen Vor- und Nachbereitung, andererseits, und im Zentrum dieser Arbeit stehend, erweitern sich für Lehrpersonen auch während der Schülerarbeitsphase die Aufgaben und Möglichkeiten zur Unterstützung des Lernens.

In einem ersten Schritt wird in diesem Kapitel aufgezeigt, dass die Schülerinnen und Schüler in den zu untersuchenden Lektionen der TIMSS 1999 Videostudie aus der Schweiz relativ häufig selbständig arbeiten. Die Ergebnisse verdeutlichen die Relevanz der Frage nach der Rolle der Lehrperson in diesen Phasen der selbständigen Arbeit und werden in Beziehung gesetzt zu Ergebnissen aus anderen Studien.

Daran anschließend wird der Frage nachgegangen, welche Funktion die Phase der selbständigen Schülerarbeit im Unterricht hat, und daran anknüpfend wird über die Aufgaben der Lehrperson während dieser Phasen nachgedacht und Ergebnisse

---

9   Neubrand (2002) wählt in ihrer Analyse der mathematischen Aufgaben während „Seatwork" in Lektionen aus der TIMSS 1995 Videostudie ebenfalls „Schülerarbeitsphase" als Übersetzung und beschreibt diese als Phase der Selbsttätigkeit der Lernenden.

zu Untersuchungen der Tätigkeiten der Lehrperson in Schülerarbeitsphasen werden dargestellt. Die Konsequenzen für die Rolle der Lehrperson in den Schülerarbeitsphasen werden im Fazit gezogen.

3.1 Verbreitung der Phasen der selbständigen Schülerarbeit im Unterricht

Bereits Rosenshine und Stevens (1986, S. 386) stellen in den USA aufgrund der Zusammenfassung von mehreren Studien einen erstaunlich hohen Anteil von 50-75% der Unterrichtszeit für die selbständige Schülerarbeit fest. Damit nimmt sie den größten zeitlichen Anteil von Aktivitäten ein. Die in Deutschland festgestellten Anteile der selbständigen Schülerarbeit sind hingegen deutlich niedriger. Hage und Mitarbeitende (1985) berichten von einer Monokultur des Frontalunterrichts in Deutschland (Sekundarstufe I), welche auch in weiteren Studien Bestätigung erhält. Im Mathematikunterricht der fünften Klasse finden Helmke und Schrader (1988) einen Anteil von 20% Schülerarbeitsphasen im Mathematikunterricht, ähnlich und niedriger sehen auch aktuelle Ergebnisse für den Anteil der Schülerarbeitsphasen im Mathematikunterricht (Kaiser, 1999; Stigler, Gonzales, Kawanaka, Knoll & Serrano, 1999) und im Physikunterricht (Seidel, 2003; Seidel et al., 2007) aus.

Mit 36% liegt der durchschnittliche Wert des Anteils der Schülerarbeitsphasen im Unterricht der an der TIMSS 1999 Videostudie teilnehmenden Länder (Australien, Hongkong, Japan, Niederlande, Schweiz, Tschechische Republik, Vereinigte Staaten) höher (Hiebert et al., 2003). Die Werte für die Schülerarbeitsphasen reichen von 20% der Unterrichtszeit in Hongkong bis zu 55% in den Niederlanden. Für die Schweiz wurde ein Anteil von 44% der Unterrichtszeit ermittelt, dieser Wert liegt im internationalen Vergleich im oberen Bereich und umfasst beinahe die Hälfte der Lektion.

Aufgrund der Datenlage lässt sich ein Unterschied in der Unterrichtskultur der verschiedenen Länder in Bezug auf den Einsatz von selbständiger Schülerarbeit vermuten. Die Untersuchung von Seifried und Klüber (2006) könnte aber auch ein Beleg dafür sein, dass die Unterschiede weniger auf die Nationszugehörigkeit als auf den Einsatz von Unterrichtsformen zurückzuführen sind, welcher auch innerhalb eines Landes divergent sein kann (vgl. Pauli & Reusser, 2003). Seifried und Klüber stellen in der Berufsschule im Unterricht mit traditionellem Lernen einen Anteil von 35% selbständiger Schülerarbeit, im Unterricht mit selbstorganisiertem Lernen einen Anteil von 89% Schülerarbeit fest. Der Vergleich des Unterrichtserlebens in den verschiedenen Unterrichtsformen zeigt, dass die Lernenden den Unterricht mit selbstorganisiertem Lernen als motivationsfördernder erleben und insbesondere die Mitgestaltungsmöglichkeiten sehr schätzen. Hier stellt sich nun die Frage, ob dies ein Effekt der Sozialform oder der Unterrichtsform ist. Daran knüpfen Überlegungen zum Zusammenhang von Unterrichtsform und Sozialform respektive zur Funktion der Sozialform Schülerarbeit im Unterricht an, welchen im nächsten Schritt nachgegangen wird.

3.2 Funktion der Schülerarbeitsphasen im Unterricht

In den traditionellen didaktischen Konzepten steht die Phase der selbständigen Schülerarbeit am Ende des Prozesses des Wissenserwerbs und dient dem Üben, Festigen und Automatisieren erworbener Fähigkeiten und Fertigkeiten. Diese Funktion der Schülerarbeitsphase findet sich in den Stufenmodellen des Unterrichts, welche bis auf Herbart und Ziller zurückgehen (Paradies, 2006) und ist auch in der lernpsychologisch fundierten Didaktik von Aebli so konzipiert. Aufgrund unterschiedlichen Lerntempos und unterschiedlicher Beteiligung der Lernenden beim Üben im öffentlichen Unterricht fordert er, dass die Lehrperson neben dem kollektiven Üben die Übungsarbeit auch so organisieren soll, „dass jeder einzelne Schüler zu intensiver Beteiligung veranlasst wird. Individuelles Üben an geeignetem Material und gruppenweise Arbeit dienen diesem Ziel" (Aebli, 1997, S. 342).

Auch Rosenshine und Stevens (1986) nennen aufgrund empirischer Daten und Projekterfahrungen (hauptsächlich Mathematikunterricht) drei sogenannte Funktionen des Unterrichtens, welche den Kern der Unterrichtsarbeit formen: Vorzeigen (Demonstration), angeleitetes Üben (Guided Practice) und individuelles Üben (Independent Practice). Damit nimmt auch bei ihnen die Schülerarbeitsphase die Funktion des selbständigen Übens zuvor vorgezeigter oder erarbeiteter Inhalte ein.

Während die Phase der selbständigen Schülerarbeit traditionell dem repetitiven Üben dient, kommt ihr in Konzepten des problembasierten und entdeckenden Lernens eine erweiterte Funktion zu (Hugener, Krammer & Reusser, 2007; Savery, 2006; Savin-Baden & Major, 2004). Als einer der großen und viel diskutierten Länderunterschiede in der TIMSS 1995 Videostudie (Deutschland, Japan, Vereinigte Staaten) zeigt sich, dass die Schülerarbeitsphasen im Unterricht in Japan als High-Achiever-Land im Gegensatz zur herkömmlichen Funktion des Übens für das Erarbeiten der Lösung eines noch nicht gemeinsam gelösten Problems eingesetzt werden (Klieme et al., 2001; Neubrand, 2002; Stigler et al., 1999; Stigler & Hiebert, 1999). Nachdem die Lehrperson das Problem erläutert hat, suchen die Lernenden alleine und in Gruppen nach Lösungswegen, welche sie anschließend der Klasse vorstellen. In der darauf folgenden öffentlichen Phase werden die wichtigen Punkte und Strategien für die Lösung des Problems festgehalten.

Auch bei Aebli (1997) finden wir diesen Vorschlag, Lernende zur Anwendung erworbener Inhalte selbständig Probleme lösen zu lassen:

> Nun ist es aber wünschenswert, dass die Schüler immer wieder Gelegenheit erhalten, Probleme selbständig anzupacken und zu lösen. (...) Die wichtigsten Aufgaben dieser Art sind *Anwendungsaufgaben* (Hervorhebung v. Verf.). Sie geben dem Schüler Gelegenheit, erkannte Begriffe, Operationen, und auch allgemeinere Verfahren vor neuen Situationen und Objekten anzuwenden. (Aebli, 1997, S. 302f.)

In den beiden Regeln, die er anschließend dazu formuliert, wird deutlich, dass er sich zwar einerseits in seiner Didaktik an den Lernprozessen der Schülerinnen und

Schüler orientiert, ihnen aber andererseits wenig zutraut respektive die Kontrolle über die „Richtigkeit" der Lernprozesse nicht abgeben will (Aebli, 1997, S. 303):

1. Regel: *Die Schwierigkeit der gestellten Probleme soll dem Gesetz der „optimalen" Passung entsprechen* (Hervorhebung v. Verf.). Das heißt: Probleme dürfen so schwierig sein, das sie den Schüler fordern, sonst werden sie nicht ernstgenommen, aber sie müssen leicht genug sein, damit er die Schwierigkeit bewältigt (...).

2. Regel: ... auch Probleme, die schließlich vom Schüler selbst gelöst werden sollen, werden anfänglich gemeinsam bearbeitet. Dies ist nicht nur notwendig, damit der Schüler lernt, die betreffenden Problemtypen zu meistern, sondern auch darum, weil der Lehrer sehen und verstehen muss, wie seine Schüler eine bestimmte Art von Problemen angehen und lösen.

Neben dem Bedürfnis nach Kontrolle der Wahl der richtigen Lösungsstrategien wird in der zweiten Regel auch deutlich, dass Aebli die Möglichkeit des Sehens und Verstehens der Lösungswege ausschließlich in der öffentlichen Unterrichtsphase ansiedelt.

Gerade diesbezüglich zeigt sich eine im Rahmen der TIMSS 1995 Videostudie festgestellte Eigenheit des japanischen Unterrichts. Die videobasierten Untersuchungen der Rolle der Lehrperson während der Schülerarbeitsphasen des selbständigen Erkundens von Lösungswegen offenbaren, dass die Lehrpersonen diese Phase zur Vorbereitung der nachfolgenden öffentlichen Diskussion der Lösungsstrategie aktiv nutzen. Im Rahmen der in Japan als „Kikan-Shido" bezeichneten Unterstützung in den Schülerarbeitsphasen (Shimizu, 1999) erkundigt sich die Lehrperson bei den einzelnen Lernenden nach ihren Lösungswegen und deren Vorankommen und Schwierigkeiten (vgl. Hino, 2006; Serrano, 1996). Die entsprechenden Studien werden im anschließenden Kapitel zu den Aufgaben der Lehrperson während der Schülerarbeitsphasen ausführlicher dargestellt.

Der Vergleich mit den anderen High-Achiever-Ländern in der TIMSS 1999 Videostudie hat gezeigt, dass Japan das einzige Land bleibt, in welchem insgesamt im Unterricht vor allem neue Inhalte erarbeitet werden. Die Funktion der Schülerarbeitsphasen wurde nicht verglichen. Die Analyse der Funktion der Schülerarbeitsphasen in den 75 Lektionen der Deutschschweiz des Samples der TIMSS 1999 Videostudie zeigt, dass das individuelle selbständige Erkunden nur in elf Lektionen vorkommt und dass das repetitive und das anspruchsvolle Üben in den Schülerarbeitsphasen den größten Teil ausmachen (Hugener & Krammer, 2001).

In den Konzepten zur Individualisierung des Unterrichts durch die Öffnung des Unterrichts für mehr selbständige Schülerarbeit und den Einsatz von Differenzierungsmaßnahmen und „Erweiterten Lehr-Lernformen" wie zum Beispiel Arbeitsplänen (vgl. Kapitel 2.1.1.2) kommt den Schülerarbeitsphasen in Bezug auf den Wissenserwerb sowohl die Funktion des problembasierten Erkundens und Entdeckens als auch des Vertiefens und Übens zu. Zusätzlich werden im Zusammenhang mit dem Einsatz von „Erweiterten Lehr-Lernformen" bewusst die Selbststeuerung des Lernens und die Übernahme von Verantwortung der Lernenden im Unterricht angestrebt. Verbunden mit der Öffnung des Unterrichts für individuelle Lernprozesse stellt sich die Frage nach der Rolle der Lehrperson während dieser Phasen und danach, ob sich diese für die Funktionen des selbständigen Übens und des Erkundens von Lösungswegen unterscheidet.

3.3 Rolle der Lehrperson in Phasen der selbständigen Schülerarbeit

Getrennt nach der Funktion des Übens und des problemlösend-entdeckenden Lernens werden hier die Aufgaben der Lehrperson in diesen Phasen untersucht und anschließend die im Rahmen aktueller videobasierter Untersuchungen gewonnenen Erkenntnisse zu den Aktivitäten der Lehrpersonen in Schülerarbeitsphasen dargestellt, um dann ein Fazit zur Rolle der Lehrperson in Phasen der selbständigen Schülerarbeit zu ziehen.

3.3.1 Rolle der Lehrperson in Phasen des selbständigen Übens

Im Rahmen des Prozess-Produkt-Paradigmas dient die Schülerarbeitsphase dem selbständigen Üben (Rosenshine & Stevens, 1986). Die Hauptaufgabe der Lehrperson wird darin gesehen, das konzentrierte Arbeiten im Sinne eines hohen Time-on-Task-Verhaltens der einzelnen Schülerinnen und Schüler im Unterricht sicherzustellen (vgl. Brophy & Good, 1986; Rosenshine & Stevens, 1986).

Zum Aufrechterhalten einer hohen Arbeitsintensität der Lernenden in der Schülerarbeitsphase nennen Rosenshine und Stevens (1986) einerseits die gute Vorbereitung der Schülerarbeitsphase durch die Lehrperson, zum Beispiel mit vorbereitenden Erklärungen und dem gemeinsamen Durcharbeiten von Beispielaufgaben. Andererseits trägt die Klassenführung (Management) während der Schülerarbeitsphase zur Arbeitsintensität bei. Als zusätzlichen Punkt nennen Brophy und Good (1987, S. 364) das Stellen von anregenden, herausfordernden Aufgaben und beziehen sich hiermit auf das Problem der Passung des Anforderungsgrades an die Voraussetzungen der Lernenden und damit verbundene motivationale Aspekte.

Für die vorliegende Arbeit von Interesse sind die Tätigkeiten der Lehrperson während der Schülerarbeitsphase. In einem eigenen Mathematikprojekt finden Good und Grouws (1979) positive Zusammenhänge zwischen dem Verhalten der Lehrperson in den Schülerarbeitsphasen und dem Leistungsfortschritt der Lernenden. Es zeigt sich, dass die Schülerinnen und Schüler bessere Fortschritte machen, wenn es den Lehrpersonen gelingt, sie zum intensiven Arbeiten in den Schülerarbeitsphasen anzuregen („actively engage students in seatwork") und wenn sie den

Lernenden während der selbständigen Arbeit für unmittelbare Hilfe zur Verfügung stehen (Good & Grouws, 1979).

Aufgrund dieser und weiterer Arbeiten fassen Rosenshine und Stevens (1986, S. 387) das Herumgehen und Überwachen der Lernenden, das Stellen von Fragen und das Geben von Rückmeldungen und kurzen Erläuterungen als erfolgreiches Verhalten der Lehrpersonen in Schülerarbeitsphasen zusammen. In Bezug auf die Klassenführung empfehlen sie, dass die Lehrperson während der Schülerarbeitsphasen immer die ganze Klasse im Blickwinkel behalten soll. Und damit die Lernenden nicht unruhig werden, wenn sie die aufgetragenen Arbeiten beendet haben, sollen sie im Vorhinein darüber informiert werden, womit sie sich nach Beendigung der Aufgaben beschäftigen können. Diesbezüglich wird die Etablierung einer für alle Schülerarbeitsphasen anwendbaren Routine empfohlen.

Neben diesen allgemeinen Empfehlungen zu den Aufgaben der Lehrperson, welche offensichtlich von der Verhaltensorientierung geprägt sind, liegen auch Untersuchungen zur Dauer der Lehrer-Schüler-Interaktionen in den Schülerarbeitsphasen vor. Scott und Bushell (1974) haben die Beziehung zwischen der Dauer der individuellen Unterstützung und des Off-task-Verhaltens der restlichen Schülerinnen und Schüler untersucht und sind zum Ergebnis gekommen, dass bei längerer Dauer des individuellen Kontakts das Off-task-Verhalten der restlichen Klasse höher war. Entsprechend kommen sie zum Schluss, dass die Interaktionen nicht länger als 20 bis 30 Sekunden dauern sollten, merken am Schluss aber selber auch kritisch an, dass in dieser kurzen Zeit wohl kaum essentielle Unterstützung geleistet werden kann.

Die lange Dauer von Lehrer-Schüler-Interaktionen in Schülerarbeitsphasen führen Rosenshine und Stevens (1986, S. 387) auf eine mangelhafte Vorbereitung der Lernenden auf die Übungsaufgaben und in diesem Sinne auf eine ungenügende Passung der Anforderungen an die Fähigkeiten zurück, welche viele lange Lehrererklärungen während der Schülerarbeitsphase erforderlich machen. Sie verweisen auf die Ergebnisse von Evertson und Mitarbeitenden (1980), die einen negativen Zusammenhang der Dauer der Lehrer-Schüler-Interaktionen mit dem Leistungszuwachs der Lernenden feststellen, und führen als zusätzlichen Nachteil der langen Interaktion mit einzelnen Lernenden an, dass für die Betreuung der verbleibenden Schülerinnen und Schüler weniger Zeit bleibt.

Insgesamt hat die Lehrperson in diesen im Prozess-Produkt-Paradigma entstandenen Arbeiten vor allem die Aufgabe, die Lernenden intensiv und störungsfrei arbeiten zu lassen. Wenn sie einzelne Lernende unterstützt, so sollte sie das möglichst kurz tun und dabei immer die anderen Lernenden im Auge behalten. Die Empfehlungen verdeutlichen, dass sich die Aufgaben der Lehrperson aus dieser Perspektive hauptsächlich auf die Klassenführung beschränken.

Angeregt u.a. durch die oben rezipierten Arbeiten von Brophy sowie Rosenshine und Stevens untersuchen Helmke und Schrader (1988) ebenfalls das Verhalten der Lehrperson in Schülerarbeitsphasen und den Zusammenhang zur Leistungsentwicklung der Lernenden. Ihre Analysen des Mathematikunterrichts in 39 Klassen des fünften Schuljahres, gekoppelt mit mathematischen Leistungstests der

Lernenden sowie der zusätzlichen Erhebung der Diagnosekompetenz der Lehrperson, zeigen folgende Ergebnisse: Der zeitliche Anteil der selbständigen Schülerarbeit an der gesamten Unterrichtszeit allein zeigt keinen Zusammenhang mit dem Lernerfolg. In Bezug auf die Beschreibung der Form der Unterstützung stellen sie ein Defizit in der damals vorliegenden Literatur fest und führen als Differenzierung die Unterscheidung zwischen der diskreten individuellen Lernunterstützung (discreet support) und den an einzelne Lernende gerichteten, aber für die ganze Klasse hörbaren Äußerungen (public interactions) ein. Einen positiven Zusammenhang mit Leistungszuwachs zeigt die diskrete individuelle Lernunterstützung, im Gegensatz zu öffentlichen Interaktionen in den Schülerarbeitsphasen. Am deutlichsten zeigt sich dieser Zusammenhang für Lehrpersonen mit einer hohen Diagnosekompetenz. Für Lehrpersonen, welche zwar eine hohe Diagnosekompetenz aufweisen, aber die Lernenden während der Schülerarbeitsphasen nicht unterstützen, zeigt sich kein Zusammenhang mit dem Leistungszuwachs. Aus den Ergebnissen folgern die Autoren, dass die individuelle Lernunterstützung in den Schülerarbeitsphasen relevant ist für die Leistungsentwicklung, und nennen als Bedingung für die erfolgreiche Lernunterstützung eine hohe Diagnosekompetenz seitens der Lehrperson (Helmke & Schrader, 1988). Signifikant negativ korrelieren mit dem Leistungszuwachs die Disziplinprobleme und die nicht fachgebundenen Aktivitäten während der Schülerarbeitsphasen. „It is not the quantity but the quality of independent student practice that makes a difference" (Helmke & Schrader, 1988). Kriterien der Qualität selbständiger Übungsphasen sind in der Arbeit von Helmke und Schrader neben dem disziplinierten, störungsfreien Arbeiten der Lernenden die aktive und diskrete Lernunterstützung durch eine Lehrperson mit hoher Diagnosekompetenz. Ihr Fazit lässt sich aufgrund der Ergebnisse dahingehend ergänzen, dass nicht die Quantität sondern die Qualität der individuellen Lernunterstützung ausschlaggebend ist für den Lernerfolg. Abgesehen von der Aufschlüsselung nach den Qualitätsmerkmalen diskrete vs. öffentliche Interaktionen bleibt die Frage nach den Merkmalen der wirksamen Lernunterstützung jedoch unbeantwortet.

Zusammenfassend zeigt sich für die Phasen des individuellen Übens, dass der Lehrperson eine wichtige Rolle zugesprochen wird, hauptsächlich zum Beaufsichtigen des disziplinierten Arbeitens, aber auch zum Überwachen des Leistungsfortschritts und zum Unterstützen der Lernenden (Brophy, 1999). Damit wird die Notwendigkeit der Unterstützung der Lernenden durch die Lehrperson in den Schülerarbeitsphasen aufgezeigt, aber es werden noch keine Aussagen zur Form der Unterstützung gemacht.

3.3.2 Rolle der Lehrperson in Phasen des selbständigen Entdeckens und Problemlösens

Mit einem erweiterten Lernverständnis ist auch eine Weiterentwicklung der Lehr-Lernkonzepte verbunden, in deren Rahmen wie aufgezeigt die Phase der selbständigen Schülerarbeit nicht mehr nur dem Üben dient, sondern auch dem Entdecken und Problemlösen mit dem Ziel des Aufbaus kognitiver Strukturen, häufig in sozialer Interaktion mit anderen Lernenden (Bruner, 1961). Für Schülerarbeitsphasen, in denen entsprechend nicht nur geübt wird, sondern auch Probleme im Sinne des entdeckenden, problembasierten Lernens bearbeitet werden, wird zwar eine individuelle Unterstützung postuliert (z.B. Reinmann & Mandl, 2006), aber zur Form der Unterstützung wird wenig gesagt und es liegen nur sehr wenige empirische Arbeiten vor.

Dies zeigt sich auch, wenn man die vorliegenden Arbeiten zum kollaborativen Lernen im Hinblick auf die Rolle der Lehrperson betrachtet. Die Rolle der Lehrperson wird unterschiedlich eingeschätzt, zum Teil wird die Lehrperson gar als Störfaktor der Lern- und Gruppenprozesse betrachtet (Dann, Diegritz & Rosenbusch, 1999). Zentral und meist nicht beleuchtet ist nicht die Dauer oder Häufigkeit, sondern die Form der Unterstützung der kollaborativen Lernprozesse (Pauli & Reusser, 2000). Auch kann ein Einfluss des Interaktionsverhaltens der Lehrperson auf dasjenige der Lernenden in der Gruppe nachgewiesen werden (Webb, Nemer & Ing, 2006). Gerade in Bezug auf die Anregung eines erkundenden Vorgehens bei der Suche nach Lösungsmöglichkeiten zu einem Problem ist dies von hoher Bedeutung (z.B. Wegerif & Mercer, 2000). Ebenfalls wesentlich ist die Unterstützung durch Fragen und Hinweise zur Planung, Überprüfung und Evaluation des Problemlöseprozesses sowie die Ermutigung dazu, Verantwortung für das eigene Lernen zu übernehmen (Hmelo-Silver & Barrows, 2006, 2008).

Im Zusammenhang mit dem problemlösenden, fragend-entwickelnden Unterrichtsgespräch beschreibt Aebli (1997) das „Prinzip der minimalen Hilfe" als förderliche Unterstützung des selbständigen Denkens der Lernenden (S. 300). Er empfiehlt, bei Problemen nicht mit eng gefassten Fragen oder Aufforderungen zu intervenieren, sondern mit strukturierenden Hinweisen das Weiterdenken und die Reflexion in Bezug auf Ausgangspunkt und Ziel des Denkens anzuregen, und begründet diese Form der minimalen Hilfe mit dem Aufrechterhalten der Motivation der Lernenden: „Mehr Hilfe empfangen zu müssen, als man eigentlich braucht, ist unangenehm und macht widerspenstig. Der Schüler findet, man nehme ihn nicht für voll, kommt sich geschulmeistert vor und leistet daher weniger, als er könnte" (Aebli, 1997, S. 300). Die Idee der minimalen Idee findet sich auch bei Montessori in Bezug auf die Begleitung der selbständigen Arbeit der Kinder mit dem Montessori-Material und findet dort ihre Begründung mit der Selbständigkeit der Lernenden: „Hilf mir, es selbst zu tun."

Die Vorschläge für die Förderung des Denkens im naturwissenschaftlichen Unterricht von Wagenschein (Wagenschein, 1999) zeigen ebenfalls in der Tradition des sokratischen Gesprächs auf, wie beim entdeckenden Lernen die aktive Auseinandersetzung der Lernenden mit Problemen im Gespräch bewirkt werden kann und wie die Lernenden durch Hinweise auf Phänomene und Nachfragen zum Nachdenken und Verstehen angeregt werden.

Gerade in Bezug auf das entdeckende Lernen in problembasierten Lernumgebungen wird das Prinzip der minimalen Hilfe mit dem Ziel des möglichst eigenständigen Erkundens, der „minimally guided approach", von Kirschner, Sweller und Clark (2006) in Frage gestellt. Unter Bezugnahme auf das Mehr-speicher-Modell der Informationsverarbeitung argumentieren sie für die direkte Anleitung und Unterweisung von Lernenden („direct instructional guidance") und den Verzicht auf das entdeckende Lernen, um das Problem des kognitiven Over-loads beim Verarbeiten von Informationen in problembasierten Lernumgebungen zu verhindern. Problematisch an dieser Schlussfolgerung ist, dass sie zu einer Gegenüberstellung von Unterrichtsmethoden wird, anstatt die Frage nach der Form der angemessenen Unterstützung beim entdeckenden, problemlösenden Lernen in den Fokus zu nehmen. Auch Mayer (2004) bleibt bei der Untersuchung von problembasiertem Lernen auf der Ebene des Vergleichs der Vor- und Nachteile des entdeckenden respektive des angeleiteten Lernens und geht nicht auf die Frage der Rolle und Form der Unterstützung beim entdeckenden Lernen ein.

Neber (2006), als langjähriger Vertreter des entdeckenden Lernens in der deutschsprachigen Literatur, bedauert diese Reduktion der Frage nach der Unter-stützung im entdeckenden Lernen auf die Entweder-oder-Frage zum entdeckenden Unterricht per se. Er führt sie auf das Missverständnis zurück, dass entdeckendes Lernen noch immer als vollkommen ungelenktes Lernen in unstrukturierten und offenen Lernumgebungen aufgefasst wird und betont, dass de facto keine einzige lenkungs- oder unterstützungsfreie Version des entdeckenden Lernens existiert. Für die Unterstützung fordert er, dass sie adaptiv zu erfolgen hat und sich auf die spezi-fischen Prozesse und Phasen der Lernumgebung richten soll. Vorliegende Ergeb-nisse zum Zusammenhang von Unterrichtsmethode und Leistung bestätigen Nebers Annahme, dass es nicht die Unterrichtsmethode selber ist, welche die Wirksamkeit von Unterricht erklärt, sondern die Einbettung und Umsetzung der jeweiligen Unterrichtsmethode (Stebler & Reusser, 2000). Entsprechend kann die Unter-stützung beim entdeckenden Lernen als eine Komponente der Umsetzung gesehen werden, die dessen Erfolg beeinflusst.

Aufgrund der zusammengetragenen Erkenntnisse hat die Lehrperson bei der Unterstützung des individuellen Entdeckens und Problemlösens vor allem die Auf-gabe, die Lernenden zum Nachdenken anzuregen und an ihrem Denken anknüpfend Strukturierungshilfen und Reflexionsimpulse zu geben mit dem Ziel, ihre Motiva-tion zur Lösungssuche aufrechtzuerhalten und sie möglichst eigenständige Problemlösungen finden zu lassen.

3.3.3 Aktuelle Untersuchungen zum Verhalten der Lehrperson in Schülerarbeitsphasen

Wie im Kapitel zu den Aufgaben der Lehrperson in Schülerarbeitsphasen auf-gezeigt (vgl. 3.3.1), wurde das Verhalten der Lehrperson bereits im Prozess-Pro-dukt-Paradigma unter die Lupe genommen und hauptsächlich unter dem Aspekt der Klassenführung untersucht. Mit der Arbeit von Helmke und Schrader (Helmke & Schrader, 1988) wurde die Aufmerksamkeit auf die Bedeutung der Form der Unterstützung für deren Wirksamkeit gerichtet. Aktuelle Untersuchungen des Verhaltens der Lehrperson in Schülerarbeitsphasen des problemlösend-entdeckenden Lernens liegen nur wenige vor. Eine Ausnahme bildet die im Rahmen der TIMSS 1995 Videostudie entstandene Dissertation von Serrano (1996). Sie analysiert das Verhalten der Lehrpersonen in den Schülerarbeitsphasen in je fünf Lektionen aus den beiden Ländern Japan und USA, welche sich in Bezug auf die Funktion der Schülerarbeitsphasen deutlich unterscheiden. In den Schülerarbeitsphasen des prozedurorientierten Mathematikunterrichts der USA werden zuvor eingeführte Aufgaben geübt, im Gegensatz dazu erarbeiten die Schülerinnen und Schüler im verstehensorientierten japanischen Unterricht während der selbständigen Arbeitsphasen einen Lösungsweg zu einem vorgängig gestellten Problem. Die Lehrpersonen unterscheiden sich in ihrem Verhalten während der Schülerarbeitsphasen deutlich: Während die Lehrpersonen der USA in den analysierten Lektionen selten und meist aufgrund einer Schülerfrage einzelne Interaktionen mit den Lernenden eingehen, in denen es inhaltlich vor allem um das Finden der richtigen Lösung zu gehen scheint, gehen die Lehrpersonen im Unterricht in Japan bei allen Schülerinnen und Schülern vorbei und überwachen deren Fortschritt. Sie machen sich Notizen und der Inhalt der Interaktionen mit den Lernenden bezieht sich (entsprechend dem Arbeitsauftrag) auf das Finden und Überprüfen von Lösungsstrategien (Serrano, 1996). Das Verhalten der Lehrpersonen in den Schülerarbeitsphasen veranschaulicht Serrano (1996, S. 72) graphisch mit einer Visualisierung der Wege der Lehrpersonen. Serrano bezieht auch die den Schülerarbeitsphasen vorangehenden und nachfolgenden Unterrichtsphasen in ihre Analyse ein und kommt zum Schluss, dass die Lehrperson im japanischen Unterricht die Phase der selbständigen Schülerarbeit zur Vorbereitung der nachfolgenden Klassendiskussion nutzt, indem sie sich über die Schwierigkeiten und Lösungsstrategien informiert. Entsprechend plädiert sie für eine intensivere Nutzung der Schülerarbeitsphasen für die prozessorientierte Diagnose der Lernwege im Sinne einer formativen Beurteilung. Sie nennt diese (evtl. etwas irreführend) „Online-Assessment".

In der TIMSS 1999 Videostudie wurde der Versuch unternommen, das Codier-System von Serrano anzupassen und auf das internationale Sample anzuwenden. Schwierigkeiten beim Erreichen der Inter-Coder-Reliabilität führten zum Weglassen der Analyse der individuellen Lehrer-Schüler-Interaktionen. Dies war eine der Motivationen für die Untersuchung der Form der individuellen Lernunterstützung im Rahmen der vorliegenden Arbeit.

Wie Serrano untersucht Clarke die Rolle der Lehrpersonen in Schülerarbeitsphasen in Lektionen des japanischen Unterrichts, welche dem in der TIMSS 1995 Videostudie als typisch identifizierten Muster des selbständigen Erarbeitens eines Lösungswegs mit anschließender verstehensorientierter Diskussion im Klassenunterricht folgen (Clarke, 2004). In Japan wird die individuelle Unterstützung während der Phasen der selbständigen Schülerarbeit „Kikan-Shido" genannt, welche laut Shimizu (1999) als „Instruction at students' desks" verstanden werden kann und das Überprüfen der einzelnen Problemlöseversuche beinhaltet, was im Englischen häufig auch als „Monitoring" bezeichnet wird. Clarke identifiziert diese

Lehrer-Schüler-Interaktion als ein „Lesson-Event", welches er „Between desks instruction" nennt und im Unterricht verschiedener Länder vermutet. Hino (2006) vertieft die Analyse mit je zehn Lektionen von drei japanischen Lehrpersonen und findet zwar interindividuelle Differenzen, kommt aber wie Clarke und Serrano zum Schluss, dass die Aufgabe der Lehrperson in den Phasen der selbständigen Schülerarbeit vor allem darin besteht, für die daran anschließende Diskussion vorbereitend zu beobachten, welche Lösungswege die Lernenden finden. Die ergänzende Befragung von Lehrpersonen und Lernenden zu den Unterrichtssequenzen bestätigt, dass die Lehrpersonen explizit auf das selbständige Problemlösen der Lernenden und deren Verstehensprozesse abzielen und dass die Lernenden sich durch die vorangehende Phase des Suchens nach eigenen Lösungswegen auch besser für die nachfolgenden Diskussionen und Erklärungen vorbereitet fühlten und auf der Grundlage der eigenen Versuche die Erklärungen der anderen Lernenden und der Lehrperson besser nachvollziehen konnten. In ersten Analysen findet Hino (ebd.) Hinweise darauf, dass die Lehrpersonen im australischen Mathematikunterricht sich in ihrem Verhalten und vor allem in Bezug auf die Begründungen ihres Unterstützungsverhaltens von den japanischen Lehrpersonen unterscheiden.

Um die Rolle der Lehrperson während der Schülerarbeitsphasen im deutschen Physikunterricht zu erfassen, wurde in der IPN-Videostudie u.a. die Art der Lehreräußerungen während der Schülerarbeitsphasen als *eine* Komponente von prozessorientierter Lernbegleitung erfasst (Seidel, Prenzel, Duit & Lehrke, 2003a, S. 151ff.). Aufgrund der Schwierigkeit, die getrennt als Fragen, Erklärungen und Anweisungen erhobenen Lehreräußerungen zu deuten, wurden diese Codierungen für die Auswertung jedoch nicht berücksichtigt. In die Auswertung sind ausschließlich Daten eingegangen, welche sich theoretisch als Merkmale der prozessorientierten Lernbegleitung begründen lassen, wie zum Beispiel das Auftreten von kognitiv aktivierenden Fragen durch die Lehrperson. Solche Lehreräußerungen und weitere Indikatoren u.a. auch aus dem öffentlichen Klassenunterricht wurden zur prozessorientierten Lernbegleitung zusammengefasst und mit über Fragebögen erhobenen Schülerdaten in Beziehung gesetzt. Sie werden weiter unten bei der Frage nach der Wirksamkeit und Verbreitung von Lernunterstützung beschrieben (vgl. Kapitel 5.2 und 5.3).

In der Tradition der interpretativen Unterrichtsforschung (vgl. Krummheuer, 1997) befasst sich Bräu (2006) mit der Rolle der Lehrperson in Phasen des selbständigen und zieldifferenzierten Lernens bei sechs Lehrpersonen der Sekundarstufe I in verschiedenen Unterrichtsfächern (insgesamt vierzehn Unterrichtslektionen). Sie beschreibt die Interaktionsmuster zur Organisation und Betreuung des individualisierten Lernens. Als ein Ergebnis zeichnet sich ab, dass sich die Lehrpersonen in den Einzelgesprächen häufiger auf die Organisation der selbständigen Arbeit als auf den Lerngegenstand selber beziehen.

Formen des kollaborativen Lernens wie Gruppenarbeiten sind ebenfalls Phasen der selbständigen Schülerarbeit. Auch hier liegen nur wenige Ergebnisse zur Rolle der Lehrperson während dieser Phasen vor, welche bereits zu Beginn der Darstellung der Aufgaben der Lehrperson in Phasen des selbständigen Entdeckens angesprochen wurden. Die Gruppe um Dann (1999) stellt fest, dass die Unterstützung meist durch die Lehrperson initiiert wird und sich durch ein hohes Maß an direktiver Lenkung durch die Lehrperson auszeichnet. Diese Form der Lernunterstützung führt nach Beobachtung von Dann und Mitarbeitenden (1999) zu Desorientierung bei den Arbeitsgruppen. Aufgrund dieser Ergebnisse plädieren sie für das Unterlassen von Unterstützung während Phasen des selbständigen kollaborativen Lernens und verweisen die Lehrperson für diese Unterrichtszeit bildlich gesprochen hinter eine Schranke (Nürnberger Projektgruppe, 2001, S. 51), um sie davon abzuhalten, die Kollaborationsprozesse mit Unterbrüchen nachhaltig zu stören. Damit wird aufgrund des Befundes zum ungünstigen Unterstützungsverhalten der Lehrpersonen die Unterstützung allgemein als lernbehindernd beurteilt und (in radikaler Konsequenz) die generelle Unmöglichkeit der Unterstützung in selbständigen Arbeitsphasen behauptet. Ausgehend von den berichteten Ergebnissen zum Unterstützungsverhalten der Lehrpersonen im Mathematikunterricht in Japan und den Annahmen zur sozialen Bedingtheit des Lernens im sozial-konstruktivistischen Lehr-Lernverständnis (vgl. Kapitel 4.1) zeigt sich jedoch, dass nicht die Frage von „Eingreifen oder Nicht-Eingreifen", sondern die Frage nach der Form des Eingreifens entscheidend ist für das Lernen der Schülerinnen und Schüler.

Der Frage nach der Form der individuellen Unterstützung und Kriterien ihrer Wirksamkeit wurde im Rahmen der Auseinandersetzung mit Scaffolding und Tutoring vertieft nachgegangen. Diese Arbeiten werden weiter unten dargestellt. Allgemein besteht in der Forschung zur individuellen Unterstützung entsprechend den Kriterien für guten Unterricht der Konsens, dass sie dem Vorwissensstand angepasst erfolgen und auf die verstehensorientierte Aktivität der Lernenden abzielen soll. Auf die Bedeutung und Umsetzung dieser Kriterien wird im Zusammenhang der Auseinandersetzung mit Scaffolding als individueller Lernunterstützung genauer eingegangen.

3.4 Fazit: Rolle der Lehrperson in Phasen der selbständigen Schülerarbeit im Unterricht

Die vorliegende Unterrichtsforschung zum Verhalten der Lehrpersonen in Schülerarbeitsphasen des Mathematikunterrichts ist spärlich und bezieht sich hauptsächlich auf die Tätigkeiten der Lehrpersonen während Phasen des selbständigen Übens. In diesem Zusammenhang wird die Aufgabe der Lehrperson hauptsächlich in der Beaufsichtigung der konzentrierten Arbeit der Lernenden gesehen und die individuelle Unterstützung als Gefährdung des gelingenden Classroom-Managements und der time on task der restlichen Klasse erachtet. Durch die mit der Forderung nach Individualisierung und mit einem erweiterten Lehr-Lernkonzept verbundene Erweiterung der Funktion der Schülerarbeitsphase von der Phase des Übens zur Gelegenheit für selbständig entdeckendendes und zunehmend selbstgesteuertes Lernen erwachsen erweiterte Möglichkeiten und Anforderungen für die Rolle der Lehrperson während dieser Phasen, welche bis heute vor allem postuliert aber noch wenig untersucht sind (z.B. Reinmann & Mandl, 2006; Reusser, 1994; Vermunt & Verloop, 1999). Dies zeigt sich auch in der geringen Anzahl von Arbeiten, welche sich mit der Rolle der Lehrperson während Phasen kollaborativen Lernens befassen (z.B. Brown & Renshaw, 2000; Pauli & Reusser, 2000).

Die Aufgabe der Lehrperson während der Phasen der selbständigen Arbeit ist umstritten. Zum Beispiel werden in Bezug auf das kollaborative Lernen Bedenken geäußert, ob und in welchem Rahmen die Lehrperson überhaupt die Lernprozesse überwachen und unterstützen soll oder ob sie damit nicht vielmehr die selbständigen Denkprozesse der Lernenden unterbricht und dadurch nachhaltig stört oder verhindert.

Befunde zur Rolle der Lehrperson in Phasen des selbständigen Erkundens von Lösungswegen im japanischen Mathematikunterricht veranschaulichen die relevante Funktion des aktiven Überwachens der Lösungsversuche für die nachkommenden Phasen des Unterrichts und legen nahe, dass die Zeit des selbständigen Lernens der Schülerinnen und Schüler tatsächlich für das Überwachen genutzt werden und die Lehrperson sich während dieser Zeit nicht vollständig zurückziehen sollte, wie es zum Teil für den Gruppenunterricht empfohlen wird (vgl. Dann et al., 1999; Meyer, 1987; Nürnberger Projektgruppe, 2001).

Wie aufgezeigt, bieten die Phasen der selbständigen Schülerarbeit der Lehrperson die Möglichkeit zur Überwachung des Leistungsfortschritts und Verstehens der Lernenden und zum Unterstützen der Lernprozesse mit gezielten Hilfestellungen. Diese Formen der Überwachung und Unterstützung können wiederum als Grundlage von weiteren Entscheidungen zur Anpassung der Unterrichtsgestaltung dienen.

Offen ist, ob die Lehrperson im Rahmen der selbständigen Schülerarbeitsphasen angesichts der vielen Lernenden und der beschränkten Zeit eine effektive individuelle Unterstützung im Unterricht leisten kann oder ob sie sich eher auf das Sicherstellen einer produktiven Arbeitsatmosphäre beschränken sollte. Ähnlich wie bei der grundsätzlichen Frage nach dem Rückzug der Lehrperson während der Phasen der selbständigen Schülerarbeit kann auch hier wieder angeführt werden, dass die Gelegenheit zur individuellen Unterstützung wenigstens im Rahmen der Möglichkeiten genutzt und nicht angesichts der hohen Herausforderung gänzlich unterlassen werden sollte. Entscheidend für die Wirksamkeit der Unterstützung ist die Frage nach der Form und den ihr zugrunde liegenden Annahmen über die Bedeutung, welche die individuelle Unterstützung für das Lernen hat. Diesen Punkten wird im folgenden Kapitel zur Bedeutung der Interaktion für das Lernen und zu den Implikationen für das Unterstützungsverhalten durch die Lehrperson nachgegangen.

4 Konzept der individuellen Lernunterstützung

In der Lehr-Lernpsychologie wird heute übereinstimmend davon ausgegangen, dass die geistige Entwicklung und der Erwerb von Wissen und Fertigkeiten als Aufbau von kognitiven Strukturen zu verstehen ist (Bransford et al., 1999; Edelmann, 2000; Reusser 2001c; Seel, 2000). In diesem kognitiv-konstruktivistischen Lernverständnis erfolgt der Aufbau von Wissen aus der eigenaktiven Auseinandersetzung mit Inhalten und basierend auf dem in die Lernsituation eingebrachten Vorwissen. Dieses (etwas an einen einsamen entdeckenden Robinson erinnernde) Lernverständnis in der Tradition Piagets hat mit Vygotsky die bedeutsame Erweiterung um die soziale Komponente eines Gegenübers beim Lernen erfahren (Freitag wurde entdeckt). „People construct their knowledge, not only from direct personal experience, but also from being told by others and by being shaped through social experience and interaction" (Reusser, 2001b, S. 2058). Das auf der Tradition von Piaget und Vygotsky aufbauende sozial-konstruktivistische Lehr-Lernverständnis dient der lernpsychologischen Begründung für die individuelle Unterstützung: Der sozialen Interaktion kommt aus dieser Perspektive eine hohe Bedeutung für den Aufbau von Wissen zu, die Lehrperson wird zur Begleiterin der Lernenden durch deren Zone der nächsten Entwicklung (kurz „ZPD" für Zone of Proximal Development). Als Antwort auf die Frage nach der Form und den Merkmalen der individuellen Unterstützung des Lernens in der ZPD wurde Mitte der 70er-Jahre des 20. Jahrhunderts die Metapher des Scaffoldings eingeführt. Mit der Metapher des kognitiven Gerüsts werden basierend auf dem sozial-konstruktivistischen Lehr-Lernverständnis die didaktischen Handlungsmerkmale der individuellen Lernunterstützung beschrieben.

Als Ausgangslage der Beschreibung der Lernunterstützung werden die zentralen Annahmen des sozial-konstruktivistischen Lehr-Lernverständnisses ausgeführt und insbesondere die Bedeutung der sozialen Interaktion für das Lernen sowie die Rolle der Beteiligten geklärt. Daran anknüpfend werden mit der Erläuterung der Metapher des Scaffoldings und deren zentralen Merkmalen die Implikationen für die Unterstützung der Lernenden dargestellt.

4.1 Funktion der sozialen Interaktion für Lernprozesse: Sozial-konstruktivistisches Lehr-Lernverständnis

An dieser Stelle erfolgt zur theoretischen Fundierung des Fokus auf die individuelle Unterstützung eine Ausführung der zentralen Bestimmungsstücke des sozial-konstruktivistischen Lehr-Lernverständnisses. Die Annahmen zu den Bedingungen und Prozessen des Lernens und der Entwicklung sind die Basis für jede Theorie der Unterstützung oder Förderung von Kindern, Jugendlichen oder Erwachsenen beim Erwerb von neuen Kompetenzen oder Fertigkeiten. Zum Verständnis der Funktion der Unterstützung ist eine Beschreibung des Verständnisses von den Prinzipien und Prozessen des Aufbaus von kognitiven Strukturen (und der Rolle der Beteiligten) zentral. Die Vorstellung, dass Lernen sich als Aufbau von geistigen Strukturen charakterisieren lässt, der in aktiver Auseinandersetzung mit der Umwelt und anderen Menschen erfolgt und eingebettet ist in einen sozialen Kontext, lässt sich auf Piaget und Vygotsky zurückführen (z.B. Reusser, 2001c). Während Piaget die geistige Entwicklung als Funktion der Interaktion des Individuums vor allem mit der dinglichen Umwelt beschrieben hat, sieht Vygotsky das Lernen als Funktion der Interaktion des Individuums mit anderen Individuen. Die Unterschiede und Gemeinsamkeiten der Theorien von Piaget und Vygotsky wurden in den letzten 20 Jahren ausführlich diskutiert (Brown, Metz & Campione, 1996; Bruner, 2006; Cobb, 1996; O'Connor, 1998; Shayer, 2003). Für die vorliegende Arbeit steht nicht die Diskussion über die Unterschiede und Gemeinsamkeiten der Ansätze von Piaget und Vygotsky im Zentrum, sondern die Frage nach den zentralen Bestimmungsstücken des sozial-konstruktivistischen Lernverständnisses. Als Ergänzung zu den Beiträgen von Piaget und Vygotsky wird auf die Weiterentwicklung von deren Arbeiten und das aktuelle Verständnis von Lernen als aktiver Wissenskonstruktion von Lernenden in Auseinandersetzung mit ihrer Umgebung eingegangen, welches gerade auch im Bereich des Mathematiklernens bedeutende Differenzierungen erfahren hat.

4.1.1   Lernen als aktive Konstruktion von Wissen

Piaget als bedeutender Erkenntnistheoretiker hat sein Lebenswerk darin gesehen, den Aufbau der kognitiven Strukturen zu beschreiben: Wie kommt das Wissen in die Köpfe der Menschen?

> Unser Problem lässt sich folgendermaßen formulieren: Vermittelst welcher Leistungen geht der menschliche Geist von einem Stand weniger befriedigender Erkenntnis zu einem Stand höherer Erkenntnis über? (Piaget, 1970, zitiert nach Reusser, 2001c, S. 117)

Diese Fragestellung fußte in einer langen geisteswissenschaftlichen Tradition der Auseinandersetzung mit der Entstehung von Erkenntnis. Die Grundannahme, dass der Mensch nur so viel von der Welt erfährt, wie er mit seinen eigenen kognitiven Werkzeugen auf die Welt einwirkt, hatte Kant formuliert und wurde im Zuge der Aufklärung in den Kanon des Wissens des Menschen über seine eigenen geistigen Fähigkeiten eingeführt. Als kognitive Werkzeuge hat Kant Grundstrukturen des Denkens wie zum Beispiel Zeit, Raum oder Kausalität beschrieben, mit denen der Mensch a priori ausgestattet ist. Piaget als „dynamischer Kantianer" (Reusser, 2001c, S. 122) teilt die Annahme mit Kant, dass das *Einwirken auf die Welt zentral ist für den Aufbau von Wissen über die Welt*, er geht aber noch weiter und sieht auch den *Aufbau der grundlegenden Strukturen des Erkennens* wie Raum-, Objekt- und Zeitbegriff sowie Kausalität als Ergebnis des Einwirkens auf die Welt. Seiner Auffassung eines funktionellen a priori gemäß ist der Mensch bei der Geburt lediglich mit den im Konzept der Äquilibration beschriebenen Funktionen der Assimilation und Akkommodation ausgestaltet (Piaget, 1936/1969; vgl. Reusser, 2001c; Reusser, 2006a). Damit wird die geistige Entwicklung zur Funktion des Einwirkens auf die Umwelt, der aktiven Auseinandersetzung mit Objekten und das Erkennen und Wissen eine Form der Anpassung der kognitiven Strukturen an die Umwelt.

Piagets minuziöse Beschreibungen der Entwicklung seiner eigenen Kinder und seine empirischen Untersuchungen widmeten sich der Frage des Aufbaus von zentralen Kategorien und Dimensionen des Denkens bei Kindern (z.B. Piaget, 1950/1957). Aufgrund seiner Forschungstätigkeit und der Konzipierung seiner Stufentheorie der geistigen Entwicklung wird Piaget von vielen als Entwicklungspsychologe verstanden. Sein Hauptanliegen war jedoch die Untersuchung des Prozesses des Aufbaus von Wissen beim Individuum, des *Entstehens von Erkenntnissen und der diesbezüglichen Grundlagen*. Auch die Möglichkeiten der Anleitung, Förderung oder Unterstützung von Lernenden beim Aufbau dieses Wissens standen nicht im Fokus von Piagets Arbeiten. Der pädagogischen Frage der Umsetzung der Erkenntnistheorie von Piaget in eine psychologisch fundierte Didaktik hat sich u.a. sein Schüler Aebli verschrieben. Hier wird der *schrittweise Aufbau von Begriffen ausgehend von der Handlung über die Operation* für den Unterricht übersetzt (z.B. Aebli, 1997).

Zentraler *Antrieb der Entwicklung* (welche nach Piaget als ein dem Lernen übergeordneter Begriff zu verstehen ist) ist die *aktive Auseinandersetzung* des Individuums mit der Umwelt. Durch das Einwirken auf die Umwelt baut das Individuum sein Wissen über diese Umwelt auf, indem es Phänomene in bereits bestehende Strukturen einzupassen versucht (Assimilation) und die Strukturen aufgrund neuartiger, nicht klassifizierbarer Erfahrungen aus- und umbaut (Akkommodation). Mit diesen Prozessen der Assimilation und Akkommodation beschreibt Piaget die Äquilibration als dynamisches Gleichgewicht und grundlegenden Mechanismus der zunehmenden Differenzierung bestehenden Wissens und der Integration von neuen Erkenntnissen. Mit zahlreichen Beobachtungen und Untersuchungen belegt er diesen Mechanismus und begründet damit seine Theorie der geistigen Entwicklung, deren zentrale Grundannahme die Interaktion des Individuums mit den Objekten als Determinante des vorwissensabhängigen Aufbaus von Wissen kennzeichnet.

Zur Erklärung der Notwendigkeit der als Akkommodation bezeichneten Erweiterung und Differenzierung der kognitiven Strukturen (und der Überwindung des egozentrischen Denkens) führt Piaget das Konzept des *„kognitiven Konflikts"* ein, welches beschreibt, dass Kinder vor allem Wissen erwerben, wenn aufgebaute Denk- und Wissensstrukturen sich nicht auf aktuelle Ereignisse anwenden lassen und entsprechend verändert und/oder erweitert werden müssen. Kognitive Konflikte entstehen durch das bewusste Bemerken einer Diskrepanz zwischen dem aktuellen Wissen, welches zur Einordnung eines Objekts oder zum Verstehen eines Sachverhalts zur Verfügung steht, und den Anforderungen, welche das Objekt oder der Sachverhalt an die aktuellen Möglichkeiten stellt. Das Bemerken der nicht gelingenden Einordnung in das vorhandene Vorwissen, von Dewey bereits als „a felt difficulty" beschrieben, bewirkt die intensivere Auseinandersetzung mit dem

Gegenstand und verbunden mit den geistigen Suchbewegungen eine Differenzierung, Erweiterung und Flexibilisierung des Wissens. Die didaktische Umsetzung des kognitiven Konflikts als Grundlage des Lernens findet sich zum Beispiel bei Aebli in der dem schrittweisen Aufbau von Wissen zugrunde gelegten Problemstellung, welche an den Anfang einer Unterrichtseinheit gestellt wird.

Das Konzept des kognitiven Konflikts in der Funktion der Förderung von kognitiven Fortschritten wird bereits bei Piaget und dann vor allem von Schülerinnen und Schülern Piagets auch als Phänomen beschrieben, welches nicht nur durch die Auseinandersetzung mit Objekten, sondern auch durch die Auseinandersetzung mit anderen Menschen und deren Perspektive ausgelöst werden kann (z.B. Doise, 1978; Doise, Mugny & Pérez, 1995; Perret-Clermont & Carugati, 2001). Diese sogenannten *sozio-kognitiven Konflikte* entstehen nach Annahme von Piaget vor allem in den Interaktionen mit Gleichaltrigen, welche er als symmetrische Interaktionen den asymmetrischen Interaktionen mit Erwachsenen gegenüberstellt (z.B. Piaget, 1935/1998). Die symmetrische Interaktion unterscheidet sich von der asymmetrischen Interaktion in Bezug auf die Gleichberechtigung respektive das Machtgefälle zwischen den Interaktionspartnern. Für die geistige Entwicklung spricht Piaget der symmetrischen Form der Beziehung eine größere Bedeutung zu, da das Kind in dieser Beziehungsform die Möglichkeit hat, den Perspektivenwechsel zu erlernen, indem es sich mit Gleichberechtigten austauscht. Die asymmetrische Beziehungsform von Erwachsenen zu Kindern ist nach der Meinung von Piaget zu stark vom Einfluss des Erwachsenen geprägt, so dass das Kind zu wenig aktiv am Problemlöseprozess teilnehmen kann und die Aktivität der älteren und erfahreneren Person dominant ist. Hier kommt evtl. auch ein heute etwas antiquiert anmutendes Beziehungsverständnis von Piaget zum Ausdruck, das den Erwachsenen als dem Kind überlegene Instanz mit mehr Macht beschreibt und mehr in Piagets eigenen Erziehungserfahrungen als in seinem empirischen Werk zur geistigen Entwicklung fußt. Zugleich trägt seine Theorie von der Produktivität der Zusammenarbeit von Gleichaltrigen der Erkenntnis Rechnung, dass Kinder nicht kleine Erwachsene mit unfertigem Wissen, sondern Individuen mit eigenen Denkfähigkeiten sind, deren Spezifika er in seinen Arbeiten ausführlich beschreibt.

Obwohl die Unterstützung des Lernens durch andere Subjekte im empirischen Werk von Piaget insgesamt eine untergeordnete Rolle einnimmt, war Piaget sich der Bedeutung von anderen für das Lernen durchaus bewusst. Mit seinen Annahmen zur Produktivität der Kollaboration mit Gleichaltrigen für die Denkentwicklung legt Piaget sogar einen theoretischen Grundstein für Formen des gemeinsamen Lernens im Unterricht wie zum Beispiel Gruppenarbeit und Peer-Tutoring. Diesbezügliche aktuelle Arbeiten befassen sich vor allem mit den Prozessen der gemeinsamen Problemlösung und Wissenskonstruktion sowie der *Rolle der Lehrperson in Bezug auf das gemeinsame Lernen und die Kommunikation zwischen den Lernenden*. Die Überlegungen von Piaget zur Asymmetrie der Beziehung zwischen Erwachsenen und Kindern bieten wichtige Hinweise für die Form der Beziehungsgestaltung zwischen Lehrpersonen und Lernenden, um einen produktiven Lehr-Lerndialog zwischen den Lernenden, aber auch zwischen der Lehrperson und den Lernenden zu ermöglichen, in welchem die Lernenden Vermutungen äußern und überprüfen und eigene Fragen einbringen können. Durch das Schaffen einer wertschätzenden Atmosphäre, in welcher das Formulieren und Überprüfen von Vermutungen ohne unmittelbare Bewertung durch die Lehrperson möglich ist, kann die Lehrperson zur Entwicklung des eigenständigen Denkens und Lernens beitragen. Die durch Asymmetrie geprägte Beziehungsdynamik kann die Lehrperson zum Beispiel dadurch unterlaufen, dass sie die Antworten der Lernenden in Frage stellt oder mit anderen möglichen Antworten von Lernenden konfrontiert (Doise et al., 1995). So kann die Lehrperson einen sozio-kognitiven Konflikt auslösen, der durch die Divergenz zwischen dem Denken eines Individuums und dem Denken von einem oder mehreren anderen Individuen provoziert wird. Voraussetzung für die Wirksamkeit des Konflikts ist, dass die divergierenden Sichtweisen von den Lernenden erkannt werden können. Dazu müssen diese dem Vorwissen angepasst sein, denn „social confrontation is only fruitful if the gap between the partners' cognitive skills is not too wide" (Doise & Mugny, 1984, zitiert nach Perret-Clermont, Perret & Bell, 1999, S. 56). Entsprechend hat die Lehrperson auf die Vorwissensangepasstheit der Konfrontationen zum Auslösen eines kognitiven Konflikts zu achten. Als weitere Möglichkeit der Anregung des gemeinsamen Nachdenkens von Lehrperson und Lernenden streichen Brown und Renshaw (2000) das Wiederholen der Schüler-Äußerung durch die Lehrperson hervor. Das Wiederholen dient dazu, die Urheberschaft eines Vorschlages für die Lernenden zu kennzeichnen und eröffnet die Möglichkeit für die gemeinsame Prüfung und Ergänzung der Vorschläge.

Wie bereits erwähnt, hat sich Aebli als Erster der Umsetzung der Erkenntnistheorie Piagets für den Unterricht verschrieben (vgl. Baer et al., 2006). Seine auf psychologischer Basis formulierte Didaktik ist geprägt von der Intention, den verstehensorientierten Aufbau der Wissens- und Denkstrukturen der Schülerinnen und Schüler anzuregen und zu begleiten. Im Unterschied zu Piagets eigener Grundvorstellung kommt bei Aebli der Lehrperson eine zentrale und führende Rolle zu (z.B. Beck & Guldimann, 2006; Fuchs, 2002; Pauli, 2006). Dies gibt aus heutiger Sicht Anlass zu Kritik an der Lehrerzentrierung in Aeblis Werk. Eine genauere Analyse seiner Didaktik offenbart jedoch, dass das Denken der Schülerinnen und Schüler im Zentrum seiner Überlegungen stand und seine Grundannahmen auch für erweiterte Unterrichtsformen von hoher Relevanz sind, welche über das fragendentwickelnde Unterrichtsgespräch hinausgehen (z.B. Pauli, 2006; Reusser, 2006b). Seine Grundannahmen beinhalten, dass ein Problem zum Problem der Lernenden werden muss, um ihre Denkprozesse und Verstehensbemühungen anzuregen, dass eine Lösungsprozedur verstanden werden muss, bevor sie geübt werden kann und dass das Durcharbeiten von Inhalten dem Flexibilisieren von geistigen Strukturen und der Transferfähigkeit des Wissens dienen soll. Diese Grundannahmen stellen wichtige Prinzipien des konstruktivistischen Lernbegriffs dar und lassen sich unabhängig von der Form des Unterrichts verwirklichen (vgl. Stebler & Reusser, 2000).

Mit der Annahme des vorwissensabhängigen Aufbaus von kognitiven Strukturen in aktiver Auseinandersetzung mit der Umwelt sind Piaget und seine Schüler zu Vertretern des Konstruktivismus als Erkenntnistheorie und des aktuell als konstruktivistische Lehr-Lerntheorie diskutierten Verständnisses von Lernen und dessen Bedingungen geworden (vgl. Gerstenmaier & Mandl, 1995).[10] Mit der Betonung der eigenständigen Auseinandersetzung der Lernenden mit Inhalten und Problemen wird die Bedeutung des geistigen Operierens und der zunehmenden Reflexion und Abstraktion von eigenen Erfahrungen beschrieben. Dieser geistige Prozess soll nicht mit einem blinden Aktionismus bzw. einem Handeln um des Handelns willen verwechselt werden. Kognitive Aktivität muss sich nicht zwingend in Handlung manifestieren, und sie schließt auch die Begleitung und Unterstützung durch andere Personen nicht aus. Entsprechend greifen Versuche, Unterrichtsmethoden aufgrund der beobachtbaren (äußeren) Aktivitäten als konstruktivistisch (aktives Lernen in selbständiger Schülerarbeit) oder instruktivistisch (rezeptives Lernen im Frontalunterricht) einzuordnen (z.B. Reinmann & Mandl, 2006), zu kurz. Nach einem konstruktivistischen Lernverständnis ist die Frage zentral, ob eine Unterrichtsmethode oder eine Handlung der Lehrperson das Denken, das aktive Überprüfen, Erweitern und Differenzieren des eigenen Wissens – kurz: das geistige Operieren im Bewusstsein einer Sachstruktur oder eines Problems – anregt und fördert. Dies kann sowohl im öffentlichen Klassengespräch als auch in Phasen der selbständigen Schülerarbeit geschehen (Reusser, 2006b). Die Beschreibung und Beurteilung der Qualität des Unterrichts muss deshalb in Bezug auf dessen Funktion für das Denken und Lernen und nicht aufgrund der Form erfolgen (Clarke, 2006; Reusser, 2004). Zur Einbettung der individuellen Konstruktionsprozesse der einzelnen Schülerinnen und Schüler in den sozialen Kontext und zum Verständnis der Rolle der Lehrperson in Bezug auf die Anregung und Begleitung der Denk- und Lernprozesse leisten die Arbeiten von Vygotsky und deren Weiterentwicklung wichtige Beiträge, welche nachfolgend dargestellt werden.

4.1.2 Aufbau von kognitiven Strukturen in der sozialen Interaktion

Im Gegensatz zu den Arbeiten von Piaget liegt bei den Arbeiten von Vygotsky das Gewicht auf der Bedeutung der Interaktion von Individuen mit anderen Individuen für die geistige Entwicklung. Seine Theorien sind in den 30er-Jahren in Russland entstanden und wurden mit der kognitiven Wende für die anglo-amerikanische Psychologie entdeckt und weiterentwickelt.

Im Gedankengut des Marxismus wurzelnd hat Vygotsky die Bedeutung der Gesellschaft und entsprechend die sozialen Faktoren für die *Enkulturation* und

---

10 Die Vorstellung von der geistigen Entwicklung als Prozess der aktiven Konstruktion und Selbstorganisation erfährt auch Zustimmung aus anderen Gebieten wie zum Beispiel der Neurobiologie (z.B. Maturana, Varela), der Gehirnphysiologie (z.B. von Foerster) oder der Systemtheorie (z.B. Luhmann). Radikale Auffassungen des Konstruktivismus (z.B. von Glasersfeld) missverstehen die aktive Wissenskonstruktion durch das Individuum als Subjektivismus, welcher letztlich jede Möglichkeit der Anregung und Begleitung des Lernens ausschließt (vgl. Reusser, 2006b).

Selbstwerdung von Individuen betont. Die Idee der Verankerung der Entstehung des Bewusstseins und der Identität in der sozialen Interaktion lässt sich auch in westlichen Theorien der Erziehung und Sozialisation verorten, zum Beispiel bei Dewey und Mead (z.B. Perret-Clermont & Brossard, 1985).[11] Die Sprache charakterisiert Vygotsky (übereinstimmend mit Dewey) als Mittel zum Ausdrücken von Gedanken und sie erhält eine realitätskonstituierende Funktion zur Organisation von Wahrnehmungen und Handlungen (Bruner, 1986, S. 72). In diesem Verständnis wird der Dialog zum Werkzeug des Aufbaus von Wissen: Ausgehend von der sozialen Situation erfolgen über das egozentrische zum inneren Sprechen die Verinnerlichung und der Aufbau von Wissen.

Wie in Piagets Theorie liegt bei Vygotsky der Grundstein für das abstrakte Denken im konkreten Handeln (Vygotsky, 1978, S. 89). Aus diesem Grund wird seine Theorie in der englischen Übersetzung auch als „activity theory" bezeichnet. Doch wie bei Piaget dient bei Vygotsky die Aktivität nicht allein dem Handeln, sondern ist Ausgangspunkt der Organisationsbemühungen des Denkens. Die Entwicklung von abstrakten Denkleistungen erfolgt nach Vygotsky über die soziale Ebene hin zur psychologischen, intraindividuellen Ebene:

> Any function in the child's cultural development appears twice, or on two planes. First it appears on the social plane, and then on the psychological plane. First it appears between people as an interpsychological category, and then within the child as an intrapsychological category. This is equally true with regard to voluntary attention, logical memory, the formation of concepts, and the development of volition. (Vygotsky, 1981, S. 163, zitiert nach O'Connor, 1998, S. 38)

Damit meint Vygotsky nicht, dass jedes individuelle Lernen zwingend an eine soziale Interaktion geknüpft ist, sondern dass jede individuelle Wissenskonstruktion mit sozial generierten Funktionen verknüpft ist (vgl. O'Connor, 1998). Lernen und Entwicklung sieht Vygotsky in dynamischer gegenseitiger Verbindung und unterscheidet zwei Entwicklungsstufen, in welchen die Funktion der anderen Subjekte erklärt wird (Vygotsky, 1978, S. 85):
- Aktuelle Entwicklungsstufe: Selbständiges Problemlösen als Resultat von zuvor erfolgten Entwicklungsprozessen;
- Potentielle Entwicklungsstufe: Problemlösen mit anderen fähigeren Subjekten, alleine nicht zu bewältigen.

Mit der potentiellen Entwicklungsstufe wird die *ZPD* als Distanz zwischen dem momentanen und dem potentiellen Entwicklungsstand eingeführt. Die ZPD bildet

---

11 Mit der Betonung der gemeinsamen sozialen Konstruktion der Realität wird Bezug auf soziologische Theorien wie zum Beispiel die von Berger und Luckmann, Bourdieu oder Bloor genommen. Unter dieser Perspektive der Wissenssoziologie werden vor allem Fragen der Inhalte des geteilten Wissens diskutiert, „the focus is on the collective's beliefs and actions within a reality that the collective constructs through its individual members' beliefs and actions" (O'Connor, 1998, S. 33).

die Grundlage für die Erklärung der Notwendigkeit und Funktion der Interaktion mit anderen Menschen im sozial-konstruktivistischen Lernverständnis.

It is the distance between the actual developmental level as determined by independent problem solving and the level of potential development as determined through problem solving under adult guidance or in collaboration with more capable peers. (Vygotsky, 1978, S. 86)

Das Durchqueren der ZPD geschieht im Dialog und das innere Sprechen und reflektierende Denken erwachsen aus der Interaktion des Kindes mit Fähigeren. Dieser Prozess wird auch als Übergang *von intermentalen zu intramentalen Funktionen* beschrieben (Wertsch, 1985, S. 161ff.). Artikulationen der Lernenden stellen in diesem Prozess die Versuche dar, das Intermentale in eigene Worte zu fassen, und nehmen damit einen bedeutsamen Schritt im Zuge der zunehmenden *Verinnerlichung* ein. Die Produktivität der Anregung solcher Artikulationen zeigt sich zum Beispiel in den Ansätzen der Aufforderung zu *Selbst-Erklärungen* (z.B. Chi, 1996; Chi, de Leeuw, Chiu & LaVancher, 1994; Wong, Lawson & Keeves, 2002).

Zusätzlich zur Bedeutung der Interaktion mit Fähigeren für das Lernen sowie der Bedeutung der Bemühungen, Situationsdeutungen in eigene Worte zu fassen und damit das eigene Denken zu organisieren, verdeutlicht die Theorie von Vygotsky, dass ein *angemessener Anforderungsgrad* zentral ist für die Förderung des Denkens und Lernens. Mit der ZPD wird die individuell zu bestimmende Zone der Entwicklung beschrieben, welche am einen Ende durch das bereits bestehende Vorwissen begrenzt wird und am anderen Ende Probleme beschreibt, zu deren Lösung die Lernenden selbst mit Unterstützung nicht in der Lage wären. Dazwischen liegt die ZPD als Stufe der Herausforderung durch Probleme, welche ohne Hilfe nicht zu bewältigen sind, deren Lösung aber mit Hilfe erlernbar ist. Diese Vorstellung der vorwissensangepassten Förderung in der Zone der nächsten Entwicklung ist nach wie vor aktuell und findet Ausdruck in der Erkenntnis, dass die angemessene Heraus- aber nicht Überforderung zentral ist für den Kompetenzerwerb und dass die Anregung von Lernprozessen sich immer auch an den vorhandenen Ressourcen der Lernenden orientieren soll.

Die ZPD und der Dialog als Werkzeug zum Durchqueren der ZPD werden zwar in den Arbeiten von Vygotsky eingeführt, aber nicht weiter erläutert (Bruner, 1978, S. 74). Die Merkmale des Dialogs respektive die konkreten Aktivitäten der fähigeren Person zum Unterstützen beim Durchqueren der ZPD sind nur mangelhaft beschrieben (vgl. Tharp & Gallimore, 1988). In der Auseinandersetzung mit dem Konzept der ZPD und der Rolle der Sprache für das Lernen entstanden Arbeiten zur Frage nach den pädagogischen Implikationen der Annahme der Bedeutung des Aufbaus von Wissen der Lernenden im Dialog: Wie kann die Lehrperson den Aufbau von Wissen im Dialog fördern? Als Antwort auf diese Frage hat sich das Konzept des Scaffoldings (Wood et al., 1976) zur Beschreibung der Unterstützung des Lernens in der ZPD etabliert, auf dessen Einführung und Weiterentwicklung im nächsten Kapitel (vgl. Kapitel 4.2) eingegangen wird.

Die Annahme Vygotskys des in die soziale Interaktion eingebetteten Aufbaus von Wissen und Kompetenzen hat auch die Grundlage für sogenannte *sozio-kulturalistische Ansätze* des Lernens gelegt, im Rahmen derer die Bedeutung der sozialen Einbettung von Lernprozessen unter der Akzentuierung der Situierung des Lernens als Partizipation in Gemeinschaften, „communities of practice" (z.B. Cobb & Bowers, 1999; Lave & Wenger, 1991), und des Lehr-Lerndialogs als Gefäß zum gemeinsamen Aushandeln von Werten und Regeln (z.B. Säljö, 2004) diskutiert werden. Die Ansätze zum kollaborativen Lernen beziehen sich für die Begründung der Bedeutung des gemeinsamen Aushandelns ebenfalls auf die Theorie Vygotskys und auf die Theorie Piagets (z.B. Brown & Renshaw, 2000; Fischer, 2002; van Boxtel, 2004). Diese weiteren Ansätze des situierten und kollaborativen Lernens stehen nicht im Fokus der vorliegenden Arbeit, es stellt sich aber auch bei deren Umsetzungen im Unterricht die Frage nach der Anregung, Begleitung und Unterstützung durch die Lehrperson, wie sie im Konzept des Scaffoldings eingehender beschrieben wird (z.B. Clark et al., 2003; Pauli & Reusser, 2000).

4.1.3 Bedeutung der sozialen Interaktion für den Aufbau mathematischer Kompetenzen

Heute wird weniger von einer allgemeinen geistigen Entwicklung, sondern vielmehr vom Aufbau von bereichsspezifischen Kompetenzen ausgegangen (z.B. Reusser, 2001c). Entsprechend werden in verschiedenen Bereichen Anstrengungen unternommen, den Zuwachs an Wissen und Fähigkeiten fachspezifisch zu beschreiben und zu erklären. Die Arbeiten von Vygotsky und Piaget haben sich dabei als produktiv für das Verständnis der Entwicklung bereichsspezifischer Fähigkeiten des Menschen erwiesen. Zum Teil haben sie auch konkrete Beiträge zur heutigen bereichsspezifischen Forschung geleistet, zum Beispiel Vygotsky (1986) für die Sprache (Language and Thought) oder Piaget (1994) für die Mathematik (Entwicklung des Zahlbegriffs). Während die ersten Forschungsarbeiten, welche sich explizit der Frage nach der Unterstützung von individuellen Verstehensprozessen in Lehr-Lerndialogen widmen, aus dem Bereich des Spracherwerbs und der Interaktion zwischen Eltern und Kind stammen (z.B. Wood et al., 1976), liegen mittlerweile Arbeiten aus weiteren Bereichen und insbesondere aus der Mathematik zur Frage des Einflusses der sozialen Interaktion auf den Aufbau von Wissen vor.

Auch wenn heute eher vom bereichsspezifischen Aufbau von Kompetenzen ausgegangen wird, stellen sich in den verschiedenen Bereichen strukturähnliche Fragen für die Anregung und Begleitung des Lernens. Entsprechend inspirieren sich die allgemeinen Arbeiten über Lehr-Lernprozesse in der Pädagogischen Psychologie oder der Allgemeinen Didaktik und die Arbeiten in den einzelnen Fachbereichen wie zum Beispiel der Mathematikdidaktik gegenseitig. Die *enge Verknüpfung von allgemeinen und bereichsspezifischen lehr-lernpsychologischen Überlegungen* äußert sich u.a. auch darin, dass den Untersuchungen über bereichsspezifische Fragen des Wissenserwerbs allgemeine Annahmen über Prozesse des

Lernens zugrunde liegen und gleichzeitig die Analyse der allgemeinen Prozesse des Lernens im Rahmen der Pädagogischen Psychologie in spezifischen Inhaltsbereichen erfolgt. Gerade die Forschung zur Qualität des Lehrens und Lernens im Fach Mathematik zeichnet sich durch eine reichhaltige Verknüpfung mathematikdidaktischer und kognitionspsychologischer Elemente aus (vgl. Helmke, 2006; Reiss & Reiss, 2006). Aus diesen Gründen werden in der vorliegenden Arbeit Erkenntnisse zur Anregung und Begleitung des Lernens im Mathematikunterricht sowie auch in anderen Inhaltsbereichen einbezogen.

Das aktuelle Verständnis von Mathematiklernen basiert sodann auf der Annahme, dass Lernende aktiv Bedeutungen und Wissen (nach-)konstruieren (Schoenfeld, 1994), „students actively construct meaning as they participate in increasingly substantial ways in the re-enactment of established mathematical practices" (Cobb, Yackel & McClain, 2000, S. 21).

Einerseits bilden bedeutungsvolle mathematische Aktivitäten die Quelle der mathematischen Verstehensprozesse, andererseits ist die Einbettung der mathematischen Aktivitäten in eine gemeinsame forschende Lernkultur, welche sich durch einen verstehensorientierten und reflektierenden Lerndialog auszeichnet, von Bedeutung. Der mathematische Wissenserwerb wird als *Prozess der Enkulturation in die Inhalte, Behandlung und Bedeutung der Mathematik* in der jeweiligen Gesellschaft angesehen. Voraussetzung für den individuellen Wissenszuwachs ist die aktive Beteiligung der Lernenden bei der Organisation der Bedeutungsinhalte, wie sie bereits Dewey formuliert hat (z.B. Cobb, Boufi, McClain & Whitenack, 1997):

> Es muss als Hauptforderung gestellt werden, dass der Schüler alles, was er hervorbringt, geistig entwickelt, dass er zeigt, was er darunter versteht und wie die vorgebrachte Idee mit den gegebenen Tatsachen zusammenhängt und wie die Tatsachen das Problem beeinflussen. (Dewey, 2002, S. 151)

Für die Erklärung der Bedeutung der sozialen Interaktionen im Mathematikunterricht für den Aufbau von Wissen wird von Schubauer-Leoni und Perret-Clermont (1997) das dreipolige Modell der Wissenskonstruktion mit den Polen questioner-questionee(s)-object eingeführt, wie es auch im didaktischen Dreieck mit den Ecken Lehrperson-Lernende-Lerngegenstand beschrieben wird (vgl. Reusser, 2004). Das dreipolige Modell überwindet die traditionelle zweipolige Vorstellung der Interaktion von Menschen mit Menschen *oder* Menschen mit Gegenständen und charakterisiert den *Aufbau von mathematischem Wissen als gegenstandsbezogene und soziale Interaktion.*

In Bezug auf den Gegenstand der Interaktion erweist sich die *verstehens- und anwendungsorientierte Auseinandersetzung mit mathematischen Problemen und Konzepten* anstelle des Erwerbs von Rezepten oder Lösungsprozeduren als bedeutsam (vgl. Hiebert & Grouws, 2007; Reiss & Reiss, 2006), zum Beispiel angeregt durch die Anbindung an einen bedeutungsvollen Kontext und durch Fragestellungen, welche auf Verknüpfungen und zunehmende Abstraktion des Wissens abzielen (z.B. Hiebert et al., 1997).

Im Rahmen interaktionsanalytischer Ansätze und der Beschreibung von Mathematikunterricht in Videostudien wird das Vorherrschen von zu stark verengenden und wenig Partizipation der einzelnen Lernenden zulassenden Gesprächsmustern kritisiert und nach mehr Möglichkeiten von *aktiver geistiger Partizipation der Lernenden* gesucht (z.B. Abele, 1988; Hiebert et al., 2003; Walshaw & Anthony, 2008; Wood, 1995). „Teachers ‚outtalk' the students", und das, ohne sich dessen bewusst zu sein, schreibt Begehr (2006, S. 180) als Fazit der qualitativen Analyse zur Partizipation der Lernenden im deutschen Mathematikunterricht. Bauersfeld (1988) beschreibt das „funnel pattern" als Trichtermodell des Dialogs, in welchem die Lehrperson Fragen stellt, deren Antworten sie bereits kennt und die Lernenden nur zeigen können, inwiefern sie bereits die richtigen Antworten wissen. Bei falschen Antworten gibt die Lehrperson entweder die richtige Antwort vor oder führt die Lernenden step-by-step zur richtigen Antwort (vgl. Wood, 1995). Als Alternative mit dem Ziel des Ermöglichens von selbständigen Denkprozessen der Lernenden führt Wood (ebd.) das „focussing pattern" als Modell des Fokussierens auf zentrale Punkte des Überlegens ein, welches durch Fragen gekennzeichnet ist, die *Verstehen und Reflexion anregen*:

… the questions were (…) for the teacher a way of trying to build from students' existing understanding to focus the joint attention to a point of confusion. The teacher began with a series of questions to summarize the aspects of the problem that she thought were understood by most of the children. Then she drew attention to the aspect of the problem that was difficult for students to interpret, posed that as the problem to be solved, then turned the discussion back to the student to provide the explanation, "Now, how did you figure that out, Katy?" (Wood, 1995, S. 219)

Beispiele für die Partizipation von Lernenden im Unterrichtsgespräch beim Erwerb von mathematischen Kompetenzen finden wir bei Lampert, die als reflektierende Praktikerin in ihrem Unterricht auf die Qualität der verstehensorientierten Interaktion achtet (vgl. Lampert & Blunk, 1998). Als Merkmale der wirksamen Unterstützung werden in ihrem Unterricht identifizierte Möglichkeiten zur Initiierung und Aufrechterhaltung der mathematikbezogenen Interaktion der Lehrperson mit den Lernenden dargestellt (vgl. Kapitel 5.5).

Übereinstimmend wird aufgrund der in der Folge der Arbeiten von Piaget und Vygotsky entstandenen Arbeiten in der Mathematikdidaktik aktuell davon ausgegangen, dass für den langfristigen Erwerb mathematischer Kompetenzen die eigenständige Auseinandersetzung mit herausfordernden Inhalten und der verstehensorientierte Dialog, welcher eigenständige Überlegungen und deren Explizierung und Überprüfung ermöglicht, wichtige Komponenten darstellen. Auf Implikationen für die Rolle der Lehrperson in Bezug auf das Ermöglichen und Fördern eigener Überlegungen und Sinnstiftungen der Lernenden in Einzelgesprächen im Mathematikunterricht wird nachfolgend im Rahmen allgemein pädagogisch-psychologischer Ansätze eingegangen.

Zusammenfassend zeigt sich, dass im sozial-konstruktivistischen Lernverständnis von einer hohen gegenseitigen Abhängigkeit der sozialen und individuellen Faktoren beim Lernen ausgegangen wird, die beim Aufbau von kognitiven Strukturen in komplexer Weise miteinander verflochten sind (Perret-Clermont et al., 1999). Denken wird einerseits durch Interaktion ausgelöst und manifestiert sich andererseits in der Interaktion, „to bring the study of cognition explicitly into the arena of the social is to bring it home again" (Schegloff, 1989, S. 168). Der Aufbau neuen Wissens als aktive Verarbeitung von Informationen erfolgt durch die Anregung, den Austausch und die Koordination von Situationsdeutungen, „competence depends on meanings socially constructed and shared within these situational contexts" (Perret-Clermont et al., 1999, S. 68). Damit ist der Aufbau mathematischer Kompetenzen an ein *gegenseitiges Bedingungsgefüge von sozialen und individuellen* Faktoren geknüpft. Das Lösen mathematischer Probleme basiert auf dem Vorwissen und früheren Erfahrungen und erfolgt in konkreten Situationen, von welchen es wiederum beeinflusst ist. Die Unterstützung der Lösungsprozesse richtet sich auf den Erwerb von Kompetenzen zum Problemlösen, sowohl inhaltlicher (materiale Ziele) als auch strategischer Art (formale Ziele). Der Sprache kommt damit die Rolle des Mediums sowohl des Denkens als auch der Reflexion des Denkens zu. Zusätzliche Bedingung des Aufbaus der mathematikbezogenen Kompetenzen der Lernenden ist die Unterstützung der motivationalen, volitionalen und sozialen Bereitschaft und der Fähigkeiten der Lernenden im Unterricht (vgl. Reiss & Reiss, 2006).

Im sozial-konstruktivistischen Lehr-Lernverständnis dient die Lehrperson als fähigere Person, welche die einzelnen Lernenden durch die Zone ihrer nächsten Entwicklung begleitet. Die Vorwissensabhängigkeit des Kompetenzerwerbs und die Bedeutung der verstehensorientierten Auseinandersetzung mit angemessen herausfordernden Problemen in Interaktion mit anderen erfordert eine Unterrichtsgestaltung, welche diese Form des Lernens ermöglicht und fördert. Ansätze des individualisierenden Unterrichtens, wie sie am Anfang kurz aufgezeigt wurden (vgl. Kapitel 2.1.1.2), bieten die Gelegenheit für die selbsttätige und kollaborative Auseinandersetzung mit mathematischen Problemen und die Modellierung und Unterstützung der individuellen Lernprozesse. Ausgehend von der Bedeutung der Interaktion für das Lernen stellt sich in allen Konzepten des individualisierenden Unterrichtens die im Zentrum dieser Arbeit stehende Frage nach der Form der Unterstützung der individuellen Lernprozesse im Dialog.

4.2 Scaffolding als Konzept der individuellen Lernunterstützung

Mit einem hohen Anteil an selbständiger Arbeit der Lernenden verschaffen sich die Lehrpersonen die Möglichkeit, die individuellen Lernprozesse im Klassenzimmer zu begleiten, den Lernstand und die Verstehenstiefe zu diagnostizieren und individuelle Unterstützung anzubieten (Schrader, 1997). In diesem Zusammenhang rückt die Form der Anregung und Begleitung des Lernens insbesondere in diesen Arbeitsphasen ins Zentrum.

Im sozial-konstruktivistischen Lehr-Lernverständnis kommt der Interaktion eine hohe Bedeutung für den Aufbau von Wissen und Fertigkeiten zu. Scaffolding als „extremely social form of instruction" (Hogan, 1997, S. 5) beschreibt die Form der Unterstützung im Lehr-Lerndialog, an welchem die Lehrperson und die Lernenden gemeinsam beteiligt sind. Die im Folgenden dargestellten Konzepte zur individuellen Lernunterstützung gehen alle von der Fragestellung nach den Implikationen des sozial-konstruktivistischen Lernverständnisses für die Rolle der Lehrperson aus. Sie richten den Fokus auf die Frage, wie die Lehrperson die Lernenden beim Durchqueren der Zone ihrer nächsten Entwicklung anregen und begleiten kann.

Wie zu Beginn aufgezeigt, weist das Lernen im Gespräch eine lange Tradition auf (z.b. Renshaw, 2004). In den Lehrer-Schüler-Interaktionen kommen allgemeine Regeln der Kommunikation und der geltenden Werte zum Ausdruck und in den Gesprächsbeiträgen manifestiert sich sowohl das Denken der Lernenden als auch der Lehrperson.

> Each teacher-student interaction in a classroom remains a new event, in which each partner has an active role and specific goals and attributes meanings according to his or her specific past experience and present understanding of the situation (including understanding of his or her partner's actions and reactions). (Perret-Clermont, 1992, S. 335)

Sehr anschaulich wird am Beispiel des Schule-Spielens von Kindern verdeutlicht, dass sowohl die Lehrperson als auch die Lernenden aktiv eine Rolle einnehmen. In der Schweiz wird dieses Schule-Spielen „Schüelerle" genannt, was man auf Deutsch am ehesten mit „Schüler-Spielen" übersetzen könnte. Damit wird der Fokus noch stärker auf die *aktive Rolle der Lernenden* in den Lehrer-Schüler-Interaktionen gerichtet. Dies entspricht aktuellen Forderungen im Rahmen der Interaktionsanalyse zur verstärkten Berücksichtigung der Teilnahme der Lernenden und des Austauschprozesses zwischen der Lehrperson und den Lernenden (z.B. Thies, 2000; van der Aalsvoort et al., 2000). In den nachfolgenden Konzepten zum Scaffolding als Beschreibung der Rolle der Lehrperson im Lehr-Lerndialog wird, wie in der vorliegenden Arbeit, der Fokus auf die *Aktivitäten der Lehrperson* gerichtet, welche sie zur *Anregung der aktiven kognitiven Partizipation der Lernenden* im Prozess des Aufbaus von Wissen und Strategien einsetzt, es wird aber nicht die effektive Partizipation der Lernenden untersucht.

Ausgehend von dem Interesse an der sozialen Interaktion und deren Bedeutung für den Aufbau des Wissens erfolgte ab der Mitte der 70er-Jahre des 20. Jahrhunderts eine intensive Auseinandersetzung mit den Merkmalen der Unterstützung von Lernenden durch fähigere Personen. Jerome Bruner, einer der Übersetzer der Theorien von Vygotsky in die englische Sprache, führt die Metapher des Scaffoldings zur Beschreibung der Tätigkeiten der Lehrperson, wenn sie das Kind durch die ZPD begleitet, ein: „(Scaffolding) refers to the steps taken to reduce the degrees of freedom in carrying out some task so that the child can concentrate on the difficult skills it is in process of acquiring" (Bruner, 1978, zitiert in Mercer, 1995, S. 73). Die Metapher des „Scaffoldings", übersetzt als das „Bereitstellen eines kognitiven Gerüsts", dient zur Beschreibung *der Lernunterstützung durch eine kompetentere Person* (more competent person) und umfasst spezifisch für den Lernkontext im Unterricht „what teachers say or do to enable children to complete complex mental tasks they could not complete without assistance" (Pearson & Fielding, 1991, in Gaskins et al. 1997, S. 45).

Mittlerweile erfährt der Scaffolding-Begriff eine breite und zum Teil sehr heterogene Verwendung (vgl. z.B. Pea, 2004) und wie weiter unten gezeigt wird, ist auch die Forschungsliteratur zum Scaffolding und verwandten Konzepten vielfältig (vgl. Kapitel 5). Die Bedeutung von Scaffolding reicht heute von verschiedenen Formen der Unterstützung im Tutoring über die verstehensorientierte Unterstützung des Lernens im Klassengespräch allgemein bis hin zu Scaffolding als Unterrichtsmethode. Gerade Scaffolding als Unterrichtsmethode ist zum Teil mit übertriebenen Erwartungen verbunden. Zum Beispiel preist McKenzie (2000) Scaffolding als Methode für die Lösung aller Probleme im Unterricht an. Konkret beziehen sich seine Vorschläge vor allem auf die Strukturierung des Unterrichts, mit dem Ziel, möglichst viel in möglichst kurzer Zeit zu lernen, und sie sind ein Beleg für das breite Verständnis von Scaffolding und die damit verbundenen übertriebenen oder falschen Erwartungen.

Zur Klärung wird hier die Einführung des Scaffolding-Konzepts nachgezeichnet und daran anknüpfend wird ein Überblick über die wesentlichen theoretischen Ansätze zur Beschreibung der *Funktion, Formen* und *Bedingungen* der individuellen Unterstützung gegeben, welche in der Folge entwickelt wurden. Anschließend werden die zentralen Merkmale des Scaffoldings als individuelle Lernunterstützung zusammengefasst, bevor in Kapitel 5 die Forschungsarbeiten zur individuellen Unterstützung im Sinne von Scaffolding dargestellt werden.

4.2.1   Wood, Bruner und Ross (1976): Scaffolding-Konzept

Der Begriff „Scaffolding" für die Beschreibung der individuellen Lernunterstützung wird erstmals von Wood, Bruner und Ross (1976) in einem in der britischen Zeitschrift „Journal of Child Psychology and Psychiatry" veröffentlichten Artikel zum Tutoring des Problemlösens verwendet. Dieser Artikel wird noch immer in den meisten Texten zur individuellen Unterstützung von Lern- und Verstehensprozessen als Ausgangspunkt der theoretischen Einbettung von Scaffolding zitiert. So weist zum Beispiel die Zitationsanalyse mit Google-Scholar die hohe Anzahl von über 1250 Verweisen auf diesen Artikel aus (23. März 2008, 20:30).

Wood, Bruner und Ross (1976) untersuchen das Tutoring als Unterstützung von einzelnen Lernenden beim Lösen eines Problems durch eine Person mit mehr Expertise. Den Begriff des Scaffoldings verwenden sie zur Beschreibung der Form der *adaptiven Unterstützung, welche die Lernenden befähigt, in Zukunft das Problem selbständig lösen zu können,* und weit mehr beinhaltet als das Vorzeigen und Imitieren eines Verhaltens, da sie auf das Verstehen des Problems abzielt.

Konkret analysieren Wood, Bruner und Ross (ebd.) in ihrer Arbeit, wie Kinder im Alter von 3, 4 und 5 Jahren mit Unterstützung einer Tutorin (Mitautorin Gail Ross) Holzpyramiden zusammensetzen. Die Aufgabenschwierigkeit ist so gewählt, dass die Kinder die Aufgabe nicht ohne Hilfe lösen können. Das Ziel der Unterstützung besteht darin, dass die Kinder das Problem anschließend selbständig lösen können, und die Hauptfrage der Untersuchung ist, ob und unter welchen Umständen es der Tutorin gelingt, dieses Ziel zu erreichen und ob sich ihr Unterstützungsverhalten bei Kindern verschiedenen Alters unterscheidet. Die Analyse der gefilmten Unterstützungssequenzen mit 30 Kindern ergibt, dass die Tutorin ihr (erfolgreiches) Unterstützungsverhalten qualitativ und quantitativ dem Alter der Kinder anpasst und dementsprechend ihre *Annahmen über den Lernstand des Kindes und die Schwierigkeit der Aufgabe sowie deren Passung entscheidend* sind. Aufgrund der Analyse der Tutoring-Situationen definiert das Autorenteam das Scaffolding folgendermaßen:

> … a process, that enables a child or novice to solve a problem, carry out a task or achieve a goal which would be beyond his unassisted efforts. This scaffolding consists essentially of the adult "controlling" those elements of the task that are initially beyond the learner's capacity, thus permitting him to concentrate upon and complete only those elements that are within his range of competence. (Wood et al., 1976, S. 90)

Folgende Merkmale und Funktionen der Unterstützung erkennen sie als zentral im Scaffolding-Prozess (Wood et al., 1976, S. 98):
– Recruitment: Interesse für das Problem wecken;
– Reduction in degrees of freedom: Einschränkung von Lösungswegen;
– Direction maintenance: Aufrechterhalten der Motivation und der Weiterarbeit an der Aufgabe;
– Marking critical features: Auf bedeutende Merkmale der Aufgabe aufmerksam machen;
– Frustration control: Frustration im Problemlöseprozess gering halten;
– Demonstration: Lösungsschritte vorzeigen.

Diese Merkmale lassen sich zu drei Hauptfunktionen der Unterstützung respektive drei Ebenen der Unterstützung zusammenfassen:
– *Emotionale Ebene*: Motivation wecken und aufrechterhalten und Unterstützung im Umgang mit Frustrationen;
– *Prozedurale Ebene*: Strukturieren und Aufrechterhalten des Lösungsprozesses, z.B. durch die Einschränkung der möglichen Lösungswege;
– *Inhaltliche Ebene*: Hinweise auf für die Aufgabenlösung bedeutsame Aufgabenmerkmale und Vorzeigen von wichtigen Lösungsschritten.

In ihrer Arbeit kritisieren Wood, Bruner und Ross (1976), dass der soziale Kontext gewöhnlich nur als Instanz des Modellierens und Imitierens behandelt wird. Zur Abgrenzung vom reinen Nachahmungslernen betonen die Autoren, dass das Vorzeigen durch die Tutorin immer erst erfolgte, wenn die Lernenden in der Lage waren, das Prinzip hinter dem vorgezeigten Lösungsschritt zu verstehen.

Die Bedeutung der *Abgrenzung vom Nachahmungslernen* der behavioristischen Tradition kommt auch in der theoretischen Einbettung von Wood, Bruner und Ross (1976) zum Ausdruck. Wood, Bruner und Ross (1976) beschreiben hauptsächlich mit Bezug auf Psycholinguistik und Theorien des Spracherwerbs, dass die menschliche Produktion das Verständnis der Produktionsregeln bedingt. Der Rolle von Älteren und der Interaktivität beim gemeinsamen Problemlösen schreiben sie für die Einsicht in die Regeln und den Aufbau von Fertigkeiten, Wissen und Problemlösefähigkeit eine zentrale Bedeutung zu.

Diese *theoretische Einbettung* mag erstaunen, denn in den meisten Arbeiten zur Unterstützung von Lernenden werden der Artikel von Wood, Bruner und Ross von 1976 und die ZPD von Vygotsky in einem Atemzug genannt und Scaffolding mit der Unterstützung zum Durchqueren der ZPD assoziiert: „Scaffolding has come to be synonymous with a process of adult-child interaction within the child's ZPD" (Stone, 1998). Wood, Bruner und Ross (1976) beziehen sich aber in keiner Weise auf die Arbeit von Vygotsky, und dies obwohl zum Beispiel Bruner bereits 1962 das Vorwort zu „Thought and Language" von Vygotsky geschrieben hat.

Pea (2004, S. 430) hilft dabei, die theoretische Einbettung der Arbeiten von Wood, Bruner und Ross (1976) zu verstehen. Als Schüler von Bruner erinnert er sich lebhaft an die Diskussionen um die Entwicklung der Sprache und um die Werke von Vygotsky Mitte der 70er-Jahre. Er unterscheidet zwei Hauptstränge, welche die Forschungsarbeiten der Gruppe um Bruner und Wood maßgeblich beeinflusst haben. Einerseits die Diskussion um die Mechanismen der Sprachentwicklung und andererseits die Auswirkung der Annahmen von Vygotsky zum Lernen und insbesondere zum zentralen Konzept der Zone der nächsten Entwicklung (ZPD). Im Zusammenhang mit dem Werk von Vygotsky rückte die Frage nach der Durchquerung der ZPD ins Zentrum, hier öffnete sich ein Fenster im Hinblick auf den Lernprozess, das sich für die Pädagogik, für die Erziehung und Bildung in und außerhalb der Schule fruchtbar machen ließ. Diese implizite Verbindung von Vygotskys ZPD und der Unterstützung als Scaffolding wurde zum ersten Mal 1979 durch Cazden explizit gemacht (vgl. Stone, 1998) und in der Folge von Bruner und Wood auch so verwendet (z.B. Bruner, 1986; Wood, 1988; Wood & Wood, 1996).

Ausgehend vom Artikel von Wood, Bruner und Ross (1976) findet sich zur Unterstützung der Lernenden in der englischsprachigen Literatur ein breites Diskussionsfeld. Unter dem Begriff des Scaffoldings und weiteren Begriffen werden aus unterschiedlichen Perspektiven verschiedene Aspekte der Unterstützung beleuchtet. Der Einfluss und die prominente Funktion der Arbeit von Wood, Bruner und Ross (1976) als Angelpunkt der Diskussion um die individuelle Unterstützung von Denk- und Verstehensprozessen im Unterricht mögen aus mehreren Gründen erstaunen:

- das Autorenteam befasst sich mit der Unterstützung im außerschulischen Kontext (Kinder im Alter von 3, 4 und 5 Jahren lösen mit Hilfe einer Tutorin eine Holzpuzzle)[12],
- für das zu lösende Holzpuzzle-Problem gibt es nur eine mögliche Lösung,
- die Fragestellung ist aus der Perspektive der Sprachentwicklung motiviert
- und der Artikel erschien in einer britischen Zeitschrift.

Die hohe Relevanz, die dieser Arbeit trotzdem zukommt, erklärt sich damit, dass sie sich soweit bekannt als erste Arbeit mit der Frage der individuellen Unterstützung empirisch auseinandersetzt. Auch wenn die Autoren keine theoretischen Bezüge zur sozial-konstruktivistischen Lehr-Lernpsychologie explizit benennen, ist die Arbeit doch klar erkennbar befruchtet durch die Auseinandersetzung von Bruner und Wood mit der Entwicklung von Denk- und Wissensstrukturen bei Kindern und mit dem Werk von Vygotsky. Wie aufgezeigt betonen die Autoren zur Abgrenzung vom reinen Nachahmungslernen, dass bei der Unterstützung durch die Tutorin das Verstehen des Prinzips hinter den Lösungsschritten im Zentrum steht und es sich nicht um eine Imitationsleistung der Lernenden, um das Antrainieren einer Fähigkeit handelt, sondern das Verstehen des Lösungsprinzips angezielt wird.

4.2.2 Applebee und Langer (1983): Kriterien für effektives Scaffolding

Ebenfalls auf die Internalisierung von Lösungsschritten zielt das Scaffolding respektive die Lernunterstützung ab, welche Applebee und Langer (1983) im schulischen Kontext des *Erwerbs von Lese- und Schreibkompetenzen* beschreiben. Im Gegensatz zum Zusammensetzen von Holzpuzzles bei Wood, Bruner und Ross beziehen sie sich spezifisch auf den *Schulkontext* und nicht nur auf Probleme mit einer vorgegebenen Lösung. Applebee und Langer (1983) beschreiben fünf Kriterien für effektives Scaffolding, welche in der Literatur zur Lernunterstützung ebenfalls häufig zitiert werden:

- Student ownership of the learning event;
- Appropriateness of the instructional task;
- A structured learning environment;
- Shared responsibility;
- Transfer of control.

Der Vergleich dieser Scaffolding-Kriterien mit denen von Wood, Bruner und Ross (1976) zeigt, dass Applebee und Langer (1983) stärker auf die kognitiven Aspekte des Lernens fokussieren respektive die emotionale und motivationale Unterstützung nicht explizit betonen. Wie bei Wood, Bruner und Ross stehen die

---

12 Zum Teil wird die Arbeit von Wood et al. (1976) fälschlicherweise als Analyse der Eltern-Kind-Unterstützung interpretiert.

Schüleraktivität und das Verstehen des Schülers der Aufgabe und deren Lösung im Zentrum der Unterstützung. Mit den genannten Kriterien rückt vor allem die Beteiligung der Lernenden beim Lösungsprozess ins Zentrum der Unterstützungsbemühungen und es wird aufgezeigt, wie die Lehrperson dies mit der Auswahl geeigneter Inhalte und dem Teilen der Verantwortung steuern kann. Zusätzlich gehen die Kriterien auf Merkmale der Lernumgebung im weiteren Sinne ein, welche als Voraussetzung für die selbständige Schüleraktivität dem Lernstand der Lernenden angepasst und gut strukturiert sind. Mit dem letztgenannten Kriterium wird die zentrale Bedingung für den Übergang des fremd- zum selbstgesteuerten Lernens genannt: das *kontinuierliche Zurücknehmen der Unterstützung* und der Übergang der Kontrolle der Aufgabenlösung von der fähigeren Person an die lernende Person mit dem Ziel des selbstgesteuerten Lernens.

4.2.3 Collins, Brown und Newman (1989): Scaffolding im Konzept der Cognitive Apprenticeship

Collins, Brown und Newman (1989) haben mit dem Konzept der Cognitive Apprenticeship (kognitive Meister- oder Berufslehre) das Scaffolding allgemein für die Gestaltung von verstehensorientierten Lernumgebungen fruchtbar gemacht. Unter der Perspektive des Experten-Novizen-Paradigmas (z.B. Lave, 1991) betrachten sie das Lernen im Unterricht als Prozess des Erwerbs von Expertise. Zur Bezeichnung ihres Konzepts wählen sie „Cognitive Apprenticeship", um zu verdeutlichen, dass der Erwerb von kognitiven und metakognitiven Strategien analog zum Lernen in klassischen Berufslehren situiert in für ihre Anwendung bedeutungsvollen Inhalten geschieht und vom Vorzeigen hin zur zunehmenden Übernahme der Steuerung und Kontrolle der Ausführung der Prozesse durch die Lernenden führt. Das Konzept der Cognitive Apprenticeship als *Modell des schrittweisen Übergangs vom fremd- zum selbstgesteuerten Lernen* im Unterricht beschreiben sie aufgrund der Analyse der folgenden erfolgreichen Modelle zur Anregung des Lernens:

- *Reciprocal Teaching* (Palincsar, 1986; Palincsar & Brown, 1984): mehrfach untersuchte erfolgreiche Methode zum Erwerb von Strategien des Lesens und Verstehens von Texten (vgl. Rosenshine & Meister, 1994);
- *Procedural Facilitation of Writing* (Bereiter & Scardamalia, 1989; Scardamalia & Bereiter, 1985): zielgerichtetes Lernen in computerbasierten Wissensbildungsgemeinschaften;
- *Mathematical Problem Solving* (Schoenfeld, 1985): Förderung des selbstgesteuerten Einsatzes von kognitiven und metakognitiven Strategien zum Lösen von mathematischen Problemen.

Gemeinsam ist diesen Modellen des Unterrichts aus unterschiedlichen Fachgebieten die Ermöglichung von *aktivem Lernen* der Schülerinnen und Schüler, eingebettet in *bedeutungsvolle Inhalte*. Sie haben das *verstehensorientierte Lernen* und den Aufbau von sowohl *inhaltlichen Kompetenzen* als auch von *Kompetenzen zur Steuerung des eigenen Lernens* zum Ziel. Folgende Schritte des graduellen Lenkungsabbaus destillieren Collins, Brown und Newman (1989) als gemeinsame Merkmale aus diesen drei Modellen heraus und ernennen sie zu den Methoden der Cognitive Apprenticeship (vgl. Tabelle 1):

Tabelle 1: Methoden der Cognitive Apprenticeship (vgl. Collins et al., 1989, S. 476ff.)

Methode	Beschreibung
Modeling	Modellieren des Expertenverhaltens als Vorzeigen der Anwendung von Lösungsstrategien, begleitet durch das Externalisieren der Strategien durch lautes Denken, damit die Lernenden die notwendigen Prozesse zum Erfüllen der Aufgabe kennen lernen.
Coaching	Die Lernenden beim anschließenden selbständigen Bearbeiten der Aufgabe beobachten und unterstützen. Coaching fokussiert mit hoch interaktiven und situierten Rückmeldungen auf die Annäherung des Problemlöseverhaltens der Lernenden an das Expertenverhalten.
Scaffolding and Fading	Unterstützung der Lernenden in Form kooperativen Problemlösens, z.B. übernimmt die Lehrperson einzelne Lösungsschritte, welche die Lernenden noch nicht selber bewältigen können. Voraussetzung für die individuelle Unterstützung im Sinne von Scaffolding ist sowohl die hohe Sach- und Diagnosekompetenz der Lehrperson als auch das Verfügen über angemessene Methoden zur Anpassung der Unterstützung. Ziel ist die graduelle Abnahme (Fading) bis die Lernenden das Problem oder die Aufgabe selber lösen können.
Articulation	Aufforderung zur Verbalisierung von Wissen, Begründungen oder Problemlösestrategien und Denkprozessen durch die Lernenden.
Reflection	Die Lernenden reflektieren die eingesetzten Strategien und erreichten Ergebnisse durch Vergleichen und Diskutieren mit Experten und anderen Lernenden.
Exploration	Ermutigung zum Erkunden sowohl von eigenen Lösungsstrategien als auch von eigenen Problemstellungen.

Während das Modellieren als Vorzeigen des angezielten Verhaltens meist im Klassenverband geschieht, werden mit den nachfolgenden Schritten von Coaching, Scaffolding und Fading spezifisch die Tätigkeiten der Lehrperson bei der Begleitung des selbständigen Arbeitens der Lernenden beschrieben. Die Trennung der drei genannten Schritte erweist sich bereits bei der Definition als schwierig und zum Teil nicht trennscharf. So ist zum Beispiel das *Scaffolding* einerseits eine *Form des Coachings* und andererseits eine *Methode der Cognitive Apprenticeship*, wie die folgenden Textauszüge verdeutlichen.

Coaching consists of observing students while they carry out a task and offering hints, scaffolding, feedback, modeling, reminders, and new tasks aimed at bringing their performance closer to expert performance. Coaching may serve to direct students' attention to a previously unnoticed aspect of the task or simply remind the student of some aspect of the task that is known but has been temporarily overlooked. Coaching focuses on the enactment and integration of skills in the service of a well-understood goal through highly interactive and highly situated feedback and suggestions; that is, the content of the coaching interaction is immediately related to specific events or problems that arise as the student attempts to carry out the target task. (Collins et al., 1989, S. 481)

Im nächsten Schritt wird das Scaffolding als an das Coaching anschließende Methode in der Cognitive Apprenticeship dargestellt.

Scaffolding refers to the supports the teacher provides to help the student carry out a task. These supports can either take the forms of suggestions or help (…), or they can take the form of physical supports (…). When scaffolding is provided by a teacher it requires the teacher to carry out parts of the overall task that the student cannot yet manage. It involves a kind of cooperative problem-solving effort by teacher and student in which the express intention is for the student to assume as much of the task on his own as soon as possible. (Collins et al., 1989, S. 482)

Ebenfalls als *Bestandteil des Scaffoldings* wird *Fading* als „gradual removal of supports until students are on their own" beschrieben (ebd.). In den Definitionen wird die gegenseitige Verflochtenheit der im Konzept der Cognitive Apprenticeship unterschiedenen Methoden deutlich. Interessanterweise wird das Modell meist als Vierschritt von Modeling-Coaching-Scaffolding-Fading rezipiert (z.B. Reinmann & Mandl, 2006), zum Teil wird gar die Reihenfolge der Schritte von Scaffolding und Coaching gewechselt (z.B. Reusser, 1994). Für die vorliegende Arbeit wichtiger als die Reihenfolge oder die gegenseitige Abgrenzung von Coaching, Scaffolding und Fading ist das in den oben stehenden Textauszügen zum Ausdruck kommende Verständnis von Lernunterstützung als *Unterstützung der schrittweisen bewussten Verinnerlichung von Strategien zur Lösung des Problems*. In diesem Sinne werden die drei Schritte Coaching, Scaffolding und Fading gemeinsam als Beschreibung der individuellen Lernunterstützungen verstanden, welche nach den in den folgenden drei Schritten beschriebenen Prinzipien der Anregung des Bewusstseins über das eigene Vorgehen beim Problemlösen durch *lautes Denken* und *Reflexion* mit dem Ziel des eigenen *selbständigen Erkundens* von Lösungswegen und Problemstellungen erfolgt.

Damit stellen Coaching, Scaffolding und Fading differenzierte Beschreibungen der individuellen Lernunterstützung dar, welche den Aufbau von Problemlösestrategien durch die Verinnerlichung der Strategien und die zunehmende eigene Steuerung des eigenen Problemlöseprozesses als zentrales Merkmal und Ziel hat.

Der Vergleich mit den oben beschriebenen Konzepten von Wood, Bruner und Ross (1976) und Applebee und Langer (1983) zeigt, dass im Rahmen von Cognitive Apprenticeship deren Kriterien umgesetzt und für den Unterricht konkretisiert werden. Ohne direkt auf Applebee und Langer (1983) Bezug zu nehmen, erfüllt die in der Cognitive Apprenticeship vorgesehene Unterstützung der individuellen Lern- und Verstehensprozesse deren Scaffolding-Kriterien der zunehmenden Verantwortung und Kontrolle des Lernens durch die Schülerinnen und Schüler. In der Beschreibung der Methode stehen die Strategien der Lehrperson zur Förderung der Kompetenz der Lernenden in der selbständigen Anwendung der Lösungsstrategien und der Steuerung dieser Anwendung durch Anregung des Artikulierens, Reflektierens und Explorierens im Zentrum. Damit rücken die kognitive und die metakognitive Ebene der Unterstützung der Lernenden in den Vordergrund. Der von Wood, Bruner und Ross (1976) zusätzlich eingeführten motivationalen Ebene der Unterstützung wird in der Cognitive Apprenticeship weniger durch die Methode als durch die Einbettung der zu erwerbenden Inhalte und Strategien in für die Lernenden bedeutsame Inhalte Rechnung getragen.

4.2.4 Tharp und Gallimore (1988): Scaffolding als Assisted Performance

Ebenfalls auf den Kontext des Schulzimmers bezogen und aus der intensiven Auseinandersetzung mit Literatur zum sozial-konstruktivistischen Lernverständnis sowie der detaillierten Beobachtung von Unterricht hervorgehend sind die von Tharp und Gallimore (1988; 1989) formulierten Überlegungen zur Unterstützung des Lernens:

> Students cannot be left to learn on their own; teachers cannot be content to provide opportunities to learn and then assess outcomes; recitation must be deemphasized; responsive, assisting interactions must become commonplace in the classroom. Minds must be roused to life. (Tharp & Gallimore, 1988, S. 21)

Nach mehreren Jahren der anthropologischen Beobachtung des Familienlebens auf Hawaii und verhaltensorientierten behavioristischen Untersuchungen in Schulen auf Hawaii finden Gallimore und Tharp unter dem Einfluss der Auseinandersetzung mit den Schriften Vygotskys und inspirierenden Gesprächen mit Vertreterinnen und Vertretern des sozial-konstruktivistischen Lehr-Lernbegriffs (u.a. Wertsch, Rogoff, Cole) zu einer Analyse-Einheit für die Beschreibung und den Vergleich von Aktivitäten im schulischen sowie außerschulischen Kontext. Sie beschreiben das *„Activity Setting" als die Interaktion konstituierende Rahmung*, welche durch die Angaben zum Wann, Wo, Wer, Was, Warum genauer definiert wird (Tharp & Gallimore, 1988, S. 72ff.).

Für die Ermöglichung von Assisted Performance bedarf es der Gestaltung von kreativen Activity Settings:

> The task of designing systems for assistance is that of designing activity settings. The criterion for activity settings is that they should allow a maximum of assistance by the members in the performance of the tasks at hand. They must be designed to allow teachers to assist children through the ZPD

toward the goal of developing higher-order mental processes. These settings engage children in goal-oriented activities in which the teacher can participate as an assistor and/or co-participant as the need arises. The purpose of these settings is principally to assist the child through the stages from other-regulation to self-regulation and thence to internalization and full development. (Tharp & Gallimore, 1988, S. 80)

Die Art der Unterstützung sehen Tharp und Gallimore in Abhängigkeit von der Art der gemeinsamen Handlung, ohne auf diese Beziehung näher einzugehen. Zur *Form der Unterstützung* des Lernens beschreiben Tharp and Gallimore (1988, S. 44ff.) mit dem Modellieren und Strukturieren ähnliche Strategien wie sie im Rahmen der Cognitive Apprenticeship dargestellt werden. Die Beispiele beziehen sich meist auf den öffentlichen Unterricht und nicht die Phasen der selbständigen Schülerarbeit. In Bezug auf linguistische Merkmale des Klassengesprächs unter-scheiden sie im Klassengespräch das Anweisen (Instructing), das Fragen (Questioning) und das Strukturieren (Cognitive Structuring), welche jeweils unter-schiedliche Reaktionen seitens der Lernenden hervorrufen. Während das Anweisen eine spezifische Handlung verlangt, wird mit dem Stellen von Fragen eine Antwort erwartet und das kognitive Strukturieren bietet den Lernenden eine Struktur, um Elemente zueinander in Beziehung zu setzen. Alle diese Formen sind aus der Sicht der Autoren möglich, müssen aber mit *Bewusstsein für die Anregung der Lern-prozesse* eingesetzt werden. In Bezug auf die Wirksamkeit der Lernunterstützung zentral sind aus der Sicht von Tharp und Gallimore letztlich nicht die Formen der einzelnen Handlungen der Lehrperson, sondern ihr *Bemühen, den Schülerinnen und Schülern „beim Denken zuzuhören"*. Der Aufbau der Fähigkeit und Bereitschaft, die Denkwege der Lernenden nachzuvollziehen und zu diskutieren, sehen sie als wichtigste Aufgabe in der Aus- und Weiterbildung von Lehrpersonen (Tharp & Gallimore, 1988, S. 217ff.).

Mit Bezug auf die von Tharp und Gallimore verwendete Metapher des „Webens" für das Diskutieren als *Verknüpfung verschiedener Perspektiven* und *Verknüpfung von Vorwissen mit neuen Erfahrungen* beschreibt Goldenberg (ein ehemaliger Student von Gallimore) die Merkmale des verstehensorientierten Unter-richtsgesprächs detaillierter. Als wesentliche Merkmale einer an den Denk- und Verstehensprozessen orientierten Diskussion nennt er die Aktivierung, Heraus-forderung und Fokussierung der Lernenden. Die Lehrperson erreicht dies durch die Schaffung einer herausfordernden, aber nicht überfordernden Atmosphäre des gemeinsamen Suchens, in der sie die Lernenden mit Fragen und Problemen zur aktiven Teilnahme anregt und deren Beiträge gegenseitig in Beziehung stellt (Goldenberg, 1993).

Grundvoraussetzung ist, dass die Lehrperson versteht und vermittelt, dass sie im Unterricht die Lernenden nicht nur beurteilt, sondern sie auch unterstützt: „Teaching is not only assessing learners, it is assisting them" (Tharp & Gallimore, 1989, S. 23). Die Unterstützung der Lernprozesse der Schülerinnen und Schüler kommt in der Schule ihrer Meinung nach zu wenig vor: „A primary operational principle for schools should be to assist the performance of all their members, from kindergartners to superintendent. Sadly, it is not so" (Tharp & Gallimore, 1988, S. 82). Deshalb zeigen Tharp und Gallimore mit detaillierten Fallbeispielen *Möglichkeiten der Unterstützung in der Ausbildung von Lehrpersonen* auf, zum Beispiel wie eine Grundschullehrerin mit einer Beraterin ihre videografierten Lektionen diskutiert. Diese Diskussionen sind eines von mehreren im Rahmen der Ausbildung eingesetzten Activity Settings, ein anderes ist zum Beispiel die Beobachtung einer anderen Lehrerin beim Unterrichten. Zentrales Analysekriterium ist sowohl in den Diskussionen über die Lektionen der anderen Lehrerin als auch bei der Reflexion der eigenen Lektion das *Anknüpfen am Denken der Lernenden*. Als Voraussetzung für das flexible Eingehen auf Schülerantworten sehen Tharp und Gallimore (wie Collins et al., 1988) das pädagogische Wissen *und* das inhaltliche Wissen der Lehrperson. Damit gehen sie explizit auf die Anforderungen an die Lehrperson für die individuelle Unterstützung ein und zeigen mögliche relevante Inhalte und Methoden für die Aus- und Weiterbildung von Lehrpersonen auf (vgl. Kapitel 10.5).

4.2.5 Rogoff (1990): Scaffolding als Guided Participation

Ebenfalls durch die Arbeiten von Vygotsky inspiriert, beschreibt Rogoff (1990) die Bedeutung der Interaktion im vorschulischen Kontext und schließt damit unmittelbar an die Arbeit von Wood, Bruner und Ross (1976) an. In Anlehnung an das Konzept der Cognitive Apprenticeship (Collins et al., 1989) stellt sie ihre Erkenntnisse als „Apprenticeship in Thinking" dar. Für die Bedeutung der Interaktion für die kognitive Entwicklung findet sie Belege in unterschiedlichen Bereichen (Rogoff, 1990, S. 151ff.):

– *Sprachentwicklung*: „Tailored responses of middle-class adults communicating with young children, focusing their attention, and expanding and improving the children's contributions appear to support children's advancing linguistic and communication skills" (Rogoff, 1990, S. 157).
– *Konstruktion von Objekten*: z.B. das Zusammensetzen von Holzpyramiden bei Wood, Bruner und Ross (1976).
– *Erinnerungs- und Planungsaufgaben*: z.B. Gegenstände erinnern, Einkaufswege planen: „the results with younger and older children suggest that inter-subjectivity in remembering and planning is a central feature of social inter-action that allows children to take advantage of the bridging, structuring, and transferring of responsibility that were suggested as processes involved in guided participation" (Rogoff, 1990, S. 169).

Als Tätigkeiten und gemeinsame Merkmale der „Guided Participation" in den verschiedenen Bereichen beschreibt Rogoff das Modellieren, das adaptive Zuschneiden der Unterstützung durch Vereinfachen der Aufgabe und Anpassen des Schwierigkeitsgrades, so dass er an den Grenzen der Fähigkeiten des Kindes ist (tailoring the scaffolding), das Geben von Begründungen, Bilden von analogen Beispielen und Erklären der Aufgabenstellung.

Zentral für die erfolgreiche Unterstützung ist der Aufbau der *Intersubjektivität*, welche aus der subtilen Anpassung der Hilfestellung an die Bedürfnisse des Kindes (kognitiv, emotional, motivational) durch das Anknüpfen an den Denkprozessen des Kindes resultiert. Nur das Zusammensein mit einer erwachsenen Person oder die Häufigkeit der Interventionen hat nicht unbedingt einen Einfluss auf das Lernen des Kindes: „Interaction with other people assists children in their development by guiding their participation in relevant activities, helping them adapt their understanding to new situations, structuring their managing problem solving". Wichtige Bedingung für die Entstehung der Intersubjektivität ist auch die Bereitschaft der Kinder zur Beteiligung: „Children's own eagerness to participate in ongoing activities and to increase their understanding is essential to their learning in social context" (Rogoff, 1990, S. 191).

Als Hauptproblem beim Aufbau von Intersubjektivität erweist sich im schulischen Kontext das Missverstehen von Lehrperson und Lernenden aufgrund unterschiedlicher Vorannahmen über den didaktischen Vertrag respektive Ziel, Anforderungen und Kriterien der Situation sowie die Verteilung der Rollen (Schubauer-Leoni & Perret-Clermont, 1997). Entsprechend bedingt die Anregung und Unterstützung der verstehensorientierten Denk- und Lernprozesse im Unterricht die gemeinsame Klärung von Zielen und Rollen der Beteiligten im Unterricht.

4.3 Fazit: Merkmale des Scaffoldings als individuelle Lernunterstützung

Wie aufgezeigt, ist im sozial-konstruktivistischen Lernverständnis die Lehrperson respektive die individuelle Unterstützung durch die Lehrperson während der selbständigen Arbeit von hoher Relevanz. Die Lehrperson dient als kognitives Modell und als Interaktionspartnerin, sie begleitet die einzelnen Lernenden durch die Zone ihrer nächsten Entwicklung (Collins et al., 1989). Damit verändert sich die traditionelle Rolle der Lehrperson als Vermittlerin hin zur adaptiven Begleiterin des Lernens der Schülerinnen und Schüler (vgl. Reusser, 1994; Reusser, 1999).

In den dargestellten Konzepten der individuellen Unterstützung lassen sich ein weiter und ein enger gefasstes Verständnis von Scaffolding unterscheiden. Während im Konzept der Cognitive Apprenticeship der Begriff Scaffolding ein Strukturmoment bezeichnet, welches sich von anderen Strukturmomenten wie zum Beispiel dem Modeling differenzieren lässt, umfasst in den anderen Konzepten (zum Beispiel Scaffolding als Guided Participation oder Assisted Performance) der Begriff des Scaffoldings die ganze Breite der Aktivitäten von Modeling bis zum Fading. In der vorliegenden Arbeit wird mit dem Begriff Scaffolding nicht ausschließlich auf das eine Strukturmoment im Lernprozess wie im Konzept der Cognitive Apprenticeship referenziert und steht er damit für einen weiten Begriff von Lernunterstützung, der wie im Verständnis von Wood, Bruner und Ross (1976) von Vorzeigen über Unterstützen bis zu Aufforderungen zum Verbalisieren von Denkschritten und Begründungen reichen kann.

Die charakteristischen Merkmale des Scaffoldings als *Unterstützung beim Durchqueren der ZPD* wurden in den in diesem Kapitel dargestellten Arbeiten im Rahmen von sowohl außerschulischen als auch schulischen Kontexten und sowohl spezifisch für die Unterstützung der individuellen Lernprozesse als auch allgemein für das Klassengespräch erarbeitet. An dieser Stelle werden die Merkmale der individuellen Unterstützung zusammengefasst, welche im Rahmen der dargestellten Ansätze spezifisch für die individuelle Lernunterstützung beschrieben wurden. Die Merkmale von Scaffolding als individueller Lernunterstützung lassen sich entlang der *Funktion und Ziele*, der *Merkmale* und der den eingesetzten Mitteln zugrunde liegenden *Bedingungen* ordnen.

Scaffolding hat die *Funktion* der Unterstützung der Lernenden beim Bewältigen von Problemen, die sie selber (noch) nicht lösen können, mit dem Ziel, dass sie verstehen, wie sich entsprechende Probleme lösen lassen und diese in Zukunft selbständig bewältigen können. Die Unterstützung orientiert sich daran, die Lernenden aktiv in den Problemlöseprozess einzubinden, d.h. ihre Partizipation anzustreben, um die geistige Aktivität, die mentalen Konstruktionsprozesse der Lernenden herauszufordern. Die Unterstützung erfolgt angepasst an die Lösungsbemühungen der Lernenden und ihr diesbezügliches Vorwissen. Zentral für die Anpassung der Lernunterstützung ist ein intersubjektiv geteiltes Verständnis der Anforderungen, Ziele und Bedingungen der aktuellen Problemlöseversuche.

Inhaltliche Ebenen der Unterstützung sind einerseits der Erwerb von Konzepten und Strategien zum Lösen eines spezifischen Problems, andererseits aber auch der Erwerb von Kompetenzen zum selbständigen Problemlösen im Sinne selbstgesteuerten Lernens. Damit verfolgt Scaffolding sowohl Ziele auf der *kognitiven* als auch auf der *metakognitiven* Ebene. In Bezug auf die kognitive Ebene wird betont, dass das Verstehen der Lösungsschritte und die Einsicht in das Lösungsprinzip zentral sind; entsprechend der allgemeinen Kriterien für guten Unterricht (z.B. Helmke, 2003) ist auch im Lehr-Lerndialog die *Verstehensorientierung* zentral. Mit dem Ziel des Aufbaus von Kompetenzen zur Steuerung des eigenen Lernens findet im Scaffolding die Forderung nach der *Prozessorientierung* im Unterricht (z.B. Bolhuis, 2003) ihre Realisierung. Verbunden mit dem Ziel des selbstgesteuerten Lernens wird auch die *Motivation* der Lernenden zum selbständigen Denken und Problemlösen angestrebt.

Als *Formen der Umsetzung* der genannten Ziele in der individuellen Lernunterstützung lassen sich diverse Maßnahmen aufzählen. Durch das Erkundigen nach Verstehensschwierigkeiten und vollzogenen Denkschritten wird die aktive Beteiligung der Lernenden angeregt und die Lehrperson schafft sich die Möglichkeit, die Denkprozesse der Lernenden nachzuvollziehen und einen gemeinsamen Raum des Denkens und Verstehens im Sinne der Intersubjektivität respektive eines gemeinsam geteilten Problemraums aufzubauen. Die Verstehensorientierung bei der Unterstützung der Lernenden wird zum Beispiel durch Vorzeigen mit gleichzeitigem Erklären und Begründen von Lösungsschritten, mit Hinweisen auf wichtige Merkmale des Problems und des diesbezüglichen Vorwissens und mit Beispielen angestrebt. Als weitere inhaltsbezogene Unterstützung bieten sich das Strukturieren des Vorgehens und das Vereinfachen von Teilschritten an. Während sich diese Mittel hauptsächlich auf die Ebene der kognitiven Strategien beziehen, sind Aufforderungen zum Reflektieren der Vorgehensweise stärker auf die metakognitive Ebene der Steuerung des Lösungsprozess bezogen. Die Unterstützung der Motivation der Lernenden lässt sich mit ermutigenden Rückmeldungen umsetzen.

Von übergeordneter Bedeutung vor den einzelnen Maßnahmen sind das ihnen zugrunde liegende *Prinzip der konsequenten Orientierung am Lernprozess* der Schülerinnen und Schüler und das Streben nach der Erarbeitung eines intersubjektiven Verstehensraums und nach dem Vergleichen und Diskutieren von Ideen und Lösungsvorschlägen. Scaffolding erfolgt *angepasst* an das individuelle Verstehen der einzelnen Lernenden und gibt ihnen Raum für die *aktive* Erarbeitung und Übernahme der Schritte im Lösungsprozess. Daher erfordert die Unterstützung immer das Ausbalancieren der Steuerung des Problemlösens und des Eingehens auf die Denkwege der Lernenden. Sie ist „a situated engagement between people, never simply a procedural technique" (Renshaw, 2004, S. 7) und lässt sich folglich auch nicht ausschließlich aufgrund von Oberflächenmerkmalen beschreiben.

Voraussetzung für diese am Lernprozess orientierte Form von Unterstützung ist die *Bereitschaft* und *Kompetenz* der Lehrperson, auf die Denk- und Verstehensleistungen der Lernenden einzugehen, ihnen zuzuhören und sie dem aktuellen Verstehensstand entsprechend zu weiteren Denkschritten und Organisationsleistungen herauszufordern. Dafür benötigt die Lehrperson einerseits ein solides *fachliches Wissen*, um flexibel auf verschiedene Denkwege eingehen zu können. Andererseits erfordert die Anpassung an die ZPD eine hohe *diagnostische Kompetenz*. Neben den Kompetenzen der Lehrperson bedarf die Förderung der Partizipation und selbständigen Denkschritte seitens der Lernenden der *Klärung der Rollen* der Lehrperson und der Lernenden und der damit verbundenen Erwartungen sowie des *Aufbaus eines gemeinsamen Verständnisses* der zu bewältigenden Aufgabe.

Ausgehend von diesen Überlegungen zum Scaffolding als individueller Lernunterstützung wurde in den seit der Einführung der Scaffolding-Metapher verstrichenen dreißig Jahren Forschung zu Wirksamkeit, Verbreitung und Merkmalen der individuellen Lernunterstützung betrieben, auf welche in Kapitel 5 eingegangen wird. Zuvor werden dieses Kapitel abrundend terminologische Klärungen geleistet. Als Erstes wird die Frage diskutiert, ob und inwieweit die Gerüst-Metapher „Scaffolding" sich zur Beschreibung der Lernunterstützung tatsächlich eignet, und als Zweites ein Überblick über die in der Literatur verwendeten Begriffe zur Bezeichnung der Lernunterstützung gegeben.

4.4 Terminologische Klärungen

4.4.1 Scaffolding als geeignete Metapher für die individuelle Lernunterstützung?

Anschließend an die Zusammenfassung der Merkmale von Scaffolding als individuelle Unterstützung der Lernprozesse stellt sich die Frage, inwiefern die Metapher des Gerüsts zur Beschreibung dieser Merkmale geeignet ist beziehungsweise welche Merkmale der Unterstützung mit dieser Metapher treffend beschrieben werden oder keine Berücksichtigung finden (Stone, 1998).

Die Gerüst-Metapher beschreibt anschaulich die Funktion der *vorübergehenden Unterstützung* beim *Aufbau* von Kompetenzen zum Problemlösen: Wenn die Wissensstrukturen mit Hilfe der Unterstützung aufgebaut wurden, kann das Gerüst entfernt werden. Diese Anschaulichkeit macht die Gerüst-Metapher attraktiv. Der Adaptivität der Unterstützung trägt die Gerüst-Metapher jedoch nur beschränkt Rechnung. Mit dem errichteten Gerüst wird die Form der aufzubauenden Struktur klar vorgegeben, die Flexibilität besteht nur eingangs bei der Wahl des Gerüsts, beim Tempo des Strukturaufbaus und beim Zeitpunkt des Abbaus des Gerüsts. Auch wenn das Gerüst während des Aufbauprozesses wieder umgebaut werden kann, immer steht zuerst das Gerüst und entsprechend erfolgt der Aufbau immer in klar vorgegebener Form und lässt keine weitere Flexibilität bezüglich des Aufbaus der Strukturen zu. Die unzureichende Beschreibung der Adaptivität, Flexibilität und Interaktivität der Unterstützung mit der Gerüst-Metapher wird verschiedentlich kritisiert (z.B. Lepper et al., 1997; Renshaw, 2004). Aufgrund der Vernachlässigung zentraler Merkmale der individuellen Unterstützung durch die Metapher des Gerüsts wird nach alternativen Metaphern gesucht, welche wiederum ihre spezifischen Vor- und Nachteile für die Charakterisierung der Merkmale und Funktion der Unterstützung haben.

Zum Beispiel bietet sich die Metapher des Webens „Weaving" an, um die Vernetzung von Strukturen, sozusagen das Verflechten von kognitiven Fäden sowie die gegenseitige Verknüpfung von verschiedenen Lösungsvorschlägen, zu beschreiben (z.B. Goldenberg, 1993; Tharp & Gallimore, 1988, 1989). Die Rolle der Lehrperson besteht im Rahmen der Web-Metapher im adaptiven flexiblen Verknüpfen der Denkprozesse und des Vorwissens mit den zu erwerbenden Strukturen. Mit dieser Metapher wird jedoch nicht beschrieben, wie und wann sich die Lehrperson aus dem Prozess des Verknüpfens wieder herausnimmt respektive wie die Lernenden sukzessive selber die „Fäden in die Hand nehmen".

Die Metapher des Sicherheitsnetzes beim Balancieren auf einem Hochseil veranschaulicht das Merkmal, dass das selbständige Bewältigen einer herausfordernden Aufgabe angezielt wird und die Unterstützung nur bei Schwierigkeiten respektive unzureichenden eigenen Fähigkeiten zum Einsatz kommt (z.B. Fox, 1991). Im übertragenen Sinne lassen sich Lösungswege ohne Absturzgefahr ausprobieren. Jedoch ist die Vorstellung von der lebensbedrohlichen Situation im Falle von ungenügenden Fähigkeiten bei nicht vorhandener Unterstützung sehr dramatisch. Unklar bleibt der Zeitpunkt der Entfernung des Sicherheitsnetzes als Form der Unterstützung.

Eindeutig stärker auf die Adaptivität der Unterstützung und den Aspekt der Interaktion fokussiert die bereits mit der sokratischen Mäeutik eingeführte Hebammen-Metapher als „geistige Geburtshilfe" im Dialog (vgl. Kapitel 2.2) (z.B. Lepper et al., 1997; Polya, 1949). Auch wird mit dieser Metapher der konstruktivistischen Annahme Ausdruck verliehen, dass die Lernenden die Gedanken letztlich selber „gebären", dabei aber unterstützt werden können. Hierin liegt aber auch der Haken der Metapher, da die Unterstützung wenig Ko-Konstruktion beinhaltet und die Bedeutung der Lehrperson in diesem Sinnbild doch eher marginal bleibt: Sie hat keine Möglichkeit der Mitgestaltung in Bezug auf die Form der Vorschläge und Ideen und kann diese auch nicht in Frage stellen, da das Gebären ein einmaliger, abschließender und irreversibler Prozess ist. Daher impliziert diese Metapher eine hohe Produktorientierung, da die Unterstützung letztlich nur auf das Herausbringen der fertigen Lösung abzielen kann.

Alle diese Metaphern sind geprägt von der Suche nach einem Bild für die prozessbezogene, adaptive, temporäre und kontinuierlich abbaubare Unterstützung des Aufbaus von Strategien und Wissensstrukturen. Die Assoziationen und Überlegungen zu den verschiedenen Unterstützungsmetaphern ließen sich noch weitertreiben. Die dargestellten Gedanken zeigen jedoch auf, dass sich die Suche nach einer geeigneten Metapher, welche alle genannten Aspekte umfasst, als anspruchsvoll erweist und konkrete Bilder immer auch ihre Grenzen haben.

Meine eigene Suche nach möglichen Metaphern hat auch nicht zu einem befriedigenden Ergebnis geführt. Als weitere Metapher könnten zum Beispiel die Stützräder beim Fahrrad dienen, welche zum Erlernen des Fahrradfahrens bei Kindern eingesetzt werden. Die Stützräder-Metapher bietet gegenüber den anderen Metaphern den Vorteil, dass das Kind sich frei bewegen kann und die Flexibilität bei der Routenwahl durch diese Unterstützung nicht eingeschränkt ist. Ein Nachteil ist jedoch, dass die Stützräder nicht schrittweise entfernt werden können. Auch stellt das Erlernen des Fahrradfahrens wie das Balancieren auf dem Hochseil den Erwerb einer motorischen Fähigkeit dar und der Aufbau von kognitiven Strukturen lässt sich ohnehin nur bedingt mit dem Erwerb von motorischen Fähigkeiten vergleichen. Als Metapher zum Erwerb von kognitiven Fähigkeiten wäre die Unterstützung durch eine Fahrlehrperson beim Autofahren geeigneter als die Stützräder beim Fahrradfahren, zugleich handelt es sich aber bei der Situation des Erlernens des Autofahrens auch schon wieder um eine klassische Lehr-Lernsituation. Im Unterschied zur Unterrichtssituation wird jedoch bei dieser Situation sehr deutlich, welche Verantwortung den Lernenden innerhalb der Lernsituation bereits zukommt und wie das Lernen in einen größeren Zusammenhang eingebettet ist (hier z.B. kulturell geteiltes Wissen über Verkehrsverhalten) und in Abhängigkeit von anderen (hier andere Verkehrsteilnehmende), aber auch als Teilnahme in dieser Situation geschieht.

Die Diskussion zur Gerüst-Metapher und Alternativen zeigt deren Potenzial und auch deren Grenzen. Angesichts der breiten Verwendung des Scaffolding-

Begriffs in der Literatur und mangels eines besseren Vorschlags wird er auch in der vorliegenden Arbeit verwendet. Nachfolgend wird ein Überblick über weitere in der Literatur verwendete Begriffe zur Bezeichnung der individuellen Lernunterstützung gegeben.

4.4.2 Heterogenität der Bezeichnung der individuellen Lernunterstützung

Die Heterogenität der Begriffe zur Benennung der Lernunterstützung sowie deren zum Teil unterschiedliche Verwendung zeugen von der Breite der Diskussion um die Unterstützung und von den unterschiedlichen Perspektiven, unter denen diese Diskussion geführt wird. Insgesamt zeigt sich, dass Fragen des Scaffoldings einerseits unter einer Fülle von Begriffen diskutiert werden, andererseits findet der Scaffolding-Begriff eine sehr breite Verwendung. In neueren Übersichtsartikeln zum Scaffolding wird diese Unübersichtlichkeit entweder beklagt (Pea, 2004) oder zum Anlass genommen, für eine systematische Benutzung und Erweiterung des Scaffolding-Begriffs zu plädieren (Lajoie, 2005).

Den unterschiedlichen Begriffen zur Bezeichnung der individuellen Lernunterstützung mit ihrer zum Teil unterschiedlichen Fokussierung ist gemeinsam, dass sich die dahintersteckenden Arbeiten mit den Fragen nach den *Merkmalen und der Wirksamkeit der Unterstützung* von einzelnen oder einer kleinen Gruppe von Lernenden durch eine Person mit mehr Expertise beim Aufbau von Wissen respektive beim Erwerb von Kompetenzen zum Lösen einer Aufgabe oder eines Problems im Hinblick auf das zukünftige selbständige Bewältigen analoger Aufgaben und Probleme durch die Lernenden befassen. Die Unterschiede der Fokussierung der Begrifflichkeiten beziehen sich hauptsächlich auf den Kontext der Unterstützung, die Unterstützung leistende Person und die Funktion der Unterstützung.

Zur besseren Orientierung wird hier ein Überblick über die verwendeten Begrifflichkeiten geleistet. Insbesondere wird der Begriff des Tutorings erläutert, seine Beziehung zum Begriff des Scaffoldings geklärt und die inhaltliche Akzentuierung der weiteren für die individuelle Lernunterstützung verwendeten Begrifflichkeiten beschrieben.

4.4.3 Tutoring

Der Begriff des Tutoring geht auf den lateinischen Begriff für das „Schützen" zurück; Tutor wird im Latein als Bezeichnung eines Vormundes von Personen mit eingeschränkten Rechten (Minderjährige und Frauen), eines Beschützers oder gar Schutzgottes verwendet.[13] Die Bezeichnung des Tutors und des Tutorates fand Ein-

---

13 Im großen Fremdwörterbuch des Dudens findet sich folgende Ausführung zum Begriff Tutor (Dudenredaktion, 2000, S. 1371). Tutor, *der* (aus gleichbed. *lat.* tutor, eigtl. „Beschützer", zu tueri „schützen", Bed. 1 aus gleichbed. *engl.* Tutor): 1.a) Leiter eines Tutoriums (Übungskurs

gang in die Universitäten als Bezeichnung für die Betreuung von Studien-anfängerinnen und -anfängern durch fortgeschrittene Studierende und wird noch heute so verwendet. Im universitären Umfeld ebenfalls anzutreffen und häufig gleichbedeutend verwendet ist der Begriff des Mentors respektive der Mentorin, der als Synonym für einen älteren und erfahreneren Freund, Lehrer oder Ratgeber steht und seine Wurzeln in der griechischen Antike hat.[14] Mentor war dort ein Freund des Odysseus und der Erzieher seines Sohnes Telemach. Während der Begriff des Mentorings ausschließlich für Förderbeziehungen im universitären oder beruflichen Umfeld verwendet wird, wurden und werden unter dem Begriff des Tutoring vor allem in der anglo-amerikanischen Literatur theoretische und empiri-sche Anstrengungen unternommen, das Phänomen der Unterstützung von lernen-den Kindern und Jugendlichen genauer zu fassen. Den ersten wegweisenden Artikel zum Thema Tutoring als Unterstützung von einzelnen Lernenden beim Lösen eines Problems durch eine Person mit mehr Expertise veröffentlichte wie oben beschrieben die Gruppe um Bruner (Wood et al., 1976.) Tutoring bezieht sich dort auf die Unterstützung von Vorschulkindern durch eine erwachsene Person beim Lösen eines Holzpuzzles. Der Tutoring-Begriff findet von Vor- bis Hoch-schule breite Verwendung, im Kern fokussiert er immer auf die individuelle Unter-stützung der Lernenden, sowohl schulisch als auch außerschulisch. In der englisch-sprachigen Literatur wird die unterstützende Person als Tutor und die unterstützte Person als Tutee bezeichnet, in der deutschsprachigen Literatur hat sich nur die Be-zeichnung „Tutor" durchgesetzt und wird hauptsächlich im hochschuldidaktischen Kontext verwendet.

Zum Teil wird Tutoring explizit als ausschließlich durch paraprofessionelle Tutorinnen und Tutoren geleistete außerschulische Unterstützung definiert: „People who are not professional teachers helping and supporting the learning of others in an interactive, purposeful and systematic way" (Topping, 2000, S. 3). Mit dieser Definition von Tutoring grenzt Topping (2000) in seiner zusammenfassenden Dar-stellung die Unterstützung durch Lehrpersonen aus und bezieht sich ausschließlich auf Forschungsliteratur, welche sich mit Unterstützung im außerschulischen Einzelunterricht befasst und sich mit der deutschsprachigen Bezeichnung der Nachhilfe bezeichnen lässt (vgl. Wittwer, 2008). Allgemein wird aber in der Tutoring-Literatur eine zusätzliche Differenzierung getroffen: Die Unterstützung durch eine fähigere und/oder ältere Person ohne besondere pädagogische Schulung oder Erfahrung wird als Novizen-Tutoring und die Unterstützung durch eine fähigere und/oder ältere Person mit spezifischen Tutor-Fähigkeiten als Experten-Tutoring bezeichnet (z.B. bei Chi et al., 2001). Novizen-Tutoren werden zum Teil

---

an einer Universität); b) Lehrer und Ratgeber von Studenten (z.B. bei praktischer päda-gogischer Ausbildung); c) Lehrer der gymnasialen Oberstufe, der eine Gruppe von Schülern betreut. 2. Vormund, Erzieher (röm. Recht).

14 Im großen Fremdwörterbuch des Dudens findet sich folgende Ausführung zum Begriff Mentor (Dudenredaktion, 2000, S. 859). Mentor, der (nach Mentor, dem Freund des Odysseus, für dessen Sohn Telemach er väterlicher Freund u. Erzieher war): a) erfahrener Berater, Helfer, Anreger, Fürsprecher, Förderer; b) (veraltet) Hauslehrer, Prinzenerzieher; c) erfahrener Pädagoge, der Studenten, Lehramtskandidaten, Studienreferendare während ihres Schulpraktikums betreut.

auch paraprofessionelle Tutoren genannt (vgl. Cohen, Kulik & Kulik, 1982). Unter Peer-Tutoring wird die Unterstützung durch eine Person gleichen Alters und/oder ähnlichen Fähigkeitsstandes (Fantuzzo & Ginsburg-Block, 1998; Fuchs, Fuchs, Bentz, Phillips & Hamlett, 1994; King, Staffieri & Adelgais, 1998) verstanden. Diese Differenzierung verdeutlicht, dass die Bezeichnung Tutoring alleine noch keine spezifische Angabe über die Interaktionspartner und das Setting der Unterstützung macht. In der folgenden Ergebnisdarstellung werden Arbeiten aus dem Experten- und Novizen-Tutoring einbezogen.

Wie bei der Lernunterstützung allgemein lassen sich verschiedene Kontexte der Tutoring-Situation unterscheiden. Meist wird mit Tutoring eine 1:1-Situation beschrieben, in der ein Tutee mit Unterstützung eines Tutors gemeinsam eine Aufgabe oder ein Problem bearbeitet. Vermehrt findet die Bezeichnung des Tutorings auch Verwendung für die Beschreibung der Unterstützung von mehreren Tutees respektive einer Kleingruppe von Lernenden. Das Tutoring in den verschiedenen Arbeiten erfolgt meist in Ergänzung zum Unterricht, es kann aber auch innerhalb des Unterrichts oder anstelle des Unterrichts stattfinden. Als weiteres Kontextmerkmal wird unterschieden, ob die Lernenden sich freiwillig in die Tutoring-Situation begeben, zur Teilnahme verpflichtet sind oder für die Teilnahme belohnt werden.

Aufgrund der hohen Relevanz, welche der individuellen Unterstützung sowohl aus theoretischer als auch empirischer Perspektive für das Lernen zugesprochen wird, entstand mit der Weiterentwicklung im Bereich der technischen Möglichkeiten ein breites Interesse am Tutoring von Studierenden durch den Computer. Mit den sogenannten Intelligent Tutoring Systems (ITS) (vgl. Anderson et al., 1985; Azevedo, Cromley, Winters, Moos & Greene, 2005; Azevedo & Hadwin, 2005; Collins & Brown, 1988; du Boulay & Luckin, 2001; Fox, 1991; Sleeman & Brown, 1982; Wood, 2001) wurden Software-Tools zur Unterstützung des menschlichen Lernens entwickelt, häufig eingebettet in Computer Based Learning Environments (CBLE) (vgl. Brush & Saye, 2002; Choi, Land & Turgeon, 2005; Dabbagh & Kitsantas, 2005; Pata, Lehtinen & Sarapuu, 2006; Pata, Sarapuu & Lehtinen, 2005; Schworm & Renkl, 2006; van Merriënboer et al., 2002). Im Rahmen dieser Entwicklung haben sich seit dem Anfang dieses Jahrzehnts als spezifierende Bezeichnungen die Begriffe „face-to-face Tutoring" und mit zunehmender Verbreitung „Human Tutoring" etabliert, um deutlich zu machen, dass die Unterstützung durch einen Menschen und nicht durch ein Software-Tool geleistet wird (z.B. Chi et al., 2001; VanLehn et al., 2003).

4.4.4   Abgrenzung von Tutoring und Scaffolding

Wie weiter oben dargestellt (vgl. Kapitel 4.2) wurde der Begriff des Scaffoldings von Wood, Bruner und Ross (1976) als eine spezifische Form der adaptiven Unterstützung eingeführt, welche die Lernenden befähigt, in Zukunft das Problem selbständig lösen zu können, und weit mehr beinhaltet als das Vorzeigen und

Imitieren eines Verhaltens, da es auf das Verstehen des Problems und dessen Lösung abzielt. Beim Lesen dieses einführenden Artikels und der weiteren Literatur zur Unterstützung von Lernenden stellt sich die Frage nach dem Unterschied beziehungsweise der Gemeinsamkeit des Scaffolding- und des Tutoring-Begriffs. Im Artikel von Wood, Bruner und Ross (1976) wird Scaffolding als Unterbegriff des Tutorings verwendet. Während Tutoring dort das Setting, den Situationskontext der Interaktion benennt, wird mit Scaffolding die Form der Unterstützung innerhalb dieses Settings genauer beschrieben.

Wood, Bruner und Ross (1976) nennen das Ziel des späteren selbständigen Lösens analoger Probleme durch die Lernenden als bestimmendes Scaffolding-Merkmal. Dieses Merkmal wird in vielen weiteren Beiträgen als Kriterium für Scaffolding zitiert und sinngemäß wird in den meisten Beiträgen das Scaffolding als Synonym für die Unterstützung zum Durchqueren der ZPD genannt (Stone, 1998), obwohl Wood, Bruner und Ross (1976) diesen Bezug nicht herstellen (vgl. Kapitel 4.2). Entsprechend der Annahme, dass die ZPD in Interaktion mit einer fähigeren Person durchquert wird, bezieht sich die Beschreibung des Scaffolding auf die Beschreibung der Interaktion zwischen jemandem mit mehr und jemandem mit weniger Wissen. Die Verwendung der genannten Kriterien der Ausrichtung auf die ZPD und des Ziels des selbständigen Problemlösens zur Abgrenzung von Scaffolding zu anderen Unterstützungsformen oder zu Tutoring ist aus mehreren Gründen problematisch und wenig praktikabel. Die Ausrichtung auf die ZPD lässt sich nicht wie von einigen Autoren impliziert als Kriterium für die Definition des Scaffolding-Begriffs als eine spezifische Unterstützungsform verwenden, da sich jede Form von Unterstützung nach der Zone der nächsten Entwicklung richten sollte und „Scaffolding" sonst zum wertenden Synonym für die qualitativ gute respektive adaptive Unterstützung würde (und damit die nicht vorhandene Adaptivität bei allen restlichen Unterstützungsformen implizieren würde). Zusätzlich wird mit der Beschreibung des Unterstützungsverhaltens noch keine Aussage darüber gemacht, wie gut die Lernenden das Problem nach dem Weglassen der Unterstützung effektiv lösen können. Folglich dürfte der Scaffolding-Begriff nur noch zur Beschreibung von Unterstützungsverhalten verwendet werden, bei dem die Unterstützung nachweislich schrittweise abgebaut wird und für dessen positive Effekte auf das anschließende selbständige Lösen analoger Probleme empirische Belege vorliegen. Gerade diese beiden Punkte werden aber nur von wenigen Forschungsarbeiten schlüssig beantwortet (vgl. auch Puntambekar & Hübscher, 2005).

Die von Wood, Bruner und Ross (1976) eingeführte Trennung von Tutoring als Bezeichnung für das Setting der Unterstützung und Scaffolding als Bezeichnung für die Form der Unterstützung wird nicht in allen Artikeln so gehandhabt. Insbesondere bei der Beschreibung von Tutoraktivitäten gibt es eine große Überschneidung mit der Beschreibung von Scaffolding-Strategien, häufig ohne eine explizite Abgrenzung oder Einordnung. Das Verständnis von Scaffolding als Unterbegriff von Tutoring greift zu kurz und trifft nicht für alle Scaffolding-Situationen zu: Das Unterstützen im Sinne eines kognitiven Gerüsts beim Problemlösen kann beispielsweise auch im Klassenverband erfolgen und ist nicht ausschließlich auf

Einzelgespräche oder die Unterstützung von Kleingruppen beschränkt. In der vorliegenden Arbeit wird Scaffolding unter Betonung des funktionalen Aspekts als Strategie der verstehensorientierten Lernunterstützung verstanden, welche in Tutoring als *einer* Lehrmethode unter anderen umgesetzt und beobachtet werden kann. Dieses Verständnis fußt auf der ursprünglichen Konzipierung von Wood, Bruner und Ross (1978) und umfasst vor allem die auf den Wissens- und Kompetenzaufbau bezogenen Aspekte der Lernunterstützung, welche in verschiedenen Unterrichtsmethoden und Sozialformen untersucht werden können. Die verstehensorientierte Lernunterstützung in Einzelgesprächen wurde hauptsächlich im Rahmen des Tutorings untersucht.

Aus den aufgezeigten Gründen ist die trennscharfe Unterscheidung und Zuordnung von Tutoring und Scaffolding in der vorliegenden Forschungsliteratur sehr schwierig. Da sich beide auf die individuelle Unterstützung beziehen, fließen in die folgenden Kapitel zur Darstellung von Forschungsergebnissen die Erkenntnisse aus der englischsprachigen Diskussion sowohl zu Tutoring als auch zu Scaffolding ein.

4.4.5 Weitere Bezeichnungen der individuellen Lernunterstützung im englischsprachigen Raum

4.4.5.1 Guided Participation/Guided Learning

Neben den Begriffen des Scaffoldings und des Tutorings finden sich in der englischsprachigen Literatur weitere Begriffe zur Beschreibung des Phänomens der individuellen Unterstützung und der Interaktion zwischen der Lehrperson und einzelnen Lernenden. Zum Beispiel wählt Rogoff (1990; 1995) den Begriff der „*Guided Participation*" zur Beschreibung von gemeinsamen Tätigkeiten von Kindern mit Erwachsenen, durch welche die Kinder Fähigkeiten und Wissen aufbauen. Der Begriff wird von Rojas-Drummond zur Beschreibung eines erfolgreichen Scaffolding-Stils übernommen (Rojas-Drummond, 2000).

Ebenfalls auf die Begleitung und Beratung, aber in einem etwas anderen Kontext, fokussiert der Begriff des „*Guided Learning by Doing*", der vor allem die Qualität des forschenden Lernens der Schülerinnen und Schüler hervorhebt, welche der Unterstützung bedarf (Merrill et al., 1995).

4.4.5.2 Teacher Assistance

Während der Begriff der „Guidance" die Leitung und Beratung meint, kommt mit der Bezeichnung „*Assistance*" der helfende und unterstützende Charakter der Interaktion stärker zum Ausdruck. Mit dem Begriff „Teacher Assistance" ist auch eindeutig festgelegt, dass die Unterstützung durch die Lehrperson erfolgt. Tharp und Gallimore (1988) führen den Begriff der Assistance zum Beschreiben der Begleitung von Lernenden durch die ZPD ein. Nach einer differenzierten und prägnanten Darstellung der Lerntheorie Vygotskys kritisieren sie die Vagheit der Beschreibung der für das Lernen zentralen Begleitung durch die ZPD in Vygotskys Theorie und beschreiben in ihrem Werk, wie die „Assistance" respektive die „Assisting Performance" innerhalb der sogenannten „Activity Settings" konkret im Unterricht und in der Aus- und Weiterbildung von Lehrpersonen umgesetzt werden kann. Das „Activity Setting" umschreibt den Handlungsrahmen der gemeinsamen Tätigkeit, d.h. den Kontext der Unterstützung (wann, wo, wer, was, warum). Der Begriff der Assisted Performance wird auch von anderen Autoren aufgegriffen (vgl. Dufficy, 2001) und setzt semantisch den Schwerpunkt auf ein wichtiges Merkmal der Unterstützung: Ziel der Unterstützung ist die Vollbringung einer Leistung durch die Lernenden. Auch der Begriff der Assistance wird weiter verwendet, zum Beispiel in der Forschung nach Möglichkeiten der computerbasierten Unterstützung (vgl. Fox, 1991).

4.4.5.3 Online-Assessment

Weniger auf die Unterstützung selber, sondern stärker auf das Erfassen des Lernstandes im Rahmen der Unterstützung richtet Serrano (1996) den Fokus mit dem Begriff des „Online-Assessment". Einerseits kann die Lehrperson die individuelle Unterstützung zum Diagnostizieren des Kenntnis- und Fähigkeitsstandes nutzen. Andererseits ist das Wissen über den Lernstand der einzelnen Lernenden Voraussetzung für deren adaptive Unterstützung (Helmke & Schrader, 1988; Schrader, 1989). So gewinnt die Erfassung des Lernstandes die Qualität eines dynamischen, formativen Assessments (Swanson & Lussier, 2001) mit den Vorteilen der prozessorientierten und verstehensorientierten Unterstützung im Gegensatz zu summativen Assessments (vgl. Shepard, 2001). Im Rahmen der formativen Beurteilung wird die wechselseitige Beziehung und Bedingung von Diagnose und individueller Unterstützung berücksichtigt und ermöglicht, wie sie auch im Aufsatz zur Frage „Assessment of or in ZPD" besprochen wird (Allal & Pelgrims Ducrey, 2000).

Interessant ist in diesem Zusammenhang die Arbeit von Feng und Heffernan (2005), welche mit dem „Assistment" begrifflich die Verbindung der Unterstützung und der Lernstanderfassung vorschlagen. Konzipiert wurde die Verbindung im Rahmen der von ihnen entwickelten webbasierten Software MCAS (Massachusetts Comprehensive Assessment System), in der die Lernenden computerbasiert Unterstützung und die Lehrpersonen detaillierte Informationen über den Verstehensstand der Lernenden erhalten.

4.4.5.4 Teacher Intervention/Teaching Tactics

Die Begriffe der Hilfe, der Intervention (Leiss & Wiegand, 2005; Mercer & Fisher, 1992) oder der Taktik (du Boulay & Luckin, 2001; Hume, Michael, Rovick & Evens, 1996) stellen eher allgemeine Bezeichnungen für die Handlungsweisen von

Lehrpersonen dar. Sie werden in der Literatur ebenfalls zur Bezeichnung von Unterstützungsverhalten verwendet. Zum Beispiel wird im Rahmen des Unterstützungsverhaltens durch Lehrpersonen in Gruppenarbeitsphasen auch von „help giving" oder „helping behavior" gesprochen (vgl. Webb & Mastergeorge, 2003). Diese eher allgemeinen Begriffe bieten den Vorteil, dass sich darunter viele Varianten der Lernbegleitung oder -unterstützung subsummieren lassen. Gleichzeitig sind sie evtl. etwas unterbestimmt in der Ausrichtung; als Eingreifen der Lehrperson sind viele weitere Handlungen der Lehrperson vorstellbar, welche nicht direkt mit der Unterstützung und der Begleitung des Lernens in Verbindung stehen und eher erzieherische Aspekte betreffen.

4.4.6 Bezeichnung der individuellen Lernunterstützung im deutschsprachigen Raum

Lernprozessbezogene Interaktionen der Lehrperson mit Schülerinnen und Schülern werden in der (diesbezüglich eher spärlichen) deutschsprachigen Literatur unter Begriffen wie *Hilfe* für die Lernenden (u.a. Keller, 1993), *Unterstützung* der Lernenden (Pauli, 1998), *Lernbetreuung* (Bräu, 2006), *Lernbegleitung* (Hess, 2003; 2004) oder, noch expliziter auf den Lernprozess bezogen, als *prozessorientierte Lernbegleitung* (Kobarg, 2004) oder *adaptive Lehrerinterventionen* (Leiss, 2007) diskutiert. In der vorliegenden Arbeit zur Unterstützung der Lernenden durch die Lehrperson in den Schülerarbeitsphasen wird von der *„individuellen Lernunterstützung"* gesprochen und damit explizit darauf hingewiesen, dass die Unterstützung im Einzelgespräch gemeint ist, welche sich auf den Aufbau von mit dem Unterrichtsgegenstand verbundenen Kompetenzen bezieht, und nicht die Unterstützung von Autonomie (Reeve, 2002) oder Beziehungsaspekte der Lehrer-Schüler-Interaktion (vgl. Einsiedler, 2000; Thies, 2000), welche zum Beispiel bei Kunter und Mitarbeitenden (2006) unter dem Begriff der „konstruktiven Unterstützung" neben Aspekten der Adaptivität der Unterstützung miteinbezogen werden. Zusätzlich impliziert der Begriff der Unterstützung, dass die Intervention darauf abzielt, die Schülerinnen und Schüler zur selbständigen Lösung der Aufgabe oder des Problems zu befähigen. Damit soll nicht behauptet werden, dass alle in den Lektionen beobachtbaren Interventionen der Lehrpersonen während der Schülerarbeitsphasen die Lernenden tatsächlich zur selbständigen Problemlösung befähigen, aber es wird davon ausgegangen, dass die Lehrpersonen zumindest die Absicht haben, mit ihrer Intervention die Lernenden zur selbständigen Weiterarbeit zu befähigen. Unter Lernunterstützung werden alle Formen der Unterstützung subsummiert. Der Begriff der Lernunterstützung ist neutral in Bezug auf die Beschreibung der spezifischen Form oder Qualität der Unterstützung, zum Beispiel werden sowohl das direkte Anleiten oder Anweisen zu Lösungsschritten wie auch das Stellen von weiterführenden Fragen als Unterstützung verstanden.

4.4.7 Zusammenfassung

Der Begriff des Scaffoldings findet meist spezifisch auf die adaptive verstehens-orientierte Lernunterstützung bezogen Verwendung, während der Begriff des Tutorings allgemein auf die Einzelunterstützung einer lernenden Person durch eine andere Person fokussiert. Damit ist der Scaffolding-Begriff eher funktional und der Tutoring-Begriff eher personal konstituiert. Die Begriffe der Teacher Assistance, Help oder Intervention grenzen das Feld der Lernunterstützung für einzelne oder eine Gruppe von Lernenden auf den Unterrichtskontext ein. Online-Assessment bezieht sich spezifisch auf die diagnostische Tätigkeit der Lehrperson während der Schülerarbeitsphasen; diese Tätigkeit kann sich auf das Beobachten der Lernenden und/oder das individuelle Gespräch mit den Lernenden beziehen. Im deutsch-sprachigen Raum stehen weniger Bezeichnungen zur Beschreibung der Unter-stützung zur Auswahl, sie beziehen sich in eher allgemeiner Weise auf Handlungs-weisen von Lehrpersonen. Spezifisch für den Begriff des Scaffoldings oder Tutorings liegen keine Übersetzungen vor. Aus diesem Grund werden in der vorliegenden Arbeit bei Bezügen auf die englischsprachige Literatur diese beiden Begriffe übernommen. Trotz der Ähnlichkeit der Einzelunterstützung in Tutoring-Situationen zu Situationen der individuellen Unterstützung in Schülerarbeitsphasen bleibt es fraglich, ob diese Situationen gleichgesetzt werden können. In Tutoring-Situationen hat die unterstützende Person Zeit für einzelne Lernende, während die Lehrperson in Schülerarbeitsphasen gleichzeitig zur Einzelunterstützung für das Lernen der gesamten Klasse verantwortlich bleibt. Die nachfolgend dargestellten Ergebnisse aus der Forschung zu Tutoring und Scaffolding vermitteln dennoch wichtige Erkenntnisse zur Form der individuellen Unterstützung in Schülerarbeits-phasen.

5 Individuelle Lernunterstützung im Spiegel der Lehr-Lernforschung

Basierend auf dem sozial-konstruktivistischen Lehr-Lernverständnis und ausgehend von den oben beschriebenen ersten Konzepten zur individuellen Lernunterstützung als Scaffolding, sind in den seit der Veröffentlichung von Wood, Bruner und Ross (1976) vergangenen 30 Jahren viele Arbeiten zur individuellen Lernunterstützung entstanden. Die verschiedenen Arbeiten und Erkenntnisse zu den Funktionen und Merkmalen der individuellen Unterstützung erwachsen mittlerweile aus einer großen Breite von Fragestellungen und Forschungskontexten. Die Fülle von Artikeln ist nur noch schwierig zu überblicken und zeugt von der breiten Interpretation und Verwendung der Gerüst-Metapher „Scaffolding". Gemeinsam ist den verschiedenen Arbeiten das Interesse an der Rolle der Interaktion für das Lernen und an den Konsequenzen für das Verhalten der fähigeren Person respektive der Lehrperson zur Unterstützung des Lernens.

Befunde aus der Unterrichtsforschung, welche belegen, dass der 1:1-Unterricht effizient und dem Klassenunterricht überlegen ist (Bloom, 1984; Cohen et al., 1982), haben der Diskussion um die Möglichkeiten individueller Lernunterstützung zusätzlichen Auftrieb verschafft. Ausgehend von diesen Befunden und einhergehend mit der rasanten Entwicklung im Bereich der technischen Möglichkeiten haben sich ein breites Interesse und intensive Forschungsaktivitäten in Bezug auf die Umsetzung der individuellen Lernunterstützung mit Hilfe des Computers entwickelt (z.B. du Boulay & Luckin, 2001; Wood, 2001). Im Rahmen der Frage nach den Anforderungen an computerbasiertes Tutoring, zum Teil ITS (Intelligent Tutoring System) genannt (z.B. Anderson et al., 1985; Sleeman & Brown, 1982), hat die Frage nach den Merkmalen der erfolgreichen Unterstützung durch sogenannte menschliche Tutoren (human tutors) zusätzlich an Bedeutung gewonnen (zusammenfassend u.a. Davis & Miyake, 2004; Lajoie, 2005; Pea, 2004).

Bereits in der oben aufgezeigten Unterschiedlichkeit der Bezeichnungen zur Beschreibung der Lernunterstützung (vgl. Kapitel 4.4) kommen die unterschiedlichen theoretischen und empirischen Perspektiven im Hinblick auf die (individuelle) Lernunterstützung zum Ausdruck. Um das Forschungsfeld zur individuellen Lernunterstützung aufzuspannen und die Orientierung in der Darstellung der Ergebnisse zu erleichtern, werden der Ergebnisdarstellung vorangehend die *Unterschiedlichkeiten der Forschungsansätze* in Bezug auf Inhaltsbereich und Ziel der Unterstützung sowie die verwendeten Forschungsmethoden aufgezeigt.

Die Beschreibung der Merkmale der individuellen Lernunterstützung auf empirischer Basis geschieht unter Bezug auf die ganze Breite des im Voraus abgesteckten Forschungsfeldes und der größte Teil der Arbeiten bezieht sich auf Einzelsituationen. Es gibt aber auch Arbeiten zu Scaffolding und lernunterstützenden Lehrer-Schüler-Interaktionen, welche das Gespräch im Klassenunterricht analysieren oder nicht explizit zwischen Klassengespräch und Einzelgesprächen unterscheiden; diese werden hier ebenfalls berücksichtigt.

Anschließend an die Darstellung der Forschungsarbeiten in Bezug auf festgestellte Merkmale und Wirksamkeit der individuellen Lernunterstützung werden die Ergebnisse zusammengefasst, mit Hilfe des von Lepper und Mitarbeitenden (1997) entwickelten INSPIRE-Modells veranschaulicht und in Beziehung gestellt zum von Wood, Bruner und Ross (1976) eingeführten Konzept von Scaffolding.

5.1 Überblick über Forschungsperspektiven und -ansätze

In einem ersten Schritt wird zur Einordnung der nachfolgend rezipierten Forschungsliteratur ein Überblick über die Diversität der Konzepte und Ansätze gegeben, die sich mit der Lernunterstützung befassen. Neben der Heterogenität der Begrifflichkeiten zur Beschreibung des Phänomens der Unterstützung variieren die Arbeiten wie oben aufgezeigt (vgl. Kapitel 4.4) in Bezug auf Setting, Inhalte und Ziel der Unterstützung sowie die eingesetzten Forschungsmethoden und das dahinterstehende Erkenntnisinteresse.

Aufgrund der Breite der theoretischen und empirischen Auseinandersetzung mit dem Phänomen der individuellen Unterstützung von Lernenden gestaltet sich die Zusammenfassung der in den vergangenen 30 Jahren hervorgegangenen Literatur zu Fragen bezüglich Scaffolding und Tutoring als anspruchsvoll. Sie wurde bereits an mehreren Stellen mit unterschiedlicher Ausführlichkeit geleistet. Für die Darstellung der Diskussion lassen sich die Ergebnisse und Erkenntnisse nach verschiedenen Kriterien zusammenfassen. Zum Beispiel gliedern Bliss, Askew und Macrae (1996) ihre Zusammenfassung zu Scaffolding als individuelle Lernunterstützung sowohl chronologisch als auch inhaltlich nach den Autoren, die sich mit Begründung, Kontext und Akteuren des Scaffoldings respektive der individuellen Unterstützung von Lernenden auseinandergesetzt haben. Bezogen auf die *Akteure* lassen sich Arbeiten unterscheiden, welche stärker auf die tutorierende Person („Tutor"), auf die unterstützte Person („Tutee") oder auf die Interaktion von Tutor und Tutee fokussieren (z.B. Chi et al., 2001). Eine weitere Differenzierung bietet sich mit der Unterscheidung von Tutorinnen und Tutoren mit vs. ohne didaktische Expertise und dem Tutoring inner- vs. außerhalb des schulischen Rahmens an. Angelehnt an diese Unterscheidung gliedert Stone (1998) ihre Übersicht über die Forschungsansätze nach Eltern-Kind-Interaktionen und Lehrer-Schüler-Interaktionen. Ebenfalls anbieten würde sich die Gliederung der Erkenntnisse entlang der unterschiedlichen *Settings* der Unterstützung (Einzelgespräch im Tutoring, Unterstützung von Gruppen von Lernenden, von Lernenden in Schülerarbeitsphasen oder Scaffolding im öffentlichen Unterrichtsgespräch).

Eine den Fragen nach Setting und Akteuren übergeordnete Gliederung wählt Pea (2004) im Themenheft zu Scaffolding der Zeitschrift „The Journal of the Learning Sciences". Er strukturiert die Übersicht und Zusammenfassung der verschiedenen Beiträge nach den beiden Fragen des *What/Why* der Unterstützung und des *How* der Unterstützung; eine intuitiv einleuchtende Struktur, die sich der

Grundfragen der Didaktik nach dem *Was* und dem *Wie* des Unterrichtens respektive der Auswahl von Inhalt und Methode bedient.

In Bezug auf das *Was* der Unterstützung respektive deren Inhalt und Ziel lässt sich in Anlehnung an die Systematisierung von Lernzielen und Wissensbereichen in der pädagogischen und allgemeinen Psychologie die Unterscheidung zwischen dem Aufbau von deklarativem und prozeduralem Wissen treffen. Als weitere Differenzierung lassen sich das Ausführungswissen und das Beherrschen von spezifischen kognitiven Strategien zum Lösen von Problemen oder Aufgaben und von metakognitiven Strategien zur Planung, Überwachung und Überprüfung des eigenen Lernens oder anderen übergeordneten Strategien wie zum Beispiel Kollaborationskompetenzen unterscheiden. Beispielsweise suchen Vertreterinnen und Vertreter des selbstregulierten und problembasierten Lernens in ihren Arbeiten zum Scaffolding nach den wirksamen Methoden zum Aufbau der erforderlichen Strategien und nach Anhaltspunkten zum Übergang von der Fremdsteuerung zur Selbststeuerung, während im Rahmen von einzelnen Fachgebieten wie zum Beispiel Mathematik, Sprache oder Naturwissenschaften nach der wirksamen Methode zum Aufbau von inhaltlichen Konzepten geforscht wird. Zusätzlich zur Unterscheidung zwischen dem Inhalt und den Zielen anhand der verschiedenen Fachgebiete und der Art der angestrebten Kompetenzen kann in Bezug auf die Funktion für den Lernprozess und die Stufen des Wissenserwerbs inhaltlich zwischen Unterstützungssituationen unterschieden werden, in denen die Lernenden zum ersten Mal mit einem Inhalt konfrontiert werden oder an bereits bekannten Inhalten arbeiten (nonremedial vs. remedial sessions, vgl. Merrill et al., 1995). Lajoie (2005) übernimmt von Pea (2004) die beiden Fragen des *Was* und *Wie* zur Strukturierung ihres einleitenden Artikels in das Themenheft zu Scaffolding der Zeitschrift „Instructional Sciences" und schlägt zusätzlich zu den fachlichen und strategischen Inhalten der Unterstützung die Erweiterung des Ziels des Scaffoldings um konative, affektive und motivationale Komponenten vor.

Die Wahl des Inhalts und Ziels der Unterstützung hat einerseits Implikationen für die Anforderungen an die unterstützende Person und allenfalls deren Training, andererseits für die Wahl der Instrumente zur Messung der Wirksamkeit der Unterstützung. So bedingt zum Beispiel die Unterstützung des Aufbaus von Strategien zur Lösung von Textaufgaben das Wissen über entsprechende Strategien und müssen die Instrumente zur Wirksamkeit der Unterstützung auch sensitiv für die Erfassung dieser Strategien sein. Die Beziehung zwischen dem Ziel der Unterstützung, dem Wissen der unterstützenden Person über entsprechende Unterstützungsmaßnahmen und den eingesetzten Instrumenten zur Messung der Unterstützung wird in den verschiedenen Forschungsarbeiten unterschiedlich explizit dargestellt. Für die mit dieser Arbeit vorliegende Untersuchung von Unterstützungssequenzen in den Schülerarbeitsphasen mit unterschiedlichen mathematischen Inhalten und auf unterschiedlichen Stufen des Wissenserwerbs (z.B. Erarbeiten vs. Üben) muss davon ausgegangen werden, dass sich die Lehrpersonen abhängig von ihren persönlichen Überzeugungen in Bezug auf Lehr-Lernprozesse unterschiedliche Ziele für die Unterstützung setzen, welche vom störungsfreien

Verlauf der Schülerarbeitsphase über das fehlerfreie Ausführen einer Prozedur bis hin zu einem tiefen mathematischen Verstehen und vom rein inhaltlichen zum strategischen Wissen reichen können.

Da sich die Forschungslandschaft wie dargestellt bezüglich des Inhalts der Unterstützung sehr heterogen gestaltet und das Verfolgen von unterschiedlichen Zielen bei der Unterstützung von Lernprozessen möglich ist, steht beim Sichten der Forschungsliteratur nicht der Inhalt, sondern die Form der Unterstützung im Vordergrund. Für die Entwicklung des Kategoriensystems zur Erfassung der Form der individuellen Lernunterstützung interessieren primär die Ergebnisse zu deren spezifischen Merkmalen. Die Merkmale der Lernunterstützung wurden nicht nur im Rahmen des Einzelgesprächs, wie zum Beispiel beim Tutoring, untersucht, auch die Analyse der Lehrer-Schüler-Interaktionen im Klassenunterricht (z.B. Leinhardt & Steele, 2005) und der Rolle von Lehrpersonen während Gruppenarbeitsphasen (z.B. Webb & Mastergeorge, 2003; Webb et al., 2006) widmet sich der Frage nach den Merkmalen der Lernunterstützung und deren Wirkung. In diesem Zusammenhang hervorgebrachte Erkenntnisse werden hier ebenfalls berücksichtigt.

In Bezug auf die verwendeten Forschungsmethoden lassen sich die meisten Arbeiten im Bereich der qualitativen inhaltsanalytischen Beobachtungsverfahren einordnen. Häufig kommt wie eingangs erläutert dem Multi-Method-Approach entsprechend eine Kombination von verschiedenen Analyseverfahren zur Anwendung. Da diese qualitativen Analyseverfahren sehr aufwendig sind, bleiben viele Arbeiten bei der Beschreibung von einzelnen Fällen oder nur kleinen Stichproben. Untersucht werden die Lehr-Lerndialoge in experimentellen Settings oder in Feldstudien unter natürlichen Bedingungen, häufig mit Hilfe von Videoaufnahmen der Interaktionen oder mindestens unter Verwendung von Audio-Aufzeichnungen. Im schulischen Bereich wurden, soweit bekannt, bis anhin keine Untersuchungen zur Lernunterstützung in repräsentativen Stichproben durchgeführt.

Die verwendeten Analysemethoden werden unterschiedlich detailliert und zum Teil nur bruchstückhaft nachvollziehbar dargestellt. Zum Beispiel bleibt die Operationalisierung zum Teil knapp, zudem werden zum Teil gleiche Begriffe unterschiedlich operationalisiert. In Bezug auf die Aussagen zur Wirksamkeit von analysierten Unterstützungsformen zeigt sich die Problematik, dass viele Studien nur deskriptiv bleiben und nur wenige Studien den üblichen wissenschaftlichen Standards entsprechende Lernerfolgsmasse berücksichtigen (vgl. Wittwer, 2008).

Allgemein besteht die Forderung nach dem Einbezug der Rolle der Lernenden und einem Fokus auf die Interaktion anstelle der ausschließlichen Beschreibung der Lehrpersonen-Tätigkeit (z.B. Rogoff 1993; Anghileri, 2006). Im Rahmen der Analyse von Interaktionsprozessen beim kollaborativen Lernen plädieren Kumpulainen und Mutanen (2000) ebenfalls dafür, dass nicht nur der Inhalt, sondern auch die Dynamik der Interaktion erfasst werden soll. Diesen Ansprüchen genügen aber die wenigsten Arbeiten und wenn, dann nur auf der Ebene von detaillierten Fallanalysen.

Grundsätzlich lassen sich in den vorliegenden Forschungsarbeiten die folgenden Fragestellungen zur Untersuchung der individuellen Lernunterstützung unterscheiden:

- Beschreibung der Wirksamkeit von individueller Lernunterstützung: Vergleich von Situationen mit und ohne Tutoring (Effectiveness of Tutoring);
- Untersuchung der Verbreitung von individueller Lernunterstützung im Unterricht;
- Beschreibung der Form der Unterstützung;
- Beschreibung von wirksamem Unterstützungsverhalten (effective Tutoring) durch
  a) Vergleich des Effekts verschiedener Strategien der Unterstützung in Bezug auf Zielkriterien wie zum Beispiel Lernerfolg, oder Beurteilung der Unterstützung aus Sicht der Beteiligten,
  b) Analyse der Unterstützungsstrategien von im Voraus als erfolgreich identifizierten Experten.

Da sich insbesondere die letzten beiden Fragen für die Lernunterstützung in den verschiedenen genannten Settings wie öffentliches Unterrichtsgespräch, Einzelunterstützung oder Unterstützung von Gruppenarbeit gleichermaßen stellen, wird von einer auf Setting oder Akteure bezogenen Gliederung abgesehen. Die Darstellung der Ergebnisse zur Lernunterstützung erfolgt entlang der Fragestellungen nach allgemeiner Wirksamkeit und Verbreitung der Unterstützung sowie der Beschreibung der Unterstützungsformen und der Merkmale der erfolgreichen Unterstützung.

5.2 Wirksamkeit der individuellen Lernunterstützung

Bereits Anfang der 1980er-Jahre werden positive Effekte des Tutorings auf schulische Leistungen nachgewiesen (Bloom, 1984; Cohen et al., 1982; Hartley, 1977). Die Meta-Analyse von schulergänzenden Tutoring-Programmen durch Cohen und Mitarbeitende (1982) basiert auf einer Meta-Analyse für den Mathematikunterricht (Hartley, 1977). Hartley (ebd.) belegt die positiven Effekte von Tutoring auf den Lernzuwachs in der Mathematik und zeigt zusätzlich, dass das Tutoring sich als wirksamer als andere individualisierende Methoden erweist. Cohen und Mitarbeitende (1982) beziehen sich auf 65 Studien zum Tutoring und finden insbesondere für den Mathematikunterricht und stärker strukturierte Tutoring-Programme die positiven Effekte von Tutoring auf den Lernzuwachs bestätigt. Bloom (1984) zeigt, dass die individualisierte Unterstützung der Lernenden im Vergleich zum üblichen Ganzklassenunterricht effektiver ist und eine Verschiebung der Leistungs-Scores von zwei Standardabweichungen bewirkt. Die Analysen von Cohen und Mitarbeitenden (1982) und Bloom (1984) werden in der Literatur häufig zitiert und zusammen als Beleg für die grundsätzliche Überlegenheit von Tutoring und individueller Lernunterstützung gegenüber dem Unterrichtsgespräch im Klassenverband verwendet. Es findet sich keine kritische

Auseinandersetzung mit der Qualität des öffentlichen Unterrichts, mit dem zum Beispiel bei Bloom die individuelle Lernunterstützung verglichen wird.

In einer Untersuchung zur Wirksamkeit der Lernunterstützung im Physikunterricht im Rahmen der IPN-Videostudie wird die Schülerarbeitsphase wie in der vorliegenden Arbeit ebenfalls als Gelegenheit für die prozessorientierte Lernbegleitung charakterisiert. Aufgrund dieser Annahme werden anhand des zeitlichen Anteils der Schülerarbeitsphase an der gesamten Unterrichtszeit und weiterer Merkmale der prozessbegleitenden Unterrichtsgestaltung (z.B. die Anzahl der Äußerungen der Lernenden im Unterricht und die Art der Lernbegleitung) in Bezug auf das Lernbegleitungsprofil zwei Gruppen von Schulklassen gebildet (positive und negative Ausprägung in Bezug auf beobachtete Indikatoren zur prozessorientierten Lernbegleitung) und hinsichtlich der durch die Lernenden berichteten Lernmotivation, der wahrgenommenen Motivationsunterstützung sowie der kognitiven Lernaktivität verglichen (Kobarg, 2004). Die Ergebnisse zeigen, dass ein positives Lernbegleitungsprofil der Lehrperson einhergeht mit positiver Einschätzung von motivationalen Merkmalen des Lernens seitens der Schülerinnen und Schüler. Vertiefende Analysen am Sample aller 50 Doppellektionen der IPN-Videostudie zeigen zusätzlich differentielle Effekte der Wirksamkeit: Während die Zielorientierung im Unterricht sich auf die kognitive Lernentwicklung auswirkt, hat die prozessorientierte Lernbegleitung Einfluss auf Einstellung und fachbezogenes Interesse der Lernenden (Seidel & Kobarg, in Vorb.; Seidel et al., 2006). Weiter zeigen sich differentielle Effekte für Lernende mit unterschiedlichem Vorwissensstand, insbesondere für Schülerinnen und Schüler mit geringem Vorwissen besteht ein positiver Zusammenhang für die prozessorientierte Lernbegleitung in den Schülerarbeitsphasen mit der Wahrnehmung von Autonomie und der Wahrnehmung von Interesse seitens der Lehrperson (Seidel & Kobarg, in Vorb.).

Nicht aufgrund von Unterrichtsbeobachtungen, sondern mit Hilfe einer Schülerbefragung wurde die Unterstützungsqualität im Unterricht im Rahmen der PISA-Studie erfasst (Kunter et al., 2006). Die positive Wahrnehmung der konstruktiven Unterstützung, u.a. operationalisiert mit Indikatoren zu adaptiver Hilfe, Erleichterung bei schwierigen Aufgaben und Umgang mit Fehlern erweist sich als förderlich für die mathematische Leistungsentwicklung. Bei gleichzeitiger Untersuchung von konstruktiver Unterstützung und kognitivem Anregungsgehalt reduzierte sich der Effekt der Unterstützung, vermutlich vor allem auf Grund der Interkorrelation dieser beiden Skalen aus dem Schülerfragebogen.

Rojas-Drummond (2000) kommt aufgrund mehrerer Fallstudien in mexikanischen Klassenzimmern ebenfalls zu einem positiven Fazit bezüglich der Wirksamkeit von individueller Lernunterstützung: „.... a social-constructivist, scaffolding style of guided participation (...) can be associated with significant enhancement of various learning and developmental outcomes" (S. 211).

In Bezug auf die Wirksamkeit von individueller Lernunterstützung aufschlussreich und zugleich informativ für die Diskussion zum günstigen Verhalten der Lehrperson während Gruppenarbeiten ist der videobasierte Vergleich von Hogan, Nastasi und Pressley (2000) von Interaktionen zwischen den Lernenden mit und ohne Intervention der Lehrperson (Physikunterricht, 8. Schuljahr, vier Gruppen mit je drei Lernenden). Während die Begründungen und Erklärungen der Lernenden in den Gruppen mit Unterstützung ein höheres Qualitätsniveau haben, weisen sich die Interaktionen zwischen den Lernenden in Gruppen ohne Unterstützung durch mehr Explorationen aus. Der Befund erlaubt die Interpretation, dass die Lernunterstützung durch die Lehrperson sich positiv auf die Verstehensprozesse der Lernenden auswirkt, jedoch gleichzeitig die Gefahr birgt, die Erkundungs- und Erarbeitungsprozesse der Lernenden einzuschränken. Dies lässt weniger auf eine grundsätzliche Unter- oder Überlegenheit der Lernunterstützung schließen als auf die Bedeutung, die der Form der Unterstützung zukommt, und wirft die Frage auf, welche Form der individuellen Lernunterstützung besonders wirksam ist, welcher weiter unten nachgegangen wird.

Allgemein erweist sich die individuelle Lernunterstützung durch Tutoren in Form von weiterführenden Rückmeldungen als überlegen gegenüber unbegleiteten Formen des individuellen Lernens (vgl. van den Boom, Paas & Merriënboer, 2007; Shute, 2008; Simons & Klein, 2007). Der Vergleich von Feedbackmaßnahmen mit kooperativen Lernsituationen in einer computergestützten Lernumgebung ergibt einen Vorteil für das individuelle Lernen mit Feedbackmaßnahmen, insbesondere bei Lernenden mit geringerem Vorwissen (Krause, 2007). Dieses Ergebnis weist wiederum auf die Bedeutung der gezielten Unterstützung von kooperativen Prozessen hin (vgl. Hmelo-Silver & Barrows, 2008).

In Bezug auf die Frage nach der Wirksamkeit der Lernunterstützung interessiert auch der Einfluss des Unterstützungsverhaltens auf das Interaktionsverhalten der Schülerinnen und Schüler. Allgemein belegen die Arbeiten von Mercer und Mitarbeitenden, dass der Einsatz der Sprache durch die Lehrperson einen Einfluss auf die Form der Interaktion der Lernenden hat, und sie zeigen, dass spezifisches Sprechverhalten, wie zum Beispiel die von Mercer favorisierte Form des „Explorative Talk", auch gefördert werden kann (Mercer, 1996; Mercer & Littleton, 2007; Rojas-Drummond, 2000; Rojas-Drummond & Mercer, 2003; Wegerif & Mercer, 2000). Im Rahmen von Untersuchungen zum Verhalten der Lehrperson im Gruppenunterricht bestätigt sich dieser Zusammenhang leider auch im negativen Sinne, d.h. wenn die Lehrperson ein eher oberflächliches und wenig verstehensorientiertes Unterstützungsverhalten zeigt, lässt sich dies auch für die Interaktionen zwischen Lernenden feststellen (Webb et al., 2006).

Auch im Bereich des computerbasierten Lernens zeigt sich ein positiver Effekt von Unterstützung auf den Lernzuwachs, sowohl in Bezug auf den Aufbau von mathematischem Wissen (Rittle-Johnson & Koedinger, 2005) als auch von metakognitiven Strategien (Choi et al., 2005). Vergleiche der Wirksamkeit menschlicher Unterstützung (human tutoring) mit der Wirksamkeit von Unterstützung durch Computer sprechen für die Vorteile der Unterstützung durch eine fähigere Person (Lajoie, 2005).

Zusammenfassend lässt sich festhalten, dass die Befundlage zur Wirksamkeit der individuellen Unterstützung zwar vom Kontext der Studien her sehr heterogen ist, aber eindeutig von positiven Wirkungen auf die Erreichung von fachlichen und überfachlichen Zielen und vom Einfluss des Unterstützungsverhaltens der Lehrperson auf das Interaktionsverhalten der Lernenden zeugt. In die gleiche Richtung deuten die Ergebnisse einer Meta-Analyse zum – der individuellen Lernunterstützung übergeordneten – Kriterium der Schülerorientierung im Unterricht (Cornelius-White, 2007); sie belegt positive Effekte von schülerorientiertem Unterricht auf die Leistungsentwicklung und vor allem auf affektive Merkmale der Lernenden. Die in diesem Kapitel dargestellten Befunde zu den Effekten der individuellen Lernunterstützung sind jedoch mit Vorbehalt zu betrachten, da sowohl die Lernunterstützung als auch die Messung der Wirkung in den Untersuchungen jeweils sehr unterschiedlich operationalisiert werden. Aufgrund der aufgezeigten positiven Effekte für individuelle Lernunterstützung interessiert im Folgenden, wie oft die Unterstützung auch tatsächlich im Unterricht auftritt und durch welche Merkmale sie sich auszeichnet.

5.3 Verbreitung der individuellen Lernunterstützung im Unterricht

Allgemein liegen zur Verbreitung der individuellen Lernunterstützung im Unterricht relativ wenige Arbeiten vor. Hogan und Pressley konstatieren, dass insbesondere die 1:1-Unterstützung im Unterricht selten vorkommt, die Rahmenbedingungen dazu im Unterricht aber auch nicht optimal sind: „The prototypical scaffolding model is impractical for day to day science instruction" (Hogan & Pressley, 1997b, S. 88). Als Gründe nennen sie u.a. die hohe Anzahl der Schülerinnen und Schüler, welche es gleichzeitig zu unterstützen gilt, und die parallele Anforderung der Klassenführung. Hiermit veranschaulichen sie deutlich die Grenzen der Möglichkeiten zur individuellen Lernunterstützung im Unterricht. Entsprechend beziehen sich viele Studien zum Scaffolding als Unterstützung von Lernprozessen im gesamten Unterricht und nicht ausschließlich in den Phasen der selbständigen Schülerarbeit.

Bliss und Mitarbeitende (1996) zum Beispiel analysieren die Lehr-Lerndialoge in 12 Klassen des 5./6. Schuljahres im Rahmen der drei Unterrichtsfächer Mathematik, Naturwissenschaften und Design, nachdem die Lehrpersonen eigene und fremde Lektionen in Bezug auf Möglichkeiten und Methoden des Scaffoldings im Unterricht analysiert haben. Trotz dieser Schulung der Lehrpersonen stellen sie ein Ausbleiben von verstehensorientierter Unterstützung, „a relative absence of scaffolding in most lessons" (S. 44), fest:

> … they professed improved practice and demonstrated greater confidence in discussing scaffolding, but there was no significant increase in the number of instances that could be described as scaffolding. When scaffolds were used these were usually on a one-to-one basis. It was during this phase that we realised that our teachers could ‘talk scaffolding’ but appeared to implement it only marginally. Their focus was on teaching rather than on pupils’ learning. (Bliss et al., 1996, S. 44f.)

Als Hauptgrund für das Ausbleiben von Scaffolding-Strategien identifizieren sie damit vor allem die mangelnde Ausrichtung des Unterrichts auf die Lernprozesse der Schülerinnen und Schüler, welche den Lehrpersonen im öffentlichen Unterricht besonders schwer zu fallen scheint und ansatzweise im Einzelgespräch zu beobachten ist. Bei einer genaueren Analyse der Gründe für das Ausbleiben unterscheiden sie die vier folgenden Punkte (S. 45):

- Scaffolding precluded by use of directive teacher strategies;
- Scaffolding excluded by initiative being given to pupils;
- Pseudo-interactions, bypassing;
- Conditions for scaffolds present but not noticed by the teacher.

Die ersten beiden Gründe beziehen sich auf das Spannungsfeld zwischen lehrer- und schülerzentrierter Arbeit im Unterricht. Offenbar zeigt sich der Unterricht in den untersuchten Klassen vor allem in den beiden Extremen des entweder stark lehrerzentrierten Klassengesprächs oder der selbständigen Arbeit der Lernenden ohne weitere Hilfe durch die Lehrperson. Die Schwierigkeit der gemeinsamen Interaktion von Lehrpersonen und Lernenden, wie sie vor allem auch mit den Pseudo-Interaktionen beschrieben wird, interpretieren Bliss und Mitarbeitende (1996) dahingehend, dass die Lehrpersonen den Antworten der Lernenden nicht genügend Aufmerksamkeit schenken. Die mit der vierten Begründung für das fehlende Scaffolding genannte ungenügende Nutzung von Gelegenheiten im Unterricht zur individuellen Unterstützung bestätigt sich auch in weiteren Untersuchungen (z.B. Seidel, 2003; Kobarg, 2004). Mit dem Ziel einer besseren Nutzung der Gelegenheiten zur Unterstützung der Lernprozesse plädieren Bliss und Mitarbeitende (1996, S. 60) abschließend für die Stärkung der diagnostischen Kompetenz der Lehrpersonen und die diesbezügliche Nutzung der Interaktionen: „We would claim that to help learning requires diagnosis, through dialogue, of learners' levels of development and their progress." Zusätzlich betonen sie das Vertrauen und Interesse der Lehrpersonen in die Lernprozesse der Lernenden als Voraussetzung für die Unterstützung: „Teachers need to believe that children can learn difficult and complex ideas" (Bliss et al., 1996, S. 60).

Im Rahmen der Analyse der prozessorientierten Lernbegleitung im Physikunterricht untersucht Kobarg (2004) gezielt die Schülerarbeitsphasen im Unterricht im Hinblick auf die Verbreitung der individuellen Lernunterstützung. Sie kommt ebenfalls zu dem ernüchternden Ergebnis, dass in den an sich schon kurzen Zeitfenstern für die selbständige Auseinandersetzung der Lernenden mit dem Inhalt (15.15% der Unterrichtszeit) nur wenig prozessorientierte Lernunterstützung stattfindet. Der Vergleich der Schülerarbeitsphasen mit den Phasen öffentlichen Unterrichts zeigt, dass in den Schülerarbeitsphasen der Anteil der Äußerungen der Lernenden zwar höher ist als im Klassenunterricht und die Beteiligung aktiver, aber die Lehrperson bleibt dominant und gibt auch während der Schülerarbeitsphasen vor allem Anweisungen. Diese Ergebnisse zeigen sich auch mit Blick auf den gesamten Datensatz von 50 Lektionen der IPN-Videostudie. Für den öffentlichen Klassenunterricht bestätigt sich ebenfalls, dass das laut denkende Modellieren von naturwissenschaftlichen Inhalten durch die Lehrperson als ein Merkmal der Lernbegleitung nur selten vorkommt (Seidel et al., 2006). Als Fazit bleibt die Erkenntnis, dass die Möglichkeit zur individuellen Lernunterstützung im Unterricht häufig ungenutzt bleibt (Kobarg & Seidel, 2007; Seidel & Kobarg, in Vorb.). Die Anwendung des in der IPN-Videostudie verwendeten Kategoriensystems auf die öffentlichen Lektionen aus der TIMSS 1999 Videostudie (LessonLab, 2003) zeigt, dass auch in diesen Lektionen der Anteil der Lernbegleitung sehr niedrig ist (Thoma, 2005). Japan fällt in Bezug auf die Lernbegleitung durch einen hohen Anteil von Hilfestellungen durch die Lehrpersonen ohne Nachfrage der Lernenden und durch offenere Aufgabenstellungen für die Schülerarbeitsphasen auf (im allgemeinen Klassengespräch geben die Lehrpersonen im Vergleich zu den anderen Ländern am häufigsten sachlich-konstruktive Rückmeldungen). Die Lehrpersonen in der Schweiz unterscheiden sich darin von den anderen Ländern, dass sie den Lernenden in den Schülerarbeitsphasen mehr Denkanstösse geben. Die berichteten Unterschiede sind jedoch nur sehr klein, und allgemein bestätigt sich die geringe Nutzung der Schülerarbeitshase für die Lernbegleitung.[15]

Das für den Unterricht und insbesondere für die Schülerarbeitsphase niedrige Ausmaß an individueller Lernunterstützung zeigt sich auch in Untersuchungen zum Verhalten der Lehrperson während Gruppenarbeitsphasen. Webb, Nemer und Ing (2006) zeigen in ihrer Untersuchung zum Kommunikationsverhalten der Lehrperson während der Gruppenarbeit und dessen Zusammenhang mit dem Interaktionsverhalten der Lernenden (21 Schülergruppen in insgesamt 7 Klassen, 6. Schuljahr, Mathematikunterricht), dass mehr als die Hälfte der Interventionen der Lehrpersonen sich auf organisatorische Dinge beziehen und die Lehrpersonen bei inhaltlicher Unterstützung einen Rezitationsstil beibehalten. Erwartungsgemäß scheinen die Lernenden das Interaktionsverhalten der Lehrperson zu spiegeln, indem sie ein passives Verhalten zeigen. Diese Untersuchung entstand im Rahmen eines längeren Weiterbildungsprogramms zur Förderung des Unterstützungsverhaltens, und die Autoren ziehen als Bilanz, dass zukünftige Weiterbildungsangebote noch direkter an der Handlungsebene der Lehrpersonen anknüpfen sollen.

Die Tendenz der Lehrpersonen zum Geben von Anweisungen während Phasen des individualisierten Lernens stellt Bräu (2006) im Rahmen der interpretativen Analyse von 14 Unterrichtsstunden ebenfalls fest. Interessanterweise deutet sie den zudem festgestellten hohen Anteil an organisatorischer Unterstützung durch die Lehrpersonen als Hilfe zur Prozesssteuerung. Damit wird deutlich, wie stark das Feststellen von prozessorientierter oder verstehensorientierter Unterstützung von den Indikatoren der Beobachtung abhängt und wie die Operationalisierung der Lernunterstützung in den rezipierten Arbeiten unterschiedlich ausfällt.

Der in diesem Kapitel allgemein festgestellte Mangel an individueller Lernunterstützung im Unterricht steht in Diskrepanz zu ihrer oben belegten Wirksam-

---

15 Zu einer positiveren Einschätzung bezuglich der Lernbegleitung in Schweizer Lektionen kommt auch Knierim (2008). Sie analysiert 40 Physiklektionen mit dem Kategoriensystem der IPN Videostudie und kommt – entgegen ihrer Hypothese – zum Schluss, dass die Lernbegleitung durchaus vorkommt. Allerdings weist die Skala „Denkanstöße für die Lernenden" einen tiefen Wert auf.

keit und lässt auf einen dringenden Bedarf an Aus- und Weiterbildung von Lehrpersonen zur Unterstützung von Lernprozessen im Unterricht schließen (vgl. auch Seidel & Kobarg, in Vorb.). Die Arbeiten von Bliss (2006), Webb (2006) sowie Mercer (1995) und ihren Mitarbeitenden weisen auf Möglichkeiten und Grenzen entsprechender Aus- und Weiterbildungsmaßnahmen hin. Diesbezügliche Überlegungen sowie die Implikationen für zukünftige Angebote in der Aus- und Weiterbildung von Lehrpersonen und entsprechende Interventionsstudien werden in der abschließenden Diskussion der vorliegenden Arbeit aufgenommen.

Über die Frage der Verbreitung von individueller Lernunterstützung hinaus interessiert gerade für die Konzipierung der Inhalte von Weiterbildungsangeboten, aber insbesondere auch für die Erarbeitung eines Kategoriensystems zur Erfassung der Lernunterstützung, die Frage nach den Merkmalen von individueller Lernunterstützung und deren Wirksamkeit. Diesen beiden Punkten wird in den folgenden Unterkapiteln nachgegangen.

5.4 Beschreibung der Merkmale von individueller Lernunterstützung

Ähnlich der ersten bekannten Studie zum Unterstützungsverhalten einer erwachsenen Person durch Wood, Bruner und Ross (1976) sind auch viele weitere Studien zur Lernunterstützung als Beobachtungsstudien angelegt und operieren nicht mit ausgewiesenen Maßen des Kompetenzzuwachses seitens der Lernenden. Ausgehend von der Bedeutung der individuellen Lernunterstützung, steht in diesen Arbeiten die Frage nach den Merkmalen der Lernunterstützung im Zentrum.

In der Analyse von 66 Tutoring-Dialogen mit unerfahrenen Tutorinnen und Tutoren beim Lösen von Mathematikproblemen und im Rahmen von Forschungsmethodenkursen finden Graesser und Mitarbeitende (1997) bestätigt, dass die aktive Anregung des Lernens der Schülerinnen und Schüler durch sophistizierte Tutoring-Strategien, wie zum Beispiel die Erarbeitung eines gemeinsamen Verständnisses oder die Diagnose von Fehlern, kaum auftritt (Graesser, Bowers, Hacker & Person, 1997). Die detailliertere Analyse der Strategien, welche die insgesamt 13 Tutorinnen und Tutoren anwenden, offenbart folgende Komponenten der Gespräche:

- *Extensiver Gebrauch von Beispielen:* Viele Tutorfragen entstehen im Kontext von Beispielen.
- *Curriculum Scripts*: Der inhaltliche Aufbau des Tutorings durch einen Tutor bleibt bei verschiedenen Lernenden gleich und scheint im Voraus geplant.
- *Explanatory Reasoning*: Tutoren stellen viel häufiger Begründungsfragen, als das Lehrpersonen Unterricht tun und regen damit die kollaborativen Dialoge an.

Im kollaborativen Problemlösen sehen die Autoren den Grund für den Erfolg der analysierten Tutoring-Dialoge, der sich trotz der fehlenden pädagogischen Erfahrung der Tutorinnen und Tutoren einstellt. Sie beschreiben das Interaktionsmuster des gemeinsamen Problemlösens im Tutoring-Dialog als 5-Schritt-Muster (Graesser et al., 1997, S. 167):

Step 1:	Tutor asks question.	T: Now what is a factorial design?
Step 2:	Student answers question.	S: It has two variables.
Step 3:	Tutor gives short evaluation on the quality of the student's answer.	T: Uh-huh...
Step 4:	Tutor and student collaboratively improve the quality of the answer.	T: So there are two or more independent variables and one... (pause) S: Dependent variable.
Step 5:	Tutor assesses the student's understanding of the answer.	T: Do you see that?

Der vierte Schritt zeichnet die Qualität des Tutoring-Gesprächs im Vergleich zum Klassengespräch aus. Für das Letztere wurde im Rahmen der Diskursanalyse bereits von Mehan (1979) das IRE-Muster der Lehrer-Schüler-Interaktion im Unterricht festgestellt:

- I: Initial Teacher Question;
- R: Response of Student;
- E/F: Evaluation/Feedback of Teacher.

Dieses häufig kritisierte Frage-Antwort-Muster im Unterrichtsgespräch wird mit dem von Graesser und Mitarbeitenden (1997) identifizierten 5-Schritt-Muster der Interaktionen in Tutoring-Gesprächen überwunden. Diese zielen tendenziell auf ein tieferes Verstehensniveau ab und die Antworten der Lernenden sind länger (S. 167).

Der fünfte und letzte Schritt des Nachfragens bezüglich des Verständnisses der Schülerin oder des Schülers wird allgemein und gerade auch für die Unterstützung von Lernprozessen im Mathematikunterricht als bedeutsam erachtet und kann den Ausgangspunkt weiterer Unterstützungsbemühungen darstellen (vgl. z.B. Anghileri, 2006). Graesser und Mitarbeitende (1997) warnen aber davor, den Antworten der Schülerinnen und Schüler auf diese Frage zu trauen, ist doch die Einschätzung des eigenen Verständnisses eine komplexe Frage, die nur in begrenztem Maße Aufschluss über mögliche Fehlvorstellungen der Lernenden gibt. So können die Lernenden evtl. nicht nachvollziehen, auf welchen Bereich des Wissens sich die Nachfrage bezieht (z.B. Graesser & Person, 1994) oder die Antworten können aus reiner Höflichkeit oder mangelndem weiterem Interesse der Lernenden positiv ausfallen. Ein weiterer Grund für die Vorsicht gegenüber der Antwort auf die abschließende Nachfrage bezüglich des Verständnisses ist die evtl. nicht adäquate Selbsteinschätzung des eigenen Wissensstandes, zum Beispiel aufgrund von Verständnisillusionen oder mangelnden Kriterien für Verstehenstiefe (z.B. Chi et al., 1994). Als alternative Möglichkeit zur Erfassung des Verständnisses einer oder eines Lernenden bietet sich zum Beispiel die Aufforderung an, die Erkenntnis in eigenen Worten nochmals zusammenfassend wiederzugeben (z.B. Lepper et al., 1997).

Roehler und Cantlon (1997) untersuchen in einer Feldstudie die Verbreitung und Form der Scaffolding-Situation als Lerngelegenheit im Englischunterricht für Fremdsprachige auf Primarstufe bei zwei Lehrpersonen. Sie treffen keine Unterscheidung zwischen Phasen der öffentlichen oder selbständigen Arbeit und kommen in einem ersten Schritt bezüglich der Verbreitung von Scaffolding-Situationen zum Schluss, dass diese durchaus vorkommen, aber im Unterricht nicht alle Lernenden gleich viel Unterstützung erhalten, „scaffolding was initiated and dropped at different times for different students" (Roehler & Cantlon, 1997, S. 36). Dass in dieser Untersuchung im Gegensatz zu den in Kapitel 5.3 berichteten Befunden Scaffolding im Unterricht festgestellt wurde, kann durchaus mit den Merkmalen des beobachteten Unterrichts zusammenhängen, könnte aber auch ein weiterer Hinweis darauf sein, dass das konstatierte Ausbleiben von Lernunterstützung immer auch in Abhängigkeit von den verwendeten Beobachtungskriterien gesehen werden muss.

Erste Antworten auf die von Roehler und Cantlon (1997) aufgeworfene Frage nach der ungleichmäßigen Verteilung der Unterstützung auf die einzelnen Lernenden im Unterricht geben die Analysen der Daten der binationalen Videostudie „Unterrichtsqualität, Lernverhalten und mathematisches Verständnis" (Lipowsky et al., 2005), in denen die im Video beobachtbaren Unterstützungssequenzen mit Schülervariablen wie zum Beispiel dem Vorwissen in Verbindung gebracht werden können. Zum Beispiel zeigt sich, dass die Lehrpersonen im Klassenunterricht überproportional häufig mit den stärkeren Schülerinnen und Schülern interagieren (Lipowsky et al., 2007) und in den Schülerarbeitsphasen eher ein Trend zur Interaktion mit schwächeren Schülerinnen und Schülern besteht (Lipowsky et al., 2008). Für Lehrpersonen, welche im Klassenunterricht mehr Interaktionen mit den stärkeren beziehungsweise schwächeren Schülerinnen und Schülern haben, bestätigt sich dies auch während der Schülerarbeitsphasen.

In einem weiteren, über die Beschreibung von Umfang und Verteilung hinausgehenden Schritt charakterisieren Roehler und Cantlon (1997) die Formen von Scaffolding, welche sie im Unterricht beobachtet haben:
– Anbieten von Erklärung,
– Einladungen zur aktiven Gesprächsbeteiligung der Lernenden,
– Verständnis der Lernenden überprüfen,
– Vorzeigen eines gewünschten Verhaltens.

Mit diesen Formen benennen sie relativ allgemein sprachliches Verhalten von Lehrpersonen. Besondere Betonung erfahren diejenigen Tätigkeiten, welche die Orientierung des Unterrichts am Denkprozess der Lernenden und deren Aktivierung deutlich machen. Offen bleibt aber zum Beispiel das Verhältnis von darbietenden Erklärungen und Anregungen zur Aktivität von Lernenden. Entsprechend charakterisieren Roehler und Cantlon (ebd.) die Balance zwischen dem direkten Vorzeigen und der Offenheit für verschiedene Ideen seitens der Schülerinnen und Schüler als besondere Herausforderung im Unterricht.

Gaskins und Mitarbeitende (1997) beschreiben und analysieren ebenfalls Fallbeispiele des Scaffoldings im Unterricht der Primarstufe. Ihre Analysen beziehen sich auf ganze Lektionen aus den Fächern Mathematik, Kunst und Sprache und folgen der Frage, welche Funktionen und welche Bedingungen sich für die Lernunterstützung im Sinne von Scaffolding von Kindern mit Lernschwierigkeiten feststellen lassen. Sie beschreiben die Funktionen des Scaffoldings als relativ unabhängig von Alter und Können, wichtig ist die gleichzeitige Förderung von inhaltlichem Wissen, Strategien und Lernvoraussetzung der Schülerinnen und Schüler.

> Each interaction with our students is an opportunity to provide guidance that will help them function at a higher intellectual level. As a result of scaffolded assistance, our students internalize knowledge of content, strategies, and thinking dispositions, and how to put them to use productively. They take our voices with them to guide intelligent behavior in future tasks – and they become more intelligent. (Gaskins et al., 1997, S. 71)

Als Elemente der Förderung identifizieren sie Strategien, welche zum Beispiel mit dem expliziten Benennen von Vorgehensweisen oder dem Identifizieren von kritischen Situationsmerkmalen das Verinnerlichen der Stimme der Lehrperson und damit die zunehmende Selbständigkeit der Lernenden anregen. Die Förderung bedingt die profunde Kenntnis der Lehrperson in Bezug auf das inhaltliche und strategische Wissen sowie die kognitiven Voraussetzungen der Lernenden und stellt damit hohe Anforderungen an ihre diagnostische Kompetenz. Auch Hogan und Pressley (1997b) sehen aufgrund der Beschreibung von Klassendiskussionen im forschenden naturwissenschaftlichen Unterricht die diagnostische Kompetenz der Lehrperson als zentrale Voraussetzung für die Unterstützung der Lernprozesse im Unterricht (vgl. weiter unten).

Welche Merkmale die Äußerungen der Lehrpersonen auszeichnen, welche das Lernen der Schülerinnen und Schüler spezifisch im Rahmen des forschenden Lernens unterstützen, beschreiben Hogan und Pressley (1997b) aufgrund der Analyse des Klassengesprächs in naturwissenschaftlichem Unterricht (S. 90):

- Framing, articulates goal, metacomments;
- Encouraging attention to conflicts;
- Refocus discussions;
- Invites interaction of ideas;
- Prompts refinement of language;
- Turns questions back to its owners;
- Communicates standards for explanations (z.B. evidence);
- Asks for elaboration;
- Asks for clarification;
- Restates, summarizes, clarifies, relates ideas.

Sie spannen damit einen breiten Fächer an Möglichkeiten zur Anregung der Lern- und Verstehensprozesse der Schülerinnen und Schüler auf. Die meisten Äußerungen können wiederum als Aufforderung zu Aktivitäten seitens der Lernenden eingeordnet werden (z.B. Klären, Elaborieren, Austausch von Ideen). Die direkten Informationen der Lehrpersonen beziehen sich vor allem auf die Strukturierung des gemeinsamen Diskutierens und die Aufrechterhaltung der Zielorientierung.

Zusammengefasst beschreiben die meisten Analysen der Lehrer-Schüler-Dialoge detailliert die Aktivitäten der unterstützenden Personen wie zum Beispiel das Geben von Hinweisen und die Darbietung von Informationen oder direkten Anweisungen für weitere Lösungsschritte. Sie lassen sich auf dem Kontinuum von der direkten Instruktion bis zum gemeinsamen Problemlösen mit geteilter Verantwortung einordnen und werden ergänzt durch Äußerungen strukturierender und rückmeldender Art. Für Tutoren ohne Erfahrung stellen Graesser, Person und Magliano (1995) fest, dass sich keine Hinweise auf den Einsatz von speziell verstehensorientierten Unterstützungsstrategien finden lassen. Das von Graesser und Mitarbeitenden (1997) identifizierte typische Muster für Tutoring-Dialoge geht über dasjenige für die üblichen Klassenunterrichts-Dialoge dahingehend hinaus, dass es mehr Raum für das gemeinsame Problemlösen bietet. Sowohl das Muster als auch die Analyse der Gesprächsanteile in Tutoring-Dialogen zeugen von der ausgeprägten sprachlichen Dominanz der Tutorinnen und Tutoren, welche die Situationen mit der höheren Anzahl Äußerungen und dem Initiieren der Konversation (analog zum Geschehen im Klassenunterricht) deutlich prägen (Chi et al., 2001; Graesser, Person & Magliano, 1995).

Offen bleibt die Frage, inwiefern für die Anregung der Denkprozesse der Lernenden im Sinne von Scaffolding in der Einzelunterstützung die gleichen Kriterien gelten wie im öffentlichen Klassengespräch. Es kann aber davon ausgegangen werden, dass zum Beispiel die Form der Stimulation der kognitiven Aktivitäten sich nicht groß unterscheidet, aber in der Einzelsituation mehr Zeit für die tatsächliche Partizipation der einzelnen Lernenden bleibt. In Tutoring-Dialogen außerhalb des Unterrichts besteht situationsbedingt mehr Zeit für das Eingehen auf die Denkprozesse der einzelnen Lernenden als im Rahmen der individuellen Lernunterstützung im Unterricht. Trotz der Rahmenbedingungen beim Klassenunterricht mit reduzierten Möglichkeiten angesichts der größeren Schülerzahl und der gleichzeitigen Anforderungen in Bezug auf weitere Fragen der Unterrichtsführung stellt aber auch bei der individuellen Lernunterstützung die Sprache ein Werkzeug zur Wissenskonstruktion dar, welche in Bezug auf verschiedene Dimensionen wie zum Beispiel das Ausmaß der Lenkung (vgl. Mercer, 1995) variieren kann und entsprechend Gestaltungsmöglichkeiten bietet. Auf den Klassenverband bezogen stellt sich die weiterführende Frage, inwiefern es eine kollektiv-adaptive Lernunterstützung (versus eine individuell-adaptive Lernunterstützung) überhaupt gibt.

Die Beschreibung der Merkmale der Lernunterstützung beschränkt sich praktisch ausnahmslos auf die Funktion der Äußerungen der Lehrperson in Bezug auf die Denkprozesse der Lernenden, die sozialen Prozesse und Beziehungsaspekte werden nicht mitberücksichtigt. Dieses Defizit zeigt sich ebenfalls in Bezug auf motivationsbezogene Anteile der Unterstützung. Dabei plädieren bereits Pintrich und Mitarbeitende (1993) für einen stärkeren Einbezug von motivationalen und einstellungsbezogenen Schülervariablen (neben den kognitiven Voraussetzungen) und deren explizite Unterstützung im Unterricht.

Das nächste Unterkapitel widmet sich der Frage, welche Bedeutung einzelne Merkmale der Unterstützung effektiv für den Lernzuwachs haben. In diesem Rahmen wird sich auch zeigen, inwiefern die Unterstützung der Motivation von Bedeutung ist.

5.5 Kriterien der Wirksamkeit der individuellen Lernunterstützung

Nur das Vorhandensein von Lehrer-Schüler-Interaktionen in Schülerarbeitsphasen muss noch nicht zwingend in einem Lernzuwachs resultieren. Differenzierende Untersuchungen stellen fest, dass der Einfluss der Lernunterstützung auf die Leistung von der Form der Unterstützung abhängig ist. Während bereits Helmke und Schrader (1988) in ihrer Analyse des Verhaltens der Lehrperson in Schülerarbeitsphasen (39 Klassen des 5. Schuljahres, Mathematikunterricht) einen positiven Zusammenhang zwischen der Diskretheit der Unterstützung und dem Lernfortschritt der Lernenden feststellten, wird heute vor allem im Rahmen der Tutoring-Forschung nach weiteren und differenzierteren Merkmalen der wirksamen diskreten individuellen Unterstützung des Lernens geforscht. Die Befunde werden entlang der zentral diskutierten Merkmale dargestellt.

5.5.1 Kognitive Aktivierung

Bereits im Konzept des Scaffoldings als auch in den deskriptiven Studien zur Form des Scaffoldings wird die *Bedeutung der kognitiven Aktivierung* der Lernenden im Rahmen der Unterstützung herausgestellt. Die Bedeutung der kognitiven Aktivierung als Anregung der Denk- und Verstehensprozesse, eines der empirisch belegten Merkmale der Qualität von Unterricht allgemein (z.B. Clausen et al., 2003; Helmke, 2003) und für den Mathematikunterricht im Speziellen (z.B. Klieme & Rakoczy, 2008; Kunter et al., 2006; Rakoczy et al., 2007), findet auch im Rahmen der Forschung zur individuellen Lernunterstützung empirische Bestätigung.

5.5.1.1 Kognitive Aktivierung durch Interaktivität im Lehr-Lerndialog

Eine Form der Umsetzung der kognitiven Aktivierung wurde früh in der *Interaktivität der Lehr-Lerndialoge* erkannt. Der Vergleich von verschiedenen Unterstützungsstrategien zeigt, dass die interaktivste Form den größten Lernerfolg bewirkt (Wood, Wood & Middleton, 1978). Dieser Befund bezieht sich jedoch nicht auf das Lernen im schulischen Kontext, sondern wie die initiale Arbeit zu Scaffolding von Wood, Bruner und Ross (1976) auf das Unterstützen von Kindern im Vorschulalter beim Lösen der Holzpuzzle-Aufgabe.

Chi und Mitarbeitende widmen sich in verschiedenen Arbeiten der Frage nach den Möglichkeiten und der Bedeutung der Interaktivität beim Erlernen von schulischen Inhalten. Als wirksame Form der Unterstützung beim Bearbeiten eines

Mechanik-Problems aus dem naturwissenschaftlichen Unterricht durch College-Studierende erweist sich das Anregen von „Self-Explanations", die sich als Prompts oder Anregungen zum Erklären des eigenen Verstehensstandes übersetzen lassen (Chi, 1996; Chi et al., 1994). Die Bedeutung der Anregung zu „self-explanations" für die kognitive Aktivierung der Lernenden wird in zusätzlichen Studien und Bereichen untersucht und bestätigt (Atkinson, Derry, Renkl & Wortham, 2000; McNamara, 2004; Renkl, 2002; Wellman & Lagattuta, 2004; Wong et al., 2002).

In einer weiteren Studie testen Chi und Mitarbeitende in ihrer Arbeit mit Schülerinnen und Schülern der 8. Klasse, ob deren Erfolg beim Erlernen des menschlichen Blutkreislaufes von der Aktivität des Tutors, von der Aktivität der Lernenden oder von deren Interaktion im Tutor-Dialog abhängt (Chi et al., 2001). Im ersten Durchgang gaben sie den elf Tutoren (ohne Erfahrung) keinen spezifischen Auftrag und stellten in Bezug auf die Form der Unterstützung einen interessanten Zusammenhang mit Aspekten des Lernerfolgs fest: Das Abgeben von Erklärungen korreliert mit dem Erwerb von oberflächlichem Wissen, während das Fragenstellen der Tutoren sowohl mit dem oberflächlichen als auch mit dem tiefen Wissenszuwachs der Lernenden korreliert. Ausgehend von diesem ersten Durchgang stellten die Autorinnen und Autoren die Vermutung auf, dass das Abgeben von Erklärungen durch den Tutor nur ein oberflächliches Durchdringen des Inhalts anregt und eine verstärkt interaktive Unterstützungsform, in der auch mehr Reaktionen seitens der Lernenden ausgelöst werden können, für das Lernen effektiver ist. Diese Vermutung überprüften sie eine Woche später mit den gleichen elf Tutoren, denen sie unter dieser zweiten Bedingung den Auftrag gaben, zugunsten von aktivierenden Hinweisen die Erklärungen und Evaluationen in ihren Unterstützungsdialogen zu unterdrücken. Die Analyse der Dialoge bestätigt, dass sie interaktiver sind und vor allem der Anteil der Äußerungen der Lernenden deutlich höher wird. Als zusätzlicher Effekt zeigt sich, dass die Lernenden unter der zweiten Bedingung motivierter sind. Die Studie von Chi und Mitarbeitenden (2001) bestätigt die Bedeutung der Interaktivität für das gründliche Verstehen, zeigt, wie die Interaktivität mit mehr Hinweisen in der Unterstützung gefördert werden kann und belegt zusätzlich, dass die Tutoren zur Interaktivität beitragen und das entsprechende Unterstützungsverhalten auch erlernt werden kann. Insbesondere die inhaltlichen Beiträge der Studierenden und ihre Interaktionen mit den Lehrpersonen erweisen sich auch in einer weiteren Untersuchung als relevant für den Lernzuwachs; entsprechend ist es wichtig, dass die Tutoren die Beteiligung der Studierenden intensiv fördern (Chi, Roy & Hausmann, 2008).

Ausgehend von der Frage nach den Bedingungen der wirksamen computerbasierten Lernunterstützung setzt sich die Gruppe um VanLehn kritisch mit der Interaktivitätshypothese auseinander und überprüft diese, indem sie den Lernzuwachs von College-Studierenden vergleicht, die unter der nicht-interaktiven Bedingung einen Text lesen und unter der interaktiven Bedingung durch einen Tutor unterstützt werden (VanLehn et al., 2007). Sie finden die Bedeutung der Interaktivität für den Lernzuwachs nur bestätigt, wenn die Unterstützung der Zone der nächsten Entwicklung der Lernenden angepasst ist. Damit belegen sie, dass nicht alleine die Anregung zur Aktivität der Lernenden bereits deren Lern- und Denkprozesse stimuliert, sondern die Anregung auch ihrem Wissensstand respektive ihren kognitiven Voraussetzungen angepasst zu erfolgen hat.

5.5.1.2 Kognitive Aktivierung durch Unterdrücken von instruktionalen Erklärungen

Einen weiteren Beleg dafür, dass instruktionale Erklärungen in der Unterstützung wenig kognitiv aktivierend sind, liefert die Studie von VanLehn und Mitarbeitenden zu den Merkmalen wirksamer Tutoring-Dialoge beim Erwerb von Strategien zur Lösung von mathematischen, naturwissenschaftlichen und technischen Problemen (VanLehn et al., 2003). Sie stellen fest, dass das Lernen wahrscheinlicher ist, wenn die Lernenden zuerst selber bewusst auf Schwierigkeiten stoßen und diese anschließend mit Hilfe des Tutors überwinden. Als Fazit ihrer Untersuchung lautet die Empfehlung zur wirksamen Unterstützung „ask more and tell less" (VanLehn et al., 2003, S. 246). Die optimale Tutor-Strategie beschreiben sie mit folgenden drei Schritten (a.a.O., S. 245):

1. Let the student reach an impasse.
2. Prompt to find the right step and to explain it.
3. Provide an explanation only in case of student fails on doing it by himself.

Die Bedeutung der Gelegenheit für Schülerinnen und Schüler, beim Lernen und Problemlösen selber auf Schwierigkeiten zu stoßen und Fehler machen zu können, bestätigt sich auch in der Analyse von Lehrer-Schüler-Interaktionen im Rahmen der Unterstützung von Primarschulkindern mit Leseschwierigkeiten (Rodgers, 2004). Sie knüpft an die lernpsychologischen Annahme an, dass der kognitive Konflikt einen wesentlichen Schritt in Verstehensprozessen darstellt, welcher von der mangelhaften Möglichkeit der Assimilation eines Gegenstandes an die bestehenden kognitiven Strukturen zeugt und die Akkommodation respektive die Umstrukturierung und Erweiterung der bestehenden Strukturen erfordert. Entsprechend bestehen auch für den Unterricht Forderungen nach einer produktiven Fehlerkultur (Althof, 1999), welche aber noch in sehr unzureichendem Ausmaß ihre Umsetzung finden, wie sich unlängst im Rahmen der videobasierten Analyse von Physiklektionen wieder gezeigt hat (Seidel et al., 2006): Noch immer dominiert die Leistungsorientierung vor der Verstehensorientierung im Unterricht (Meyer et al., 2006).

Zur Überwindung der für den im Unterricht beklagten Leistungssituation und zur optimalen Anregung der Lern- und Verstehensprozesse in der individuellen Lernunterstützung eignet sich aufgrund der hier dargestellten Ergebnisse vor allem das Unterdrücken von Erklärungen zugunsten von weiterführenden Fragen und Hinweisen, welche die Schülerinnen und Schüler zur aktiven Beteiligung anregen. Auch Topping (2000) zieht in der Zusammenfassung zum außerschulischen Tutoring das Fazit, dass dessen Wirksamkeit davon abhängt, dass das Denken der Lernenden angeregt wird, zum Beispiel mit Fragen, und nicht einfach die richtige

Lösung in Form einer direkten instruktionalen Erklärung durch die Tutorin oder den Tutor dargeboten wird. Dies deckt sich mit den Befunden zur Bedeutung von Erklärungen für den Erwerb von kognitiven Fertigkeiten in anderen Kontexten. In einer Untersuchung zum Lese-Tutoring von Cromley und Azevedo (2005) unterscheidet sich das Tutoring-Verhalten von Experten von demjenigen von Novizen vor allem durch den höheren Anteil von Scaffolding und den gleichzeitig geringeren Anteil an instruktionalen Erklärungen. Renkl et al. (2006) kommen aufgrund von Arbeiten aus verschiedenen Bereichen des computerbasierten Lernens und der Experten-Novizen-Forschung ebenfalls zum Schluss, dass vor allem die Anregungen zu Selbsterklärungen (Self-Explanations) für das Lernen zentral sind und instruktionale Erklärungen nur dann gegeben werden sollen, wenn die Aufforderung zur Selbsterklärung nicht „aussichtsreich" ist. Zusätzliche Bedingung für die Wirksamkeit der Erklärung ist deren Angepasstheit an das Vorwissen der Lernenden (Wittwer & Renkl, 2008).

Damit wird übereinstimmend die Zurückhaltung in Bezug auf das Erteilen von instruktionalen Erklärungen als Merkmal des wirksamen Unterstützungsverhaltens festgestellt. Die Zurückhaltung bedeutet aber nicht, dass keine Erklärungen abgegeben werden dürfen. Als weitere Merkmale wirksamer Erklärungen gelten neben der Vorwissensangepasstheit die Verwendung von multiplen Repräsentationsformaten, Beispielen, Analogien und alltagssprachlichen Ausdrücken (z.B. Webb & Palincsar, 1996). Leinhardt und Steele (2005) analysieren die Dialoge im Mathematikunterricht einer Expertin (Magdalene Lampert) im Hinblick auf die Verwendung von Erklärungen. Die folgenden Merkmale erweisen sich als zentral für die Verstehensorientierung von Erklärungen: Sie sollen darauf abzielen, dass der mathematische Lerngegenstand zum Problem und damit zum Ausgangspunkt des Denkens wird, zum Beispiel unter Verwendung von hilfreichen Beispielen und Repräsentation, die einer Übergeneralisierung und Prozeduralisierung des Inhalts entgegenwirken. Dies bedingt das Herausarbeiten der Kernidee des mathematischen Konzepts und der Bedingungen für deren Verwendung sowie die Anknüpfung am Vorwissen der Lernenden. Mit diesen Merkmalen knüpfen Leinhardt und Steele an den allgemein für kognitiv aktivierenden, verstehensorientierten Mathematikunterricht geforderten Kriterien an und beschreiben deren Umsetzung im Lehr-Lerndialog in Form von Erklärungen (vgl. auch Perry, 2000). Das Geben von Erklärungen wird so über die direkte instruktionale Anweisung hinausgehend zu einer Möglichkeit der kognitiven Aktivierung, wie sie sonst meist eher in Bezug auf das Stellen von Fragen beschrieben wird.

5.5.1.3 Kognitive Aktivierung durch das Stellen von Fragen

Zur Suche nach der wirksamen Frage von Lehrpersonen liegt bereits eine lange Forschungstradition vor (zusammenfassend vgl. u.a. Gage & Berliner, 1996; Neber, 2006; Niegemann, 2004; Wellman & Lagattuta, 2004). In Bezug auf die Merkmale von kognitiv aktivierenden Fragen herrscht Übereinstimmung, dass diese auf das

Verstehen von Zusammenhängen oder Prinzipien abzielen (Higher Order Questions) und sich durch einen angemessenen, aber herausfordernden Schwierigkeitsgrad auszeichnen (vgl. Hiebert et al., 1997; Stigler & Hiebert, 1999), welcher aber letztlich immer in Bezug auf die spezifischen Inhalte und die Vorkenntnisse der Lernenden überprüft werden muss. Als formale Bedingung der Förderung von geistiger Aktivität erweist sich das Zugestehen von ausreichend Bedenkzeit im Anschluss an eine Frage. Im Umfeld der Ausbildung und Beurteilung von Lehrpersonen hat sich eine Diskussion um die „gute Lehrerfrage" und Fragetechniken aufgebaut und verselbständigt (Meyer, 1987), welche sich zum großen Teil an Oberflächenmerkmalen der Frage aufhält, ohne sich mit den auszulösenden Denkprozessen zu beschäftigen und damit wenig fruchtbar bleibt. Ausschlaggebend ist nicht die Art der Formulierung der Frage, sondern deren Intention und Auswirkung in Bezug auf das Lernen (vgl. Tsui, Marton, Mok & Ng, 2004). Die Bestimmung des Anregungsgrades der Unterstützung aufgrund der Tatsache, dass die Lehrperson eine Frage stellt, scheint nicht sinnvoll zu sein, da sowohl instruktionale Erklärungen als auch weiterführende Hinweise als Frage formuliert sein können (z.B. Cromley & Azevedo, 2005). Entscheidend ist die didaktische Funktion einer Frage, wie bereits Aebli (1976) argumentiert, und nicht die sprachliche Formulierung. Anschaulich zeigt er im folgenden Beispiel auf, dass Anregungen und Denkanstöße als Fragen formuliert werden können (und umgekehrt):

> In der Tat kann ja auch diese allgemeinste Aufforderung „Denkt weiter!" durch die Frage ersetzt werden „Was kommt euch sonst noch in den Sinn?" und umgekehrt kann jede noch so enge Frage in die entsprechende Aufforderung umgewandelt werden, allerdings manchmal um den Preis einer sprachlichen Schwerfälligkeit, der gegenüber die kürzere und prägnantere Frage deutlich überlegen scheint. (Aebli, 1976, S. 221f.)

5.5.1.4 Kognitiv aktivierender Umgang mit Schülerfehlern

Häufig erfolgt die Lernunterstützung insbesondere im Mathematikunterricht im Anschluss an das Auftreten eines Fehlers (McArthur, Stasz & Zmuidzinas, 1990). Für den verstehensorientierten Umgang mit Fehlern im Mathematikunterricht zeigen zum Beispiel Lepper und Mitarbeitende (1997) auf, wie Experten in Tutoring-Dialogen nach inhaltsspezifischen Typen von Fehlern suchen und dabei zugleich auf den gesamten Problemlöseprozess fokussieren. Dies zeigt sich darin, dass sie zum Beispiel unbedeutende Fehler ignorieren oder störende Fehler vorwegnehmen, während für den Lösungsprozess produktive Fehler Ausgangspunkt für weitere Überlegungen und Denkanstöße sind. In diesem Zusammenhang als bedeutsam für die Aufrechterhaltung der Denkprozesse der Lernenden erweist sich die Wertschätzung der Beiträge der Lernenden und die Ermutigung zu weiteren eigenen Problemlöseversuchen (vgl. auch Leinhardt & Steele, 2005). Das Auftreten von Fehlern kann einerseits für die Diagnose der Denkleistungen der Lernenden und die Anpassung der Unterstützung genutzt werden und stellt andererseits die

Manifestation eines kognitiven Konflikts dar, der zu weiteren produktiven Denkschritten wie zum Beispiel dem Ergründen der Fehlerursache führen kann. Rückmeldungen in Bezug auf das Vorankommen bei der Aufgabenbearbeitung sind besonders wirksam, wenn sie sich auf die Ebene der Aufgabe und der Bearbeitungsstrategien beziehen (Hattie & Timperley, 2007).

5.5.1.5 Partizipation der Lernenden

Als Fazit aus den dargestellten Forschungsergebnissen lässt sich somit festhalten, dass die Unterstützung des Lernens dann effektiv ist, wenn sie mit Fragen und weiterführenden Hinweisen auf das Anregen von geistiger Aktivität abzielt, geistige Suchtätigkeiten auslöst und das Erbringen und Überprüfen von eigenen Lösungsvorschlägen und Verstehensleistungen ermöglicht und fördert. In diesem Sinne beschreibt das Merkmal der Interaktivität wohl hauptsächlich die Tatsache der aktiven Einbindung der Lernenden in das Bearbeiten einer Aufgabe im Sinne einer Förderung der Partizipation der Lernenden (vgl. Begehr, 2004) sowie das Zeigen von ernsthaftem Interesse an den Denkwegen der Lernenden und das gemeinsame Bemühen um die Lösung eines Problems oder die Durchdringung eines Gegenstandes.

Die Bedeutung einer Unterstützung, welche die aktive Beteiligung der Lernenden anregt, bestätigt sich auch bei der Analyse des Lehrerverhaltens bei Gruppenarbeiten: Direktes und kleinschrittiges Unterstützungsverhalten korrespondiert mit passivem Verhalten der Schülerinnen und Schüler (Webb et al., 2006). Dies spricht deutlich für eine indirekte Form der Unterstützung, welche das Denken der Lernenden anregt und die Schülerinnen und Schüler nicht in eine passive, empfangende, von der Lehrperson abhängige Rolle drängt. Diese Form der Unterstützung, welche vor allem auf die Ermöglichung der Partizipation der Lernenden abzielt, erweist sich auch spezifisch bei der mathematikbezogenen Einzelunterstützung als wirksam (Fox, 1991).

5.5.2 Adaptivität der Unterstützung

Als wichtige Voraussetzung für die Wirksamkeit der Anregungen zum selbständigen Denken und Problemlösen wurde in den obenstehend zusammengefassten Arbeiten bereits verschiedentlich deren Adaptivität genannt (Rodgers, 2004; VanLehn et al., 2007; Wood et al., 1978). Die Adaptivität der Unterstützung basiert theoretisch auf der Idee der Unterstützung in der Zone der nächsten Entwicklung der Lernenden, welche bei jeder Schülerin und jedem Schüler unterschiedlich ist und in unterschiedlicher Geschwindigkeit „durchschritten" wird. Entsprechend findet die Anpassung des Unterrichts an die heterogenen Voraussetzungen der Lernenden auf der Mikroebene in der dialogischen Unterstützung ihre Umsetzung (Corno & Snow, 1986).

Auch empirisch bestätigt sich die Bedeutung der Adaptivität der Unterstützung für deren Wirksamkeit. So erweist sich zum Beispiel die adaptive Form der Unterstützung als erfolgreicher für den Aufbau von Strategien zur Steuerung des eigenen Lernens als eine fixe oder gar keine Unterstützung (Azevedo et al., 2005). Als Möglichkeit der Umsetzung der adaptiven *Unterstützung durch Computer* sehen Azevedo und Hadwin (2005) das exakte Definieren von einzelnen Schritten beim Aufbau von Kompetenzen des selbstgesteuerten Lernens wie die Planung und Überwachung des Lernens sowie von entsprechenden Indikatoren. Diese Anpassung wird zum Beispiel in Arbeiten zu „faded worked out examples" (Schwonke et al., 2007) im Rahmen der Software „Cognitive Tutor" zur Unterstützung von Problemlöseprozessen in der Mathematik umgesetzt.

Im Bereich des Erstleseunterrichts zeigt sich die Adaptivität der Unterstützung ebenfalls als zentrales Merkmal für deren Wirksamkeit (Rodgers, 2004). Wichtig ist, dass die Lehrperson entsprechend dem Prinzip der minimalen Hilfe (vgl. Kapitel 3.3.2), mit dem Ziel des selbständigen Lernens, und angepasst an die Voraussetzungen der Lernenden, *nur so viel Unterstützung bietet, wie die Lernenden gerade benötigen, um selbständig weiterarbeiten zu können.* Wood und Wood (1996) beschreiben diese Anpassung der Unterstützung als „Contingent Instruction" (S. 6f.), beurteilen diese sowohl als *Merkmal und wichtige Bedingung der wirksamen Unterstützung* und werfen zugleich die Frage auf, in welchem Ausmaß die Unterstützung angepasst sein kann und muss. Sie kommen zum Schluss, dass die Anpassung häufig nicht zu hundert Prozent erfüllt ist, die Unterstützung aber trotzdem wirksam ist. Damit wird das *Problem der Messbarkeit von Adaptivität* angesprochen: Zwar können adaptive mit nicht adaptiven Unterstützungsmaßnahmen verglichen werden, für die Erfassung von verschiedenen Ausprägungsgraden der Adaptivität der Unterstützung durch Lehrpersonen oder Tutoren liegen aber keine Operationalisierungen vor.

Merrill und Mitarbeitende (1995) untersuchen das Tutoring (Tutoren mit Lehrerfahrung) von acht College-Studierenden, welche erste Kenntnisse im Bereich des Programmierens erlernen. Im Vergleich mit einer Kontrollgruppe ohne Tutoren erweist sich die Tutoring-Situation als erfolgreicher in dem Sinne, dass die Studierenden mit Unterstützung die Kenntnisse schneller erwerben. Als Grund für die Wirksamkeit der Unterstützung finden die Autoren anhand der Analyse der Tutoring-Dialoge die Adaptivität, insbesondere die *Anpassung der Rückmeldungen an die Art der Fehler*, welche die Studierenden machen.

Ein wichtiges Element der Adaptivität und eine damit verbundene weitere offene Frage ist der *richtige Zeitpunkt der Unterstützung* beim Lernen. Häufig erfolgt die Unterstützung nicht nur aufgrund von verbalen Äußerungen, Fragen oder Fehlern seitens der Lernenden, sondern auch aufgrund von nonverbalen Merkmalen wie zum Beispiel dem Gesichtsausdruck der Lernenden (z.B. Perret-Clermont & Brossard, 1985; Wood & Wood, 1996). Verlässlicher als die Interpretation von nonverbalen Signalen durch Tutoren oder Lehrpersonen und erwiesenermaßen erfolgreich ist ein aktives Hilfesuch-Verhalten der Lernenden und dessen Förderung (Wood, 2001).

Die Adaptivität der Lernunterstützung an die Voraussetzungen der Lernenden als „varying the grain size of instruction" (Wood, 2001) im Sinne einer Mikro-Adaption ist Voraussetzung für die Wirksamkeit der Anregung des Denkens und gleichzeitig schwierig zu erfassen. Inhaltlich bezieht sich die Anpassung der Unterstützung auf die aktuellen aufgabenbezogenen Fähigkeiten und Kompetenzen der Lernenden und ist damit untrennbar verknüpft mit der Erfassung der Voraussetzungen und Bedürfnisse seitens der Lernenden und der Anforderungen der zu bearbeitenden Aufgabe. Damit stellt sich die Frage nach der Bedeutung der diagnostischen und der fachdidaktischen Kompetenz der Lehrperson als Voraussetzung für eine wirksame individuelle Lernunterstützung, welcher weiter unten nachgegangen wird.

Eine genauere Charakterisierung der oft geforderten Adaptivität, welche sich im Vergleich zu nicht-adaptiven Unterstützungsformen als wirksam zeigt, erweist sich als schwierig. Vergebens sucht man in der Literatur nach einer systematischen Gliederung der Dimensionen der Anpassung. Sie bezieht sich einerseits auf die interindividuellen Unterschiede der Lernenden und kommt in der Anpassung an deren unterschiedlichem Vorwissen und Arbeitstempo zum Ausdruck.[16] Andererseits steht bei der individuellen Unterstützung im Sinne von Scaffolding die Anpassung an intraindividuelle Unterschiede respektive einen zunehmenden Kompetenzerwerb der Lernenden im Verlaufe des Unterstützungsprozesses im Zentrum. Ausgehend von den Anforderungen des Lernens sind folgende Dimensionen denkbar, bezüglich derer die Unterstützung variieren kann:

– *Ausmaß der Steuerung*: Sie zeigt sich darin, wie viel Freiraum die Lehrperson den Lernenden für eigene Lösungsversuche lässt respektive wie viele Vorgaben die Lernenden erhalten.

– *Ausmaß der Strukturierung*: Eine Form der Vorgaben und deshalb eng mit der Steuerung verbunden sind Strukturierungshilfen, welche sehr detailliert oder auch sehr offen ausfallen können.

– *Grad der Abstraktion*: Die Unterstützung kann sich sehr konkret auf inhaltliche Fragen beziehen oder aus sehr allgemeinen strategischen Hinweisen bestehen.

– *Komplexität/Schwierigkeitsgrad*: Inhaltlich lassen sich die Unterstützungsmaßnahmen in Bezug auf deren Herausforderungsgehalt für das Denken der Lernenden unterscheiden.

Die Adaptivität der individuellen Unterstützung entscheidet sich über die simultane Anpassung der Reaktionen im Lehr-Lerndialog in Bezug auf die genannten Dimensionen und geschieht einerseits aufgrund der Informationen über den aktuellen Verstehensstand sowie der Kapazität der Lernenden zur Informationsverarbeitung (Magoulas et al., 2003; Sweller et al., 1998; van Merriënboer et al., 2002; van Merriënboer et al., 2003) und andererseits im Hinblick auf den Inhalt und das Ziel der Unterstützung.

---

16 Viele Produkte im Rahmen des adaptiven E-Learnings beschränken sich auf diese Form von Adaptivität und passen sich ausschließlich an den Vorwissensstand der Lernenden an (Magoulas et al., 2003; Shute & Towle, 2003).

5.5.3   Inhaltliche Ebene der Lernunterstützung

Wie bereits aufgezeigt, ist die Frage nach dem *Wie* der wirksamen individuellen Lernunterstützung immer auch an das *Was* respektive die Frage nach dem Ziel und dem Inhalt der Unterstützung geknüpft: Auf welche Ebenen des Wissens und Könnens bezieht sich die Unterstützung? Allgemein hat die individuelle Lernunterstützung das selbständige Beherrschen und Anwenden von erworbenen Kompetenzen und damit immanent auch das selbstgesteuerte Lernen zum Ziel. Aus diesem Grund wird hier auf die Frage nach der wirksamen Unterstützung selbstgesteuerten Lernens näher eingegangen, anschließend wird auf die Unterstützung beim Erwerb fachlicher Kompetenzen und abschließend auf die Bedeutung der motivationalen Unterstützung eingegangen.

5.5.3.1   Unterstützung des Aufbaus von Kompetenzen zum selbständigen Lernen

In Bezug auf das selbständige Lernen als Ziel der Unterstützung breit diskutiert ist die Wirksamkeit von metakognitiven Strategien (z.B. Mandl & Friedrich, 2006; Winne, 2005). Als wirksames Instrument für die Anpassung der Unterstützung wurde oben zum Beispiel das Anregen der aktiven Hilfesuche („Helpseeking") der Lernenden beschrieben. Das aktive Fragen nach Unterstützung lässt sich als eine von verschiedenen metakognitiven Strategien zur Steuerung des eigenen Lernens einordnen, welche sich als Strategien zum Planen, Überwachen und Überprüfen des eigenen Lernens beschreiben lassen (vgl. Brown, 1984). In Bezug auf den Aufbau von Selbststeuerungskompetenzen zeigen Hadwin und Mitarbeitende (2005) aufgrund der Analyse von Portfolio-Gesprächen im Rahmen der Lehrerbildung auf, wie der Übergang von der Fremdsteuerung über die gemeinsame Steuerung bis zur Selbststeuerung fließend erfolgt. Für die Anpassung der Unterstützung im Laufe dieses Prozesses erachten es Hadwin und Mitarbeitende (2005) als notwendig, dass ein differenzierteres Wissen über die Erfordernisse der einzelnen Schritte dieses Übergangs respektive die passenden Fragen zu den einzelnen Stufen des Übergangs erarbeitet werden.

Die Frage nach dem graduellen Übergang von Fremd- zu Selbststeuerung im Rahmen der individuellen Unterstützung führt zurück zur Beschreibung der Cognitive Apprenticeship als Rahmenmodell für den graduellen Übergang von Fremd- zu Selbststeuerung (Collins et al., 1989) des Lernens allgemein. Da Scaffolding als Lernunterstützung bereits einen der Schritte der Cognitive Apprenticeship auf dem Kontinuum von Fremd- zu Selbststeuerung darstellt und sich auf einer operationalisierbaren Ebene praktisch nicht vom zuvor kommenden Schritt des Coachings trennen lässt, muss der Versuch der Identifizierung einzelner systematischer Schritte innerhalb des Scaffoldings als sehr anspruchsvoll, wenn nicht unmöglich beurteilt werden.

In Bezug auf das selbstgesteuerte Lernen aufschlussreich ist die Forschung zu Aufbau und Transfer von Lernstrategien. Die Erkenntnis, dass sich gute Lernerinnen und Lerner im Strategieeinsatz qualitativ und quantitativ von weniger guten unterscheiden (vgl. Friedrich & Mandl, 1992; Stebler, 1999) führte zur Suche nach den Möglichkeiten der Förderung des Strategieeinsatzes: Der Nutzen von Strategien und deren Aufbau erweist sich als sehr komplex. Je allgemeiner eine Strategie, desto geringer ihr Nutzen, je spezifischer eine Strategie, desto geringer die Wahrscheinlichkeit des Transfers. Dementsprechend erfolgt die Entwicklung von wirksamen und transfertauglichen Strategien entlang der drei Schritte des Erwerbs aufgabenspezifischer Strategien, der Automatisation und Flexibilisierung dieser Strategien und des anschließenden Transfers der Strategien auf neue Aufgabenbereiche, verbunden mit einer zunehmenden Generalisierung der Strategien (Friedrich & Mandl, 1992). Dies bedeutet auch für die Unterstützung des Strategieaufbaus, dass sie eingebettet in Inhalte erfolgen muss.

Gerade dem Lerndialog wird auch im Rahmen der Strategieforschung eine bedeutende Rolle für den Aufbau von Fähigkeiten zur Steuerung des eigenen Lernens zugesprochen; durch den sozialen Vermittlungsprozess „lernt das Kind, wie man lernt" (Brown, 1984, S. 102). Ob die Lehrer-Schüler-Interaktion aber wirklich auch zur Bühne für Metakognitives wird, hängt, wie von Stebler (1999, S. 225) für die Partnerarbeit festgestellt, von der Qualität der Interaktion ab. Im Rahmen von metakognitiven Trainings zur gezielten Vermittlung von Strategien zur Steuerung des eigenen Lernens zeigt sich, dass inhaltsfreie Trainings (z.B. Feuerstein, Hoffmann & Miller, 1980) eher geringe Effekte zeigen. Bewährt haben sich die bereits von Meichenbaum und Goodman (1971) formulierten Schritte der schrittweisen Einübung selbständiger Strategienutzung, welche noch heute zentraler Bestandteil metakognitiver Trainings sind: fortschreitende Abnahme der Traineraktivität von Modellieren über Begleiten bis hin zu lautem Denken der Lernenden mit dem Ziel der Verinnerlichung des strategischen Vorgehens. In diesen Schritten werden bereits die Grundzüge des im Modell der Cognitive Apprenticeship beschriebenen Übergangs von fremd- zu selbstgesteuertem Lernen vorweggenommen. Der offensichtliche Zusammenhang der von Meichenbaum und Goodman (1971) beschriebenen Merkmale des Dialogs zur Förderung der Reflexion und Steuerung des eigenen Lernens mit dem Modell zur Förderung des selbstgesteuerten Lernens im Unterricht (Collins et al., 1989) lässt sich auch theoretisch nachweisen: Die Methode des Reciprocal Teaching nach Palincsar und Brown (1984) als eine der Grundlagen der Entwicklung der Cognitive Apprenticeship setzt explizit das Training von kognitiven Strategien für den Unterricht um. Somit haben Meichenbaum und Goodman (1971) mit dem kognitiven Modellieren des Vorgehens durch die Lehrperson, dem Fördern des lauten Denkens der Lernenden und der fortschreitenden Abnahme der Steuerung durch die Lehrperson die zentralen Bedingungen für den Aufbau von Selbststeuerung des Lernens beschrieben und die Reflexion als wichtige inhaltliche Ebene der individuellen Unterstützung eingeführt. Die Förderung des lauten Denkens als Strategie zur Reflexion des eigenen Denkens und Lernens geht ebenfalls auf sie zurück und hat die Arbeiten zu Selbsterklärungen (Self-Explanation, vgl. weiter oben) mitinspiriert. Meichenbaum und Biemiller (1998) beschreiben in ihrem zusammenfassenden Buch das Scaffolding respektive die individuelle Lernunterstützung in Schülerarbeitsphasen auch als eine der zentralen Aufgaben der Lehrperson beim „helping students take charge of their learning".

5.5.3.2 Unterstützung des Aufbaus von fachbezogenen Kompetenzen

In Bezug auf die Kriterien der wirksamen Lernunterstützung mit dem Ziel des Aufbaus von fachbezogenen Kompetenzen liegen weitaus weniger Befunde vor als zum Ziel des selbstgesteuerten Lernens. Hinweise auf die fachinhaltlichen und fachdidaktischen Bedingungen der Unterstützung ergeben sich aus Studien, in denen das Unterstützungsverhalten von Experten und Novizen verglichen wurde. Die Experten und Novizen haben sich jeweils hinsichtlich ihrer Erfahrung und ihres Wissens in Bezug auf didaktische Merkmale des Unterstützens unterschieden, und die Experten haben sich auch tatsächlich als erfolgreicher erwiesen (Cromley & Azevedo, 2005; Lepper et al., 1997). Aus theoretischer Sicht naheliegend, aber bis jetzt nicht untersucht, ist die Bedeutung des fachdidaktischen Wissens für eine erfolgreiche individuelle Unterstützung der Lern- und Verstehensprozesse (Baumert & Kunter, 2006; Wittwer, 2007). Eine individuelle Lernunterstützung, welche sich auf Förderung von fachlichem Wissen und Können bezieht, bedarf einer fachinhaltlichen und fachdidaktischen Fundierung. Das bedeutet, dass die Lehrperson die Verstehenselemente und deren Beziehungen kennen muss, welche die zu erarbeitenden Inhalte und deren Struktur kennzeichnen (Drollinger-Vetter, in Vorb.).

Spezifisch für die individuelle Lernunterstützung im Mathematikunterricht unterscheidet Anghileri (2006) in Bezug auf die individuelle Lernunterstützung einerseits wiederum die Dimension der Direktheit der Steuerung des Lernens durch die Unterstützung (direkte Anweisung vs. indirekte Unterstützung der Schülerinnen und Schüler beim Entwickeln ihres Verständnisses) und andererseits die Dimension der angezielten mathematischen Verstehensebene. Damit verbindet sie die Fragen nach Form und Inhalt der Unterstützung. So lässt sich jede Unterstützung in einem Koordinatensystem einordnen, welches von einem Kontinuum in Bezug auf die Tiefe der Verstehensebene und einem Kontinuum in Bezug auf die Direktheit der Anweisung aufgespannt wird. Entgegen der Dominanz des direkten Anweisens in der individuellen Unterstützung erklärt Anghileri das Anregen der Denkwege, zum Beispiel mittels Hinweisen und Fragen in Bezug auf mathematische Verstehensleistungen, als besonders effektiv.

Diese Schlussfolgerung konkret für den Mathematikunterricht deckt sich auch mit den Erkenntnissen von White (2003) für die Anregung produktiver mathematischer Gespräche im Unterricht. Die direkten Unterrichtsbeobachtungen zeigen das Wertschätzen der Antworten der Lernenden, den Einbezug ihres Vorwissens sowie das Anregen der Interaktionen als Merkmale der erfolgreichen Anregung von mathematischen Denkprozessen im Gespräch.

5.5.3.3 Motivationsbezogene Unterstützung

Mit der Wertschätzung der Beiträge der Lernenden wird von White (2003) neben der metakognitiven und der kognitiven Ebene die motivationale Ebene der Unterstützung angesprochen. In der ersten Konzeption von Scaffolding durch Wood, Bruner und Ross wurde die motivationale Unterstützung als Beitrag zum Interesse an der Aufgabe oder Problemlösung und zur Aufrechterhaltung der Aufmerksamkeit bereits mitgedacht, fand aber in den folgenden Arbeiten zu Tutoring und Scaffolding wenig Beachtung. Lajoie (2005) plädiert in ihrer Übersicht über den Forschungsstand zu Scaffolding entsprechend auch für einen stärkeren Einbezug motivationaler Aspekte der Unterstützung. Dieser Einbezug kann sowohl die stärkere Betonung der Unterstützung der Lernmotivation und der Interessensbildung beinhalten als auch den Einbezug von motivationalen Wirkungen bei der Überprüfung der Wirksamkeit von Unterstützungsstrategien. Ein Überblick über verschiedene Forschungsarbeiten zur Wirkung von Rückmeldungen weist darauf hin, dass Rückmeldungen in Bezug auf die Aufgabe, den Bearbeitungsprozess und die Steuerung des eigenen Lernens wirksamer sind für die Motivationsunterstützung als Rückmeldungen zur Person der Lernenden, z.B. in Form von Lob (Hattie & Timperley, 2007).

Die Arbeiten von Lepper verdeutlichen die Bedeutung der Motivationsunterstützung (Lepper, 1988; Lepper et al., 1997): Erfolgreiche Tutoren schenken ihre Aufmerksamkeit simultan den kognitiven und motivationalen Faktoren des Problemlösens bei der Unterstützung von Primarschülerinnen und -schülern. Es gilt aber einschränkend darauf hinzuweisen, dass die im Rahmen dieser Studie untersuchten Schülerinnen und Schüler sich durch niedriges Selbstvertrauen und hohe Leistungsangst ausweisen und damit auch eine stärkere Motivationsunterstützung erforderlich gemacht haben könnten. Die These der Situationsspezifität der Bedeutung der motivationalen Unterstützung stützend, stellen Merrill und Mitarbeitende (1995) bei der Analyse der Tutor-Dialoge mit College-Studierenden einen niedrigen Anteil an motivationaler Unterstützung fest. Aus dieser Befundlage lässt sich die Vermutung ableiten, dass die Bedeutung der motivationalen Unterstützung leistungs- und altersabhängig zu beurteilen ist.

Als Erkenntnis zur inhaltlichen Ebene der wirksamen Lernunterstützung lässt sich zusammenfassend feststellen, dass sowohl die Unterstützung der kognitiven als auch der metakognitiven Prozesse von Bedeutung ist und sich diese in den einzelnen Fachgebieten, zum Beispiel in Bezug auf das Anspruchsniveau der kognitiven Prozesse, differenzierter beschreiben lassen. Zur Bedeutung und Form der auf Motivation und Interesse der Lernenden bezogenen Unterstützung bedarf es weiterer Forschungsarbeiten (vgl. Waldis, in Vorb.).

5.6 Kompetenzen der Lehrperson für eine wirksame individuelle Lernunterstützung

Ausgehend von den Kernmerkmalen einer individuellen Lernunterstützung stellt sich (insbesondere auch im Hinblick auf die Aus- und Weiterbildung der Lehrpersonen) die Frage, über welche Kompetenzen eine Lehrperson für die Gestaltung einer wirksamen individuellen Lernunterstützung verfügen muss. Der Erfolg des Unterrichts ist wie eingangs aufgezeigt abhängig von der Passung des Lernangebots an die Nutzungsbedingungen der Lernenden (Fend, 1998; Helmke, 2003). Die Gestaltung eines adaptiven, kognitiv aktivierenden Unterrichts erfordert ein breites Repertoire an Maßnahmen, um Lernprozesse gezielt anregen, begleiten und evaluieren zu können. Die je unterschiedlichen Unterrichtssituationen erfordern eine hohe Adaptivität der Lehrperson und flexibles, anwendungsfähiges Wissen, welches sie zur Anregung und Begleitung des Lernens unter unterschiedlichen Nutzungsbedingungen befähigt (Beck et al., 2008). Folgende drei Wissens- und Fähigkeitsbereiche lassen sich als Kern der erforderlichen professionellen Kompetenz der Lehrpersonen zur erfolgreichen Unterrichtsgestaltung charakterisieren (Baumert & Kunter, 2006, S. 481ff.).

- *Deklaratives Wissen und prozedurales Wissen in erfahrungsgesättigter Integration:* Zu diesem Wissensbereich zählen fachliche und fachdidaktische Kenntnisse sowie allgemeines pädagogisches und didaktisches Wissen. Wissen aus diesen Bereichen wird in der Regel in der Ausbildung erworben und durch Unterrichtserfahrung prozeduralisiert, d.h. in der Praxis zu Handlungswissen umgeformt. Dieser Prozess kann bis zur Routinisierung voranschreiten. Das Handlungswissen bleibt aber bewusstseins- und artikulationsfähig.
- *Werte, Überzeugungen und subjektive Theorien:* Der Einfluss von Werten, Überzeugungen und subjektiven Theorien auf das Denken und Handeln gilt als weitreichend, sie prägen die Wahrnehmung und Erklärung von Situationen zu einem beträchtlichen Anteil und haben sich als relativ stabil erwiesen. Im Hinblick auf die Entwicklung professioneller Kompetenz besteht eine entscheidende Aufgabe darin, subjektive Theorien und Überzeugungen zu reflektieren.
- *Motivationale Orientierungen, Fähigkeiten der Metakognition und Selbstregulation:* Berufsmotivation, Selbstwirksamkeitserwartungen und Kontrollüberzeugungen beeinflussen sowohl die Berufszufriedenheit und Verweildauer im Beruf als auch die Unterrichtsebene und damit das Lernen der Schülerinnen und Schüler.

Einen wesentlichen Bestandteil der pädagogisch-psychologischen und fachdidaktischen Kompetenz für die individuelle Unterstützung bildet die *Diagnosekompetenz*. Die Diagnose der Lernvoraussetzungen der Schülerinnen und Schüler gilt als Voraussetzung für die Individualisierung im Unterricht und die Adaptivität der Unterstützung (Bliss et al., 1996; Gaskins et al., 1997; Hogan & Pressley, 1997b). Insbesondere in offenen Unterrichtssituationen kommt der Diagnosefähigkeit der Lehrperson eine hohe Bedeutung zu, sie bildet die Voraussetzung um den Lernstand und die Leistungsfähigkeit der Schülerinnen und Schüler einschätzen und die Auswahl der Aufgaben und die Form der Unterstützung angemessen anpassen zu können (Hascher, 2003).

Speziell auch für die Unterstützung von Kindern mit Förderbedarf beobachten Gaskins und Mitarbeitende (1997), dass die Kenntnis der Zone der nächsten Entwicklung (ZPD) der einzelnen Lernenden in Bezug auf ihr inhaltliches Wissen, ihre Strategien und ihre Dispositionen Voraussetzung für deren angemessene Unterstützung ist. Die Diagnosekompetenz als Genauigkeit der Einschätzung von Schülerleistungen durch die Lehrperson moderiert erwiesenermaßen die Wirksamkeit der individuellen Unterstützung (z.B. Helmke & Schrader, 1987; Schrader, 1989).

Gerade die individuelle Lernunterstützung bietet die Möglichkeit für die prozessbezogene Diagnose von Umfang und Tiefe der Verstehensleistungen der Lernenden im Sinne einer *formativen Leistungsbeurteilung* (z.B. Serrano, 1996; Shepard, 2001) und die daran anschließende unmittelbare Anpassung der Unterstützung. Dieser Form von formativer Beurteilung kommt insofern zusätzliche Bedeutung zu, als sie einen positiven Zusammenhang mit dem Zuwachs von Leistungen der Schülerinnen und Schüler zeigt (Black & William, 1998) und die dynamische Erfassung („Dynamic Assessment") des Lernstandes sich als robustere Basis für die Vorhersage von Lernergebnissen erweist als die statische Erfassung mit standardisierten Tests (vgl. Wood, 2001).

Soweit bekannt, wird in den Arbeiten zu Tutoring und Scaffolding sowie zur Begleitung von Gruppenarbeiten durch die Lehrperson die Diagnosekompetenz nicht als zusätzliche moderierende Variable der Wirksamkeit von Unterstützungsbemühungen erfasst. Ebenfalls lassen sich praktisch keine Arbeiten finden, welche weitere spezifische Kompetenzen der unterstützenden Personen miteinbeziehen, wie zum Beispiel das fachspezifische oder das fachdidaktische Wissen (vgl. Hill, Rowan & Ball, 2005; Shulman, 1987).

Arbeiten zum Vergleich des Verhaltens von Tutoren mit und ohne Expertise (z.B. Cromley & Azevedo, 2005) sowie der Vergleich der identifizierten Strategien bei Tutoren ohne Expertise (z.B. Chi et al., 2001; Graesser et al., 1997) mit denen von Tutoren mit Expertise (z.B. Lepper et al., 1997; Merrill et al., 1995) weisen darauf hin, dass die Tutoren ohne Expertise eher zu einem direkt anleitenden und wenig aktivierenden Unterstützungsverhalten neigen, indem sie vor allem ihr Verständnis des Sachverhalts den Lernenden zu erklären versuchen, während bei den Tutoren mit Expertise erwartungsgemäß Formen der verstehensorientierten und adaptiven Anregung und Begleitung der Lernprozesse durch Hinweise und Fragen und selten längere Erklärungen oder umfangreiche Vermittlungen von Informationen beobachtbar sind. Das weist auf die Voraussetzung von sowohl fachlicher als auch didaktischer Expertise für das Erbringen von wirksamer Lernunterstützung hin.

In der Studie zur Schülerarbeitsphase von Helmke und Schrader (1988) hat sich gezeigt, dass die diskrete Unterstützung der Lehrpersonen gepaart mit einer hohen diagnostischen Kompetenz am erfolgreichsten war. Für ausschließlich diagnostische Kompetenz ohne entsprechendes Unterstützungsverhalten konnten sie jedoch keinen Effekt auf die Leistungsentwicklung nachweisen. Die diagnostische Kompetenz als eine unabhängige Variable der Lernunterstützung wurde bei keiner der Untersuchungen zu Scaffolding oder Tutoring erfasst und auf ihre Bedeutung überprüft.

Ausgehend vom Befund, dass Tutoren ohne Expertise in der Unterstützungssituation kein tiefes Verständnis des Wissens der Lernenden und ihrer Misskonzepte erwerben und die verstehensbezogenen und kognitiv aktivierenden Unterstützungsstrategien nicht von sich aus spontan einsetzen, aber dennoch positiven Einfluss auf den Lernerfolg haben, werfen Graesser und Mitarbeitende (1997) die Frage auf, aus welchen Gründen das Tutoring durch unerfahrene Personen dennoch erfolgreich sein kann. Sie erklären den Erfolg der Tutoring-Situation im Vergleich zum Lernen ohne Unterstützung oder im Klassenverband durch das kollaborative Problemlösen und Begründen von Antworten. Zur Klärung der effektiven Bedeutung von fachlicher und fachdidaktischer Expertise braucht es weitere Arbeiten (vgl. Wittwer, Nückles & Renkl, 2005), wie zum Beispiel die Überprüfung der Bedeutung der fachdidaktischen Expertise für die Qualität und Wirksamkeit der Unterstützung in einem experimentellen Design im Rahmen des DFG-Projekts „Bedingungen und Förderung der Diagnose von Fehlvorstellungen im Tutoring" (Wittwer, 2007).

Zusätzliche Voraussetzung neben der diagnostischen Kompetenz und eng an fachdidaktisches Wissen geknüpft ist die Analyse des zu lösenden Problems oder zu erarbeitenden Inhalts und der damit verbundenen Verstehenselemente, Teilschritte, Lösungswege und vorliegenden Misskonzepte (z.B. Wood, 2001; Wood & Wood, 1996). Diese „Task Analysis" bildet die Voraussetzung für das Erkennen von möglichen Erarbeitungs- und Lösungsschritten seitens der Lernenden und das Eingehen auf die unterschiedlichen Denkwege (z.B. Leinhardt & Steele, 2005).

Von den fachlichen, fachdidaktischen und pädagogisch-psychologischen Kompetenzen sind die Werte und Überzeugungen der Lehrpersonen abzugrenzen (Baumert & Kunter, 2006). Insbesondere das Selbstverständnis der Lehrperson als Unterstützerin der Lernenden (z.B. Lepper et al., 1997; Rasku-Puttonen, Eteläpelto, Arvaja & Häkkinen, 2003) und ihre pädagogischen Beliefs (vgl. Staub & Stern, 2002; Stipek, Givvin, Salmon & MacGyvers, 2001) können als Voraussetzung für das wirksame Unterstützen von Lernenden in Betracht gezogen werden. Aufgrund der Beschreibung des Unterstützungsverhaltens von zwei Lehrpersonen im problemlösenden Gruppenunterricht über längere Zeit (5 Monate) kommen Rasku-Puttonen und Mitarbeitende (2003) zum Schluss, dass das Lehrpersonen-Selbstverständnis als Begleiterin und Unterstützerin des Lernens eine wichtige Determinante des erfolgreichen Unterstützungsverhaltens darstellt.

In Bezug auf die individuelle Lernunterstützung liegen keine Untersuchungen zur Bedeutung der motivationalen Orientierung der Lehrperson und ihren Fähigkeiten zur Selbstregulation vor. In Anlehnung an deren allgemeine Bedeutung für die erfolgreiche Unterrichtsgestaltung sowie ausgehend von der Bedeutung der

Lernunterstützung in Bezug auf den Aufbau von Kompetenzen zum selbständigen Lernen darf angenommen werden, dass insbesondere die Fähigkeit der Lehrperson zur Überwachung, Steuerung und Reflexion des eigenen Handelns und Denkens eine wichtige Voraussetzung für die erfolgreiche individuelle Lernunterstützung darstellt.

5.7 Fazit: Merkmale der wirksamen individuellen Lernunterstützung und offene Fragen

Als Fazit werden die Merkmale der wirksamen individuellen Lernunterstützung zusammengefasst, welche im Rahmen der Forschung zu Scaffolding und Tutoring erarbeitet wurden.

Allgemein zeigt sich im Spiegel der Forschung ein positiver Einfluss von individueller Lernunterstützung sowohl auf das fachliche Lernen als auch auf Einstellung, Interesse und Motivation der Lernenden. Gleichzeitig wird festgestellt, dass Lernunterstützung im Sinne von Scaffolding sowohl im allgemeinen Unterrichtsgeschehen als auch spezifisch in den Schülerarbeitsphasen selten vorkommt. Im Rahmen der Analyse von Tutoring-Dialogen zeigt sich, dass diese sich häufig als zu wenig auf das Lernen der Schülerinnen und Schüler ausgerichtet erweisen (z.B. Bliss et al., 1996) und von einer hohen Dominanz der Lehrperson zeugen, sowohl im Muster der Dialoge als auch im Gesprächsanteil der Lehrpersonen sowie dem hohen Anteil von direkten Anweisungen. In mehreren Untersuchungen wurde bei der individuellen Unterstützung ein hoher Anteil organisatorischer Informationen ausgemacht.

Als Ausgangslage zur Zusammenfassung der zentralen Merkmale von erfolgreicher Lernunterstützung wird das INSPIRE-Modell von Lepper und Mitarbeitenden (1997) beschrieben. Sie haben die Tutoring-Dialoge von im Voraus identifizierten erfolgreichen Lehrpersonen im Mathematikunterricht der Primarschule untersucht und mit denen von nicht erfolgreichen Lehrpersonen verglichen. Basierend auf den festgestellten Merkmalen der Tutoring-Dialoge entwickelten sie das INSPIRE-Modell, welches die erfolgreichen Unterstützungsstrategien und die dazu notwendigen Voraussetzungen seitens der Lehrpersonen zusammenfasst und beschreibt. Im Modell werden Merkmale der Form und des Inhalts der wirksamen Unterstützung integriert. Anschließend an die Darstellung des INSPIRE-Modells wird dieses mit der ursprünglichen Konzeption von Scaffolding von Wood, Bruner und Ross (1976) verglichen und auf die zentralen Merkmale verdichtet, welche der Bildung von Kategorien zur Beschreibung von individueller Lernunterstützung im empirischen Teil dieser Arbeit dienen.

Tabelle 2: INSPIRE als Akronym zur Zusammenfassung der Merkmale der individuellen Unterstützung im Mathematikunterricht und der diesbezüglichen Voraussetzungen seitens der Lehrperson (Lepper et al., 1997, S. 130)

I	INTELLIGENT:	Die Lehrperson verfügt über ein hohes Fachwissen und fachdidaktisches Wissen, kennt viele Analogien und Metaphern zur Erklärung von schwierigen Konzepten und verfügt über effektive Strategien zum Motivieren der Lernenden.
N	NURTURANT:	Die Dialoge zeichnen sich durch viel affektive Unterstützung und Beziehungsstiftung aus, die Lehrperson schenkt den Lernenden und deren emotionaler Verfassung hohe Aufmerksamkeit, zeigt ein großes Ausmaß an Empathie, Interesse und Enthusiasmus.
S	SOCRATIC:	Anstelle von Bemerkungen oder Anweisungen stellen die Lehrpersonen viele Fragen (bei gleichzeitiger Überzeugung, dass diese Form der Unterstützung die Lernenden tatsächlich zu aktiverem Denken und Handeln bringt und motivierender ist als direkte Anweisungen).
P	PROGRESSIVE:	Sukzessive Steigerung des Anforderungsgrades der Aufgaben.
I	INDIRECT:	Die Lehrpersonen geben fast nie ein negatives Feedback, die Rückmeldung bei Fehlern erfolgt meist in Form von indirekten Hinweisen; sie deklarieren Aufgaben im Voraus als schwierig, so dass die Lernenden ihre Fehler external und ihren Erfolg internal attribuieren können (keine direkte Attribution durch die Lehrperson), auch positives Feedback erfolgt häufig indirekt (nicht erfolgreiche Tutoren loben ihre Lernenden häufig über alle Maßen schon bei keinen Forschritten).
R	REFLECTIVE:	Reflexionen der Bedeutung und Begründung der mathematischen Operationen werden angeregt, z.B. durch Nachfragen, den Vergleich von verschiedenen Problemen und Problemlösestrategien, Anregungen zur Verallgemeinerung, zum Herstellen von Beziehungen zum Alltagskontext oder zum Beschreiben des eigenen Lernfortschrittes. Ziel der Anregung zur Reflexion sind die Verallgemeinerung und damit Transferierbarkeit des Wissens sowie das Verstehen der mathematischen Operationen.
E	ENCOURAGING:	Die Lernenden erfahren viel Ermutigung und Motivierung zum ausdauernden und intensiven Arbeiten, Anregung von Selbstvertrauen, Herausforderung, Neugier und Selbstwirksamkeit, z.B. durch Minimieren der Misserfolge und Maximieren der Erfolge und das Anknüpfen am Interesse der Lernenden (diese Unterstützungsstrategien zeigen nach Lepper et al. sowohl kurzfristig als auch langfristig eine positive Auswirkung auf die Lernmotivation).

Die im Modell zusammengefassten Merkmale (vgl. Tabelle 2) der wirksamen individuellen Lernunterstützung mögen zum Teil etwas redundant wirken und die Generalisierbarkeit der Notwendigkeit und Form der motivationsunterstützenden Maßnahmen ist wie oben gezeigt umstritten (vgl. Kapitel 5.5.3.3). Dennoch umfasst das Modell die Essenz der in Kapitel 5 dargestellten Forschungsergebnisse: Zentral für eine erfolgreiche Unterstützung der Lernprozesse sind das *Anregen der geistigen Auseinandersetzung der Lernenden mit den Inhalten* sowie die *adaptive Anpassung der Unterstützung und des Anforderungsgrades* an die Voraussetzungen und das Vorankommen der Lernenden. Die Unterstützung bezieht sich inhaltlich einerseits direkt auf die zu lösenden Aufgaben und Probleme und damit auf den Aufbau von fachlichen Kompetenzen, andererseits zielt die Unterstützung mit der Anregung der Reflexion auch auf den Aufbau von Strategien zur Selbststeuerung des eigenen Lernens ab.

Im Vergleich mit dem Konzept der individuellen Unterstützung von Wood, Bruner und Ross (1976) (vgl. Kapitel 4.2.1) beschreiben Lepper und Mitarbeitende im Wesentlichen die gleichen Punkte als zentrale Merkmale der verstehensorientierten Lernunterstützung, jedoch spezifisch in Bezug auf den Mathematikunterricht. Noch stärkere Betonung als im ursprünglichen Modell von Wood, Bruner und Ross erfährt das *Anregen der Denk- und Verstehensprozesse durch Hinweise und Fragen* mit dem Ziel der Ermunterung der Lernenden zur aktiven Beteiligung am Lösungsprozess anstelle von direkter Anleitung und Unterweisung durch die Lehrperson.

Wirksame Formen der Anregung der Denk- und Verstehensprozesse respektive der Orientierung der individuellen Lernunterstützung am Lernprozess der einzelnen Schülerinnen und Schüler sind das Ermöglichen und Zulassen von eigenen Überlegungen und damit auch Fehlüberlegungen sowie das Anregen von Selbsterklärungen (self-explanations). Zentral ist, dass die Lehrperson die Überlegungen der Lernenden anstößt und auf deren Denkwege eingeht und ihnen nicht nur die Informationen zur richtigen Lösung des Problems gibt. Diese Formen der Unterstützung ermöglichen und fördern die Partizipation der Lernenden und sind auf deren Verstehen der Inhalte ausgerichtet.

Nicht explizit erwähnt wird in der Zusammenfassung von Lepper und Mitarbeitenden (1997) das Fading als zunehmendes Ausblenden der Unterstützung mit dem Ziel, dass die Lernenden ihr Lernen selber steuern und das aufgebaute Wissen auch ohne Unterstützung anwenden können. Die Adaptivität der Unterstützung umfasst bereits ein Kontinuum bezüglich des Ausmaßes der Unterstützung und demnach auch das Fading.

Zusammengefasst lassen sich als Dimensionen der Anpassung der Lernunterstützung an das Wissen der Lernenden und deren Problemlöseversuche das Ausmaß von Steuerung und Strukturierung des Lernprozesses, der Abstraktions- oder Allgemeinheitsgrad der Unterstützung und der Grad der Komplexität unterscheiden. Somit bewegt sich die Adaptivität nicht nur eindimensional von viel zu wenig Unterstützung, sondern kann von hoher Steuerung mit stark strukturierender und inhaltlich sehr konkreter Unterstützung hin zu einem niedrigen Ausmaß der

Unterstützung mit schwacher Strukturierung und sehr allgemeinen strategischen Hinweisen reichen. Die Anpassung in Bezug auf die Komplexität richtet sich nach dem Kriterium der hohen, aber nicht überfordernden geistigen Anregung in Bezug auf die zu erwerbenden Kompetenzen. Inhaltlich bezieht sich die Lernunterstützung sowohl auf die kognitive, metakognitive und motivationale Ebene: Der erfolgreiche Aufbau von fachlichen Kompetenzen und deren zunehmend selbständige problembezogene Anwendung erfordern neben den fachbezogenen Wissensbeständen die Fähigkeit zur Steuerung des eigenen Lernens und Handelns und setzen Motivation und Interesse der Lernenden voraus.

Wichtige Kompetenzen seitens der Lehrperson für die angepasste Anregung der Denk- und Verstehensprozesse im Hinblick auf den Aufbau von kognitiven und metakognitiven Kompetenzen sind die Diagnose des Vorwissens, Verstehensstandes und Lernfortschritts während der Unterstützung und das dazu notwendige Interesse für die Lernenden sowie die Bereitschaft, sich auf ihre Denkwege einzulassen und auf ihre Lösungsvorschläge und Verstehensleistungen einzugehen. Das Vertrauen in die Möglichkeiten der Lernenden zum Aufbau von Wissen und Problemlösekompetenzen und das ernsthafte Interesse an deren Lösungsversuchen stellen zugleich Basiskomponenten der Motivationsunterstützung dar, da sie den Lernenden Kompetenz- und Autonomieerleben vermitteln (Deci & Ryan, 1993; Prenzel et al., 2001; Ryan & Deci, 2000).

Als Voraussetzung einer verstehensorientierten Unterstützung der Lernprozesse im Unterricht wird das sorgfältige Zuhören der Lehrperson, mit dem Bestreben, die Lernenden möglichst gut zu verstehen, aktuell auch als zentraler Inhalt von Aus- und Weiterbildungen diskutiert (z.B. Sherin & van Es, 2005; van Es & Sherin, 2002).

Trotz der allgemeinen Übereinstimmung der Bedeutung des Fadings als allmähliches Entziehen der Unterstützung weiß man relativ wenig über den Zeitpunkt und die Bedingungen des Fadings. Offen ist zudem die Frage nach der Generalisierbarkeit, Vergleichbarkeit und Übertragbarkeit der in den einzelnen Studien erhobenen (multikriterialen) Unterstützungsstrategien, welche aus unterschiedlichen Fachgebieten und -bereichen mit unterschiedlichen Alters- und Fähigkeitsgruppen durchgeführt wurden (vgl. Davis & Miyake, 2004; Hogan & Pressley, 1997b).[17]

Die Aussagekraft der zusammengefassten Forschungsarbeiten einschränkend ist festzuhalten, dass die kleine Fallzahl und das qualitative Vorgehen in vielen Analysen des Unterstützungsverhaltens grundlegende Fragen der Repräsentativität und Validität der vorliegenden Ergebnisse aufwerfen. Ebenfalls aufgrund der meist kleinen Fallzahlen bei der Untersuchung der Unterstützung praktisch unerforscht sind differentielle Wirkungen verschiedener Formen der Unterstützung, wie sie mit ATI-Effekten für den Unterricht beschrieben werden. Zum Beispiel scheint die prozessorientierte Lernbegleitung im Unterricht vor allem positive Effekte auf die Leistung von Lernenden mit niedrigem Vorwissen zu haben (Seidel & Kobarg, in Vorb.).

---

17 Zum Beispiel ist auch die Frage, inwiefern die im Rahmen der empirischen Unterrichtsforschung vor allem im Bereich der Mathematik erarbeiteten Befunde auf andere Fächer übertragbar sind, unbeantwortet (Klieme, 2006).

6 Fazit zur individuellen Lernunterstützung in Schülerarbeitsphasen

Durch den Einsatz von Schülerarbeitsphasen im Unterricht ermöglichen Lehrpersonen die selbständige Arbeit der Lernenden, gleichzeitig öffnen sie sich ein „Zeitfenster" (Kobarg, 2004) für die individuelle Unterstützung von einzelnen Lernenden oder einer Gruppe von Lernenden. In der TIMSS 1999 Videostudie machen die Schülerarbeitsphasen in den Lektionen der Schweiz beinahe die Hälfte der Unterrichtszeit aus (Hiebert et al., 2003; Reusser & Pauli, 2003). Ausgehend von diesem Befund wurden in den vorangehenden Kapiteln Erkenntnisse zu den Schülerarbeitsphasen und insbesondere zur Unterstützung der Lernenden während dieser Unterrichtsphasen aus der Perspektive der Lernpsychologie, der Didaktik und der Lehr-Lernforschung zusammengetragen. Ziel war es, die Lernunterstützung in den Schülerarbeitsphasen zu begründen und Kriterien für die Umsetzung der Lernunterstützung zu erarbeiten. Den Theorieteil abschließend werden hier die Erkenntnisse zur Lernunterstützung in den Schülerarbeitsphasen zusammengefasst und Schlussfolgerungen für die Analyse der individuellen Lernunterstützung in Schülerarbeitsphasen gezogen.

6.1 Bedeutung der individuellen Lernunterstützung in Schülerarbeitsphasen

Sowohl dem selbständigen Lernen in den Schülerarbeitsphasen als auch der individuellen Lernunterstützung kommt im Rahmen des *aktuellen Lehr-Lernverständnisses* eine hohe Bedeutung zu. Übereinstimmend wird in der Lernpsychologie das Lernen als aktiver individueller Aufbau von Wissen und Kompetenzen beschrieben, der aus der Auseinandersetzung mit signifikanten Inhalten und anderen, fähigeren Personen erwächst und zu einem großen Teil selbstgesteuert erfolgt (z.B. De Corte, 1995; Reusser, 2001c). Dieses Lernverständnis basiert auf kognitionspsychologischen, konstruktivistischen und sozial-konstruktivistischen Theorien des Lernens, welche sich in der Folge der kognitiven Wende mit den Prozessen des Lernens und deren Bedingungen und Wirkungen befassen. Damit grenzt sich das aktuelle Lehr-Lernverständnis klar von einem Verständnis von Lernen als rezeptiver Prozess ab und es erweitert sich die Rolle der Lehrperson von der reinen Wissensvermittlung zur adaptiven Initiierung, Begleitung und Unterstützung der individuellen Lernprozesse (Reusser, 2006b).

Die bereits im Rahmen der Reformpädagogik angestrebte *Individualisierung* im Unterricht hat mit dem aktuellen Lehr-Lernverständnis eine theoretische Fundierung und Akzentuierung erfahren (z.B. Jürgens, 2000). Schülerarbeitsphasen ermöglichen einerseits individuelle, selbständige Denk- und Verstehensleistungen und die Übernahme von Verantwortung und Steuerung für das eigene Lernen durch die Schülerinnen und Schüler. Andererseits schafft sich die Lehrperson mit Phasen des selbständigen Lernens die Gelegenheit (aber auch die Notwendigkeit, vgl. z.B.

Vermunt & Verloop, 1999) der individuellen Lernunterstützung. Die Unterrichtsgestaltung mit Schülerarbeitsphasen und individueller Lernunterstützung löst damit aktuelle Forderungen nach dem adaptiven Umgang mit der Heterogenität der Lernenden im Unterricht ein. Gleichzeitig stellt sich mit dieser Unterrichtsgestaltung die Herausforderung der adaptiven Begleitung und Unterstützung der einzelnen Lernenden.

Auch im Rahmen der *Lehr-Lernforschung* hat sich die Adaptivität im Unterricht als bedeutsam für die Kompetenzentwicklung gezeigt. Allgemein erweist sich die kognitiv aktivierende, auf die Lern- und Verstehensprozesse der Schülerinnen und Schüler ausgerichtete, adaptive Unterrichtsgestaltung als erfolgreich für den Aufbau von fachlichen und überfachlichen Kompetenzen (z.b. Bolhuis, 2003; Brophy, 1999, 2006; Clausen et al., 2003; Klieme et al., 2006a; Seidel & Shavelson, 2007). Die *individuelle Lernunterstützung als adaptive Anpassung* des Unterrichtsangebots an die Nutzungsvoraussetzungen der Lernenden auf der Mikroebene des Unterrichts wird als eine zentrale Komponente der Unterrichtsqualität eingeschätzt (z.b. Lipowsky, 2002). Die Dauer der Schülerarbeitsphase und das Auftreten von Interaktionen während der Schülerarbeitsphase (Helmke & Schrader, 1988) oder die gleichmäßige Verteilung der Interaktionen auf die Lernenden (Lipowsky et al., 2008) allein zeigen keinen Einfluss auf den Kompetenzerwerb. Entscheidend für die Wirkung der Lernunterstützung in den Schülerarbeitsphasen ist die Form der Umsetzung der Lehrer-Schüler-Interaktionen, welche sich wiederum nach den allgemeinen Kriterien der Unterrichtsqualität wie kognitive Aktivierung und Adaptivität zu richten hat. Vorliegende Studien zur Interaktionsform im Unterricht lassen darauf schließen, dass die adaptive, kognitiv aktivierende Begleitung der Lernprozesse selten zu beobachten ist (z.B. Bliss et al., 1996; Kobarg, 2004; Kobarg & Seidel, 2007).

Eingehende Beschreibungen der Form, Kriterien, Herausforderungen und Voraussetzungen einer individuellen Lernunterstützung finden sich vor allem in der im sozial-konstruktivistischen Lehr-Lernverständnis verankerten Forschung zu *Scaffolding*. Mit der Metapher des Scaffoldings wird die Lernunterstützung als personifiziertes temporäres Gerüst beim Aufbau von Wissen beschrieben, meist im Einzelgespräch (z.B. Wood et al., 1976). Scaffolding gilt als Synonym für die Unterstützung der Lernenden beim Durchqueren der Zone ihrer nächsten Entwicklung und ist eng verbunden mit Fading als sukzessivem Reduzieren der Lernunterstützung mit dem *Ziel des zunehmend selbstgesteuerten Lernens* der Schülerinnen und Schüler (z.B. Stone, 1998).

6.2 Befunde zur individuellen Lernunterstützung in Schülerarbeitsphasen

Bis heute existieren erst wenige Untersuchungen zur individuellen Lernunterstützung in Schülerarbeitsphasen (z.B. Hino, 2006; Serrano, 1996). Formen und Kriterien der Unterstützung im Einzelgespräch wurden vor allem im Rahmen der

Forschung zu Scaffolding untersucht. Als Erstes werden die Befunde zur Beschreibung der individuellen Lernunterstützung im Unterricht dargestellt. Daran anschließend werden vorhandene Ergebnisse zu den Kriterien und Herausforderungen der individuellen Lernunterstützung zusammengefasst, welche im Rahmen der allgemeinen Lehr-Lernforschung erarbeitet wurden.

6.2.1 Beschreibung der Lernunterstützung in Schülerarbeitsphasen

Die meisten Studien zur Analyse des Verhaltens der Lehrpersonen in Phasen des selbständigen Übens stammen aus den 1970er- und 80er-Jahren und sind auf der Basis eines rezeptiven Lernverständnisses entstanden. Sie gehen vor allem auf die Funktion der Lehrperson für das Organisieren und Aufrechterhalten einer störungsfreien Arbeitsatmosphäre ein (Good & Grouws, 1979; Scott & Bushell, 1974). Aktuell findet das Verhalten der Lehrpersonen in Schülerarbeitsphasen vor allem im Rahmen von international vergleichenden Video-Analysen des Unterrichts Interesse (z.B. Hino, 2006; Serrano, 1996). Es zeigt sich, dass die Lehrpersonen in Phasen des selbständigen Erkundens, wie zum Beispiel im Mathematikunterricht Japans, aktiv die verschiedenen Lösungsversuche der Lernenden überwachen und die selbständigen Problemlöseversuche mit Anregungen zum weiteren Nachdenken unterstützen. Hingegen wird in anderen Ländern wie zum Beispiel den USA oder Deutschland, in denen die Schülerarbeitsphase meistens dem selbständigen Üben von zuvor erarbeiteten Aufgaben dient, allgemein sowohl für den Unterricht als auch für die Schülerarbeitsphasen eine mangelnde Anregung und Unterstützung der Lern- und Verstehensprozesse festgestellt, und die beobachtete Lernunterstützung scheint vor allem auf das schnelle Finden der richtigen Lösung respektive die Vermeidung von Fehlern abzuzielen (vgl. auch Kobarg, 2004; Kobarg & Seidel, 2007). Offen ist, ob dieser festgestellte Unterschied auf die unterschiedliche Funktion der Schülerarbeitsphase oder ein unterschiedliches Lernverständnis der Lehrpersonen zurückzuführen ist.

6.2.2 Kriterien der Lernunterstützung in Schülerarbeitsphasen

Im Rahmen eines sozial-konstruktivistischen Lehr-Lernverständnisses wird die Bedeutung der Interaktion für den Aufbau von Wissen ins Zentrum gerückt und die Lehrer-Schüler-Interaktion als adaptive verstehensorientierte Unterstützung beim Problemlösen genauer beschrieben (z.B. Cobb & Bauersfeld, 1995; Perret-Clermont & Carugati, 2001; Reusser, 2001b). Zusammenfassend bestätigt sich hier, dass die individuelle Lernunterstützung einen positiven Einfluss auf das Lernen und damit verbundene Variablen der Lernenden wie Motivation und Interesse sowie auf das Interaktionsverhalten der Lernenden untereinander haben kann. Die Forschungsliteratur zu Scaffolding ist geprägt von großer Heterogenität und vielen qualitativen Arbeiten und Fallstudien (Überblick z.B. in Lajoie, 2005; Pea, 2004;

Stone, 1998). Die im Rahmen der theoretischen und empirischen Auseinandersetzung erarbeiteten Erkenntnisse lassen sich auf folgende Kernmerkmale respektive Kriterien der guten individuellen Lernunterstützung in der Schülerarbeitsphase verdichten. Die Kriterien weisen zum Teil inhaltliche Überschneidungen auf und es wird nicht der Anspruch auf eine trennscharfe Unterscheidung erhoben.

Adaptivität: Die erfolgreiche individuelle Lernunterstützung erfolgt angepasst an die Lernvoraussetzungen und den Vorwissensstand der Lernenden.

Interaktivität: Die Lernenden und ihre Lösungsvorschläge werden im Sinne der Förderung der Partizipation aktiv in den Problemlöseprozess eingebunden.

Verstehensorientierung: Ziel der Unterstützung ist das Verstehen der Lösungsschritte und nicht das Auswendiglernen oder Imitieren eines Vorgehens. Fehler werden im Sinne von Lösungsvorschlägen als Lerngelegenheit für weitere Begründungen und Denkschritte genutzt.

Kognitive Aktivierung: Als Form der aktiven Einbindung der Lernenden und der Orientierung an ihrem Verstehen ist die Lehrperson zurückhaltend mit instruktionalen Erklärungen und Anweisungen. Sie regt die Lernenden mit weiterführenden Hinweisen und Fragen zu eigenen Denkschritten an. Ziel ist das aktive Nachdenken und Suchen nach Lösungsmöglichkeiten. Mit gesteigertem Anforderungsgrad und Anregungen, die auf Verknüpfungen und Generalisierungen abzielen, fordert sie die geistige Aktivität der Lernenden heraus.

Reflexivität: Mit dem Ziel der zunehmenden Übernahme der Steuerung des Lernens durch die Lernenden regt die Lehrperson zur Reflexion des Vorgehens respektive dessen Planung, Überwachung und Kontrolle an.

Multikriterialität: Aufgrund der multiplen Bedingtheit des Lernens bezieht sich die Unterstützung gleichzeitig auf verschiedene inhaltliche Ebenen. Sowohl die fachbezogenen kognitiven Kompetenzen und die metakognitiven Kompetenzen zur Steuerung des eigenen Lernens als auch die affektiven und motivationalen Aspekte des Lernens werden gefördert.

Orientierung am Lernprozess: Sie drückt sich durch eine hohe Aufmerksamkeit für die Lernenden und deren Schwierigkeiten und Befinden aus. Die Lernenden werden in ihren Bemühungen ernst genommen und erfahren die Unterstützung als ernsthafte Bemühung eines Gegenübers, sie beim eigenen Problemlösen und Lernen zu fördern und herauszufordern.

Fading: Mit dem Ziel des zunehmend selbständigen Lernens und Problemlösens wird die Unterstützung sukzessive verringert. Dies geschieht im Rahmen der Schülerarbeitsphasen meist früher als später und die einzelnen Unterstützungssequenzen können auch als Ausschnitte einer Unterstützung gesehen werden, welche über längere Unterrichtsperioden andauert.

Metakommunikation: Die Lehrperson und die Lernenden haben im Sinne der Intersubjektivität ein gemeinsam geteiltes Verständnis über Ziel und Sinn der Unterstützung und der Förderung des selbständigen Lernens.

Die meisten der genannten Kriterien lassen sich als eine Übertragung und Differenzierung der allgemeinen Unterrichtsqualitätskriterien Verstehens- und

Schülerorientierung respektive des prozessorientierten Unterrichtens auf die Mikroebene der Lehrer-Schüler-Interaktionen in den Schülerarbeitsphasen sehen.

6.2.3 Herausforderungen für die Lehrperson

Mit den Phasen der selbständigen Schülerarbeit stellt sich – wie allgemein im Klassenunterricht – das Problem, eine Balance zwischen dem Freisetzen von Subjektivität und deren Begrenzung durch die Integration der individuellen Denk- und Verstehensleistungen in einem gemeinsam geteilten Lösungsraum und die Verknüpfung mit intersubjektiv geteilten Wissensbeständen zu finden (vgl. Reusser, 2006b; Ruf & Gallin, 1998). In Bezug auf die Phase im Anschluss an die selbständige Schülerarbeit steht die Lehrperson vor der Herausforderung, die individuell unterschiedlichen Denk- und Verstehenswege nachvollziehen und integrieren zu müssen. Als Vorbereitung kann sie dazu die Zeit in den Schülerarbeitsphasen zum Verfolgen der individuellen Denk- und Verstehenswege nutzen, wie sich dies zum Beispiel bei Lehrpersonen im Mathematikunterricht in Japan beobachten lässt (Hino, 2006; Serrano, 1996).

Das Verfolgen und Unterstützen der individuellen Denkwege in Phasen der selbständigen Schülerarbeit stellt sowohl inhaltlich als auch organisatorisch eine große Herausforderung dar. Im Gegensatz zum Einzelgespräch (z.B. Tutoring-Situationen) verteilt die Lehrperson in Schülerarbeitsphasen ihre Aufmerksamkeit auf viele verschiedene Lernende und auf unterschiedliche, zum Teil miteinander konfligierende Ziele. Einerseits hat sie das Ziel, mit Maßnahmen der Klassenführung eine gute und ruhige Arbeitsatmosphäre zu schaffen und deren Einhaltung zu überwachen, andererseits ist sie verantwortlich für die Unterstützung der Lern- und Verstehensprozesse einzelner Schülerinnen und Schüler.

Angesichts des durch die Lehrpersonen zum Teil wahrgenommenen drohenden Kontrollverlusts, der Anzahl der Lernenden und der beschränkten Zeit wird die individuelle Lernunterstützung zum Teil als Überforderung empfunden (vgl. auch Hogan & Pressley, 1997a). Die Balance zwischen dem zielorientierten Vorwärtskommen im Unterricht einerseits und dem Eingehen auf die Denkwege der Lernenden andererseits erfordert das situationsangemessene und flexible Verfolgen von elaborierten Zielen, wie es als besondere Fähigkeit von Lehrpersonen mit Expertise beschrieben wird (Leinhardt & Greeno, 1986). Neben der Balance zwischen zielorientiertem Vorankommen durch Vorzeigen und Erklären gegenüber dem Eingehen auf individuelle Denkwege durch Nachfragen und Raum für Lösungsversuche und Begründungen gilt es auch das Gleichgewicht zwischen der Herausforderung und der Förderung der Lernenden zu wahren (Roehler & Cantlon, 1997).

Die im Angebots-Nutzungs-Modell beschriebene Adaptivität in der multipel bedingten Lehrer-Schüler-Interaktion als Bestreben der Passung zwischen Unterstützungsverhalten und Lernvoraussetzungen erweist sich als komplexe Herausforderung. Das nächste Unterkapitel widmet sich den Voraussetzungen der erfolgreichen Bewältigung dieser Anforderung.

6.2.4 Voraussetzungen der Umsetzung von Lernunterstützung in Schülerarbeitsphasen

Grundvoraussetzungen für eine individuelle Lernunterstützung während der Schülerarbeitsphase sind deren Organisation und klar strukturierte Aufträge, Auftragsformulierungen und Ziele (Rasku-Puttonen et al., 2003).

Um den Unterricht und insbesondere die individuelle Unterstützung an die Bedürfnisse der Lernenden und ihre kognitiven Voraussetzungen anpassen zu können, müssen die Lehrer-Schüler-Interaktionen in Schülerarbeitsphasen für das Diagnostizieren des Leistungsfortschritts und der Verstehensprozesse der Lernenden genutzt werden, zum Beispiel mit Nachfragen und Aufforderungen zum Erklären des Vorgehens (Self-Explanations). Die Lehrer-Schüler-Interaktion in der Schülerarbeitsphase wird damit zum Gefäss der informellen diagnostischen Einschätzung (Schrader, 1989), zum Teil auch als formatives (Black & William, 1998) oder Online-Assessment (Serrano, 1996) bezeichnet, die wiederum Voraussetzung für die adaptive Lernunterstützung ist.

Zur Nutzung der Lehrer-Schüler-Interaktionen für die diagnostische Einschätzung der aktuellen Fähigkeiten der Lernenden bedarf die Lehrperson einer hohen diagnostischen Kompetenz und der damit verbundenen hohen fachlichen und fachdidaktischen Kompetenz (Baumert & Kunter, 2006; Drollinger-Vetter, in Vorb.).

Die Diagnose- und die Fachkompetenz sind notwendige, aber nicht hinreichende Voraussetzungen für die adaptive verstehens- und prozessorientierte individuelle Lernunterstützung. Zusätzlich bedarf es der Bereitschaft der Lehrperson, sich auf die Denk- und Verstehensleistungen und Schwierigkeiten der Lernenden einzulassen, des Vertrauens in die Fähigkeit der Lernenden, eigene Lösungswege zu entwickeln, und des Rollenverständnisses der Lehrperson als Begleiterin und Unterstützerin der Lernenden auf dem Weg zum zunehmend selbstgesteuerten Problemlösen.

Zur Unterstützung der Lehrperson für den Aufbau der notwendigen Kompetenzen und des entsprechenden Rollenverständnisses in Aus- und Weiterbildung wird verschiedentlich die Reflexion und Diskussion über die eigenen unterrichts- und lernbezogenen Überzeugungen und die Lehrer-Schüler-Interaktionen sowohl im eigenen Unterricht als auch in demjenigen von anderen Lehrpersonen vorgeschlagen (Hogan & Pressley, 1997a; Schweer & Thies, 2000).

Über die Anforderungen an die Lehrperson hinaus lassen sich auch Voraussetzungen auf schulorganisatorischer Ebene nennen. Zum Beispiel lässt sich in kleineren Klassen die Unterstützung der einzelnen Lernenden besser umsetzen (Haselbeck, 2006).

6.2.5 Offene Fragen in Bezug auf die Unterstützung der Lernenden in Schülerarbeitsphasen

In Kapitel 5.7 wurde auf offene Fragen spezifisch in Bezug auf die Forschung zu Scaffolding hingewiesen. An dieser Stelle werden Fragen zusammengetragen, die sich allgemein in Bezug auf die Unterstützung der Lernenden in Phasen der selbständigen Schülerarbeit stellen.

Es liegen nur sehr wenige Beschreibungen zum Verhalten der Lehrperson in Schülerarbeitsphasen im Mathematikunterricht vor, und meistens sind es kontrastierende Studien, die im Anschluss an die TIMSS 1995 Videostudie (Beaton et al., 1996) das Unterstützungsverhalten im japanischen Unterricht mit dem Unterricht in Ländern vergleichen, welche in internationalen Leistungsvergleichsstudien unterdurchschnittliche Ergebnisse aufweisen. Die Analysen basieren jeweils auf einer Auswahl von wenigen Lektionen.

Die im Rahmen der TIMSS 1999 Videostudie ursprünglich für die internationale Stichprobe geplante Erfassung des Unterstützungsverhaltens in den Schülerarbeitsphasen kam nicht zur Durchführung. Gerade für die Schweiz wäre dies sehr interessant gewesen, da hier durchschnittlich beinahe die Hälfte der mathematikbezogenen Arbeit pro Lektion in selbständiger Schülerarbeit erfolgt. In der vorliegenden Arbeit interessiert, wie die Lehrpersonen die Schülerarbeitsphase für die Lernunterstützung nutzen, also die Beschreibung der Verbreitung und Form der Unterstützung.

Für den Mathematikunterricht in der Schweiz konnten Lektionen identifiziert werden, in denen die Lernenden in den Schülerarbeitsphasen im Sinne des problemlösend entdeckenden Unterrichts selbständig ein Vorgehen erkunden (Hugener & Krammer, 2001). In diesem Zusammenhang ist es interessant, der Frage nachzugehen, ob sich das Unterstützungsverhalten der Lehrpersonen in Schülerarbeitsphasen mit verschiedenen Funktionen unterscheidet.

Weiter lassen sich im Mathematikunterricht sogenannte „Erweiterte Lehr-Lernformen" als Maßnahmen zur didaktischen und methodischen Öffnung des Unterrichts beschreiben (Hugener & Krammer, 2001; Pauli et al., 2003). Hier stellt sich ebenfalls die Frage nach der Form der Unterstützung in solchen Lektionen respektive ihrer Unterschiedlichkeit im Vergleich mit traditionellen Lektionen.

Nicht erforscht und in der vorliegenden Arbeit auch nicht zu beantworten sind die differentiellen Effekte der Unterstützung der einzelnen Lernenden, da dazu alle Schülerinnen und Schüler in einer Klasse identifiziert sein müssen. Weiter wäre es interessant zu untersuchen, wie sich das Vorwissen der Lehrperson über die einzelnen Lernenden auf ihr Unterstützungsverhalten auswirkt respektive was die Determinanten für intensives vs. weniger intensives Unterstützungsverhalten sind. Dies müsste unter Einbezug der Messung der Diagnosekompetenz, Fachkompetenz und fachdidaktischen Kompetenz sowie der unterrichtsbezogenen Überzeugungen der Lehrpersonen geschehen. Zusätzlich müsste der Einfluss von Aspekten der Mathematikaufgaben berücksichtigt werden (vgl. Shute, 2008).

Auch in Bezug auf die Wirksamkeit der Unterstützung gibt es viele unbeantwortete Fragen. Einerseits stellen sich Fragen in Bezug auf die kurzfristige Auswirkung der Unterstützung der Lernprozesse auf das unmittelbare weitere Vorankommen im Unterricht. Andererseits sind auch die langfristige Wirkung der Unterstützung und deren Erfass- und Messbarkeit zu wenig untersucht. Es erscheint jedoch nicht realistisch zu sein, ausschließlich aufgrund des Unterstützungsverhaltens in Schülerarbeitsphasen eine Aufklärung von Leistungsdifferenzen zu erwarten. Das Unterstützungsverhalten wird als eine von mehreren Komponenten des erfolgreichen prozess- und verstehensorientierten Unterrichtens aufgefasst.

6.3 Fazit für die Analyse der individuellen Lernunterstützung in den Schülerarbeitsphasen

In Bezug auf die Frage der Qualität der individuellen Lernunterstützung zeigt sich aufgrund der vorliegenden Forschungsarbeiten, dass man eine gute Lernunterstützung nicht als ausgefeilte Technik beschreiben kann, man kann sie auch nicht ausschließlich anhand der Feststellung des Auftretens oder Nichtauftretens von beobachtbaren Oberflächenmerkmalen erfassen. Damit zeigt sich analog zur Problematik der Unterrichtsbeurteilung, dass die Qualität der Interaktion sich nicht allein an Merkmalen der Oberflächenstruktur festmachen lässt (vgl. Klieme, 2006; Oser & Baeriswyl, 2001; Pauli & Reusser, 2006; Stebler & Reusser, 2000), sondern immer auch im Hinblick auf die Absicht und Auswirkungen in Bezug auf die Lernprozesse eingeschätzt werden muss. Die Analyse der Prozessqualität der Lernunterstützung ist daher mit ähnlichen Problemen wie die allgemeine Unterrichtsforschung konfrontiert:

- Die gute Lernunterstützung lässt sich nicht als eine bestimmte Unterstützungstechnik beschreiben.
- Die im Unterricht ausgelösten kognitiven Prozesse sind nicht unmittelbar beobachtbar.
- Die Form der Unterstützung hängt von den Inhalten und den Zielen des Unterrichts und den Nutzungsmöglichkeiten der Lernenden ab.

Aufgrund der Unterschiedlichkeit von Inhalt und Ziel in den für diese Untersuchung vorliegenden Lektionen aus der TIMSS 1999 Videostudie muss der letztgenannte Punkt bei der Analyse vernachlässigt und ein diesem Problem übergeordnetes Kategoriensystem gefunden werden. Die unmittelbare Wirkung der Unterstützung in Form der ausgelösten Denkprozesse in den Köpfen der Lernenden kann unmöglich beobachtet werden, es lässt sich bloß beschreiben, ob die Lehrpersonen eine Form der Unterstützung anbieten, welche das Potenzial zur Anregung der kognitiven Prozesse hat. Aufgrund der zusammengetragenen Merkmale der wirksamen Lernunterstützung und der Frage nach Inhalten und Zielen der Unterstützung übergeordnet ist folglich die Funktion der Unterstützung die Ausgangslage für die im empirischen Teil zu leistende Entwicklung eines Kategoriensystems: Regt die Unterstützung der Lehrperson die Lernenden zu eigenen weiteren Denkprozessen an oder gibt sie das weitere Vorgehen direkt vor?

Eine ähnliche Unterscheidung findet sich in vielen Kategoriensystemen. Zudem wird verschiedentlich versucht, die Funktion der Unterstützung an linguistischen Oberflächenmerkmalen der Äußerungen der Lehrpersonen festzumachen. So werden zum Beispiel als Kategorien das Stellen von Fragen als anregende Form der Unterstützung und das Geben von Erklärungen als nicht anregende Form der Unterstützung unterschieden. Diese Unterscheidung treffen Tharp und Gallimore (1988) und sie findet später im Rahmen der Entwicklung des Kategoriensystems für die Erfassung der Teacher Assistance in der TIMSS 1999 Videostudie auch ihre Anwendung. Bereits im Kategoriensystem von Ober, Bentley und Miller (1971) zur Analyse von Unterrichtsgesprächen findet sich u.a. die Unterscheidung des Stellens von Fragen als Form der Anregung des Denkens und des Präsentierens von Informationen (vgl. Edwards & Westgates, 1994, S. 85f.). Die Unterscheidung erweist sich insofern als problematisch, als eine Frage immer auch als Aussage formuliert werden kann (und umgekehrt), wie die folgenden beiden Beispielsätze verdeutlichen:

„Wie lautet die allgemeine Regel?"

„Es gibt eine allgemeine Regel, die ihr formulieren könnt."

Beide Sätze fordern die Lernenden dazu auf, eine allgemeine Regel als Lösungsprinzip einer gestellten Aufgabe selber zu erkennen. Damit zeigt sich deutlich, dass es weniger die Stellung der Wörter und das (im Transkript) dahinterstehende Fragezeichen als die Funktion der gewählten Wörter respektive der darin verpackten Informationen in Bezug auf den Lernprozess ist, welche den Anregungsgehalt einer Äußerung ausmacht. Wichtig ist nicht, ob eine Lehrperson eine Frage formuliert oder eine Information gibt, sondern ob sie mit ihrem Beitrag die Schülerin oder den Schüler zum selbständigen Denken und Problemlösen anregt (vgl. Aebli, 1976, S. 216ff.).

In anderen Studien findet sich zum Beispiel die Unterscheidung von instruktionalen Erklärungen als weniger anregender Form der Unterstützung gegenüber dem Scaffolding als anregender Form der Unterstützung (z.B. Cromley & Azevedo, 2005). Hier drängt sich zusätzlich die Frage nach der Unterscheidbarkeit von Scaffolding als Unterstützung und instruktionalen Erklärungen auf, da letztere grundsätzlich auch innerhalb einer Unterstützung auftreten können. Das Problem wurde in der vorliegenden Arbeit bei der Beschreibung der Merkmale der wirksamen Unterstützung so gelöst, dass Merkmale der anregenden Fragen und der anregenden Erklärungen beschrieben wurden und gleichzeitig festgehalten wurde, dass die erfolgreiche adaptive Unterstützung der Lernprozesse sich vor allem durch das Anregen von Denkschritten der Lernenden und nur wenige instruktionale Erklärungen auszeichnet, aber Erklärungen nicht per se ausschließt.

Aus diesen Gründen soll die Lernunterstützung nicht aufgrund von Oberflächenmerkmalen wie der Länge der Äußerung oder dem Auftreten von bestimmten Fragewörtern codiert, sondern in Bezug auf ihre möglichen Auswirkungen auf das Denken der Lernenden befragt werden. Dies entspricht auch dem Fokus, der sich beim Analysieren von Unterrichtsvideos gemeinsam mit Lehrpersonen als am fruchtbarsten erwiesen hat. Der Aufbau einer konsequenten Orientierung am Lernprozess kann so ohne die Gefahr realisiert werden, dass diese als Rezept oder eine unterrichtsbezogene Technik respektive Fertigkeit verstanden wird, wie dies zum Teil im Rahmen des Micro-Teaching der Fall war.

Zusätzlich zum Kriterium der kognitiven Aktivierung der einzelnen Lernenden in der Unterstützung wird in der Theorie und in vielen qualitativen Studien die Notwendigkeit der Adaptivität der Unterstützung hervorgehoben. Die Erfassung der Adaptivität der Unterstützung könnte aber letztlich nur geleistet werden, wenn präzise Daten zu den einzelnen Lernenden und ihrem Vorwissensstand und ihren Lernvoraussetzungen vorlägen. Zusätzlich wäre das Wissen um differentielle Effekte des Unterstützungsverhaltens Voraussetzung zur Beurteilung der Anpassungsleistung der Lehrpersonen. Somit kann Adaptivität nur als Ermöglichen von individuellen Denk- und Verstehensprozessen im Unterricht und als Bemühen um das Eingehen auf die unterschiedlichen Bedürfnisse, nicht aber hinsichtlich des Gelingens der Anpassung eingeschätzt werden.

II: Empirischer Teil

7 Fragestellungen

Die vorliegende Arbeit entstand im Kontext der TIMSS 1999 Videostudie (Hiebert et al., 2003). Aufgrund der Ergebnisse der TIMSS 1995 Videostudie (Beaton et al., 1996), welche einen deutlichen Unterschied zwischen den gefilmten Unterrichtslektionen im leistungsstärkeren Land Japan und denjenigen in den leistungsschwächeren Ländern Deutschland und USA belegten, interessierte in der TIMSS 1999 Videostudie, ob sich in verschiedenen Ländern mit hohen Mathematikleistungen der Schülerinnen und Schüler ähnliche Merkmale der Unterrichtsgestaltung feststellen lassen. Zu diesem Zweck wurden für die TIMSS 1999 Videostudie in sechs Ländern mit hohen Mathematikleistungen (Australien, Hongkong, Japan, Niederlande, Schweiz, Tschechien) und in den leistungsschwachen USA je ca. 100 Unterrichtslektionen gefilmt (insgesamt 638 Lektionen). Die repräsentative Stichprobe aus der Schweiz umfasst 140 zufällig ausgewählte Klassen des achten Schuljahres aus allen drei Regionen. Sowohl die Kantonszugehörigkeit als auch das Verhältnis der Schultypen (Realschule, Sekundarschule, Gymnasium) werden in der Stichprobe adäquat abgebildet. Für die Vertiefungsstudie in der Schweiz wurde die TIMSS-Stichprobe mit Unterrichtslektionen aus 15 Klassen erweitert, deren Lehrpersonen nach eigenen Angaben die „Erweiterten Lehr-Lernformen" im Unterricht einsetzen. In Ergänzung zu den gefilmten Lektionen wurde ein Lehrerfragebogen eingesetzt und die Schülerinnen und Schüler wurden u.a. zur Wahrnehmung des Unterrichts befragt und bearbeiteten einen Leistungstest sowie einen kognitiven Fähigkeitstest (vgl. Kapitel 8.2).

Ausgehend von dem hohen Anteil an selbständiger Schülerarbeit von 44% der Unterrichtszeit in den für die TIMSS 1999 Videostudie gefilmten schweizerischen Mathematiklektionen sowie von den im Theorieteil ausführlich dargestellten und in Kapitel 6 zusammengefassten Erkenntnissen zur Rolle der Lehrperson in den Phasen der selbständigen Schülerarbeit und der Relevanz der individuellen Lernunterstützung interessiert, in welchem Umfang und auf welche Weise die Lehrpersonen die Schülerarbeitsphasen zur individuellen Lernunterstützung von einzelnen Schülerinnen und Schülern nutzen.

Die individuelle Lernunterstützung beschreibt im Rahmen des systemtheoretischen Angebots-Nutzungs-Modell des schulischen Lernens die Anpassung des Unterrichtsangebots an die unterschiedlichen Lernvoraussetzungen und -schwierigkeiten der Lernenden auf der Mikroebene der Lehrer-Schüler-Interaktionen. Bis anhin wurden Lehrer-Schüler-Interaktionen hauptsächlich im Rahmen qualitativer Fallanalysen untersucht, es liegen praktisch keine Befunde aus größeren Stichproben vor.

Mit dem Datensatz der für die TIMSS 1999 Videostudie gefilmten Lektionen aus der Schweiz bietet sich die Möglichkeit, die Lehrer-Schüler-Interaktionen in den Schülerarbeitsphasen in einer repräsentativen Stichprobe des Mathematikunterrichts im 8. Schuljahr in der Schweiz zu beschreiben. Zu diesem Zweck werden die Interaktionen zwischen der Lehrperson und den Lernenden in den Schülerarbeitsphasen der gefilmten Unterrichtslektionen erfasst und analysiert.

Nachfolgend werden die Fragestellungen dargestellt, entlang deren in der vorliegenden Arbeit der Lernunterstützung in Schülerarbeitsphasen und ihrer Wirkung nachgegangen wird. Der Kontext der vorliegenden Untersuchung und die Stichprobe sowie die eingesetzten Instrumente werden im Kapitel zum methodischen Vorgehen (Kapitel 8) genauer charakterisiert. Die Methode der videobasierten Unterrichtsanalyse erlaubt die genaue Beobachtung der Lehrer-Schüler-Interaktionen sowie die Quantifizierung dieser Unterrichtsbeobachtungen. Das Vorgehen zur Analyse der Lehrer-Schüler-Interaktionen im videografierten Unterricht wird ebenfalls im Methodenkapitel erläutert.

7.1 Beschreibung der Schülerarbeitsphasen

Als Ausgangslage der Analyse der Lernunterstützung werden die Schülerarbeitsphasen charakterisiert. Um die Ergebnisse zur Lernunterstützung einordnen zu können, werden Umfang und Funktion der Schülerarbeitsphasen beschrieben. Es interessiert, welchen zeitlichen Anteil des Unterrichts die Lernenden selbständig arbeiten und wie viel Zeit den Lehrpersonen damit zur Unterstützung zur Verfügung steht. Ebenfalls von Interesse sind die Funktion der Phase der selbständigen Schülerarbeit im Unterrichtsprozess sowie die Frage nach der Sozialform während der Schülerarbeitsphasen.

Den folgenden Fragen wird zur Beschreibung der Schülerarbeitsphasen in Kapitel 9.1.2 nachgegangen:
- Wie groß ist der zeitliche Anteil der Phasen selbständiger Schülerarbeit pro Lektion?
- Welcher Funktion dienen die Schülerarbeitsphasen?
- Arbeiten die Lernenden in der Schülerarbeitsphase einzeln oder gemeinsam (Sozialform)?

Die Beschreibung erfolgt für die ganze repräsentative Stichprobe der Schweiz. Die Häufigkeitsdarstellungen werden ergänzt durch Unterschiedsberechnungen zur Verteilung des zeitlichen Anteils der Schülerarbeitsphasen in Lektionen mit unterschiedlichen Funktionen, aus unterschiedlichem Schultyp und unterschiedlichen Regionen. Festzustellende Unterschiede werden auf ihre statistische Signifikanz hin geprüft und Interaktionseffekte werden untersucht.

Die Varianzanalysen dienen der Beantwortung der folgenden Fragen:
- Unterscheidet sich die Dauer der Schülerarbeitsphasen in den verschiedenen Schultypen?
- Unterscheidet sich die Dauer der Schülerarbeitsphasen nach der Funktion, welche die Schülerarbeitsphase im Unterricht für das Lernen der Schülerinnen und Schüler hat?

Die Fragen nach der Verteilung der Schülerarbeitsphasen nach Region, Schultyp und Funktion der Schülerarbeitsphase dienen ausschließlich der Deskription und es existieren keine Hypothesen.

7.2 Beschreibung der Lernunterstützung im repräsentativen Sample der gesamten Schweiz

Die Form der individuellen Lernunterstützung wird aufgeschlüsselt nach Umfang, Inhalt und Qualität der Unterstützung charakterisiert (vgl. Kapitel 9.1.3).

7.2.1 Umfang der Lernunterstützung

Die Erhebung der Lehrer-Schüler-Interaktion erlaubt in einem ersten Schritt die *Beschreibung des Umfangs des Auftretens* respektive des durchschnittlichen zeitlichen Anteils der Dauer der Interaktionen zwischen Lehrperson und einzelnen Lernenden in den Schülerarbeitsphasen.

Die Analyse des Umfangs der Lernunterstützung erfolgt im Kapitel 9.1.3.1 entlang folgender Fragen:

– Wie lange dauern die Lehrer-Schüler-Interaktionen durchschnittlich?
– Wie viele Unterstützungsinteraktionen treten durchschnittlich pro Lektion auf?
– Welchen zeitlichen Anteil nehmen die Lehrer-Schüler-Interaktionen in der Schülerarbeitsphase pro Lektion ein?

Die wenigen vorliegenden Befunde zur durchschnittlichen Dauer der Unterstützung in Schülerarbeitsphasen (vgl. Kapitel 3) erlauben keine Aussagen über die ideale Dauer der Unterstützung. Mit Bestimmtheit lässt sich sagen, dass in sehr kurzen Interaktionen das Eingehen auf die Denkwege der Lernenden kaum möglich ist, und mit sehr langen Interaktionen die Anzahl der Lernenden, welche Unterstützung erhalten, eingeschränkt wird, was jedoch von der Lehrperson auch bewusst so geplant sein kann. Aufgrund der Bedeutung, die der individuellen Lernunterstützung zukommt, und der Möglichkeit des adaptiven Eingehens auf einzelne Schülerinnen und Schüler ist ein hoher zeitlicher Anteil von Unterstützung zu befürworten, jedoch hängt dies auch vom Inhalt und der Qualität der Unterstützung ab, welche aus diesem Grund ebenfalls analysiert werden.

7.2.2 Inhalt der Lernunterstützung

Zusätzlich zur Deskription des Umfangs der Lernunterstützung in den Schülerarbeitsphasen interessieren Inhalt und Qualität der Unterstützung. Wie oben aufgezeigt, behält die Lehrperson in den Phasen der selbständigen Schülerarbeit die Funktion der störungspräventiven Klassenführung, gleichzeitig kommt ihr die Aufgabe zu, die Lernenden inhaltlich beim Lernen zu unterstützen. Entsprechend stellt sich die Frage, wie viel Zeit die Lehrperson während der Schülerarbeitsphasen tatsächlich für die inhaltliche Unterstützung einsetzt und wie viel Zeit sie für Fragen der Klassenführung verwendet. In Bezug auf Interaktionen, die nicht inhaltlich der Lernunterstützung gewidmet sind, interessiert, ob die organisatorischen Informationen direkt mit den zu bearbeitenden Inhalten im Zusammenhang stehen. Bei selbständiger Schülerarbeit ist zum Beispiel denkbar, dass die Lernenden viele organisatorische Fragen haben oder die Lehrperson häufig organisatorische Hinweise zu Problemen gibt, welche während der Arbeit auftauchen. Einzelne qualitative Arbeiten liefern entsprechende Hinweise (Bräu, 2006; Webb et al., 2006).

Entlang dieser Fragen erfolgt im Kapitel 9.1.3.2 die Beschreibung des Inhalts der Lernunterstützung:

- Welcher zeitliche Anteil der Lehrer-Schüler-Interaktionen in den Schülerarbeitsphasen ist der mathematikbezogenen Unterstützung der Lernprozesse gewidmet?
- Welcher zeitliche Anteil der Lehrer-Schüler-Interaktionen in den Schülerarbeitsphasen ist ausschließlich organisatorischen Informationen gewidmet, welche sich nicht direkt auf die Bearbeitung der Inhalte beziehen?
- Welcher zeitliche Anteil der Lehrer-Schüler-Interaktionen in den Schülerarbeitsphasen ist organisatorischen Informationen gewidmet, welche im Zusammenhang mit den zu bearbeitenden Inhalten stehen?

7.2.3 Qualität der Lernunterstützung

Sowohl aus theoretischer als auch empirischer Sicht hat sich gezeigt, dass nicht bloß die Quantität, sondern auch die Qualität der Lernunterstützung bedeutsam ist für deren Erfolg. Als Kriterien der Wirksamkeit der Lernunterstützung wurden in Kapitel 5.7 vor allem deren Adaptivität, Interaktivität, Verstehensorientierung, kognitiver Anregungsgehalt, Reflexivität und deren Orientierung am Lernprozess der Schülerinnen und Schüler zusammengefasst. Damit stellt sich für die Interaktion auf der Mikroebene des Unterrichts die gleiche Herausforderung wie allgemein für die Gestaltung guten Unterrichts: Die Schülerorientierung und die kognitive Aktivierung der Lernenden sind neben der effizienten, störungspräventiven Klassenführung die zentralen Dimensionen der Qualität von (Mathematik-)Unterricht (z.B. Klieme, 2006). Wie bei der Unterrichtsgestaltung generell stehen die Lehrpersonen auch in den Unterstützungsinteraktionen vor der Herausforderung, diese am Lernen und Verstehen der Schülerinnen und Schüler orientiert zu gestalten. Entsprechend ist die Analyse der Qualität der Unterstützungsinteraktionen mit denselben Herausforderungen konfrontiert wie die allgemeine Unterrichtsforschung in Bezug auf die Erfassung von Qualität im Unterricht (vgl. Kapitel 6.3). Die tatsächliche kognitive Aktivierung und Adaptivität der Unterstützung der Denk- und Verstehensprozesse der Lernenden kann aufgrund der Datenlage nicht erfasst werden, nur die *Anregung zum selbständigen Denken* lässt sich beobachten. Dementsprechend wird in Bezug auf die inhaltliche Lernunterstützung erfasst, ob diese das *Potenzial* hat, Denk- und Verstehensprozesse seitens der Lernenden anzuregen, oder ob sie ihnen diese Denkschritte abnimmt. Damit wird die Funktion der Lernunterstützung in Bezug auf das Lernen und Verstehen der Schülerinnen und Schüler beschrieben. Die *Funktion des Anregens zu weiteren selbständigen Denkschritten* wird als *kognitiv aktivierend* bezeichnet; damit wird aber kein Urteil über die Wirkung der Unterstützung verbunden.

Aufgrund der Schwierigkeit der reliablen und validen Erfassung klimatischer Aspekte der Lehrer-Schüler-Interaktion (z.B. Helmke, 2002) wird in der vorliegenden Arbeit die Unterstützung ausschließlich in Bezug auf ihre Funktion für die kognitiven Prozesse analysiert, affektive und motivationale Komponenten der Unterstützung werden vernachlässigt.

Folgende Fragen stehen im Kapitel 9.1.3.3 in Bezug auf die Qualität der Lernunterstützung im Zentrum:

– Welchen zeitlichen Anteil der Lehrer-Schüler-Interaktionen in den Schülerarbeitsphasen nehmen kognitiv aktivierende Unterstützungssequenzen ein, in welchen die Lehrperson die Lernenden zu eigenen weiteren Denk- und Verstehensleistungen anregt?

– Welchen zeitlichen Anteil der Lehrer-Schüler-Interaktionen in den Schülerarbeitsphasen nehmen Unterstützungssequenzen ein, in welchen die Lehrperson den Lernenden ausschließlich instruktionale Erklärungen abgibt, ohne weitere Denk- und Verstehensleistungen anzuregen?

7.2.4 Zusammenhang zwischen den verschiedenen Unterstützungsformen

Die Charakterisierung verschiedener Formen der Unterstützung in Bezug auf Inhalt und Qualität erlaubt es, Zusammenhänge der Auftretenshäufigkeit sowie des zeitlichen Anteils der verschiedenen Unterstützungsformen innerhalb einer Lektion zu explorieren (vgl. Kapitel 9.1.4):

– Gibt es Unterstützungsformen, die überzufällig häufig gemeinsam in Schülerarbeitsphasen auftreten?

7.2.5 Exploration: Lernunterstützung in Abhängigkeit von der Unterrichtsgestaltung

Für verschiedene Merkmale der Unterrichtsgestaltung kann vermutet werden, dass sie mit einer unterschiedlichen Form der Lernunterstützung zusammenhängen. Zum Beispiel steht den Lehrpersonen in Lektionen mit längeren Schülerarbeitsphasen weniger Zeit für organisatorische Anweisungen in öffentlichen Phasen zur Verfügung, was ein höheres Ausmaß an organisatorischen Informationen in Lektionen mit längeren Schülerarbeitsphasen zur Folge haben könnte.

In den Lektionen wurden die Funktionen der Schülerarbeitsphasen für das Lernen der Schülerinnen und Schüler identifiziert, zum Beispiel repetitives Üben vs. selbständiges Erkunden von Lösungswegen (vgl. Kapitel 3.2) (vgl. Hugener & Krammer, 2001, in Druck). Es ist denkbar, dass sich das Unterstützungsverhalten der Lehrpersonen in Abhängigkeit von der Funktion der Schülerarbeitsphasen unterscheidet. Erste entsprechende Hinweise liefern die Vergleiche des Unterstützungsverhaltens der Lehrpersonen in problemlösend-explorierenden Schülerarbeitsphasen in Japan mit demjenigen von Lehrpersonen anderer Länder (vgl. Hino, 2006; Serrano, 1996).

Auch durch die Sozialform, in der die Lernenden während der Schülerarbeitsphasen arbeiten, ist ein Einfluss auf die Form der Lernunterstützung möglich. In Kapitel 9.1.5 wird den Fragen nachgegangen, ob sich die Form der Lernunterstützung in Schülerarbeitsphasen in Abhängigkeit von der Dauer und Funktion der Schülerarbeitsphase unterscheidet und ob die Form der Lernunterstützung in Schülerarbeitsphasen, in denen die Schülerinnen und Schüler die Möglichkeit zur Zusammenarbeit haben, im Vergleich zu Phasen, in denen die Schülerinnen und Schüler ausschließlich alleine arbeiten, unterschiedlich ist.

7.3 Regionale Unterschiede in Bezug auf die Lernunterstützung

Mit dem repräsentativen Datensample der Schweiz liegt die Möglichkeit vor, regionalen Unterschieden in Bezug auf Umfang und Form der Lernunterstützung nachzugehen. Für die drei berücksichtigten Sprachregionen der Schweiz (Deutschschweiz, Westschweiz, Tessin) wird für die oben genannten Fragestellungen zur Beschreibung der Lernunterstützung jeweils überprüft, ob sich in Bezug auf Umfang und Form der Unterstützung regionale Unterschiede feststellen lassen. Die Erkenntnisse zu den folgenden Fragen werden in Kapitel 9.1.6.4 zusammengefasst:
- Unterscheiden sich die drei Sprachregionen Deutschschweiz, Westschweiz und Tessin in Bezug auf das Auftreten, den Inhalt und die Qualität der Lernunterstützung in den Schülerarbeitsphasen?
- Lassen sich in den drei Regionen unterschiedliche Zusammenhänge zwischen den Unterstützungsformen pro Lektion feststellen?
- Unterscheidet sich der Zusammenhang zwischen Unterrichtsgestaltung und Umfang und Form der Lernunterstützung in den drei Regionen?

7.4 Vergleich der Lernunterstützung in Lektionen mit unterschiedlichem Unterrichtsstil

In der deutschsprachigen Schweiz wurden in Ergänzung zum repräsentativen Sample gezielt Lektionen mit „Erweiterten Lehr-Lernformen" (ELF) gefilmt. Im Unterschied zum traditionellen Unterrichtsmuster zeichnen sich die ELF-Lektionen meist durch den Einsatz mehrerer Differenzierungsmaßnahmen sowie eine längere

Dauer an selbständiger Schülerarbeit aus (vgl. Hugener & Krammer, 2001, in Druck; Pauli et al., 2003). Somit lassen sich die ELF-Lektionen im Unterschied zum traditionellen Unterrichtsstil als offenerer Unterrichtsstil bezeichnen. Die Vermutung liegt nahe, dass sich die Lektionen gemäß diesem offeneren Unterrichtsstil durch längere Schülerarbeitsphasen auszeichnen, welche mehr Möglichkeiten für individuelle Lernwege bieten (vgl. Seifried & Klüber, 2006) und dass sich das Unterstützungsverhalten der Lehrpersonen im offeneren Unterricht im Vergleich zu demjenigen in traditionellen Lektionen unterscheidet (vgl. Dalehefte, 2006). Für die ELF-Lektionen kann neben der längeren Dauer der Schülerarbeitsphasen auch ein verstärkter Einbezug von Gelegenheiten zum selbständigen Problemlösen und damit eine Erweiterung der Funktion der Schülerarbeitsphasen vom repetitiven Üben zum vermehrt selbständig entdeckenden Lernen vermutet werden (vgl. Pauli et al., 2003). Dadurch erwachsen erweiterte Möglichkeiten und Anforderungen für die Unterstützung der individuellen Lernprozesse (vgl. Kapitel 3.3.2). Der Einbezug der ELF-Lektionen in die Datenauswertung erlaubt es, die Schülerarbeitsphasen und die Form der individuellen Lernunterstützung im traditionellen und offeneren Unterricht zu vergleichen.

Der Frage nach Unterschieden durch den Unterrichtsstil kann nur in der deutschsprachigen Schweiz nachgegangen werden, da aus den anderen Sprachregionen keine ELF-Lektionen vorliegen. Aus diesem Grund wird nur in der mit ELF-Lektionen erweiterten Teilstichprobe aus der Deutschschweiz nach Unterschieden in Umfang, Inhalt und Qualität der Lernunterstützung in Abhängigkeit vom Unterrichtsstil gesucht. Ebenfalls berücksichtigt wird das Auftreten möglicher Interaktionseffekte mit der Funktion, der Dauer und der Sozialform der Schülerarbeitsphase. In Kapitel 9.2 werden die folgenden Fragestellungen bearbeitet:

- Unterscheiden sich die Dauer, Funktion und Sozialform der Schülerarbeitsphasen in Lektionen des traditionellen und offeneren Unterrichtsstils (vgl. Kapitel 9.2.2)?
- Unterscheiden sich Umfang und Form der Lernunterstützung in den Schülerarbeitsphasen von Lektionen mit unterschiedlichem Unterrichtsstil (vgl. Kapitel 9.2.3)?
- Lassen sich im offeneren und im traditionellen Unterricht unterschiedliche Zusammenhänge der Unterstützungsformen pro Lektion feststellen (vgl. Kapitel 9.2.4)?
- Unterscheidet sich die Form der Lernunterstützung in Schülerarbeitsphasen in Abhängigkeit von der Dauer der Schülerarbeitsphase, der Funktion der Schülerarbeitsphase oder von der Sozialform in der Schülerarbeitsphase (vgl. Kapitel 9.2.5)?

7.5 Zusammenhang der beobachteten Lernunterstützung mit der Wahrnehmung durch die Lernenden

Die Wahrnehmung von Unterricht und seinen einzelnen (Prozess-)Merkmalen ist perspektivenabhängig (Clausen, 2002; Gruehn, 2000). Mit Hilfe der aus der Schülerbefragung vorliegenden Angaben zum allgemeinen Förder- und Gesprächsverhalten können Zusammenhänge des analysierten Interaktionsverhaltens in der Schülerarbeitsphase mit der allgemeinen Wahrnehmung des Unterstützungs- und Interaktionsverhaltens durch die Lernenden überprüft werden.

Die auf Klassenebene aggregierten Einschätzungen von Unterrichtsmerkmalen durch die Lernenden eignen sich als valide Information zur Beschreibung der Wahrnehmung des Unterrichts durch die Lernenden (Gruehn, 2000). Insbesondere für schwierig beobachtbare Merkmale hat sich die Erfassung der Schülerperspektive als valide Methode erwiesen (Clausen, 2002). Folglich bieten die auf Klassenebene aggregierten Angaben zum Unterstützungs- und Interaktionsverhalten eine valide Einschätzung der durch die Lernenden wahrgenommenen Unterstützung. Die Wahrnehmung von unterstützendem Verhalten ist eine Determinante der Nutzung des unterrichtlichen Angebots (Prenzel, 1995; Ryan & Deci, 2000). Aus diesem Grund wird anschließend an die Beschreibung der individuellen Lernunterstützung in den Schülerarbeitsphasen der Frage nachgegangen, ob die aus Beobachtersicht erfassten Formen der Lernunterstützung mit der Wahrnehmung des allgemeinen Unterstützungs- und Interaktionsverhaltens der Lernenden zusammenhängen. Folgende Fragestellungen werden in Kapitel 9.3 bearbeitet:
– Wie nehmen die Schülerinnen und Schüler das Unterstützungsverhalten der Lehrperson wahr?
– Wie stark hängt das Auftreten der Lernunterstützungsformen mit der Wahrnehmung der Unterstützung durch die Lernenden zusammen?
– Den Fragestellungen wird sowohl auf der Basis des repräsentativen Samples aus der Schweiz (vgl. Kapitel 9.3.1) als auch auf der Basis der mit ELF-Lektionen erweiterten Teilstichprobe der Deutschschweiz (vgl. Kapitel 9.3.2) nachgegangen. Dies erlaubt es, auch regionale Unterschiede sowie Unterschiede aufgrund des Unterrichtsstils zu berücksichtigen.

7.6 Zusammenhang der Lernunterstützung mit Leistung und Interesse der Lernenden

Zusätzlich zum Zusammenhang der individuellen Lernunterstützung mit der Wahrnehmung des Unterrichts durch die Lernenden stellt sich die Frage, inwiefern sich das Unterstützungsverhalten der Lehrperson auf die Leistung und das Interesse der Lernenden auswirkt (vgl. Kapitel 9.4). Wiederum werden die Zusammenhänge sowohl für die repräsentative Stichprobe der Schweiz (vgl. Kapitel 9.4.1) als auch für die mit ELF-Lektionen erweiterte Teilstichprobe der Deutschschweiz (vgl. Kapitel 9.4.2) exploriert.

In Studien, die einen Zusammenhang zwischen der beobachteten Lernbegleitung im Unterricht und der Leistungsentwicklung feststellen, wird auch das Lernbegleitungsverhalten im öffentlichen Klassenunterricht miteinbezogen (z.B. Seidel & Kobarg, in Vorb.; Seidel et al., 2006) und werden zum Teil zusätzliche klimatische Aspekte der schülerorientierten Unterrichtsgestaltung wie zum Beispiel das geringe Ausmaß an kränkendem Verhalten bei den Lernenden erfragt (z.B. Kunter et al., 2006). Die Beschreibung der Merkmale des Unterstützungsverhaltens in der vorliegenden Arbeit bezieht sich jedoch nur auf die Phasen der selbständigen Arbeit im Unterricht. Zusätzlich stellt die individuelle Lernunterstützung nur *eine* Komponente und Ausdrucksform der adaptiven Lehrkompetenz dar und liefert keine umfassende Beschreibung der adaptiven, schüler- und verstehensorientierten Unterrichtsgestaltung. Aus diesen Gründen ist eher davon auszugehen, dass sich keine oder nur schwache Zusammenhänge zwischen dem Unterstützungsverhalten in einzelnen Unterrichtsphasen und der Leistungsentwicklung beziehungsweise dem Interesse der Lernenden feststellen lassen. Im Falle von Zusammenhängen wäre es vermessen, von einem Effekt des Unterstützungsverhaltens zu sprechen. Vielmehr könnten die Zusammenhänge als Wirkung eines spezifischen Interaktions- und Unterrichtsverhaltens der Lehrpersonen interpretiert werden, welches sich in den Schülerarbeitsphasen erfassen lässt.

Im Gegensatz zum beobachteten Unterstützungsverhalten beziehen sich die Schülerwahrnehmungen des Unterstützungsverhaltens allgemein auf den Unterricht und bilden die kumulierten Erfahrungen im Unterricht ab. Gerade für die Erklärung von Leistungen kann die Schülerwahrnehmung des Verhaltens der Lehrperson bedeutsamer sein als das im Unterricht beobachtete Verhalten der Lehrperson (De-Jong & Westerhof, 2001). Aus diesen Gründen wird im Kapitel 9.4 für die beiden Analysestichproben auch exploriert, inwiefern das durch die Schülerinnen und Schüler wahrgenommene Unterstützungsverhalten mit ihrer Leistung und ihrem Interesse zusammenhängt.

Die Daten der TIMSS 1999 Videostudie sowie die verwendeten Daten aus der schweizerischen Vertiefungsstudie wurden im Querschnitt erhoben. Die Videoaufnahmen und die Befragungs- und Leistungsdaten stammen aus dem gleichen Schuljahr. Infolgedessen sind lediglich Korrelationsanalysen möglich, welche sich nicht kausal interpretieren lassen. Die Modellierung der Leistungs- und Interessenentwicklung der einzelnen Lernenden würde einerseits Längsschnittdaten und andererseits den Einbezug von weiteren in den Unterrichtsvideos und mittels Schülerbefragung erfassten Merkmalen der Unterrichtsqualität erfordern.

8 Methode

Die vorliegende Arbeit entstand im Kontext der TIMSS 1999 Videostudie und der darauf aufbauenden schweizerischen Vertiefungsstudie. Im Folgenden wird zuerst auf diese beiden Videostudien und ihre Ziele und Grenzen und die im Rahmen dieser Studien betriebene Datenerhebung und -aufbereitung eingegangen. Anschließend wird die der vorliegenden Arbeit zugrunde liegende Stichprobe beschrieben und die Methode der videobasierten Unterrichtsanalyse als Verfahren erörtert. Der Beschreibung der Prinzipien und Kriterien des Vorgehens folgt die Darstellung des für die vorliegende Arbeit entwickelten Kategoriensystems zur Analyse der Lernunterstützung in den Schülerarbeitsphasen.

8.1 Kontext der Untersuchung: TIMSS 1999 Videostudie und schweizerische Vertiefungsstudie

Mit auf großen Fallzahlen basierenden Videosurveys wird das Ziel verfolgt, die Unterrichtspraxis und das Handeln der Lehrpersonen genauer beschreiben und vergleichen zu können. Damit leisten sie eine wichtige Ergänzung zu vergleichenden Schulleistungsstudien wie TIMSS und PISA, welche zwar differenzierte Informationen zur Leistungsentwicklung und deren Determinanten, aber keine Prozessdaten zum Unterricht aus einer objektiven Perspektive liefern (Pauli & Reusser, 2006; Petko et al., 2003). Die ersten großen Videosurveys waren die TIMSS 1995 Videostudie und die nachfolgende TIMSS 1999 Videostudie. Einen umfassenden deutschsprachigen Überblick und Vergleich über die Ziele, Anlagen, Ergebnisse und die Rezeption der beiden Studien sowie ihre Potenziale und Grenzen geben Pauli und Reusser (2006). An dieser Stelle wird als Einbettung der vorliegenden Untersuchung nur eine kurze Zusammenfassung geleistet, um dann auf die Erhebung und Aufbereitung der Daten im Rahmen der TIMSS 1999 Videostudie und der darauf aufbauenden Schweizer Videostudie einzugehen.

In der TIMSS 1995 Videostudie als erster größerer Videosurvey interessierte, ob sich der Unterricht in Japan, einem Land mit sehr guten Ergebnissen in der TIMSS Leistungsstudie, vom Unterricht in den USA und Deutschland unterscheidet, welche im Vergleich unterdurchschnittlich abschnitten. Die Analyse der Mathematiklektionen in den repräsentativen Stichproben der drei Länder offenbarte ein für Japan differentes Unterrichtsmuster, welches sich durch das selbständige Erkunden von Lösungsvorschlägen zu anregenden Problemstellungen und die daran anschließende Diskussion der Lösungswege auszeichnete. Im Gegensatz dazu wurde für die USA und Deutschland das Muster des gemeinsamen öffentlichen Erabeitens einer Lösungsprozedur mit anschließender selbständiger Übungsphase festgestellt (Stigler et al., 1999; Stigler & Hiebert, 1999).

Um der Frage nachzugehen, ob hohe Leistungen tatsächlich mit dem vielfach rezipierten Unterrichtsmuster Japans zu erklären sind, wurde in der TIMSS 1999 Videostudie der Mathematikunterricht der USA mit weiteren fünf Ländern ver-

glichen, welche in der TIMSS Leistungsstudie gute bis sehr gute Leistungen auf-
wiesen: Australien, Hongkong, Niederlande, Schweiz und Tschechische Republik;
zusätzlich wurden die japanischen Lektionen aus der TIMSS 1995 nochmals miteinbezogen (Hiebert et al., 2003; Reusser & Pauli, 2003). Die Analyse der je ca.
100 Lektionen pro Land deckte auf, dass das explorierend-entdeckende Unterrichtsmuster in Japan auch im Vergleich mit den anderen Ländern mit guten bis
sehr guten Leistungen einzigartig war und sich die Lektionen aus den verschiedenen Ländern als relativ gleichförmig erwiesen. Nur die an einer Teilstichprobe und
auf der Grundlage schriftlicher Beschreibungen der Lektionen durchgeführte Einschätzung der Unterrichtsqualität in Bezug auf die Kohärenz, die Stoffpräsentation
und die Partizipation der Lernenden an Denk- und Problemlöseprozessen und an
der gesamten Lektion machte Unterschiede zwischen den USA und den anderen
Ländern sichtbar (vgl. Pauli & Reusser, 2006).

Im Rahmen der beiden beschriebenen Videosurveys wurden Möglichkeiten aufgezeigt und Instrumente entwickelt, um videobasierte Unterrichtsanalysen auf der
Basis von großen Stichproben zu betreiben. Gleichzeitig zeigen die erarbeiteten
Ergebnisse auch Grenzen der Möglichkeiten und Herausforderungen für nachfolgende Forschungsprojekte auf. Die Kategoriensysteme haben sich mit dem Ziel
der hohen Standardisierung und reliablen Erfassung auf die Codierung von sehr gut
beobachtbaren Merkmalen im Unterrichtsgeschehen beschränkt und liefern deshalb
vor allem differenzierte Beschreibungen zu den Inhalten und den Gestaltungsmerkmalen des Unterrichts auf der Ebene der Sichtstruktur, aber immer noch keine
Aussagen über zentrale Merkmale auf der Ebene der Interaktions- und Lernprozesse wie zum Beispiel den kognitiven Anregungsgrad als ein Merkmal wirksamen
Unterrichts (Klieme, 2006; Pauli & Reusser, 2006). Auf Fragen der Implikationen
für die Analyse von Unterrichtsvideos wird nachfolgend im Kapitel zur Methode
der videobasierten Unterrichtsanalyse eingegangen.

Im Rahmen der schweizerischen Vertiefungsstudie wurde die Datenbasis der
TIMSS 1999 Videostudie mit dem Einsatz von zusätzlichen Instrumenten erweitert
und in ein umfassenderes Angebots-Nutzungs-Modell des Lernens eingebunden.
Dies ermöglicht Analysen, welche über die in den Videosurveys geleistete
Deskription des Unterrichts hinausgehen (Reusser et al., in Druck). Die Stichprobe
der Lektionen aus der deutschsprachigen Schweiz wurde mit den Lektionen von 15
Lehrpersonen ergänzt, die nach eigenen Angaben mit „Erweiterten Lehr-
Lernformen" unterrichten. Die vorliegende Untersuchung bezieht sich auf die
Datenbasis der schweizerischen Vertiefungsstudie. Nachfolgend werden die Ver-
fahren zur Erhebung und Aufbereitung der Daten in der TIMSS 1999 Videostudie
und der schweizerischen Vertiefungsstudie und die für die Analyse vorliegende
Stichprobe beschrieben.

8.2 Erhebung und Aufbereitung der Daten

Die Durchführung der Datenerhebungen und Auswertungen im Rahmen der TIMSS 1999 Videostudie und der schweizerischen Vertiefungsstudie wurde an anderer Stelle ausführlich beschrieben (Petko et al., 2003; Reusser et al., in Druck). An dieser Stelle wird nur ein Überblick über die erhobenen Video- und Befragungsdaten gegeben, welche für die vorliegende Arbeit verwendet werden.

8.2.1 Videodaten

Das Datensample aus der Schweiz für die TIMSS 1999 Videostudie setzt sich aus 74 Klassen aus der deutschsprachigen Schweiz, 37 Klassen aus der Westschweiz und 29 Klassen aus dem Tessin zusammen. Die 140 Klassen des achten Schuljahres, die für die TIMSS 1999 Videostudie ausgewählt wurden, entsprechen einer zufälligen Stichprobe, welche sowohl die Kantonszugehörigkeit als auch das Verhältnis der drei Schultypen (Real-, Sekundarschule und Gymnasium) adäquat abbildet. Die Videodaten wurden zwischen Frühling 1999 und Sommer 2000 von geschulten Kamerapersonen nach einem standardisierten Verfahren aufgenommen. Alle Lektionen wurden mit zwei Digitalkameras aufgezeichnet, wovon eine mobile Kamera auf die Lehrperson fokussierte und eine Standkamera das allgemeine Geschehen im Klassenraum registrierte. Die Analyse und Verwaltung eines solch großen Datensatzes von Unterrichtsvideos (in der internationalen Studie waren es insgesamt 638 gefilmte Mathematiklektionen) stellt eine besondere Herausforderung dar. Die digitale Videotechnik und die damit verbundenen Möglichkeiten zur softwaregestützten Bearbeitung und Auswertung der Videos erleichtern den präzisen Zugriff auf die Videos und die auch so noch aufwendigen und kostspieligen Transkriptions- und Codierarbeiten (Wild, 2003). So wurden die Videos mit Hilfe der eigens für die TIMSS Videostudien entwickelten Software vPrism transkribiert und codiert. Diese Software erlaubt die mit den Videos zeitlich verknüpfte Eingabe von Text (Transkript und Übersetzungen) und Codes und damit auch das synchronisierte Abspielen von digitalen Videos und Text (Knoll & Stigler, 1999). Die mit Zeitpunkten verknüpft eingegebenen Codierungen können anschließend exportiert und in Statistikprogrammen weiterverarbeitet werden.

Das Verfahren der Erhebung, Aufbereitung und Analyse der Daten in der internationalen Studie ist genau dokumentiert (Jacobs et al., 2003; Petko et al., 2003). Die Ergebnisse der internationalen Videostudie wurden 2003 erstmals veröffentlicht (Hiebert et al., 2003; Reusser & Pauli, 2003) und demnächst erscheint eine Publikation mit Auswertungen aus der schweizerischen Vertiefungsstudie (Reusser et al., in Druck). Dort werden auch die zusätzlich zur internationalen Studie eingesetzten Instrumente genauer beschrieben.

Zur Codierung der Daten entwickelte ein Forschungsteam in Los Angeles, in dem alle teilnehmenden Länder vertreten waren, auf der Basis der Vorarbeiten in der TIMSS 1995 Videostudie ein umfangreiches und differenziertes Kategoriensystem. Die sowohl theorie- als auch datengeleitet erarbeitete Codierung zur Erfassung der Interaktions- und Sachstruktur hatte das Ziel, den Mathematikunterricht in den sieben teilnehmenden Ländern objektiv zu beschreiben und vergleichbar zu machen. Je zwei Codierende pro Land (in der Schweiz bis zu fünf) wurden in verschiedenen, auf zwei Jahre verteilte Trainings jeweils auf eine Gruppe von Codes trainiert. Eine Intercoderreliabilität von 85% pro Code als Maß der Beobachtungsübereinstimmung zwischen den Codierenden stellte das Gütekriterium dar. Die getrennte Codierung wurde anhand einer Mittelpunkts-Reliabilität während des Codierprozesses ein zweites Mal überprüft. Die auf diese Weise erarbeitete Codierung wurde auf die im Rahmen der schweizerischen Vertiefungsstudie zusätzlich gefilmten 16 Lektionen angewendet.

Für eine genaue Beschreibung des internationalen Kategoriensystems wird auf den Materialienband der TIMSS 1999 Videostudie verwiesen (Jacobs et al., 2003). An dieser Stelle erfolgt nur eine kurze Beschreibung der Basiscodierung in der internationalen Studie, welche die Ausgangslage zur Bestimmung der Analyseeinheit der vorliegenden Arbeit darstellt. Dies betrifft einerseits die Bestimmung der Sozialform und andererseits die Bestimmung, ob an mathematischen Aufgaben gearbeitet wird.

8.2.1.1 Sozialformen im Unterricht (Patterns of Classroom Interaction)

Die Kategorien zur Codierung der Sozialformen wurden für ganze Lektionssequenzen vergeben und jede Lektionssequenz wurde flächendeckend und ausschließlich einer der fünf Sozialformen zugeteilt (vgl. Tabelle 3).

Tabelle 3: Codes zur Charakterisierung der Sozialformen (Classroom Interaction, CI) im Unterricht

Abkürzung	Code-Name	Beschreibung
CI 1	Entirely Public Interaction	Öffentliches Unterrichtsgespräch, alle Lernenden nehmen teil.
CI 2	Public Information Provided by Teacher, Optional for Student Use	Die Lernenden können nach eigener Wahl selbständig arbeiten oder den Erklärungen der Lehrperson folgen bzw. mit ihr gemeinsam eine Aufgabe lösen. Die Klasse teilt sich also in zwei Gruppen, die räumlich jedoch nicht abgegrenzt sein müssen: Die eine Hälfte der Lernenden folgt den Erläuterungen der Lehrperson, beispielsweise an der Wandtafel, die andere arbeitet alleine weiter.
CI 3	Public Information Provided by Student, Optional for Student Use	Die Lernenden können nach eigener Wahl selbständig arbeiten oder den Erklärungen eines Mitschülers oder einer Mitschülerin folgen bzw. mit ihm oder ihr gemeinsam eine Aufgabe lösen. Wie in CI 2 teilt sich die Klasse in zwei Gruppen.

Abkürzung	Code-Name	Beschreibung
CI 4	Mixed Private and Public Work, Not Optional	Die Klasse ist in Gruppen aufgeteilt, einige Lernende arbeiten selbständig an Aufgaben, während die anderen öffentlich mit der Lehrperson arbeiten. Hier teilt die Lehrperson die Lernenden der einen oder anderen Gruppe zu. Die Lernenden haben keine Wahlmöglichkeit.
CI 5	Private Work	Alle Lernenden arbeiten am Platz und die Lehrperson kann einzelne Lernende oder kleine Gruppen von Lernenden individuell unterstützen. Zusätzlich wurde codiert, wenn die Lernenden zu zweit oder in Gruppen arbeiten konnten.

8.2.1.2 Arbeit an mathematischen Aufgaben: IP und CP

Wie die Codes zur Sozialform (CI 1 bis CI 5) werden diese Codes flächendeckend codiert. Phasen der mathematischen Problembearbeitung werden bestimmt und von anderen Phasen wie „Mathematische Organisation" oder „Nicht-mathematische Segmente" unterschieden. Nachfolgend werden jene Codes erläutert, welche die Bearbeitung mathematischer Inhalte bezeichnen (vgl. Tabelle 4).

Tabelle 4: Codes zur Charakterisierung der mathematischen Aufgaben (Problems) im Unterricht

Abkürzung	Code-Name	Beschreibung
IP	Independent Problem	Ein einzelnes Problem (Aufgabe) wird bearbeitet. Dies kann in allen Arbeitsformen des Unterrichts geschehen (CI 1 bis CI 5). Die exakte Zeit, welche zur Bearbeitung der Aufgabe verwendet wird, ist bekannt.
CP	Concurrent Problems	Eine Anzahl von Problemen (Aufgabenblock) wird in Einzelarbeit, Partner- oder Gruppenarbeit bearbeitet (CI 2 bis CI 5). Die exakte Zeit, welche zur Bearbeitung der einzelnen Aufgaben verwendet wird, ist nicht bekannt.

Für die vorliegende Untersuchung wurden alle Unterrichtssequenzen mit einer Sozialform ausgewählt, in denen die Lernenden selbständig arbeiten können und die Lehrperson sich gleichzeitig einzelnen Lernenden zuwenden kann, also CI 3 und CI 5. Als zusätzliches Kriterium muss während dieser Sequenzen an mathematischen Inhalten gearbeitet werden, sie müssen also als IP oder CP codiert sein. Untersucht werden somit Sequenzen, für die im Rahmen der TIMSS 1999 Videostudie erhoben wurde, dass die Lernenden selbständig an einer oder mehreren mathematischen Aufgaben arbeiten und die Lehrperson die Möglichkeit hat, einzelne Lernende zu unterstützen. Aus der Untersuchung von Hugener und Krammer (2001; in Druck) liegen weitere Informationen zur Funktion der Schülerarbeitsphase in Bezug auf den Lernprozess vor, welche sich zu Umfang und Form der

Unterstützung in Beziehung setzen lassen. Diese Merkmale werden in Kapitel 8.7 als unabhängige Variablen der Lernunterstützung beschrieben.

8.2.2 Befragungsdaten

Wie bereits erwähnt, wurden im Rahmen der Erhebung für die TIMSS 1999 Video-studie ein Lehrerfragebogen, welcher Hintergrundinformationen zur gefilmten Lektion erfragte, und ein kurzer Fragebogen zur Erfassung des soziodemo-graphischen Hintergrunds der Schülerinnen und Schüler eingesetzt. Zusätzlich wurden für die Vertiefungsstudie in der Schweiz ein erweiterter Fragebogen für die Lehrpersonen und die Lernenden, ein kognitiver Fähigkeitstest und Mathematik-leistungstests eingesetzt. Die Befragung der Schülerinnen und Schüler wird unten-stehend genauer beschrieben, da die Einschätzungen der Lernenden in Zusammen-hang gesetzt werden mit der Erfassung des Unterstützungsverhaltens.

8.2.2.1 Lehrerfragebogen

In der internationalen Befragung gaben die Lehrpersonen Auskunft über den er-weiterten Kontext der Lektion und über ihren beruflichen Werdegang. Der Lehrer-fragebogen der schweizerischen Vertiefungsstudie umfasste Fragen zu allgemein- und fachdidaktischen sowie pädagogischen Aspekten des Unterrichtens im Fach Mathematik. Unter anderem gaben die Lehrpersonen an, wie häufig sie „Erweiterte Lehr-Lernformen" einsetzen.

8.2.2.2 Schülerfragebogen

Im schweizerischen Schülerfragebogen wurden Daten zur Wahrnehmung des Unterrichts, zu motivationalen Dispositionen und zum familiären Kontext erfragt. Für die vorliegende Arbeit interessieren die Daten zur Wahrnehmung des Unter-richts. Die Befragung der Unterrichtswahrnehmung hatte zum Ziel, Prozessmerk-male des Unterrichts und der Lehrer-Schüler-Interaktion aus der Sicht der Lernen-den zu erfassen. Diese wurden mit Skalen aus der BIJU-Studie und Skalen aus der TIMSS 1995 Befragung sowie eigens für diese Befragung entwickelten Skalen erhoben (vgl. Reusser et al., in Druck). In der deutschsprachigen Schweiz kam ein längerer Fragebogen zum Einsatz als in der Westschweiz und im Tessin. Aus diesem Grund liegen für gewisse Skalen nur Daten aus der deutschsprachigen Schweiz vor. Die Skalen der Unterrichtswahrnehmung lassen sich in Beziehung setzen zu Umfang und Form der Lernunterstützung und werden als abhängige Variablen der Lernunterstützung in Kapitel 8.8 beschrieben.

8.2.2.3 Erfassung der Mathematikleistung

Zusätzlich zu den internationalen Erhebungen wurden in den gefilmten Klassen der Schweiz der TIMSS 1995 Leistungstest und ein kognitiver Fähigkeitstest (KFT 4-13) durchgeführt.

8.3 Stichprobe

Für die vorliegende Untersuchung liegen die Videodaten aller Lektionen aus der schweizerischen Vertiefungsstudie der TIMSS 1999 Videostudie vor. Tabelle 5 gibt eine Übersicht über die Verteilung der Klassen auf die drei Sprachregionen Deutschschweiz, Westschweiz und Tessin sowie die verschiedenen Schultypen. Die Lektionen wurden alle im Mathematikunterricht im 8. Schuljahr gefilmt. Um eine repräsentative Auswahl der Inhalte zu erhalten, wurden für die Lektionen keine thematischen Vorgaben gegeben. Abgesehen von den nachträglich gefilmten ELF-Lektionen aus der deutschsprachigen Schweiz, entspricht die Auswahl der Lektionen respektive Schulklassen den Kriterien einer repräsentativen Zufalls-stichprobe. Für die ELF-Lektionen wurden gezielt Lehrpersonen gefilmt, welche nach eigenen Angaben mit „Erweiterten Lehr-Lernformen" im Unterricht arbeiten. Die durchschnittliche Dauer der Lektionen beträgt 46 Minuten (SD = 268 sec). Die kürzeste Lektion dauert 39 Minuten und die längste Lektion 65 Minuten.

Tabelle 5: Verteilung der Klassen in der Stichprobe nach Sprachregionen und Schultypen

Sprachregion und Schultyp	Anzahl Klassen	Prozentualer Anteil pro Landesteil	Anzahl Lernende
Deutschsprachige Schweiz (D-CH)			
Realschulen (Grundansprüche)	26	31.5	443
Sekundarschulen (erweiterte Ansprüche)	38	51.4	749
Progymnasium (hohe Ansprüche)	10	13.5	210
Total (n D-CH repräsentativ)	74		1402
ELF-Klassen Realschule	6	40	58
ELF-Klassen Sekundarschule	9	60	157
Total ELF-Klassen[a]	15		215
Total (n D-CH alle)	89		1617
Französischsprachige Schweiz (F-CH)			
Exigences élémentaires (Grundansprüche)	5	12.8	89
Exigences moyennes (erweiterte Ansprüche)	20	51.3	353
Gymnasium (hohe Ansprüche)	14	35.9	267
Total (n F-CH)	39		709

Sprachregion und Schultyp	Anzahl Klassen	Prozentualer Anteil pro Landesteil	Anzahl Lernende
Italienischsprachige Schweiz (I-CH)			
Corso base (Grundansprüche)	9	33.3	103
Corso attitudinale (erweiterte Ansprüche)	18	66.6	360
Total (n I-CH)	27		463
Total Klassen Schweizer Videostudie	155		2789

Anmerkungen. [a]Ursprünglich waren 16 ELF-Lektionen gefilmt worden. Weil eine Lehrperson in zwei gefilmten Lektionen unterrichtet, kann aus Gründen des Studiendesigns – Auswahl einer Lektion pro Lehrperson – eine ELF-Lektion aus der Sekundarschule nicht berücksichtigt werden.

Mit den vorliegenden Befragungsdaten zu den 155 Lektionen liegen die Daten von insgesamt 2789 Lernenden vor. Die Überprüfung des Zusammenhangs zwischen den beobachteten Formen der Lernunterstützung und der Wahrnehmung der Unterstützungs- und Interaktionskultur der Lernenden erlaubt es, die objektiv wahrgenommene Gelegenheitsstruktur der Einschätzung der Lernenden gegenüberzustellen. Die für die vorliegende Arbeit gebildeten Analysestichproben werden im Zusammenhang mit der Auswertung der Videodaten in Kapitel 8.9.1 beschrieben.

8.4 Methode der videobasierten Unterrichtsanalyse

Hauptziel der vorliegenden Arbeit ist die Beschreibung der Lernunterstützung in Schülerarbeitsphasen im Videosample der schweizerischen Vertiefungsstudie der TIMSS 1999 Videostudie. Aus diesem Grund wird an dieser Stelle ausführlicher auf die Methode der videobasierten Unterrichtsanalyse eingegangen. Als eine der ersten Untersuchungen widmet sich diese Arbeit der systematischen Beobachtung und Beschreibung von Interaktionsprozessen in einer groß angelegten Videostudie. Diese Form der Unterrichtsforschung wurde erst durch Entwicklungen im technologischen Bereich möglich, welche die effiziente Erhebung, Aufbereitung, Verwaltung und Auswertung derart großer Datenmengen erlauben (z.B. Wild, 2003). Mit der videobasierten Unterrichtsforschung anhand repräsentativer Stichproben wird erstmals der Blick in die Klassenzimmer und auf die Prozesse des Lehrens und Lernens im Unterricht möglich und damit die Forderung nach der Orientierung der Unterrichtsforschung am realen Unterrichtsgeschehen eingelöst, wie sie zum Beispiel von Luke (2006) in der einführenden ersten Ausgabe der Internationalen Zeitschrift für Pädagogik (Pedagogies: an International Journal) unter Kritik des ausschließlichen Testens von Schulleistungen als Grundlage von Entscheidungen und Richtlinien im Bildungssystem gestellt wird: „... there is a real urgency to attend more closely to everyday life in the classrooms" (Luke, 2006, S. 2). Die zunehmenden Möglichkeiten im Bereich der technologischen Voraussetzungen haben zu einer Auseinandersetzung mit den Möglichkeiten, Grenzen und Erfordernissen der Methoden zur Analyse der Videodaten im Rahmen der empirischen Unterrichtsforschung geführt (z.B. Brophy, 2006; Clarke, 2006;

Hugener et al., 2006b; Jacobs et al., 1999; Petko et al., 2003; Seidel & Prenzel, 2003; Stigler, Gallimore & Hiebert, 2000). Im Folgenden wird zuerst allgemein ein Überblick über die diskutierten Vorteile und Grenzen der videobasierten Unterrichtsanalyse gegeben und anschließend werden die Verfahren zur Analyse von Videos, der in dieser Arbeit verfolgte Analyseprozess sowie die zu verwendenden Gütekriterien beschrieben. Mit der Begründung, Systematisierung und Standardisierung des Verfahrens zur Entwicklung des Kategoriensystems sowie der ausführlichen Beschreibung des Kategoriensystems werden die Forderungen an qualitative Forschungsmethoden eingelöst (z.B. Mayring, 2003). Die Diskussion des Verfahrens erfolgt am Schluss der Arbeit (vgl. Kapitel 10.3).

8.4.1 Vorteile und Herausforderungen der videobasierten Unterrichtsanalyse

Unterrichtsvideos als „empirisches Relativ" für die Unterrichtsforschung beziehen ihre Vorteile einerseits aus der Aufnahme, und damit wiederholten Abspielbarkeit der Daten, und andererseits aus der Authentizität des Materials, welches im Unterschied zu mit Fragebogen erhobenen Daten wenig vorstrukturiert ist und damit eine unterrichtsnahe Erfassung der Prozesse ermöglicht (u.a. Pauli & Reusser, 2006, S. 787). Im Unterschied zu direkten Beobachtungen im Unterricht gestattet die Aufnahme des Unterrichts die mehrmalige Beobachtung und Analyse des Unterrichtsgeschehens unter verschiedenen Perspektiven (z.B. Jacobs et al., 1999; Petko et al., 2003). Die wiederholte Abspielbarkeit der Unterrichtsvideos bietet für den Prozess der Analyse den großen Vorteil, dass sie die kumulative und zeitverzögerte Beobachtung ermöglicht und damit eine sehr genaue Beschreibung der beobachteten Unterrichtsprozesse erlaubt. Die Videos erweisen sich insbesondere für die Analyse von Interaktionsprozessen im Unterricht geeignet (Seidel & Shavelson, 2007) und werden im Rahmen qualitativer Fallstudien schon länger verwendet (z.B. Bakeman & Gottman, 1986; Cowie & van der Aalsvoort, 2000; Edwards & Westgate, 1994; Mercer, 1995).

Trotz größerer Prozessnähe der Videos im Vergleich mit Befragungen oder Interviews über Unterricht, gilt es aber auch hier zu berücksichtigen, dass die Unterrichtsvideos immer das Ergebnis einer bestimmten Kameraführung sind und nur einen Ausschnitt aus der Unterrichtsrealität zeigen. Auch die Positionierung der verwendeten Mikrofone ist dafür mitverantwortlich, welche Stimmen im Unterricht vornehmlich zu hören sind, und filtert damit zusätzlich die für die Analyse zur Verfügung stehenden Daten. Da das Unterrichtsgeschehen nie vollständig erfasst werden kann (z.B. Petko et al., 2003; Seidel & Prenzel, 2003), sind die mit Videokameras erhobenen Daten keineswegs frei von Vorstrukturierung. Zwecks Vergleichbarkeit der Aufnahmen aus verschiedenen Lektionen braucht es ein klar festgelegtes Kameraskript sowie eine Schulung der Kameraleute, wie dies sowohl in der TIMSS 1999 Videostudie als auch in der Schweizer Vertiefungsstudie geschehen ist (Jacobs et al., 2003; Petko et al., 2003).

In Verbindung mit der Erhebung der Daten wurde oft die Frage des Kameraeffekts respektive der Vergleichbarkeit des gefilmten Unterrichts mit gewöhnlichen Lektionen diskutiert. Zum Beispiel sind aufgrund der Anwesenheit des Kamerateams und der Beobachtung durch die Kamera im Unterricht ein verändertes Verhalten der Beteiligten sowie eine andere Planung des Unterrichts durch die Lehrperson denkbar (vgl. Petko et al., 2003; Stigler et al., 2000; Ulewicz & Beatty, 2001). Befragungen der Lernenden und der Lehrpersonen in mehreren Videostudien weisen aber darauf hin, dass der Kameraeffekt vernachlässigbar ist und der Unterrichtsaufbau sowie das Verhalten der Beteiligten mit dem Unterricht unter gewöhnlichen Bedingungen vergleichbar sind (z.B. Petko et al., 2003; Seidel et al., 2006).

Die als Rohdaten zur Beobachtung von Unterrichtsprozessen vorliegenden Daten ermöglichen und bedingen die häufig geforderte Verbindung von qualitativen und quantitativen Analyseverfahren (z.B. Chi, 1997; Clarke, 2006; Johnson & Onwuegbuzie, 2004; Mayring, 2003). Einerseits werden die Prozesse mit Hilfe qualitativer Methoden beschrieben und der Kategorisierung zugänglich gemacht. In einem weiteren Analyseschritt lassen sich die kategorisierten Ereignisse andererseits wieder quantifizieren. Zusätzlich können sie im Sinne einer Datentriangulation (z.B. Evertson & Green, 1986; Green & Harker, 1988) mit weiteren erhobenen Daten in Beziehung gesetzt werden und erlauben damit letztlich die Modellierung von Interaktionsprozessen zwischen Unterrichtsangebot und Angebotsnutzung unter Berücksichtigung verschiedener Variablen auf verschiedenen Ebenen im Angebots-Nutzungs-Modell des schulischen Lernens (Pauli & Reusser, 2006). Im Anschluss an die statistischen Analysen lassen sich die quantitativ beschriebenen Merkmale des Unterrichts wieder mit dem empirischen Relativ in Beziehung setzen und die erarbeiteten Erkenntnisse mit Hilfe von konkreten Beispielen veranschaulichen.

Über die Analyse der Unterrichtsprozesse durch Beobachterinnen und Beobachter hinaus können die Videodaten zum einen als Grundlage der Erfragung der Sichtweise und Bewertung des Unterrichts der am Unterricht teilnehmenden Personen, wie zum Beispiel die Lehrpersonen und die Lernenden, dienen (stimulated recall). Zum anderen können Videodaten die Grundlage für die Erfassung von unterrichtsbezogenen Kognitionen der Lehrpersonen bilden (Beck et al., 2008; Kobarg, Schwindt & Seidel, 2007; Krammer et al., 2006; Krammer, Ratzka, Schnetzler, Pauli & Reusser, 2007b; Schnetzler et al., in Vorb.).

8.4.2 Analyseverfahren

Durch die relative Unstrukturiertheit der Videodaten lassen sich die Videos wie aufgezeigt unter verschiedenen Merkmalen und Kriterien betrachten. Auf der Grundlage des theoretischen Wissens und Verständnisses von Lehr-Lernprozessen wird versucht, die Ereignisse im Unterricht zu beschreiben und zu kategorisieren.

Im Rahmen der Videosurveys stellte sich die besondere Herausforderung, größere Stichproben von Mathematiklektionen aus verschiedenen Ländern dem internationalen Vergleich zugänglich zu machen. Um die große Anzahl an Lektionen reliabel codieren zu können, war es notwendig, die Kategorien zur Beschreibung des Unterrichts sehr verhaltensnah und gut beobachtbar zu operationalisieren. Entsprechend wurden im Rahmen der Videosurveys sehr differenzierte Beschreibungen der Struktur und der Inhalte des Unterrichts mit Hilfe von Angaben zu Dauer und Häufigkeit von bestimmten Unterrichtsereignissen erarbeitet.

Die zur Codierung in den Videosurveys verwendete Analysemethode wird als niedrig inferentes Codieren bezeichnet, da es keine Schlussfolgerungen oder Interpretationen seitens der Codiererinnen erfordert; die Vergabe eines Codes ist an klar beobachtbare und unterscheidbare Oberflächenmerkmale des Unterrichts geknüpft (Hugener et al., 2006b). Vorteil des niedrig inferenten Codierens ist, dass durch die enge Koppelung der Kategorien an deren Beobachtbarkeit eine hohe Übereinstimmung erreicht werden kann. Dafür sind Aussagen über die Qualität der beobachteten Unterrichtsprozesse nur sehr beschränkt möglich, da sich diese nur begrenzt an der Sichtstruktur des Unterrichts festmachen lassen (z.B. Klieme, 2006; Pauli & Reusser, 2006). Dies hängt damit zusammen, dass der gute Unterricht sich nicht als Technik des Unterrichtens beschreiben lässt, sondern die Qualität der Prozesse im Hinblick auf die nicht unmittelbar beobachtbaren kognitiven Prozesse der Lernenden befragt werden muss. Insbesondere die Qualität der Interaktionen im Unterricht als Mikroprozessebene des Unterrichtens lässt sich nicht ausschließlich über die Ereignisse auf der beobachtbaren Oberfläche des Unterrichts feststellen.

Zur qualitativen Bewertung der Unterrichtsereignisse und -prozesse wurde als Ergänzung zur niedrig inferenten Codierung das hoch inferente Qualitätsrating entwickelt (vgl. Clausen et al., 2003; Hugener et al., 2006b; Seidel et al., 2003a). Ausgehend von theoretisch und empirisch begründeten Annahmen über Kriterien guten Unterrichts, wie zum Beispiel die Schülerorientierung oder die kognitive Aktivierung der Lernenden (vgl. Klieme, 2006), werden die ganzen Lektionen in Bezug auf die Erfüllung dieser Kriterien eingeschätzt. Dieses Verfahren wurde zusätzlich zu der im Rahmen der TIMSS 1999 angewendeten niedrig inferenten Codierung auch in der schweizerischen Vertiefungsstudie eingesetzt (vgl. Reusser & Pauli, 2003; Reusser et al., in Druck).

Um eine gemeinsame theoretische Grundlage der Einschätzung zu erarbeiten, wurden auch für das hoch inferente Qualitätsrating die zu beurteilenden Dimensionen detailliert beschrieben und geschult. Mit Blick auf die in den vergangenen Jahren verwendeten Ratingverfahren (z.B. Hugener, Pauli & Reusser, 2006a; Seidel et al., 2003a) zeigt sich, dass die Operationalisierung der Einschätzungskriterien zum Teil sehr detailliert erfolgt und nicht weit von der Genauigkeit der niedrig inferenten Codierung entfernt ist (sozusagen ein niedrig inferentes Rating). Der Unterschied zwischen den beiden Verfahren in der praktischen Ausführung liegt vor allem auch darin, dass die Ratings über die ganze Lektion (selten auch längere Sequenzen des Unterrichts) hinweg erfolgen, während sich die niedrig inferente Codierung am Auftreten von Einzelereignissen im Unterricht orientiert.

Für eine differenzierte Sicht auf das Unterrichtsgeschehen in Form sich gegenseitig ergänzender Beschreibung und Beurteilung der Prozesse im Unterricht empfiehlt sich die Kombination von niedrig inferenten Codierungen und hoch inferenten Ratings (Hugener et al., 2006b). Aus der Kombination beider Verfahren resultiert die adäquate Abbildung der Prozesse des Unterrichts als Grundlage der Modellierung von Interaktionen von Unterrichtsangebot und Angebotsnutzung durch die Lernenden und der Bedingtheit und Effekte dieser Interaktionen (Pauli & Reusser, 2006).

Beiden dargestellten Verfahren ist gemeinsam, dass als Grundlage und heuristisches Werkzeug ein Kategoriensystem der Beobachtung erarbeitet wurde. Es stellt den Dreh- und Angelpunkt der Untersuchung dar und legt fest, in Bezug auf welche Merkmale und Dimensionen im Anschluss an die Analyse Aussagen gemacht werden können (z.b. Bakeman & Gottman, 1986). Die Ergebnisse der Analyse sind immer auch als Ergebnis der verwendeten Beobachtungsinstrumente zu sehen (z.B. Prenzel, 2003). Der theoretische Hintergrund der Analyse in dieser Arbeit wurde im Theorieteil aufgearbeitet und zusammengefasst, der Prozess der Entwicklung des Kategoriensystems sowie die Umsetzung der Gütekriterien zur Standardisierung des Verfahrens werden nachfolgend beschrieben.

Das mit der niedrig inferenten Codierung und dem hoch inferenten Rating beschriebene Dilemma zwischen Beobachtbarkeit und Qualitätsaussage stellt sich auch für die vorliegende Untersuchung der Lehrer-Schüler-Interaktionen in den Schülerarbeitsphasen. Mit Hilfe der niedrig inferenten Codierung lassen sich die einzelnen Lehrer-Schüler-Interaktionen respektive deren Beginn und Ende festhalten und somit Aussagen über Dauer und Häufigkeit der Interaktionen in den Schülerarbeitsphasen generieren. Ebenfalls meist gut beobachtbar lassen sich Indikatoren dafür festlegen, ob die Interaktionen tatsächlich auf den mathematischen Inhalt bezogen sind. Jedoch werden bei der Codierung des Inhalts der Interaktionen die Grenzen der Möglichkeiten der Beschreibung der Interaktionen anhand von zu beobachtender Merkmale deutlich. Bedingt durch die hohe Anzahl von Lektionen mit je unterschiedlichen mathematischen Inhalten sind die Kriterien zur Kategorisierung des Inhalts der Interaktion nur sehr allgemein formulierbar und ist die Codierung immer auch eine Einschätzung der Interaktion in Bezug auf diese Kriterien. Im Zentrum der vorliegenden Arbeit liegt die Frage nach der kognitiven Aktivierung der Lernenden durch die Lehrer-Schüler-Interaktion. Dies ist ein Qualitätskriterium, welches für die einzelnen Interaktionen eingeschätzt und nicht ausschließlich aufgrund der Beobachtung von Merkmalen der Interaktion beurteilt werden kann. Hiermit wird deutlich, dass in dieser Arbeit die Kombination von niedrig und hoch inferenten Verfahren auf der Mikroebene der Interaktion realisiert wird. Im hoch inferenten Rating wird, anders als bis anhin, nicht ein Ausschnitt des Unterrichts in Bezug auf die Ausprägung der Erfüllung eines Qualitätskriteriums eingeschätzt, sondern es wird eine kategoriale Einschätzung des Ausschnittes respektive der Interaktion in Bezug auf die damit ausgelösten Denk- und Verstehensprozesse vorgenommen.

8.4.3 Analyseprozess

Die Codierung der Videodaten erfolgt nach einem standardisierten Vorgehen, um sie nachvollziehbar und überprüfbar zu halten. Das der Codierung zugrunde liegende Kategoriensystem wurde sowohl theorie- als auch datengeleitet entwickelt und richtet sich nach den Standards inhaltsanalytischer Beobachtungsverfahren (vgl. Bakeman & Gottman, 1986; Bos & Tarnai, 1999; Mayring, 2003). Das Kategoriensystem ermöglicht die qualitative kategoriengeleitete Codierung der Daten und macht sie der Quantifizierung zugänglich. Das zyklische Verfahren zur Analyse von Unterrichtsvideos umfasst mehrere Schritte, die ausgehend vom Theoriehintergrund und der Datenbasis die Entwicklung des Kategoriensystems und dessen Anwendung sowie die Verknüpfung der qualitativen Analyse mit der quantitativen Auswertung beschreiben (Bos & Tarnai, 1999; Hugener et al., 2006b; Jacobs et al., 1999). In Abbildung 1 wird in Anlehnung an bestehende Beschreibungen zur Entwicklung von Beobachtungsverfahren der in dieser Arbeit durchlaufene Prozess der Analyse der Videodaten dargestellt.

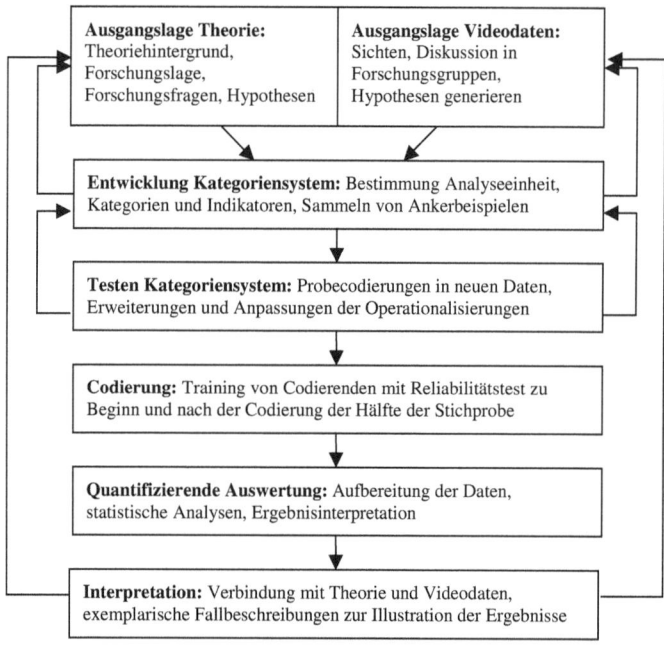

Abbildung 1: Verlaufsmodell für den Prozess der Analyse von Unterrichtsvideos. Angelehnt an Hugener et al. (2006a), Bos und Tarnai (1999) und Jacobs et al. (1999)

Der Analyseprozess erfolgt zugleich als Top-Down- und Bottom-Up-Verfahren, da sowohl der Theoriehintergrund als auch die Unterrichtsvideos als *Ausgangslage* dienen (vgl. Chi, 1997). Durch die Betrachtung von (zufällig ausgewählten) Lektionen und deren Deutung und Diskussion, die durch theoretische Annahmen und bestehende empirische Arbeiten inspiriert sind, werden die Forschungsfragen spezifiziert und erste Hypothesen, auf deren Basis die Kategorien gebildet werden, generiert.

Das Ziel ist die *Entwicklung eines objektiven Kategoriensystems* zur Erfassung und Beschreibung der Ereignisse im Unterricht. Dieses bildet die Grundlage der Erkenntnismöglichkeiten durch die Analyse (z.B. Atteslander, 2000; Bakeman & Gottman, 1986). Unter wiederholtem Rückgriff auf die Daten und unter Einbezug von theoretischen Erkenntnissen werden Kategorien mit Indikatoren, Ankerbeispielen und Regeln zur Vergabe der Codes entwickelt (Mayring, 2003). Die Bildung des Kategoriensystems ist damit ein zirkulärer Prozess, in dessen Verlauf die gebildeten Kategorien immer wieder auf ihre Anwendbarkeit am Datenmaterial getestet und in Bezug auf ihre theoretische Relevanz respektive ihre Validität überprüft werden. Die Indikatoren werden so beschrieben, dass sich die einzelnen Kategorien trennscharf und eindeutig unterscheiden lassen (Atteslander, 2000; Früh, 1991). Vor der Entwicklung von unnötig komplexen Kategoriensystemen wird gewarnt, da diese sich meist als störanfälliger erweisen (Früh, 1991).

Das *Testen des Kategoriensystems* als nächster Schritt steht an der Schwelle zwischen der im Rahmen der Entwicklung der Kategorien betriebenen qualitativen Analyse der Unterrichtsvideos und der anschließenden Quantifizierung der Daten. Das Kategoriensystem wird ein erstes Mal auf seine Reliabilität und Anwendbarkeit an einer größeren Stichprobe von Unterrichtsvideos getestet. In diesem Schritt zeigt sich auch, ob das Kategoriensystem den Ansprüchen der Objektivität im Sinne der Verständlichkeit und Nachvollziehbarkeit der Kategorienbeschreibung und des Codiervorgehens genügt.

Nach erfolgreichem Testen im Rahmen der Code-Entwicklung werden die Codierenden mit den Regeln der *Codierung* und dem Kategoriensystem vertraut gemacht. Im Anschluss an eine intensive Schulung (in der Regel zwei bis drei Wochen) wird zur Überprüfung der Übereinstimmung der Codierenden die Reliabilität berechnet. Die Interrater-Reliabilität muss bei mindestens 85% liegen, damit die Stichprobe codiert werden kann. Als weitere Maßnahme zur Sicherung der Qualität des Verfahrens wird nach der Codierung der Hälfte der Stichprobe ein zweiter Reliabilitätstest an einer Teilstichprobe von Lektionen vorgenommen (vgl. Früh, 1991; Jacobs et al., 2003; Jacobs et al., 1999). Die Validität des Kategoriensystems kann im gleichen Schritt überprüft werden, indem zur Berechnung der Übereinstimmung der Codierungen nicht nur die Codierergebnisse der Codierenden, sondern auch diejenigen der Forschenden, welche das Kategoriensystem entwickelt haben, einbezogen werden (Früh, 1991).

Bei der Analyse von größeren Datenmengen bilden die Ergebnisse der Codierung die Grundlage für die *quantifizierende Auswertung*. Sie erlauben Aussagen über die Dauer und die Häufigkeit der mit dem Kategoriensystem erfassten Merkmale im Unterricht und ermöglichen Zusammenhangsberechnungen sowie Mittel-wertsvergleiche mit anderen Merkmalen der Lektionen oder mit durch die Be-fragungen erhobenen Variablen der Lehrperson oder der Lernenden.

Die *Interpretation* der Ergebnisse der statistischen Analyse der Codier-ergebnisse erfolgt wiederum unter Bezugnahme auf die zugrunde liegenden theore-tischen Vorannahmen und die gebildeten Hypothesen. Der Einbezug der Video-daten ermöglicht die Illustration der Bedeutung der Ergebnisse mit Fallbeispielen. Die Ergebnisse des Codierprozesses können zugleich wieder als Ausgangslage für neue Codierungen dienen (z.b. Chi, 1997; Hugener et al., 2006b), wie zum Beispiel die Erfassung der Schülerarbeitsphase im Rahmen der TIMSS 1999 Videostudie die Ausgangslage für die Analyse der Lehrer-Schüler-Interaktionen innerhalb dieser Phasen war.

Die Analyse der Videodaten in der vorliegenden Arbeit geschah entlang der im zirkulären Verlaufsmodell zur Analyse der Unterrichtsvideos beschriebenen Schritte und wird im Anschluss an die Gütekriterien der Analyse dargestellt.

8.4.4   Gütekriterien des Verfahrens

Die im Rahmen der Unterrichtsanalyse zu leistenden Beobachtungen des Unter-richts können sowohl bei der Entwicklung des Kategoriensystems als auch bei der Codierung der Daten systematischen Beobachtungsfehlern unterliegen, wie sie u.a. von Evertson und Green (1986) beschrieben werden. Dazu gehören zum Beispiel die in der Sozialpsychologie ausführlich behandelten Primacy- und Recency-Effekte oder die HALO-Effekte als Übergeneralisierungen von einzelnen beobachteten Merkmalen. Entsprechend werden im Rahmen der qualitativen For-schungsmethoden verschiedene Anforderungen an die Analyseverfahren gestellt, um die Fehlerquellen möglichst gering halten und kontrollieren zu können (z.B. Mayring, 2003); beispielsweise werden die Verdeutlichung von Kontext und Ziel des qualitativen Verfahrens, die Begründung der Wahl und die ausführliche Beschreibung des Verfahrens gefordert. Mit den oben dargestellten Schritten der systematischen Analyse werden die Einlösung dieser Ansprüche und eine mög-lichst hohe Objektivität, Reliabilität und Validität des Verfahrens angestrebt.

Zur Erreichung einer hohen *Objektivität* der Unterrichtsanalyse werden die ein-zelnen Schritte des Verfahrens offengelegt und nachvollziehbar gemacht. Die Indi-katoren der entwickelten Codes werden nachfolgend differenziert beschrieben und mit Ankerbeispielen versehen; falls nötig werden zusätzliche Codierregeln formu-liert, welche den Codierprozess nachvollziehbar machen und die Codierentschei-dungen erleichtern. Mit der ausführlichen und transparenten Darstellung des Vor-gehens wird die Replizierbarkeit des Verfahrens durch andere Forschungsgruppen gewährleistet.

Die *Reliabilität* der Codierung wird wie in der TIMSS 1999 Videostudie mit der Berechnung einer Beobachtungsübereinstimmung von mindestens 85% über-prüft (Jacobs et al., 2003). Damit wird sichergestellt, dass zwei unabhängige

Beobachtende zum gleichen Codierergebnis kommen und die Codierung nicht aufgrund subjektiver Beobachtungstendenzen verzerrt wird. Zur Standardisierung des Analyseverfahrens werden mehrfach die Übereinstimmungen berechnet: Das Training der Codierenden gilt erst als abgeschlossen, wenn sie zu mindestens 85% mit der Modellcodierung (Codierung der Entwickelnden) übereinstimmen; zusätzlich wird nach der Hälfte der Codierungen die Übereinstimmung erneut überprüft.

Die *Validität* der Analyse wird durch die theoretische Verankerung der Entwicklung des Kategoriensystems sowie den wiederholten Einbezug der Unterrichtsvideos angestrebt. Dadurch, dass die Autorin sowohl die Kategorien entwickelt hat als auch am Codierprozess und an den Reliabilitätsmessungen beteiligt war, ist die Wahrscheinlichkeit sehr hoch, dass die Codierentscheide auf einem gemeinsamen Verständnis der Kategorien beruhen (vgl. Früh, 1991). Die Frage, ob das Kategoriensystem wirklich das erfasst, was es messen will, lässt sich jedoch nie abschließend beantworten und eine externe Validierung des mit dem Instrument gemessenen Konstrukts durch andere Instrumente, wie zum Beispiel die Erfragung der Perspektive der Lernenden, ist nur bedingt möglich, da Einschätzungen von Unterrichtsmerkmalen aus anderen Perspektiven immer auch aufgrund eines unterschiedlichen Referenzsystems und unterschiedlicher Erwartungen erfolgen (Clausen, 2002).

8.5 Kategoriensystem zur Erfassung der individuellen Lernunterstützung

Im Rahmen der vorliegenden Arbeit wurden entlang der beschriebenen Schritte im Analyseprozess sowohl theorie- als auch datengeleitet Kategorien zur Beschreibung der individuellen Lernunterstützung in den Schülerarbeitsphasen entwickelt. Als theoretischer Hintergrund diente die im Theorieteil dargestellte Auseinandersetzung mit der individuellen Lernunterstützung und deren Bedeutung und Merkmalen (vgl. zusammenfassend Kapitel 6). Im Vordergrund standen die Erfassung und Beschreibung der Lernunterstützung sowie die Beurteilung der inhaltlichen Unterstützung in Bezug auf deren Funktion für die Lernprozesse der Schülerinnen und Schüler.

In bestehenden Analysen zur Lehrer-Schüler-Interaktion werden meistens in Mikroanalysen die Kommunikation zwischen Lehrenden und Lernenden und deren Inhalte sowie verschiedene Ebenen und Schichten der Interaktion beschrieben. Ein exemplarisches Beispiel stellt zum Beispiel die Analyse der ersten fünf Minuten einer einzigen Englischlektion dar (Bloome & Theodorou, 1988). Am anderen Ende des Kontinuums in Bezug auf die Detailliertheit der Analyse der Interaktionen liegt die Analyse der Lehrer-Schüler-Interaktionen in großen Lektionsstichproben, wie sie mit der vorliegenden Untersuchung vorliegt. Mit der großen Anzahl Lektionen und aufgrund der unterschiedlichen mathematischen Inhalte in den Lektionen stellt sich die Herausforderung, ein aufgabenunspezifisches und zugleich informatives Kategoriensystem zu erarbeiten.

Im Folgenden wird als Erstes die Codierung zur Erfassung des Auftretens von Lehrer-Schüler-Interaktionen beschrieben. Die identifizierten Lehrer-Schüler-Interaktionen dienen als Analyseeinheiten für die Kategorisierung der Form der Interaktionen. Nach einer ersten Übersicht über die unterschiedenen Formen werden die einzelnen Kategorien der Unterstützung beschrieben. Abschließend werden das konkrete Vorgehen bei der Codierung sowie die erreichten Beobachtungsübereinstimmungen dargestellt. Indikatoren und Codierregeln sowie Ankerbeispiele zur Veranschaulichung der Kategorien sind im Anhang aufgeführt (vgl. Kapitel 12).

8.5.1 Analyseeinheit

Als Lehrer-Schüler-Interaktionen zur individuellen Unterstützung des Lernens werden alle nicht öffentlichen Interaktionen einer Lehrperson mit einzelnen Lernenden in Phasen der selbständigen Schülerarbeit codiert. Diese Codierung der Lernunterstützung durch die Lehrperson baut auf die bereits bestehende internationale Codierung auf. Es werden die Schülerarbeitsphasen analysiert, in welchen sich die Lehrperson einzelnen Lernenden bei der Aufgabenbearbeitung unterstützend zuwenden kann, also CI 5 und CI 3 mit Aufgabenbearbeitung IP oder CP (für die Bedeutung der Abkürzungen vgl. Kapitel 8.2.1).

Die Codes zur Erfassung der Unterstützung werden jeweils derjenigen Gruppe von Turns zugeordnet, in der die Lehrperson mit einer oder einem einzelnen Lernenden oder einer kleinen Gruppe von Lernenden interagiert. Es wird nicht erfasst, wer die Interaktion initiiert. Zum Teil ist auch nur die Bemerkung der Lehrperson zu einem oder einer Lernenden aufgezeichnet; diese Äußerung wird auch als Interaktion codiert.

Es kann vorkommen, dass die Lehrperson bezüglich desselben Problems zuerst mit einer kleinen Gruppe von Lernenden spricht, dann intensiver mit einer oder einem Lernenden dieser Gruppe und sich abschließend nochmals an die anfänglich angesprochene Gruppe von Lernenden wendet. Dieser Fall wird als *eine* Interaktion codiert. Auch wenn die Lehrperson zu einer Schülerin oder einem Schüler spricht und eine andere Schülerin oder ein anderer Schüler zuhört und auch eine Frage zum selben Thema stellt, welche die Lehrperson wiederum beiden Lernenden beantwortet, wird dies als *eine* Interaktion aufgefasst.

In seltenen Fällen (vor allem bei längeren Unterstützungsphasen) kommt es vor, dass eine Interaktion durch eine andere Interaktion unterbrochen wird. Die unterbrechende Phase gilt als eine neue Interaktionsphase, sobald sie mehr als 15 sec umfasst. Die Fortsetzung der unterbrochenen Interaktion wird in diesem Fall als neue Interaktion codiert. Ist die unterbrechende Interaktion kürzer als 15 sec, so wird sie nicht einzeln codiert, sondern ignoriert.

Wenn zwei Interaktionen mit der respektive dem gleichen Lernenden (oder Gruppe von Lernenden) unmittelbar aufeinanderfolgen, dasselbe Problem zum Thema haben und nicht mehr als 15 sec auseinanderliegen, werden die beiden Interaktionen zu einer Interaktion zusammengefasst.

Es gibt einzelne Fälle von Interaktionen, in denen eine Interaktion zuerst klar auf eine Aufgabe bezogen ist und sich die Lehrperson direkt anschließend gegenüber denselben Lernenden bezüglich weiterer anderer Aufgaben äußert, welche sie lösen können. Die Interaktion zum neuen Thema wird als einzelne Interaktion aufgefasst und codiert. Gar nicht erfasst werden innerhalb der Schülerarbeitsphasen die folgenden Bemerkungen/Interaktionen:

- als „Public Announcements" (PA) codierte Äußerungen der Lehrperson während der Schülerarbeitsphase;[18]
- reine Schüler-Schüler-Interaktionen;
- nicht transkribierte, aber hörbare Äußerungen;
- bloßes Umhergehen der Lehrperson und Beobachten der Lernenden ohne verbale Interaktion;
- bloße Gestik/Mimik der Lehrperson;
- Tafelanschriften durch die Lehrperson zu denen keine Bemerkung gemacht wird;
- Interaktionen der Lehrperson mit anderen Personen als den Lernenden (z.B. Filmteam;
- Schüler-Fragen ohne Antwort der Lehrperson während der Schülerarbeitsphase.

Interaktionen, welche aufgrund eines Ausfalls des Mikrofons nur teilweise erfasst sind, werden so behandelt, dass die aufgezeichneten und transkribierten Äußerungen der Lehrperson codiert werden. Sequenzen, in welchen zwar auf dem Video eine Interaktion beobachtbar ist, aber das Gespräch nicht aufgezeichnet ist, werden grundsätzlich nicht codiert. In Ausnahmefällen kann dies dazu führen, dass eine beobachtbare Interaktion in zwei oder mehr hörbare und codierbare Äußerungen aufgeteilt wird. Ist eine Äußerung zum Teil verständlich und transkribiert, aber aufgrund der Unvollständigkeit nicht eindeutig einem Code zuordenbar, wird sie als nicht bestimmbar (UN) codiert (siehe weiter unten).

Nicht codiert wird, wer die Interaktion initiiert. Einerseits wird davon wegen der mangelhaften Beobachtbarkeit abgesehen, zusätzlich wird davon ausgegangen, dass für die Lernprozesse der Lernenden nicht entscheidend ist, wer die Interaktion beginnt, sondern vielmehr, in welcher Form die Lehrperson die Interaktion gestaltet.

---

18 Im Rahmen der TIMSS 1999 Videostudie wurde in den Schülerarbeitsphasen erfasst, ob die Lehrperson öffentlich eine Bemerkung an die Klasse richtete. Auch der Inhalt der öffentlichen Information wurde als mathematikbezogene oder organisatorische Information codiert.

8.5.2 Code-Übersicht

Tabelle 6: Codes zur Charakterisierung der Form der individuellen Unterstützung

Code-Name	Abkürzung	Beschreibung
Unterstützung mit ausschließlich organisatorischen Informationen (OU)		
Organisation Allgemein (off task)	OA	Allgemeine organisatorische Bemerkungen, welche nicht im Zusammenhang mit der Arbeit an den Mathematikaufgaben stehen (Schulreise, Disziplin, Hausaufgaben, Prüfungen).
Organisation Mathematikaufgaben	OM	Organisatorische Bemerkungen, welche im Zusammenhang stehen mit den zu bearbeiten-den Mathematikaufgaben und sowohl OMM als auch OMA enthalten.
Organisation Mathematikaufgaben: Material	OMM	Organisatorische Bemerkungen, welche im Zusammenhang stehen mit den zu bearbeiten-den Mathematikaufgaben und das Material oder formale Aspekte (wie z.B. Antwortformat, Größe der Schrift) betreffen.
Organisation Mathematikaufgaben: Arbeitsform	OMA	Organisatorische Bemerkungen, welche im Zusammenhang stehen mit den zu bearbeiten-den Aufgaben und die Arbeitsform der Lernen-den betreffen.
Inhaltliche, mathematikbezogene Unterstützung (MU)		
Evaluation des Lernfortschritts	EV	Fragen der Lehrperson, welche sich aus-schließlich auf das Abschätzen des Schüler-verständnisses richten.
Feedback	FB	Kurze Rückmeldung der Lehrperson zur Kor-rektheit der Schülerarbeit (evtl. in Kombination mit EV, aber keine weiteren Informationen).
Erklärung, direkt	E	Erklären, Vorzeigen, Modellieren der Lösung einer Mathematikaufgabe oder einzelner Teil-schritte (direkte Anweisung zum weiteren Vor-gehen).
Hinweis, indirekt	H	Inhaltlicher und/oder strategischer Hinweis, der zum Weiterdenken anregt (indirekte Unter-stützung, Anregung zur Schüler-Aktivität).
Erklärung *und* Hinweis	EH	Sowohl Erklärung als auch weiterführende Hinweise.
Unterstützung nicht bestimmbar	UN	Nicht bestimmbare Unterstützung, Rest-kategorie.

Jede Lehrer-Schüler-Interaktion wird ausschließlich einer Kategorie zur Charakte-risierung der Form der Unterstützung zugeordnet (vgl. Tabelle 6). Die Codierung erfolgt nach einer strengen Hierarchie. Sobald eine Interaktion oder Bemerkung der Lehrperson zusätzlich zu einer organisatorischen Information eine mathematische Information enthält, wird sie nicht mehr als organisatorische Information codiert, sondern wird der Stufe der mathematikbezogenen Unterstützung zugeteilt. Eine Interaktion oder Bemerkung einer Lehrperson mit mathematischen Informationen kann also immer auch noch andere Informationen enthalten, welche nicht mehr einzeln codiert werden. Dies geschieht aus Gründen der Auswertbarkeit der Codierung und aufgrund der Annahme, dass organisatorische Unterstützung im Unterricht immer wieder vorkommt, die ausschließlich organisatorische Unterstützung aber keine Unterstützung für das Lernen darstellt. Im Folgenden werden die einzelnen Kategorien der Unterstützung beschrieben. Die ausführlichere Darstellung der Kategorien mit Beispielen und Codierregeln befindet sich im Anhang (vgl. Kapitel 12).

8.5.3 Unterstützung mit ausschließlich organisatorischen Informationen (OU)

Diese Kategorie umfasst Lehrer-Schüler-Interaktionen, in denen die Lehrperson den Lernenden rein organisatorische Informationen gibt und keine inhaltlich auf die Aufgaben bezogenen Äußerungen macht.

Die Kategorie der Organisations-Interaktionen wird noch weiter unterteilt in Allgemeine Organisation (OA) und auf die Bearbeitung von Mathematikaufgaben bezogene Organisation (OM).

8.5.3.1 Organisation Allgemein (OA)

Allgemeine organisatorische Bemerkungen der Lehrperson werden als OA codiert. Alle Bemerkungen/Interaktionen der Lehrperson, welche sich nicht auf die zu bearbeitenden Aufgaben beziehen, sondern auf andere mathematische Themen wie zum Beispiel eine Prüfung oder die Hausaufgaben werden ebenfalls als OA codiert. Auch rein disziplinarische Bemerkungen fallen unter die Kategorie OA.

8.5.3.2 Organisation Mathematikaufgaben (OM)

Diese Kategorie umfasst organisatorische Bemerkungen, welche *direkt* mit der Bearbeitung der aufgetragenen Aufgaben verbunden sind. Dieser Code wird in die folgenden zwei Unterkategorien OMM und OMA unterteilt. Trifft für eine Interaktion sowohl OMM als auch OMA zu, dann wird sie als OM codiert.

8.5.3.3 Organisation Mathematikaufgaben: Material (OMM)

Die OM-Interaktion kann mit dem für die zu bearbeitenden Aufgaben benötigten Material und formalen Aspekten der Bearbeitung zusammenhängen.

8.5.3.4 Organisation Mathematikaufgaben: Arbeitsform (OMA)

Äußerungen der Lehrperson, welche sich auf die Organisation der Arbeitsform beziehen, werden als OMA codiert. Diese Äußerungen können sowohl mit der Organisation der Unterstützung durch die Lehrperson zusammenhängen als auch mit der Organisation der Unterstützung für einzelne Lernende durch andere Lernende. Auch in die Organisation der Arbeitsform fallen Äußerungen zur Bearbeitungszeit der Aufgaben.

8.5.4 Inhaltliche, mathematikbezogene Unterstützung (MU)

8.5.4.1 Evaluation des Lernfortschritts (EV)

Als Evaluation werden Fragen der Lehrperson codiert, welche zum Abschätzen des Verstehens dienen oder auf das Erfassen des gegenwärtigen Lernstandes abzielen. Sobald die Lehrperson auch Rückmeldungen, Erklärungen oder Hinweise zur Aufgabe gibt, wird die Interaktion als FB, E, H oder EH codiert (vgl. folgende Codes).

8.5.4.2 Feedback (FB)

Die Lehrperson meldet einem Lernenden oder einer Gruppe von Lernenden zurück, ob die Aufgabe oder ein Teilschritt der Aufgabe richtig oder falsch gelöst wurde. Dies kann ein „mhm" sein oder eine ausgedehntere Rückmeldung wie „Schau hier nochmals genau hin, hier scheint ein Fehler zu sein".

Wichtiges Merkmal dieses Codes ist, dass er nur eine Rückmeldung der Lehrperson beinhaltet und keine weitere Unterstützung geleistet wird. Die Lehrperson sagt, *was falsch/richtig* ist oder *welcher Teil falsch/richtig* ist, ohne auf die weitere Bearbeitung der Frage einzugehen. Die Art und der Inhalt des Fehlers werden nicht gekennzeichnet.

Es gibt auch eine *indirekte Form* von Rückmeldung. Zum Beispiel fallen die Bemerkungen „Bist du sicher, dass das hier richtig ist?" oder „Kann das sein?" unter den Code FB, da sie für den Lernenden eine *Rückmeldung ohne weitere Unterstützung* darstellen. Er muss aufgrund einer solchen eher rhetorischen Frage der Lehrperson davon ausgehen, dass in seinem Lösungsweg ein Fehler ist.

Auch als FB werden Ja- oder Nein-Antworten der Lehrperson auf eine Schülerfrage bezüglich der Aufgabenbearbeitung codiert. Auch hier weiß der Lernende nur, dass sein Gedanke richtig oder falsch ist, ohne weitere Hinweise zu erhalten. Sobald ein Feedback weitere Hinweise zur Aufgabenbearbeitung enthält, wird es als E, H oder EH codiert.

8.5.4.3 Erklärung, direkt (E)

Die Lehrperson erklärt einem oder einer kleinen Gruppe von Lernenden, wie eine Aufgabe oder ein Teilschritt einer Aufgabe zu lösen ist. Die Lehrperson zeigt den Schritt oder Schritte vor. Sie kann auch eine Erklärung darüber abgeben, warum dieser Schritt oder diese Schritte so vorgenommen werden müssen. Die Erklärung kann auch eine Begründung eines Lösungsschrittes beinhalten. Die Erklärung kann überdies zusätzlich ein Feedback beinhalten. Als Erklärung gilt auch, wenn die Lehrperson eine Frage eines Lernenden beantwortet (nicht nur mit Ja/Nein, vgl. FB). Stellt die Lehrperson eine Frage und beantwortet diese Frage im folgenden Satz gleich selber, wird dies auch als Erklärung codiert.

Eine Erklärung bedeutet aus der Sicht des Lernenden, dass die Lehrperson ihm eine Information zur Aufgabe gibt und sie nicht aus ihm herauslockt. Der Lernende weiß nach der Erklärung, *wie* der nächste Schritt oder die Lösung der ganzen Aufgabe aussieht.

8.5.4.4 Hinweis, indirekt (H)

Die Lehrperson unterstützt einen Lernenden oder eine Gruppe von Lernenden beim Bearbeiten von Aufgaben, indem sie einen Hinweis oder Tipp gibt, der die Lernenden zum Denken anregt. Der Hinweis kann inhaltlicher oder strategischer Art sein, ohne prozedurale, konkrete kleinschrittige Anweisungen zu geben und den nächsten konkreten Lösungsschritt oder die richtige Lösung zu nennen.

Diese Form der Unterstützung bedeutet aus der Sicht eines Lernenden, dass die Lehrperson ihn zum Denken anregt, ihn auf dem Lösungsweg weiterbringt, ohne selber die Erklärung abzugeben. Der Lernende soll selber herausfinden, wie er die Aufgabe lösen muss, wie der nächste Lösungsschritt aussieht.

8.5.4.5 Erklärung und Hinweis (EH)

Sobald die Lehrperson einem oder einer Gruppe von Lernenden sowohl eine Erklärung als auch weiterführende Hinweise gibt, wird der Code EH vergeben. In einer solchen Interaktion kann auch ein Feedback enthalten sein. Die Reihenfolge von Erklärung und Hinweis ist nicht entscheidend, es können auch zuerst weiterführende Hinweise abgegeben und dann kann noch eine Erklärung hinzugefügt werden.

8.5.4.6 Unterstützung nicht bestimmbar (UN)

In seltenen Fällen ist die Form der Unterstützung nicht bestimmbar. Diese Interaktionen werden als UN codiert.

8.6 Codierung der individuellen Lernunterstützung

Die Codierung der Daten wurde wie in der TIMSS 1999 Videostudie mit der Software Vprism vorgenommen (vgl. Kapitel 8.2). Zum Testen und Anwenden des Kategoriensystems auf den gesamten Datensatz der schweizerischen Vertiefungsstudie wurden zwei Codiererinnen beigezogen, die bereits in der TIMSS 1999 Videostudie als Codiererinnen gearbeitet hatten und dementsprechend über einen großen Erfahrungshintergrund im Umgang mit Videodaten und Unterrichtsanalyse verfügten. Für das Training wurden die Schülerarbeitsphasen aus acht zufällig ausgewählten Lektionen analysiert. Zum Abschluss des Trainings wurde die Reliabilität berechnet.

Zur Überprüfung der Beobachtungsübereinstimmung wurde als Maß für die Reliabilität der Codierung wie in der TIMSS 1995 Videostudie (Jacobs et al., 2003) die Intercoder-Reliabilität (Früh, 1991, S. 95) gewählt, welche vergleicht, ob die Codiererinnen zu denselben Codierergebnissen kommen, was auf ein geteiltes Verständnis des Kategoriensystems und eine analoge Verwendung schließen lässt. Zur Berechnung der Beobachtungsübereinstimmung fand die folgende Formel Anwendung: $CR = Ü / (Ü + nÜ)$

CR	=	Codier-Reliabilität
Ü	=	Anzahl der übereinstimmenden Codierungen
nÜ	=	Anzahl der nicht übereinstimmenden Codierungen

In den untenstehenden Tabellen sind die Werte der einzelnen Lektionen zur Berechnung der Reliabilität aufaddiert. Wie in der TIMSS 1999 Videostudie wird jeder Inpoint und jeder Outpoint der codierten Lehrer-Schüler-Interaktion als unabhängige Codierentscheidung bewertet. Für eine Übereinstimmung der Codierentscheidung müssen die In- und Outpoints innerhalb eines Abschnitts von fünf Sekunden liegen. Ebenfalls miteinbezogen wird die Übereinstimmung der Anzahl erfasster Lehrer-Schüler-Interaktionen. Des Weiteren wird die Übereinstimmung der gewählten Kategorie überprüft. Analog zur internationalen Codierung gilt ein Reliabilitätswert von mindestens 85% bei der kumulierten Reliabilität als zufriedenstellend.

Die Codierung beider Codiererinnen wurde nach Abschluss des Trainings mit der Modell-Codierung von sechs Lektionen durch die Autorin verglichen. Der Wert der Midpoint-Reliabilität beruhte auf dem Vergleich der Codierung durch die Autorin mit denjenigen der Codiererinnen bezüglich einer je unterschiedlichen Auswahl von vier Lektionen. Insgesamt hat die Autorin 80 Lektionen codiert, 34 Lektionen wurden durch Codiererin 1 und 40 Lektionen durch Codiererin 2 bearbeitet.

Tabelle 7: Addierte Werte der Eingangs-Reliabilität der Unterstützungs-Codierung für Codiererin 1

	Anzahl Übereinstimmungen	Anzahl Nicht-Übereinstimmungen	Codier-Reliabilität
In- und Outpoint der Interaktionen	307	23	93%
Unterstützungs-Code	143	22	87%
Kumulierte Reliabilität			90%

Tabelle 8: Addierte Werte der Eingangs-Reliabilität der Unterstützungs-Codierung für Codiererin 2

	Anzahl Übereinstimmungen	Anzahl Nicht-Übereinstimmungen	Codier-Reliabilität
In- und Outpoint der Interaktionen	298	28	91%
Unterstützungs-Code	128	15	89%
Kumulierte Reliabilität			90%

Tabelle 9: Addierte Werte der Midpoint-Reliabilität der Unterstützungs-Codierung für Codiererin 1

	Anzahl Übereinstimmungen	Anzahl Nicht-Übereinstimmungen	Codier-Reliabilität
In- und Outpoint der Interaktionen	146	18	89%
Unterstützungs-Code	69	12	85%
Kumulierte Reliabilität			87%

Tabelle 10: Addierte Werte der Midpoint-Reliabilität der Unterstützungs-Codierung für Codiererin 2

	Anzahl Übereinstimmungen	Anzahl Nicht-Übereinstimmungen	Codier-Reliabilität
In- und Outpoint der Interaktionen	197	25	89%
Unterstützungs-Code	85	12	87%
Kumulierte Reliabilität			88%

Der über alle Reliabilitätsprüfungen berechnete Wert von rund 89% für die kumulierte Reliabilität bescheinigt der Codierung zur Beschreibung der Form der individuellen Unterstützung eine genügende Verlässlichkeit. Bei den Reliabilitätsmessungen zu Beginn des Trainings wurden die unterschiedlichen Codierentscheidungen mit einer Matrix der Codier-Übereinstimmungen (Bakeman & Gottman, 1986) hinsichtlich eines systematischen Auftretens von nicht übereinstimmenden Codierentscheiden in Bezug auf die Kategorie der Unterstützung überprüft. Diese Matrix kann Hinweise auf eine zu wenig exakte oder unvollständige Beschreibung im Kategoriensystem geben. Es haben sich aber keine entsprechenden systematischen Nicht-Übereinstimmungen feststellen lassen.

8.7 Unabhängige Variablen: Kategorien für die Videodaten

Im Rahmen der Lizentiatsarbeit von Hugener und Krammer wurde für die schweizerischen Lektionen der TIMSS 1999 Videostudie bestimmt, welche Funktion die Schülerarbeitsphasen in Bezug auf den Lernprozess haben. Ebenfalls wurden Codes zur Analyse der Schülerarbeitsphasen in Bezug auf die Differenzierung im Unterricht entwickelt (Hugener & Krammer, 2001, in Druck). Diese Merkmale des Unterrichts lassen sich in Bezug setzen zu den Formen der Lernunterstützung und werden hier ebenfalls kurz charakterisiert.

8.7.1 Funktion der Schülerarbeitsphasen

In der Lizentiatsarbeit von Hugener und Krammer (2001) wurde analysiert, welcher Funktion im Lernprozess die selbständige Schülerarbeit dient. Pro Schülerarbeitsphase wurde ein Code vergeben (vgl. Tabelle 11). Die Reliabilitätswerte für die Codierungen erwiesen sich als gut bis sehr gut (> .88).

Tabelle 11: Codes zur Charakterisierung der Funktion der Schülerarbeitsphase in Bezug auf den Lernprozess

Abkürzung	Code-Name	Beschreibung
Aut	Automatisieren von Grundfertigkeiten	Die Lernenden bearbeiten Aufgaben, welche nicht einen direkten Bezug zum Inhalt der restlichen Lektion haben (z.B. Kopfrechnen, großes Einmaleins).
Rep	Repetition von bereits bekannten Inhalten	Die Lerndenden bearbeiten selbständig Aufgaben zur Repetition bereits bekannter Inhalte, die in früheren Lektionen erarbeitet wurden.
Ü	Repetitives Üben	Die Lehrperson lässt die Lernenden an Aufgaben arbeiten, deren Lösungsmethode sie vorher gezeigt hat. Die Lernenden hatten vorgängig die Möglichkeit zu sehen, wie Aufgaben des entsprechenden Typs gelöst werden.
A	Anspruchsvolles Üben	Die Lehrperson lässt die Lernenden an Aufgaben arbeiten, deren Lösungsverfahren vorher nicht erarbeitet wurde. Die Lösungsschritte wurden nie an einem konkreten und vergleichbaren Aufgabenbeispiel mit entsprechender Aufgabenkomplexität öffentlich bearbeitet.

Abkürzung	Code-Name	Beschreibung
Ü+A	Repetitives *und* anspruchsvolles Üben	Diese selbständigen Schülerarbeitsphasen enthalten sowohl Aufgaben, welche die Funktion des repetitiven Übens einnehmen, als auch Aufgaben, welche die Funktion des anspruchsvollen Übens erfüllen.
Ü/A	Repetitives *oder* anspruchsvolles Üben	Dieser Code wurde zur Bezeichnung von Phasen gewählt, deren Funktion nicht eindeutig dem repetitiven bzw. anspruchsvollen Üben zugeschrieben werden konnte.
Ex	Explorative Erarbeitung von neuen Inhalten	Die Lehrperson lässt die Lernenden selbständig einen mathematischen Inhalt bearbeiten, ohne dass er vor der selbständigen Bearbeitung vorgezeigt wurde. Die Lernenden suchen selbständig ein allgemeines Verfahren, eine Formel oder einen Merksatz.

8.7.2 Sozialform in den Schülerarbeitsphasen

Als Ergänzung zur internationalen Codierung der Sozialform in der Schülerarbeitsphase (vgl. Kapitel 8.2.1.1) wurde in der Lizentiatsarbeit von Hugener und Krammer für die vorliegenden Daten festgehalten, ob die Lernenden in den Schülerarbeitsphasen, in denen nicht explizit Partner- oder Gruppenarbeit vorgeschrieben war, Kooperation geduldet wurde. Das heisst, es wurde erfasst, ob der Austausch der Lernenden während der selbständigen Arbeit nicht durch die Lehrperson verhindert, sondern ob *Kooperation geduldet* oder gar gefördert wurde, auch dies wiederum mit guten Reliabilitätswerten (> .91). So kann für die Schülerarbeitsphasen zwischen Kooperation und Einzelarbeit unterschieden werden.

8.7.3 Unterrichtsstil

Zusätzlich zur Funktion und Sozialform der Schülerarbeitsphasen, welche über Videocodierungen erfasst wurden, kann sich die Form der Unterstützung auch je nach Unterrichtsstil unterscheiden (vgl. Fragestellung 7.4). Zur Erfassung des Unterrichtsstils diente die Angabe der Lehrpersonen im Fragebogen. Die Lehrpersonen der Deutschschweiz wurden gefragt, wie häufig sie nach Prinzipien der „Erweiterten Lehr-Lernformen" (ELF) unterrichten. Die „Erweiterten Lehr-Lernformen" haben seit den 1980er-Jahren Verbreitung im Unterricht der Deutschschweiz auf Primar- und Sekundarstufe gefunden. Im Vergleich zum traditionellen Unterricht lassen sie sich durch eine erweiterte Zielvorstellung charakterisieren, welche z.B. eine Erhöhung von Adaptivität, Selbststeuerung der Lernenden, Förderung der Lernkompetenzen und Reflexion sowie Eigenaktivität der Lernenden im Unterricht umfasst (vgl. Kapitel 2.1.1.2). Im Unterschied zum Konzept des offenen Unterrichts (vgl. Brügelmann, 1998) wurden die „Erweiterten Lehr-Lernformen" explizit nicht als Alternative zum traditionellen Unterricht, sondern als Erweiterung konzipiert (Pauli et al., 2003).

Die vierstufige Antwortskala im Lehrerfragebogen reichte von „nie" bis „fast immer". Aufgrund ihrer Angaben wurden die Lehrpersonen in zwei Gruppen eingeteilt: Lehrpersonen der Deutschschweiz mit der Antwort „nie" oder „ab und zu" wurden der Gruppe mit *traditionellem Unterrichtsstil* zugeordnet. Lehrpersonen mit der Antwort „häufig" oder „fast immer" wurden der Gruppe mit *offenerem Unterrichtsstil* zugeordnet.[19] Bei Lehrpersonen mit fehlenden Werten wurde die Zuteilung aufgrund des Unterrichts in der gefilmten Lektion und aufgrund der Angaben der Lernenden zum Ausmaß der Binnendifferenzierung und der Möglichkeit für individuelle Lernwege (vgl. Kapitel 8.8) festgelegt.

Da sich die Selbstdeklaration der Lehrpersonen auf den Unterrichtsstil im Allgemeinen und nicht spezifisch auf die gefilmte Lektion bezieht, wurde für die Beschreibung der individuellen Lernunterstützung in Abhängigkeit vom Unterrichtsstil die Übereinstimmung der Selbstdeklaration mit dem tatsächlich beobachtbaren Unterrichtsverhalten überprüft. Von den Lektionen der selbstdeklarierten ELF-Lehrpersonen wurden zehn Lektionen ausgeschlossen respektive als traditionell eingestuft, weil keine Indizien für offeneren Unterricht feststellbar waren. Es handelt sich entweder um kleinschrittig strukturierte Übungslektionen ohne innere Differenzierung oder um klassische Einführungslektionen mit nur einem geringen zeitlichen Anteil von selbständiger Schülerarbeit. Diese Identifizierung wurde mittels der Codierung und Typenbildung in Hugener und Krammer (2001) vorgenommen, wo die ELF-Lektionen durch den Einsatz von Differenzierungsmaßnahmen sowie eine längere Dauer an selbständiger Schülerarbeit charakterisiert werden. Demgegenüber wurden drei Lektionen der TIMSS-Stichprobe aus der deutschsprachigen Schweiz als offenerer Unterricht kategorisiert, obwohl die Lehrpersonen nicht angaben, häufig oder fast immer nach ELF zu unterrichten. Ausschlaggebend war hier, dass in der Lektion mit Wochenplan gearbeitet wurde oder dass die Lernenden über einen großen Anteil der Lektionsdauer hinweg selbständig ein allgemeines Verfahren explorieren. Die längere eigenaktive Arbeit an anspruchsvollen Problemen mit dem Ziel der selbständigen Erkundung eines Vorgehens ohne vorgängige Einführung entspricht den Gestaltungsmerkmalen von ELF-Unterricht (vgl. Pauli et al., 2003). Auch konnte an anderer Stelle ein Zusammenhang für die schriftlichen Vertiefungsskripts und Einführungsskripts von Lehrpersonen nachgewiesen werden, der die Zugehörigkeit der Lektionen mit hohem Anteil an selbständigen Explorationsphasen zum offeneren Unterricht bestätigt: Lehrpersonen, welche für die Vertiefungsstunden den Wochenplan beschrieben, neigten dazu, für die Einführungsstunden ein problemlösend-explorierendes Vorgehen zu beschreiben (Pauli & Reusser, 2003).

---

19 Der Begriff „offener Unterrichtsstil" wird gewählt, um deutlich zu machen, dass in diesen Lektionen nicht eine radikale Öffnung des Unterrichts umgesetzt sein muss, sondern dass es sich um eine Erweiterung der traditionellen Unterrichtsgestaltung in Bezug auf die genannten Zieldimensionen handelt.

8.8 Abhängige Variablen: Daten der Schülerinnen und Schüler

Mit dem nationalen Schülerfragebogen der schweizerischen Vertiefungsstudie wurden Prozessmerkmale des Unterrichts und der Lehrer-Schüler-Interaktion aus der Sicht der Lernenden sowie dispositionale Merkmale der Schülerinnen und Schüler wie Sach- und Fachinteresse, fähigkeitsbezogenes Selbstkonzept und Kausalattributionen erfasst. Dabei wurde teilweise auf bewährte Schülerbefragungsinstrumente zurückgegriffen, zum Beispiel auf den Fragebogen der BIJU-Studie (vgl. Baumert, Gruehn, Heyn, Köller & Schnabel, 1997; Gruehn, 2000) und auf die nationalen Schülererhebungen zur TIMS-Studie 1995 (vgl. Moser, Ramseier, Keller & Huber, 1997). Zusätzlich wurden im Rahmen der schweizerischen Vertiefungsstudie neue Skalen entwickelt, welche Aspekte des konstruktivistischen Lehrens und Lernens sowie Aspekte eines adaptiven, schülerorientierten Unterrichts erfassen (vgl. Waldis & Grob, in Druck-a).

8.8.1 Wahrnehmung des Unterstützungsverhaltens durch die Lernenden

Die nachfolgende Darstellung (Tabelle 12) gibt einen Überblick über Skalen der Unterrichtswahrnehmung, welche mit dem beobachteten Unterstützungsverhalten in Beziehung gesetzt werden (Waldis, Buff, Pauli & Reusser, 2002; Waldis & Grob, in Druck-a). Die Wahrnehmung der einzelnen Aspekte des Unterstützungsverhaltens wurde jeweils mit einer Skala erfasst, die ihrerseits wiederum mehrere Items umfasste. Die Antworten zu den Items wurden in der Regel in einer vierstufigen Skala vorgegeben, wobei die tiefste Ausprägung (1) der niedrigsten Übereinstimmung mit der Aussage im Item entspricht. Ausnahme ist die Verstehensorientierung, welche mit einer sechsstufigen Skala erhoben wurde.

Tabelle 12: Übersicht über die in allen drei Sprachregionen eingesetzten Unterrichtsmerkmale und deren Zuordnung zu übergeordneten Qualitätsaspekten (Daten gewichtet)

Skala	Items	Itembeispiel	Alpha		
			D	F	I
Individuelle Lernunterstützung	4	Im Mathematikunterricht hilft mir der Lehrer, wenn ich bei einer Aufgabe nicht weiter weiß.	.78	.79	.73
Lehrerkompetenz beim Erklären	5	Unser Mathematiklehrer kann gut erklären.	.80	.79	.81
Fehlerkultur	4	Der Lehrer ist geduldig, wenn ein Schüler oder eine Schülerin im Mathematikunterricht einen Fehler macht.	.68	.72	.70
Diagnosekompetenz der Lehrperson im Leistungsbereich	5	Unser Mathematiklehrer merkt sofort, wenn etwas nicht richtig verstanden wird.	.84	.80	.78

Skala	Items	Itembeispiel	Alpha		
			D	F	I
Verstehens-orientierung	5	Unserem Mathematiklehrer ist es wichtig, dass wir beim Aufgabenlösen den Lösungsweg verstehen.	.71	.65	.58
Individuelle Lernwege	4	Im Mathematikunterricht können wir selber entscheiden, wie wir arbeiten wollen.	.60	.52	.59
Binnen-differenzierung	2	Im Mathematikunterricht haben die einzelnen Schülerinnen und Schüler oft verschiedene Aufgaben.	.57		

Die im Schülerfragebogen erhobene Unterrichtswahrnehmung bezieht sich allgemein auf den Mathematikunterricht und nicht spezifisch auf die gefilmte und analysierte Lektion. Alle ausgewählten Skalen beschreiben Merkmale des Unterrichts, welche sowohl in der Schülerarbeitsphase als auch im öffentlichen Unterricht umgesetzt werden können. Kriterium der Auswahl war, dass sie zentrale Qualitätsmerkmale des Unterstützungsverhaltens durch die Lehrperson erfassen. Die beiden letztgenannten Skalen werden nur für die Analysen innerhalb der erweiterten Stichprobe der Deutschschweiz eingesetzt. Sie werden dort mit dem Unterrichtsstil in Beziehung gesetzt.

8.8.2 Interesse

Zusätzlich zu den Items der Unterrichtswahrnehmung wurden die Lernenden im Schülerfragebogen zu ihrem mathematikbezogenen Sach- und Fachinteresse befragt. Sie beantworteten die Fragen mittels einer vierstufigen Skala, wobei die tiefste Ausprägung (1) wiederum der geringsten Itemzustimmung entspricht (vgl. Tabelle 13).

Tabelle 13: Skala zur Erfassung des Interesses

Skala	Items	Itembeispiel	Alpha		
			D	F	I
Interesse	4	Mathematik ist spannend.	.87	.91	.89

Anmerkung. Daten gewichtet.

8.8.3 Mathematikleistung

Für die Erhebung der Mathematikleistungen wurden die Mathematikaufgaben aus dem Testinstrument der TIMSS 1995 Studie (Beaton et al., 1996) eingesetzt (vgl. Waldis, in Druck). Die verschiedenen Testheftversionen wurden in den einzelnen Klassen gleichmäßig verteilt.

8.9 Statistische Auswertungen

8.9.1 Auswertung der Videodaten

Zur Auswertung der Videodaten in SPSS stehen für jede Lektion respektive jede Lehrperson die Gesamtdauer sowie die Auftretenshäufigkeit der einzelnen codierten Unterstützungsformen zur Verfügung. Den bestehenden Datensatz der TIMSS 1999 Videostudie ergänzend, werden die fünfzehn ELF-Lektionen einbezogen, welche zusätzlich für die schweizerische Vertiefungsstudie gefilmt worden waren (vgl. Kapitel 8.3). Vom vollständigen Datensatz von 155 Lektionen wurden insgesamt zehn Lektionen ausgeschlossen, in denen die Lernenden während keiner Unterrichtsphase selbständig an Mathematikaufgaben arbeiten. Damit liegen Ergebnisse zur individuellen Lernunterstützung aus insgesamt 145 Lektionen aus dem Mathematikunterricht der Schweiz vor, welche sich wie in Tabelle 14 dargestellt auf die verschiedenen Sprachregionen und Schultypen verteilen.

Aus der Grundgesamtheit der 145 Lektionen werden *zwei sich überschneidene Analysestichproben* gebildet:

Repräsentatives Sample der Schweiz (N = 130): Alle Lektionen aus der TIMSS 1999 Videostudie unter Ausschluss der zusätzlichen ELF-Lektionen der deutschsprachigen Schweiz. Diese Stichprobe erlaubt repräsentative Aussagen über die Verteilung der erhobenen Merkmale zur Lernunterstützung in der gesamten Schweiz. Die repräsentative Stichprobe der Schweiz wird in Kapitel 9.1.1 ausführlicher dargestellt.

Erweiterte Teilstichprobe aus der deutschsprachigen Schweiz (N = 76): Die im Rahmen der TIMSS 1999 Videostudie gefilmten Lektionen der deutschsprachigen Schweiz sowie die dort zusätzlich gefilmten Lektionen mit „Erweiterten Lehr-Lernformen" (ELF). Ausgeschlossen werden die neun Gymnasialklassen, da die ELF-Lektionen ausschließlich aus der Real- und Sekundarschule stammen. Diese Stichprobe erlaubt den Vergleich der Merkmale der Lernunterstützung in traditionellen Unterrichtslektionen und im offeneren Unterrichtstil. Die Aussagen basieren zwar auf einer großen Teilstichprobe, sind aber nicht generalisierbar, da die erweiterte Teilstichprobe aus der deutschsprachigen Schweiz nicht repräsentativ ist. Die Verteilung der ELF-Klassen wird in Kapitel 9.2.1 beschrieben.

Tabelle 14: Verteilung der Lektionen mit Schülerarbeitsphasen in der Stichprobe nach Sprachregionen und Schultypen

Sprachregion und Schultyp	Anzahl Klassen	Prozentualer Anteil pro Landesteil	Prozentualer Anteil Stichprobe
Deutschsprachige Schweiz (D-CH)			
Realschulen (Grundansprüche)	26	30.6	17.9
Sekundarschulen (erweiterte Ansprüche)	35	41.2	24.1
(Pro-)Gymnasium (hohe Ansprüche)	9	10.6	6.2
Total (n D-CH repräsentativ)	70	82.4	48.3
ELF-Klassen Realschule	6	7.1	4.1
ELF-Klassen Sekundarschule	9	10.6	6.2
Total ELF-Klassen[a]	15	17.6	10.3
Total (n D-CH alle)	85		58.6
Französischsprachige Schweiz (F-CH)			
Exigences élémentaires (Grundansprüche)	5	13.5	3.4
Exigences moyennes (erweiterte Ansprüche)	18	51.4	12.4
Gymnasium (hohe Ansprüche)	14	37.8	9.7
Total (n F-CH)	37		25.5
Italienischsprachige Schweiz (I-CH)			
Corso base (Grundansprüche)	8	34.8	5.5
Corso attitudinale (erweiterte Ansprüche)	15	65.2	10.3
Total (n I-CH)	23		15.9
Total Klassen Schweizer Videostudie	145		

Die Analysen für das repräsentative Sample der Schweiz basieren auf der Anwendung der standardisierten Gewichtungsvariable für die Klassenebene, welche im Rahmen der TIMSS 1999 Videostudie für die Schweiz berechnet wurde. Mit der Gewichtungsvariable werden Disproportionen der Zusammensetzung der Stichprobe gegenüber jener der Grundgesamtheit kompensiert (Jacobs et al., 2003). Sie beruht auf den reziproken Werten der Selektionswahrscheinlichkeit in Bezug auf die Merkmale Region und Schultyp. Damit wird die Repräsentativität der Aussagen auf Klassenebene sichergestellt.

Die vorliegenden Daten weisen insofern eine hierarchische Struktur auf, dass die Schülerinnen und Schüler in Klassen zusammengefasst sind und somit ähnliche Unterrichtserfahrungen teilen, die Klassen wiederum sind zu Schultypen und Regionen zugehörig. Das disproportionale Sampling in Bezug auf Schultyp und Region wird zwar über Gewichte korrigiert, die Auswirkungen des Klumpencharakters bleiben jedoch in der vorliegenden Arbeit unberücksichtigt. Die nach dem Zufallsmodell errechneten Standardfehler unterschätzen die tatsächlichen Fehler in Abhängigkeit von der Ausprägung des Designeffekts. Die Verzerrung durch Nichtberücksichtigung des Klumpencharakters der Stichprobe ist aber nicht gravierend, da der Designeffekt in der vorliegenden Stichprobe nur marginal zu sein scheint. Im Unterschied zur internationalen Studie wird deshalb auf die empirische Schätzung mit dem Jackknife-Verfahren verzichtet.

Da für die mit ELF-Lektionen erweiterte Teilstichprobe aus der Deutschschweiz aufgrund ihrer Zusammensetzung kein Anspruch auf Repräsentativität erhoben werden kann, kommen bei den Analysen in dieser Stichprobe keine Gewichtungsvariablen zur Anwendung. Die Ergebnisse der Analysen in dieser Teilstichprobe sind nicht verallgemeinerbar, können aber einen Hinweis auf Unterschiede bezüglich der individuellen Lernunterstützung aufgrund des Unterrichtsstils geben.

Die statistische Absicherung der Auswertung erfolgt durch univariate Varianzanalysen (ANOVA) und anschließende Paarvergleiche unter Anwendung der Bonferroni-Korrektur und Angabe der Effektstärke Eta-Quadrat sowie durch Zusammenhangsberechnungen. Die Unterschiedsberechnungen für den traditionellen und progressiven Unterrichtsstil erfolgen mit t-Test und unter Angabe der Effektstärke Cohen's d.

Abschließend werden für die Merkmale der Lernunterstützung schrittweise Regressionsmodelle gerechnet, um den Einfluss von einzelnen Prädiktoren wie z.B. der Funktion und der Sozialform der Schülerarbeitsphase sowie der Kontrollvariablen Region und Schultyp zusammenfassend darstellen zu können. Die Regressionsanalysen erfolgen explorativ; mittels Vorwärtsstrategie wird überprüft, welche Prädiktoren den größten Anteil der Unterschiede in Bezug auf die abhängigen Variablen aufklären. Nacheinander werden die Prädiktoren mit dem höchsten partiellen Korrelationskoeffizienten eingefügt. Das Vorwärtsverfahren wird abgebrochen, wenn kein weiterer signifikanter Prädiktor mehr zur Verfügung steht.

8.9.2 Verknüpfung von Video- und Befragungsdaten

Für die Analyse der Beziehungen zwischen Unterrichtsmerkmalen und Schülermerkmalen (Wahrnehmung des Unterstützungsverhaltens, Mathematikleistung, Interesse) wird mit den auf Klassenebene aggregierten Daten gerechnet. Es wird überprüft, ob die beobachtete Form der Unterstützung einen Zusammenhang mit der Wahrnehmung der Unterstützung durch die Schülerinnen und Schüler zeigt. Die explorativen Analysen werden im repräsentativen Sample mit gewichteten Daten gerechnet (vgl. oben). Der Zusammenhang zwischen dem beobachteten Unterstützungsverhalten der Lehrperson sowie dem durch die Schülerinnen und Schüler wahrgenommenen Unterstützungsverhalten und den auf Klassenebene aggregierten Werten für Leistung und Interesse der Lernenden wird wiederum sowohl für das repräsentative Sample der Schweiz als auch für die erweiterte Teilstichprobe der Deutschschweiz berechnet. Einschränkend ist festzuhalten, dass individuelle Variablen wie z.B. der sozioökonomische Hintergrund der Schülerinnen und Schüler sowie das Geschlecht der Schülerinnen und Schüler unberücksichtigt bleiben. Die Zusammenhangsberechnungen beruhen auf querschnittlich erhobenen Daten und erlauben keine kausalen Interpretationen. Für die Klärung der Beeinflussungsrichtung wäre eine längsschnittliche Erfassung der Unterrichts-wahrnehmung zu mindestens drei Zeitpunkten erforderlich (Waldis & Grob, in Druck-b). Die Aufklärung der Varianz der auf Klassenebene aggregierten Werte für Leistung und Interesse durch das Unterstützungsverhalten der Lehrperson wird wiederum mit schrittweisen Regressionsanalysen exploriert.

9 Ergebnisse

Die Darstellung der Ergebnisse der quantitativen Auswertung der Codierung der Lerunterstützung erfolgt entlang der in Kapitel 7 formulierten Fragestellungen. Die Ergebnisse werden jeweils zuerst für die repräsentative Stichprobe der Schweiz und anschließend für die mit ELF-Lektionen erweiterte Teilstichprobe aus der Deutschschweiz dargestellt.

Im ersten Teil der Auswertung (Kapitel 9.1) wird die *Lernunterstützung in der repräsentativen Stichprobe der Schweiz* beschrieben. Bevor auf die Ergebnisse der Analyse der individuellen Lernunterstützung in den Schülerarbeitsphasen eingegangen wird, werden in Kapitel 9.1.2 die Dauer und Funktion der Schülerarbeitsphasen in den gefilmten Lektionen charakterisiert. Anschließend werden in Kapitel 9.1.3 die Befunde zu Umfang, Inhalt und Qualität der Lernunterstützung im repräsentativen TIMSS-Sample der Schweiz berichtet. Die Verteilung der erhobenen Merkmale in den drei Sprachregion Deutschschweiz, Westschweiz und Tessin wird jeweils dargestellt und regionale Unterschiede werden analysiert. Im Anschluss an die deskriptive Darstellung werden in Kapitel 9.1.5 mögliche Einflussfaktoren der Form der Unterstützung exploriert (z.B. Dauer und Funktion der Schülerarbeitsphasen).

In Kapitel 9.2 wird die Verteilung der erhobenen Merkmale der *Lernunterstützung in der erweiterten Teilstichprobe der deutschsprachigen Schweiz* dargestellt. Es wird untersucht, ob sich Umfang, Inhalt und Qualität der Unterstützung im traditionellen und im offeneren Unterrichtsstil unterscheiden.

Ergänzend zur Darstellung der Ergebnisse der Videoanalysen zur Lernunterstützung wird in Kapitel 9.3 beschrieben, wie die Lernenden die Unterstützung im Unterricht wahrnehmen. Der *Zusammenhang zwischen den beobachteten Merkmalen der Lernunterstützung und der Wahrnehmung des Unterstützungs- und Interaktionsverhaltens der Lehrperson durch die Lernenden* wird sowohl im repräsentativen Sample der Schweiz als auch in der erweiterten Teilstichprobe der Deutschschweiz analysiert.

Abschließend wird in Kapitel 9.4 exploriert, in welchem Maße *Leistung und Interesse der Lernenden durch das Unterstützungsverhalten der Lehrperson beeinflusst* werden. Die Zusammenhangs- und Regressionsanalysen werden wiederum für das repräsentative Sample der Schweiz und die erweiterte Teilstichprobe der Deutschschweiz berechnet.

9.1 Individuelle Lernunterstützung im repräsentativen Sample der Schweiz

Als Erstes werden die Stichprobe und die Schülerarbeitsphasen in den Lektionen des repräsentativen Samples der Schweiz charakterisiert, welche die Grundlage für die nachfolgende Darstellung der Ergebnisse der in den Schülerarbeitsphasen erhobenen Lernunterstützung darstellen (vgl. Fragestellungen 7.1). Anschließend werden Umfang, Inhalt und Qualität der individuellen Lernunterstützung in den Schülerarbeitsphasen beschrieben (vgl. Fragestellungen 7.2) sowie die Verteilung dieser Merkmale der Unterstützung in den drei Sprachregionen verglichen (vgl. Fragestellungen 7.3).

9.1.1 Stichprobe

Datenbasis für die Beschreibung der individuellen Lernunterstützung in den Schülerarbeitsphasen im Mathematikunterricht der Schweiz bilden die 130 Lektionen des Samples der TIMSS 1999 Videostudie, in denen Schülerarbeitsphasen auftreten (vgl. Tabelle 15).

Tabelle 15: Verteilung der Lektionen mit Schülerarbeitsphasen in der Schweiz nach Sprachregionen und Schultypen, absolute Fallzahlen

Sprachregion und Schultyp	Anzahl Klassen	Prozentualer Anteil pro Landesteil	Prozentualer Anteil Stichprobe
Deutschsprachige Schweiz (D-CH)			
Realschulen (Grundansprüche)	26	37.1	20.0
Sekundarschulen (erweiterte Ansprüche)	35	50.0	26.9
(Pro-)Gymnasium (hohe Ansprüche)	9	12.9	6.9
Total (n D-CH)	70	100.0	53.8
Französischsprachige Schweiz (F-CH)			
Exigences élémentaires (Grundansprüche)	5	13.5	3.8
Exigences moyennes (erweiterte Ansprüche)	18	51.4	13.8
Gymnasium (hohe Ansprüche)	14	37.8	10.8
Total (n F-CH)	37	100.0	28.5
Italienischsprachige Schweiz (I-CH)			
Corso base (Grundansprüche)	8	34.8	6.2
Corso attitudinale (erweiterte Ansprüche)	15	65.2	11.5
Total (n I-CH)	23	100.0	17.7
Total repräsentatives Sample der Schweiz	130		

Die Analysen im repräsentativen Sample der Schweiz beruhen auf der standardisierten Gewichtungsvariable, welche eine disproportionale Zusammensetzung der Klassen in Bezug auf die drei Regionen und den Schultyp korrigiert.

Da es im Tessin (I-CH) im Unterschied zu den beiden anderen Sprachregionen nur zwei Schultypen gibt, werden für die nachfolgenden Analysen in der Deutschschweiz (D-CH) und in der Westschweiz (F-CH) ebenfalls nur zwei Schultypen unterschieden. Zu diesem Zweck werden in den beiden Sprachregionen die *Klassen mit erweiterten und mit hohen Ansprüchen in einer Kategorie zusammengefasst.* Damit ergeben sich für die Deutschschweiz 44 Klassen mit erweiterten und hohen Ansprüchen, das entspricht 62.9% der Klassen der deutschsprachigen Schweiz. In der Westschweiz stammen insgesamt 32 Klassen aus dem Schultyp mit erweiterten und hohen Ansprüchen respektive 86.5% der Klassen der französischsprachigen Schweiz. Während die Verteilung der Klassen auf die beiden Schultypen in der italienisch- und deutschsprachigen Schweiz vergleichbar ist, liegt der Anteil der Klassen mit Grundansprüchen in der Westschweiz signifikant tiefer, $\chi^2_{(2, 129)} = 11.645$, N = 130, p < .05, Cramers V = .228 (Analyse mit gewichteten Daten). Das Zusammenfassen der Klassen mit erweiterten und hohen Ansprüchen in der Westschweiz und in der Deutschschweiz weist vor allem in der Westschweiz das Problem auf, dass die jeweiligen Anteile verschieden sind: im dreigliedrigen Schulsystem der Westschweiz sind kleinere Anteile eines Jahrgangs im Typus mit Grundanforderungen als im Tessin.

Die folgende Tabelle 16 zeigt die Verteilung der Klassen auf die Regionen und die Schultypen im repräsentativen Sample der Schweiz mit den Werten der gewichteten Daten. Diese Klassen bilden die Datenbasis der Ergebnisse für das repräsentative Sample der Schweiz.

Tabelle 16: Verteilung der Lektionen mit Schülerarbeitsphasen im repräsentativen Sample der Schweiz nach Sprachregionen und zwei Schultypen, gewichtete Daten

Sprachregion und Schultyp	Anzahl Klassen	Prozentualer Anteil pro Landesteil	Prozentualer Anteil Stichprobe
Deutschsprachige Schweiz (D-CH)			
Grundansprüche	36 (26)[a]	44.4	27.7
Erweiterte und hohe Ansprüche	45 (44)	55.6	34.6
Total (n D-CH)	81 (70)	100.0	62.3
Französischsprachige Schweiz (F-CH)			
Grundansprüche	6 (5)	14.2	4.6
Erweiterte und hohe Ansprüche	36 (32)	85.7	27.6
Total (n F-CH)	42 (37)	100.0	32.3
Italienischsprachige Schweiz (I-CH)			
Grundansprüche	3 (8)	42.8	2.3
Erweiterte und hohe Ansprüche	4 (15)	57.1	3.1
Total (n I-CH)	7 (23)	100.0	5.4
Total repräsentatives Sample der Schweiz	130 (130)		

Anmerkungen. [a] Die Werte in Klammern stellen die absoluten Fallzahlen ohne Gewichtung dar.

9.1.2 Beschreibung der Schülerarbeitsphasen im schweizerischen Mathematikunterricht

Entsprechend der Fragestellungen in Kapitel 7.1 wird für die repräsentative Stichprobe der Schweiz dargestellt, wie groß der zeitliche Anteil der Phasen selbständiger Schülerarbeit pro Lektion ist (Kapitel 9.1.2.1), welcher Funktion die Schülerarbeitsphasen dienen (Kapitel 9.1.2.2) und in welcher Sozialform die Lernenden während dieser Phase arbeiten (Kapitel 9.1.2.3). Zusätzlich wird jeweils geprüft, ob der zeitliche Anteil der Schülerarbeitsphasen an der Lektion aufgrund der Lektionszugehörigkeit zu Schultyp und Region oder aufgrund der Funktion oder Sozialform der Schülerarbeitsphasen systematische Unterschiede zeigt.

9.1.2.1 Zeitlicher Anteil der Schülerarbeitsphasen an der Lektionsdauer

Die Dauer der Schülerarbeitsphasen in den 130 Lektionen des repräsentativen Samples variiert erheblich. Die absolute Dauer reicht von etwas über zwei Minuten (139.53 sec) bis zur gesamten Lektionsdauer von rund 47 Minuten (M = 21.06 min, SD = 10.69 min) und beträgt durchschnittlich 21.29 Minuten (SD = 10.22 min). Aus diesem Grund werden im Folgenden für die Darstellung der durchschnittlichen Dauer der Schülerarbeitsphase die Werte des prozentualen Anteils der Schülerarbeitsphase an der Gesamtdauer der Lektion von durchschnittlich 45.63 Minuten (SD = 4.75 min) verwendet.

Im Durchschnitt nimmt die Schülerarbeitsphase in den untersuchten Schweizer Mathematiklektionen einen Anteil von 46.7% der Lektionsdauer ein (SD = 22.34). Die absolute Streubreite des prozentualen Anteils der Schülerarbeitsphase liegt zwischen 4.0% und 98.8% der Lektionsdauer und die Werte sind hinreichend normalverteilt.[20] Nicht sichtbar ist in den Werten der Gesamtdauer und des prozentualen Anteils der Schülerarbeitsphase im Unterricht, ob sich diese auf eine oder mehrere Sequenzen im Unterricht verteilen. Die Anzahl reicht von einer Sequenz bis zu sechs Sequenzen mit selbständiger Schülerarbeit pro Lektion, im Durchschnitt verteilt sich die Phase der selbständigen Schülerarbeit im Unterricht auf 2.25 Sequenzen (SD = 1.29). Für die vorliegenden Analysen wird zwecks besserer Vergleichbarkeit immer vom prozentualen Anteil der aufsummierten Gesamtdauer aller Schülerarbeitsphasen an der Lektionsdauer ausgegangen.

Der Vergleich des durchschnittlichen prozentualen zeitlichen Anteils der Schülerarbeitsphase an der Lektionsdauer in den drei Sprachregionen (vgl. Tabelle 17) mittels univariater Varianzanalyse zeigt keinen signifikanten Unterschied.

---

20 Die Normalverteilungsprüfung mit Daumenpeilmethoden (Schiefe = .354, SE Schiefe = .212, Kurtosis = -.514, SE Kurtosis = .422) sowie beim Kolmogorov-Smirnov-Test (p = .089) bestätigt eine hinreichende Normalverteilung der Werte.

Tabelle 17: Durchschnittlicher prozentualer Anteil der Schülerarbeitsphasen an der Lektionsdauer

Prozentualer Anteil der Schülerarbeits- phase an der Lektionsdauer	M (%)	SD (%)	Min (%)	Max (%)	Anzahl Lektionen (gewichtet)
D-CH	49.31	22.57	7.67	96.71	81
F-CH	41.57	19.64	3.96	90.80	42
I-CH	46.98	31.98	5.61	98.78	7
Gesamt	46.66	22.34	3.96	98.78	130

Der Vergleich der Dauer der Schülerarbeitsphasen in den verschiedenen Schultypen in den drei Sprachregionen gestaltet sich schwierig, da die Schulsysteme diesbezüglich unterschiedliche Einteilungen treffen. Der Kanton Tessin hat im Vergleich zum deutsch- und französischsprachigen Teil der Schweiz nur ein zweigliedriges System auf der Oberstufe der Volksschule. Aus diesem Grund wurde für den Schultypenvergleich im repräsentativen Sample der Schweiz eine dichotome Variable gebildet, welche einerseits die Klassen mit Grundansprüchen, andererseits die Klassen mit erweiterten und mit hohen Ansprüchen zusammenfasst (vgl. Kapitel 9.1.1). Der durchschnittliche prozentuale Anteil der Schülerarbeitsphasen an der Lektionsdauer im Schultyp mit erweiterten und hohen Ansprüchen (N = 85) ist zwar niedriger (M = 45.15%, SD = 20.31) als im Schultyp mit Grundansprüchen (M = 49.51%, SD = 25.72; N = 45), aber der Unterschied ist nicht signifikant (vgl. Abbildung 2).

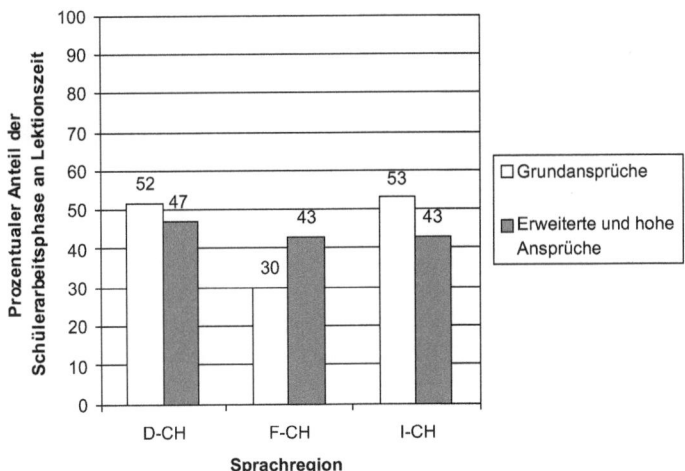

Abbildung 2: Durchschnittlicher prozentualer zeitlicher Anteil der Schülerarbeitsphase an der Lektionszeit pro Schultyp (Grundansprüche vs. erweiterte und hohe Ansprüche) in den drei Sprachregionen

Der zeitliche Anteil der Schülerarbeitsphase in den beiden Schultypen variiert signifikant zwischen den Regionen ($F_{(3, 118)}$ = 4.219, p < .05, η^2 = .035[21]). In der Westschweiz nimmt die selbständige Schülerarbeit im Schultyp mit Grundansprüchen mit 30% einen kleineren Anteil der Unterrichtszeit ein als im Schultyp mit erweiterten und hohen Ansprüchen mit 43%. Umgekehrt präsentiert sich das Verhältnis in der Deutschschweiz und im Tessin mit einem höheren Anteil der Schülerarbeitsphase an der Lektionszeit im Schultyp mit Grundansprüchen gegenüber einem niedrigeren Anteil im Schultyp mit erweiterten und hohen Ansprüchen.

Zusammengefasst macht die Phase der selbständigen Schülerarbeit im repräsentativen Sample der Schweiz beinahe die Hälfte der Unterrichtszeit aus. Die Messwerte für den Anteil der Schülerarbeitsphase an der gesamten Unterrichtszeit sind hinreichend normalverteilt und unterscheiden sich in den drei Sprachregionen nicht signifikant. Auch in den Schultypen (Grundansprüche vs. erweiterte und hohe Ansprüche) unterscheidet sich die durchschnittliche Dauer der Schülerarbeitsphasen im repräsentativen Sample nicht. Diesbezüglich zeigt sich aber ein regionaler Unterschied: In der Deutschschweiz und im Tessin nimmt die Phase der selbständigen Schülerarbeit im Schultyp mit Grundansprüchen mehr Lektionszeit ein als im Schultyp mit erweiterten und hohen Ansprüchen, in der Westschweiz ist das Verhältnis umgekehrt.

9.1.2.2 Funktion der Schülerarbeitsphasen

Die Schülerarbeitsphasen dienen unterschiedlichen Funktionen für das Lernen. Diese wurden im Rahmen der Lizentiatsarbeit von Hugener und Krammer (2001) codiert (vgl. Kapitel 8.7.1). Für die vorliegende Analyse auf Lektionsebene wurde ausgehend von dieser Codierung für jede Lektion bestimmt, welcher Funktion der größte Anteil der Schülerarbeitsphase in Bezug auf das Lernen dient:

- Ü: repetitives Üben;
- A: anspruchsvolles Üben;
- Mix: repetitives und anspruchsvolles Üben[22];
- Ex: Erkunden von Lösungsstrategien.

Die folgende Tabelle 18 gibt einen Überblick über die Verteilung der Lektionen nach Hauptfunktion der Schülerarbeitsphase in den drei Landesregionen. Die Verteilung der prozentualen Anteile der Anzahl Lektionen pro Funktion unterscheidet sich in den drei Regionen nicht signifikant ($\chi^2_{(6)}$ = 3.724, p = .714, Cramers V = .120). Die Lektionen, in denen die Schülerarbeitsphasen der Lösung von repetitiven

---

21 Das partielle Eta-Quadrat bildet das Maß für die Effektstärke. η^2 .10 = kleiner Effekt; .24 = mittlerer Effekt; .80 = großer Effekt (Cohen, 1988).

22 Ursprünglich wurde in Hugener und Krammer (2001) zwischen der Kategorie „repetitives UND anspruchsvolles Üben" und der Kategorie „repetitives ODER anspruchsvolles Üben" unterschieden. Diese wurden in der Kategorie „Mix" zusammengefasst. Lektionen, in denen zu annähernd gleichen Teilen Sequenzen anspruchsvollen als auch repetitiven Übens auftraten, wurden ebenfalls dieser Kategorie zugeordnet.

Aufgaben dienen (Ü, N = 42) und die Lektionen, in denen die Schülerarbeitsphase zur Lösung sowohl von repetitiven als auch von anspruchsvollen Aufgaben dient (Mix: Ü/A, N = 41), machen den größten Anteil aus. Am seltensten sind Lektionen, in denen die Schülerarbeitsphasen der selbständigen Erkundung von Lösungsstrategien dienen (Ex, N = 15). Die Verteilung der Lektionen nach Funktionen in den drei Sprachregionen und in den verschiedenen Schultypen unterscheidet sich nicht signifikant.

Tabelle 18: Verteilung der Lektionen nach Funktion der Schülerarbeitsphase in den drei Regionen Deutschschweiz, Westschweiz und Tessin (Fälle gewichtet)

| | | Recodierte Funktion | | | | |
		Ü	A	Mix (Ü/A)	Ex	Gesamt
3 Regionen						
D-CH	Anzahl Lektionen	28	16	27	10	81
	% D-CH Lektionen	34.6	19.8	33.3	12.3	100
F-CH	Anzahl Lektionen	13	13	12	4	42
	% F-CH Lektionen	31.0	31.0	28.6	9.5	100
I-CH	Anzahl Lektionen	1	3	2	1	7
	% I-CH Lektionen	14.3	42.9	28.6	14.3	100
Gesamt CH	Anzahl Lektionen	42	32	41	15	130
	% von CH Lektionen	32.3	24.6	31.5	11.5	100

Der Vergleich des Anteils der Schülerarbeitsphasen in den Lektionen mit unterschiedlicher Funktion der Schülerarbeitsphasen zwischen den drei Regionen mittels univariater Varianzanalyse zeigt einen signifikanten Unterschied für die Funktion, $F_{(3, 106)} = 6.492$, $p < .001$, $\eta^2 = .167$ (vgl. Tabelle 19). Der auf multiplen t-Tests beruhende Paarvergleich mit Bonferroni-Korrektur zeigt, dass der prozentuale zeitliche Anteil der Schülerarbeitsphase in Lektionen, in denen die Schülerarbeitsphase ausschließlich der Funktion des repetitiven Übens dient (Ü), signifikant kleiner ist als der Anteil in Lektionen, in denen die Schülerarbeitsphase den anderen Funktionen dient (Ü < A, Mix).

Dies bedeutet, dass in den Lektionen weniger Zeit für Schülerarbeitsphasen eingesetzt wird, wenn diese nur dem rein repetitiven Üben von zuvor vorgezeigten Prozeduren dienen. Die Signifikanz des Unterschieds der prozentualen Dauer der Schülerarbeitsphase pro Lektion für die verschiedenen Funktionen im gesamten Sample bestätigt sich aufgrund der geringeren Fallzahlen in der Westschweiz und im Tessin nur in der deutschsprachigen Schweiz (vgl. Tabelle 19). Für den Schultyp (Grundansprüche vs. erweiterte und hohe Ansprüche) lassen sich wiederum keine Unterschiede feststellen.

Tabelle 19: Durchschnittlicher prozentualer zeitlicher Anteil der Schülerarbeitsphasen nach Funktion der Schülerarbeitsphase pro Lektion in den drei Regionen[a]

Region	Funktion	N	M (%)	SD (%)	Min (%)	Max (%)	Funktion (F)	Region (R)	FxR
			Prozentualer zeitlicher Anteil der Schüler- arbeitsphasen				Univariate Varianzanalysen des proz. zeitl. Anteils		
Gesamte CH-Stichprobe									
	Ü	43	34.28	18.80	3.96	90.80			
	A	32	52.52	21.26	5.61	86.71			
	Mix	41	56.59	21.47	10.09	98.78			
	Ex	15	42.24	19.87	7.67	90.59			
	Gesamt	130	46.66	22.34	3.96	98.78	*** (Ü<A, Mix)	ns	ns
Deutsch-schweiz									
	Ü	28	35.83	15.83	9.51	62.00			
	A	16	53.63	22.43	19.11	86.71			
	Mix	27	63.21	20.47	28.68	96.71			
	Ex	10	43.20	22.67	7.67	90.59			
	Gesamt	81	49.31	22.57	7.67	96.71	*** (Ü<A, Mix)		
Westschweiz									
	Ü	13	32.79	24.46	3.96	90.80			
	A	13	50.17	18.84	12.29	84.05			
	Mix	12	42.99	12.50	24.54	68.97			
	Ex	4	37.05	13.75	18.90	47.46			
	Gesamt	42	41.57	19.64	3.96	90.80	ns		
Tessin									
	Ü	1	13.88	11.28	7.55	22.06			
	A	3	57.54	33.60	5.61	80.96			
	Mix	2	51.45	54.32	10.09	98.78			
	Ex	1	49.25	27.11	33.46	73.67			
	Gesamt	7	46.64	29.28	5.61	98.78	ns		

Anmerkungen. [a]Die vorliegenden Mittelwerte und Varianzanalysen beruhen auf den gewichteten Daten.

$*p < .05; **p < .01; ***p < .001$

9.1.2.3 Sozialform in den Schülerarbeitsphasen

Für die Phasen der selbständigen Schülerarbeit wurden im Rahmen der TIMSS-Codierung drei Sozialformen unterschieden: Einzelarbeit, Partnerarbeit und Gruppenarbeit. Ausgehend von dieser Codierung wurde für jede Lektion bestimmt, ob mindestens während der Hälfte der Zeit der selbständigen Schülerarbeitsphase in Partner- oder Gruppenarbeit gearbeitet wird. Aufgrund dieser Bestimmung liegt für jede Lektion die Angabe vor, ob die Lehrperson in der selbständigen Arbeitsphase mehrheitlich die Sozialform Partner- oder Gruppenarbeit einsetzt. Weiter wurde in der Codierung für die Lizentiatsarbeit von Hugener und Krammer (2001) erhoben, ob während der Schülerarbeitsphase die Zusammenarbeit geduldet wird, auch wenn die Lehrperson nicht ausdrücklich auf diese Möglichkeit hinweist. Aufgrund dieser Codierungen lässt sich für jede Lektion feststellen, ob die Schülerarbeitsphase mehrheitlich für Einzelarbeit oder Partner- und Gruppenarbeit eingesetzt wird oder ob Kooperation geduldet wird.

Die Verteilung der Lektionen mit Einzelarbeit (N = 46), mit geduldeter Kooperation (N = 49) und mit explizit eingesetzter Partner und Gruppenarbeit (N = 35) unterscheidet sich nicht signifikant in den drei Regionen und in den beiden Schultypen. Die drei Sozialformen in den Schülerarbeitsphasen haben einen signifikanten Zusammenhang mit der Funktion der Schülerarbeitsphasen ($\chi^2_{(6,\ 130)}$ = 21.458, p < .01, Cramers V = .287): In Lektionen, in denen die Schülerarbeitsphasen dem Lösen von anspruchsvollen Aufgaben (A) oder dem selbständigen Erkunden von Vorgehensweisen (Ex) dienen, wird häufiger die Partner- oder Gruppenarbeit eingesetzt (vgl. Tabelle 20). In Lektionen, in denen während der Schülerarbeitsphase repetitive Übungsaufgaben bearbeitet werden (Ü), wird häufiger ohne Kooperation gearbeitet.

Mittels Partialkorrelationen wurde überprüft, ob die festgestellten Zusammenhänge zwischen der Sozialform und der Funktion der Schülerarbeitsphase durch den Schultyp oder die Region bewirkt werden. Die Partialkorrelationen werden mit den dummy-codierten Variablen für Funktion und Arbeitsform berechnet. Bei Einführen der Kontrollvariablen Region und Schultyp (jeweils einzeln und gemeinsam, ebenfalls dummy-codiert) bleiben die berichteten Zusammenhänge zwischen Funktion und Sozialform nahezu unverändert und signifikant. Aus diesem Grund kann davon ausgegangen werden, dass die berichteten Zusammenhänge zwischen der Funktion und der Sozialform der Schülerarbeitsphase unabhängig von Regions- und Schultypzugehörigkeit in den Lektionen bestehen.

Tabelle 20: Verteilung der Lektionen nach Sozialformen und Funktion der Schülerarbeitsphase (Fälle gewichtet)

| | | Recodierte Funktion der Schülerarbeitsphase pro Lektion | | | | |
		Ü	A	Mix (Ü/A)	Ex	Gesamt
Sozialform in der Schülerarbeitsphase pro Lektion						
Einzelarbeit						
	Anzahl Lekt.	22	7	15	2	46
	% von Funktion	51.2	21.9	37.5	13.3	35.4
Geduldete Kooperation						
	Anzahl Lekt.	16	10	18	5	49
	% von Funktion	37.2	31.3	45.0	33.3	37.7
Partner- oder Gruppenarbeit						
	Anzahl Lekt.	5	15	7	8	35
	% von Funktion	11.6	48.4	17.1	53.3	26.9

Der durchschnittliche prozentuale Anteil der Dauer der Schülerarbeitsphase an der Lektionsdauer unterscheidet sich signifikant in den Lektionen mit den drei Sozialformen, $F_{(2, 120)} = 7.808$, $p < .01$, $\eta^2 = .115$. Der auf multiplen t-Tests beruhende Paarvergleich mit Korrektur nach Bonferroni zeigt, dass in Lektionen, in denen die Schülerarbeitsphase der Einzelarbeit dient, der durchschnittliche zeitliche Anteil der Schülerarbeitsphase signifikant kleiner ist (M = 36.34%, SD = 17.90) als in Lektionen, in denen die Lernenden in der Schülerarbeitsphase zusammenarbeiten können (M = 52.88%, SD = 21.96) oder die Lehrperson Partner- oder Gruppenarbeit explizit einsetzt (M = 50.96%, SD = 24.64). Der Zusammenhang zwischen der eingesetzten oder geduldeten Zusammenarbeit und der Dauer der Schülerarbeitsphase variiert nicht in den drei Regionen. In den Lektionen des Schultyps mit erweiterten und hohen Ansprüchen zeigt sich der Einfluss deutlicher als in den Lektionen des Schultyps mit Grundansprüchen. Region und Schultyp haben keinen Interaktionseffekt auf den positiven Zusammenhang von durchschnittlicher Dauer der Schülerarbeitsphase pro Lektion und Zusammenarbeit der Lernenden.

Zusammengefasst zeigt sich, dass die Schülerarbeitsphasen in den Lektionen der drei Sprachregionen gesamthaft durchschnittlich 21.29 Minuten dauern, verteilt auf durchschnittlich 2.25 Phasen pro Lektion. Insgesamt umfassen damit die Schülerarbeitsphasen mit 47% beinahe die Hälfte der durchschnittlichen Lektionszeit von rund 46 Minuten. Es lassen sich diesbezüglich keine Unterschiede zwischen den Sprachregionen oder den Schultypen feststellen.

Am häufigsten sind Lektionen, in denen die Schülerarbeitsphasen vor allem dem repetitiven oder sowohl dem repetitiven als auch dem anspruchsvollen Üben dienen (je ca. ein Drittel aller Lektionen). In einem Viertel der Lektionen dienen die Schülerarbeitsphasen vor allem dem anspruchsvollen Üben und mit 11.5% aller Lektionen am seltensten vertreten sind die Lektionen, in denen die Schülerarbeitsphase vor allem dem explorativen Erkunden eines Vorgehens dient. Die Verteilung der Lektionen nach den Funktionen, denen die Schülerarbeitsphasen in der Lektion zum größten Teil dienen, unterscheidet sich in den drei Sprachregionen und in den verschiedenen Schultypen ebenfalls nicht signifikant.

Die Funktion der Schülerarbeitsphase zeigt einen Zusammenhang mit der Dauer der Schülerarbeitsphase: In Lektionen, in denen die Schülerarbeitsphase dem anspruchsvollen Üben (A) oder sowohl dem anspruchsvollen als auch repetitiven Üben dient (Mix: Ü/A), dauert die Schülerarbeitsphase durchschnittlich länger als in Lektionen, in denen die Schülerarbeitsphase ausschließlich dem repetitiven Üben dient (Ü). Dieser Unterschied präsentiert sich in der deutschsprachigen Schweiz am ausgeprägtesten.

Die Sozialform der Schülerarbeitsphase zeigt einen Zusammenhang mit deren Funktion. In Lektionen, in denen die Schülerarbeitsphasen dem anspruchsvollen Üben (A) und dem Explorieren von Vorgehensweisen (Ex) dienen, wird häufiger in Partner- oder Gruppenarbeit gearbeitet als in Lektionen, in denen die Schülerarbeitsphasen den restlichen Funktionen dienen. Auch die Sozialform zeigt einen Zusammenhang mit der Dauer der Schülerarbeitsphase: In Lektionen, in denen die Lernenden in der Schülerarbeitsphase zusammenarbeiten, dauern die Schülerarbeitsphasen durchschnittlich länger. Dieser Unterschied zeigt sich im Schultyp mit erweiterten und hohen Ansprüchen am deutlichsten.

9.1.3 Beschreibung der Lernunterstützung in den Schülerarbeitsphasen im schweizerischen Mathematikunterricht

In diesem Kapitel wird in der repräsentativen Stichprobe der Schweiz den Fragen nach Umfang, Inhalt und Qualität der individuellen Lernunterstützung nachgegangen (vgl. Fragestellungen 7.2).

9.1.3.1 Umfang der individuellen Lernunterstützung

In Bezug auf den Umfang der individuellen Lernunterstützung wird untersucht, wie lange die einzelnen Lehrer-Schüler-Interaktionen dauern, welchen zeitlichen Anteil die Unterstützungsinteraktionen pro Lektion einnehmen und mit welcher Häufigkeit die Unterstützungsinteraktionen vorkommen (vgl. Fragestellungen 7.2.1).

Wie oben eingehender beschrieben, liegen für die Analyse der individuellen Lernunterstützung insgesamt 130 Lektionen mit einer durchschnittlichen Dauer der Schülerarbeitsphase von 21 Minuten (Min. = 2.32 min, Max. = 47.26 min, SD = 10.22 min) vor, was durchschnittlich 47% der Lektionszeit entspricht. In den analysierten Schülerarbeitsphasen wurden insgesamt 3635 Lehrer-Schüler-Interaktionen erfasst und codiert; der Durchschnittswert liegt bei 28 Unterstützungsinteraktionen pro Lektion (Min. = 1, Max. = 109, SD = 15.49). Gesamthaft umfasst die individuelle Unterstützung durchschnittlich 12 Minuten der Lektion (Min. = 0.25 min, Max. = 46.30 min, SD = 8.47 min), was durchschnittlich 27% der Lektionszeit und 55% der Dauer der Schülerarbeitsphase entspricht.

Die einzelnen Lehrer-Schüler-Interaktionen wurden je einer Unterstützungsform zugeordnet (vgl. Tabelle 21, für eine ausführlichere Beschreibung siehe Kapitel 8.5).

Tabelle 21: Codes zur Beschreibung der Unterstützungsformen

Abkürzung	Code-Name
OU	*Unterstützung mit ausschließlich organisatorischen Informationen*
OA	Organisation Allgemein (off task)
OM	Organisation Mathematikaufgaben
OMM	Organisation Mathematikaufgaben: Material
OMA	Organisation Mathematikaufgaben: Arbeitsform
MU	*Inhaltliche, mathematikbezogene Unterstützung*
EV	Evaluation des Lernfortschritts
FB	Feedback
E	Erklärung, direkt
H	Hinweis, indirekt
EH	Erklärung *und* Hinweis
UN	Unterstützung nicht bestimmbar

Die verschiedenen Unterstützungsformen unterscheiden sich stark bezüglich ihrer durchschnittlichen Dauer und Auftretenshäufigkeit. Für einen ersten Überblick zeigt die folgende Tabelle 22 die durchschnittliche Dauer und Anzahl der unterschiedenen Formen der individuellen Unterstützung pro Lektion sowie in der letzten Spalte die durchschnittliche Dauer pro Interaktionsform. Unter den organisatorischen Informationen (OU) sind die verschiedenen darunter aufgelisteten Formen der organisatorischen Informationen aufsummiert. Am häufigsten treten organisatorische Unterstützungsinteraktionen auf, in denen die Lehrperson Informationen abgibt, welche mit dem für die Aufgabenbearbeitung benötigten Material und formalen Aspekten der Bearbeitung zusammenhängen (z.B. Aufgabenauswahl, Hinweis auf Lösungsblätter) (OMM in 117 Lektionen, M = 5.26 Interaktionen pro Lektion). In jenen Lektionen, in denen diese Unterstützungsform vorkommt, dauert sie durchschnittlich insgesamt 87.59 Sekunden und die einzelne Interaktion dauert im Durchschnitt 12.10 Sekunden.

Die häufigste Form der Unterstützung mit mathematikbezogenen Informationen (MU) ist die Rückmeldung zur Korrektheit einer Aufgabe oder eines Teilschrittes (FB). Sie nimmt im Durchschnitt 88.72 Sekunden ein und die einzelne Interaktion dauert durchschnittlich 16 Sekunden. Am längsten dauern Interaktionen, in denen die Lehrpersonen sowohl direkte Erklärungen als auch weiterführende Hinweise geben (EH). Durchschnittlich nimmt diese Form gesamthaft beinahe 5 Minuten pro Lektion ein (N = 96) und die einzelne Interaktion dauert mit durchschnittlich rund 90 Sekunden als einzige Unterstützungsform mehr als eine Minute.

Tabelle 22:   Durchschnittliche Dauer und Anzahl der verschiedenen Unterstützungsformen[a]

Unterstützungs-form	Anzahl Lek-tionen	Dauer der Unterstützungsform pro Lektion in Sekunden				Anzahl Inter-aktionen pro Lektion		Dauer pro Interaktion in Sekunden	
		M (sec)	SD	Min	Max	M	SD	M (sec)	SD
Organisator. Unterstützung (OU):	124	106.61	117.56	4	837	8.98	7.45	11.12	5.84
OA	86	40.26	72.88	2	404	3.89	5.22	9.12	6.02
OM	9	22.51	17.71	5	104	1.03	0.17	21.14	11.90
OMM	117	87.59	71.82	2	461	5.26	4.14	12.10	7.05
OMA	59	27.58	44.39	1	291	2.60	2.74	8.03	7.80
Mathematikbez. Unterstützung (MU):	126	632.80	463.76	4	2633	18.68	11.79	33.61	18.10
EV	97	29.76	29.10	2	120	3.52	2.81	8.16	5.15
FB	113	88.72	86.53	3	396	5.89	5.68	16.06	10.18
E	109	199.57	240.76	5	1512	5.62	5.70	33.34	16.59
H	101	166.81	153.35	8	696	4.22	3.66	41.63	25.39
EH	96	296.93	270.04	23	1534	3.31	2.52	88.74	45.15
UN	59	11.88	1	1	73	1.62	1.03	6.92	6.07

Anmerkungen. [a]Die Mittelwertsanalysen beruhen auf den gewichteten Daten. Abkürzungen für die Unterstützungsformen vgl. Tabelle 21.

Die unterschiedliche Länge der Schülerarbeitsphasen trägt erheblich zu den hohen Standardabweichungen der durchschnittlichen Werte bei. Um diesem Umstand Rechnung zu tragen, wird in den folgenden Kapiteln der Beschreibung der individuellen Lernunterstützung mit den relativen Werten der prozentualen Anteile der Anzahl der einzelnen Unterstützungsformen an der Gesamtanzahl der Unterstützungssequenzen und mit den relativen Werten des prozentualen zeitlichen Anteils der einzelnen Unterstützungsformen an der Gesamtdauer der Schülerarbeitsphase sowie an der Gesamtdauer der Unterstützung gerechnet.

Je nach verwendeter Bezugsgröße verändert sich die Möglichkeit der Aussagen (vgl. Tabelle 23). Aus diesem Grund wird diese im Text jeweils deutlich ausgewiesen. Für den Vergleich der Nutzung der Lektionszeit ist die Bezugsgröße der Dauer pro Lektion am aussagekräftigsten, da diese auch die geringste Streuung aufweist. Wenn aber genau beschrieben werden soll, für welche Form der Unterstützung die Schülerarbeitsphasen im Unterricht genutzt werden, ist die Bezugsgröße der Gesamtdauer der Schülerarbeitsphase besonders geeignet. Und um die Qualität der Unterstützung näher beschreiben und vergleichen zu können, bietet sich die Gesamtdauer der Unterstützungsinteraktionen als Bezugsgröße an. Die relativen Werte der Anzahl Unterstützungsinteraktionen einer bestimmten Form an der Gesamtsumme der Unterstützungsinteraktionen sind für die kürzeren Unterstützungsformen verhältnismäßig höher als die zeitlichen Anteile und umgekehrt (Krammer, in Druck). Da die Beschreibung der relativen zeitlichen Anteile der Unterstützung und der einzelnen Formen präzisere Aussagen über die Nutzung der Unterrichtszeit erlauben als die Beschreibung der Auftretenshäufigkeit der einzelnen Unterstützungsformen, werden in der vorliegenden Arbeit die relativen zeitlichen Werte häufiger verwendet.

Tabelle 23: Bezugsgrößen für relative Werte zur Beschreibung der Lernunterstützung

Relativer Wert	Bezugsgröße	Mögliche Aussagen
Anteil der Summe der Interaktionen einer bestimmten Unterstützungsform an der Gesamtsumme der Unterstützungsinteraktionen (oder an einer Teilsumme der Unterstützungsinteraktionen)	Gesamtsumme der Unterstützungsinteraktionen pro Lektion (oder Teilsumme von Unterstützungsinteraktionen)	Anzahl Unterstützungsinteraktionen: Beschreibung und Vergleich des Anteils einer bestimmten Form der Unterstützung an der Gesamtzahl (oder einer Teilsumme) der Unterstützungsinteraktionen. (Keine Aussage über die Dauer dieser Unterstützungsinteraktionen!)
Anteil der Dauer aller Unterstützungsinteraktionen (oder einer bestimmten Form von Unterstützungsinteraktionen) an der Lektionszeit	Gesamte Lektionsdauer	Dauer der Unterstützungsinteraktionen: Beschreibung des zeitlichen Anteils der Unterstützung (oder einer bestimmten Form von Unterstützung) pro Lektion. (Keine Berücksichtigung des zeitlichen Anteils der Schülerarbeitsphase an der Lektionsdauer)
Anteil der Dauer aller Unterstützungsinteraktionen (oder einer bestimmten Form von Unterstützungsinteraktionen) an der Dauer der Schülerarbeitsphasen	Gesamtdauer der Schülerarbeitsphasen pro Lektion	Dauer der Unterstützungsinteraktionen: Beschreibung des zeitlichen Anteils der Unterstützung (oder einer bestimmten Form von Unterstützung) an der Gesamtdauer der Schülerarbeitsphase in der Lektion. (Keine Berücksichtigung des zeitlichen Anteils der Schülerarbeitsphase an der Lektionsdauer)

Anteil der Dauer einer bestimmten Form von Unterstützungsinteraktionen an der Gesamtdauer der Unterstützungsinteraktionen	Gesamtdauer aller Unterstützungsinteraktionen pro Lektion	Dauer einzelner Unterstützungsformen: Beschreibung des zeitlichen Anteils einer Unterstützungsform an der Gesamtdauer der Unterstützungsinteraktionen (Keine Berücksichtigung des zeitlichen Anteils der Schülerarbeitsphase an der Lektionsdauer)

In diesem Kapitel zum Umfang der Lernunterstützung wird die Vergleichsebene der Lektionsdauer gewählt. Wie oben dargestellt kommen in Lektionen des schweizerischen Mathematikunterrichts im Durchschnitt rund 28 Unterstützungsinteraktionen vor (SD = 15.49). Die Unterstützungsinteraktionen dauern insgesamt im Durchschnitt 12 Minuten (SD = 8.47 min). Dies entspricht 27% der Lektionszeit von durchschnittlich rund 46 Minuten und 55% der Schülerarbeitsphase von durchschnittlich rund 21 Minuten. Die Verteilung der Werte in den drei Regionen ist nicht signifikant unterschiedlich (vgl. Tabelle 24).

Tabelle 24: Durchschnittliche Anzahl Unterstützungsinteraktionen und Dauer der Unterstützung in den drei Sprachregionen

Variable zur Beschreibung der Häufigkeit der Lernunterstützung	D-CH (N = 81)		F-CH (N = 42)		I-CH (N = 7)		
	M	SD	M	SD	M	SD	p^a
Anzahl Unterstützungsinteraktionen pro Lektion	26.33	14.28	28.91	15.93	31.68	25.40	ns
Dauer der Unterstützungsinteraktionen pro Lektion (in min)	11.16	7.62	13.02	8.60	16.13	14.95	ns
Zeitlicher Anteil der Unterstützung an der Gesamtdauer der Lektion (in Prozent)	24.62	16.74	29.08	19.76	33.53	30.87	ns
Zeitlicher Anteil der Unterstützung an der Gesamtdauer der Schülerarbeitsphase (in Prozent)	48.42	21.75	65.45	25.87	60.17	26.29	*** (F>D)

Anmerkungen. [a] Univariate Varianzanalyse, Signifikanz des Unterschieds: *p < .05; **p < .01; ***p < .001. Die Analysen beruhen auf den gewichteten Daten.

Nur für den prozentualen zeitlichen Anteil der individuellen Unterstützung an der Schülerarbeitsphase lässt sich ein signifikanter Unterschied zwischen den drei Sprachregionen feststellen, $F_{(2, 122)} = 8.323$, $p < .001$, $\eta^2 = .122$. In den Lektionen der Westschweiz ist der Anteil der Lernunterstützung an der Gesamtdauer der Schülerarbeitsphase signifikant höher als in den Lektionen der Deutschschweiz. Im nächsten Unterkapitel wird der Inhalt der Lernunterstützung während der Schülerarbeitsphase genauer betrachtet.

9.1.3.2 Inhalt der Lernunterstützung

Die Beschreibung des Inhalts der Lernunterstützung zeigt, welcher zeitliche Anteil der Unterstützungsinteraktionen in den Schülerarbeitsphasen tatsächlich der mathematikbezogenen Unterstützung der Lernprozesse dient und welcher zeitliche Anteil der Interaktionen ausschließlich organisatorischen Informationen gewidmet ist (vgl. Fragestellungen 7.2.2). Auch der Inhalt der organisatorischen Informationen wird genauer beschrieben. Die Beschreibung und der Vergleich über die drei Sprachregionen orientieren sich am prozentualen Anteil der Unterstützungsinteraktionen der unterschiedenen Inhalte an der Gesamtdauer der Schülerarbeitsphase. Zur Information werden in den ersten beiden Zeilen die Werte für den prozentualen Anteil der Dauer der Schülerarbeitsphase an der gesamten Lektionsdauer und für den prozentualen Anteil der Gesamtdauer individueller Lernunterstützung an der Dauer der Schülerarbeitsphase nochmals angegeben (vgl. Tabelle 25).

Tabelle 25: Durchschnittlicher prozentualer zeitlicher Anteil der Inhalte der Lernunterstützung an der Gesamtdauer der Schülerarbeitsphasen pro Lektion in den drei Sprachregionen

	TIMSS-CH (N = 130)		D-CH (N = 81)		F-CH (N = 42)		I-CH (N = 7)		Varianzanalyse Region	
	M	SD	M	SD	M	SD	M	SD	p^a	η^2
Prozentualer Anteil der Schülerarbeitsphase an der Lektionsdauer	46.66	22.34	49.31	22.57	41.57	19.64	46.99	32.04	* (D>F)	.05
Anteil der gesamten Lernunterstützung an der Schülerarbeitsphase	54.60	24.56	48.42	21.75	65.44	25.87	60.17	26.29	*** (D<F)	.12
Anteil Unterstützung mit ausschließlich organisatorischen Informationen	8.06	8.16	7.43	7.86	9.57	8.87	6.37	6.71	ns	
Organisation Allgemein	2.06	4.78	1.33	3.56	3.70	6.53	0.75	1.16	* (D<F)	.06
Organisation Mathematikaufgaben	6.00	6.68	6.10	7.04	5.87	6.20	5.63	5.93	ns	
Anteil mathematikbezogene Unterstützung	45.99	24.02	40.48	20.74	55.29	26.86	53.06	25.32	** (D<F)	.09

Anmerkungen. [a] Signifikanz univariate Varianzanalyse: *p < .05; **p < .01; ***p < .001. Die Analysen beruhen auf den gewichteten Daten.

Mit 46% der Schülerarbeitsphase liegt der durchschnittliche zeitliche Anteil der Unterstützung mit mathematischen Informationen in allen drei Sprachregionen klar höher als der durchschnittliche zeitliche Anteil von 8% mit ausschließlich organisatorischen Informationen. Der durchschnittliche Anteil der mathematikbezogenen Unterstützung unterscheidet sich in den drei Sprachregionen signifikant, $F_{(2, 120)} = 6.107$, $p < .01.$, $\eta^2 = .092$ (vgl. Abbildung 3). Der durchschnittliche Anteil von Unterstützung mit organisatorischen Informationen unterscheidet sich in den drei Regionen nicht signifikant. Der größere Teil dieser organisatorischen Unterstützung bezieht sich auf das Material und die Arbeitsform bei der Bearbeitung der Mathematikaufgaben (Org Math). Nur ein geringer Teil der Schülerarbeitsphasen wird für Interaktionen in Bezug auf allgemeine organisatorische Aspekte eingesetzt (Org Allg).

Vergleicht man die durchschnittliche Häufigkeit der organisatorischen und der mathematikbezogenen Unterstützungsinteraktionen, so bestätigt sich der durchschnittlich höhere Anteil der mathematikbezogenen Unterstützung mit 64% der Gesamtanzahl aller Unterstützungsinteraktionen gegenüber durchschnittlich 32% Interaktionen mit organisatorischer Information in den Schülerarbeitsphasen. Für die drei Regionen lässt sich diesbezüglich kein signifikanter Unterschied feststellen.

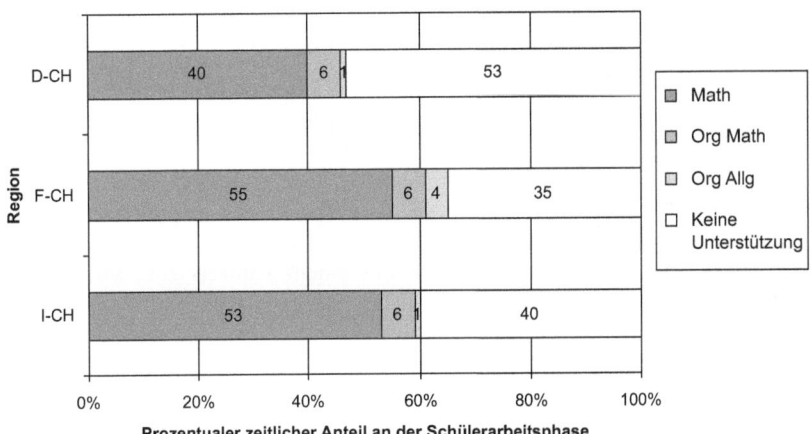

Abbildung 3:   Durchschnittlicher prozentualer zeitlicher Anteil der Inhalte der individuellen Unterstützung an der Gesamtdauer der Schülerarbeitsphase pro Lektion

In der TIMSS 1999 Videostudie ist die Anzahl öffentlicher Bemerkungen der Lehrpersonen während der Schülerarbeitsphasen erfasst und kategorisiert worden. Es wurde ebenfalls zwischen Informationen unterschieden, die sich auf die Mathematik oder auf Organisatorisches beziehen. Im Durchschnitt machen die Lehrpersonen in den Schülerarbeitsphasen vier (SD = 3.41) öffentliche Bemerkungen pro Lektion, davon beziehen sich durchschnittlich 2.1 Bemerkungen auf organisatorische und 1.4 Bemerkungen auf inhaltliche Aspekte der Arbeit. Das Auftreten von individuellen Interaktionen, die sich auf organisatorische Inhalte beziehen, korreliert hoch signifikant mit dem Auftreten von öffentlichen Bemerkungen organisatorischen Inhalts in den Schülerarbeitsphasen ($r_{(130)}$ = .281, p < .01). Für das Auftreten von mathematikbezogenen öffentlichen Bemerkungen in den Schülerarbeitsphasen zeigt sich keine signifikante Korrelation mit dem Auftreten von individuellen mathematikbezogenen Interaktionen in diesen Phasen. Dies bedeutet, dass Lehrpersonen, welche sich inhaltlich in den privaten Interaktionen während der Schülerarbeitsphasen eher auf organisatorische Fragen beziehen, dies auch vermehrt in den öffentlichen Bemerkungen während der Schülerarbeitsphasen tun.

9.1.3.3 Qualität der Lernunterstützung

In Bezug auf die Qualität der Lernunterstützung interessiert, welchen zeitlichen Anteil der mathematikbezogenen Unterstützungsinteraktionen in den Schülerarbeitsphasen diejenigen Interaktionen einnehmen, in welchen die Lehrpersonen die Lernenden zu eigenen weiteren Denk- und Verstehensleistungen anregen (vgl. Fragestellungen 7.2.3). Zu diesem Zweck wurden die mathematikbezogenen Unterstützungsinteraktionen hinsichtlich ihrer Funktion zur Aktivierung von weiteren eigenen Denkleistungen codiert. In einem ersten Schritt wurde unterschieden, ob die Lehrperson sich nur nach dem Fortschritt der Lernenden erkundigt (EV) oder ob sie ihnen eine Rückmeldung zur Korrektheit ihrer Arbeit gibt (FB), ohne aber aktive Hilfestellung zu leisten. Als zweiter Schritt wurden die aktiven Hilfestellungen der Lehrperson in drei Kategorien eingeteilt.

- Die Lehrperson erklärt den Lernenden, wie sie die Aufgabe oder einen Teilschritt der Aufgabe lösen müssen. Damit gibt sie das weitere Vorgehen direkt vor (E = Erklärung).
- Die Lehrperson regt die Lernenden mit einem Hinweis zum selbständigen Weiterdenken an (H = Hinweis).
- Die Lehrperson regt die Lernenden mit Hinweisen zum Weiterdenken an und erklärt ihnen einen Teil der Aufgabe (EH = sowohl Erklärung als auch Hinweis).

Damit können die beiden Unterstützungsformen H und EH als kognitiv aktivierender für die Schülerinnen und Schüler gelten als die Unterstützungsform E. Tabelle 26 gibt einen ersten Überblick über den Umfang der verschiedenen erhobenen Formen der mathematikbezogenen Unterstützung. Es wird jeweils der durchschnittliche zeitliche Anteil der Form der mathematikbezogenen Unterstützung an der Gesamtdauer aller mathematikbezogenen Interaktionen in den Schülerarbeitsphasen pro Lektion dargestellt. Zur Information wird in den ersten beiden Zeilen nochmals der zeitliche Anteil der mathematikbezogenen Unterstützung an der gesamten Lektionsdauer und an der Schülerarbeitsphase pro Lektion wiedergegeben.

Tabelle 26: Durchschnittlicher prozentualer zeitlicher Anteil der Form der mathematikbezogenen Lernunterstützung an der Gesamtdauer der mathematikbezogenen
Lernunterstützung pro Lektion in den drei Regionen

	TIMSS-CH (N = 130)		D-CH (N = 81)		F-CH (N = 42)		I-CH (N = 7)		Varianz-analyse Region	
	M	SD	M	SD	M	SD	M	SD	p^a	η^2
Prozentualer Anteil mathematik-bezogener Unterstützung an der Lektionsdauer	22.64	17.35	20.94	15.55	24.59	18.26	30.18	28.80	ns	
Prozentualer Anteil mathematik-bezogener Unterstützung an der Schülerarbeits-phase	45.99	24.02	40.48	20.74	55.29	26.86	53.06	25.32	** (D<F)	.092
Anteil der Formen der mathematik-bezogenen Unterstützung										
Evaluation (EV)	8.15	18.21	10.05	21.98	5.50	9.05	2.51	4.67	ns	
Rückmeldung (FB)	16.10	16.85	16.69	17.59	15.45	16.27	13.27	12.69	ns	
Total EV und FB	24.25	23.14	26.74	24.26	20.95	21.76	15.78	14.39	ns	
Erklärung (E)	26.88	23.68	26.46	22.75	26.77	24.54	32.10	31.45	ns	
Hinweis (H)	21.25	20.71	20.64	19.66	21.98	21.97	23.74	27.25	ns	
Erklärung *und* Hinweis (EH)	27.62	24.07	26.16	22.17	30.30	26.79	28.38	30.04	ns	
Total H und EH	48.87	28.38	46.80	26.98	52.28	29.88	52.12	36.66	ns	

Anmerkungen. [a] Univariate Varianzanalyse, Signifikanz des Unterschieds: *p < .05; **p < .01;
***p < .001. Die Analysen beruhen auf den gewichteten Daten.

Durchschnittlich beträgt der Anteil der mathematikbezogenen Unterstützung,
welche ausschließlich das Nachfragen nach dem Fortschritt der Aufgabenbearbeitung (EV) und diesbezügliche Rückmeldungen (FB) beinhaltet, nur rund
einen Viertel (M = 24.25%). Dieser Anteil unterscheidet sich in den drei Regionen
nicht signifikant. Der Anteil der Dauer für direkte Erklärungen bezüglich des Vorgehens (E) beträgt in den drei Regionen ebenfalls ca. einen Viertel der Gesamtdauer der mathematikbezogenen Unterstützung pro Lektion (M = 26.88). Private
Interaktionen, in denen die Lehrperson den Lernenden Hinweise und Anregungen
zum selbständigen Weiterdenken geben (H und EH), umfassen knapp die Hälfte
der Dauer der mathematikbezogenen Unterstützungsinteraktionen. In der Deutsch-

schweiz liegt der Mittelwert des prozentualen Anteils der weiterführenden Hinweise etwas tiefer, aber er unterscheidet sich nicht signifikant von den anderen Lektionen (vgl. Abbildung 4).

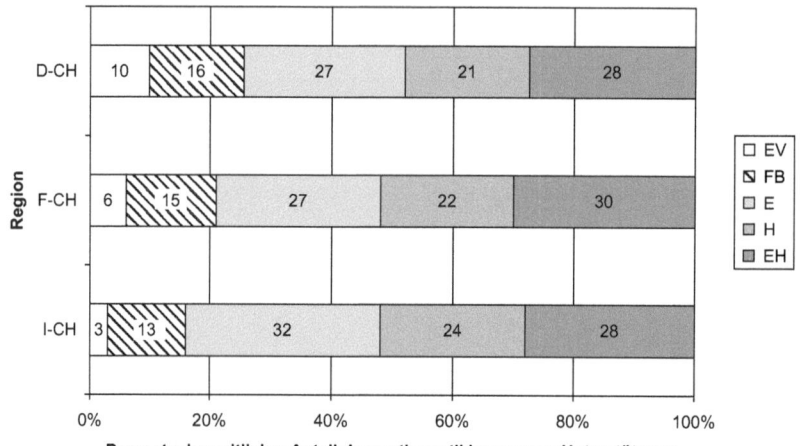

Abbildung 4: Durchschnittlicher prozentualer Anteil der Formen der mathematikbezogenen Unterstützung an der Gesamtdauer der mathematikbezogenen Unterstützung in den Schülerarbeitsphasen pro Lektion

Zusammengefasst ist die Qualität der Lernunterstützung in den Schülerarbeitsphasen der drei untersuchten Sprachregionen innerhalb der mathematikbezogenen Unterstützung vergleichbar. In den drei untersuchten Sprachregionen macht der Anteil der Unterstützung, welche die Lernenden zu weiteren eigenen Denkschritten anregt, knapp die Hälfte der mathematikbezogenen Unterstützung aus. Rund einen Viertel der Zeit der mathematikbezogenen Unterstützung verwenden die Lehrpersonen für das Nachfragen in Bezug auf den Fortschritt und Schwierigkeiten beim Bearbeiten der Aufgaben sowie auf das Geben von Rückmeldungen zur Korrektheit der Aufgabenbearbeitung.

Der Anteil der mathematikbezogenen Unterstützung beträgt durchschnittlich 46% der Schülerarbeitsphase oder 80% der gesamten individuellen Unterstützung. Damit macht die mathematikbezogene Unterstützung durchschnittlich 23% der Lektionszeit (SD = 17.35) aus. Dies entspricht rund 10 Minuten der durchschnittlichen Unterrichtszeit von 46 Minuten mit 21 Minuten selbständiger Schülerarbeit. Der Anteil der mathematikbezogenen Unterstützung ist in der deutschsprachigen Schweiz signifikant tiefer als in der französisch- und der italienischsprachigen Schweiz.

Die durchschnittliche Anzahl der mathematik- und organisationsbezogenen Unterstützungsinteraktionen unterscheidet sich in den drei Regionen nicht signifikant. Die Anzahl der organisationsbezogenen individuellen Unterstützungsinteraktionen korreliert positiv mit der Anzahl der organisationsbezogenen öffentlichen Äußerungen der Lehrperson während der Schülerarbeitsphasen. Insgesamt umfasst die individuelle Lernunterstützung durchschnittlich ca. 12 Minuten, das sind 27% der Lektionszeit und 55% der Schülerarbeitsphase. Der Anteil ist in der deutschsprachigen Schweiz signifikant kleiner als in der französisch- und der italienischsprachigen Schweiz. Für den Umfang der Lernunterstützung und deren Inhalt und Qualität zeigen sich keine schultypenspezifische Unterschiede.

9.1.4 Zusammenhang der verschiedenen Unterstützungsformen

In den vorangehenden Kapiteln wurden Umfang, Inhalt und Qualität der individuellen Lernunterstützung in der Schülerarbeitsphase beschrieben. Die Werte für die einzelnen Unterstützungsformen wurden für die gesamte repräsentative Stichprobe der Schweiz sowie für die drei Sprachregionen dargestellt. Da die einzelnen Unterstützungsformen in den Schülerarbeitsphasen in Kombination auftreten, werden in diesem Kapitel mittels Korrelationsanalysen systematische Zusammenhänge zwischen den zeitlichen Anteilen der einzelnen Unterstützungsformen an der Schülerarbeitsphase gesucht (vgl. Fragestellungen 7.2.4). Um zu unterdrücken, dass die Zusammenhänge zwischen den verschiedenen Unterstützungsformen durch den zeitlichen Anteil der Schülerarbeitsphase an der Lektionsdauer oder den zeitlichen Anteil der individuellen Unterstützung an der Schülerarbeitsphase bewirkt werden, wurden Partialkorrelationen berechnet. In Tabelle 27 werden die Zusammenhangsmaße der einzelnen Unterstützungsformen unter Kontrolle des zeitlichen Anteils der Schülerarbeitsphase an der Lektionsdauer sowie der individuellen Unterstützung an der Schülerarbeitsphase berichtet.

Tabelle 27: Partialkorrelationen der zeitlichen Anteile der Unterstützungsformen an der Gesamtdauer der Schülerarbeitsphase pro Lektion (N = 126). Kontrolliert mit zeitlichem Anteil der Schülerarbeitsphase an der Lektionsdauer und zeitlichem Anteil der individuellen Unterstützung an der Schülerarbeitsphase

Zeitlicher Anteil der Unterstützungsform an der Schülerarbeitsphase	EV	FB	E	H	EH
Zeitlicher Anteil organisatorische Unterstützung (OU)	.08	-.10	-.20*	-.06	-.37***
Zeitlicher Anteil Nachfragen (EV)		-.14	.07	-.08	-.24**
Zeitlicher Anteil Rückmeldungen (FB)			-.02	.03	-.38***
Zeitlicher Anteil Erklärungen (E)				-.55***	-.42***
Zeitlicher Anteil Hinweise (H)					-.18

Anmerkungen. Die Analysen beruhen auf den gewichteten Daten.
*p < .05; **p < .01; ***p < .001.

Die Werte der zeitlichen Anteile der einzelnen Unterstützungsformen an der Schülerarbeitsphase sind voneinander unabhängig, da die Lehrpersonen in über 50% der Dauer der Schülerarbeitsphase keine Form der Lernunterstützung leisten. Negative Korrelationen der zeitlichen Anteile von zwei Unterstützungsformen an der Schülerarbeitsphase geben Hinweise darauf, dass bei längerem Auftreten der einen Unterstützungsform die andere Unterstützungsform systematisch kürzer zu beobachten ist respektive dass sich diese beiden Unterstützungsformen gegenseitig ausschließen. In Lektionen, in denen die Lehrpersonen einen höheren zeitlichen Anteil für direkte Erklärungen (E) einsetzen, ist der zeitliche Anteil für weiterführende Hinweise (H) kleiner ($r_{(126)}$ = -.55, p < .001). Da die Unterstützungsform mit Erklärungen als auch Hinweisen (EH) durchschnittlich länger ist, überraschen die negativen Korrelationen mit den anderen Unterstützungsformen wenig. Es fällt aber auf, dass die negative Korrelation mit dem Geben von Hinweisen (H) am geringsten ist. Dies kann als Hinweis darauf gelten, dass die betreffenden Unterstützungsformen öfter gemeinsam in Schülerarbeitsphasen auftreten als die Unterstützungsform EH mit anderen Unterstützungsformen.

Zur Kontrolle dieser Aussage wurden die Korrelation auch mit den prozentualen Anteilen der Anzahl der einzelnen Unterstützungsformen an der Gesamtzahl der Unterstützungsinteraktionen gerechnet. Die Werte sind vergleichbar und bestätigen die obenstehenden Ergebnisse. Die Korrelationsanalysen wurden aufgeteilt auf die drei Regionen überprüft. Es zeigen sich keine nennenswerten Abweichungen für die einzelnen Regionen; aufgrund der niedrigen Fallzahlen für die italienischsprachige Schweiz treten für diese Region keine signifikanten Zusammenhänge auf und sind sie nicht aussagekräftig.

Um weiteren Aufschluss darüber zu erhalten, wie sich die verschiedenen Formen der Unterstützung in den einzelnen Lektionen kombinieren, wurden Clusteranalysen mit dem zeitlichen Anteil der Unterstützungsformen an der Schülerarbeitsphase gerechnet.[23] Da sich die Abstandsmaße der Koeffizienten an keiner Stelle sprunghaft erhöhen, lässt sich keine optimale Clusterzahl bilden und es können keine Gruppen von Lektionen mit ähnlichem Unterstützungsverhalten der Lehrpersonen in den Schülerarbeitsphasen bestimmt werden. Das bedeutet, dass empirisch keine distinkten, klar abgrenzbaren Typen von Unterstützungsverhalten für die Schülerarbeitsphasen in den einzelnen Lektionen festgestellt und untersucht werden können.

9.1.5 Einflussfaktoren der Form der individuellen Lernunterstützung

Im Anschluss an die Darstellung von Umfang, Inhalt und Qualität der individuellen Lernunterstützung in der repräsentativen Stichprobe der Schweiz und nach dem Vergleich über drei Sprachregionen der Schweiz wird in diesem Kapitel der Frage nachgegangen, ob neben der regionalen Herkunft der Lektionen weitere Einfluss-

---

23 Die einzelnen Variablen wurden z-standardisiert, um der unterschiedlichen Streuung Rechnung zu tragen.

faktoren auf die Form der individuellen Lernunterstützung ausgemacht werden können. Für folgende Variablen wird ein Einfluss auf die Form der Unterstützung während der Schülerarbeitsphase vermutet (vgl. Fragestellungen 7.2.5).

– *Zeitlicher Anteil der Schülerarbeitsphase an der Lektionsdauer:* Hängt die Form der individuellen Unterstützung während der Schülerarbeitsphasen mit der Dauer der selbständigen Schülerarbeit zusammen (vgl. Kapitel 9.1.5.1)?
– *Funktion der Schülerarbeitsphase:* Hängt die Form der individuellen Unterstützung während der Schülerarbeitsphasen mit der Funktion der Schülerarbeitsphasen zusammen (vgl. Kapitel 9.1.5.2)?
– *Sozialform in der Schülerarbeitsphase:* Hängt die Form der individuellen Unterstützung mit der Sozialform in der Schülerarbeitsphase zusammen (vgl. Kapitel 9.1.5.3)?

Der Einfluss auf die folgenden drei abhängigen Variablen zur Beschreibung der Unterstützungsform wird überprüft:

Umfang der Lernunterstützung
– Durchschnittlicher prozentualer zeitlicher Anteil der Lernunterstützung an der Gesamtdauer der Schülerarbeitsphase: Diese Variable gibt Auskunft über die Zeit, welche die Lehrperson in der Schülerarbeitsphase für die individuelle Unterstützung für die Lernenden verwendet.

Inhalt der Lernunterstützung
– Durchschnittlicher prozentualer Anteil der organisationsbezogenen und der mathematikbezogenen Unterstützungsinteraktionen an der Gesamtanzahl der Unterstützungsinteraktionen pro Lektion: Mit diesen abhängigen Variablen wird erfasst, wie hoch verhältnismäßig die Anzahl der organisationsbezogenen Interaktionen respektive der mathematikbezogenen Interaktionen in den Schülerarbeitsphasen ist.
– Der durchschnittliche prozentuale zeitliche Anteil der mathematikbezogenen Lernunterstützung an der Gesamtdauer der Schülerarbeitsphase pro Lektion gibt Aufschluss darüber, wie hoch der zeitliche Anteil der tatsächlich mathematikbezogenen Unterstützung ist, welche sich nicht auf organisatorische Informationen beschränkt.

Qualität der Lernunterstützung
– Der durchschnittliche prozentuale zeitliche Anteil der kognitiv aktivierenden Lernunterstützung an der Gesamtdauer der mathematikbezogenen Lernunterstützung pro Lektion erfasst, wie hoch der Anteil der mathematikbezogenen Unterstützung ist, welche das Verstehen und selbständige weitere Denkleistungen der Lernenden anregt.

Zur Überprüfung des Einflusses wird im Folgenden für die einzelnen unabhängigen Variablen der Zusammenhang mit den abhängigen Variablen mittels Korrelation (für die Dauer der Schülerarbeitsphase), univariaten Varianzanalysen (für Funktion und Sozialform der Schülerarbeitsphase) sowie Regressionsanalysen gerechnet. Im Anschluss wird getestet, ob sich ein Unterschied des Einflusses aufgrund der Sprachregion oder des Schultyps feststellen lässt.

9.1.5.1 Zeitlicher Anteil der Schülerarbeitsphasen an der Lektionsdauer

Es ist eine plausible Annahme, dass sich Lehrpersonen in längeren Schülerarbeitsphasen mehr Zeit für die mathematikbezogene individuelle Lernunterstützung nehmen. Die längere Dauer erlaubt ihnen ein längeres Verweilen bei einzelnen Lernenden und lässt ihnen mehr Zeit für die kognitiv aktivierende Unterstützung, welche sich am Lernprozess der Schülerinnen und Schüler orientiert und ihnen Anregungen für eigene weitere Denkleistungen gibt. Die längere Dauer der Schülerarbeitsphasen kann aber auch mehr organisatorische Bemerkungen der Lehrperson notwendig machen. Da die organisatorischen Bemerkungen meist eher kurz sind (durchschnittlich 11.12 sec, vgl. Kapitel 9.1.3.1), wird der durchschnittliche prozentuale Anteil organisatorischer Bemerkungen an der Anzahl Unterstützungsinteraktionen pro Lektion für den Vergleich verwendet und zusätzlich wird als abhängige Variable der prozentuale Anteil der organisatorischen Bemerkungen an der Anzahl der öffentlichen Äußerungen während der Schülerarbeitsphasen miteinbezogen.

9.1.5.1.1 Umfang der Lernunterstützung

Der zeitliche Anteil der Schülerarbeitsphase an der Lektionsdauer zeigt einen schwachen, aber signifikanten Zusammenhang mit dem zeitlichen Anteil der Schülerarbeitsphase, welcher für die individuelle Unterstützung eingesetzt wird ($r_{(130)} = .20$; $p < .05$). Mit zunehmender Dauer der Schülerarbeitsphasen nehmen sich die Lehrpersonen folglich mehr Zeit für die individuelle Unterstützung der Lernenden.

Der Umfang der Lernunterstützung unterscheidet sich aufgrund der Regionszugehörigkeit. Um zu überprüfen, ob sich der Zusammenhang des zeitlichen Anteils der Schülerarbeitsphase an der Lektionsdauer mit dem zeitlichen Anteil der individuellen Lernunterstützung an der Schülerarbeitsphase nicht auf die Regionszugehörigkeit oder die Schultypzugehörigkeit zurückführen lässt, wurden Partialkorrelationen mit den Kontrollvariablen Schultyp und mit den dummy-codierten Variablen für die Regionszugehörigkeit gerechnet. Der Zusammenhang erwies sich auch unter Einbezug dieser Kontrollvariablen als signifikant und damit unabhängig von Regions- oder Schultypzugehörigkeit der Lektionen.

9.1.5.1.2 Inhalt der Lernunterstützung

Für den Anteil der organisations- und mathematikbezogenen Unterstützungsinteraktionen an der Gesamtzahl der Unterstützungsinteraktionen zeigt sich kein Zusammenhang mit der Dauer der Schülerarbeitsphase. Es besteht diesbezüglich kein signifikanter Unterschied nach Schultyp oder Region. Die Varianzanalyse zeigt dahingehend einen Interaktionseffekt von Typ und Region, dass die Lektionen mit einem größeren prozentualen zeitlichen Anteil der Schülerarbeitsphase im Schultyp mit Grundansprüchen aus der französischsprachigen Schweiz im Gegensatz zu den anderen Regionen einen signifikant höheren durchschnittlichen Anteil an Unterstützungsinteraktionen mit ausschließlich organisatorischen Informationen aufweisen (über 70% aller Unterstützungsinteraktionen) als die Lektionen mit einem kleineren prozentualen Anteil der Schülerarbeitsphase (rund 40% der Unterstützungsinteraktionen) ($F_{(1, 123)}$ = 6.215, p < .05, η^2 = .052).

Der weiter oben berichtete positive Zusammenhang zwischen dem durchschnittlichen Anteil organisatorischer Bemerkungen an der Anzahl Unterstützungsinteraktionen pro Lektion und dem Anteil der organisatorischen Bemerkungen an der Anzahl der öffentlichen Äußerungen während der Schülerarbeitsphasen zeigt sich bei der Partialkorrelation unabhängig von der Dauer der Schülerarbeitsphase ($r_{(127)}$ = .31, p < .001). Auch unter Einbezug der Sprachregion[24] und des Schultyp als Kontrollvariablen erweist sich der Zusammenhang des Anteils organisatorischer Unterstützungsinteraktionen mit dem Anteil der organisatorischen öffentlichen Bemerkungen während der Schülerarbeitsphase unverändert als signifikant. Zwischen dem Anteil mathematikbezogener Unterstützung an der Anzahl Unterstützungsinteraktionen pro Lektion und dem Anteil der mathematikbezogenen Bemerkungen an der Anzahl der öffentlichen Äußerungen während der Schülerarbeitsphasen besteht ebenfalls ein positiver Zusammenhang ($r_{(127)}$ = .33, p < .001), der sich unter Kontrolle der Dauer der Schülerarbeitsphase bestätigt. Der Zusammenhang erweist sich ebenfalls als unabhängig von Sprachregion und Schultyp.

Während für den zeitlichen Anteil der Schülerarbeitsphase an der Lektionsdauer mit dem zeitlichen Anteil der Anzahl organisatorischer und mathematikbezogener Unterstützungsinteraktionen kein Zusammenhang besteht, hängt der zeitliche Anteil der Schülerarbeitsphase an der Lektionsdauer systematisch positiv mit dem zeitlichen Anteil der mathematikbezogenen Unterstützung an der Gesamtdauer der Schülerarbeitsphase zusammen ($r_{(130)}$ = .22, p < .05). Dieser Zusammenhang zeigt sich unabhängig von Regions- und Schultypzugehörigkeit der Lektionen. Es besteht kein systematischer Zusammenhang des zeitlichen Anteils der Schülerarbeitsphase an der Lektionsdauer mit dem zeitlichen Anteil der ausschließlich organisationsbezogenen Unterstützung an der Schülerarbeitsphase.

---

24 Dummy-Codierung für die drei Sprachregionen der Schweiz.

9.1.5.1.3 Qualität der mathematikbezogenen Lernunterstützung

In Tabelle 28 sind die Zusammenhänge zwischen dem zeitlichen Anteil der Schülerarbeitsphase an der Lektionsdauer und dem zeitlichen Anteil der verschiedenen Formen der Unterstützung an der Gesamtdauer der mathematikbezogenen Unterstützung dargestellt.

Tabelle 28: Korrelationen zwischen dem zeitlichen Anteil der Schülerarbeitsphase an der Lektionsdauer und dem zeitlichen Anteil der mathematikbezogenen Unterstützungsformen an der Gesamtdauer der mathematikbezogenen Unterstützung (N = 126)

	Zeitlicher Anteil der Formen der Lernunterstützung an der Gesamtdauer der mathematikbezogenen Lernunterstützung						
	EV	FB	EV und FB	E	H	EH	H und EH
Zeitlicher Anteil der Schülerarbeitsphase an der Lektionsdauer	-.17	-.22*	-.29**	-.10	.14	.25**	.32***

Anmerkung. Die Analysen beruhen auf den gewichteten Daten.

*p < .05; **p < .01; ***p < .001.

Bei größerem Anteil der Schülerarbeitsphase an der Lektionsdauer ist der zeitliche Anteil der kognitiv aktivierenden Lernunterstützung (H und EH) an der mathematikbezogenen Unterstützung größer. Entsprechend zeigt sich umgekehrt der geringere zeitliche Anteil für kurze Evaluationsfragen und Rückmeldungen (EV und FB) an der mathematikbezogenen Unterstützung bei längerer Dauer der Schülerarbeitsphase. Diese Korrelationen zeigen sich auch unter Einbezug der Kontrollvariablen für Schultyp- und Regionszugehörigkeit der Lektionen und fallen für den zeitlichen Anteil der mathematikbezogenen Unterstützungsformen an der Gesamtdauer der Lernunterstützung und an der Gesamtdauer der Schülerarbeitsphase vergleichbar aus.

9.1.5.2 Funktion der Schülerarbeitsphasen

Neben der Dauer der Schülerarbeitsphase als Einflussfaktor auf die Form der individuellen Lernunterstützung lässt sich vermuten, dass die Lehrpersonen aufgrund der Funktion, für welche sie die Schülerarbeitsphase einsetzen, unterschiedliche Unterstützungsformen leisten. Zum Beispiel ist es vorstellbar, dass die Lehrpersonen in Schülerarbeitsphasen zum Explorieren von neuen Vorgehensweisen oder zum selbständigen Suchen von Lösungswegen den Lernenden seltener direkt den Lösungsweg vorzeigen und häufiger weiterführende Hinweise geben, welche die Lernenden zum selbständigen Problemlösen anregen.

9.1.5.2.1 Umfang der Lernunterstützung

Der zeitliche Anteil der Lernunterstützung in der Schülerarbeitsphase variiert nicht systematisch mit der Funktion, welcher die Schülerarbeitsphase dient. Auch der Einbezug der Kontrollvariablen Region und Schultyp und deren Interaktion in der Varianzanalyse zeigt keinen signifikanten Einfluss auf den zeitlichen Anteil der Lernunterstützung in der Schülerarbeitsphase.

9.1.5.2.2 Inhalt der Lernunterstützung

Für den durchschnittlichen Anteil der Anzahl organisatorischer oder mathematik-bezogener Unterstützungsinteraktionen an der Gesamtanzahl der Unterstützungsinteraktionen ergibt sich kein signifikanter Unterschied in den Lektionen mit den unterschiedlichen Funktionen der Schülerarbeitsphase. Der durchschnittliche zeitliche Anteil der organisatorischen oder mathematikbezogenen Unterstützung an der Dauer der Schülerarbeitsphase pro Lektion zeigt ebenfalls keinen signifikanten Unterschied aufgrund der Funktion der Schülerarbeitsphase.

9.1.5.2.3 Qualität der mathematikbezogenen Lernunterstützung

Ein signifikanter Unterschied besteht beim zeitlichen Anteil der kognitiv aktivierenden Unterstützung an der Gesamtdauer der mathematikbezogenen Unterstützung ($F_{(3, 120)}$ = 5.739, p < .01, η^2 = .129): Der Anteil ist in Lektionen, in denen die Schülerarbeitsphase dem anspruchsvollen Üben dient (A), signifikant höher als in Lektionen, in denen die Schülerarbeitsphase dem repetitiven Üben (Ü) und dem sowohl anspruchsvollen als auch repetitiven Üben dient (Mix). Der Einbezug der Kontrollvariablen Schultyp und Region in die Varianzanalyse zeigt einen Interaktionseffekt von Region, Typ und Funktion ($F_{(3, 120)}$ = 5.734, p < .01, η^2 = .099): In Lektionen mit Grundansprüchen ist der Anteil der kognitiv aktivierenden Unterstützung an der Gesamtdauer der mathematikbezogenen Unterstützung tendenziell tiefer als in Lektionen mit erweiterten und hohen Ansprüchen und dieser Unterschied variiert nach Region und Funktion. Beispielsweise ist der Anteil der kognitiv aktivierenden Unterstützung in Lektionen, in denen die Schülerarbeitsphasen dem anspruchsvollen Üben dienen (A) aus der Deutschschweiz im Schultyp mit Grundansprüchen höher als im Schultyp mit erweiterten und hohen Ansprüchen, dasselbe gilt für Lektionen aus der Westschweiz, in denen die Schülerarbeitsphasen dem repetitiven Üben dienen (Ü).

9.1.5.3 Sozialform in den Schülerarbeitsphasen

Zusätzlich zur Dauer und zur Funktion der Schülerarbeitsphase kann die Sozialform der Schülerarbeitsphase einen Einfluss auf die Form der Unterstützung während der Schülerarbeitsphase zeigen. Gruppen- und Partnerarbeit wird häufig mit dem Ziel eingesetzt, dass die Lernenden selbständig einen Lösungsweg oder eine Vorgehensweise erarbeiten. Da die Organisation von Partner- und Gruppenarbeit zum Teil aufwendiger ist als diejenige der Einzelarbeit, lässt sich vermuten, dass der Anteil der organisationsbezogenen Interaktionen in solchen Lektionen höher ist.

9.1.5.3.1 Umfang der Lernunterstützung

Der zeitliche Anteil der Lernunterstützung in der Schülerarbeitsphase unterscheidet sich in Abhängigkeit von der Sozialform, in der die Lernenden während dieser Phase arbeiten. In den 45 Lektionen, in denen die Lernenden während der Schülerarbeitsphase einzeln arbeiten, ist der zeitliche Anteil der Lernunterstützung in der Schülerarbeitsphase signifikant kleiner (M = 48%) als in den 78 Lektionen, in denen die Kooperation der Lernenden geduldet oder explizit eingesetzt ist (M = 58%), $F_{(1, 123)}$ = 5.170, p < .05, η^2 = .041. Der Unterschied bleibt auch unter Einbezug der Kontrollvariablen sowie deren Interaktion bestehen.

9.1.5.3.2 Inhalt der Lernunterstützung

Für die unterschiedlichen Sozialformen der Schülerarbeitsphase zeigt sich kein Unterschied in Bezug auf den durchschnittlichen Anteil der ausschließlich organisatorischen Informationen an der Gesamtzahl der Unterstützungsinteraktionen pro Lektion. Der durchschnittliche zeitliche Anteil der organisationsbezogenen Unterstützung an der Schülerarbeitsphase unterscheidet sich nicht signifikant in den verschiedenen Sozialformen.

In Bezug auf den durchschnittlichen zeitlichen Anteil der Dauer der mathematikbezogenen Unterstützung an der Schülerarbeitsphase zeigt sich nur für die dichotomisierte Kooperationsvariable (keine Zusammenarbeit der Lernenden vs. geduldete sowie explizit eingesetzte Zusammenarbeit) ein signifikanter Unterschied ($F_{(1, 123)}$ = 4.750, p < .05., η^2 = .038): In den Lektionen ohne Zusammenarbeit in den Schülerarbeitsphasen ist der Anteil der mathematikbezogenen Unterstützung durch die Lehrperson signifikant tiefer (M = 39.86%, SD = 25.50) gegenüber den Lektionen mit Kooperation in der Schülerarbeitsphase (M = 49.27%, SD = 21.53).

9.1.5.3.3 Qualität der mathematikbezogenen Lernunterstützung

Der zeitliche Anteil von kognitiv aktivierender Unterstützung, welche die Lernenden zu weiteren Denkschritten anregt, an der Gesamtdauer der mathematikbezogenen Unterstützung variiert in Abhängigkeit von der Möglichkeit zur Kooperation während der Schülerarbeitsphase, $F_{(1, 120)} = 12.908$, $p < .001$, $\eta^2 = .099$. In den 77 Lektionen mit Kooperation ist der durchschnittliche zeitliche Anteil von kognitiv aktivierender Unterstützung signifikant höher (54% der mathematikbezogenen Unterstützung) als in den 43 Lektionen ohne Kooperation (36% der mathematikbezogenen Unterstützung). Der signifikant tiefere Anteil der kognitiv aktivierenden mathematikbezogenen Unterstützung in der Einzelarbeit bestätigt sich auch, wenn die Werte für geduldete und explizit eingesetzte Kooperation getrennt berechnet werden, $F_{(2, 120)} = 7.118$, $p < .01$, $\eta^2 = .108$.

Unter Einbezug der Kontrollvariablen Region und Schultyp bleibt der Unterschied des zeitlichen Anteils der kognitiv aktivierenden Unterstützung an der Gesamtdauer der mathematikbezogenen Unterstützung in Lektionen mit vs. ohne Kooperation bestehen, $F_{(1, 120)} = 3.748$, $p < .05$, $\eta^2 = .213$.

9.1.5.4 Regressionsmodelle der Einflussfaktoren auf die Lernunterstützung

Abschließend werden für den Umfang, den Inhalt und die Qualität der Unterstützung schrittweise multiple Regressionsmodelle gerechnet, um den Einfluss des Anteils der Schülerarbeitsphase, der Funktion der Schülerarbeitsphase und der Sozialform der Schülerarbeitsphase sowie der Kontrollvariablen Region und Schultyp zusammenfassend darstellen zu können. Die schrittweise multiple Regressionsanalyse erfolgt explorativ (Bortz, 2005, S. 461ff; Bühl & Zöfel, 2002, S. 329ff.). Als mögliche Prädiktoren des Umfangs, des Inhalts und der Qualität der Unterstützung auf der Unterrichtsebene werden im ersten Block der zeitliche Anteil der Schülerarbeitsphase an der Lektionsdauer, die Sozialform in der Schülerarbeitsphase sowie die Funktion der Schülerarbeitsphase (mittels Dummy-Variablen für die einzelnen Funktionen) eingeführt. Im zweiten Block werden als Prädiktoren auf der Klassenebene die Region (wiederum mittels Dummy-Variablen für die einzelnen Regionen pro Lektion) sowie der Schultyp eingeführt. Mit der explorativen Regressionsberechnung wird mittels Vorwärtsstrategie überprüft, welche dieser Prädiktoren den größten Anteil der Unterschiede in Bezug auf die abhängigen Variablen (Umfang, Inhalt und Qualität) aufklären. Nacheinander werden die Prädiktoren mit dem höchsten partiellen Korrelationskoeffizienten eingefügt. Das Vorwärtsverfahren wird abgebrochen, wenn kein weiterer signifikanter Prädiktor mehr zur Verfügung steht. Das Einschlusskriterium ist ein F-Wert von <= .050, das Kriterium für den Ausschluss ist ein F-Wert von >= 1.00.

9.1.5.4.1 Umfang der Lernunterstützung

Tabelle 29: Zusammenfassung der schrittweisen Regressionsanalyse zur Vorhersage des zeitlichen Anteils der Lernunterstützung an der Gesamtdauer der Schülerarbeitsphase (N = 130 Lektionen)

Unabhängige Variable	B	SE B	β
1. Schritt			
Schülerarbeitsphase mit Kooperation	12.284	4.379	.241**
2. Schritt			
Schülerarbeitsphase mit Kooperation	9.964	4.454	.195*
Schülerarbeitsphase dient dem repetitiven Üben	-9.709	4.544	-.186*
3. Schritt			
Schülerarbeitsphase mit Kooperation	9.169	4.287	.180*
Schülerarbeitsphase dient dem repetitiven Üben	-8.863	4.447	-.170*
Region D-CH	-8.080	8.936	-.160
Region F-CH	7.659	9.325	.147
Schultyp erweiterte/hohe Ansprüche	1.404	4.474	.027

Anmerkungen. R^2 = .058 für Schritt 1 (p < .01); R^2 = .091 für Schritt 2 (p < .01); R^2 = .185 für Schritt 3 (p < .001). Die Analysen beruhen auf den gewichteten Daten.
*p < .05; **p < .01; ***p < .001.

Der zeitliche Anteil der Lernunterstützung an der Gesamtdauer der Schülerarbeitsphase wird hauptsächlich durch die Sozialform der Schülerarbeitsphase sowie die Funktion der Schülerarbeitsphase beeinflusst. In Lektionen, in denen die Schülerarbeitsphase nicht dem repetitiven Üben dient und in denen die Lernenden die Möglichkeit zur Kooperation haben, ist der zeitliche Anteil der individuellen Lernunterstützung höher (vgl. Tabelle 29).

9.1.5.4.2 Inhalt der Lernunterstützung

Sowohl für den zeitlichen Anteil der organisationsbezogenen Unterstützung an der Schülerarbeitsphase als auch für den Anteil der organisationsbezogenen Interaktionen an der Gesamtzahl der Unterstützungsinteraktionen erwies sich kein Regressionsmodell als signifikant.

Der zeitliche Anteil der mathematikbezogenen Unterstützung an der Schülerarbeitsphase wird hauptsächlich durch die Möglichkeit zur Kooperation in der Schülerarbeitsphase positiv beeinflusst. Die Region hat dahingehend einen Einfluss, dass der Anteil der mathematikbezogenen Unterstützung in der Schülerarbeitsphase in den Lektionen der Deutschschweiz geringer ist als in den anderen

Regionen. Der Einfluss der Region ist jedoch gering und nicht signifikant (vgl. Tabelle 30).

Tabelle 30: Zusammenfassung der schrittweisen Regressionsanalyse zur Vorhersage des zeitlichen Anteils der mathematikbezogenen Lernunterstützung an der Gesamtdauer der Schülerarbeitsphase (N = 130 Lektionen)

Unabhängige Variable	B	SE B	β
1. Schritt			
Schülerarbeitsphase mit Kooperation	11.722	4.290	.235**
2. Schritt			
Schülerarbeitsphase mit Kooperation	10.516	4.184	.211*
Region D-CH	-10.128	8.933	-.205
Region F-CH	2.986	9.314	.058
Schultyp erweiterte/hohe Ansprüche	3.682	4.398	.073

Anmerkungen. R^2 = .055 für Schritt 1 (p < .01); R^2 = .138 für Schritt 2 (p < .01). Die Analysen beruhen auf den gewichteten Daten.
*p < .05; ***p < .001.

Wird der Inhalt der Lernunterstützung am Anteil der mathematikbezogenen Interaktionen an der Gesamtzahl der Unterstützungsinteraktionen gemessen, erweist sich kein Regressionsmodell als signifikant.

9.1.5.4.3 Qualität der mathematikbezogenen Lernunterstützung

Der zeitliche Anteil der Schülerarbeitsphase zeigt den größten positiven Einfluss auf den Anteil kognitiv anregender Unterstützung an der mathematikbezogenen Unterstützung. Dieses Regressionsmodell klärt 10% der Varianz auf. Weitere bedeutsame Einflussfaktoren sind die Funktion des anspruchsvollen Übens sowie die Möglichkeit zur Kooperation, beide zeigen einen positiven Effekt (Schritt 2 und 3 in Tabelle 31). Insgesamt werden durch diese Einflussfaktoren im 3. Modell 20% der Varianz der Qualität der mathematikbezogenen Lernunterstützung aufgeklärt.

Tabelle 31:   Zusammenfassung der schrittweisen Regressionsanalyse zur Vorhersage des
zeitlichen Anteils der kognitiv aktivierenden Unterstützung an der Gesamtdauer
der mathematikbezogenen Lernunterstützung (N = 125 Lektionen)

Unabhängige Variable	B	SE B	β
1. Schritt			
Zeitlicher Anteil der Schüler-arbeitsphase an der Lektionsdauer	.413	.109	.321***
2. Schritt			
Zeitlicher Anteil der Schülerarbeits-phase an der Lektionsdauer	.354	.107	.275**
Schülerarbeitsphase dient dem anspruchsvollen Üben	17.105	5.538	.258**
3. Schritt			
Zeitlicher Anteil der Schülerarbeits-phase an der Lektionsdauer	.273	.111	.212*
Schülerarbeitsphase dient dem anspruchsvollen Üben	15.862	5.472	.239**
Schülerarbeitsphase mit Gelegenheit zur Kooperation	11.729	5.104	.198*

Anmerkungen. $R^2 = .103$ für Schritt 1 (p < .001); $R^2 = .167$ für Schritt 2 (p < .001); $R^2 = .202$ für
Schritt 3 (p < .001). Die Analysen beruhen auf den gewichteten Daten.
*p < .05; **p < .01; ***p < .001.

9.1.6   Zusammenfassung

An dieser Stelle werden die Hauptergebnisse der Exploration der individuellen
Lernunterstützung in den Schülerarbeitsphasen im repräsentativen Sample der
Schweiz (N = 130 Lektionen) zusammengefasst (vgl. Fragestellungen 7.1 bis 7.3).

9.1.6.1   Beschreibung der Schülerarbeitsphasen

Als Ausgangslage zur Beschreibung der individuellen Lernunterstützung wurden
die Schülerarbeitsphasen eingehender beschrieben (vgl. Fragestellungen 7.1). Der
durchschnittliche Anteil der Schülerarbeitsphase an der Lektionsdauer beträgt in
der Schweiz rund 47% respektive 21 Minuten. In den meisten Lektionen (rund zwei
Drittel der Lektionen) dient die Schülerarbeitsphase dem repetitivem Üben oder
dem sowohl repetitiven als auch anspruchsvollen Üben. Die durchschnittliche
Dauer ist in der Deutschschweiz mit 49% am höchsten, unterscheidet sich aber
nicht signifikant in den drei Sprachregionen. Die Schülerarbeitsphasen sind in den
Lektionen mit Grundansprüchen durchschnittlich länger als in den Lektionen mit
erweiterten und hohen Ansprüchen, nur in der Westschweiz ist das Verhältnis umgekehrt.

In insgesamt rund 90% der Lektionen arbeiten die Lernenden während der Schülerarbeitsphase entweder an repetitiven oder anspruchsvollen Übungsaufgaben (oder beidem). In den restlichen Lektionen erkunden die Lernenden während der Schülerarbeitsphase selbständig neue Lösungsstrategien. In den Lektionen mit repetitivem Üben (rund ein Drittel aller Lektionen) dauert die Schülerarbeitsphase durchschnittlich weniger lang als in Lektionen, in denen die Schülerarbeitsphase einer anderen Funktion dient. Nur in etwas mehr als einem Drittel der Lektionen arbeiten die Lernenden während der Schülerarbeitsphase in Einzelarbeit. In Lektionen mit Einzelarbeit ist die Schülerarbeitsphase signifikant kürzer als in Lektionen mit Möglichkeit zur Kooperation während der Schülerarbeitsphase und dient in mehr als 50% der Lektionen dem repetitiven Üben.

9.1.6.2 Beschreibung der individuellen Lernunterstützung

Die individuelle Lernunterstützung in den Schülerarbeitsphasen in der repräsentativen Stichprobe der Schweiz wurde in Bezug auf Umfang, Inhalt und Qualität analysiert (vgl. Fragestellungen 7.2).

Der zeitliche Anteil der Lernunterstützung an der Schülerarbeitsphase liegt bei durchschnittlich 55%, das sind rund 12 Minuten pro Lektion. Die Deutschschweiz weist einen signifikant kleineren Anteil auf als die beiden anderen Sprachregionen der Schweiz.

Auch der zeitliche Anteil der mathematikbezogenen Unterstützung an der Schülerarbeitsphase ist in der Deutschschweiz signifikant kleiner als in der Westschweiz und im Tessin, der Durchschnitt liegt bei 46% (rund 10 Minuten). Der zeitliche Anteil der ausschließlich organisationsbezogenen Unterstützung an der Schülerarbeitsphase ist mit durchschnittlich 8% gering und in den drei Sprachregionen nicht verschieden. Der zeitliche Anteil der nicht bestimmbaren Unterstützungsinteraktionen an der Schülerarbeitsphase beträgt weniger als 1% und ist vernachlässigbar.

Die durchschnittliche Anzahl der Unterstützungsinteraktionen pro Lektion beträgt 28 Interaktionen. Hier liegt der Anteil der mathematikbezogenen Unterstützungsinteraktionen mit durchschnittlich 64% aller Unterstützungsinteraktionen pro Lektion ebenfalls deutlich höher als der Anteil der organisationsbezogenen Interaktionen. Bezüglich Anzahl und Inhalt der Interaktionen lassen sich keine Unterschiede für die drei Sprachregionen feststellen. Ebenfalls erhoben wurde die Anzahl der *öffentlichen Bemerkungen* in den Schülerarbeitsphasen. Sie liegt bei durchschnittlich vier Bemerkungen pro Lektion und der Inhalt der individuellen Unterstützungsinteraktionen zeigt einen systematischen Zusammenhang mit dem Inhalt der öffentlichen Bemerkungen: Der Anteil der organisatorischen Bemerkungen an der Gesamtanzahl der öffentlichen Bemerkungen pro Lektion korreliert positiv mit dem Anteil der organisatorischen Unterstützungsinteraktionen an der Gesamtanzahl der Unterstützungsinteraktionen.

Die Qualität der mathematikbezogenen Lernunterstützung ist in den drei Sprachregionen vergleichbar. Die kognitiv aktivierende Unterstützung, welche die Lernenden zu weiteren eigenen Denkschritten anregt (H und EH), macht einen zeitlichen Anteil von rund 50% der mathematikbezogenen Unterstützung pro Lektion aus, das sind durchschnittlich rund fünf Minuten. Die restlichen durchschnittlich fünf Minuten pro Lektion verteilen sich in etwa zu gleichen Teilen auf das direkte Darbieten von Erklärungen (E) sowie das Nachfragen (EV) und das Geben von Rückmeldungen/Bewertungen (FB).

Die Zusammenhangsberechnungen zwischen den verschiedenen Formen der individuellen Unterstützung (vgl. Fragestellungen 7.2.4) zeigen einen negativen Zusammenhang zwischen dem zeitlichen Anteil für das Geben von Erklärungen (E) und den weiterführenden Hinweisen (H) sowie der kombinierten Unterstützungsform Erklärungen und Hinweise (EH) in der Schülerarbeitsphase. Dies zeigt, dass die Lehrpersonen eher die eine oder die andere Unterstützungsform wählen. Über Clusteranalysen ließen sich jedoch keine Typen des Unterstützungsverhaltens voneinander abgrenzen.

9.1.6.3 Einflussfaktoren

Im Anschluss an die Darstellung der Ergebnisse wurde der Einfluss von einzelnen Faktoren auf Form, Inhalt und Qualität der individuellen Lernunterstützung geprüft (vgl. Fragestellungen 7.2.5). In Lektionen mit höherem *zeitlichen Anteil der Schülerarbeitsphase an der Lektionsdauer* sind sowohl der zeitliche Anteil der Lernunterstützung an der Schülerarbeitsphase, der zeitliche Anteil der mathematikbezogenen Lernunterstützung an der Schülerarbeitsphase als auch der zeitliche Anteil der kognitiv aktivierenden Unterstützung an der mathematikbezogenen Unterstützung höher. Der zeitliche Anteil der kognitiv aktivierenden Unterstützung an der mathematikbezogenen Unterstützung wird zusätzlich durch die *Funktion der Schülerarbeitsphase* beeinflusst; er ist in Schülerarbeitsphasen, in denen anspruchsvolle Übungsaufgaben bearbeitet werden, am höchsten.

Auch die *Sozialform während der Schülerarbeitsphase* zeigt einen Einfluss auf die Form der Unterstützung. In Lektionen, in denen während der Schülerarbeitsphase hauptsächlich in Einzelarbeit Aufgaben bearbeitet werden, ist sowohl der zeitliche Anteil der Lernunterstützung insgesamt als auch der zeitliche Anteil der mathematikbezogenen Lernunterstützung an der Gesamtdauer der Schülerarbeitsphase signifikant niedriger als in Lektionen mit Möglichkeit zur Kooperation während der Schülerarbeitsphasen. Auch der zeitliche Anteil der kognitiv aktivierenden Unterstützung an der mathematikbezogenen Unterstützung ist in Lektionen mit Einzelarbeit während der Schülerarbeitsphase signifikant niedriger.

Abschließend wurden in schrittweisen Regressionsmodellen die Hauptprädiktoren von Umfang, Inhalt und Qualität der individuellen Lernunterstützung ermittelt. Der zeitliche Anteil der Lernunterstützung an der Gesamtdauer der Schülerarbeitsphase ist höher, wenn die Lernenden während der Schülerarbeitsphase die Möglichkeit zur Kooperation haben und nicht ausschließlich an repetitiven Übungsaufgaben arbeiten. Zusätzlich wird die Varianz des Ausmaßes der Lernunterstützung durch die Regionszugehörigkeit aufgeklärt. In Lektionen aus der Deutschschweiz liegt der durchschnittliche Wert signifikant tiefer als in den beiden anderen Sprachregionen. Insgesamt erklären diese Prädiktoren 19% der Varianz.

Die Sozialform während der Schülerarbeitsphase, die Funktion der Schülerarbeitsphase und die Regionszugehörigkeit erwiesen sich auch als stärkste Prädiktoren des Inhalts der Lernunterstützung: 14 % der Varianz des zeitlichen Anteils der mathematikbezogenen Lernunterstützung an der Gesamtdauer der Schülerarbeitsphase werden insgesamt durch die Gelegenheit zur Kooperation und die Arbeit an nicht ausschließlich repetitiven Übungsaufgaben während der Schülerarbeitsphase sowie die Regionszugehörigkeit Westschweiz oder Tessin erklärt.

Hauptprädiktoren für den zeitlichen Anteil der kognitiv aktivierenden Unterstützung an der Gesamtdauer der mathematikbezogenen Unterstützung sind der zeitliche Anteil der Schülerarbeitsphase an der Lektionsdauer, die Arbeit an anspruchsvollen Übungsaufgaben während der Schülerarbeitsphase sowie die Gelegenheit zur Kooperation. Diese Prädiktoren erklären insgesamt 20% der Varianz.

Zusammengefasst zeigt sich, dass der Anteil der mathematikbezogenen Lernunterstützung in den Schülerarbeitsphasen höher ist, wenn während der Schülerarbeitsphasen die Gelegenheit zur Kooperation besteht und die Lernenden nicht ausschließlich an repetitiven Übungsaufgaben arbeiten. Die Werte sind in der Westschweiz und im Tessin etwas höher als in der Deutschschweiz. Für die beiden Schultypen lassen sich keine nennenswerten Unterschiede feststellen.

9.1.6.4 Regionale Unterschiede

Die Analyse der individuellen Lernunterstützung während der Schülerarbeitsphasen in der repräsentativen Stichprobe der Schweiz erlaubt den Vergleich der drei Sprachregionen. An dieser Stelle werden die Unterschiede zwischen den drei Regionen in Bezug auf Umfang, Inhalt und Qualität der Lernunterstützung zusammenfassend dargestellt (vgl. Fragestellungen 7.3).

Die *Schülerarbeitsphase* nimmt in den drei Regionen einen vergleichbaren Anteil von rund 47% der Lektionszeit ein. Dieser Anteil unterscheidet sich in den Schultypen der drei Regionen. In der Deutschschweiz und im Tessin ist er in den Klassen mit Grundansprüchen höher und in der Westschweiz in Klassen mit erweiterten und hohen Ansprüchen. Die Verteilung der Lektionen nach Funktion und Sozialform der Schülerarbeitsphase ist in den drei Regionen vergleichbar.

Der *Umfang der individuellen Lernunterstützung* gemessen an der Anzahl Unterstützungsinteraktionen pro Lektion und dem zeitlichen Anteil der individuellen Unterstützung pro Lektion ist in den drei Regionen vergleichbar. Hingegen ist der zeitliche Anteil der individuellen Lernunterstützung in den Lektionen der Westschweiz mit 65% der Schülerarbeitsphase signifikant höher als in der Deutschschweiz mit 48% der Schülerarbeitsphase (Tessin 60%).

Auch der *Inhalt der individuellen Lernunterstützung* unterscheidet sich in den drei Regionen. Der zeitliche Anteil sowohl der organisatorischen als auch der mathematikbezogenen Unterstützung an der Gesamtdauer der Schülerarbeitsphase ist wiederum in der Westschweiz signifikant höher (OU 10%, MU 55%) als in der Deutschschweiz (OU 7%, MU 40%) (Tessin OU 6%, MU 53%).

In Bezug auf die *Qualität der mathematikbezogenen Lernunterstützung* zeigt sich kein bedeutsamer Unterschied zwischen den drei Regionen. Rund die Hälfte der Zeit wird für Hinweise (H) und sowohl Hinweise als auch Erklärungen (EH) verwendet, die direkten Erklärungen (E) sowie die Nachfragen und Rückmeldungen (EV und FB) machen je ca. einen Viertel der mathematikbezogenen Unterstützung aus.

Auch der Zusammenhang der zeitlichen Anteile der verschiedenen Unterstützungsformen ist in den drei Regionen vergleichbar und der Einfluss des zeitlichen Anteils der Schülerarbeitsphase, der Funktion der Schülerarbeitsphase sowie der Sozialform in der Schülerarbeitsphase unterscheidet sich nicht in den drei Regionen.

9.2 Vergleich von Lektionen mit unterschiedlichem Unterrichtsstil

In diesem Kapitel wird in der mit ELF-Lektionen erweiterten Teilstichprobe aus der Deutschschweiz untersucht, ob sich in Abhängigkeit des Unterrichtsstils Unterschiede in Bezug auf die Dauer, Funktion und Sozialform der Schülerarbeitsphase sowie in Bezug auf die Merkmale der individuellen Lernunterstützung feststellen lassen (vgl. Fragestellungen 7.4). Der Aufbau des Kapitels erfolgt analog zum Kapitel mit der Analyse der repräsentativen Stichprobe (Kapitel 9.1).

9.2.1 Stichprobe traditioneller vs. offenerer Unterrichtsstil

Im Anschluss an die Analyse der individuellen Unterstützung in der gesamten Schweiz wird die erweiterte Teilstichprobe aus der Deutschschweiz genauer untersucht. Die Lektionen der deutschsprachigen Schweiz bilden eine besondere Teilstichprobe; in Ergänzung zum ursprünglichen Datensatz umfasst diese Teilstichprobe 15 Lektionen mit „Erweiterten Lehr-Lernformen" (ELF). Diese ELF-Lektionen stammen ausschließlich aus der Sekundar- und Realschule. Aus diesem Grund werden für Analysen innerhalb des erweiterten Samples der deutschsprachigen Schweiz die neun Gymnasialklassen ausgeschlossen.[25]

---

25 Zwei der neun Lehrpersonen der Gymnasialklassen geben an, häufig oder fast immer „Erweiterte Lehr-Lernformen" einzusetzen. Dies bestätigt sich auch in den Lektionen dieser beiden Lehrpersonen. Der Unterricht der restlichen sieben gefilmten Gymnasiallehrpersonen

Für den Vergleich der individuellen Lernunterstützung in der deutschsprachigen Schweiz nach traditionellem und offenerem Unterrichtsstil wurde die Selbstdeklaration der Lehrpersonen zu ihrem Unterrichtsstil als Grundlage genommen. Zusätzlich wurde berücksichtigt, ob die Unterrichtsgestaltung tatsächlich der Selbstdeklaration entspricht (vgl. Kapitel 8.7.3). Die Zuteilung der Lektionen zum Unterrichtsstil basiert demgemäß auf der Selbstdeklaration der Lehrpersonen sowie auf der beobachtbaren Lektionsgestaltung.

Die Lektionen mit traditionellem und offenerem Unterrichtsstil verteilen sich gleichmässig auf die zwei Schultypen Real- und Sekundarschule (vgl. Tabelle 32). Sowohl im offeneren als auch im traditionellen Unterrichtsstil stammen 42% der Lektionen aus der Real- und 58% aus der Sekundarschule. In den beiden Schultypen entsprechen je 56% respektive 57% der Lektionen dem traditionellen Unterrichtsstil und beträgt der Anteil der Lektionen mit offenerem Unterrichtsstil 44% respektive 43%.

Tabelle 32: Verteilung der Lektionen in der erweiterten Teilstichprobe der deutschsprachigen Schweiz nach Unterrichtsstil und Schultyp

		Schultypen		
		Real	Sek	Gesamt
Unterrichtsstil				
	Traditioneller Unterrichtsstil			
	Anzahl	18	25	43
	% von trad. U.	41.9%	58.1%	
	% von Schultyp	56.3%	56.8%	56.6%
	Offenerer Unterrichtsstil			
	Anzahl	14	19	33
	% von off. U.	42.4%	57.6%	
	% von Schultyp	43.8%	43.2%	43.4%
Gesamt	Anzahl	32	44	76
	% von Unterrichtsstil	42.1%	57.9%	

Die Aufteilung der Teilstichprobe aus der deutschsprachigen Schweiz (N = 76) in Lektionen nach traditionellem Unterricht (N = 43) und offenerem Unterricht (N = 33) ermöglicht den Vergleich der individuellen Lernunterstützung bei unterschiedlichem Unterrichtsstil.

entspricht dem selbstdeklarierten traditionellen Unterrichtsstil, in dem selten oder gar nie „Erweiterte Lehr-Lernformen" umgesetzt werden.

9.2.2 Vergleich der Schülerarbeitsphasen im traditionellen und im offeneren Unterricht

Als Ausgangslage werden hier die Schülerarbeitsphasen in den beiden Unterrichtsstilen charakterisiert.

Der Vergleich der Lektionen nach traditionellem Unterricht (N = 43) mit Lektionen nach offenerem Unterricht (N = 33) zeigt erwartungsgemäß, dass der zeitliche Anteil der Schülerarbeitsphasen im traditionellen Unterricht mit durchschnittlich 39.61% (SD = 18.17) höchst signifikant niedriger ist als im offeneren Unterricht mit durchschnittlich 67.68% (SD = 22.35) (p < 0.001; d = 1.38). Dies ist wenig erstaunlich, da die Lernenden in vielen Lektionen im offeneren Unterrichtsstil über längere Zeit selbständig an Arbeitsplänen arbeiten. Der durchschnittliche zeitliche Anteil der Schülerarbeitsphasen in Lektionen der Realschule (M = 54.34%, SD = 26.90) unterscheidet sich nicht signifikant von denen der Sekundarschule (M = 49.96%, SD = 22.50).

Die Verteilung der Funktion der Schülerarbeitsphasen in den Lektionen nach Unterrichsstil ist unterschiedlich. Im offeneren Unterrichtsstil gibt es hoch signifikant weniger Lektionen, in denen die Schülerarbeitsphasen dem repetitiven Üben dienen, und hoch signifikant mehr Lektionen, in denen die Schülerarbeitsphasen dem anspruchsvollen Üben dienen, als in traditionellen Lektionen ($\chi^2_{(3)}$ = 15.828, N = 76, p < .01, Cramers V = .456). Entsprechend unterscheidet sich auch der zeitliche Anteil der Schülerarbeitsphasen in den Lektionen nach Funktion und nach Unterrichtsstil signifikant (vgl. Tabelle 33). Die Varianzanalyse bestätigt, dass der Unterschied der durchschnittlichen zeitlichen Dauer der Schülerarbeitsphase sowohl nach Unterrichtsstil als auch nach Funktion signifikant ist und signifikante Wechselwirkungen zwischen den beiden Faktoren bestehen ($F_{(3,\ 68)}$ = 6.130, p < 01., η^2 = .213): Im traditionellen Unterricht dauern die Schülerarbeitsphasen in Lektionen mit sowohl repetitivem als auch anspruchsvollem Üben (Mix) am längsten, sie sind signifikant länger als in Lektionen mit ausschließlich repetitivem Üben (Ü) oder mit explorativem Erkunden von neuen Vorgehensweisen (Ex). Für den offeneren Unterricht bestätigt sich, dass die Schülerarbeitsphasen in Lektionen mit ausschließlich repetitivem Üben (Ü) am kürzesten sind. Der Unterschied zur durchschnittlichen Dauer der Schülerarbeitsphasen in Lektionen mit sowohl anspruchsvollem als auch repetitivem Üben (Mix), mit anspruchsvollem Üben (A) und mit dem Erkunden von neuen Vorgehensweisen (Ex) ist signifikant.

Tabelle 33: Durchschnittlicher prozentualer zeitlicher Anteil der Schülerarbeitsphase in den Lektionen nach Funktion der Schülerarbeitsphase pro Lektion in der Teilstichprobe der deutschsprachigen Schweiz ohne Gymnasiaklassen (N = 76)

| Unterrichtsstil | Funktion | Anzahl Lektionen nach Funktion | | Prozentualer zeitlicher Anteil der Schülerarbeitsphasen | | | | Univariate Varianzanalysen | | |
		N	M	SD	Min	Max	U-Stil	Funktion	UxF
Gesamte Deutschschweiz									
	Ü	22	32.92	17.50	3.05	62.00			
	A	18	59.92	23.61	19.11	94.47			
	Mix	28	62.83	20.13	28.68	96.71			
	Ex	8	46.84	26.93	7.67	90.59			
	Gesamt	76	51.80	24.38	3.05	96.71	***	***	**
							(oU>tU)	(Ü<A, Mix)	
Traditioneller Unterricht									
	Ü	20	34.94	16.79	9.51	62.00			
	A	6	35.50	12.08	19.11	46.60			
	Mix	13	53.04	16.89	28.68	84.31			
	Ex	4	25.56	15.15	7.67	43.71			
	Gesamt	43	39.61	18.17	7.67	84.31		**	
								(Ü<Mix)	
Offenerer Unterricht									
	Ü	2	12.81	13.80	3.05	22.57			
	A	12	72.14	17.53	39.62	94.47			
	Mix	15	71.32	19.26	40.06	96.71			
	Ex	4	68.11	15.99	53.71	90.59			
	Gesamt	33	67.68	22.35	3.05	96.71		**	
								(Ü<Mix, A)	

*p < .05; **p < .01; ***p < .001.

In Bezug auf die Sozialform während der Schülerarbeitsphase zeigt sich, dass die Möglichkeit zur Kooperation während der Schülerarbeitsphase schwach signifikant mit dem Unterrichtsstil zusammenhängt ($\chi^2_{(3, 126)}$ = 8.320, p < .05, Cramers V = .331*). Im traditionellen Unterricht tritt ein größerer prozentualer Anteil von Lektionen auf, in denen die Lernenden in Einzelarbeit arbeiten (vgl. Tabelle 34). Die Verteilung der Sozialformen auf die Funktionen zeigt nur im traditionellen Unterrichtsstil einen signifikanten Zusammenhang ($\chi^2_{(3, 43)}$ = 13.446, p < .01, Cramers V = .559**). Auch hier wird er vor allem durch den hohen Anteil von Lektionen signifikant, in denen die Lernenden während der Schülerarbeitsphasen in Einzelarbeit repetitive Übungsaufgaben lösen (Ü).

Tabelle 34: Verteilung der Lektionen nach Sozialform und nach Funktion im traditionellen und im offeneren Unterricht

| Unterrichtsstil | Funktion | 3 Sozialformen | | | Gesamt |
		Einzelarbeit	Geduldete Kooperation	Eingesetzte Kooperation	
Gesamte Deutschschweiz					
	Ü	16	4	2	22
	A	3	8	7	18
	Mix	6	14	8	28
	Ex	0	3	5	8
	Gesamt	25	29	22	78
Traditioneller Unterricht					
	Ü	15	4	1	20
	A	1	2	3	6
	Mix	4	5	4	13
	Ex	0	2	2	4
	Gesamt	20	13	10	43
Offenerer Unterricht					
	Ü	1	0	1	2
	A	2	6	4	12
	Mix	2	9	4	15
	Ex	0	1	3	4
	Gesamt	5	16	12	33

Vergleicht man im traditionellen und im offeneren Unterricht die Anzahl der Lektionen, in denen die Lernenden während der Schülerarbeitsphasen entweder ohne Kooperation oder mit Kooperation (sowohl geduldete als auch eingesetzte Kooperation) arbeiten, zeigt sich ein signifikanter Zusammenhang für Unterrichtsstil und Möglichkeit zur Kooperation ($\chi^2_{(1, 76)}$ = 6.958, p < .01, Phi = .331): Im offeneren Unterricht haben die Lernenden häufiger die Gelegenheit zur Kooperation. Die Überprüfung des Zusammenhangs zwischen der Möglichkeit zur Kooperation und der Funktion in den Lektionen aus der Real- und der Sekundarschule zeigt, dass der Zusammenhang zwischen dem repetitiven Üben (Ü) und der Einzelarbeit in der Schülerarbeitsphase in den traditionellen Lektionen aus der Sekundarschule am ausgeprägtesten ist ($\chi^2_{(3, 25)}$ = 9.327, p < .05, Cramers V = .611*). Der Zusammenhang besteht sowohl in Lektionen mit niedrigem als auch mit hohem Anteil der Schülerarbeitsphase an der Lektionszeit.

Zusammengefasst bestätigt sich für die Teilstichprobe der Deutschschweiz unter Ausschluss der Gymnasialklassen (76 Lektionen), dass die Dauer der Schülerarbeitsphasen durchschnittlich gut die Hälfte der Lektionszeit beträgt. Wie im Gesamtsample wird sie nicht vom Schultyp beeinflusst. Die Schülerarbeitsphasen in den insgesamt 33 Lektionen im offeneren Unterrichtsstil dauern mit durchschnittlich 68% der Unterrichtszeit (ca. 30 min) höchst signifikant länger als in den 43 Lektionen traditionellen Unterrichtsstils mit durchschnittlich 40% (ca. 18 min). Die Schülerarbeitsphasen dienen im offeneren Unterricht signifikant seltener dem ausschließlich repetitiven Üben als im traditionellen Unterricht. Entsprechend wird der Unterschied der Dauer der Schülerarbeitsphasen zusätzlich durch ihre Funktion im Unterricht aufgeklärt. Diesbezüglich zeigt sich aber ein Interaktionseffekt von Unterrichtsstil und Funktion der Schülerarbeitsphase: In den traditionellen Lektionen ist der durchschnittliche zeitliche Anteil der Schülerarbeitsphase in den Lektionen mit sowohl repetitivem als auch anspruchsvollem Üben (Mix) signifikant höher als in den Lektionen mit den anderen Funktionen der Schülerarbeitsphase. In Lektionen offeneren Unterrichts, in denen die Schülerarbeitsphase hauptsächlich sowohl repetitivem als auch anspruchsvollem Üben (Mix), anspruchsvollem Üben (A) oder dem Explorieren von Verfahren (Ex) dient, ist der zeitliche Anteil der Schülerarbeitsphasen signifikant höher als in den Lektionen mit ausschließlich repetitivem Üben (Ü).

Die Möglichkeit zur Kooperation der Lernenden während der Schülerarbeitsphasen besteht in der erweiterten Stichprobe aus der Deutschschweiz in mehr als der Hälfte der Lektionen (65%). Der Vergleich der beiden Unterrichtsstile zeigt, dass die Lernenden im offeneren Unterricht meistens zusammenarbeiten können (über 80% der 33 Lektionen). Im traditionellen Unterricht hingegen tritt die Möglichkeit zur Kooperation nur in ca. der Hälfte der Lektionen auf (53% der 43 Lektionen). Der Zusammenhang zwischen repetitivem Üben und Einzelarbeit in der Schülerarbeitsphase bestätigt sich vor allem in den traditionellen Lektionen aus der Sekundarschule, unabhängig vom Anteil der Schülerarbeitsphase an der Lektionsdauer.

9.2.3 Vergleich der Lernunterstützung im traditionellen und im offeneren Unterricht

9.2.3.1 Umfang der individuellen Lernunterstützung

Insgesamt wurden 1917 individuelle Unterstützungsinteraktionen in den Schülerarbeitsphasen der 43 Lektionen nach traditionellem Unterrichtsstil (1038 Interaktionen) und der 33 Lektionen nach offenerem Unterrichtsstil (879 Interaktionen) erhoben.

Tabelle 35 und Tabelle 36 geben einen ersten Überblick über die Verteilung der Anzahl und Dauer der Unterstützungsinteraktionen in den Lektionen. Zum Beispiel kommt es in 23 traditionellen Lektionen vor, dass die Lehrperson zu einer einzelnen Schülerin oder einem einzelnen Schüler allgemeine organisatorische Bemerkungen macht, welche sich nicht auf die zu bearbeitenden Aufgaben beziehen (OA). In diesen 23 Lektionen gibt es durchschnittlich 4.2 solcher Bemerkungen und eine solche Bemerkung dauert durchschnittlich 23 Sekunden. Sowohl im traditionellen als auch im offeneren Unterricht ist in 17 Lektionen die Form einer Unterstützung nicht bestimmbar (UN). Der durchschnittliche Wert von 6 Sekunden Dauer einer nicht bestimmbaren Unterstützungsinteraktion zeigt, dass es meist für sehr kurze Interaktionen schwierig war, diese einer der Unterstützungsformen zuzuordnen. Während in allen 33 Lektionen nach offenerem Unterrichtsstil Unterstützungsinteraktionen mit mathematischem Inhalt auftreten (MU), ist dies nur in 41 der traditionellen Lektionen der Fall. Das bedeutet, dass sich in 2 traditionellen Lektionen ausschließlich Unterstützungsinteraktionen mit organisatorischem Inhalt (OU) beobachten lassen. Die durchschnittliche Dauer einer Unterstützung mit ausschließlich organisatorischem Inhalt ist sowohl im traditionellen als auch im offeneren Unterricht wesentlich geringer als diejenige einer mathematikbezogenen Unterstützung (MU).

Tabelle 35: Durchschnittliche Anzahl und Dauer der unterschiedenen Formen der individuellen Unterstützung pro Lektion im traditionellen Unterricht (N = 43)

Unterstützungs-form	Anzahl Lektio-nen	Dauer der Unterstützungsform pro Lektion in Sekunden				Anzahl Interaktionen pro Lektion		Dauer pro Interaktion	
		M (sec)	SD	Min (sec)	Max (sec)	M	SD	M (sec)	SD
Organisatorische Informationen (OU):	40	89.97	101.56	4	422	8.18	8.39	10.92	5.79
OA	23	34.90	66.91	2	334	4.22	7.79	9.12	6.82
OM	3	24.69	5.49	20	30	1	0.00	24.69	5.49
OMM	40	59.78	66.64	4	292	4.72	4.14	12.24	7.61
OMA	15	22.07	26.79	1	86	2.53	2.13	7.75	5.57
Mathematische Informationen (MU):	41	479.18	361.99	4	1374	16.51	12.75	30.78	21.04
EV	30	28.67	30.02	3	100	3.50	2.71	7.60	4.79
FB	33	96.88	87.70	9	319	6.64	8.25	18.37	15.84
E	34	195.72	211.83	16	875	5.21	4.13	35.65	17.97
H	29	103.10	88.63	10	362	3.52	2.94	30.75	16.77
EH	28	212.31	150.32	23	566	2.64	1.57	88.52	59.21
UN	17	13.89	16.50	1	73	2.00	1.06	6.37	4.71

Tabelle 36: Durchschnittliche Dauer der unterschiedenen Formen der individuellen Unterstützung pro Lektion im offeneren Unterricht (N = 33)

Unterstützungs-form	Anzahl Lektio-nen	Dauer der Unterstützungsform pro Lektion in Sekunden				Anzahl Inter-aktionen pro Lekt.		Dauer pro Interaktion	
		M (sec)	SD	Min (sec)	Max (sec)	M	SD	M (sec)	SD
Organisatorische Informationen (OU):	32	113.81	91.59	2	390	8.50	4.69	12.09	6.14
OA	22	25.20	21.36	2	90	2.32	1.39	10.26	6.26
OM	2	17.36	2.40	16	19	1	0.00	17.36	2.40
OMM	29	94.22	86.24	5	338	6.24	4.21	13.79	7.69
OMA	20	16.01	24.98	2	114	1.90	1.25	6.47	4.96
Mathematische Informationen (MU):	33	878.56	584.42	32	2781	17.39	8.02	49.41	28.49
EV	31	41.70	32.07	2	120	3.97	2.63	10.91	7.16
FB	29	94.31	130.08	2	581	3.83	2.98	21.43	26.10
E	29	214.38	203.82	14	921	4.55	3.58	44.73	27.94
H	26	209.79	175.17	14	526	3.88	3.35	62.95	39.01
EH	28	474.76	457.06	49	2262	3.82	2.84	123.97	70.02
UN	17	7.50	14.41	1	62	1.62	1.03	6.20	3.90

Der weitere Vergleich der individuellen Lernunterstützung im traditionellen und im offeneren Unterricht (erweiterte Teilstichprobe der deutschsprachigen Schweiz) erfolgt analog zum Aufbau der Ergebnisdarstellung für die repräsentative Stichprobe und es wird ebenfalls mit den relativen Werten des durchschnittlichen prozentualen Anteils der Unterstützung gerechnet. Die Mittelwerte für die beiden Unterrichtsstile werden mit dem t-Test auf ihre Signifikanz geprüft und bei signifikanten Unterschieden wird die Effektstärke mit Cohen's d[26] angegeben (vgl. Tabelle 37).

---

26 Die Effektstärke Cohen's d ist die Effektgröße für Mittelwertunterschiede zwischen Gruppen: .20 = kleiner Effekt; .50 = mittlerer Effekt; .80 = großer Effekt (Cohen, 1988).

Tabelle 37: Durchschnittliche Anzahl Unterstützungsinteraktionen und Dauer der Unterstützung pro Lektion nach Unterrichtsstil

	Offenerer U. (N = 33)		Traditioneller U. (N = 43)		Mittelwert- vergleich	
Variable zur Beschreibung der Häufigkeit der Lernunterstützung	M	SD	M	SD	p^a	d^b
Anzahl Unterstützungsinteraktionen pro Lektion	26.64	9.90	24.14	16.97	ns	-
Dauer der Unterstützungsinteraktionen pro Lektion (in min)	16.61	9.81	9.10	6.90	***	.89
Zeitlicher Anteil der Unterstützung an der Gesamtdauer der Lektion (in Prozent)	36.74	20.19	19.75	15.00	***	.96
Zeitlicher Anteil der Unterstützung an der Gesamtdauer der Schülerarbeitsphase (in Prozent)	53.60	20.74	47.36	24.14	ns	-

Anmerkungen. [a] Mittelwertvergleich mit t-Test: *p < .05; **p < .01; ***p < .001. [b] Effektstärke Cohen's d.

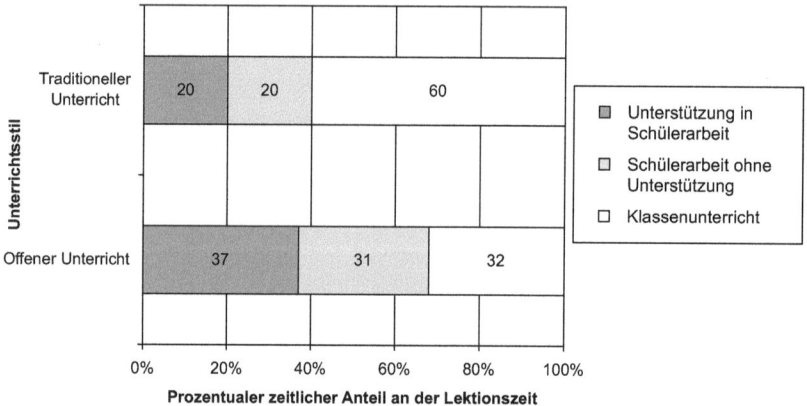

Abbildung 5: Durchschnittlicher prozentualer zeitlicher Anteil der Unterstützung an der Lektionszeit im traditionellen und offeneren Unterricht

Während sich die absolute durchschnittliche Anzahl der Unterstützungsinteraktionen in den Lektionen im traditionellen und offeneren Unterricht trotz unterschiedlicher Dauer der Schülerarbeitsphasen nicht signifikant unterscheidet, zeigt sich ein höchst signifikanter Unterschied für die durchschnittliche absolute und prozentuale gesamte Dauer der Unterstützungsinteraktionen pro Lektion. Die durchschnittliche Gesamtdauer der Unterstützung liegt im traditionellen Unterricht (N = 43, M = 46 min) mit 9 Minuten erwartungsgemäss tiefer als im offeneren Unterricht (N = 33, M = 45 min) mit knapp 17 Minuten pro Lektion (vgl. Abbildung 5). Auch der zeitliche Anteil der individuellen Lernunterstützung an der Schülerarbeitsphase ist in den traditionellen Lektionen tiefer, dies aber nicht signifikant.

Im Folgenden werden der Inhalt und die Qualität der Lernunterstützung in der Phase der selbständigen Schülerarbeit in den beiden Unterrichtsstilen verglichen.

9.2.3.2 Inhalt der Lernunterstützung

Der Vergleich des Inhalts der Lernunterstützung im offeneren und im traditionellen Unterricht erfolgt über die Bezugsgröße der Gesamtdauer der Schülerarbeitsphase. Die Mittelwerte für den durchschnittlichen prozentualen Anteil der organisatorischen und der mathematikbezogenen Unterstützung in der Schülerarbeitsphase werden einander gegenübergestellt. Damit wird zwar die Unterschiedlichkeit der Dauer der Schülerarbeitsphase vernachlässigt, aber es kann verglichen werden, welchem Inhalt die Unterstützung in den Schülerarbeitsphasen dient. Zum Vergleich werden in den ersten beiden Zeilen der prozentuale Anteil der Dauer der Schülerarbeitsphase an der Lektion und der Anteil der gesamten Lernunterstützung an der Schülerarbeitsphase nochmals dargestellt (vgl. Tabelle 38).

Tabelle 38: Durchschnittlicher prozentualer zeitlicher Anteil der Inhalte der Lernunterstützung an der Gesamtdauer der Schülerarbeitsphasen pro Lektion nach Unterrichtsstil

	Offenerer Unterricht (M = 68%, N = 33)		Traditioneller Unterricht (M = 40%, N = 43)		Mittelwert-vergleich	
	M	SD	M	SD	p [a]	d [b]
Prozentualer Anteil der Schülerarbeitsphase an der Lektionsdauer	67.68	22.35	39.61	18.17	***	1.38
Anteil der gesamten Lernunterstützung an der Schülerarbeitsphase	53.60	20.74	47.36	24.14	ns	-
Anteil Unterstützung mit ausschließlich organisatorischen Informationen	6.29	5.93	7.61	9.02	ns	-
Organisation Allgemein	0.89	1.08	1.59	4.74	ns	-
Organisation Mathematikaufgaben	5.40	5.56	6.02	7.77	ns	-
Anteil mathematikbezogene Unterstützung	46.85	21.47	39.21	22.79	ns	-

Anmerkungen. [a] Mittelwertvergleich mit t-Test: *p < .05; **p < .01; ***p < .001. [b] Effektstärke Cohen's d.

Der durchschnittliche prozentuale Anteil der unterschiedenen Inhalte der Lern-unterstützung in der Schülerarbeitsphase unterscheidet sich für die beiden Unterrichtsstile nicht signifikant. Tendenziell umfasst die mathematikbezogene Unterstützung im offeneren Unterricht einen größeren Anteil der Schülerarbeitsphase als im traditionellen Unterricht (vgl. Abbildung 6).

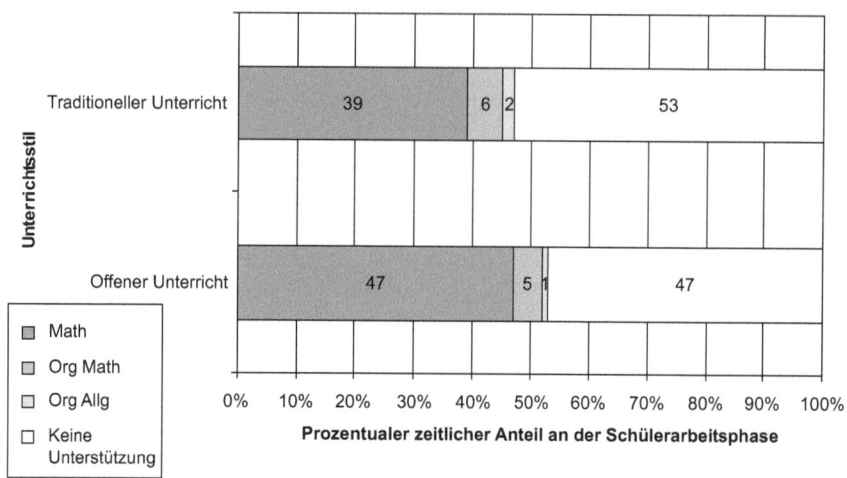

Abbildung 6: Durchschnittlicher prozentualer zeitlicher Anteil der individuellen
Unterstützung an der Gesamtdauer der Schülerarbeitsphase pro Lektion

Da die Schülerarbeitsphasen im offeneren Unterricht signifikant länger dauern als in den traditionellen Lektionen, ist der Anteil der mathematikbezogenen individuellen Unterstützung pro Lektion im offenen Unterricht mit einem Mittelwert von 32.30% (SD = 20.03) signifikant höher als in den traditionellen Lektionen mit durchschnittlich 16.59% (SD = 13.69) $(t_{(74)} = -4.058, p < .001, d = .92)$. Umgerechnet investieren die Lehrpersonen im offenen Unterricht (M = 45 min, N = 33) rund 14 Minuten und in den traditionellen Lektionen (M = 46 min, N = 43) rund 7 Minuten für die individuelle mathematikbezogene Unterstützung. Die Qualität dieser mathematikbezogenen Lernunterstützung in den Lektionen mit verschiedenem Unterrichtsstil wird im nächsten Unterkapitel verglichen.

Sowohl für die Gesamtanzahl der Unterstützungsinteraktionen als auch für die Anzahl der privaten Interaktionen mit organisatorischen und mathematikbezogenen Inhalten lässt sich in den beiden Unterrichtsstilen trotz der unterschiedlichen zeitlichen Anteile der Schülerarbeitsphasen kein Unterschied feststellen. Die Anzahl der öffentlichen Bemerkungen unterscheidet sich hingegen signifikant in den Lektionen mit traditionellem und offenerem Unterrichtsstil. Obwohl die Schülerarbeitsphasen in den traditionellen Lektionen im Durchschnitt signifikant weniger Zeit einnehmen als im offeneren Unterricht, ist die durchschnittliche Anzahl der öffentlichen Bemerkungen signifikant höher $(t_{(74)} = 2.987, p < .01 , d = .717)$. In

Bezug auf den Inhalt der öffentlichen Bemerkungen zeigt sich wie bei den privaten Interaktionen kein Unterschied für die beiden Unterrichtsstile. Es lässt sich kein Zusammenhang zwischen dem Inhalt der öffentlichen Bemerkungen während der Schülerarbeitsphasen und den privaten Interaktionen feststellen.

9.2.3.3 Qualität der Lernunterstützung

Die Darstellung der Verteilung der erhobenen Erscheinungsformen der mathematikbezogenen Unterstützung in den Lektionen im traditionellen und offeneren Unterrichtsstil erfolgt auf der Basis des durchschnittlichen prozentualen Anteils der Erscheinungsformen an der Gesamtdauer der mathematikbezogenen Unterstützung. Tabelle 39 gibt einen Überblick über die durchschnittlichen Anteile der mathematikbezogenen Unterstützung. Zur Information werden in den ersten beiden Zeilen die Werte für den durchschnittlichen prozentualen zeitlichen Anteil der mathematikbezogenen Unterstützung an der Lektionsdauer und an der Schülerarbeitsphase dargestellt.

Tabelle 39: Durchschnittlicher prozentualer zeitlicher Anteil der Erscheinungsform der mathematikbezogenen Lernunterstützung an der Gesamtdauer der mathematikbezogenen Lernunterstützung pro Lektion nach Unterrichtsstil

	Offenerer Unterricht (M = 68%, N = 33)		Traditioneller Unt. (M = 40%, N = 43)		Mittelwertvergleich	
	M	SD	M	SD	$p^{\,a}$	$d^{\,b}$
Prozentualer Anteil der mathematikbezogenen Unterstützung an der Lektionsdauer	32.30	20.03	16.59	13.69	***	.92
Prozentualer Anteil der gesamten mathematikbezogenen Lernunterstützung an der Schülerarbeitsphase	46.85	21.47	39.21	22.79	ns	-
Anteil der Formen der mathematikbezogenen Lernunterstützung						
Evaluation (EV)	8.23	17.23	12.79	26.32	ns	-
Rückmeldung (FB)	8.59	9.68	17.61	16.55	**	.67
Total EV und FB	16.81	17.66	30.40	25.71	*	.62
Erklärung (E)	22.85	22.00	29.06	23.42	ns	-
Hinweis (H)	22.28	23.56	16.08	19.48	ns	-
Erklärung *UND* Hinweis (EH)	38.06	24.16	24.46	24.06	*	.56
Total EH und H	60.34	26.37	40.55	27.47	**	.73

Anmerkungen. [a] Mittelwertvergleich mit t-Test: *p < .05; **p < .01; ***p < .001. [b] Effektstärke Cohen's d.

Der zeitliche Anteil für das Erteilen einer Rückmeldung zur Korrektheit der Schülerarbeit (FB) ohne weitere Erklärungen oder Hinweise ist in der mathematikbezogenen Unterstützung der traditionellen Lektionen signifikant höher als im offeneren Unterricht. Demgegenüber weisen Lektionen im offeneren Unterricht signifikant höhere Anteile der mathematikbezogenen Unterstützung für das Geben von Erklärungen sowie Hinweisen (EH) auf.

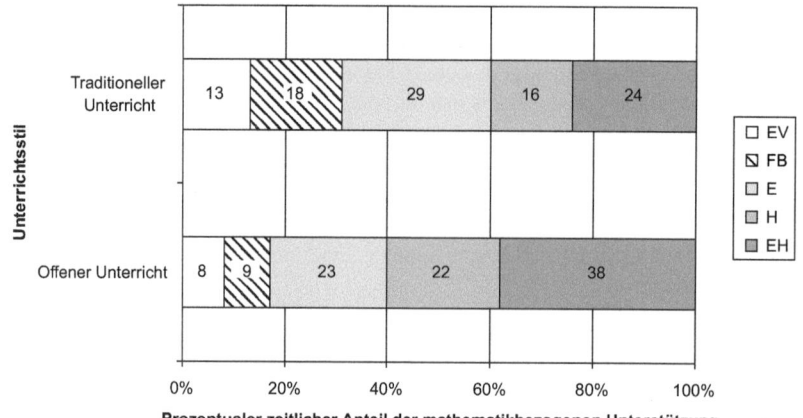

Abbildung 7: Durchschnittlicher prozentualer zeitlicher Anteil der verschiedenen Formen der mathematikbezogenen Unterstützung an der Gesamtdauer der mathematikbezogenen Unterstützung pro Lektion

Die Zeit der mathematikbezogenen Unterstützung wird im offeneren Unterricht signifikant mehr für die kognitiv aktivierende Lernunterstützung (H und EH) genutzt und beschränkt sich signifikant seltener auf das Beurteilen der Fortschritte der Lernenden während der Schülerarbeitsphasen (FB) (vgl. Abbildung 7). Weiter lässt sich als Tendenz feststellen, dass in den Lektionen im offeneren Unterricht der Anteil der mathematikbezogenen Unterstützung mit Erklärungen und Hinweisen innerhalb der Unterstützungsinteraktionen (EH) am höchsten ist, während in den traditionellen Lektionen das direkte Erklären der Aufgabe oder einzelner Teilschritte (E) den größten zeitlichen Anteil der mathematikbezogenen Unterstützung beansprucht. Fasst man die Kategorien der kognitiv aktivierenden inhaltlichen Unterstützung (H und EH) zusammen, zeigt sich, dass bezüglich der Qualität der mathematikbezogenen Lernunterstützung ein hoch signifikanter Unterschied zwischen dem traditionellen und dem offeneren Unterricht besteht. In den Lektionen im offeneren Unterricht zeigt sich mit rund 60% (H und EH) ein höherer Anteil von kognitiv aktivierenden Unterstützungsformen an der Gesamtdauer der mathematikbezogenen Unterstützung als in den traditionellen Lektionen mit rund 40% der mathematikbezogenen Unterstützung.

Zusammengefasst unterscheidet sich der Anteil der individuellen Unterstützung an der Lektionsdauer in den beiden Unterrichtstilen signifikant. In den Lektionen nach traditionellem Unterrichtsstil umfassen die individuellen Unterstützungsinteraktionen durchschnittlich neun Minuten, das sind rund 20% der Lektionszeit. In den Lektionen nach offenerem Unterricht beträgt der zeitliche Anteil mit 17 Minuten 37% der Unterrichtszeit. Dies entspricht der Erwartung, da die Schülerarbeitsphasen im offeneren Unterricht auch signifikant länger sind als im traditionellen Unterrichtsstil. Aber auch der zeitliche Anteil der individuellen Lernunterstützung an der Schülerarbeitsphase ist in den Lektionen offeneren Unterrichts höher als in den traditionellen Lektionen, jedoch nicht signifikant. Der prozentuale zeitliche Anteil der mathematikbezogenen Unterstützung liegt in den Lektionen offeneren Unterrichts ebenfalls höher als in den Lektionen traditionellen Unterrichts, der Unterschied ist aber wieder nur in Relation zur Lektionszeit signifikant.

Die durchschnittliche Anzahl der mathematik- und organisationsbezogenen Unterstützungsinteraktionen pro Lektion unterscheidet sich in den beiden Unterrichtsstilen trotz unterschiedlicher Dauer der Schülerarbeitsphase nicht signifikant. Demgegenüber kommen in den traditionellen Lektionen signifikant mehr organisationsbezogene öffentliche Äußerungen der Lehrperson während der Schülerarbeitsphase vor.

Auch in Bezug auf die mathematikbezogene Unterstützung zeigen sich Unterschiede zwischen den Lektionen der beiden Unterrichtstile. Der zeitliche Anteil für das Geben von Rückmeldungen zur Korrektheit der Aufgabenbearbeitung ist in den Lektionen mit traditionellem Unterrichtsstil signifikant höher als in den Lektionen mit offenerem Unterrichtsstil. Umgekehrt verwenden die Lehrpersonen in den Lektionen offeneren Unterrichts einen signifikant höheren zeitlichen Anteil der mathematikbezogenen Unterstützung für die kognitiv aktivierenden Formen der Unterstützung (60% für H und EH) als die Lehrpersonen in den traditionellen Lektionen (40% für H und EH).

9.2.4 Zusammenhang der verschiedenen Unterstützungsformen

Die verschiedenen Unterstützungsformen treten in den Schülerarbeitsphasen der einzelnen Lektionen in Kombination auf. Ziel dieses Kapitels ist es nun nach der Darstellung von Umfang, Inhalt und Qualität der Unterstützung, analog zum Vorgehen für die gesamte Stichprobe der Schweiz (vgl. Kapitel 9.1.4) systematische Zusammenhänge von Unterstützungsformen in den Lektionen der Teilstichprobe der Deutschschweiz zu ermitteln. Zu diesem Zweck werden Korrelationen mit den relativen Werten des prozentualen zeitlichen Anteils der Unterstützungsformen an der Schülerarbeitsphase pro Lektion gerechnet. Zur Kontrolle einer möglichen Wirkung der Dauer der Schülerarbeitsphase und der Zeit, welche die Lehrperson für die Unterstützung in der Schülerarbeitsphase einsetzt, werden diese beiden Variablen als Kontrollvariablen in die Partialkorrelationen eingeführt. Die zeitlichen Anteile der Unterstützungsformen an der Schülerarbeitsphase sind unabhän-

gig voneinander, da sie sich auf die Referenzgröße der Dauer der Schülerarbeitsphase beziehen und in den Lektionen sowohl des offeneren als auch des traditionellen Unterrichts während rund der Hälfte der Schülerarbeitsphase keine individuelle Unterstützung geleistet wird.

Tabelle 40: Partialkorrelationen der zeitlichen Anteile der Unterstützungsformen an der
Gesamtdauer der Schülerarbeitsphase pro Lektion (N = 72)

Zeitlicher Anteil der Unter- stützungsform an der Schüler- arbeitsphase	EV	FB	E	H	EH
Zeitlicher Anteil organisatorische Unterstützung (OU)	-.12	-.11	-.24*	-.04	-.27*
Zeitlicher Anteil Nachfragen (EV)		-.21	-.11	.00	-.18
Zeitlicher Anteil Rückmeldungen (FB)			.04	-.12	-.31**
Zeitlicher Anteil Erklärungen (E)				-.41***	-.43*
Zeitlicher Anteil Hinweise (H)					-.22

Anmerkungen. Kontrolliert mit zeitlichem Anteil der Schülerarbeitsphase an der Lektionsdauer und
zeitlichem Anteil der individuellen Unterstützung an der Schülerarbeitsphase.
*p < .05; **p < .01; ***p < .001.

Trotz der gegenseitigen Unabhängigkeit der zeitlichen Anteile der verschiedenen
Formen der Unterstützung ergeben sich eher viele negative Korrelationen (vgl.
Tabelle 40). Als bedeutsame Zusammenhänge für den zeitlichen Anteil organisa-
torischer Unterstützung in der Schülerarbeitsphase mit dem zeitlichen Anteil der
verschiedenen Formen der mathematikbezogenen Lernunterstützung fallen die
negativen Zusammenhänge mit Erklärungen (E) sowie Erklärungen *und* Hinweisen
(EH) auf. Dies bedeutet, dass bei kleinerem zeitlichen Anteil der organisatorischen
Unterstützung an der Schülerarbeitsphase der zeitliche Anteil für Interaktionen mit
Erklärungen (E) sowie für Erklärungen *und* Hinweise (EH) länger ausfällt.
Interessant ist der signifikante negative Zusammenhang zwischen dem zeitlichen
Anteil für Erklärungen (E) und dem zeitlichen Anteil für Hinweise (H) sowie
Erklärungen *und* Hinweise (EH) pro Schülerarbeitsphase. Offenbar neigen Lehr-
personen, welche die Lernenden mit Erklärungen unterstützen, dazu, den
Lernenden weniger Hinweise zu geben (und umgekehrt). Aber auch für den zeit-
lichen Anteil der Hinweise (H) und den zeitlichen Anteil der Unterstützung durch
sowohl Hinweise als auch Erklärungen (EH) zeigt sich ein signifikanter negativer
Zusammenhang.

Die negativen Korrelationen zwischen den zeitlichen Anteilen der verschiedenen Formen der mathematikbezogenen Unterstützung an der Gesamtdauer der
Schülerarbeitsphase zeigen auf, dass die Lehrpersonen die Zeit eher für die eine
oder die andere Form der mathematikbezogenen Unterstützung nutzen. Die folgenden Analysen sollen darüber Aufschluss geben, ob sich die Zusammenhänge der
Form der Unterstützung in den Lektionen des offeneren und des traditionellen
Unterrichtsstils unterscheiden.

Tabelle 41 und Tabelle 42 zeigen die Korrelationen der Unterstützungsformen innerhalb der Schülerarbeitsphasen in den Lektionen mit traditionellem und offenerem Unterrichtsstil. Viele der Korrelationen innerhalb der Deutschschweiz bestätigen sich auch für die beiden Unterrichtsstile und zeigen sich nahezu unverändert. Spezifisch für den traditionellen Unterrichtsstil entfällt der systematische negative Zusammenhang des zeitlichen Anteils für Rückmeldungen (FB) und Erklärungen und Hinweise (EH). Hingegen korreliert in den Lektionen des traditionellen Unterrichtsstils der zeitliche Anteil für das ausschließliche Nachfragen (EV) signifikant negativ mit dem zeitlichen Anteil für Erklärungen und Hinweise (EH).

Bei den Lehrpersonen in den Lektionen mit offenerem Unterrichtsstil zeigt sich noch deutlicher als im traditionellen Unterricht, dass sie den Lernenden entweder Rückmeldungen (FB) geben oder Erklärungen und Hinweise zum Weiterdenken (EH) anbringen. Auch der signifikant negative Zusammenhang zwischen dem zeitlichen Anteil für das Erklären (E) und dem Geben von Hinweisen (H) ist im offeneren Unterrichtsstil höher als im traditionellen Unterrichtsstil.

Tabelle 41: Partialkorrelationen der zeitlichen Anteile der Unterstützungsformen an der Gesamtdauer der Schülerarbeitsphase pro Lektion im traditionellen Unterricht (N = 39)

	EV	FB	E	H	EH
Zeitlicher Anteil organisatorische Unterstützung (OU)	.09	-.14	-.35*	-.13	-.34**
Zeitlicher Anteil Nachfragen (EV)		-.21	.08	.15	-.40*
Zeitlicher Anteil Rückmeldungen (FB)			-.10	-.07	-.27
Zeitlicher Anteil Erklärungen (E)				-.36*	-.35*
Zeitlicher Anteil Hinweise (H)					-.22

Anmerkungen. Kontrolliert mit zeitlichem Anteil der Schülerarbeitsphase an der Lektionsdauer und zeitlichem Anteil der individuellen Unterstützung an der Schülerarbeitsphase.
*p < .05; **p < .01; ***p < .001.

Tabelle 42: Partialkorrelationen der zeitlichen Anteile der Unterstützungsformen an der Gesamtdauer der Schülerarbeitsphase pro Lektion im offeneren Unterricht (N = 29)

	EV	FB	E	H	EH
Zeitlicher Anteil organisatorische Unterstützung (OU)	-.34	-.14	-.17	.04	-.18
Zeitlicher Anteil Nachfragen (EV)		-.06	-.24	-.12	-.05
Zeitlicher Anteil Rückmeldungen (FB)			.16	-.16	-.42*
Zeitlicher Anteil Erklärungen (E)				-.47**	-.42*
Zeitlicher Anteil Hinweise (H)					-.26

Anmerkungen. Kontrolliert mit zeitlichem Anteil der Schülerarbeitsphase an der Lektionsdauer und zeitlichem Anteil der individuellen Unterstützung an der Schülerarbeitsphase.
*p < .05; **p < .01; ***p < .001.

Die Clusteranalysen ergeben wie im repräsentativen Sample der Schweiz keine Gruppen von Lektionen mit spezifischen Kombinationsprofilen der zeitlichen Anteile der Unterstützungsformen in den Schülerarbeitsphasen, weder für die gesamte erweiterte Stichprobe der Deutschschweiz noch für die beiden Unterrichtsstile lassen sich abgrenzbare Typen von Unterstützungsverhalten ausmachen.

9.2.5 Einflussfaktoren der Form der Lernunterstützung in Lektionen mit unterschiedlichem Unterrichtsstil

Nach der deskriptiven Darstellung der Verteilung der Formen der Lernunterstützung und der gegenseitigen Zusammenhänge der zeitlichen Anteile der Unterstützungsformen in den Schülerarbeitsphasen des offeneren und traditionellen Unterrichts in der erweiterten Teilstichprobe der Deutschschweiz interessiert, welche Faktoren einen Einfluss auf den Umfang, den Inhalt und die Qualität der Lernunterstützung im offeneren und im traditionellen Unterricht haben. Analog zum Vorgehen in Kapitel 9.1.5 für die repräsentative Stichprobe der Schweiz wird in der erweiterten Teilstichprobe der Einfluss der unabhängigen Variablen des zeitlichen Anteils, der Funktion und der Sozialform der Schülerarbeitsphase auf die Form der Unterstützung geprüft. Die Überprüfung erfolgt mittels Korrelationsberechnungen und Varianzanalysen, der Schultyp wird jeweils als Kontrollvariable eingeführt.

9.2.5.1 Zeitlicher Anteil der Schülerarbeitsphasen an der Lektionsdauer

Der zeitliche Anteil der Schülerarbeitsphase an der Lektionsdauer zeigt in den 76 Lektionen der Deutschschweiz zwar einen moderaten, jedoch knapp nicht signifikanten Zusammenhang mit dem zeitlichen Anteil der Schülerarbeitsphase, welcher für die individuelle Unterstützung eingesetzt wird ($r_{(76)} = .217$; $p = .059$).

Der durchschnittliche Anteil der Anzahl der organisationsbezogenen und mathematikbezogenen individuellen Unterstützungsinteraktionen variiert nicht zwischen den beiden Unterrichtsstilen und hängt auch nicht mit dem zeitlichen Anteil der Schülerarbeitsphase an der Lektionsdauer zusammen.

Der schwache systematisch positive Zusammenhang zwischen dem Anteil der organisationsbezogenen individuellen Unterstützungsinteraktionen und dem Anteil der organisationsbezogenen öffentlichen Bemerkungen der Lehrperson während der Schülerarbeitsphase zeigt sich in beiden Unterrichtsstilen und unabhängig vom zeitlichen Anteil der Schülerarbeitsphase an der Lektionsdauer ($r_{(76)} = .272$, $p <$ .05), auch die Kontrollvariable des Schultyps erwirkt keine Veränderung des Zusammenhangs.

Der zeitliche Anteil der mathematikbezogenen Unterstützung an der Schülerarbeitsphase hängt mit dem zeitlichen Anteil der Schülerarbeitsphase an der Lektionsdauer zusammen, $r_{(76)} = .256$, $p < .05$. Die Einführung der Kontrollvariablen

Schultyp und Unterrichtsstil zeigt, dass der Zusammenhang zwar vom Schultyp unabhängig ist, aber zu einem großen Teil auf die Wirkung des Unterrichtsstils zurückzuführen ist. Der Unterschied der Mittelwerte für den zeitlichen Anteil der mathematikbezogenen Unterstützung im traditionellen und offeneren Unterricht ist jedoch nicht signifikant (vgl. Kapitel 9.2.3.2).

Der durchschnittliche zeitliche Anteil der kognitiv aktivierenden Unterstützung an der mathematikbezogenen Unterstützung variiert in den beiden Unterrichtsstilen (vgl. Kapitel 9.2.3.3). Der zeitliche Anteil der Schülerarbeitsphasen an der Lektionsdauer zeigt einen hoch signifikanten Zusammenhang mit dem zeitlichen Anteil der kognitiv aktivierenden Unterstützung an der mathematikbezogenen Unterstützung, $r_{(74)}$ = .405, p < .05. Bei der Varianzanalyse mit beiden unabhängigen Variablen zeigt sich, dass der zeitliche Anteil der Schülerarbeitsphase den signifikanten Unterschied ausmacht ($F_{(3, 74)}$ = 4.310, p < .05, η^2 = .058). In Lektionen mit hohem Anteil der Schülerarbeitsphase ist der zeitliche Anteil der kognitiv aktivierenden Unterstützung an der mathematikbezogenen Unterstützung höher, sowohl im offeneren als auch im traditionellen Unterricht. Auch in Bezug auf den zeitlichen Anteil des Nachfragens und des Gebens von Rückmeldungen an der mathematikbezogenen Unterstützung macht der zeitliche Anteil der Schülerarbeitsphase den größten Unterschied. In Lektionen mit hohem Anteil der Schülerarbeitsphase ist der Anteil dieser Form der mathematikbezogenen Unterstützung seltener. Diese Unterschiede zeigen sich unabhängig vom Schultyp.

9.2.5.2 Funktion der Schülerarbeitsphasen

Der zeitliche Anteil der individuellen Lernunterstützung an der Schülerarbeitsphase variiert in den 76 Lektionen der Deutschschweiz nach der Funktion der Schülerarbeitsphase ($F_{(3, 74)}$ = 4.914, p < .05, η^2 = .170). Der zeitliche Anteil der individuellen Unterstützung ist in Schülerarbeitsphasen, welche dem repetitiven Üben (Ü) dienen, signifikant tiefer als in den Schülerarbeitsphasen mit anspruchsvollem (A) sowie anspruchsvollem *und* repetitivem Üben (Mix). Diese Mittelwertsunterschiede zeigen sich sowohl im traditionellen als auch im offeneren Unterricht.

In Bezug auf den Anteil der organisationsbezogenen Unterstützung an der Gesamtanzahl der Unterstützungsinteraktionen lässt sich mittels Varianzanalyse kein Unterschied aufgrund der Funktion der Schülerarbeitsphase ausmachen. Der zeitliche Anteil der organisations- respektive mathematikbezogenen Unterstützung an der Dauer der Schülerarbeitsphase in den Lektionen im traditionellen und im offeneren Unterricht zeigt ebenfalls keinen Unterschied aufgrund der Funktion der Schülerarbeitsphase.

Sowohl im traditionellen als auch im offeneren Unterricht ist in den Lektionen mit anspruchsvollem Üben der zeitliche Anteil der kognitiv anregenden Unterstützung an der mathematikbezogenen Unterstützung signifikant höher als in den

Lektionen mit repetitivem Üben ($F_{(3, 74)}$ = 3.787, p < .05, η^2 = .140). Es zeigt sich kein Interaktionseffekt mit dem Schultyp.

9.2.5.3 Sozialform in den Schülerarbeitsphasen

Der zeitliche Anteil der individuellen Unterstützung an der Schülerarbeitsphase ist in den 23 traditionellen Lektion mit Kooperation signifikant höher (55% der Schülerarbeitsphase) als in den 20 traditionellen Lektionen ohne Kooperation (38% der Schülerarbeitsphase) ($F_{(1, 43)}$ = 6.541, p < .05, η^2 = .138). In den Lektionen mit offenerem Unterrichtsstil besteht dieser Unterschied nicht.

Die Lektionen mit und ohne Möglichkeit zur Kooperation unterscheiden sich nicht in Bezug auf den durchschnittlichen Anteil der organisationsbezogenen Unterstützung an der Gesamtzahl der Unterstützungsinteraktionen, wohl aber in Bezug auf den zeitlichen Anteil der mathematikbezogenen Unterstützung an der Schülerarbeitsphase. Lektionen ohne Möglichkeit zur Kooperation weisen signifikant weniger mathematikbezogene Unterstützung in der Schülerarbeitsphase auf ($F_{(1, 76)}$ = 6.527, p < .05, η^2 = .081). Der Interaktionseffekt von Kooperation und Unterrichtsstil ist statistisch knapp nicht signifikant. Für den Schultyp gibt es keinen Interaktionseffekt.

Auch der zeitliche Anteil der kognitiv aktivierenden Unterstützung an der mathematikbezogenen Unterstützung unterscheidet sich signifikant in den Lektionen mit und ohne die Möglichkeit zur Kooperation ($F_{(1, 74)}$ = 5.038, p < .05, η^2 = .065). In Lektionen, in denen die Lernenden in der Schülerarbeitsphase die Möglichkeit zur Zusammenarbeit haben, ist der zeitliche Anteil der kognitiv anregenden Unterstützung mit weiterführenden Hinweisen höher. Dieser Unterschied zeigt sich in beiden Unterrichsstilen und beiden Schultypen, am ausgeprägtesten in den Klassen aus der Realschule.

9.2.5.4 Regressionsmodelle der Einflussfaktoren auf die Lernunterstützung in der Deutschschweiz

Anschließend an die getrennte Darstellung des Einflusses einzelner Faktoren auf Umfang, Inhalt und Qualität der Lernunterstützung wird mittels Regressionsanalyse analog zum Vorgehen in der repräsentativen Stichprobe (vgl. Kapitel 9.1.5.4) exploriert, welche Determinanten gesamthaft und in den beiden Unterrichtsstilen den größten Einfluss auf Umfang, Inhalt und Qualität der Lernunterstützung zeigen. Folgende Prädiktoren werden in die Regressionsanalyse miteinbezogen: zeitlicher Anteil der Schülerarbeitsphase an der Lektionsdauer, Sozialform der Schülerarbeitsphase, Funktion der Schülerarbeitsphase (Dummy-Codierung für die einzelnen Funktionen), Unterrichtsstil und Schultyp sowie deren Interaktion. Die schrittweise Regressionsanalyse erfolgt mittels Vorwärtsverfahren, Kriterium für den Einschluss in das Regressionsmodell ist ein F-Wert von <= .050.

9.2.5.4.1 Umfang der Lernunterstützung

Der zeitliche Anteil der Lernunterstützung an der Schülerarbeitsphase wird hauptsächlich durch die Funktion der Schülerarbeitsphase aufgeklärt (vgl. Tabelle 43). Er ist in den Lektionen, in denen die Schülerarbeitsphasen dem repetitiven Üben dienen, am niedrigsten.

Tabelle 43: Modell der schrittweisen Regressionsanalyse zur Vorhersage des zeitlichen Anteils der Lernunterstützung an der Gesamtdauer der Schülerarbeitsphase in der erweiterten Teilstichprobe der deutschsprachigen Schweiz (N = 76)

Unabhängige Variable	B	SE B	β
Schülerarbeitsphasen in der Lektion dienen dem repetitiven Üben (Ü)	-17.694	5.427	-.354**

Anmerkungen. $R^2 = .126$ (p < .01).
**p < .01.

9.2.5.4.2 Inhalt der Lernunterstützung

Auch der zeitliche Anteil der mathematikbezogenen Unterstützung an der Schülerarbeitsphase ist gesamthaft gesehen am geringsten, wenn die selbständige Arbeit dem repetititven Üben dient (vgl. Tabelle 44).

Tabelle 44: Modell der schrittweisen Regressionsanalyse zur Vorhersage des zeitlichen Anteils der mathematikbezogenen Unterstützung an der Gesamtdauer der Schülerarbeitsphase in der erweiterten Teilstichprobe der deutschsprachigen Schweiz (N = 76)

Unabhängige Variable	B	SE B	β
Schülerarbeitsphasen in der Lektion dienen dem repetitiven Üben (Ü)	-14.827	2.926	-.302**

Anmerkungen. $R^2 = .091$ (p < .01).
**p < .01.

Für die Lektionen mit offenerem Unterrichtsstil lässt sich keine Hauptdeterminante des zeitlichen Anteils der mathematikbezogenen Unterstützung in den Schülerarbeitsphasen ermitteln; in den Lektionen mit traditionellem Unterrichtsstil erweist sich die Möglichkeit zur Kooperation als Hauptdeterminante. In Schülerarbeitsphasen im traditionellen Unterricht, in denen die Lehrperson den Lernenden die Möglichkeit zur Kooperation gibt, ist der Anteil der mathematikbezogenen Unterstützung höher als in denjenigen ohne die Möglichkeit zur Kooperation (vgl. Tabelle 45).

Tabelle 45: Modell der schrittweisen Regressionsanalyse zur Vorhersage des zeitlichen Anteils der mathematikbezogenen Unterstützung an der Gesamtdauer der Schülerarbeitsphase im traditionellen Unterricht (N = 43)

Unabhängige Variable	B	SE B	β
Möglichkeit zur Kooperation in den Schulerarbeitsphasen	18.412	6.439	.408**

Anmerkungen. $R^2 = .166$ (p < .01).
**p < .01.

Für die Erklärung des zeitlichen Anteils der organisatorischen Unterstützung an der Gesamtdauer der Schülerarbeitsphase sowie des Anteils der organisations- und mathematikbezogenen Interaktionen an der Gesamtzahl der Unterstützungsinteraktionen erwies sich kein Regressionsmodell als signifikant.

9.2.5.4.3 Qualität der mathematikbezogenen Lernunterstützung

Der zeitliche Anteil der kognitiv anregenden Unterstützung mittels weiterführender Hinweise an der Gesamtdauer der mathematikbezogenen Unterstützung pro Lektion hängt in der Teilstichprobe aus der deutschsprachigen Schweiz hauptsächlich vom zeitlichen Anteil der Schülerarbeitsphase und von der Funktion ab. In Lektionen mit einem hohen Anteil der Schülerarbeitsphase, in denen die Lernenden anspruchsvolle Aufgaben bearbeiten, ist der zeitliche Anteil der kognitiv aktivierenden Unterstützung mittels Hinweisen höher (vgl. Tabelle 46).

Tabelle 46: Modell der schrittweisen Regressionsanalyse zur Vorhersage des zeitlichen Anteils der kognitiv aktivierenden Unterstützung an der Gesamtdauer der mathematikbezogenen Unterstützung in der erweiterten Teilstichprobe der deutschsprachigen Schweiz (N = 76)

Unabhängige Variable	B	SE B	β
Schritt 1			
Hoher zeitlicher Anteil Schülerarbeitsphase	.478	.127	.405***
Schritt 2			
Hoher zeitlicher Anteil Schülerarbeitsphase	.429	.127	.363**
Schülerarbeitsphase dient in dieser Lektion dem anspruchsvollen Üben (A)	15.687	7.050	.237*

Anmerkungen. $R^2 = .164$ (p < .001) für Schritt 1, $R^2 = .218$ (p < .001) für Schritt 2.
*p < .05, **p < .01, ***p < .001.

Der zeitliche Anteil der kognitiv aktivierenden Unterstützung an der Gesamtdauer der mathematikbezogenen Lernunterstützung ist auch im offeneren Unterricht hauptsächlich abhängig von der Dauer der Schülerarbeitsphase in der Lektion (vgl.

Tabelle 47). In den Lektionen des traditionellen Unterrichtsstils lässt sich kein signifikantes Regressionsmodell ermitteln.

Tabelle 47: Modell der schrittweisen Regressionsanalyse zur Vorhersage des zeitlichen Anteils der kognitiv aktivierenden Unterstützung an der Gesamtdauer der mathematikbezogenen Unterstützung im offeneren Unterricht (N = 33)

Unabhängige Variable	B	SE B	β
Hoher zeitlicher Anteil Schülerarbeitsphase	.430	.197	.364*

Anmerkungen. $R^2 = .11$ (p < .05).
*p < .05.

9.2.6 Zusammenfassung

Im Folgenden werden die Analysen der Schülerarbeitsphase sowie der individuellen Lernunterstützung in der mit ELF-Lektionen erweiterten Teilstichprobe der Deutschschweiz zusammengefasst (N = 76 Klassen). Diese Teilstichprobe ist nicht repräsentativ, dafür erlaubt sie den Vergleich der Unterstützungsform in Lektionen mit unterschiedlichem Unterrichtsstil (traditioneller Unterrichsstil, N = 43 vs. offenerer Unterrichtsstil, N = 33). Im Zentrum steht die Frage nach Unterschieden durch den Unterrichtsstil bei der Form (Umfang, Inhalt, Qualität) der individuellen Lernunterstützung in den Schülerarbeitsphasen (vgl. Fragestellungen 7.4).

9.2.6.1 Beschreibung der Schülerarbeitsphasen

In den Lektionen des offeneren Unterrichtsstils umfassen die Phasen der selbständigen Schülerarbeit durchschnittlich 68% der Lektionszeit, dies entspricht rund 30 Minuten. In den Lektionen des traditionellen Unterrichtsstils arbeiten die Lernenden durchschnittlich während 40% der Lektionszeit selbständig an Aufgaben, dies entspricht rund 18 Minuten. Im traditionellen Unterricht werden in der Schülerarbeitsphase signifikant häufiger ausschließlich repetitive Übungsaufgaben bearbeitet, deren Lösungsweg zuvor öffentlich gezeigt wurde. In den Schülerarbeitsphasen im offeneren Unterricht werden dagegen signifikant häufiger anspruchsvolle Übungsaufgaben bearbeitet, deren Lösungsschritte zuvor nicht erarbeitet wurden.

Die Lernenden haben in den Schülerarbeitsphasen im offeneren Unterricht häufiger die Gelegenheit zur Kooperation (85% der Lektionen) als im traditionellen Unterricht (53% der Lektionen). In den traditionellen Lektionen zeigt sich in den Schülerarbeitsphasen ein Zusammenhang zwischen dem Bearbeiten von repetitiven Übungsaufgaben und Einzelarbeit; er ist unabhängig vom zeitlichen Anteil der Schülerarbeitsphasen an der Lektionsdauer und in den traditionellen Lektionen der Sekundarstufe besonders ausgeprägt.

9.2.6.2 Beschreibung der individuellen Lernunterstützung

Trotz der unterschiedlichen Dauer der Schülerarbeitsphasen unterscheidet sich die durchschnittliche Anzahl der Unterstützungsinteraktionen in den Lektionen des offeneren und des traditionellen Unterrichtsstils nicht signifikant. Der durchschnittliche zeitliche Anteil der Lernunterstützung an der Gesamtdauer der Schülerarbeitsphase ist in den Lektionen offeneren Unterrichtsstils größer (53%, ca. 17 min) als in den Lektionen traditionellen Unterrichts (47%, ca. 9 Minuten), jedoch nicht signifikant. Der Unterschied wird erst signifikant, wenn der durchschnittliche zeitliche Anteil der organisations- und mathematikbezogenen Unterstützung an der Gesamtdauer der Lektion verglichen wird.

Der durchschnittliche zeitliche Anteil der ausschließlich organisatorischen Unterstützung in der Schülerarbeitsphase ist im traditionellen Unterricht höher (M_{trad} = 8%, M_{off} = 6%) und der Anteil der mathematikbezogenen Unterstützung tiefer als im offeneren Unterricht (M_{trad} = 39%, M_{off} = 47%), beide Unterschiede sind jedoch nicht signifikant. Beim Anteil der Anzahl der organisations- und mathematikbezogenen Unterstützungsinteraktionen an der Gesamtanzahl der Unterstützungsinteraktionen lässt sich kein Unterschied aufgrund des Unterrichtsstils feststellen.

Die Anzahl der *öffentlichen* Bemerkungen während der Schülerarbeitsphasen ist mit durchschnittlich 3 öffentlichen Bemerkungen eher gering, in den Lektionen mit traditionellem Unterrichtsstil ist sie mit durchschnittlich 4 Bemerkungen signifikant höher als in den Lektionen mit offenerem Unterrichtsstil mit durchschnittlich 2 Bemerkungen. Im Unterschied zum repräsentativen Sample der Schweiz zeigt sich kein Zusammenhang zwischen dem Inhalt der öffentlichen Bemerkungen und dem Inhalt der individuellen Lernunterstützung, weder für die gesamte erweiterte Stichprobe der Deutschschweiz noch innerhalb der beiden Unterrichtsstile.

Während sich in Bezug auf den Inhalt der Lernunterstützung kaum Unterschiede aufgrund des Unterrichtsstils nachweisen lassen, zeigen sich signifikante Unterschiede in Bezug auf die Qualität der mathematikbezogenen Lernunterstützung im offeneren und im traditionellen Unterricht. Im traditionellen Unterricht verwenden die Lehrpersonen durchschnittlich einen signifikant höheren zeitlichen Anteil der mathematikbezogenen Lernunterstützung für das Erteilen von Rückmeldungen/Bewertungen ohne weitere Bearbeitungshinweise (FB, 18%) als im offeneren Unterricht (9%). Im offeneren Unterricht hingegen ist der zeitliche Anteil für kognitiv aktivierende Unterstützung mit sowohl Erklärungen als auch Hinweisen an der Gesamtdauer der mathematikbezogenen Unterstützung signifikant höher (EH, 38%) als im traditionellen Unterricht (25%).

Die Zusammenhangsberechnungen der zeitlichen Anteile der Unterstützungsformen ergeben mehrere signifikante negative Zusammenhänge, welche darauf schließen lassen, dass die Lehrpersonen die Zeit tendenziell eher für die eine oder andere Form der Unterstützung einsetzen. Zum Beispiel zeigt sich ein signifikanter negativer Zusammenhang für das direkte Erklären (E) und das Geben von weiterführenden Hinweisen (H) sowie die kombinierte Unterstützungsform von sowohl

Erklären als auch Hinweisen (EH). Die Zusammenhänge sind im offeneren Unterricht tendenziell größer als im traditionellen Unterricht.

9.2.6.3 Einflussfaktoren

Wie im repräsentativen Sample wurden in der erweiterten Stichprobe der Deutschschweiz mit Zusammenhangsberechnungen und univariaten Varianzanalysen Einflussfaktoren auf Umfang, Inhalt und Qualität der Unterstützung exploriert. Abschließend wurden mittels schrittweiser multipler Regressionsanalysen die Hauptprädiktoren ermittelt.

Im Gegensatz zur repräsentativen Stichprobe zeigt der zeitliche Anteil der Schülerarbeitsphase an der Lektionsdauer in der erweiterten Stichprobe der Deutschschweiz und im offeneren und traditionellen Unterrichtsstil keinen signifikanten Zusammenhang mit dem zeitlichen Anteil der Unterstützung an der Gesamtdauer der Schülerarbeitsphase und dem zeitlichen Anteil der mathematikbezogenen Unterstützung an der Schülerarbeitsphase. Der zeitliche Anteil der kognitiv aktivierenden Unterstützung an der Gesamtdauer der mathematikbezogenen Unterstützung ist bei größerem Anteil der Schülerarbeitsphase an der Lektionsdauer höher. Dies mag wenig erstaunen, da der zeitliche Anteil der Schülerarbeitsphasen an der Lektionsdauer im offeneren Unterricht signifikant höher ist. Die univariate Varianzanalyse offenbart jedoch, dass es nicht der Unterrichtsstil, sondern der zeitliche Anteil der Schülerarbeitsphase an der Lektionsdauer ist, welcher den Unterschied im zeitlichen Anteil der kognitiv aktivierenden Unterstützung an der mathematikbezogenen Unterstützung ausmacht.

Der zeitliche Anteil der individuellen Lernunterstützung an der Schülerarbeitsphase variiert aufgrund der Funktion der Schülerarbeitsphase sowohl im offeneren als auch im traditionellen Unterricht; in den Schülerarbeitsphasen mit repetitiven Übungsaufgaben ist der Anteil der Unterstützung am kleinsten. Der Inhalt der Lernunterstützung zeigt keinen Unterschied aufgrund der Funktion der Schülerarbeitsphase. Unabhängig vom Unterrichtsstil und vom Schultyp unterscheidet sich der zeitliche Anteil der kognitiv aktivierenden Unterstützung an der mathematikbezogenen Unterstützung in Schülerarbeitsphasen aufgrund der Funktion der Schülerarbeitsphasen; er ist wie im repräsentativen Sample der Schweiz signifikant höher, wenn die Lernenden anspruchsvolle Aufgaben bearbeiten.

Die Sozialform zeigt einen Zusammenhang mit dem zeitlichen Anteil der Lernunterstützung an der Gesamtdauer der Schülerarbeitsphase, jedoch nur im traditionellen Unterricht. In Schülerarbeitsphasen im traditionellen Unterricht mit Möglichkeit zur Kooperation wenden die Lehrpersonen signifikant mehr Zeit für die Unterstützung auf als in Schülerarbeitsphasen ohne die Möglichkeit zur Kooperation. Im offeneren Unterricht lässt sich kein Unterschied des Umfangs der Lernunterstützung während der Schülerarbeitsphase aufgrund der Sozialform in der Schülerarbeitsphase feststellen. Der zeitliche Anteil der mathematikbezogenen Unterstützung an der Schülerarbeitsphase sowie der zeitliche Anteil der kognitiv aktivierenden Unterstützung an der mathematikbezogenen Unterstützung ist in Lektionen mit Möglichkeit zur Kooperation höher, dies in der gesamten erweiterten Stichprobe der Deutschschweiz ohne Differenz zwischen den beiden Unterrichtsstilen oder Schultypen.

Hauptprädiktor für Umfang und Inhalt der Lernunterstützung ist in der erweiterten Stichprobe der Deutschschweiz das repetitive Üben während der Schülerarbeitsphase. Wenn die Lernenden während der Schülerarbeitsphase ausschließlich an repetitiven Übungsaufgaben arbeiten, ist sowohl der zeitliche Anteil der Lernunterstützung als auch der zeitliche Anteil der mathematikbezogenen Unterstützung an der Schülerarbeitsphase am geringsten. Während sich im offeneren Unterricht kein Modell zur Vorhersage des zeitlichen Anteils der mathematikbezogenen Unterstützung an der Gesamtdauer der Schülerarbeitsphase pro Lektion als signifikant erweist, werden im traditionellen Unterricht 17% der Varianz durch die Möglichkeit zur Kooperation erklärt.

Der zeitliche Anteil der kognitiv aktivierenden Unterstützung an der mathematikbezogenen Unterstützung wird in der erweiterten Stichprobe der Deutschschweiz wie im repräsentativen Sample der Schweiz hauptsächlich durch den zeitlichen Anteil der Schülerarbeitsphase an der Lektionsdauer sowie durch das Lösen von anspruchsvollen Übungsaufgaben während der Schülerarbeitsphase erklärt.

Zusammengefasst zeigt sich, dass die Varianz von Umfang, Inhalt und Qualität der Lernunterstützung nicht durch den Unterrichtsstil, sondern vor allem durch die Dauer sowie die Funktion der Schülerarbeitsphase erklärt wird. Auch der Schultyp zeigt keinen signifikanten Einfluss. Die Sozialform während der Schülerarbeitsphase erweist sich nur in den traditionellen Lektionen als Prädiktor für den Inhalt der Lernunterstützung, da beinahe in allen Lektionen im offeneren Unterricht während der Schülerarbeitsphasen die Möglichkeit zur Kooperation besteht und damit wenig Varianz gegeben ist.

9.3 Zusammenhang der beobachteten Lernunterstützung mit der Wahrnehmung durch die Lernenden

In diesem Kapitel werden mögliche Zusammenhänge der erhobenen individuellen Lernunterstützung in den Schülerarbeitsphasen zur Wahrnehmung der Unterstützungsqualität der Lernenden exploriert (vgl. Fragestellungen 7.5). Die Analyse erfolgt im ersten Schritt für das gesamte repräsentative Sample der Schweiz und im zweiten Schritt für die Teilstichprobe mit den Lektionen des traditionellen und offeneren Unterrichtsstils aus der deutschsprachigen Schweiz.

Die Wahrnehmung des Unterrichts durch die Lernenden wurde mit einem Schülerfragebogen erfasst (vgl. Kapitel 8.8.1). Folgende Skalen geben Auskunft über die Wahrnehmung der Unterstützungsqualität durch die Lernenden. Die Skalen sind nicht direkt auf das Verhalten während der Schülerarbeitsphasen bezogen, aber sie beschreiben zentrale Qualitätsmerkmale der Lehrer-Schüler-Interaktion, welche auch für die Schülerarbeitsphase gelten:

- *Individuelle Lernunterstützung*: Die Lernenden geben an, ob die Lehrperson ihnen bei Schwierigkeiten hilft.
- *Verstehensorientierung*: Die Lernenden beurteilen, ob es der Lehrperson wichtig ist, dass sie die Inhalte gut verstehen.
- *Erklärkompetenz*: Die Lernenden beurteilen, ob die Lehrperson gut erklären kann.
- *Fehlerkultur*: Die Lernenden schätzen ein, ob die Lehrperson das Auftreten von Fehlern im Unterricht nicht sanktioniert und geduldig ist mit Schülerinnen und Schülern, die Fehler machen.
- *Diagnosekompetenz*: Die Lernenden beurteilen die Fähigkeit der Lehrperson, Verstehensschwierigkeiten zu diagnostizieren.

Alle Skalen außer der Verstehensorientierung wurden mit einer vierstufigen Skalierung erhoben und sind so gepolt, dass ein hoher Wert für eine hohe Einschätzung steht. Die Verstehensorientierung ist sechsstufig skaliert und ebenfalls positiv gepolt.

Im Folgenden wird als Erstes die Wahrnehmung des Unterstützungsverhaltens durch die Lernenden dargestellt und der Zusammenhang mit dem beobachteten Unterstützungsverhalten untersucht (Kapitel 9.3.1). Als Zweites wird der Zusammenhang der Schülerwahrnehmung mit der Unterrichtsbeobachtung in der erweiterten Stichprobe der deutschsprachigen Schweiz untersucht, um wiederum den traditionellen und den offeneren Unterrichtsstil und deren Auswirkung auf die Wahrnehmung der Lernenden als auch auf den Zusammenhang von Wahrnehmung und Beobachtung kontrastierend vergleichen zu können (Kapitel 9.3.2).

9.3.1 Repräsentative Stichprobe Schweiz

9.3.1.1 Wahrnehmung des Unterstützungsverhaltens durch die Lernenden

Die Einschätzung der Lernenden bezieht sich auf die individuelle Lernunterstützung und auf weitere Merkmale des Unterrichts, welche auch in der Lernunterstützung relevant sind, aber nicht spezifisch für die Lernunterstützung eingeschätzt wurden. Die Einschätzung bezieht sich nicht auf die gefilmte Lektion, sondern allgemein auf den Mathematikunterricht bei der gefilmten Lehrperson. Die Analysen beruhen auf den auf Klassenebene aggregierten Einschätzungen in der repräsentativen, gewichteten Stichprobe der Schweiz. Für die Deutschschweiz fehlen aus erhebungstechnischen Gründen die Schülerbefragungsdaten der ersten 18 gefilmten Klassen bei der Skala der Verstehensorientierung.

Die individuelle Unterstützung durch die Lehrperson und die weiteren unterstützungsrelevanten Unterrichtsmerkmale werden durchschnittlich als eher gut eingeschätzt (vgl. Tabelle 48). Die Lernenden aus der italienisch- und der deutschsprachigen Region beurteilen die individuelle Lernunterstützung etwas besser als die Lernenden aus der französischsprachigen Region, der Unterschied zwischen italienisch- und französischsprachiger Schweiz ist signifikant. Die Verstehensorientierung und die Erklärkompetenz der Lehrperson werden ebenfalls in der italienischsprachigen Region am höchsten eingeschätzt. Für die Beurteilung der Fehlerkultur respektive den geduldigen und verständnisvollen Umgang der Lehrperson mit Fehlern im Unterricht liegt der durchschnittliche Wert in der deutschsprachigen Schweiz signifikant höher als in den anderen Sprachregionen. Die Einschätzung der Diagnosekompetenz unterscheidet sich nicht in den drei Sprachregionen.

Auffällig ist, dass alle diese Kompetenzen der Lehrperson im Schultyp mit Grundansprüchen signifikant höher eingeschätzt werden als im Schultyp mit erweiterten und hohen Ansprüchen (vgl. Tabelle 48). Die mittlere Differenz liegt um .20 (*Individuelle Lernunterstützung* im Schultyp mit Grundansprüchen M = 3.09, im Schultyp mit erweiterten und hohen Ansprüchen M = 2.90; *Erklärkompetenz* im Schultyp mit Grundansprüchen M = 3.22, im Schultyp mit erweiterten und hohen Ansprüchen M = 3.00; *Fehlerkultur* im Schultyp mit Grundansprüchen M = 3.26, im Schultyp mit erweiterten und hohen Ansprüchen M = 3.08; *Diagnosekompetenz* im Schultyp mit Grundansprüchen M = 3.07, im Schultyp mit erweiterten und hohen Ansprüchen M = 2.82) und bei der sechsstufig erfassten *Verstehensorientierung* liegt die Differenz bei .28 (Schultyp mit Grundansprüchen M = 4.92, im Schultyp mit erweiterten und hohen Ansprüchen M = 4.64).

Tabelle 48: Auf Klassenebene aggregierte Wahrnehmung des Unterstützungsverhaltens durch die Lernenden in den drei Sprachregionen (N = 128)

	TIMSS-CH (N = 128)		D-CH (N = 80)		F-CH (N = 41)		I-CH (N = 7)		Reg	Typ	Teg x Typ
	M	SD	M	SD	M	SD	M	SD	p^a	p^a	p^a
Individuelle Lernunter-stützung	2.96	0.35	3.06	0.34	2.84	0.36	3.04	.40	** (D>F)	** (G>E)[b]	ns
Erklärkom-petenz	3.08	0.38	3.05	0.40	3.10	0.36	3.27	0.38	ns	*** (G>E)[b]	ns
Fehlerkultur	3.15	0.38	3.21	0.35	3.07	0.43	3.06	0.42	* (D<I,F)	** (G>E)[b]	ns
Diagnose-kompetenz	2.91	0.34	2.88	0.36	2.95	0.30	2.98	0.27	ns	** (G>E)[b]	ns
Verstehens-orientierung	4.72	0.48	4.79	0.50	4.59	0.46	5.10	0.38	* (F<I)	** (G>E)[b]	ns

Anmerkungen. [a] Signifikanz univariate Varianzanalyse: *p < .05; **p < .01; ***p < .001. Die Analysen beruhen auf den gewichteten Daten. [b] G = Grundanforderungen, E = erweiterte und hohe Anforderungen.

Außer der Verstehensorientierung sind alle Skalen vierstufig angelegt von 1 = tiefe Einschätzung bis 4 = hohe Einschätzung. Die Verstehensorientierung hat eine gleichgerichtete sechsstufige Skalierung und aus erhebungstechnischen Gründen fehlen die Angaben von 18 Klassen.

Die fünf Skalen weisen untereinander hohe Korrelationen auf. Da jede von ihnen aber auf ein anderes Qualitätsmerkmal von individueller Lernunterstützung ausgerichtet ist, werden sie alle in die Suche nach Zusammenhängen mit beobachtbaren Merkmalen der Unterstützung einbezogen.

9.3.1.2 Zusammenhang der Schülerwahrnehmung mit der Unterrichtsbeobachtung

Die Suche nach systematischen Zusammenhängen zwischen der beobachtbaren individuellen Lernunterstützung im Unterricht und der Einschätzung der Unterstützungsqualität der Lernenden gibt Aufschluss darüber, ob die von theoretischen Gesichtspunkten aus als positiv beurteilte Form der kognitiv aktivierenden Unterstützung auch von den Lernenden als positiv wahrgenommen wird. Die Zusammenhänge werden für das gesamte repräsentative Sample der Schweiz sowie für die drei Sprachregionen getrennt gerechnet und mit Partialkorrelationen hinsichtlich der Wirkung von möglichen Moderatorvariablen (Schultyp, Anteil der Schülerarbeitsphase an der Lektionsdauer, Funktion der Schülerarbeitsphase) überprüft. Die Analysen basieren auf den gewichteten Daten.

Für den zeitlichen Umfang der gesamten Lernunterstützung an der Schülerarbeitsphase ergeben sich keine Zusammenhänge mit der Unterrichtswahrnehmung. Interessanterweise hängt der zeitliche Anteil der Schülerarbeitsphase signifikant positiv mit der Wahrnehmung der individuellen Unterstützung ($r_{(128)}$ = .23, p < .01) und der Fehlerkultur der Lehrperson ($r_{(128)}$ = .21, p < .05) zusammen.

Der Inhalt der Unterstützung, operationalisiert durch den zeitlichen Anteil der organisatorischen respektive mathematikbezogenen Unterstützung an der Gesamtdauer der Unterstützung, zeigt keinen Zusammenhang mit den Skalen der Unterrichtswahrnehmung, sowohl im gesamten repräsentativen Sample als auch in den drei Sprachregionen.

Die Überprüfung des Zusammenhangs der verschiedenen Formen der Lernunterstützung mit der Unterrichtswahrnehmung der Lernenden in den drei Regionen zeigt vor allem in der deutschsprachigen Schweiz signifikante Zusammenhänge der Qualität der Lernunterstützung mit der Wahrnehmung von Verstehensorientierung im Unterricht durch die Lernenden; sie werden in den beiden folgenden Tabellen dargestellt. Kein erhobenes Unterstützungsmerkmal korreliert signifikant mit der wahrgenommenen individuellen Lernunterstützung.

Tabelle 49: Korrelationen der Formen der Lernunterstützung mit der wahrgenommenen *Verstehensorientierung* im Unterricht durch die Lernenden in den drei Regionen

	Gesamte Stichprobe (N = 110)[a]	D-CH (N = 51)[b]	F-CH (N = 37)[b]	I-CH (N = 23)[b]
Zeitlicher Anteil der Unterstützung an der Schülerarbeitsphase	.03	.28	-.06	.28
Zeitlicher Anteil mathematikbezogene Unterstützung an der Schülerarbeitsphase	.06	.28	-.16	.28
Zeitlicher Anteil EV an der Unterstützungsdauer	-.22*	-.31*	-.04	.07
Zeitlicher Anteil FB an der Unterstützungsdauer	.07	.05	.08	-.19
Zeitlicher Anteil E an der Unterstützungsdauer	-.15	-.26	-.19	-.14
Zeitlicher Anteil H an der Unterstützungsdauer	.16	.02	.39*	-.08
Zeitlicher Anteil EH an der Unterstützungsdauer	.10	.39**	-.15	.31

Anmerkungen. [a] Korrelationen für die gesamte Schweiz basieren auf gewichteten Daten;
[b] Korrelationen für die drei Sprachregionen basieren auf ungewichteten Daten.
*p < .05; **p < .01.

Der zeitliche Anteil des Nachfragens ohne weitere Unterstützung (EV) an der gesamten Unterstützungsdauer hängt signifikant negativ mit der wahrgenommenen Verstehensorientierung zusammen. Dieser Zusammenhang zeigt sich am ausgeprägtesten in der Deutschschweiz. In der Westschweiz besteht ein positiver Zusammenhang zwischen dem Geben von Hinweisen in der Unterstützung (H) und der Wahrnehmung der Verstehensorientierung durch die Lernenden. Ebenfalls als positiv mit der Wahrnehmung der Verstehensorientierung zusammenhängend erweist sich in der Deutschschweiz das gleichzeitige Erteilen von Erklärungen und Geben von Hinweisen (EH).

Tabelle 50: Korrelationen der Formen der Lernunterstützung mit der wahrgenommenen *Fehlerkultur* im Unterricht durch die Lernenden in den drei Regionen

	Gesamte Stichprobe (N = 128)[a]	D-CH (N = 68)[b]	F-CH (N = 37)[b]	I-CH (N = 23)[b]
Zeitlicher Anteil der Unterstützung an der Schülerarbeitsphase	-.05	.17	-.25	.47*
Zeitlicher Anteil mathematikbezogene Unterstützung an der Schülerarbeitsphase	-.05	.15	-.22	.35
Zeitlicher Anteil EV an der Unterstützungsdauer	.02	-.07	.08	.18
Zeitlicher Anteil FB an der Unterstützungsdauer	-.03	-.14	.14	-.21
Zeitlicher Anteil E an der Unterstützungsdauer	-.14	-.18	-.15	-.36
Zeitlicher Anteil H an der Unterstützungsdauer	.09	-.03	.19	.09
Zeitlicher Anteil EH an der Unterstützungsdauer	.04	.29*	-.23	.18

Anmerkungen. [a] Korrelationen für die gesamte Schweiz basieren auf gewichteten Daten; [b] Korrelationen für die drei Sprachregionen basieren auf ungewichteten Daten.
$*p < .05; **p < .01$.

Die Wahrnehmung einer positiven Fehlerkultur im Unterricht durch die Schülerinnen und Schüler erweist sich als nur schwach zusammenhängend mit einzelnen Formen der Unterstützung. Im Tessin hängt sie mit dem zeitlichen Anteil der Unterstützung an der Schülerarbeitsphase zusammen. In der Deutschschweiz korreliert sie positiv mit dem zeitlichen Anteil der Unterstützungsform EH. Im gesamten Sample der Schweiz und in der Westschweiz zeigen sich keine signifikanten Zusammenhänge der Unterstützung und ihrer Formen mit der Wahrnehmung der Fehlerkultur.

Weiter fällt auf, dass das Geben von direkten Erklärungen (E) in der gesamten Schweiz und besonders ausgeprägt im Tessin einen negativen Zusammenhang mit der durch die Lernenden wahrgenommenen Fehlerkultur hat. Der negative Zusammenhang zeigt sich ebenfalls durchgehend für alle Landesregionen mit der wahrgenommenen Verstehensorientierung, wenn auch nicht signifikant. Offenbar hängt tendenziell das vermehrte Geben von direkten Erklärungen während der Schülerarbeitsphasen mit einer tieferen Einschätzung der Unterstützungskultur durch die Lernenden zusammen.

Zusammengefasst zeigen sich wenig signifikante Zusammenhänge der festgestellten Merkmale der Lernunterstützung mit der Wahrnehmung der Lernunterstützung und des Unterrichts durch Schülerinnen und Schüler in der repräsentativen

Stichprobe der Schweiz. Dies liegt wohl weniger daran, dass möglicherweise keine relevanten Unterstützungsmerkmale im Unterricht oder seitens der Lernenden erhoben wurden, sondern an der Tatsache, dass die erhobenen Einschätzungen der Lernenden nicht spezifisch auf das Unterstützungsverhalten in den Schülerarbeitsphasen abzielen und sich allgemein auf den Unterricht und nicht nur auf die gefilmte Lektion beziehen.

Die Vorhersagekraft der durch die Lernenden wahrgenommenen Unterstützungsqualität durch beobachtete Merkmale der individuellen Unterstützung in den Schülerarbeitsphasen wird im Folgenden mit schrittweisen multiplen Regressionsanalysen exploriert. Im ersten Block werden die zeitlichen Anteile für die erhobenen Unterstützungsformen an der gesamten Unterstützungsdauer als Prädiktoren eingefügt. Im zweiten Block werden (als Rahmenbedingungen der Unterstützung) der prozentuale Anteil der Schülerarbeitsphase an der Lektionsdauer, die Möglichkeit zur Kooperation während der Schülerarbeitsphase, die Region und der Schultyp eingefügt. Die multiple schrittweise Regressionsanalyse erfolgt mittels Vorwärtsverfahren, Kriterium für den Einschluss ist ein F-Wert von <= .050 (vgl. Tabelle 51).

Tabelle 51: Modell der schrittweisen Regressionsanalyse zur Vorhersage der Schülerwahrnehmung von *Verstehensorientierung* (N = 109, gewichtete Daten)

Unabhängige Variable	B	SE B	β
Schritt 1			
Zeitlicher Anteil EV an der Unterstützungsdauer	-.004	.006	-.215*
Schritt 2			
Zeitlicher Anteil EV an der Unterstützungsdauer	-.013	.006	-.197*
Zeitlicher Anteil der Schülerarbeitsphase an der Lektionsdauer	.001	.002	.065
Schultyp erweiterte/hohe Ansprüche	-.227	.100	-.218*
D-CH	-.279	.187	-.282
F-CH	-.412	.191	-.407*
Kooperation in Schülerarbeitsphase	.021	.102	.020

Anmerkungen. $R^2 = .046$ (p < .01) für Schritt 1, $R^2 = .172$ (p < .01) für Schritt 2.
*p < .05.

Nur die Unterstützungsform des Rückfragens nach dem Leistungsfortschritt der Lernenden ohne weitere Hilfestellungen (EV) hat einen Effekt auf die Wahrnehmung der Verstehensorientierung. In Klassen mit höherem zeitlichen Anteil für das Rückfragen (EV) an der Unterstützungsdauer ist die Einschätzung der Verstehensorientierung niedriger. Unter Einbezug der Kontrollvariablen behält diese Unterstützungsform (EV) ihren negativen Einfluss, zusätzlich zeigen sich die oben berichteten negativen Zusammenhänge mit dem Schultyp mit erweiterten und hohen Ansprüchen und der positive Zusammenhang mit der Regionszugehörigkeit Deutschschweiz sowie der negative Zusammenhang mit der Regionszugehörigkeit Westschweiz.

Tabelle 52: Modell der schrittweisen Regressionsanalyse zur Vorhersage der Schülerwahrnehmung der *Fehlerkultur* (N = 127)

Unabhängige Variable	B	SE B	β
Zeitlicher Anteil der Schülerarbeitsphase an der Lektionsdauer	.003	.002	.194*
Schultyp erweiterte/hohe Ansprüche	-.150	.076	-.182*
D-CH	.115	.151	.143
F-CH	.075	.158	.090
Kooperation in Schülerarbeitsphase	-.019	.077	-.023

Anmerkungen. $R^2 = .090$ (p < .01).
*p < .05.

Die Wahrnehmung der Fehlerkultur zeigt sich hauptsächlich durch den zeitlichen Anteil der Schülerarbeitsphase, den Schultyp sowie die Regionszugehörigkeit beeinflusst (vgl. Tabelle 52); sie ist bei höherem zeitlichen Anteil der Schülerarbeitsphase an der Lektionsdauer, in Klassen mit Grundansprüchen und in Klassen aus dem Tessin höher. Dieselben unabhängigen Variablen erklären 14% der Varianz der Wahrnehmung der individuellen Lernunterstützung, 13% der Wahrnehmung der Erklärkompetenz und 19% der Diagnosekompetenz. Alle Modelle sind statistisch signifikant (p < .01) und zeigen keinen Einfluss durch die beobachtete individuelle Lernunterstützung in den Schülerarbeitsphasen.

Im folgenden Kapitel wird die Unterrichtswahrnehmung der Lernenden in Klassen mit offenerem und mit traditionellem Unterricht in der deutschsprachigen Region verglichen.

9.3.2 Erweiterte Teilstichprobe Deutschschweiz: Unterrichtsstil

Die Prozessqualität des ELF-Unterrichts wird von den Lernenden und von Beobachtern als positiver eingeschätzt als im traditionellen Unterricht (vgl. Pauli et al., 2003). Die Einschätzung der Lernenden variiert u.a. signifikant für die Skalen der individuellen Unterstützung, der organisatorischen Adaptivität und der kognitiven Aktivierung. Entsprechend interessiert, ob die Einschätzung der Lernenden in Bezug auf diese Skalen auch mit der Form der Unterstützung korreliert. Als Erstes werden die Werte der Schülerwahrnehmung und anschließend die Zusammenhänge mit dem beobachteten Unterstützungsverhalten dargestellt.

Die mittels Fragebogen bei den Schülerinnen und Schülern erhobene Wahrnehmung des Unterstützungsverhaltens bezieht sich nicht nur auf die eine gefilmte

Lektion, sondern allgemein auf den Unterricht bei der betreffenden Mathematik-lehrperson. Aus diesem Grund wird für die Darstellung der Schülerwahrnehmung der Unterrichtsstil ausschließlich aufgrund der Selbstdeklaration der Lehrpersonen bestimmt (vgl. Kapitel 8.7.3), welche sich ebenfalls auf den Unterricht im Allgemeinen beziehen. Die neun Gymnasialklassen wurden wiederum ausgeschlossen, da die zusätzlichen ELF-Lektionen allesamt aus dem Unterricht von Real- und Sekundarschulklassen stammen.

9.3.2.1 Wahrnehmung des Unterstützungsverhaltens durch die Lernenden

Mit Fragen nach binnendifferenzierenden Maßnahmen sowie nach Möglichkeiten für individuelle Lernwege wurden die Lernenden gefragt, wie sie die organisatorische Adaptivität des Unterrichts einschätzen.

Tabelle 53: Auf Klassenebene aggregierte Wahrnehmung der organisatorischen Adaptivität durch die Lernenden nach Unterrichtsstil und Schultyp in der erweiterten Teilstichprobe der Deutschschweiz (N = 76)

	Offenerer Unterrichtsstil (N = 38)				Traditioneller Unterrichtsstil (N = 38)				Stil	Typ	Stil x Typ
	Real (N = 16)		Sek (N = 22)		Real (N = 16)		Sek (N = 22)				
	M	SD	M	SD	M	SD	M	SD	p^a	p^a	p^a
Individuelle Lernwege	2.70	0.52	2.70	0.35	2.25	0.25	2.26	0.35	***	ns	ns
Binnendif-ferenzierung	2.32	0.53	2.18	0.33	1.99	0.27	1.99	0.30	***	ns	ns

Anmerkungen. [a] Signifikanz univariate Varianzanalyse: *p < .05; **p < .01; ***p < .001.

In Tabelle 53 werden die aggregierten Werte für die Klassen mit offenerem und mit traditionellem Unterrichtsstil (nach Angaben der Lehrpersonen) wiedergegeben. Die hohen signifikanten Mittelwertsunterschiede für die nach der Selbstdeklaration der Lehrpersonen getroffene Unterscheidung von Klassen mit offenerem und traditionellem Unterrichtsstil validiert diese Kategorisierung. Die Korrelationen des Unterrichtsstils mit der Wahrnehmung der organisatorischen Adaptivität der Lernenden sind entsprechend hoch. Der Unterrichtsstil korreliert mit der Wahrnehmung von Möglichkeiten für individuelle Lernwege ($r_{(76)}$ = .52***) sowie mit der Wahrnehmung des Einsatzes von Maßnahmen zur Binnendifferenzierung ($r_{(76)}$ = .32**). Die beiden Skalen korrelieren miteinander ($r_{(76)}$ = .24*). Entsprechend der hohen Korrelation der Skalen mit dem Unterrichtsstil kann davon ausgegangen werden, dass die Lernenden den Unterricht in den Klassen mit offenerem Unterrichtsstil tatsächlich anders erleben als in den Klassen mit traditionellem Unterricht. Sowohl die Selbstdeklaration der Lehrpersonen als auch die Einschätzungen der Schülerinnen und Schüler beziehen sich nicht auf die gefilmte Lektion, sondern allgemein auf den gemeinsamen Mathematikunterricht.

Wie oben gezeigt, ist die Einschätzung der individuellen Lernunterstützung im Unterricht bei den Schülerinnen und Schülern im repräsentativen Sample in der deutschsprachigen Schweiz eher positiv und mit einem Durchschnitt von M = 3.06 (SD = 0.34) auf der vierstufigen Skala am höchsten (repräsentative Stichprobe: M = 2.96, SD = 0.35) (vgl. Kapitel 9.3.1.1). Im Vergleich mit den anderen Regionen wird die Erklärkompetenz in der deutschsprachigen Region am tiefsten und der geduldige und prozessorientierte Umgang mit Fehlern am höchsten eingeschätzt. Die Werte für den Unterrichtstyp mit Grundansprüchen (Realschule) sind signifikant höher. Im Folgenden wird innerhalb der erweiterten Stichprobe aus der deutschsprachigen Schweiz die Einschätzung des Unterstützungsverhaltens im offeneren und im traditionellen Unterrichtsstil verglichen.

Die durchschnittlichen Werte der Schülerwahrnehmung der Merkmale der Unterstützungsqualität im Mathematikunterricht in der erweiterten Teilstichprobe der deutschsprachigen Schweiz bestätigen die höheren Werte in der Realschule (vgl. Tabelle 54). Sowohl im offeneren als auch im traditionellen Unterrichtsstil sind die Einschätzungen der Schülerinnen und Schüler der Realschulklassen höher als diejenigen der Sekundarschulklassen. In Bezug auf die Beurteilung der Erklärkompetenz und der Diagnosekompetenz ist der Unterschied signifikant.

Die Schülerinnen und Schüler in Klassen mit offenerem Unterrichtsstil bewerten die Unterstützungskompetenz ihrer Lehrperson tendenziell höher als diejenigen in Klassen mit traditionellem Unterrichtsstil. Im offeneren Unterrichtsstil signifikant höher eingeschätzt werden die individuelle Lernunterstützung im Mathematikunterricht sowie der geduldige und verständnisvolle Umgang mit Fehlern (Fehlerkultur).

Die höheren Werte für den offeneren Unterricht bestätigen, dass sich die beiden Unterrichtsstile aus der Sicht der Lernenden nicht nur in Bezug auf organisatorische Maßnahmen zur Gestaltung eines adaptiven Unterrichts, sondern auch in Bezug auf das Unterstützungsverhalten der Lehrperson unterscheiden. Im nächsten Kapitel wird untersucht, wie die Wahrnehmung der Unterstützung in den beiden Unterrichtsstilen mit der in den gefilmten Lektionen zu beobachtenden Unterstützung zusammenhängt.

Tabelle 54: Auf Klassenebene aggregierte Wahrnehmung des Unterstützungsverhaltens durch die Lernenden nach selbstdeklariertem Unterrichtsstil und Schultyp in der erweiterten Teilstichprobe der Deutschschweiz (N = 76)

	Offenerer Unterrichtsstil (N = 38)				Traditioneller Unterrichtsstil (N = 38)				Stil	Typ	Stil x Typ
	Real (N = 16)		Sek (N = 22)		Real (N = 16)		Sek (N = 22)				
	M	SD	M	SD	M	SD	M	SD	p^a	p^a	p^a
Individuelle Lernunter-stützung	3.20	0.29	3.17	0.24	3.10	0.27	2.88	0.40	**	-	-
Erklär-kompetenz	3.31	0.25	3.06	0.32	3.18	0.26	2.91	0.48	-	**	-
Fehlerkultur	3.39	0.20	3.24	0.30	3.15	0.35	3.14	0.47	*	-	-
Diagnose-kompetenz	3.17	0.33	2.88	0.23	3.04	0.18	2.73	0.36	-	***	-
Verstehens-orientierung	5.06	0.28	4.84	0.37	4.86	0.38	4.64	0.73	-	-	-

Anmerkungen. [a] Signifikanz univariate Varianzanalyse: $*p < .05$; $**p < .01$; $***p < .001$.
Außer der Verstehensorientierung sind alle Skalen vierstufig von „1 = tiefe Einschätzung" bis „4 = hohe Einschätzung". Die Verstehensorientierung hat eine sechsstufige Skalierung und aus erhebungstechnischen Gründen fehlen bei dieser Skala die Angaben von 7 Klassen der Realschule und 9 Klassen der Sekundarschule.

9.3.2.2 Zusammenhang der Schülerwahrnehmung mit der Unterrichtsbeobachtung

Die Zusammenhänge zwischen der Schülerwahrnehmung und den beobachteten Merkmalen des Unterstützungsverhaltens werden in der erweiterten Stichprobe der deutschsprachigen Schweiz unter Kontrolle des Schultyps, des Unterrichtsstils und des prozentualen Anteils der Schülerarbeitsphase an der Lektionsdauer gerechnet.

Die Korrelationstabelle für die erweitere Stichprobe der deutschsprachigen Schweiz (vgl. Tabelle 55) zeigt positive Zusammenhänge des zeitlichen Anteils der Unterstützungsform EH (sowohl Erklärungen als auch Hinweise) mit der positiven Wahrnehmung der individuellen Unterstützung und den weiteren Merkmalen des Unterstützungsverhaltens durch die Lernenden. Der zeitliche Anteil des Gebens von Rückmeldungen ohne weitere Hilfestellungen korreliert negativ mit der wahrgenommenen produktiven Fehlerkultur.

Tabelle 55: Korrelationen der beobachteten Formen der Lernunterstützung mit der Schüler-wahrnehmung von Merkmalen des Unterstützungsverhaltens in der erweiterten Teilstichprobe der Deutschschweiz (N = 76)

Beobachtetes Unter-stützungsverhalten	Skalen der Schülerbefragung				
	Individuelle Lernunter-stützung	Verstehens-orientierung	Erklär-kompetenz	Fehlerkultur	Diagnose-kompetenz
Zeitlicher Anteil der Unterstützung an der Schülerarbeitsphase	.11	.23	.08	.16	.19
Zeitlicher Anteil mathe-matikbezogene Unter-stützung an der Schüler-arbeitsphase	.15	.21	.13	.15	.20
Zeitlicher Anteil EV an der Unterstützungsdauer	.05	-.25	-.11	.00	-.07
Zeitlicher Anteil FB an der Unterstützungsdauer	-.11	-.04	-.09	-.25*	-.13
Zeitlicher Anteil E an der Unterstützungsdauer	-.07	-.07	-.07	-.09	-.14
Zeitlicher Anteil H an der Unterstützungsdauer	-.14	-.14	-.13	-.11	-.12
Zeitlicher Anteil EH an der Unterstützungsdauer	.26*	.35**	.30**	.30*	.29*
Zeitlicher Anteil EH und H an der mathematik-bezogenen Unter-stützung	.08	.22	.16	.21	.18

*p < .05; **p < .01.

Die Korrelationen wurden auch für den offeneren und den traditionellen *Unterrichtsstil* getrennt berechnet. Im *offeneren Unterricht* sind die Zusammenhänge für die Unterstützungsform EH mit der Wahrnehmung der Unterstützungsqualität durch die Lernenden ebenfalls am stärksten. Das Geben von weiterführenden Hinweisen (H) hängt signifikant negativ mit der Wahrnehmung der individuellen Lernunterstützung ($r_{(37)}$ = -.36, p < .05), der Verstehensorientierung ($r_{(32)}$ = -.34, p < .05) und der Fehlerkultur ($r_{(38)}$ = -.36, p < .05) zusammen. Im *traditionellen Unterricht* erweisen sich nur zwei Zusammenhänge als signifikant. Der zeitliche Anteil der Rückfragen (EV) hängt negativ mit der Wahrnehmung der Verstehensorientierung zusammen ($r_{(28)}$ = -.38, p < .05) und der zeitliche Anteil der Rückmeldungen (FB) korreliert negativ mit der Wahrnehmung der Fehlerkultur ($r_{(36)}$ = -.36, p < .05). Die Zusammenhänge im traditionellen Unterricht gehen einher mit den Ergebnissen für die repräsentative Stichprobe der Schweiz (vgl. Kapitel 9.3.1.2). Erwartungswidrig ist hingegen der ausgeprägte negative Zusammenhang des Erteilens von weiterführenden Hinweisen mit den wahrgenommenen

Merkmalen der Unterstützungsqualität. Möglicherweise ist dies ein Indiz dafür, dass die weiterführenden Hinweise in einem vermehrt selbständigkeitsorientierten Unterricht erst als hilfreich wahrgenommen werden, wenn sie in längere Unterstützungssequenzen mit direkten Erklärungen eingebettet sind.

Werden die Korrelationen nach *Schultypen* verglichen, zeigt sich ein höheres Zusammenhangsmaß für die oben dargestellten Korrelationen bei den Klassen der Realschule (N = 32) als bei den Klassen der Sekundarschule (N = 44). Die beobachteten Merkmale der Lernunterstützung hängen damit in den Realklassen enger mit der Schülerwahrnehmung der Unterstützungsqualität zusammen als in den Sekundarklassen. Dies könnte möglicherweise darauf zurückzuführen sein, dass die Lernenden in den Realklassen größere Schwierigkeiten beim Lösen der Mathematikaufgaben haben und vermehrt auf Unterstützung angewiesen sind; aus diesem Grund schenken sie der Unterstützung mehr Beachtung oder sind die in den Unterrichtsvideos erhobenen Merkmale der Unterstützung für sie von größerer Bedeutung.

Um Hinweise darauf zu erhalten, mit welchen erhobenen Merkmalen des Unterstützungsverhaltens im Unterricht sich die positive Einschätzung der individuellen Lernunterstützung in den Klassen der erweiterten Teilstichprobe der deutschsprachigen Schweiz vorhersagen lässt, wurde eine schrittweise multiple Regressionsanalyse für die erweiterte Teilstichprobe der deutschsprachigen Schweiz gerechnet. Als Prädiktoren wurden in einem ersten Schritt die zeitlichen Anteile der Unterstützungsformen und in einem zweiten Schritt der zeitliche Anteil der Schülerarbeitsphase an der Lektionsdauer, der Unterrichtsstil, der Schultyp, die Möglichkeit zur Kooperation und die Funktion der Schülerarbeitsphase miteinbezogen. Die multiple schrittweise Regressionsanalyse erfolgt mittels Vorwärtsverfahren, Kriterium für den Einschluss ist ein F-Wert von <= .050.

Die Wahrnehmung *der individuellen Lernunterstützung* in der deutschsprachigen Schweiz kann nur durch den zeitlichen Anteil der Unterstützungsdauer, welchen die Lehrperson für die erweiterte Unterstützungsform EH (sowohl Erklärungen als auch Hinweise) einsetzt, sowie durch den Unterrichtsstil vorhergesagt werden (vgl. Tabelle 56).

Tabelle 56: Modell der schrittweisen Regressionsanalyse zur Vorhersage der positiven Beurteilung der individuellen Lernunterstützung in der erweiterten Teilstichprobe der deutschsprachigen Schweiz (N = 76)

Prädiktoren der individuellen Lernunterstützung	B	SE B	β
Schritt 1			
Zeitlicher Anteil von EH an der Unterstützungsdauer	.004	.002	.26*
Schritt 2			
Zeitlicher Anteil von EH an der Unterstützungsdauer	.002	.002	.16
Offenerer Unterrichtsstil	.167	.081	.25*

Anmerkungen. $R^2 = .069$ (p < .05) für Schritt 1, $R^2 = .122$ (p < .05) für Schritt 2.
*p < .05.

Da der offenere Unterrichtsstil den größten Effekt auf die Wahrnehmung der individuellen Lernunterstützung zeigt, wurde die Regressionsanalyse zusätzlich getrennt für den offeneren und den traditionellen Unterricht durchgeführt. Im offeneren Unterricht bestätigt sich nur der negative Effekt des zeitlichen Anteils der Hinweise (H) an der Unterstützungsdauer auf die Wahrnehmung der individuellen Unterstützung ($\beta = -.36*$).

Die weiteren Skalen der Unterrichtswahrnehmung der Schülerinnen und Schüler werden ebenfalls durch den zeitlichen Anteil der Unterstützungsform EH an der Gesamtdauer der Unterstützung vorhergesagt. Die Wahrnehmung der Diagnosekompetenz und der Erklärkompetenz zeigen sich zusätzlich abhängig vom Schultyp. In Klassen der Sekundarschule liegt die aggregierte Einschätzung dieser Kompetenzen tiefer als in Klassen der Realschule.

9.3.3 Zusammenfassung

Abschließend werden die Ergebnisse zum Zusammenhang der beobachteten Lernunterstützung mit der Schülerwahrnehmung des Unterstützungsverhaltens durch die Lehrperson in der repräsentiven Stichprobe der Schweiz (N = 130 Klassen) sowie in der erweiterten Teilstichprobe der Deutschschweiz (N = 76 Klassen) zusammengefasst (vgl. Fragestellungen 7.5).

9.3.3.1 Wahrnehmung des Unterstützungsverhaltens durch die Lernenden

Im Schülerfragebogen haben die Lernenden u.a. Merkmale des Unterrichts eingeschätzt, welche bedeutsam sind für die Qualität der Unterstützung. Die Merkmale beziehen sich jedoch nicht spezifisch auf die individuelle Lernunterstützung und können auch in öffentlichen Unterrichtsphasen umgesetzt werden. Die Einschätzungen beziehen sich nicht spezifisch auf die gefilmte Lektion, sondern allgemein auf den Mathematikunterricht bei der betreffenden Lehrperson.

Allgemein erleben die Lernenden ihre Lehrperson als eher unterstützend, sie beurteilen die Erklärkompetenz und die Diagnosekompetenz der Lehrperson sowie den produktiven Umgang mit Fehlern im Mathematikunterricht als eher gut. Auch die Verstehensorientierung im Unterricht wird durchschnittlich eher positiv eingeschätzt. Zum Teil unterscheiden sich die Angaben in den Regionen signifikant, die Werte in der französischsprachigen Schweiz sind im Schnitt am tiefsten. Es fällt auf, dass die Einschätzung dieser Merkmale in Klassen mit Grundansprüchen signifikant höher ist als in Klassen mit erweiterten und hohen Ansprüchen.

Auch in der mit ELF-Klassen erweiterten Teilstichprobe der Deutschschweiz liegt die durchschnittliche Schülerwahrnehmung der Merkmale des Unterstützungsverhaltens in den Klassen der Realschule höher als in den Klassen der Sekundarschule. Zusätzlich zeigt sich ein Unterschied aufgrund des Unterrichtsstils: In Klassen mit traditionellem Unterrichtsstil wird die Unterstützungsqualität durchschnittlich tiefer eingeschätzt als in Klassen mit offenerem Unterrichtsstil. Für die Wahrnehmung der individuellen Lernunterstützung und der Fehlerkultur ist der Unterschied aufgrund des Unterrichtsstils signifikant.

9.3.3.2 Zusammenhang der Schülerwahrnehmung mit der Unterrichtsbeobachtung

Bei der Überprüfung von systematischen Zusammenhängen zwischen der beobachteten Lernunterstützung und der Schülerwahrnehmung zeigen sich im gesamten repräsentativen Sample der Schweiz nur Zusammenhänge mit der wahrgenommenen Verstehensorientierung und Fehlerkultur.

Es besteht ein negativer Zusammenhang des zeitlichen Anteils für das ausschließliche Nachfragen nach dem Leistungsfortschritt (EV) an der Unterstützungsdauer mit der wahrgenommenen Verstehensorientierung im Unterricht. Dieser negative Zusammenhang besteht vor allem in der Deutschschweiz, zusätzlich korreliert in dieser Region der zeitliche Anteil der erweiterten Unterstützungsform EH signifikant positiv mit der Verstehensorientierung. In der Westschweiz hat der zeitliche Anteil des Gebens von weiterführenden Hinweisen (H) einen positiven Zusammenhang mit der Einschätzung der Verstehensorientierung.

Die wahrgenommene Fehlerkultur hängt in der deutschsprachigen Schweiz mit dem zeitlichen Anteil der erweiterten Unterstützungsform mit Erklärungen *und* Hinweisen (EH) an der Gesamtdauer der Unterstützung signifikant positiv zusammen. Im Tessin zeigt sich ein signifikant positiver Zusammenhang für den zeitlichen Anteil der Unterstützung an der Schülerarbeitsphase mit der wahrgenommenen Fehlerkultur.

Der zeitliche Anteil des Fragens nach dem Leistungsfortschritt (EV) erweist sich als negativer Prädiktor der wahrgenommenen Verstehensorientierung. Auch unter Berücksichtigung von Region, Schultyp, Anteil der Schülerarbeitsphase an der Lektionsdauer sowie Sozialform während der Schülerarbeitsphase bleibt der Einfluss bestehen.

In der erweiterten Teilstichprobe der Deutschschweiz hängt der zeitliche Anteil von EH an der Unterstützungsdauer mit allen Merkmalen der Schülerwahrnehmung der Unterstützungsqualität signifikant positiv zusammen. Das ausschließliche Geben von Rückmeldungen/Bewertungen (FB) hängt signifikant negativ mit der Wahrnehmung einer produktiven Fehlerkultur zusammen. Diese Zusammenhänge zeigen sich in den Realschulklassen ausgeprägter als in den Sekundarschulklassen. Die nach Unterrichtsstil getrennte Analyse offenbart, dass im offeneren Unterricht das Geben von Hinweisen (H) negativ mit der Wahrnehmung der Unterstützungsqualität korreliert und im traditionellen Unterricht das ausschließliche Nachfragen (EV) und Erteilen von Rückmeldungen (EV) ohne weitere Hinweise oder Erklärungen negativ mit der Wahrnehmung der Verstehensorientierung respektive der produktiven Fehlerkultur zusammenhängt.

In der deutschsprachigen Schweiz hat der zeitliche Anteil der Unterstützung mit sowohl Erklärungen als auch Hinweisen (EH) einen positiven Effekt auf die Wahrnehmung der individuellen Unterstützung durch die Lernenden. Der Einbezug der Kontrollvariablen zeigt, dass der Unterrichtsstil die Wahrnehmung der individuellen Unterstützung zusätzlich beeinflusst.

9.4 Zusammenhang der beobachteten Lernunterstützung mit Leistung und Interesse der Lernenden

Im Anschluss an die Frage des Zusammenhangs des beobachteten Unterstützungsverhaltens mit der Schülerwahrnehmung des Unterstützungsverhaltens werden in diesem Kapitel die in den Unterrichtsvideos beobachteten Merkmale der individuellen Lernunterstützung während den Schülerarbeitsphasen mit den auf Klassenebene aggregierten Daten zu Leistung und Interesse der Schülerinnen und Schüler in Beziehung gesetzt (vgl. Fragestellungen 7.6). Die Analysen mit explorativem Charakter werden sowohl für die repräsentative Stichprobe der Schweiz (Kapitel 9.4.1) als auch für die erweiterte Teilstichprobe der Deutschschweiz (Kapitel 9.4.2) vorgenommen.

9.4.1 Repräsentative Stichprobe Schweiz

Der Klassenmittelwert für die Mathematikleistung in der Schweiz beträgt im Durchschnitt 542.93 Punkte (vgl. Tabelle 57). Die Varianz der Klassenmittelwerte wird zu rund 70% durch die Zugehörigkeit zum Schultyp aufgeklärt, $F_{(4, 115)} = 71.818$, $p < .001$, $\eta^2 = .395$. Es gibt einen schwach signifikanten Interaktionseffekt von Schultyp und Region, $F_{(4, 115)} = 4.343$, $p < .05$, $\eta^2 = .039$. Dies weist darauf auf, dass die Klassenmittelwerte zwischen den Schultypen je nach Region unterschiedlich variieren.[27]

---

27 D-CH Grundansprüche M = 482.32, SD = 27.84, N = 33, D-CH erweiterte/hohe Ansprüche: M = 584.89, SD = 37.04, N = 42.
F-CH Grundansprüche M = 492.92, SD = 27.08, N = 6; F-CH erweiterte/hohe Ansprüche M = 558.46, SD = 50.00, N = 35.
I-CH Grundansprüche: M = 500.01, SD = 38.26 N = 3; I-CH erweiterte/hohe Ansprüche 578.78, SD = 25.16, N = 4.

Tabelle 57: Auf Klassenebene aggregierte Mathematikleistung in den beiden Schultypen in der Schweiz (N = 115, gewichtete Daten)

	TIMSS-CH (N = 115)		Grundansprüche (N = 39)		Erweiterte und hohe Ansprüche (N = 76)		Reg	Typ	Reg x Typ
	M	SD	M	SD	M	SD	p^a	p^a	p^a
Mathematik-leistung	542.93	57.35	485.60	27.45	572.35	45.07	ns	***	*

Anmerkungen. [a] Signifikanz univariate Varianzanalyse: *p < .05; **p < .01; ***p < .001.

Das über Fragebogendaten ermittelte durchschnittliche Interesse der Lernenden liegt in der Schweiz bei 2.71 (SD = 0.33). Es unterscheidet sich signifikant in den drei Regionen, $F_{(4, 130)} = 11.562$, p < .001, $\eta^2 = .164$ (vgl. Tabelle 58). Das Interesse der Lernenden in der Deutschschweiz ist signifikant höher als dasjenige der Lernenden in der Westschweiz. Der Schultyp zeigt keinen Einfluss.

Tabelle 58: Auf Klassenebene aggregiertes Interesse der Lernenden in den drei Sprachregionen (N = 129, gewichtete Daten)

	TIMSS-CH (N = 130)		D-CH (N = 60)		F-CH (N = 42)		I-CH (N = 7)		Reg	Typ	Reg x Typ
	M	SD	M	SD	M	SD	M	SD	p^a	p^a	p^a
Interesse	2.71	0.33	2.83	0.27	2.53	0.13	2.08	0.35	*** (D>F)	ns	ns

Anmerkungen. [a] Signifikanz univariate Varianzanalyse: *p < .05; **p < .01; ***p < .001.

9.4.1.1 Zusammenhang der beobachteten Lernunterstützung mit der Mathematikleistung

In der gesamten Schweiz lassen sich praktisch keine Zusammenhänge der beobachteten Lernunterstützung mit der Mathematikleistung feststellen (vgl. Tabelle 59). Ausschließlich für den zeitlichen Anteil der Rückmeldungen zur Korrektheit der Lösungen ohne weitere Hilfestellung (FB) zeigt sich ein signifikanter negativer Zusammenhang mit der Mathematikleistung. Innerhalb der drei Regionen erweist sich keine Korrelation als signifikant, aus diesem Grund werden sie nicht dargestellt. Werden die Korrelationen in den Klassen mit Grundansprüchen und mit erweiterten/hohen Ansprüchen gerechnet, zeigt sich ein signifikant negativer Zusammenhang des zeitlichen Anteils der Unterstützung an der Schülerarbeitsphase mit der Mathematikleistung in den Klassen mit erweiterten und hohen Ansprüchen.

Tabelle 59: Korrelation zwischen der aggregierten Mathematikleistung und Merkmalen der beobachteten Unterstützung in den Schülerarbeitsphasen in der gesamten Stichprobe (N = 122, gewichtete Daten)

	Merkmale der beobachteten individuellen Lernunterstützung (ILU)						
	Zeitl. Anteil ILU an SW	Zeitl. Anteil MU an ILU	Zeitl. Anteil EV an ILU	Zeitl. Anteil FB an ILU	Zeitl. Anteil E an ILU	Zeitl. Anteil H an ILU	Zeitl. Anteil EH an ILU
Mathematik-leistung	-.03	-.00	-.03	-.18*	.07	.07	.01

* = p < .05

Die Leistung wird plausiblerweise zum größten Teil durch die Schultypenzugehörigkeit aufgeklärt. In der explorativen Regressionsanalyse zeigen die einzelnen Unterstützungsformen keinen Einfluss auf die Mathematikleistung. Dieses Ergebnis ist nicht sehr erstaunlich, da mit der individuellen Lernunterstützung in den Schülerarbeitsphasen auf ein einzelnes Merkmal der Unterrichtsprozesse fokussiert wurde und die Schülerleistungen kaum durch die Interaktionen in den Schülerarbeitsphasen erklärt werden können.

Aufgrund der großen Varianzaufklärung der Leistung durch die Schultypzugehörigkeit wird die Regressionsanalyse zur Exploration der Prädiktoren mit der größten Vorhersagekraft der Mathematikleistung für die beiden Schultypen einzeln gerechnet. Als Prädiktoren für die Mathematikleistung werden im ersten Schritt die zeitlichen Anteile für die erhobenen Unterstützungsformen an der gesamten Unterstützungsdauer sowie der zeitliche Anteil der individuellen Unterstützung an der Schülerarbeitsphase eingefügt. Im zweiten Schritt werden der prozentuale Anteil der Schülerarbeitsphase an der Lektionsdauer und die Region (mittels Dummy-Variablen) eingefügt. Die multiple schrittweise Regressionsanalyse erfolgt mittels Vorwärtsverfahren, Kriterium für den Einschluss ist ein F-Wert von <= .050. In den Klassen mit Grundansprüchen zeigt die Unterstützungsform wiederum keinen Einfluss auf die Leistung der Schülerinnen und Schüler.

Demgegenüber erweist sich in den Klassen mit erweiterten und hohen Ansprüchen der zeitliche Anteil der individuellen Lernunterstützung an den Schülerarbeitsphasen als bedeutsam für die Erklärung von Leistungsunterschieden, auch unter Berücksichtigung der Regionszugehörigkeit und des zeitlichen Anteils der Schülerarbeitsphase an der Lektionsdauer (vgl. Tabelle 60). Die Regressionsanalyse in den Klassen mit erweiterten und hohen Ansprüchen zeigt, dass der zeitliche Anteil der Schülerarbeitsphase und der zeitliche Anteil der individuellen Unterstützung an der Schülerarbeitsphase einen negativen Effekt auf die Leistung haben. Die einzelnen Formen der individuellen Unterstützung erweisen sich nicht als bedeutsam für die Vorhersage der Leistung. Zusätzlich zeigt die Regressionsanalyse, dass bei den Klassen mit erweiterten und hohen Ansprüchen die Klassen aus der Deutschschweiz höhere Werte und die Klassen aus der Westschweiz tiefere Werte erzielen als die Klassen in den anderen Regionen.

Tabelle 60: Modell der schrittweisen Regressionsanalyse zur Vorhersage der aggregierten Mathematikleistung in den Klassen mit erweiterten und hohen Ansprüchen (N = 76)

Unabhängige Variable	B	SE B	β
Schritt 1			
Zeitlicher Anteil individuelle Unterstützung an Schülerarbeitsphase	-.548	.197	-.301**
Schritt 2			
Zeitlicher Anteil individuelle Unterstützung an Schülerarbeitsphase	-.331	.216	-.182
Lektion D-CH	4.164	21.585	.047
Lektion F-CH	-19.058	21.801	-.214
Zeitlicher Anteil der Schülerarbeitsphase an der Lektionsdauer	-.262	.243	-.119

Anmerkungen. $R^2 = .091$ (p < .01) für Schritt 1, $R^2 = .153$ (p < .05) für Schritt 2.
**p < .01.

9.4.1.2 Zusammenhang der beobachteten Lernunterstützung mit dem Interesse

Auch für die beobachteten Unterstützungsformen und das Interesse zeigen sich nur wenige und schwache systematische Zusammenhänge (vgl. Tabelle 61).

Tabelle 61: Korrelation zwischen dem aggregierten Interesse und Merkmalen der beobachteten Unterstützung in den Schülerarbeitsphasen in der gesamten Stichprobe (N = 130, gewichtete Daten)

	Merkmale der beobachteten individuellen Lernunterstützung (ILU)						
	Zeitl. Anteil ILU an SW	Zeitl. Anteil MU an ILU	Zeitl. Anteil EV an ILU	Zeitl. Anteil FB an ILU	Zeitl. Anteil E an ILU	Zeitl. Anteil H an ILU	Zeitl. Anteil EH an ILU
Gesamte Schweiz	-.23**	-.18	.06	.06	-.07	.01	.02
D-CH	.04	.10	-.10	-.03	-.09	.05	.30**
F-CH	-.31*	-.25	.22	.15	-.04	-.02	-.23
I-CH	.08	.09	.29	.01	-.03	.09	-.09

*p < .05

Der zeitliche Anteil der individuellen Lernunterstützung an der Schülerarbeitsphase korreliert im repräsentativen Sample der Schweiz signifikant negativ mit dem Interesse. Diesbezüglich zeigen sich regionale Unterschiede: Der Zusammenhang ist in der Westschweiz besonders ausgeprägt. Umgekehrt hängt nur in der Deutschschweiz der zeitliche Anteil der Unterstützungsform mit Erklärungen und Hinweisen (EH) signifikant positiv mit dem Interesse der Lernenden zusammen. Für die Schultypen getrennt durchgeführte Korrelationsanalysen zeigen keine signifikanten Zusammenhänge der Unterstützungsform mit dem Interesse innerhalb der beiden Schultypen mit Grundansprüchen und erweiterten/hohen Ansprüchen.

Ein großer Anteil der Varianz des Interesses (knapp 20%) wird durch die regionale Zugehörigkeit aufgeklärt (vgl. Tabelle 62). Als weitere mögliche Prädiktoren wurden die Funktion der Schülerarbeitsphase, der Schultyp und der zeitliche Anteil der Schülerarbeitsphase an der Lektionsdauer in die explorative Regressionsanalyse miteinbezogen. Für diese unabhängigen Variablen zeigten sich keine signifikanten Effekte. Auch Interaktionseffekte konnten keine festgestellt werden.

Tabelle 62: Regressionsmodell zur Vorhersage der auf Klassenebene aggregierten Interesse-Werte der Schülerinnen und Schüler (N = 130, gewichtete Daten)

Unabhängige Variablen	B	SE B	β
Lektion aus der deutschsprachigen Schweiz	.303	.055	.443***

Anmerkungen. $R^2 = .196$ (p < .001).
***p < .001.

Aufgrund der großen Varianzaufklärung durch die Region wurden dieselben Regressionsanalysen auch für die drei Regionen einzeln gerechnet. Innerhalb der Regionen erwies sich aber kein Modell zur Erklärung des Interesses durch die beobachtete Lernunterstützung als signifikant.

9.4.1.3 Zusammenhang der wahrgenommenen Unterstützungsqualität mit Leistung und Interesse

Nachdem der Zusammenhang von Leistung und Interesse der Lernenden mit der beobachteten Lernunterstützung überprüft wurde, interessiert auch der Zusammenhang mit der durch die Lernenden wahrgenommenen Unterstützungsqualität im Unterricht (vgl. Tabelle 63).

Tabelle 63: Korrelation der wahrgenommenen Unterstützungsqualität mit Leistung und Interesse (Partialkorrelation mit Kontrolle von Typ, Region) (N = 98)

	Skalen der Schülerbefragung				
	Individuelle Lernunterstützung	Verstehens-orientierung	Erklär-kompetenz	Fehlerkultur	Diagnose-kompetenz
Leistung	.21*	.22*	.17	.00	.03
Interesse	.60***	.57***	.63***	.47***	.58***

*p < .05; ***p < .001.

Im Gegensatz zur beobachteten Unterstützung hängt das durch die Lernenden wahrgenommene Unterstützungsverhalten der Lehrperson signifikant positiv mit Leistung und noch stärker mit Interesse zusammen. Dies kann als Indiz dafür gelten, dass mit den Einschätzungen durch die Lernenden die Unterstützungsqualität genauer erfasst werden kann als durch Unterrichtsbeobachtung. Der Zusammenhang von wahrgenommenem Unterstützungsverhalten mit Mathematikleistung und Interesse ist möglicherweise auch dadurch zu erklären, dass das Interesse und die wahrgenommene Unterstützungsqualität zeitgleich in ein und demselben Schülerfragebogen erhoben wurden und sich die Angaben allgemein auf den Mathematikunterricht und nicht ausschließlich auf die gefilmte Lektion beziehen. Ein zusätzlicher Grund für den Zusammenhang der Wahrnehmung des Unterstützungsverhaltens mit dem Interesse könnte die Beeinflussung der Wahrnehmung von Unterrichts- und Lehrpersonenmerkmalen durch das Interesse sein.

9.4.2 Erweiterte Teilstichprobe Deutschschweiz: Unterrichtsstil

Der Klassenmittelwert der Mathematikleistung in der deutschsprachigen Schweiz beträgt im Durchschnitt 541.20 Punkte (SD = 58.48). Die Varianz der Klassenmittelwerte wird zu rund 70% durch die Zugehörigkeit zum Schultyp aufgeklärt, $F_{(3, 72)} = 49.417$, p < .001, $\eta^2 = .685$ (vgl. Tabelle 64).

Tabelle 64: Auf Klassenebene aggregierte Mathematikleistung nach Unterrichtsstil und Schultyp in der erweiterten Teilstichprobe der Deutschschweiz (N = 72)

	Offenerer Unterrichtsstil (N = 36)				Traditioneller Unterrichtsstil (N = 36)				Stil	Typ	Stil x Typ
	Real (N = 14)		Sek (N = 22)		Real (N = 15)		Sek (N = 21)				
	M	SD	M	SD	M	SD	M	SD	p^a	p^a	p^a
Mathematik-leistung	480.53	38.39	577.72	40.11	484.80	21.34	583.66	29.17	ns	***	ns

[a] Signifikanz univariate Varianzanalyse: *p < .05; **p < .01; ***p < .001.

Das über Fragebogendaten ermittelte durchschnittliche Interesse der Lernenden (M = 2.88, SD = .26) unterscheidet sich signifikant in den Klassen mit traditionellem und offenerem Unterrichtsstil, $F_{(3, 72)} = 5.966$, p < .05, $\eta^2 = .077$ (vgl. Tabelle 65). Das auf Klassenebene aggregierte Interesse ist in den Klassen mit offenerem Unterrichtsstil höher. Aufgrund des Schultyps zeigen sich keine signifikanten Unterschiede beim Interesse.

Tabelle 65: Auf Klassenebene aggregiertes Interesse nach Unterrichtsstil und Schultyp in der erweiterten Teilstichprobe der Deutschschweiz (N = 76)

	Offenerer Unterrichtsstil (N = 38)				Traditioneller Unterrichtsstil (N = 38)				Stil	Typ	Stil x Typ
	Real (N = 16)		Sek (N = 22)		Real (N = 16)		Sek (N = 22)				
	M	SD	M	SD	M	SD	M	SD	p^a	p^a	p^a
Interesse	2.99	0.29	2.92	2.88	2.78	0.26	2.85	0.22	*	-	-

[a] Signifikanz univariate Varianzanalyse: $*p < .05$; $**p < .01$; $***p < .001$.

9.4.2.1 Zusammenhang der beobachteten Lernunterstützung mit der Mathematikleistung

Die Zusammenhangsberechnungen für Lernunterstützung und Leistung innerhalb der erweiterten Teilstichprobe der Deutschschweiz zeigt keine systematischen Korrelationen (vgl. Tabelle 66). Auch innerhalb des offeneren und des traditionellen Unterrichtsstils erweisen sich keine Korrelationen mit der Mathematikleistung als signifikant. In den Realklassen hängt der zeitliche Anteil der individuellen Lernunterstützung an der Schülerarbeitsphase in hohem Maße negativ mit der Mathematikleistung zusammen. In den Sekundarklassen zeigen sich keine nennenswerten Zusammenhänge.

Tabelle 66: Korrelation zwischen der aggregierten Mathematikleistung und Merkmalen der beobachteten Unterstützung in den Schülerarbeitsphasen in der erweiterten Teilstichprobe der Deutschschweiz (N = 72 Lektionen)

	Merkmale der beobachteten individuellen Lernunterstützung (ILU)						
	Zeitl. Anteil ILU an SW	Zeitl. Anteil MU an ILU	Zeitl. Anteil EV an ILU	Zeitl. Anteil FB an ILU	Zeitl. Anteil E an ILU	Zeitl. Anteil H an ILU	Zeitl. Anteil EH an ILU
D-CH erweitert	-.14	-.13	.00	.02	.06	.08	-.10
Real	-.49**	-.11	.24	-.07	.00	-.19	-.17
Sek	-.19	-.16	.19	.22	-.28	.21	-.08

$**p < .01$.

Die Leistung wird auch in der Teilstichprobe der Deutschschweiz (76 Lektionen) zum größten Teil durch die Schultypzugehörigkeit aufgeklärt (vgl. Tabelle 67). Mittels Regressionsanalysen wurde exploriert, ob die einzelnen Unterstützungsformen zur Varianzaufklärung der Mathematikleistung beitragen. Als Prädiktoren wurden die zeitlichen Anteile der Unterstützung an der Schülerarbeitsphase sowie die zeitlichen Anteile der einzelnen Unterstützungsformen an der Gesamtzeit eingefügt, zusätzlich wurden der Schultyp und der Unterrichtsstil eingefügt. Die multiple schrittweise Regressionsanalyse erfolgt mittels Vorwärtsverfahren, Kriterium für den Einschluss ist ein F-Wert von <= .050. Die einzelnen Unterstützungs-formen zeigen keinen Einfluss auf die Mathematikleistung, der höhere zeitliche Anteil der Unterstützung an der Schülerarbeitsphase hat einen geringen negativen Effekt auf die Mathematikleistung.

Tabelle 67: Zusammenfassung der schrittweisen Regressionsanalyse zur Vorhersage der Mathematikleistung (N = 72 Lektionen)

Unabhängige Variable	B	SE B	β
1. Schritt			
Schultyp erweiterte/hohe Ansprüche	99.039	8.195	.826***
2. Schritt			
Schultyp erweiterte/hohe Ansprüche	98.536	7.856	.822***
Zeitlicher Anteil der Unterstützung an der Schülerarbeitsphase	-.459	.175	-.172*

Anmerkungen. R^2 = .682 für Schritt 1 (p < .001); R^2 =.712 für Schritt 2 (p < .001).
*p < .05; ***p < .001.

Aufgrund der großen Varianzaufklärung der Leistung durch die Schultypzuge-hörigkeit wurde die Regressionsanalyse wiederum einzeln für die beiden Schul-typen gerechnet. In den Klassen mit Grundansprüchen bestätigt sich der negative Effekt des höheren zeitlichen Anteils der Unterstützung auf die Leistung (R^2 = .236, p < .05, β = -.486). Vermutlich lässt sich dieser negative Effekt als klassischer Fall einer umgekehrten Kausalrichtung interpretieren: In leistungsschwächeren Klassen tendieren die Lehrpersonen zu mehr Unterstützung.

In den Klassen mit erweiterten und hohen Ansprüchen zeigt der zeitliche Anteil des Nachfragens und des Gebens von Rückmeldungen (EV und FB) an der Gesamtdauer der mathematikbezogenen Unterstützung einen positiven Effekt auf die Mathematikleistung (vgl. Tabelle 68).

Tabelle 68: Zusammenfassung der schrittweisen Regressionsanalyse zur Vorhersage der Mathematikleistung in den Klassen mit erweiterten/hohen Ansprüchen (N = 42 Lektionen)

Unabhängige Variable	B	SE B	β
Zeitlicher Anteil EV und FB an der Gesamtdauer der mathematikbezogenen Unterstützung	.540	.233	.340*

Anmerkungen. R^2 =.116 (p < .05).
*p < .05.

9.4.2.2 Zusammenhang der beobachteten Lernunterstützung mit dem Interesse

Insgesamt bestehen innerhalb der erweiterten Teilstichprobe der Deutschschweiz ebenfalls keine Zusammenhänge zwischen der beobachteten Lernunterstützung und dem Interesse (vgl. Tabelle 69).

Tabelle 69: Korrelation zwischen der aggregierten Mathematikleistung und Merkmalen der beobachteten Unterstützung in den Schülerarbeitsphasen in der erweiterten Teilstichprobe der Deutschschweiz (N = 72 Lektionen)

	Merkmale der beobachteten individuellen Lernunterstützung (ILU)						
	Zeitl. Anteil ILU an SW	Zeitl. Anteil MU an SW	Zeitl. Anteil EV an ILU	Zeitl. Anteil FB an ILU	Zeitl. Anteil E an ILU	Zeitl. Anteil H an ILU	Zeitl. Anteil EH an ILU
D-CH erweitert	.04	.10	.21	.02	-.02	.06	.07
U'stil offen	-.33*	-.27	.47**	.08	.05	-.08	-.25
U'stil trad.	.31	.37*	-.17	-.01	-.02	.22	.33
Real	-.01	.10	.50**	-.08	-.10	-.05	.07
Sek	.09	.11	-.30	.12	.04	.12	.06

*p < .05, **p < .01.

Getrennt nach Unterrichtsstil berechnet zeigt sich im offeneren Unterrichtsstil ein negativer Zusammenhang des zeitlichen Anteils der Lernunterstützung mit dem Interesse der Lernenden. Der zeitliche Anteil des Nachfragens (EV) hängt positiv mit dem Interesse zusammen.

Die getrennte Korrelationsanalyse für die beiden Schultypen zeigt ebenfalls einen Unterschied für den zeitlichen Anteil des Nachfragens an der Unterstützungsdauer (EV) mit dem Interesse. Während der Zusammenhang in den Realklassen signifikant positiv ist, ist er in den Sekundarklassen negativ.

In den Regressionsanalysen erweist sich für die erweiterte Stichprobe der Deutschschweiz nur die Varianzaufklärung von 6% des Interesses durch den Unterrichtsstil als signifikant. Die Formen der Lernunterstützung zeigen keinen Effekt.

In den Lektionen des traditionellen Unterrichts klärt die Dauer der mathematikbezogenen Unterstützung an der Schülerarbeitsphase 14% der Varianz des Interesses auf (β = .37**). Im offeneren Unterricht werden 22% der Varianz durch den zeitlichen Anteil des Nachfragens (EV) an der Unterstützungsdauer aufgeklärt (β = .47**).

9.4.2.3 Zusammenhang der wahrgenommenen Unterstützungsqualität mit Leistung und Interesse

In der repräsentativen Stichprobe der Schweiz hat sich unter Kontrolle des Schultyps und der Region ein starker Zusammenhang des Interesses mit der Schülerwahrnehmung der Merkmale der Unterstützungsqualität im Unterricht gezeigt. Etwas weniger stark, jedoch ebenfalls signifikant positiv, waren die Zusammenhänge der wahrgenommenen individuellen Unterstützung und Verstehensorientierung mit der Mathematikleistung. Auch für die erweiterte Teilstichprobe der Deutschschweiz wird der Zusammenhang der wahrgenommenen Unterstützungsqualität mit Leistung und Interesse geprüft (vgl. Tabelle 70).

Tabelle 70: Korrelation der wahrgenommenen Unterstützungsqualität mit Leistung und Interesse in der Deutschschweiz (N = 72) (Partialkorrelation mit Kontrolle von Schultyp)

	Skalen der Schülerbefragung				
	Individuelle Lernunterstützung	Verstehens-orientierung	Erklär-kompetenz	Fehlerkultur	Diagnose-kompetenz
Erweiterte Teilstichprobe Deutschschweiz (N = 72)					
Leistung	.16	-.01	.14	-.14	-.06
Interesse	.39**	.36**	.47***	.39**	.36**
Traditioneller Unterrichtsstil (N = 36)					
Leistung	.17	.08	.12	-.17	.08
Interesse	.55**	.58**	.58***	.61**	.57**
Offenerer Unterrichtsstil (N = 36)					
Leistung	.16	-.10	.16	-.15	-.21
Interesse	.21	.02	.28	.01	.04

*p < .05; **p < .01; ***p < .001.

Während sich die Zusammenhänge mit der Mathematikleistung in der erweiterten Teilstichprobe nicht bestätigen, ist der Zusammenhang der Schülerwahrnehmung der Unterstützungsmerkmale mit dem Interesse im traditionellen Unterricht besonders ausgeprägt.

9.4.3 Zusammenfassung

Abschließend werden die Ergebnisse zum Zusammenhang der Form der in den Unterrichtsvideos beobachteten individuellen Lernunterstützung mit der Mathematikleistung (Kapitel 9.4.3.1) sowie mit dem Interesse der Schülerinnen und Schüler (Kapitel 9.4.3.2) in der repräsentativen Stichprobe der Schweiz und in der erweiterten Teilstichprobe der Deutschschweiz zusammengefasst (vgl. Fragestellungen 7.6).

9.4.3.1 Lernunterstützung und Mathematikleistung

Die Varianz der mit dem Testinstrument von TIMSS 1995 erhobenen Mathematikleistung wird in der repräsentativen Stichprobe der Schweiz erwartungskonform hauptsächlich durch den Schultyp erklärt und ist in den Klassen mit erweiterten/hohen Ansprüchen durchschnittlich signifikant höher als in den Klassen mit Grundansprüchen. Die Form der Unterstützung zeigt wie erwartet kaum Zusammenhänge mit der Mathematikleistung, einzig für das Erteilen von Rückmeldungen/Bewertungen (FB) ohne weitere Unterstützung zeigt sich ein schwacher, aber signifikanter negativer Zusammenhang.

Innerhalb der Klassen mit erweiterten/hohen Ansprüchen zeigen der zeitliche Anteil der individuellen Lernunterstützung an der Schülerarbeitsphase sowie der zeitliche Anteil der Schülerarbeitsphase an der Lektionsdauer einen negativen Effekt auf die Mathematikleistung. Das heißt, dass in Klassen mit erweiterten und hohen Ansprüchen diejenigen Klassen durchschnittlich bessere Mathematikleistungen aufweisen, in denen der Anteil der selbständigen Schülerarbeitsphasen tiefer liegt und der Anteil der Lernunterstützung an der Schülerarbeitsphase niedrig ist.

Die durch die Lernenden wahrgenommene individuelle Lernunterstützung sowie die wahrgenommene Verstehensorientierung haben einen positiven Zusammenhang mit der Mathematikleistung. Dieser Zusammenhang kann als Beleg für die Bedeutung des Unterstützungsverhaltens für die Leistung interpretiert werden.

Auch in der erweiterten Teilstichprobe der Deutschschweiz unterscheiden sich die durchschnittlichen Mathematikleistungen aufgrund des Schultyps (Realschule vs. Sekundarschule), sie sind in der Sekundarschule signifikant höher. In den Realklassen hängt der zeitliche Anteil der individuellen Unterstützung an der Schülerarbeitsphase signifikant negativ mit der Mathematikleistung zusammen: Je höher der Anteil der Unterstützung, desto tiefer die Leistungen und umgekehrt. Der negative Zusammenhang zwischen dem zeitlichen Anteil der Lernunterstützung an der Schülerarbeitsphase und der Mathematikleistung ist vermutlich so zu deuten, dass die Lehrpersonen in leistungsschwächeren Klassen mit mehr Unterstützung in der Schülerarbeitsphase reagieren.

Für die Formen der Unterstützung zeigen sich sowohl für die gesamte erweiterte Stichprobe als auch innerhalb der Schultypen und Unterrichtsstile kaum nennenswerte Zusammenhänge. Einzig das Erfragen des Leistungsfortschritts sowie das Geben von Rückmeldungen/Bewertungen (EV und FB) zeigen in den Sekundarschulklassen einen signifikant positiven Effekt auf die Mathematikleistungen. Auch hier könnte es sich wieder um einen Fall umgekehrter Kausalrichtung in dem Sinne handeln, dass die selbständige Aufgabenbearbeitung in den stärkeren Sekundarschulklassen seltener der weiterführenden Unterstützung der Lehrperson bedarf.

Die Zusammenhänge des Unterstützungsverhaltens (insbesondere des durch die Schülerinnen und Schüler wahrgenommenen) mit der Mathematikleistung gilt es mit Vorsicht zu interpretieren, da die Daten auf Klassenebene aggregiert sind und individuelle Variablen wie zum Beispiel der sozioökonomische Hintergrund oder das Geschlecht nicht berücksichtigt wurden. Dasselbe gilt für die explorativen Analysen zum Interesse der Lernenden.

9.4.3.2 Lernunterstützung und Interesse

Das Interesse der Lernenden ist in der repräsentativen Stichprobe der Schweiz moderat bis eher positiv ausgeprägt und liegt in der Deutschschweiz signifikant höher als in den anderen beiden Sprachregionen. Es zeigen sich nur schwache Zusammenhänge mit der Lernunterstützung und deren Formen. Der zeitliche Anteil der individuellen Lernunterstützung korreliert signifikant negativ mit dem Interesse der Lernenden, der negative Zusammenhang ist in der Westschweiz besonders ausgeprägt und könnte Ausdruck dessen sein, dass Lehrpersonen auf niedrigeres Interesse mit mehr individueller Unterstützung reagieren. In der Deutschschweiz hängt der zeitliche Anteil der ausgedehnteren Unterstützungsform „Erklärungen und Hinweise" (EH) positiv mit dem Interesse der Lernenden zusammen. Die Schülerwahrnehmung aller Merkmale der Qualität des Unterstützungsverhaltens im Unterricht hängt positiv mit dem Interesse zusammen und belegt damit die Bedeutung der Wahrnehmung von unterstützendem Verhalten für motivationale Faktoren des Lernens.

In der erweiterten Teilstichprobe der Deutschschweiz unterscheidet sich das Interesse der Lernenden aufgrund des Unterrichtsstils: Die Lernenden in Klassen mit offenerem Unterrichtsstil sind durchschnittlich interessierter als die Lernenden in Klassen mit traditionellem Unterrichtsstil. Innerhalb des offeneren Unterrichtsstils korreliert der zeitliche Anteil der individuellen Lernunterstützung wiederum signifikant negativ mit dem Interesse der Lernenden, und der zeitliche Anteil des Erfragens des Leistungsfortschritts (EV) an der Unterstützungsdauer zeigt einen positiven Zusammenhang mit dem Interesse. Während im offeneren Unterricht der Anteil der mathematikbezogenen Unterstützung negativ mit dem Interesse der Lernenden zusammenhängt, zeigt sich der Zusammenhang in den Klassen mit traditionellem Unterricht positiv gerichtet. Ein positiver Zusammenhang der Schülerwahrnehmung der Unterstützungsqualität mit dem Interesse zeigt sich in der erweiterten Teilstichprobe der Deutschschweiz vor allem in den Klassen mit traditionellem Unterrichtsstil. In den Klassen mit offenerem Unterrichtsstil sind die Zusammenhänge ebenfalls positiv, jedoch nicht signifikant.

10 Diskussion

Die vorliegende Arbeit entstand im Rahmen der TIMSS 1999 Videostudie und der schweizerischen Vertiefungsstudie. Bedeutung und Umsetzung der individuellen Lernunterstützung in Schülerarbeitsphasen werden auf dem Hintergrund der Lehr-Lernpsychologie und der Unterrichtsforschung betrachtet und in insgesamt 145 gefilmten Lektionen aus dem Mathematikunterricht des 8. Schuljahres empirisch untersucht.

Erstmals (soweit der Autorin bekannt) wird in dieser Arbeit die individuelle Lernunterstützung als eine Komponente des Interaktionsverhaltens in einer repräsentativen Videostichprobe von dieser Größe analysiert. Die Fragestellungen beziehen sich auf die Form der individuellen Unterstützung in den Schülerarbeitsphasen sowie den Zusammenhang der individuellen Unterstützung mit Unterrichtswahrnehmung, Leistung und Interesse der Lernenden. Die Analyse erfolgt in zwei sich gegenseitig überlappenden Stichproben der Lektionen aus der Schweiz. Die repräsentative Stichprobe aus der Schweiz umfasst 130 Lektionen und erlaubt Aussagen zum Mathematikunterricht in der gesamten Schweiz und den drei Sprachregionen Deutschschweiz, Westschweiz und Tessin. Die Teilstichprobe aus der Deutschschweiz wurde erweitert mit den in der schweizerischen Vertiefungsstudie gefilmten Lektionen mit „Erweiterten Lehr-Lernformen" (ELF) und umfasst 76 Lektionen. Sie ermöglicht den Vergleich der individuellen Lernunterstützung in Lektionen mit unterschiedlichem Unterrichtsstil.

Aufgrund der Erkenntnisse aus Fallanalysen und anderen Videostudien steht im Fokus des Interesses, ob die Unterstützung so gestaltet ist, dass sie die Lernenden zu weiteren selbständigen Überlegungen und Denkschritten anregt. Dabei kann anhand der vorliegenden Daten nicht die tatsächliche Wirkung auf die kognitiven Prozesse der Lernenden beurteilt werden. Die Unterstützung wird deshalb in Bezug auf die Funktion für die Denkprozesse der Lernenden beurteilt und kategorisiert. Mit der Beurteilung der kognitiven Aktivierung der Lernunterstützung wird eine Komponente der allgemein für den Unterricht geltenden Qualitätskriterien der Verstehensorientierung und der Schülerorientierung auf der Prozessebene der Interaktionen erfasst.

Im Kapitel 10.1 werden die zentralen Ergebnisse der Analyse der individuellen Lernunterstützung für die repräsentative Stichprobe aus der Schweiz sowie für die mit ELF-Lektionen erweiterte Teilstichprobe aus der Deutschschweiz getrennt zusammengefasst und diskutiert.

Im Kapitel 10.2 werden auf dem Hintergrund der vorliegenden Ergebnisse Schlussfolgerungen zur Bedeutung der Lehrperson in Schülerarbeitsphasen sowie zur Umsetzung der individuellen Lernunterstützung und zur Adaptivität der Unterrichtsgestaltung in den Schülerarbeitsphasen gezogen. Diese abschließende Bilanz bietet eine integrierende Gesamtschau und Deutung der Ergebnisse.

Mit der Analyse der individuellen Lernunterstützung leistet diese Arbeit einen Beitrag zur Methode der Erfassung von Interaktionen in Unterrichtsvideos. Im

Kapitel 10.3 werden die Möglichkeiten und Grenzen des gewählten Vorgehens diskutiert und im Kapitel 10.4 weiterführende Forschungsfragen aufgezeigt.

Abschließend wird im Kapitel 10.5 auf Möglichkeiten eingegangen, wie (angehende) Lehrpersonen Unterrichtsvideos nutzen können, um ihr eigenes Interaktionsverhalten im Unterricht reflektieren und entwickeln zu können.

10.1 Diskussion zentraler Ergebnisse der Arbeit

In dieser Arbeit wurden Umfang, Inhalt und Qualität der individuellen Lernunterstützung in den Phasen der selbständigen Schülerarbeit beschrieben und der Zusammenhang der Form der individuellen Unterstützung mit der Schülerwahrnehmung von Merkmalen der Unterstützung sowie mit der Mathematikleistung und dem Interesse der Lernenden wurde untersucht. Als Grundlage der Analyse der Lernunterstützung wurden die Schülerarbeitsphasen charakterisiert. Die Beschreibung der Schülerarbeitsphasen sowie der Merkmale der individuellen Lernunterstützung und deren Zusammenhang mit Schülerwahrnehmung sowie Leistung und Interesse wurden am Ende der betreffenden Kapitel jeweils zusammengefasst. Die folgende Diskussion orientiert sich an den in Kapitel 7 dargestellten Fragestellungen. Zuerst werden die Ergebnisse für die repräsentative Stichprobe der Schweiz aufgegriffen. Im Anschluss wird auf Unterschiede im offeneren und traditionellen Unterrichtsstil im Rahmen der erweiterten Teilstichprobe der Deutschschweiz eingegangen.

10.1.1 Beschreibung der Schülerarbeitsphasen

Als Ausgangslage für die Analyse der Lernunterstützung wurden in Kapitel 9.1.2 die Schülerarbeitsphasen beschrieben. Der zeitliche Anteil der Phasen der selbständigen Schülerarbeit an der Lektionsdauer von durchschnittlich 46 Minuten beträgt durchschnittlich 47%, das entspricht 21 Minuten. Damit nehmen die Schülerarbeitsphasen beinahe die Hälfte der Unterrichtszeit ein. Die Dauer der Schülerarbeitsphasen ist in der Deutschschweiz länger als in den anderen Regionen und unterscheidet sich nach Schultyp. Während der zeitliche Anteil in den Lektionen mit Grundansprüchen in der Deutschschweiz und im Tessin größer ist als in den Lektionen mit erweiterten und hohen Ansprüchen, ist das Verhältnis in der Westschweiz umgekehrt.

Die regionalen Unterschiede in Bezug auf die schultypspezifischen Unterschiede des zeitlichen Anteils der Schülerarbeitsphasen an der Lektionsdauer sind schwierig zu deuten und können Ausdruck einer regional unterschiedlichen Unterrichts- und Theoriekultur innerhalb der Schultypen sein. Die Erklärung dafür könnte zum Beispiel in spezifischen Formen und Inhalten der Aus- und Weiterbildung der Lehrpersonen gesucht werden (vgl. Pauli & Reusser, 2003).

Der Anteil der Schülerarbeitsphase von durchschnittlich beinahe der Hälfte der Lektionszeit zeigt, dass im Mathematikunterricht der Schweiz das lehrergeleitete Klassengespräch als Unterrichtsmuster nicht so dominant ist, wie es in anderen Studien für den Unterricht der Mathematik und der Naturwissenschaften auf der Oberstufe festgestellt wurde (z.B. Hage et al., 1985; Seidel et al., 2006).

In den meisten Schülerarbeitsphasen bearbeiten die Lernenden Übungsaufgaben, nur in 10% der Lektionen explorieren sie während der Schülerarbeitsphase neue Vorgehensweisen und Gesetzmäßigkeiten. Die bearbeiteten Übungsaufgaben lassen sich unterscheiden nach repetitiven Übungsaufgaben, welche das Bearbeiten von Aufgaben mit derselben Problemstellung und derselben Lösungsmethode erfordern, wie sie vor der individuellen Bearbeitung an Beispielaufgaben erarbeitet wurde, sowie anspruchsvollen Übungsaufgaben, von denen der Lösungsweg nicht vorgängig erarbeitet wurde. In rund einem Drittel der untersuchten Lektionen dienen die Schülerarbeitsphasen dem Bearbeiten von repetitiven Übungsaufgaben.

Die Analyse der Sozialform in der Schülerarbeitsphase zeigt, dass die Bearbeitung der Aufgaben in der Regel mit der Möglichkeit zur Kooperation erfolgt, nur in ca. einem Drittel der Lektionen arbeiten die Lernenden in Einzelarbeit.

Es lässt sich eine Beziehung zwischen der Sozialform in der Schülerarbeitsphase und der Funktion sowie dem zeitlichen Anteil der Schülerarbeitsphase pro Lektion herstellen: In Lektionen mit Einzelarbeit in den Schülerarbeitsphasen ist deren zeitlicher Anteil signifikant kürzer, als wenn die Gelegenheit zur Kooperation besteht. In mehr als der Hälfte der Lektionen mit Einzelarbeit in der Schülerarbeitsphase werden repetitive Übungsaufgaben gelöst. Dies könnte dahingehend interpretiert werden, dass die Lehrpersonen in den Phasen des repetitiven Übens häufig überprüfen wollen, ob die Lernenden die vorgezeigten Aufgaben nun auch alleine beherrschen, ohne fremde Hilfe. In Lektionen hingegen, in denen die Schülerarbeitsphasen dem Bearbeiten von anspruchsvollen Übungsaufgaben dienen, gewähren die Lehrpersonen mehr Zeit für die Bearbeitung dieser Aufgaben und haben die Lernenden häufiger die Gelegenheit zur Kooperation. Aus diesem Grund ist es interessant, den Zusammenhang der Funktion und der Sozialform mit Umfang, Inhalt und Qualität der Lernunterstützung zu untersuchen.

10.1.2   Beschreibung der Lernunterstützung

Die Analyse der individuellen Lernunterstützung erlaubt aufgrund der verwendeten Kategorien (vgl. Kapitel 8.5) deskriptive Aussagen zu Umfang, Inhalt und Qualität der Lernunterstützung. In Kapitel 9.1.3 wurden diese Merkmale der Lernunterstützung untersucht.

10.1.2.1 Umfang

Insgesamt treten in den Schülerarbeitsphasen der 130 Lektionen 3635 individuelle Unterstützungsinteraktionen auf. Der durchschnittliche Wert liegt damit bei 28 Interaktionen pro Lektion, diese nehmen durchschnittlich 25% der gesamten Lektionsdauer respektive 55% der Schülerarbeitsphase ein, was immerhin 12 Minuten entspricht. Der zeitliche Anteil der Lernunterstützung an der Schülerarbeitsphase ist in der Deutschschweiz am tiefsten (48%). Gesamthaft gesehen wird damit rund die Hälfte der Schülerarbeitszeit für die individuelle Unterstützung verwendet.

Die verbleibende Zeit der Schülerarbeitsphase (rund 45%) wurde nicht näher analysiert; in dieser Zeit widmet sich die Lehrperson unterschiedlichsten Aufgaben, zum Beispiel geht sie durch die Klasse oder sitzt am Lehrerpult. Aufgrund der Kameraführung war es nicht möglich, die Tätigkeiten der Lehrperson exakt zu beschreiben. Auch konnte nicht erfasst werden, ob die einzelnen Interaktionen durch die Lehrperson oder durch die Lernenden initiiert wurden.

Zusätzlich erfasst wurde die Anzahl der öffentlichen Bemerkungen der Lehrperson während der Schülerarbeitsphase. Diese richten sich an die ganze Klasse und dauern weniger als eine Minute. Durchschnittlich machen die Lehrperson pro Lektion vier öffentliche Bemerkungen während der Schülerarbeitsphase.

Die von Helmke und Schrader (1988) getroffene Unterscheidung von diskreter individueller Lernunterstützung und öffentlich hörbarer Einzelunterstützung wurde in der vorliegenden Studie nicht getroffen, da die trennscharfe Unterscheidung schwierig vorzunehmen ist und beim Beobachten selten der Eindruck entstand, dass die Lehrperson gezielt so laut mit einzelnen Lernenden spricht, dass die ganze Klasse zuhören kann. Die Lehrpersonen haben die Lernenden meist diskret unterstützt. In diesem Sinne kam praktisch nie der Eindruck einer bewussten Instrumentalisierung der individuellen Unterstützung zur Bloßstellung oder Disziplinierung von einzelnen Lernenden auf, möglicherweise haben sich diesbezüglich das Rollenverständnis der Lehrpersonen und der Umgang mit Lernschwierigkeiten im Unterricht seit Ende der 1980er-Jahre geändert.

10.1.2.2 Inhalt

Mit dem Inhalt der Lernunterstützung wurde erfasst, ob die individuellen Unterstützungsinteraktionen (und die öffentlichen Bemerkungen während der Schülerarbeitsphasen) ausschließlich auf Fragen der Organisation oder auch auf mathematische Inhalte Bezug nehmen. Erfreulicherweise beziehen sich die Lehrpersonen durchschnittlich nur in 8% der Dauer der Schülerarbeitsphase ausschließlich auf organisatorische Aspekte, während in 46% der Schülerarbeitsphase die Lernenden mathematikbezogene Unterstützung erhalten. Der zeitliche Anteil der nicht bestimmbaren Unterstützungsformen liegt bei unter einem Prozent pro Schülerarbeitsphase (2.5% der Dauer der individuellen Unterstützung pro Lektion). Der zeitliche Anteil sowohl der organisatorischen als auch der mathematikbezogenen

Unterstützung an der Schülerarbeitsphase ist wiederum in der Deutschschweiz leicht, aber signifikant tiefer als in der Westschweiz.

Gemessen am durchschnittlichen Anteil der ausschließlich organisatorischen und der mathematikbezogenen Unterstützungsinteraktionen an der Gesamtanzahl der individuellen Unterstützungsinteraktionen zeigt sich ebenfalls, dass der größte Teil der Unterstützungsinteraktionen mathematikbezogen ist. Die Verhältnisse zeigen sich mit durchschnittlich 32% organisatorischen und 64% mathematikbezogenen Interaktionen etwas weniger ausgeprägt als beim durchschnittlichen zeitlichen Anteil (4% der Interaktionen sind nicht bestimmbar). Dies lässt sich darauf zurückführen, dass mathematikbezogene Unterstützungsinteraktionen durchschnittlich dreimal länger dauern als Interaktionen, die sich ausschließlich auf die Organisation beziehen (vgl. Tabelle 22 in Kapitel 9.1.3.1). In Bezug auf die prozentualen Anteile der organisatorischen und mathematikbezogenen Unterstützung an der Gesamtzahl der Unterstützungsinteraktionen zeigt sich kein signifikanter Unterschied aufgrund der Regionszugehörigkeit der Lektionen.

Der sowohl zeitlich als auch mengenmäßig deutlich höhere Anteil der mathematikbezogenen Unterstützung ist erfreulich und steht im Gegensatz zu Studien, welche für die organisatorische Unterstützung deutlich höhere Anteil feststellen (Bräu, 2006; Webb et al., 2006).

Der Inhalt der zusätzlich erhobenen öffentlichen Bemerkungen während der Schülerarbeitsphasen bezieht sich zum größeren Teil auf organisatorische Aspekte der Arbeit und hängt mit dem Inhalt der individuellen Unterstützung zusammen: Bei Lehrpersonen, die während der Schülerarbeitsphase einen höheren Anteil organisatorischer Unterstützung bieten, ist auch der Anteil organisatorischer Informationen in den öffentlichen Bemerkungen höher. Dies lässt auf ein individuell unterschiedliches Unterstützungsmuster schließen oder könnte auch im Zusammenhang mit den spezifischen Anforderungen einer Mathematikaufgabe stehen.

Da sowohl der zeitliche als auch der mengenmäßige Anteil der individuellen mathematikbezogenen Unterstützungsinteraktionen deutlich höher ist als der Anteil der organisatorischen Unterstützung und davon ausgegangen wird, dass im Unterricht weniger die Anzahl der Interaktionen als die verwendete Zeit für die Unterstützung über deren Qualität und Wirksamkeit entscheidet, werden die nachfolgenden Ergebnisse der Analyse der Qualität der mathematikbezogenen Unterstützung und der Einflussfaktoren auf die Form der Unterstützung wie auch der Zusammenhang der Unterstützungsform mit Schülerwahrnehmung, Leistung und Interesse ausschließlich mit dem zeitlichen Anteil der einzelnen Unterstützungsformen dargestellt.

10.1.2.3 Qualität

Aufgrund der Codierung lässt sich die Qualität der mathematikbezogenen Unterstützung näher beschreiben. Als eines der Kernmerkmale der erfolgreichen Lernunterstützung wird in der Lehr-Lernforschung die kognitive Aktivierung der Unterstützung beschrieben. In der vorliegenden Arbeit wurde das Potenzial zur kognitiven Aktivierung der Unterstützung daran festgemacht, ob die Unterstützung Hinweise und Anregungen zu selbständigen Denkschritten der Lernenden gibt oder ob ihnen diese Denkschritte durch direkte Erklärungen im Sinne des Vorgebens der richtigen Lösung oder Lösungsschritte vorgegeben werden. Die kognitiv aktivierende Unterstützung macht rund 50% der Dauer der mathematikbezogenen Unterstützung aus. Damit entfällt der größte zeitliche Anteil der Unterstützung auf die kognitiv aktivierende Unterstützung (H und EH), das sind durchschnittlich 23% der Dauer der Schülerarbeitsphase respektive rund 5 Minuten pro Lektion. Je ein Viertel der Dauer der mathematikbezogenen Unterstützung wird für direkte Erklärungen sowie für das Nachfragen bezüglich des Leistungsfortschritts und bewertende Rückmeldungen zur Korrektheit der Lösung eingesetzt, ohne dass weiterführende Hinweise oder Erklärungen gegeben werden.

Der Entscheid, nur Unterstützungsformen als kognitiv aktivierend zu bezeichnen, welche den Lernenden weiterführende Hinweise geben, mag als unzulässige Reduktion bewertet werden, da auch Erklärungen oder die bloße Rückmeldung, dass die eigene Lösung falsch ist, zum Weiterdenken anzuregen vermögen. Die Reduktion lässt sich aber damit begründen, dass die intendierte Funktion des Anregens von Denkschritten durch die Unterstützung erfasst wurde und der Denkprozess durch das Vorgeben der Lösung oder das Vorenthalten eines Hinweises weniger intensiv angeregt wird (vgl. Kapitel 6.3).

Obwohl beinahe die Hälfte der Schülerarbeitsphase für mathematikbezogene Unterstützung genutzt wird, ist der durchschnittliche Anteil von 23% der Schülerarbeitsphase für kognitiv aktivierende Unterstützung relativ tief, gerade wenn man bedenkt, dass diese Unterstützungsdauer sich noch auf einzelne Lernende aufteilt. Damit erfahren die Befunde aus anderen Unterrichtsstudien Bestätigung, dass die kognitiv aktivierende Begleitung der Lernprozesse allgemein selten zu beobachten ist und die individuelle Unterstützung zu wenig für das Anregen der Denkprozesse der Schülerinnen und Schüler genutzt wird (Bliss et al., 1996; Kobarg & Seidel, 2003, 2007; Leiss, 2007; Thoma, 2005).

10.1.2.4 Zusammenhang zwischen den verschiedenen Unterstützungsformen

Anschließend an die deskriptive Darstellung von Umfang, Form und Inhalt der Lernunterstützung wurde überprüft, ob einzelne Formen überzufällig oft gemeinsam in den Schülerarbeitsphasen einer Lektion vorkommen. Über Korrelationsberechnungen ließen sich zwar interessante Zusammenhänge nachweisen, zum Beispiel dass bei Lehrpersonen mit höherem Anteil von direkten Erklärungen in der Schülerarbeitsphase der Anteil von weiterführenden Hinweisen niedriger ist, aber mittels Clusteranalysen konnten keine klar voneinander abgrenzbaren Typen des Unterstützungsverhaltens ermittelt werden.

10.1.2.5 Einflussfaktoren: Lernunterstützung in Abhängigkeit von der Unterrichtsgestaltung

Ebenfalls überprüft wurde, ob sich Umfang, Form und Inhalt der Unterstützung aufgrund des zeitlichen Anteils der Schülerarbeitsphase an der Lektionsdauer, der Funktion der Schülerarbeitsphase, der Sozialform in der Schülerarbeitsphase oder der Schultypzugehörigkeit unterscheiden. In Lektionen mit höherem zeitlichem Anteil der Lernunterstützung an der Schülerarbeitsphase haben die Lernenden häufiger die Möglichkeit zur Kooperation und arbeiten seltener ausschließlich an repetitiven Übungsaufgaben. Dies könnte dahingehend interpretiert werden, dass die Lehrpersonen bei zunehmendem Anspruchsgrad der Aufgaben auch zu mehr Unterstützung bereit sind. Eventuell ist die zunehmende Dauer der individuellen Unterstützung aber auch Ausdruck der Überforderung der Lernenden durch die gestellten Aufgaben respektive der mangelnden Passung der Aufgaben mit den Fähigkeiten der Lernenden.

Die Möglichkeit zur Kooperation sowie die Arbeit an Aufgaben, die nicht nur repetitive Übung darstellen, hängen auch positiv mit dem zeitlichen Anteil der mathematikbezogenen Lernunterstützung an der Schülerarbeitsphase und mit dem zeitlichen Anteil der kognitiv aktivierenden Unterstützung an der mathematik-bezogenen Lernunterstützung zusammen. Zusätzlich steigt der Anteil der kognitiv aktivierenden Unterstützung an der Schülerarbeitsphase mit dem Anteil der Schülerarbeitsphase an der Lektionsdauer. Das bedeutet, dass sich die Lehrpersonen bei längerer Dauer der selbständigen Arbeit auch mehr Zeit nehmen, um die Lernenden kognitiv aktivierend zu unterstützen.

Insgesamt deuten die Befunde zu den Einflussfaktoren darauf hin, dass sich die Form der Unterstützung tatsächlich je nach Funktion der Schülerarbeitsphase unterscheidet (vgl. Hino, 2006; Serrano, 1996) und in Lektionen mit komplexeren Aufgabenstellungen mehr kognitiv aktivierende Unterstützung geleistet wird.

Aufgrund des Schultyps konnten für die beobachtete Unterstützung keine nennenswerten Unterschiede festgestellt werden. Demgegenüber zeigte sich für die Wahrnehmung des Unterstützungsverhaltens, dass die auf Klassenebene aggregierte Einschätzung des Unterstützungsverhaltens durch die Schülerinnen und Schüler in den Klassen mit Grundansprüchen signifikant höher ist als in den Klassen mit erweiterten und hohen Ansprüchen. Auf die Schülerwahrnehmung des Unterstützungsverhaltens wird in Kapitel 10.1.4 ausführlicher eingegangen.

10.1.3 Regionale Unterschiede in Bezug auf die Lernunterstützung

Da die Lektionen in der repräsentativen Stichprobe der Schweiz aus verschiedenen Sprachregionen stammen, wurde für alle Fragestellungen auch überprüft, ob sich regionale Unterschiede feststellen lassen (vgl. Zusammenfassung in Kapitel 9.1.6.4). In Bezug auf die Form der Lernunterstützung und ihrer Abhängigkeit von der Unterrichtsgestaltung gibt es keine bedeutsamen Unterschiede für die drei

Sprachregionen Deutschschweiz, Westschweiz und Tessin zu berichten. Einzig in Bezug auf den zeitlichen Anteil der Schülerarbeitsphase und den zeitlichen Anteil der Lernunterstützung unterscheidet sich eine Region signifikant: In den Lektionen aus der Deutschschweiz dauern die Schülerarbeitsphasen durchschnittlich länger, gleichzeitig ist der zeitliche Anteil der individuellen Unterstützung (sowohl in Bezug auf die Dauer der Schülerarbeitsphase als auch in Bezug auf die Lektionsdauer) kürzer als in den beiden anderen Regionen.

Das Ausbleiben von weiteren regionalen Unterschieden bestätigt auch Befunde für die Schweiz im Rahmen der Auswertungen in der TIMSS 1999 Videostudie. In Bezug auf die in der internationalen Studie erfassten Dimensionen der Unterrichtsgestaltung (Lektionsgliederung, mathematische Inhalte, Aufgabenbearbeitung) zeigte sich dort, dass der Mathematikunterricht in den drei untersuchten Sprachregionen insgesamt sehr ähnlich gestaltet ist (Reusser & Pauli, 2003). Auch weiterführende Analysen von Unterrichtswahrnehmung der Schülerinnen und Schüler und Beobachterurteilen zeigen wenig bedeutsame Unterschiede für die Regionen (Waldis & Grob, in Druck-a). Erwähnenswert ist, dass die Einschätzung der Autonomiefreiräume bei den Schülerinnen und Schülern der Deutschschweiz im Unterschied zu den anderen Regionen signifikant höher liegt. Dieser Befund spiegelt sich auf Unterrichtsebene u.a. in dem durchschnittlich höheren zeitlichen Anteil der Schülerarbeitsphase. Die Deutschschweiz scheint sich von den anderen Regionen vor allem in Unterrichtsmerkmalen zu unterscheiden, welche auf eine offenere Unterrichtsgestaltung hindeuten. Die individuelle Lernunterstützung in den Lektionen der Deutschschweiz wurde in der vorliegenden Untersuchung unter Einbezug von zusätzlichen Lektionen mit offenerem Unterrichtsstil separat analysiert, um den Zusammenhang des Unterrichtsstils mit der Form der individuellen Lernunterstützung zu untersuchen (vgl. Ergebnisse in Kapitel 9.2 und Diskussion in Kapitel 10.1.6).

10.1.4 Zusammenhang der beobachteten Lernunterstützung mit der Wahrnehmung durch die Lernenden

Im Schülerfragebogen der schweizerischen Vertiefungsstudie zur TIMSS 1999 Videostudie haben die Lernenden Angaben darüber gemacht, wie sie die Unterstützung im Unterricht wahrnehmen. Ihre Angaben beziehen sich nicht auf die gefilmte Lektion und auf die Schülerarbeitsphasen, sondern allgemein auf den Unterricht bei der gefilmten Lehrperson. Die Analysen erfolgten mit den auf Klassenebene aggregierten Daten. Diese gelten als valide Informationen zur Unterrichtseinschätzung durch die Schülerinnen und Schüler (Gruehn, 2000). In Kapitel 9.3 wurde die Wahrnehmung des Unterstützungsverhaltens durch die Schülerinnen und Schüler sowie der Zusammenhang zwischen der Wahrnehmung der Unterstützung und dem beobachteten Unterstützungsverhalten untersucht.

Allgemein schätzen die Lernenden das Unterstützungsverhalten ihrer Lehrperson im Mathematikunterricht eher positiv ein. Es bestehen Unterschiede aufgrund der Region, die Einschätzungen der Lernenden in der Westschweiz sind am tiefsten. In allen Regionen sind die Werte in Klassen mit Grundansprüchen leicht höher als in Klassen mit erweiterten und hohen Ansprüchen. Die detaillierteren Analysen der Schülerfragebogendaten in der repräsentativen Stichprobe der Schweiz durch Waldis und Grob (in Druck-a) zeigen auch unter Berücksichtigung der Unterschiedlichkeit der Schultypen in den drei Sprachregionen (vgl. dazu Kapitel 9.1.1), dass die mittleren Werte der Unterrichtswahrnehmung von Schülerinnen und Schülern aus Klassen mit Grundansprüchen tendenziell höher liegen als die Werte von Schülerinnen und Schülern aus Klassen mit erweiterten Ansprüchen oder hohen Ansprüchen. Der Unterschied zeigt sich am augeprägtesten in der Deutschschweiz zwischen dem Schultyp mit Grundansprüchen und demjenigen mit hohen Ansprüchen. Unterschiede der Unterrichtswahrnehmung aufgrund der Regionszugehörigkeit erweisen sich demgegenüber als nicht signifikant.

Für den festgestellten Unterschied aufgrund des Schultyps bieten sich folgende Interpretationen an: Entweder haben die Lernenden in Klassen mit erweiterten und hohen Ansprüchen höhere Erwartungen an das Unterstützungsverhalten wie zum Beispiel die Erklär- und Diagnosekompetenz der Lehrperson sowie die produktive Fehlerkultur im Unterricht und schätzen diese deshalb tiefer ein oder die Unterstützung durch die Lehrpersonen im Unterricht mit Grundansprüchen ist tatsächlich besser, möglicherweise weil sie diesen Unterrichtsmerkmalen auch mehr Beachtung schenken. Auch Kunter und Mitarbeitende (2005) vermuten, dass die im Rahmen der PISA-Studie festgestellten schultypspezifischen Unterschiede in den Einschätzungen von Schülerinnen und Schülern (z.B. kognitive Aktivierung) weniger auf Unterschiede in der Unterrichtsgestaltung, sondern vielmehr auf unterschiedliches persönliches Erleben des Unterrichts zurückzuführen sind.

Die Schülerwahrnehmung des Unterstützungsverhaltens zeigt insgesamt nur wenige Zusammenhänge mit dem in den Unterrichtsvideos analysierten Unterstützungsverhalten. Dies ist wenig erstaunlich, auch in anderen Studien hat sich gezeigt, dass die Perspektive der Schülerinnen und Schüler und diejenige von externen Beobachtenden zum Teil wenig Übereinstimmung aufweisen (vgl. Reeve, 2002). Systematisch untersucht wurde der Zusammenhang der unterschiedlichen Perspektiven auf den Unterricht von Clausen (2002). Er interpretiert die mangelnde Übereinstimmung nicht als Beleg für die mangelnde Validität der Instrumente, sondern als Ausdruck der unterschiedlichen Schwerpunktsetzung bei der Beurteilung von Unterricht aus der Sicht von Lernenden und Beobachtetenden, und folgert daraus, dass das Ziel der Untersuchung für die Wahl der Perspektive bestimmend sein muss. Somit ist das Ausbleiben von Zusammenhängen eher ein Beleg dafür, dass die Kriterien, denen die Beobachtenden Aufmerksamkeit schenken, für die Schülerinnen und Schüler weniger Bedeutung haben und umgekehrt. Der Vergleich der Sicht der Schülerinnen und Schüler mit der Perspektive hoch inferenter Beobachterurteile in den Klassen aus der Schweiz in der TIMSS 1999 Videostudie zeigt ebenfalls, dass die Schülersicht und Beobachtersicht auf Unterricht nicht in allen Punkten zusammenstimmen (Waldis & Grob, in Druck-a). Als positiv zusammenhängend erwies sich in den Analysen von Waldis und Grob die Schülerwahrnehmung von individueller Unterstützung mit dem durch die Beobachtenden wahrgenommenen Grad an Schülerorientierung.

Während die Beobachtersicht in den Analysen von Clausen (2002) und Waldis und Grob (in Druck-a) mittels hoch inferenter Beobachterurteile für die ganze Lektion erfasst wurde, liegen in der vorliegenden Studie niedriger inferente Beobachterurteile für einzelne ausgewählte Unterrichtssequenzen vor. Die Schülereinschätzungen zur individuellen Unterstützung beziehen sich allgemein auf den Unterricht und nicht spezifisch auf die gefilmte Lektion und die Schülerarbeitsphase. Dies könnten weitere Gründe für die Nichtübereinstimmung der Beobachter- und Schülersicht sein.

Einige Zusammenhänge zwischen Beobachter- und Schülersicht auf die individuelle Lernunterstützung ließen sich in der vorliegenden Studie dennoch feststellen: Der zeitliche Anteil des ausschließlichen Erfragens des Leistungsfortschritts hängt negativ mit der wahrgenommenen Verstehensorientierung zusammen. Diese könnte dahingehend gedeutet werden, dass die Lernenden bei diesen Lehrpersonen die prozessorientierte Unterstützung vermissen und sich eher kontrolliert fühlen. Mit der Interpretation dieses negativen Zusammenhangs gilt es aber vorsichtig umzugehen, da sich die Schülereinschätzung auf den gesamten Unterricht bezieht. Ebenfalls mit der wahrgenommenen Unterstützung hängt in der Deutschschweiz der zeitliche Anteil der kognitiv aktivierenden Unterstützungsform positiv zusammen, die Zusammenhänge in der Westschweiz gehen in die gleiche Richtung. Offenbar wird mit dem Geben von Hinweisen eine Qualität der Unterstützung in den Unterrichtsvideos erhoben, welche mit einer eher verstehensorientierten (oder zumindest als solche wahrgenommenen) Unterrichtsführung einhergeht.

10.1.5 Zusammenhang der beobachteten Lernunterstützung mit Leistung und Interesse der Lernenden

In Kapitel 9.4 wurde der Zusammenhang des beobachteten Unterstützungsverhaltens mit Leistung und Interesse der Lernenden exploriert. Die ebenfalls auf Klassenebene aggregierten Werte der Lernenden im Mathematikleistungstest variieren stark nach Schultyp, in den Klassen mit Grundansprüchen sind sie erwartungsgemäß deutlich tiefer als in den Klassen mit erweiterten und hohen Ansprüchen. Für Umfang, Inhalt und Qualität der beobachteten Lernunterstützung zeigen sich wie erwartet kaum Zusammenhänge mit der Mathematikleistung. Nur für das Erteilen von Rückmeldungen zur Korrektheit der Lösung (FB) zeigt sich (unter Kontrolle des Schultyps) ein zwar schwacher, aber signifikanter negativer Zusammenhang. Dies könnte ein Hinweis darauf sein, dass Lehrpersonen, welche vor allem die Korrektheit der Lösung kontrollieren und damit den Eindruck erwecken, dass sie vor allem auf das schnelle Finden der richtigen Lösung und die Vermeidung von Fehlern abzielen, weniger auf die Denkprozesse der Lernenden eingehen und es damit auch weniger schaffen, die Leistung der Lernenden zu fördern. Andersherum könnte der Zusammenhang aber auch darauf zurückgehen, dass die Lehrpersonen in Klassen mit eher niedrigem Leistungsniveau einen höheren Kontrollbedarf haben und deshalb ständig umhergehen und den Lernenden kurze Rückmeldungen zur Korrektheit ihrer Lösungen geben. Dieses Verhalten kann wiederum als sehr kontrollierend empfunden werden und längerfristig die Leistungsfähigkeit beeinträchtigen.

Das Ausbleiben von weiteren Zusammenhängen der in den Unterrichtsvideos beobachteten Unterstützungsqualität mit der Mathematikleistung entspricht der Erwartung. Das kognitiv aktivierende Unterstützungsverhalten der Lehrperson ist *eine* von vielen Variablen im Unterricht, welche Einfluss auf die Leistungsentwicklung zeigen können. Das Fehlen von Zusammenhängen zwischen beobachtetem Unterstützungsverhalten und Mathematikleistung deckt sich mit den Befunden von Lipowsky, Pauli und Rakoczy (2008), welche in der Schülerarbeitsphase (im Gegensatz zum Klassenunterricht) ebenfalls keinen Effekt der Merkmale der Schülerbeteiligung auf den Lernerfolg feststellen. Sie vermuten, dass die untersuchten Merkmale der Schülerbeteiligung (individuelles und gruppenbezogenes Egalitätsideal) in den Schülerarbeitsphasen weniger eng mit Merkmalen der Unterrichtsqualität wie zum Beispiel Klassenführung und Unterrichtsklima zusammenhängen, weil u.a. die Lehrer-Schüler-Interaktionen in den Schülerarbeitsphasen keine öffentlichen Lerngelegenheiten darstellen und die Aktivierung aller Lernenden nicht von der einzelnen Lehrer-Schüler-Interaktion abhängt.

Die Schülerwahrnehmung von einzelnen erfragten Merkmalen der Unterstützungsqualität (individuelle Unterstützung und Verstehensorientierung) zeigt im Gegensatz zur beobachteten Lernunterstützung einen Zusammenhang mit der Mathematikleistung. Dies bestätigt die Bedeutung der Unterstützung und ihrer Qualität (vgl. Kunter et al., 2006). Der deutlichere Zusammenhang kann u.a. darauf zurückgeführt werden, dass die Schülerwahrnehmung sich im Unterschied zur beobachteten Lernunterstützung nicht nur auf eine Lektion und nicht ausschließlich auf die Schülerarbeitsphase bezieht. Auch erfährt damit die Vermutung, dass sich die Schülerwahrnehmung des Unterrichts für die Erhebung gewisser Merkmale des Unterrichts sowie die Erklärung von Leistungen besser eignet (vgl. Clausen, 2002; DeJong & Westerhof, 2001), eine zusätzliche Bestätigung. Einschränkend ist jedoch darauf hinzuweisen, dass der Zusammenhang der von den Lernenden wahrgenommenen individuellen Unterstützung mit der Mathematikleistung in der Untersuchung von Waldis und Grob (in Druck-b) zum Zusammenhang zwischen Unterrichtsqualität, Fachinteresse und Mathematikleistung in den Lektionen der TIMSS 1999 Videostudie keine Bestätigung fand. Vermutlich lässt sich dies darauf zurückführen, dass die Untersuchung von Waldis und Grob für alle Klassen (auch die ohne Schülerarbeitsphasen) mittels Mehrebenenanalysen erfolgte und auch die individuellen Variablen für Geschlecht, sozioökonomischen Status und Nationalität der Schülerinnen und Schüler berücksichtigten. Diese drei Kontrollvariablen erwiesen sich für die Vorhersage der Leistung als signifikant und wurden in der vorliegenden Untersuchung mit explorativem Charakter nicht berücksichtigt.

Das Interesse der Lernenden wurde wie die Unterrichtswahrnehmung über Fragebögen erhoben. Es zeigt sich moderat bis eher positiv ausgeprägt und ist in den Klassen der Deutschschweiz signifikant höher. Die Schülerwahrnehmung aller Merkmale des Unterstützungsverhaltens hängt positiv mit ihrem Interesse zusammen. Die Wahrnehmung von individueller Unterstützung hängt auch in der Analyse von Waldis und Grob (in Druck-b) positiv mit dem Interesse zusammen.[28] Bedingungen und Wirkungen des Schülerinnen- und Schülerinteresses in der schweizerischen Stichprobe der TIMSS 1999 Videostudie werden von Waldis (in Vorb.) eingehender analysiert.

Die Zusammenhänge zwischen beobachteter Lernunterstützung und Interesse erweisen sich in der vorliegenden Untersuchung als schwach, regionsspezifisch und zum Teil erwartungswidrig. So hängt in der Westschweiz der zeitliche Anteil der individuellen Lernunterstützung an der Schülerarbeitsphase negativ mit dem Interesse der Lernenden zusammen. In der Deutschschweiz hingegen hängt der zeitliche Anteil der kognitiv aktivierenden Unterstützung positiv mit dem Interesse der Lernenden zusammen. Diese regionalen Unterschiede lassen sich schwierig interpretieren und weisen auf die Grenzen der Möglichkeiten der vorliegenden Untersuchung zur Erklärung von Unterschieden in Leistung und Interesse der Lernenden hin, welche in den Überlegungen zum methodischen Vorgehen eingehender diskutiert werden (vgl. Kapitel 10.3).

10.1.6 Unterschiede aufgrund des Unterrichtsstils

Sämtliche Analysen der Schülerarbeitsphasen und der individuellen Lernunterstützung wurden auch für die mit ELF-Klassen erweiterte Teilstichprobe der Deutschschweiz durchgeführt (vgl. Kapitel 9.2). An dieser Stelle werden die Befunde hervorgehoben, welche einen Unterschied für den traditionellen und den offeneren Unterrichtsstil zeigen. Die Zuteilung zum Unterrichtsstil wurde auf der Grundlage der Selbstdeklaration der Lehrpersonen im Fragebogen vorgenommen. Zusätzlich wurde überprüft, ob die Unterrichtsgestaltung in der gefilmten Lektion tatsächlich einem offeneren Unterrichtsstil entspricht (vgl. 8.7.3). Dieses Verfahren wurde gewählt, weil sich das Erkenntnisinteresse in der vorliegenden Arbeit darauf

---

28 Waldis und Grob (in Druck-b) analysieren den Zusammenhang von Unterrichtsqualität, Fachinteresse und Mathematikleistung im repräsentativen Datensatz der Klassen aus der Schweiz der TIMSS 1999 Videostudie. Sie finden durchgehend positive Effekte der wahrgenommenen (Schülerfragebogen) und beobachteten Unterrichtsmerkmale (hoch inferentes Rating) auf das Interesse. Im multivariaten Modell erweist sich aus Beobachtersicht die Klassenführung und aus Schülersicht die Strukturierung des Unterrichts als signifikanter Prädiktor für das Interesse. Das Zurückgehen der Bedeutung der einzelnen Merkmale lässt sich vermutlich auf Interkorrelationen zwischen den erhobenen Merkmalen zurückführen. Die Zusammenhänge mit der Mathematikleistung sind weniger eng. Aus Beobachtersicht hängen z.B. die Klassenführung und der Strukturierungsgrad des Unterrichts und aus Schülersicht das Klassenklima positiv mit der Leistung zusammen. Die multivariaten Modelle zur Erklärung der Mathematikleistung ergeben schwierig zu deutende Befunde, dies führen die Autorin und der Autor v.a. auf technische Gründe zurück.

bezieht, ob sich die Form der individuellen Unterstützung aufgrund der Unterrichtsgestaltung unterscheidet. Die erweiterte, nicht repräsentative Teilstichprobe aus der Deutschschweiz umfasst 76 Lektionen, davon 43 Lektionen mit traditionellem und 33 Lektionen mit offenerem Unterrichtsstil.

10.1.6.1 Schülerarbeitsphasen

Die Schülerarbeitsphasen umfassen im offeneren Unterrichtsstil einen zeitlichen Anteil von 68% und im traditionellen Unterrichtsstil einen zeitlichen Anteil von 40% der Unterrichtszeit. Dieser Unterschied bestätigt den höheren Anteil von Möglichkeiten für individuelle Lernwege im offeneren Unterrichtsstil, wie ihn zum Beispiel auch Seifried und Klüber (2006) festgestellt haben.

Die Schülerarbeitsphasen im traditionellen Unterrichtsstil dienen häufiger dem repetitiven Üben von vorgängig gemeinsam erarbeiteten Lösungsprozeduren, auch haben die Lernenden in den Schülerarbeitsphasen im traditionellen Unterrichtsstil seltener die Möglichkeit zur Kooperation. In den traditionellen Lektionen zeigt sich ein Zusammenhang von repetitivem Üben und Einzelarbeit in durchschnittlich kürzeren Schülerarbeitsphasen; der Zusammenhang von repetitivem Üben und Einzelarbeit ist in den Sekundarschulklassen mit diesem Unterrichtsstil besonders ausgeprägt. Dies ist als Hinweis darauf zu deuten, dass in traditionellen Sekundarschullektionen der klassische Übungsunterricht mit kürzeren Sequenzen des Übens von zuvor erarbeiteten Lösungsprozeduren im Sinne des schrittweisen Automatisierens der Unterrichtsinhalte am verbreitetsten auftritt.

10.1.6.2 Lernunterstützung

Der durchschnittliche zeitliche Anteil der individuellen Lernunterstützung an der Schülerarbeitsphase ist in den Lektionen im offeneren Unterrichtsstil ebenfalls leicht höher als im traditionellen Unterrichtsstil. In Bezug auf den Inhalt der Unterstützung zeigt sich ein weiterer interessanter Unterschied aufgrund des Unterrichtsstils. Trotz des geringeren zeitlichen Anteils der Schülerarbeitsphase an der Lektionsdauer und des geringeren zeitlichen Anteils der individuellen Lernunterstützung an der Schülerarbeitsphase ist der zeitliche Anteil der organisatorischen Unterstützung im traditionellen Unterricht höher als im offeneren Unterricht, jedoch nicht signifikant.

Die Qualität der Lernunterstützung unterscheidet sich signifikant nach Unterrichtsstil. Der zeitliche Anteil des Gebens von Rückmeldungen zur Korrektheit der Lösung (FB) an der Gesamtdauer der mathematikbezogenen Unterstützung ist im traditionellen Unterricht höher als im offeneren Unterricht. Demgegenüber ist der zeitliche Anteil der kognitiv aktivierenden Unterstützung im offeneren Unterricht höher. Folglich erfahren die Lernenden im offeneren Unterricht insgesamt mehr Unterstützung, mehr mathematikbezogene Unterstützung und vor allem mehr kognitiv aktivierende Unterstützung. Damit kann davon ausgegangen werden, dass die Unterstützung im offeneren Unterricht allgemein adaptiver ist und stärker auf das Anregen der individuellen Lern- und Denkprozesse ausgerichtet ist als im traditionellen Unterricht. Dies bestätigt Befunde aus dem Physikunterricht, welche für die ELF-Klassen eine höhere Prozessorientierung im Unterricht beschreiben (Dalehefte, 2006). Die Unterstützung im traditionellen Unterricht erscheint stärker kontrollierend, dies kann möglicherweise mit einer höheren Sicherheitsorientierung der Lehrpersonen dieses Unterrichtsstils und einem anderen Verständnis und Verhalten in Bezug auf Fehler der Schülerinnen und Schüler zusammenhängen (vgl. Wuttke, Seifried & Mindnich, 2008).

10.1.6.3 Einflussfaktoren

In Bezug auf die Einflussfaktoren zeigt sich nur *ein* nennenswerter Unterschied zwischen dem offeneren und dem traditionellen Unterrichtsstil: Die Sozialform Einzelarbeit hat nur im traditionellen Unterricht einen Zusammenhang mit dem geringeren zeitlichen Anteil der Lernunterstützung in der Schülerarbeitsphase und dem geringeren zeitlichen Anteil der kognitiv aktivierenden Unterstützung an der mathematikbezogenen Unterstützung. Dies lässt sich wohl damit erklären, dass einerseits die Einzelarbeit im offeneren Unterricht viel seltener vorkommt und andererseits die Lehrpersonen während der Einzelarbeit im offeneren Unterricht die gleiche Form von Unterstützung leisten wie in den Schülerarbeitsphasen mit Möglichkeit zur Kooperation.

10.1.6.4 Zusammenhang der beobachteten Lernunterstützung mit der Wahrnehmung durch die Lernenden

Da die mittels Fragebogen erhobene Schülerwahrnehmung des Unterstützungsverhaltens sich nicht nur auf die eine gefilmte Lektion, sondern allgemein auf den Unterricht bei der betreffenden Mathematiklehrperson bezieht, wurde für die Analyse des Zusammenhangs von beobachteten Unterstützungsmerkmalen mit Schülervariablen die Einteilung der Klassen zum Unterrichtsstil ausschließlich aufgrund der Selbstdeklaration der Lehrpersonen vorgenommen. Den Analysen zum Zusammenhang mit Schülervariablen lag damit ein (wiederum nicht repräsentatives) Sample von je 38 Klassen mit traditionellem und offenerem Unterrichtsstil aus der Deutschschweiz zugrunde.

Wie in der repräsentativen Stichprobe der Schweiz ist die Schülerwahrnehmung der Unterstützungsmerkmale in den Realschulklassen höher als in den Sekundarschulklassen. Zusätzlich variiert die Schülerwahrnehmung aufgrund des Unterrichtsstils: Lernende in Klassen mit offenerem Unterrichtsstil schätzen die Merkmale der Unterstützung positiver ein als Lernende in Klassen mit traditionellem Unterrichtsstil (vor allem individuelle Lernunterstützung und Fehlerkultur). Die

Unterstützungskultur im offeneren Unterricht wird damit grundsätzlich positiver wahrgenommen. Dies bestätigt das bereits von Pauli und Mitarbeitenden (2003) berichtete höhere Wohlbefinden der Lernenden im Unterricht mit „Erweiterten Lehr-Lernformen" (vgl. auch Seifried & Klüber, 2006). Als möglicher Grund für die positive Wahrnehmung der Unterstützungsqualität im offeneren Unterricht lässt sich vermuten, dass sich die Lehrpersonen im offeneren Unterricht mehr Zeit für die individuelle Unterstützung nehmen und die Lernenden weniger kontrollieren, sie dafür vermehrt kognitiv aktivierend unterstützen. Weiter denkbar ist, dass der offenere Unterrichtsstil einher geht mit einer besseren Qualität der Lehrer-Schüler-Beziehung und einem allgemein unterstützenden Lernklima, welche einen Einfluss auf die positive Schülerwahrnehmung der Unterstützungsqualität und das Wohlbefinden der Lernenden haben (vgl. Bönsch, 2002; Hascher, 2004).

Der bereits in der repräsentativen Stichprobe der Schweiz nachgewiesene positive Zusammenhang der *kognitiv aktivierenden* Unterstützung mit der Schülerwahrnehmung der Unterstützungsqualität zeigt sich in den Realschulklassen der Deutschschweiz besonders ausgeprägt und in Bezug auf alle erfassten Skalen der Wahrnehmung der Unterstützungsqualität (individuelle Lernunterstützung, Erklärkompetenz, Fehlerkultur, Diagnosekompetenz, Verstehensorientierung). Auch der negative Zusammenhang des zeitlichen Anteils des Gebens von Rückmeldungen zur Korrektheit der Lösungen mit der wahrgenommenen Unterstützungsqualität zeigt sich in den Realschulklassen der Deutschschweiz am ausgeprägtesten.

Es lassen sich spezifische Zusammenhänge innerhalb der beiden Unterrichtsstile feststellen. Im traditionellen Unterricht ist der negative Zusammenhang des Gebens von Rückmeldungen zur Korrektheit der Lösungen und des Nachfragens nach dem Leistungsfortschritt, also der Unterstützungsformen mit kontrollierendem Charakter, mit der Wahrnehmung der Verstehensorientierung sowie der produktiven Fehlerkultur signifikant. Im offeneren Unterricht zeigt sich erstaunlicherweise, dass die Unterstützungsform des ausschließlichen Gebens von Hinweisen negativ mit der Wahrnehmung der Unterstützungsqualität korreliert. Möglicherweise ist dies als Hinweis darauf zu deuten, dass es den Lernenden im offeneren Unterricht nicht reicht, wenn die Lehrpersonen ihnen nur Hinweise geben und dass sie eine längere kognitiv aktivierende Form der Unterstützung benötigen, die auch einzelne Erklärungen beinhaltet, um sich unterstützt zu fühlen (vgl. Überlegungen zur Qualität der Lernunterstützung in Kapitel 10.2.2.3).

10.1.6.5 Zusammenhang der Lernunterstützung mit Leistung und Interesse

In der erweiterten Teilstichprobe der Deutschschweiz sind die Mathematikleistungen der Lernenden in den Sekundarschulklassen signifikant höher als in den Realschulklassen. Aufgrund des Unterrichtsstils lassen sich keine signifikanten Unterschiede feststellen. Dies bestätigt, dass die Leistungsentwicklung nicht abhängig ist vom Unterrichtsstil und sowohl im offeneren als auch im traditionellen

Unterricht gute Leistungen erbracht werden können (vgl. Pauli et al., 2003; Stebler & Reusser, 2000).

Demgegenüber ist das Interesse der Lernenden in Klassen mit offenerem Unterrichtsstil signifikant höher als in Klassen mit traditionellem Unterrichtsstil. Erwartungswidrig ist aber der mit Vorsicht zu interpretierende negative Zusammenhang des zeitlichen Anteils der Lernunterstützung in der Schülerarbeitsphase mit dem Interesse der Lernenden im offeneren Unterricht bei gleichzeitig positivem Zusammenhang dieser beiden Variablen im traditionellen Unterricht. Möglicherweise kann dies so gedeutet werden, dass es beim durchschnittlich ohnehin hohen Anteil der Unterstützung in den Schülerarbeitsphasen im offeneren Unterricht auch zu viel des Guten geben kann und umgekehrt in den Schülerarbeitsphasen im traditionellen Unterricht der erhöhte Wert bei durchschnittlich niedrigerem Anteil der Unterstützung positiver wahrgenommen wird. Andersherum reagieren möglicherweise die Lehrpersonen im offeneren Unterricht auf niedriges Interesse mit mehr individueller Lernunterstützung.

Diese Überlegungen deuten darauf hin, dass nicht nur das Ausmaß und die Qualität der Unterstützung, sondern auch die Passung der Unterstützung auf die Bedürfnisse und Schwierigkeiten der Lernenden entscheidend ist. In Bezug auf die eigentliche Adaptivität der Unterstützung und auf deren differentielle Effekte können aufgrund der Analyse in dieser Arbeit keine Aussagen gemacht werden, da die einzelnen Schülerinnen und Schüler, welche durch die Lehrperson unterstützt werden, nicht identifiziert wurden. Diese und weitere Überlegungen werden in der Diskussion des methodischen Vorgehens ausgeführt (vgl. Kapitel 10.3).

10.2 Schlussfolgerungen zur individuellen Lernunterstützung

In diesem Kapitel werden unter Rückgriff auf die theoretischen Grundlinien und Befunde zur individuellen Lernunterstützung, welche im Theorieteil der Arbeit dargelegt wurden, die Hauptergebnisse der vorliegenden Untersuchung zusammenfassend interpretiert und verdichtet. Die Diskussion erfolgt über die beiden Teilstichproben hinweg entlang der zentralen Erkenntnisinteressen der vorliegenden Arbeit, welche sich auf die Bedeutung der Rolle der Lehrperson in den Schülerarbeitsphasen, die Umsetzung der individuellen Lernunterstützung im Unterricht und den Zusammenhang der individuellen Lernunterstützung mit Leistung, Interesse und Unterstützungswahrnehmung der Schülerinnen und Schüler beziehen.

10.2.1 Bedeutsamkeit der Rolle der Lehrperson in Schülerarbeitsphasen

In traditionellen Unterrichtskonzepten dienten Schülerarbeitsphasen hauptsächlich dem individuellen Üben im Anschluss an die Phase der gemeinsamen öffentlichen Erarbeitung eines Inhalts (z.B. Rosenshine & Stevens, 1986). Mit der Erkenntnis der Bedeutung der Adaptivität im Unterricht und der verstehensorientierten Auseinandersetzung mit den Inhalten erfuhren die Unterrichtskonzepte eine Erweiterung, u.a. auch in Bezug auf das Ausmaß und die Funktion von Schülerarbeitsphasen. So lassen sich im Mathematikunterricht unterschiedliche Inszenierungsmuster feststellen, in denen die Schülerarbeitsphasen neben dem repetitiven Üben u.a. auch dem selbständigen Erarbeiten von neuen Lösungswegen und Erkenntnissen dienen (Hugener, 2008; Hugener & Krammer, 2001). In der vorliegenden Untersuchung, in der die zehn Lektionen ohne selbständige Schülerarbeit ausgeschlossen wurden, umfassen die Schülerarbeitsphasen mit durchschnittlich 47% der Unterrichtszeit knapp die Hälfte der Lektion. Insbesondere der offenere Unterrichtsstil ist durch längere Schülerarbeitsphasen gekennzeichnet (68% der Unterrichtszeit) und eröffnet den Lehrpersonen die Gelegenheit, die Schülerinnen und Schüler während eines längeren Zeitraums zu unterstützen. In Bezug auf die Funktion der Schülerarbeitsphasen fällt auf, dass die Phasen für ausschließlich repetitives Üben kürzer dauern, während die längeren Phasen häufiger dem Bearbeiten sowohl repetitiver als auch anspruchsvoller Aufgaben dienen und Gelegenheit zur Kooperation bieten. Mit 10% der repräsentativen Stichprobe sind es nur wenige Lektionen, in denen die Lernenden in den Schülerarbeitsphasen gemäß dem in der TIMSS 1995 Videostudie für Japan festgestellten Inszenierungsmuster (z.B. Klieme et al., 2001) selbständig neue Vorgehensweisen und Lösungswege explorieren. Eine über die Funktion der Schülerarbeitsphase hinausgehende Klassifikation der Inszenierungsmuster wurde in der vorliegenden Arbeit nicht geleistet.

Während die Rolle der Lehrperson im Prozess-Produkt-Paradigma vor allem unter dem Gesichtspunkt der effizienten Klassenführung betrachtet wurde (Brophy & Good, 1986; Rosenshine & Stevens, 1986), wurde mit der Erweiterung des Lehr-Lernbegriffs (in Bezug auf Zieldimensionen wie Verstehensorientierung, Aufbau von Lernstrategien, flexible und transferfähige Wissensstrukturen) auch die Rolle der Lehrperson in der Schülerarbeitsphase erweitert (Reusser, 1994, 1999, 2001a, 2006b). In Ergänzung zu ihrer Rolle bei der Vermittlung von Wissen kommt ihr eine bedeutsame Rolle in Bezug auf die Begleitung des Aufbaus von fachlichem Wissen und von Strategien zu. Die Orientierung am Lernprozess und die adaptive und kognitiv aktivierende Unterrichtsgestaltung werden in der Lehr-Lernforschung als Kernmerkmale eines wirksamen Unterrichts beschrieben (z.B. Bolhuis, 2003; Klieme, 2006; Seidel & Shavelson, 2007). Entsprechend muss die Unterstützung unter dem Gesichtspunkt der Anregung der individuellen Denk- und Verstehensprozesse betrachtet werden.

Zur Rolle der Lehrperson bei der Begleitung der individuellen Lernprozesse im Unterricht liegen jedoch erst wenige Befunde vor. Die vorhandenen Untersuchungen beziehen sich meist auf Einzelfälle oder eine Auswahl von Fällen zum kontrastierenden Vergleich des Unterstützungsverhaltens, zum Beispiel in Lektionen aus Japan und den USA (z.B. Serrano, 1996). Nur wenige Studien stellen sich der Herausforderung, die Lernunterstützung in Schülerarbeitsphasen in einer größeren Stichprobe von Lektionen zu analysieren. Da die Lernenden in den Lektionen der vorliegenden Stichprobe beinahe die Hälfte der Unterrichtszeit selbständig arbeiten und nur wenige Erkenntnisse zum Unterstützungsverhalten der Lehrpersonen während dieser Zeit vorliegen, obwohl der individuellen Unterstützung aus lehr-lernpsychologischer Perspektive eine wichtige Funktion für das Lernen zugesprochen wird, wurde in der vorliegenden Arbeit die Form der Unterstützung während der Schülerarbeitsphasen analysiert.

10.2.2 Umsetzung der individuellen Lernunterstützung im Unterricht

Das Fazit zur Umsetzung der individuellen Lernunterstützung im Unterricht wird in Bezug auf Umfang, Inhalt und Qualität der Unterstützung getrennt dargestellt.

10.2.2.1 Umfang: Lernunterstützung während der Hälfte der Schülerarbeitszeit

Nur gut die Hälfte der Dauer der Schülerarbeitsphasen wird für individuelle Unterstützung genutzt. Dies bedeutet, dass der durchschnittliche Anteil der individuellen Lernunterstützung verdoppelt werden könnte. Es liegen keine Untersuchungen zum Umfang der individuellen Lernunterstützung vor, vor deren Hintergrund sich dieses Ergebnis deuten ließe. Die Ergebnisse von Helmke und Schrader (1988) zum Verhalten der Lehrpersonen während der Schülerarbeitsphasen lassen vermuten, dass es weniger die Quantität der Unterstützung als die Qualität der Unterstützung ist, die für den Lernerfolg entscheidend ist. In der vorliegenden Untersuchung lässt sich zwar tendenziell ein negativer Zusammenhang für den Anteil der individuellen Unterstützung in der Schülerarbeitsphase mit der auf Klassenebene aggregierten Mathematikleistung feststellen, dies dürfte aber eher Ausdruck dessen sein, dass die Lehrpersonen auf schwächere Leistungen mit einem höheren Maß an Unterstützung reagieren, als dass sich die individuelle Unterstützung negativ auf die Leistung auswirkt.

Offen bleiben die Frage nach der Verteilung der Unterstützung (vgl. Lipowsky et al., 2008) und die Frage danach, wer die Unterstützungsinteraktion initiiert und ob dies in einem Zusammenhang mit der wahrgenommenen Unterstützungsqualität der Lernenden sowie der Wirkung der Unterstützung steht (vgl. Dann et al., 1999). Zu diesen Fragen können im Rahmen der vorliegenden Arbeit keine Aussagen gemacht werden.

Fest steht, dass mit höherem zeitlichem Anteil der individuellen Lernunterstützung an der Schülerarbeitsphase die Möglichkeit für längere und häufigere Unterstützungsinteraktionen besteht. Das Ergebnis, dass die Lehrpersonen während der Hälfte der Schülerarbeitsphasen Unterstützung leisten, kann durchaus positiv gedeutet werden: Die Lehrpersonen sind sich offenbar ihrer Aufgabe während der selbständigen Schülerarbeit bewusst und leisten individuelle Unterstützung. Insbesondere in Lektionen mit höherem zeitlichem Anteil der Schülerarbeitsphase liegt auch der zeitliche Anteil der individuellen Lernunterstützung an der Schülerarbeitsphase höher und wird folglich verhältnismäßig mehr individuelle Unterstützung geleistet. Als weiterführende Überlegung stellt sich die Frage, wie der zeitliche Anteil der bereits geleisteten Unterstützung erhöht werden könnte. Damit verbunden sind Überlegungen zur Organisation der Schülerarbeitsphasen, damit der Lehrperson genügend Zeit und Freiraum für die Unterstützung bleiben (vgl. auch Kapitel 10.2.2.3).

Der Umfang der Unterstützung erlaubt noch keine Aussage über Inhalt und Qualität der Unterstützung. Im Folgenden werden Schlussfolgerungen zu Inhalt und Qualität der beobachteten Unterstützung gezogen.

10.2.2.2 Inhalt: Hoher Anteil mathematikbezogener Unterstützung

In der vorliegenden Untersuchung wurde inhaltlich zwischen mathematikbezogener und organisatorischer Unterstützung unterschieden. Entgegen der Befürchtung, dass ein offenerer Unterricht mehr organisatorische Unterstützung bedingt, ist der Anteil der mathematikbezogenen Unterstützung unabhängig vom Unterrichtsstil hoch, sowohl gemessen am zeitlichen Anteil der Unterstützung als auch gemessen am Anteil der Anzahl Interaktionen. Auch in der repräsentativen Stichprobe hängt der zeitliche Anteil der mathematikbezogenen Unterstützung an der Schülerarbeitsphase positiv mit dem zeitlichen Anteil der Schülerarbeitsphase an der Lektionsdauer sowie mit der Möglichkeit zur Kooperation während der Schülerarbeitsphase zusammen. Diese Ergebnisse sind erwartungswidrig, deuten doch bestehende Analysen des Unterstützungsverhaltens darauf hin, dass sich gerade im individualisierten Unterricht und bei Partnerarbeit ein hoher Anteil der individuellen Unterstützung auf die Organisation der selbständigen Arbeit bezieht (Bräu, 2006; Webb et al., 2006). Jedoch gilt es das Ergebnis des geringen Anteils von organisatorischer Unterstützung mit Vorsicht zu interpretieren, da die mathematikbezogenen Unterstützungen aufgrund der Definition im Kategoriensystem die organisatorischen Informationen nicht ausschließen. Trotzdem ist das Ergebnis erfreulich, dass sich nur ein kleiner Anteil der Unterstützungsinteraktionen ausschließlich auf die Organisation bezieht.

Aufgrund der unterschiedlichsten Unterrichtsinhalte in den analysierten Mathematiklektionen als nicht durchführbar erwies sich bei der Entwicklung des Kategoriensystems die Unterscheidung der Unterstützung von kognitiven und metakognitiven Strategien. Die Erfahrungen bei der Codierung der Daten hinterlassen jedoch den Eindruck, dass Anregungen auf metakognitiver Ebene, welche auf den Aufbau und die Reflexion von Strategien abzielen, nur selten zu beobachten sind. Diese Feststellung geht einher mit dem Befund von Leiss (2007), der das Interventionsverhalten von Lehrpersonen bei der Lösung von Mathematikaufgaben durch Schülerpaare analysiert und in diesen längeren Unterstützungssequenzen kaum strategische Interventionen feststellt.

In Bezug auf den Inhalt der individuellen Lernunterstützung ebenfalls unberücksichtigt bleibt in dieser Studie, inwiefern die Unterstützung auf die Aufrechterhaltung der Motivation beim Bearbeiten der Aufgaben abzielt und wertschätzend und ermunternd gestaltet ist (Lajoie, 2005; Leinhardt & Steele, 2005; Lepper et al., 1997; Pintrich et al., 1993). Hier stellt sich auch für zukünftige Interaktionsanalysen die grundsätzliche Schwierigkeit der Beobachtbarkeit und Erfassbarkeit von eher klimatischen Merkmalen des Unterrichts (Helmke, 2002). Hierzu dürften sich hoch inferente Ratings (vgl. Kapitel 8.4.2) oder eine gezielte (evtl. videogestützte) Befragung der Schülerinnen und Schüler zur Wahrnehmung der motivationalen Unterstützung besser eignen als niedrig inferente Codierungen (vgl. Rakoczy, 2008).

10.2.2.3 Qualität: Insgesamt geringer Anteil kognitiv aktivierender Unterstützung

Die Frage nach der Unterstützungsqualität ist zentral. Die detaillierten Interaktionsanalysen im Rahmen qualitativer Forschung haben das Potenzial der indirekten, adaptiven Begleitung der Lernprozesse, welche die Lernenden zu eigenen Denkschritten anregt, deutlich gemacht (vgl. Kapitel 5). Entsprechend wurde in der vorliegenden Untersuchung erfasst, ob die Lehrpersonen einen eher kontrollierenden Unterstützungsstil pflegen und während der Schülerarbeitsphasen vor allem überprüfen, ob die Lernenden vorankommen und die Aufgaben richtig lösen, oder ob die Lehrpersonen den Lernenden bei der Aufgabenbearbeitung helfen und ihnen weitere Informationen in Bezug auf den Lösungsprozess geben. Beim Darbieten von mathematischen Informationen wurde unterschieden, ob die Lehrperson den notwendigen nächsten Denkschritt direkt vorgibt oder ob sie die Lernenden zu eigenen weiteren Denkschritten anregt.

Das direkte Erklären und Geben von Anweisungen macht zwar einen großen Anteil aus, aber das indirekte Begleiten der Lernprozesse mit weiterführenden Hinweisen kommt ebenfalls häufig vor. Der hohe Anteil der kognitiv aktivierenden Unterstützung an der mathematikbezogenen Unterstützung ist zwar erfreulich, muss aber in Relation zum zeitlichen Anteil dieser Unterstützungsform an der ganzen Lektion gesehen werden. Durchschnittlich sind dies nur rund fünf Minuten pro Lektion. Mit diesem insgesamt immer noch geringen Anteil der indirekten, kognitiv aktivierenden Lernbegleitung werden die Ergebnisse aus anderen Studien bestätigt, dass im Unterricht selten prozessorientierte Lernbegleitung zu beobachten ist und die Unterstützungsgelegenheiten zu wenig genutzt werden (Bliss et al., 1996; Kobarg, 2004; Kobarg & Seidel, 2007; Thoma, 2005). Dies erlaubt folgende Schlussfolgerung: Die Notwendigkeit und Möglichkeiten der Erweiterung der Rolle der Lehrperson von der Wissensvermittlung zur Begleiterin der individuellen Lernprozesse sind zwar erkannt, werden aber erst in Ansätzen umgesetzt.

Ein möglicher Grund für den letztlich niedrigen Anteil an kognitiv aktivierender individueller Lernunterstützung in den Schülerarbeitsphasen mag darin bestehen, dass die Rahmenbedingungen für die Einzelunterstützung im Klassenunterricht nicht optimal sind (Hogan & Pressley, 1997b). Um einzelne Lernende erfolgreich unterstützen zu können, benötigt eine Lehrperson ausreichend Zeit, um sich auf die individuellen Denkwege einlassen zu können. Ein entsprechendes Indiz könnte der Befund der vorliegenden Untersuchung sein, dass in Lektionen mit höherem zeitlichem Anteil der Schülerarbeitsphase generell ein höherer Anteil individueller Unterstützung und mathematikbezogener Unterstützung sowie ein höherer Anteil an kognitiv aktivierender Unterstützung feststellbar sind.

In Lektionen, in denen Schülerarbeitsphasen ausschließlich dem repetitiven Üben von zuvor erarbeiteten Prozeduren dienen und die Lernenden keine Möglichkeit zur Kooperation haben, leisten die Lehrpersonen seltener kognitiv aktivierende Unterstützung und auch insgesamt weniger individuelle Lernunterstützung. Dies könnte damit zusammenhängen, dass die ausschließlich repetitiven Aufgaben einfacher zu lösen sind und aus diesem Grund weniger Unterstützung erfordern oder dass den Lehrpersonen in den kurzen Phasen zu wenig Zeit für die individuelle Lernunterstützung zur Verfügung steht. Ob der geringere Anteil der kognitiv aktivierenden Lernunterstützung auch als Hinweis auf einen stärker auf die Kontrolle der korrekten Lösungsprozesse und weniger auf die Verstehensorientierung ausgerichteten Unterricht zu deuten ist, bleibt eine offene Frage. Jedenfalls stellte Serrano (1996) bei der Analyse der individuellen Lernunterstützung von je fünf Lektionen aus den USA und Japan fest, dass sich die Unterstützung der Lehrpersonen in den USA in den tendenziell kürzeren Schülerarbeitsphasen auf das schnelle Finden der richtigen Lösung beschränkte und die Unterstützung in den längeren Schülerarbeitsphasen in Japan auf die Begründung und das Verstehen des Vorgehens abzielte. Eine Analyse der individuellen Unterstützung in insgesamt 30 japanischen Lektionen (von drei Lehrpersonen) bestätigt deren Orientierung am Verstehensprozess mit dem Ziel des selbständigen Problemlösens (Hino, 2006).

Im Zusammenhang mit der Unterstützung des selbständigen Problemlösens ist der Befund interessant, dass sich in der vorliegenden Untersuchung ausschließlich im offeneren Unterricht ein negativer Zusammenhang des Anteils von weiterführenden Hinweisen mit der Wahrnehmung der Unterstützungsqualität nachweisen lässt. Dies könnte ein weiterer Beleg dafür sein, dass die kognitive Aktivierung nicht überfordernd sein darf und in den Unterstützungsinteraktionen darauf geachtet werden muss, dass die Partizipation der Lernenden ermöglicht wird und die Lernenden aktiv in den Dialog eingebunden werden (Fox, 1991; Wood et al., 1978). Mit Bezug auf das Bedürfnis nach Kompetenzerleben (Deci & Ryan, 1993) lässt sich die tiefere Einschätzung der Unterstützungsqualität bei einem hohen Anteil an weiterführenden Hinweisen ohne Erklärungen evtl. als Ausdruck von Überforderung interpretieren.[29] Möglicherweise ist auch der Anspruchsgrad der Aufgaben im offeneren Unterricht höher und würden sich die Lernenden aus diesem Grund mehr und konkretere Unterstützung wünschen. Auf der einen Seite soll die individuelle Unterstützung die Lernenden kognitiv nicht überfordern, zum Beispiel weisen auch die Arbeiten von Turner und Meyer (2004) auf die Bedeutung einer als

---

29 Beispielsweise stellt Hugener (2008) ebenfalls einen negativen Zusammenhang für das problemlösend entdeckende Inszenierungsmuster im Unterricht mit dem emotionalen Erleben der Schülerinnen und Schüler fest.

moderat empfundenen Herausforderung für die Motivation der Schülerinnen und Schüler hin. Auf der anderen Seite ist darauf zu achten, dass die Lern- und Verstehensprozesse der Lernenden nicht eingeschränkt werden. So zeichnen sich zum Beispiel Interaktionen zwischen Lernenden ohne Unterstützung im Vergleich zu denen mit Unterstützung durch einen höheren Anteil an Explorationsverhalten aus (Hogan et al., 2000). Die Lehrperson soll die Lernenden selber auf Schwierigkeiten stoßen lassen und diese verstehensorientiert aufgreifen und adaptiv auf Fehler reagieren (Merrill et al., 1995; VanLehn et al., 2007; Wood & Wood, 1996).

Wird von diesen Schlussfolgerungen ausgegangen, gilt es in Zukunft, die Lehrpersonen in der Aus- und Weiterbildung einerseits für die Bedeutung der kognitiv aktivierenden, verstehensorientierten individuellen Lernunterstützung zu sensibilisieren und sie zu deren Umsetzung zu befähigen. Andererseits bedarf es der Erweiterung der Kompetenzen zur Gestaltung eines Unterrichts, in welchem die Lehrpersonen ausreichend Zeit für die individuelle Lernunterstützung haben (vgl. Krammer et al., 2007a). Zusätzlich muss auf schulorganisatorischer Ebene darüber nachgedacht werden, in welcher Weise die Einzelunterstützung von Lernenden systematisch gefördert werden kann, beispielsweise durch den zeitweisen Einsatz von mehr als einer Lehrperson während Phasen der selbständigen Schülerarbeit oder durch kleinere Schulklassen (Haselbeck, 2006). Schließlich sind die positiven Effekte der individuellen Lernunterstützung in 1:1-Situationen auf schulische Leistungen seit Längerem belegt (Bloom, 1984; Cohen et al., 1982; Hartley, 1977) und die Möglichkeiten der computerbasierten individuellen Lernunterstützung nach wie vor begrenzt (Lajoie, 2005; VanLehn et al., 2007).

10.2.3 Geringer Zusammenhang der beobachteten Lernunterstützung mit Schülervariablen

Insgesamt sind die Zusammenhänge zwischen beobachtetem Unterstützungsverhalten und der durch die Lernenden wahrgenommenen Unterstützungsqualität in der repräsentativen Stichprobe der Schweiz gering. Einzig der zeitliche Anteil der Unterstützung in Form von ausschließlichem Erfragen des Leistungsfortschritts korreliert negativ mit der wahrgenommen Verstehensorientierung. Beim Vergleich des offeneren und des traditionellen Unterrichtsstils in der Deutschschweiz bestätigt sich dieser negative Zusammenhang im traditionellen Unterricht. Dies könnte ein Hinweis auf das Vorhandensein eines eher kontrollierenden Unterstützungsstils im traditionellen Unterricht sein, welcher von den Lernenden als weniger unterstützend wahrgenommen wird. Gleichzeitig zeigt sich in der Deutschschweiz und insbesondere für den offeneren Unterricht ein positiver Zusammenhang zwischen dem Anteil der kognitiv aktivierenden Unterstützung und der Wahrnehmung der Unterstützungsqualität, was wiederum den Schluss auf einen Einfluss der vermehrt kognitiv aktivierenden Unterstützung auf eine positive Wahrnehmung der Unterstützungsqualität zulässt. Allgemein vermag der geringe Zusammenhang des beobachteten Unterstützungsverhaltens mit der wahrgenommenen Unterstützung wenig zu erstaunen, da sich in anderen Studien die Schüler- und Beobachtersicht auf den Unterricht als relativ unabhängig von einander erweisen (z.B. Clausen, 2002; Reeve, 2002). Auch die Analyse des Zusammenhangs von hoch inferenten Beobachterurteilen zu Merkmalen der Unterrichtsqualität und entsprechenden Schülerfragebogendaten im repräsentativen Datensatz der vorliegenden Studie bestätigt, dass die beiden Perspektiven auf Unterricht nicht in allen Punkten übereinstimmen (Waldis & Grob, in Druck-a). Im Gegensatz zu den Analysen von Waldis und Grob beruhen die vorliegenden Analysen auf den auf Klassenebene aggregierten Schülerdaten und die Beobachterperspektive basiert auf der detaillierten Analyse der einzelnen Interaktionen in den Schülerarbeitsphasen und nicht auf einer allgemeinen Einschätzung des Unterrichts wie im hoch inferenten Rating. Dies sind vermutlich weitere Gründe für den ingesamt geringen festgestellten Zusammenhang zwischen der Schüler- und der Beobachtersicht auf die individuelle Lernunterstützung (vgl. Kapitel 10.1.4).

In Bezug auf den Zusammenhang der Lernunterstützung mit Leistung und Interesse der Lernenden war die Erwartungshaltung von Beginn weg tief. Das Interesse und die Leistung wurden (wie die Wahrnehmung der Unterstützungsqualität) im Rahmen der TIMSS 1999 Videostudie und der schweizerischen Vertiefungsstudie für den Mathematikunterricht allgemein erhoben und nicht spezifisch für die gefilmte Lektion. Da die individuelle Lernunterstützung nur eine von vielen Unterrichtsvariablen darstellt und sowohl Leistungsentwicklung als auch Interesse der Lernenden multideterminiert sind, konnte vom Interaktionsverhalten während der selbständigen Schülerarbeit kein Einfluss erwartet werden. Dies hat sich in den Analysen bestätigt; es konnten nur vereinzelte und schwache Zusammenhänge festgestellt werden, welche obenstehend in der zusammenfassenden Diskussion erläutert sind (vgl. Kapitel 10.1.5). Auch in den Mehrebenenanalysen zur Ermittlung von Prädiktoren der Mathematikleistung in der repräsentativen Stichprobe der Schweiz durch Waldis und Grob (in Druck-b), in denen zusätzlich auch das Geschlecht, der sozioökonomische Status und die Nationalität der einzelnen Schülerinnen und Schüler kontrolliert wurden, fielen die Zusammenhänge zwischen den hoch inferenten Beobachterurteilen und der Mathematikleistung (im Unterschied zum Interesse) gering aus.

Während sich Belege dafür finden, dass die positive Wahrnehmung der konstruktiven Unterstützung förderlich ist für die mathematische Leistungsentwicklung (Kunter et al., 2006), lässt sich über die Wirkungen der beobachtbaren individuellen Lernunterstützung in den Schülerarbeitsphasen aufgrund der bisherigen Befunde wenig sagen. Einerseits tritt die adaptive individuelle Unterstützung im Unterricht eher selten auf und kann daher auch wenig Wirkung entfalten, andererseits gilt es bei der Interpretation der wenigen vorhandenen Zusammenhänge zu beachten, dass die individuelle Lernunterstützung trotz ihrer Bedeutung nur eines von vielen Unterrichtsmerkmalen bleibt und im Zusammenspiel mit weiteren Kernmerkmalen des Unterrichts und Merkmalen der Interaktion im Klassengespräch sowie im Gesamtzusammenhang der Unterrichtsgestaltung betrachtet werden muss. Zum Beispiel konnten Seidel et al. (2006) einen positiven Einfluss für das prozessorientierte Lernbegleitungsprofil im gesamten Unterricht auf Einstellung und fachbezogenes Interesse der Lernenden feststellen. Von einer adaptiven Lernunterstützung in den Schülerarbeitsphasen dürften evtl. auch weniger direkte, kurzfristige Lernerfolge zu erwarten sein als langfristige Wirkungen, zum Beispiel auf das Interaktionsverhalten der Schülerinnen und Schüler bei der gemeinsamen Aufgabenbearbeitung (Mercer & Littleton, 2007; Webb et al., 2006), welches ebenfalls eine wichtige Rolle in Bezug auf die kognitive Aktivierung und den Aufbau von fachlichem Wissen und metakognitiven Strategien spielt (Stebler, 1999) und angesichts der Häufigkeit der Möglichkeit zur Kooperation in Schülerarbeitsphasen in der vorliegenden repräsentativen Untersuchung einen bedeutsamen Aspekt der Unterrichtsgestaltung darstellt.

10.2.4 Fazit zur Adaptivität des Unterrichts in Schülerarbeitsphasen

Die Erfassung der individuellen Lernunterstützung in den Schülerarbeitsphasen leistet einen Beitrag zur Beschreibung der Adaptivität des Unterrichts, der über die Beschreibung von Differenzierungsaspekten (Hugener & Krammer, 2001, in Druck; Hugener, Krammer & Pauli, 2008) hinausgeht. Der Umfang der individuellen Unterstützung in den Schülerarbeitsphasen allein vermag jedoch wenig zum Wissen über die Adaptivität der Unterstützung beizutragen. Die Beschränkung auf die Beschreibung von formalen Aspekten der Unterstützung in Schülerarbeitsphasen, wie zum Beispiel die quantitative Verteilung der Unterstützung, erweist sich als wenig aussagekräftig (Lipowsky et al., 2008). Die Feststellung von mathematikbezogener individueller Lernunterstützung erlaubt erst die Aussage, *dass* Unterstützung geleistet wird. Entscheidend in Bezug auf die Qualität der individuellen Lernunterstützung ist jedoch, ob sie die Denk- und Verstehensleistungen der Schülerinnen und Schüler anregt. Wie in der Unterrichtsforschung allgemein gilt es, das Interaktionshandeln der Lehrpersonen in Bezug auf dessen Wirkung in der Tiefenstruktur der Lernprozesse zu prüfen (Pauli & Reusser, 2006). Die vorliegenden Ergebnisse legen einhergehend mit den Befunden aus anderen Studien zur individuellen Lernunterstützung (Bliss et al., 1996; Hogan & Pressley, 1997b; Kobarg, 2004; Kobarg & Seidel, 2007) die Schlussfolgerung nahe, dass bezüglich der adaptiven, kognitiv aktivierenden Unterstützung im Unterricht noch relativ großer Entwicklungsbedarf vorhanden ist.

Die exaktere Beurteilung der Adaptivität der Unterstützung bedarf der Verbindung von Unterstützungsmerkmalen mit Merkmalen der Schülerinnen und Schüler. Erste Ergebnisse zu differentiellen Effekten weisen zum Beispiel darauf hin, dass schwächere Schülerinnen und Schüler häufiger von den Lehrpersonen unterstützt werden (Lipowsky et al., 2008) und die Unterstützung für Schülerinnen und Schüler mit niedrigem Vorwissen mehr Effekte auf kurz- und langfristige Lernprozesse zeigt als für Schülerinnen und Schüler mit hohem Vorwissen (Seidel & Kobarg, in Vorb.). Der Einbezug von qualitativen Merkmalen der Unterstützung im Zusammenhang mit Schülermerkmalen kann hier weitere Erkenntnisse über die

Adaptivität im Unterricht erbringen. Entsprechende Analysen sind im Rahmen des Projekts „Didaktische Kommunikation und Bildungswirkungen im problemorientierten Mathematikunterricht" geplant (Reusser & Pauli, 2006).[30]

In der Diskussion der Ergebnisse wurden mehrfach Grenzen der vorliegenden Untersuchung deutlich. Auf diese wird in der Diskussion des gewählten methodischen Zugangs zur Beschreibung der individuellen Lernunterstützung im nächsten Kapitel ausführlicher eingegangen.

10.3 Diskussion des methodischen Vorgehens

Im Folgenden werden die Vorteile und Grenzen des gewählten methodischen Vorgehens zur Analyse der individuellen Lernunterstützung in den Schülerarbeitsphasen aufgezeigt.

10.3.1 Fokussierung auf die Schülerarbeitsphasen in einer Lektion

Eine Stärke der vorliegenden Arbeit liegt darin, dass sie den Unterricht aus einer repräsentativen Stichprobe berücksichtigt. Für diesen Mehrwert müssen aber auch Einschränkungen in Kauf genommen werden. Zum Beispiel wurde ausschließlich das Unterstützungsverhalten während der Schülerarbeitsphasen untersucht. In einem weiteren Schritt wäre es äußerst interessant, das Interaktionsverhalten der Lehrperson in den Schülerarbeitsphasen mit demjenigen im Klassenunterricht zu vergleichen. Ebenfalls sehr spannend wäre es, das Interaktionsverhalten zwischen den Lernenden demjenigen der Lehrperson gegenüberzustellen und zu untersuchen, ob sich übereinstimmende Merkmale finden lassen. Dies wäre ein Beleg dafür, dass das Interaktionsverhalten der Lehrperson sich langfristig auf dasjenige der Lernenden auswirkt (vgl. Rojas-Drummond & Mercer, 2003; Webb et al., 2006).

Mit der Einschränkung der Analyse auf die Schülerarbeitsphase liegen keine Daten über die Klarheit des Auftrags und der Aufgabenstellung vor, welche die Lehrperson für die Schülerarbeitsphase erteilte. Auch über weitere wichtige Voraussetzungen für die erfolgreiche Unterstützung wie zum Beispiel die Diagnosekompetenz der Lehrperson oder ihre Analyse der zu lösenden Aufgaben sowie ihr fachliches und fachdidaktisches Wissen können aufgrund der vorliegenden Daten keine Aussagen gemacht werden.

Zusätzlich gilt es anzumerken, dass möglicherweise die Analyse von nur einer Lektion nicht ausreicht zur Beschreibung des Unterstützungsverhaltens einer Lehrperson, da die Unterstützung zu einem gewissen Grad auch je nach Inhalt und Anforderungsgrad der Aufgaben unterschiedlich ausfallen kann; u.a. aus diesem

---

30 Beim Forschungsprojekt von Reusser und Pauli handelt es sich um ein Fortsetzungsprojekt des deutsch-schweizerischen Projekts „Unterrichtsqualität, Lernverhalten und mathematisches Verständnis" (Lipowsky et al., 2005) mit Fokus auf das Unterrichtsgespräch und dessen Bildungswirkungen (SNF-Projekt Nr. 100013-113971/1).

Grund wäre die Standardisierung des Inhalts für die Analyse des Unterstützungs-verhaltens von verschiedenen Lehrpersonen ideal.

Interessant wäre ebenfalls, den Zusammenhang des Unterstützungsverhaltens der Lehrperson in den Schülerarbeitsphasen mit ihrem Unterstützungsverhalten in Kleingruppensituationen oder in der 1:1-Situation zu überprüfen. Dies würde Aussagen über die Übertragbarkeit von Befunden aus der Tutoring-Forschung auf die Situation in der Schülerarbeitsphase erlauben.

Eine entsprechende Ausweitung der Analyse des Interaktionsverhaltens im Schulzimmer auf mehrere Zeitpunkte und Unterrichtsphasen, wie sie zum Beispiel im Projekt „Didaktische Kommunikation und Bildungswirkungen im problem-orientierten Mathematikunterricht" (Reusser & Pauli, 2006) möglich ist, würde zudem die mit der längeren zeitlichen Dimension von Lernprozessen begründete Forderung von Mercer und Littleton (2007) einlösen, das Interaktionsverhalten im Unterricht und seine Wirkungen auf die Lernprozesse über längere Zeiträume hinweg zu analysieren.

10.3.2 Analyse der Lernunterstützung in Schülerarbeitsphasen

Wie im Theorieteil aufgezeigt, liegen nur wenige Untersuchungen zum Unter-stützungsverhalten der Lehrpersonen während der Schülerarbeitsphasen vor. Eine große Herausforderung bei der Analyse der Lernunterstützung in der vorliegenden Untersuchung stellte die Entwicklung eines inhaltsunabhängigen Analyse-instruments dar, da die Lektionsinhalte nicht standardisiert waren.

Das gewählte Verfahren bezieht sich auf kurze Analyseeinheiten des Unter-richts, jede Lehrer-Schüler-Interaktion in den Schülerarbeitsphasen wurde mit Hilfe des theorie- und datengeleitet entwickelten Kategoriensystems codiert. Aufgrund der kurzen Analyseeinheiten und der ausführlichen Operationalisierung der einzel-nen Codes lässt sich das Analyseverfahren dem niedrig inferenten Codieren zuord-nen. Gleichzeitig wird bei der Codierung der einzelnen Interaktionen ein Urteil über die Funktion der Unterstützung in Bezug auf den Denk- und Verstehens-prozess der Lernenden respektive auf ihren Grad der kognitiven Aktivierung ab-gegeben; dies entspricht einem Rating der Unterstützung in Bezug auf deren Inten-tion, da die Wirkung der Unterstützung in den Köpfen der Lernenden nicht nach-gewiesen werden kann. Aus diesen Gründen lässt sich das Verfahren als Kombina-tion oder Zwischenform der hoch und niedrig inferenten Codierungen einordnen (Hugener et al., 2006b) (vgl. Kapitel 8.4). Die guten Reliabilitätswerte der Codie-rung mit zwei weiteren Codiererinnen belegen, dass aufgrund des Kategoriensys-tems die reliable Erfassung und Codierung der Lehrer-Schüler-Interaktionen mög-lich war.

Bewährt hat sich die inhaltliche Unterscheidung zwischen der ausschließlich organisatorischen und der mathematikbezogenen Unterstützung. Beim Codieren wurde es nicht als Nachteil empfunden, dass die organisatorischen Bemerkungen im Rahmen von mathematikbezogenen Unterstützungsinteraktionen nicht berücksichtigt werden konnten. Da sich der Anteil der ausschließlich organisatorischen Unterstützung als eher gering herausstellte, könnte bei einer Wiederverwendung des Kategoriensystems auf die weitere Binnendifferenzierung der organisatorischen Unterstützung verzichtet werden; sie bringt keinen zusätzlichen Erkenntnisgewinn.

Die Tatsache, dass innerhalb des offeneren Unterrichts der höhere Anteil an kognitiv aktivierender Lernunterstützung mit einer positiveren Wahrnehmung der Unterstützungsqualität zusammenhängt, ist als Indiz dafür zu deuten, dass es in der vorliegenden Studie gelungen ist, frei vom Inhalt der Lektionen eine Form der Unterstützung zu identifizieren, deren Auftreten auch systematisch mit einer positiveren Wahrnehmung der Unterstützungsqualität durch die Lernenden im Unterricht allgemein (nicht nur in Schülerarbeitsphasen) korreliert. Dass sich dieser Zusammenhang nur im offeneren Unterricht zeigt, könnte darauf zurückzuführen sein, dass die Schülerarbeitsphasen dort mehr Unterrichtszeit einnehmen und damit dem Verhalten der Lehrpersonen während dieser Phasen auch mehr Bedeutung zukommt.

Mit der Erfassung und Codierung der gesamten Interaktion werden keine Aussagen zur Gesprächsabfolge sowie zur fachinhaltlichen Mikrostruktur bzw. zur fachdidaktischen Qualität der Gespräche gemacht (Stigler et al., 2000). Auch dem Anspruch der Analyse der Dynamik der Interaktion und des verstärkten Einbezugs der Lernenden (Anghileri, 2006; Kumpulainen & Mutanen, 2000) kann in der vorliegenden Arbeit nicht Rechnung getragen werden. Das Mikrofon erfasste vor allem die Stimme der Lehrperson sehr deutlich und auch die Kameraführung war lehrerzentriert, was den Fokus der Analyse auf die Lehrperson beschränkte.

Eine Möglichkeit in Bezug auf die Analyse des Einbezugs der Lernenden wäre beispielsweise die Erfassung der Anregung von „Self-Explanations", welche sich in verschiedenen Studien als wirksame Form der Unterstützung erwiesen haben (vgl. z.B. Chi et al., 1994; Wong et al., 2002) und einerseits die Partizipation und das laute Denken der Lernenden anregen sowie andererseits der Lehrperson die Möglichkeit zum besseren Nachvollziehen des Verstehensstandes der Lernenden geben (vgl. Ruf & Gallin, 1998). Als weitere Differenzierung der Kategorie der weiterführenden Hinweise (H) wäre die gesonderte Erfassung der Anregung zur Reflexion des eigenen Denkweges aufschlussreich. Sie würde eine Aussage darüber erlauben, ob die Unterstützung auf den Aufbau von Kompetenzen zum selbständigen Lernen abzielt. Im Rahmen der Forschung zum Erwerb von Lernstrategien wird dem Lerndialog eine bedeutende Rolle für den Aufbau von Fähigkeiten zur Steuerung des eigenen Lernens zugesprochen (Brown, 1984). In der vorliegenden Studie wurden die Anregungen zu Selbsterklärungen sowie zur Reflexion unter die Kategorie der weiterführenden Hinweise (H) subsummiert (Reflexion anregen, Aufforderung, den eigenen Denkweg zu beschreiben, begründen, erklären), entsprechende Äußerungen konnten zu selten festgestellt werden, um Aufnahme ins Kategoriensystem zu finden und gesondert erfasst zu werden; zudem treten sie meistens in Kombination mit weiteren Hinweisen oder Erklärungen auf. Hier werden die Grenzen eines für große Stichproben praktikablen Kategoriensystems zur Analyse von Interaktionsmerkmalen deutlich. Eine pragmatische Lösung würde zum Beispiel die Erfassung von Anregungen zur Selbsterklärung sowie die Erfassung von Hinweisen auf der Ebene der Lernstrategien als sogenannte Ereignis-Codes ohne Erfassung der Zeitdauer darstellen, zusätzlich zur Codierung mit dem verwendeten Kategoriensystem. Diese Ereignis-Codes würden eine Aussage über die Auftretenshäufigkeit entsprechender Anregungen gestatten.

In Bezug auf die Qualität der Unterstützung (sowohl bei Hinweisen als auch bei Erklärungen) wäre zusätzlich die Unterscheidung interessant gewesen, ob sich die Unterstützung auf die Ebene der Strategie oder des Inhalts bezieht. Aufgrund der unterschiedlichen Lektionsinhalte in der vorliegenden Stichprobe ließ sich diese Unterscheidung nicht treffen, zu eng verknüpft zeigten sich die Interventionen auf strategischer und inhaltlicher Ebene, und es ließen sich keine Merkmale bestimmen, welche eine kategoriale Unterscheidung erlaubt hätten. In qualitativen Analysen der Lernunterstützung beim Bearbeiten von Textaufgaben hat sich gezeigt, dass die Unterstützung auf strategischer Ebene selten vorkommt (vgl. Leiss, 2007).

Eine weitere interessante Dimension der Unterstützung, welche aufgrund der unterschiedlichen Lektionsinhalte nicht berücksichtig werden konnte, wäre die Unterscheidung zwischen einem kleinschrittigen, prozedurorientierten Vorgehen und einem auf größere Verstehenszusammenhänge und die Herausarbeitung der Kernidee des mathematischen Konzepts ausgerichteten Unterstützungsverhalten gewesen, sowohl bei den direkten Erklärungen und Anweisungen (E) als auch bei der indirekten Unterstützung in Form von weiterführenden Hinweisen (H). In beiden Kategorien konnte zum Teil ein eher kleinschrittiges Verhalten von einem auf das Verstehen von Zusammenhängen ausgerichteten Verhalten unterschieden werden. Diese Unterscheidung würde zusätzlich zur Einschätzung des Grades der kognitiven Aktivierung der Lernenden durch die Unterstützung Informationen über die Dimension der durch die Unterstützung angezielten Verstehensebene geben (Anghileri, 2006) und könnte damit zur Aufklärung von Unterschieden der im Unterricht wahrgenommenen Verstehensorientierung und möglicherweise auch von Unterschieden im Leistungsfortschritt beitragen (vgl. Hiebert & Grouws, 2007).

Auf entsprechende Kategorien zur Differenzierung der Erklärungen und der Hinweise war in der vorliegenden Untersuchung verzichtet worden, da sie sich inhaltsunabhängig nicht reliabel unterscheiden lassen; möglicherweise wäre die Differenzierung bei einer Standardisierung der zu erwerbenden mathematischen Kompetenzen auch in einer großen Stichprobe möglich.

In qualitativen Studien konnte die Bedeutung der affektiven Komponente der Unterstützung belegt werden (Lepper et al., 1997). Für die vorliegende Untersuchung stellte sich analog zur Unterrichtsforschung allgemein die Schwierigkeit der Erfassung klimatischer Aspekte im Interaktionsverhalten von Lehrpersonen und der Erfassung der Qualität der Beziehung zwischen Lehrperson und Lernenden (vgl. Helmke, 2002). Wertschätzung, Ermunterung und motivierender Zuspruch äußern sich sowohl auf verbaler als auch auf nonverbaler Ebene und lassen sich schwierig an Oberflächenmerkmalen der Interaktion festmachen. Aus diesem

Grund wurde trotz der theoretischen und empirischen Relevanz dieser Dimension der Unterstützung auf die entsprechende Analyse verzichtet.

Ebenfalls nicht erfasst wurde, ob die Lehrperson oder die Schülerin respektive der Schüler die Interaktion initiierte und wie oft die Lehrperson die einzelnen Lernenden unterstützte respektive wie die Unterstützung verteilt war. In der Untersuchung von Lipowsky, Pauli und Rakoczy (2008) werden die einzelnen Lernenden in der Schulklasse identifiziert; dies erlaubt eine Analyse der Egalität der Verteilung der Lehrer-Schüler-Interaktion in Bezug auf die einzelnen Individuen und die gesamte Gruppe. Es zeigt sich aber, dass die Ausgewogenheit der Verteilung der Unterstützung während der Schülerarbeitsphase (im Unterschied zu derjenigen im Klassenunterricht) keinen Zusammenhang mit der Leistungsentwicklung und Kriterien der Unterrichtsqualität hat.

Für eine differenzierte Sicht auf die individuelle Lernunterstützung in den Schülerarbeitsphasen könnte es zusätzlich lohnenswert sein, als Ergänzung zur niedrig inferenten Codierung der einzelnen Interaktionen in den Schülerarbeitsphasen das Unterstützungsverhalten während der gesamten Phase der Schülerarbeit in Bezug auf die Qualität der individuellen Unterstützung (z.B. Verstehensorientierung, Motivationsunterstützung, Erklärkompetenz, Diagnosekompetenz) hoch inferent zu beurteilen (vgl. Hugener et al., 2006b).

10.3.3 Einbezug unterschiedlicher Datenquellen

Die Verwendung von verschiedenen Datenquellen ermöglicht die Integration verschiedener Perspektiven auf den Unterricht. Die Möglichkeit des Einbezugs verschiedener Blickrichtungen ist ein Merkmal und eine Qualität der Unterrichtsforschung mit Videos. In den großen Videosurveys wie zum Beispiel der TIMSS 1999 Videostudie werden neben den Unterrichtsaufnahmen auch Daten der Lernenden und der Lehrpersonen erhoben.

In der vorliegenden Arbeit wurden zum Zweck der Datentriangulation die mittels Fragebogen erhobene Wahrnehmung der Lernunterstützung durch die Schülerinnen und Schüler und ihr Interesse sowie der durch einen Leistungstest ermittelte Lernfortschritt berücksichtigt. Wie bereits aufgezeigt, konnten nur wenige Zusammenhänge festgestellt werden. Dies ist vermutlich vor allem darauf zurückzuführen, dass die Befragung der Schülerinnen und Schüler sich nicht spezifisch auf die gefilmte Lektion und nicht spezifisch auf das Unterstützungsverhalten während der Schülerarbeitsphasen, sondern allgemein auf den Unterricht bei der gefilmten Lehrperson bezieht und Ausdruck der kumulierten Unterrichtserfahrungen ist.

Da sich aufgrund der Analyse der Zusammenhänge mit explorativem Charakter nur geringe Zusammenhänge feststellen ließen und sich die erfragten Schülerdaten nicht spezifisch auf das beobachtete Verhalten in der gefilmten Lektion beziehen, wurde für die vorliegende Untersuchung ausschließlich mit den auf Klassenebene aggregierten Daten gerechnet und auf Mehrebenenanalysen verzichtet. Zumindest die aggregierten Daten der Schülerwahrnehmung des Unterrichts können als valide Informationen über das Unterrichtsgeschehen respektive Unterstützungsverhalten betrachtet werden (Gruehn, 2000). Die ebenfalls auf der repräsentativen Stichprobe der Schweiz aus der TIMSS 1999 Videostudie beruhenden Analysen der Schülerwahrnehmung von Waldis und Grob bestätigen, dass beträchtliche Anteile der interindividuellen Varianz in den Unterrichtswahrnehmungen der Schülerinnen und Schüler durch die Klassenzugehörigkeit bestimmt werden (Waldis & Grob, in Druck-a). Auch das Interesse und die Mathematikleistungen der Schülerinnen und Schüler variieren in gewissem Maße auf Klassenebene (Waldis & Grob, in Druck-b).[31] Für eine über die in dieser Arbeit geleisteten explorativen Analysen hinausgehende Untersuchung der Prädiktoren von Mathematikleistung und Interesse wäre die Berücksichtigung der Mehrebenenstruktur der Daten sowie der Kontrollvariablen auf individueller Ebene jedoch unverzichtbar.

Die Angaben der Lehrpersonen wurden in die vorliegende Untersuchung nicht einbezogen. Für weiterführende Studien wäre zum Beispiel interessant, ob sich ein Zusammenhang zwischen dem erfragten Lehr-Lernverständnis der Lehrpersonen (z.B. Prozedur- vs. Verstehensorientierung oder Auffassung über die eigene Rolle während selbständiger Schülerarbeit) und dem beobachteten Unterstützungsverhalten in den Schülerarbeitsphasen feststellen lässt (vgl. Leuchter, Reusser, Pauli & Klieme, 2008). Ebenfalls von großem Interesse wäre die Überprüfung des Zusammenhangs der fachdidaktischen Kompetenzen der Lehrpersonen mit ihrem Unterstützungsverhalten und dessen Wirkung. Zwecks besserer Erfassbarkeit würde sich eine solche Untersuchung idealerweise auf einen spezifischen Verstehens- und Lösungsraum (z.B. eine ausgewählte Mathematikaufgabe) beziehen (Drollinger-Vetter, in Vorb.).

Weiter könnte der Einbezug der Perspektive der Lernenden sowie der Lehrpersonen bei der Analyse der Unterrichtsvideos hilfreich sein für die Rekonstruktion der Denk- und Verstehensprozesse im Unterricht und deren Anregung (Clarke et al., 2006). Die Wahrnehmung des Unterstützungsverhaltens der Lernenden entscheidet mit über ihre Nutzung des Unterrichtsangebots (Deci & Ryan, 1993; Kunter et al., 2006), aus diesem Grund kann ein vertieftes, prozessnahes Wissen über die Bedingungen der Wahrnehmung von Unterstützung im Unterricht wesentliche Hinweise für die Gestaltung förderlicher Unterstützung geben.

10.3.4 Grenzen der Studie

Die Erfassung von Videodaten und die Triangulation von unterschiedlichen Datenquellen bedeuten auch bei fortgeschrittenen technologischen Möglichkeiten immer noch einen hohen Aufwand. Insbesondere die Aggregation und Integration von

---

31 10% der Varianz im Interesse und 50% der Varianz der Leistung wird durch die Klassenzugehörigkeit erklärt. Unter Kontrolle des Schultyps können noch 7.3% der Varianz im Interesse und 22.6% der Varianz der Leistung auf die Klassenzugehörigkeit zurückgeführt werden (Waldis & Grob, in Druck-b). Dies bestätigt den Befund, dass die Varianz der Leistung in hohem Maße auf den Schultyp zurückzuführen ist.

detailliert erhobenen Unterrichtsmerkmalen stellt die Forschenden vor neue Herausforderungen (Pauli & Reusser, 2006). Sie erweist sich bereits bei kleinen Fallzahlen als komplex (Green, Weade & Graham, 1988).

Für die Darstellung der detailliert erhobenen Merkmale des Unterstützungsverhaltens wurde in der vorliegenden Arbeit hauptsächlich mit den prozentualen zeitlichen Anteilen der Unterstützungsformen an einer größeren zeitlichen Einheit wie zum Beispiel der Dauer der Schülerarbeitsphase gearbeitet, aggregiert auf Lektionsebene. Präzisere Angaben zum Zusammenhang der Funktion und der Sozialform während der Schülerarbeitsphase mit dem Unterstützungsverhalten wären mit einem Analyseverfahren möglich, welches die Integration von Analysen auf der Ebene der Sequenz wie auch der Lektion erlaubt.

Die Verdichtung der Codierungen zu Mustern des Unterstützungsverhaltens wäre für die vorliegende Untersuchung ein nächster Schritt (Chi, 1997). Von diesem Analyseschritt wurde abgesehen, da das Vorgehen bereits bei kleineren Fallzahlen sehr anspruchsvoll ist und für die Fragestellung noch weitere unabhängige Variablen einbezogen werden müssten. Dies führt über den Rahmen der Möglichkeiten der vorliegenden Arbeit hinaus.

Eine weitere Möglichkeit wäre die ergänzende qualitative Analyse von Einzelfällen. Zum Beispiel ließe sich das Unterstützungsverhalten in ausgewählten Klassen mit positiver Wahrnehmung der Unterstützung durch die Lernenden und positiver Leistungsentwicklung untersuchen, um weitere bedeutsame Merkmale der Unterstützung in Schülerarbeitsphasen identifizieren zu können. Durch entsprechende Fallanalysen ist aber keine wesentliche Erhöhung der Aussagekraft der vorliegenden Arbeit zu erwarten.

Um den Einfluss von Unterrichtsmerkmalen auf die Entwicklung von kognitiven und affektiven Merkmalen der Schülerinnen und Schüler erfassen zu können, sind längsschnittliche Daten notwendig. Die aus der TIMSS 1999 Videostudie sowie der schweizerischen Vertiefungsstudie verwendeten Daten ermöglichen jedoch nur eine Querschnittstudie. Aus diesem Grund können lediglich Korrelationen von Unterrichts- und Schülermerkmalen berichtet werden, welche nicht kausal interpretiert werden dürfen. Die Zusammenhänge von Unterrichts- und Schülermerkmalen sind in der vorliegenden Arbeit ohnehin gering. Die Modellierung der Leistungs- und Interessenentwicklung der einzelnen Lernenden würde Mehrebenenanalysen unter Einbezug von Längsschnittdaten sowie von zusätzlichen Variablen der Unterrichtsqualität erfordern.

Die Aussagekraft der Ergebnisse dieser Arbeit einschränkend ist festzuhalten, dass bei den statistischen Analysen das Jackknife-Verfahren zur Berücksichtigung eines möglichen Klumpencharakters der Stichprobe nicht angewendet wurde. Wie im vorangehenden Kapitel 10.3.3 dargestellt, beruhen die Analysen mit Schülerdaten allesamt auf den auf Klassenebene aggregierten Werten. In Bezug auf die Wahrnehmung der Unterstützungsqualität erscheint dies unproblematisch und in Bezug auf Interesse und Leistung zeigen sich ohnehin geringe Zusammenhänge mit dem beobachteten Unterstützungsverhalten. Weitergehende Analysen müssten aber der hierarchischen Struktur des Datensatzes mit Mehrebenenanalysen und dem

Einbezug von Kontrollvariablen auf individueller Ebene Rechnung tragen. Während die Analysen für die gesamte Schweiz auf einer repräsentativen Stichprobe und gewichteten Daten beruhen, sind die Daten der mit ELF-Klassen erweiterten Teilstichprobe der Deutschschweiz nicht repräsentativ und damit die Analysen zu Unterschieden aufgrund des Unterrichtsstils nicht verallgemeinerbar.

Als weitere Einschränkung kann die vorliegende Untersuchung der Forderung an die Unterrichtsforschung nicht gerecht werden, differentielle Effekte des Unterrichtsgesprächs und der Unterstützung zu berücksichtigen (vgl. Prenzel & Seidel, 2006). Zu diesem Zweck hätten die einzelnen Lernenden in der Klasse identifiziert werden müssen, damit ihre Lernvoraussetzungen mit der Form der Unterstützung hätten in Beziehung gesetzt werden können. Dies hätte Aussagen darüber ermöglicht, ob sich das Unterstützungsverhalten der Lehrpersonen in Abhängigkeit von den Lernvoraussetzungen unterscheidet, wie dies zum Beispiel Hess (2003) festgestellt hat, und ob Wahrnehmung und Wirkung des Unterstützungsverhaltens sich in Abhängigkeit von den Lernvoraussetzungen der Schülerinnen und Schüler unterscheiden (vgl. Kobarg & Seidel, 2007).

Die Identifikation der einzelnen Lernenden ergänzt mit Daten zu ihren Lernvoraussetzungen sowie ihren Leistungsfortschritten würde zusätzlich zur Beschreibung von differentiellen Effekten Aussagen über die Passung des Unterstützungsangebots mit den Nutzungsmöglichkeiten der Lernenden erlauben. Als weiteres Merkmal der Lernenden ließe sich das Hilfesuch- oder Frageverhalten der Lernenden erfassen, welches wiederum in Beziehung gesetzt werden könnte zum Unterstützungsverhalten der Lehrperson und dessen Wirkungen (vgl. Karabenick & Newman, 2006; Niegemann, 2004; Niegemann & Stadler, 2001; Ryan, Pintrich & Midgley, 2001; Schworm & Fischer, 2006).

10.4 Weiterführende Forschungsfragen

In der Diskussion wurden bereits etliche weiterführende Fragestellungen aufgezeigt. Abschließend und zusammenfassend werden ausgehend von der Diskussion der Ergebnisse und des methodischen Vorgehens Perspektiven für die Forschung aufgezeigt, welche sich als fruchtbar für den weiteren Erkenntnisgewinn in Bezug auf die individuelle Unterstützung in den Schülerarbeitsphasen erweisen könnten.

Die Modellierung von *Effekten der Lehrer-Schüler-Interaktion* im Hinblick auf fachliche und überfachliche Ziele bedingt den Einbezug weiterer Variablen und ein längsschnittliches Untersuchungsdesign. Neben der Erfassung der kognitiv aktivierenden Unterstützung bedarf es zum Beispiel auch der Analyse des kognitiven Anregungsgehalts der zu bearbeitenden Aufgaben, des allgemeinen Gesprächsverhaltens und der Diagnosekompetenz der Lehrperson. Offen ist die Frage nach der Bedeutung des fachdidaktischen Wissens der Lehrperson sowie ihres Lehr-Lernverständnisses für die Effektivität des Unterstützungsverhaltens. Um entsprechende Effekte modellieren zu können, empfiehlt sich die Erhebung einer Stichprobe mit standardisierten Lektionsinhalten, ergänzt durch die unterrichts-

respektive lektionsnahe Erfragung von Daten seitens der Lehrpersonen sowie der Schülerinnen und Schüler.

Der Adaptivität der Unterstützung kommt aus theoretischer Perspektive eine hohe Bedeutung zu. Die *Erfassung der Adaptivität der Unterstützung* bedingt differenzierte Angaben seitens der Lernenden, um die Anpassung der Unterstützung an die Lernvoraussetzungen sowie differentielle Effekte beschreiben zu können. Zu diesem Zweck müssen die Lernenden im Unterricht identifiziert und die motivationalen und kognitiven Lernvoraussetzungen seitens der Lernenden erhoben werden. Vorwissen und Lernfortschritt sollten ebenfalls in Bezug auf den Lektionsinhalt erhoben werden, um näher an die direkten Effekte der Unterstützung zu gelangen.

Um die *Bedeutung der Beziehungsqualität und der motivationalen Unterstützung* sowie die Vereinbarkeit von motivationaler und kognitiver Unterstützung (Turner & Meyer, 2004) beschreiben zu können, bedarf es weiterer Anstrengungen zur Erfassung dieser Komponenten der Unterstützung. Eine wichtige Datenquelle zur Beschreibung der Beziehungsqualität bleibt die Einschätzung der Lernenden, welche wiederum möglichst direkt im Anschluss an die untersuchte Unterrichtseinheit erfolgen sollte.

Als wichtige Voraussetzung der erfolgreichen Unterstützung gilt die *Diagnosekompetenz* der Lehrperson. Aufgrund der Ausführungen im theoretischen Teil dieser Arbeit ist davon auszugehen, dass es weniger um die Fähigkeit zur präzisen Vorhersage von Leistungen der einzelnen Schülerinnen und Schüler geht (vgl. Schrader, 1989, 2006) sondern vielmehr um das Feststellen der Zone der nächsten Entwicklung respektive der zu leistenden Denk- und Verstehensschritte der einzelnen Lernenden im Gespräch. Reusser (1993) unterscheidet in diesem Zusammenhang zwischen der Lerner- und der Aufgabendiagnose; während die Lernerdiagnose eine detaillierte Kenntnis der kognitiven Voraussetzungen der Schülerinnen und Schüler umfasst, sind die Anforderungen der Aufgabendiagnose moderater und einfacher umsetzbar. Die Aufgabendiagnose erfordert eine seriöse Task Analysis. Lehrpersonen, welche die Aufgaben, die sie den Schülerinnen und Schülern stellen, sehr genau kennen und die Verstehenselemente und deren Verbindung zur Bewältigung der Aufgabe selber genau analysiert haben, unterstützen das Lernen wirksamer als solche, welche die Lösungswege der Lernenden nicht in ein Verständnis eines umfassenden Aufgabenraums einordnen können (Drollinger-Vetter, in Vorb.; Reusser, 1993). Mit der Betonung auf die aufgaben- und ressourcenorientierte Erfassung der Zone der nächsten Entwicklung wird stärker auf das Anknüpfen am aktuellen Stand des Wissens und Könnens und nicht auf die präzise Leistungsvorhersage fokussiert. Das Anknüpfen der Diagnose (und Unterstützung) an den individuellen Lernvoraussetzungen setzt voraus, dass die Lehrpersonen sich auf den Dialog mit den Lernenden einlassen und ihnen die Möglichkeit geben, ihr Wissen und Können in die Interaktion einzubringen. Damit soll die in den Köpfen von vielen Lehrpersonen vorherrschende Vorstellung von Diagnose als Geheimwissenschaft des Einsatzes der richtigen Diagnoseinstrumente, welche nur wenigen Spezialisten vorbehalten ist, aufgebrochen werden zu Gunsten einer stärkeren Orientierung am Lernprozess. Es wird dafür plädiert, dass die Lehrpersonen auf der Basis ihres fachlichen und fachdidaktischen Wissens lernen, den Schülerinnen und Schülern zuzuhören und sich auf ihre Denkprozesse einzulassen, um diese weiter anzuregen und zu begleiten. Zur Erfassung dieser Form von Diagnosekompetenz könnten den Lehrpersonen zum Beispiel Interviews mit Lernenden abgespielt werden und anschließend Fragen zum Wissen und Können dieser Lernenden gestellt werden. Als zusätzliche notwendige Komponenten der Diagnosekompetenz ließen sich das fachliche und das fachdidaktische Wissen der Lehrpersonen erheben sowie zum Beispiel die Analyse der durch die Lernenden zu bearbeitenden Aufgaben vornehmen.

Eine Hürde des Sich-Einlassens auf die Denkwege von Lernenden ist die von Nickerson festgestellte Neigung zur egozentristischen Annahme, dass die Gesprächspartnerin oder der Gesprächspartner dasselbe weiß, was man selber weiß (Nickerson, 2001). Um diese Hürde überwinden zu können, bedarf es Möglichkeiten zur sorgfältigen Reflexion des eigenen Gesprächsverhaltens und zum Einüben der Perspektivenübernahme. Entsprechende Möglichkeiten werden in den abschließenden Überlegungen zu den Implikationen dieser Arbeit für die Aus- und Weiterbildung von Lehrpersonen aufgezeigt.

10.5 Aufbau von effektivem Unterstützungsverhalten: Implikationen für die Aus- und Weiterbildung von Lehrpersonen

In der vorliegenden Arbeit wurden Bedeutung und Potenzial der individuellen Lernunterstützung als Form der adaptiven Anpassung des Lehrangebots an die individuellen Lernvoraussetzungen und als Form der Unterstützung der unterschiedlichen Nutzungsmöglichkeiten theoretisch belegt und empirisch untersucht. Gerade in einem Unterricht, der individuelle Lernwege ermöglicht, kommt der Unterstützung der Lernenden eine wichtige Funktion für deren Lern- und Verstehensprozesse zu. Dieses Erklärungswissen alleine reicht jedoch nicht aus, es gilt auch Veränderungswissen darüber zu erarbeiten, wie die Lehrpersonen die erforderlichen Kompetenzen zur Unterstützung der Lernenden aufbauen und erweitern können (Prenzel, 2005).

10.5.1 Kompetenzen der Lehrperson für effektive Unterstützung

In Kapitel 5.6 sowie in der vorangehenden inhaltlichen Diskussion wurden die Voraussetzungen seitens der Lehrpersonen zur effektiven Unterstützung aufgezeigt. Die erforderlichen Kompetenzen der Lernunterstützung als Teilkomponenten einer allgemeinen adaptiven Lehrkompetenz (vgl. Beck et al., 2008) werden hier nochmals kurz zusammengefasst, um anschließend auf Möglichkeiten zu Aufbau und Erweiterung dieser Kompetenzen einzugehen.

Primäre Voraussetzung für die Unterstützung der Lernenden im Unterricht ist das Verständnis dafür, dass das *Rollenverständnis* der Lehrperson neben dem Vermitteln von Inhalten und Strategien auch das adaptive verstehensorientierte Begleiten und Unterstützen der individuellen Lernprozesse umfasst (vgl. Rasku-Puttonen et al., 2003). Dies impliziert, dass die Lehrperson die Zeit der selbständigen Schülerarbeit gezielt für die individuelle Diagnose und Unterstützung der Lernprozesse nutzt und über ein Repertoire von Unterstützungsstrategien verfügt.

Zentrale Kriterien für die Unterstützungsstrategien sind (wie allgemein für die Unterrichtsgestaltung) die *Adaptivität der Unterstützung* und die *kognitive Aktivierung der Lernenden*. Dies bedeutet, dass eine Lehrperson dazu fähig sein muss, die Unterstützung so zu gestalten, dass sie den unterschiedlichen Bedürfnissen und Schwierigkeiten der Lernenden angepasst ist und darauf abzielt, dass die Lernenden die Aufgabe verstehen und selbständig lösen können. Mit ihrem Unterstützungsverhalten regt die Lehrperson die Lernenden zu eigenen Denkschritten an und bezieht sie aktiv in die Erarbeitung der Lösung ein.

Notwendige aber nicht hinreichende Voraussetzung für die effektive Unterstützung ist die *Diagnosekompetenz* der Lehrperson. Sie benötigt die Fähigkeiten zur Diagnose und Förderung des Aufbaus von sowohl fachlichen als auch überfachlichen Kompetenzen, um entsprechende Prozesse systematisch planen und das Vorwissen und die Bedürfnisse der Lernenden situationsspezifisch deuten zu können (vgl. Buholzer, 2003; Joller-Graf, 2006).

Die Voraussetzungen der Beziehungsgestaltung der Lehrperson mit den Lernenden für die effiziente individuelle Unterstützung sind wenig erforscht. Es kann aufgrund theoretischer Annahmen davon ausgegangen werden, dass der produktive verstehensorientierte Dialog der Lehrperson mit den Lernenden auf *gegenseitiger Wertschätzung* basiert (Hascher, 2004). Damit bedingt die individuelle Lernunterstützung neben der diagnostischen Kompetenz und den verstehensorientierten Unterstützungsstrategien auch die *Bereitschaft*, auf die individuellen Denk- und Verstehensprozesse der Lernenden und den gemeinsamen Dialog im Unterricht einzutreten (Czerwanski, 2006; Meyer, Pfiffner & Walter, 2007).

Zusammengefasst umfasst die Kompetenz zur individuellen Unterstützung die Fähigkeit, systematisch an den individuellen Voraussetzungen der Lernenden anzuknüpfen und die individuellen Lern- und Verstehensprozesse, den Aufbau eines positiven Fähigkeitsselbstkonzepts und das selbstgesteuerte Lernen anzuregen und zu begleiten. Dies bedingt eine offene, geduldige, wertschätzende und vertrauensvolle Haltung der Lehrperson gegenüber den Lernenden bei gleichzeitig klaren und individuell angemessenen Leistungserwartungen.

10.5.2 Bedingungen und Möglichkeiten des Kompetenzaufbaus in der Aus- und Weiterbildung von Lehrpersonen

Eine ausschließlich auf theoretischer Ebene erfolgende Vermittlung von Kenntnissen über eine wirksame Unterrichtsgestaltung verspricht kaum Erfolg und resultiert in einer Kluft zwischen Wissen und Handeln (vgl. Schoen, 1983). Zum Beispiel genügt es nicht, auf theoretischer Ebene mit dem konstruktivistischen Lehr-Lernverständnis vertraut zu sein, erst die Auseinandersetzung mit dessen Implikationen für das Handeln der Lehrperson sowie die Erprobung und Reflexion der Umsetzung führt zu einer Veränderung auf der Ebene des Unterrichts (vgl. Leuchter, Pauli, Reusser & Lipowsky, 2006; Leuchter et al., 2008). Aber auch die ausschließlich in der Praxis erfolgende Routinebildung, bei der subjektive Annahmen oftmals unhinterfragt bleiben und nicht auf der Grundlage lehr-lernpsychologischer Erkenntnisse überprüft werden, ist unzureichend, da sie zur Fixierung unproduktiver Handlungsmuster beiträgt (vgl. Hascher, 2005). Vielmehr benötigt professionelles Unterrichtshandeln ein Zusammenspiel theoretischer Kenntnisse und berufspraktischer Erfahrungen, die in Lern- und Reflexionsprozessen zu handlungswirksamem Wissen integriert werden (Bromme & Tillema, 1995; Messner & Reusser, 2000; Wahl, 2001).

Entsprechend bedingt der Aufbau von unterrichtsbezogenen Kompetenzen die Einbettung der Lernprozesse in praxisnahe Settings (z.B. Levine, 2006; Putnam & Borko, 2000). Forschendes und fallbasiertes Lernen bietet die Ausgangslage für den aktiven Kompetenzaufbau (Messner & Reusser, 2000; Reusser, 2005a) sowie für die Erweiterung der Beobachtungs- und Reflexionsfähigkeiten (Sherin, 2002; van Es & Sherin, 2006). Solche situierten, reflexiven, an den individuellen Lernvoraussetzungen der Lehrpersonen anknüpfenden Lernprozesse bilden die Grundlage für den handlungswirksamen und nachhaltigen Aufbau von unterrichtsbezogenem Wissen und ermöglichen die Überwindung der Kluft zwischen Theorie und Praxis (vgl. z.B. Korthagen & Kessels, 1999; Schoen, 1983, 1987).

In den letzten Jahren hat sich die videobasierte Unterrichtsanalyse als Form des situierten und fallbasierten Lernens zunehmend etabliert, insbesondere auch im Fachbereich der Mathematik (z.B. Borko, Jacobs, Eiteljorg & Pittman, 2008; Brophy, 2004; Goldman, Pea & Derry, 2007; Helmke & Helmke, 2004; Krammer & Reusser, 2004; Reusser, 2005b; Welzel & Stadler, 2005). Das besondere Potenzial des Einsatzes von Unterrichtsvideos in der Aus- und Weiterbildung liegt in der Authentizität der Unterrichtsaufnahmen, mit der sie einen praxisbezogenen Diskurs unter Lehrpersonen zu Fragen der Qualität von Unterricht anregen und den Perspektivenwechsel und die Umstrukturierung und Erweiterung professionellen unterrichtsbezogenen Wissens sowie die Vernetzung von Theorie und Praxis begünstigen. Die Unterrichtsvideos ermöglichen eine Form von „virtual field experience" (Hixon & Sanborn, 2005), welche sich wiederholt abspielen und aus verschiedenen theoretischen und praktischen Gesichtspunkten analysieren lässt. Damit wird das Nachdenken über konkrete Unterrichtshandlungen ohne den unmittelbaren Handlungsdruck in der realen Unterrichtssituation möglich. Die gemeinsame Reflexion und Diskussion über Lehr-Lernprozesse im Unterricht erlaubt ausgehend von authentischen Problemen das Bewusstmachen und Reflektieren der handlungsleitenden Kognitionen und den ko-konstruktiven Aufbau von berufsrelevantem Wissen im Sinne des problembasierten Lernens (Reusser, 2005b).

Ergebnisse aus Weiterbildungsprojekten mit Unterrichtsvideos weisen darauf hin (vgl. Brouwer, 2006), dass die Lehrpersonen die gemeinsame Reflexion und Diskussion über Unterrichtsvideos als relevant und lernreich einschätzen (Krammer et al., 2006, 2008) und dass sie mit den Unterrichtsvideos durch videobasierte Unterrichtsanalyse lernen können, Unterricht differenzierter wahrzunehmen (Schnetzler et al., in Vorb.; van Es & Sherin, 2002), ein größeres Verständnis für die Denk- und Lernprozesse der Schülerinnen und Schüler entwickeln (Borko et al., 2008; Sherin & Han, 2003) und sich ihr Wissen über Merkmale der Unterrichtsgestaltung verändert (Gärtner, 2007).

Gemäß bisherigen Erfahrungen mit dem fallbasierten Einsatz von Unterrichtsvideos in der Aus- und Weiterbildung von Lehrpersonen hängt deren erfolgreicher Einsatz weitgehend von der sorgfältigen Gestaltung des Lernsettings mit Möglichkeit zum gemeinsamen Austausch über die Unterrichtsvideos und einer kompetenten Anleitung und Begleitung der Arbeit mit den Videos ab (Krammer & Reusser, 2004; Krammer et al., 2008, 2009; Reusser, 2005b; Seago, 2004). Die Relevanz von Lernaufgaben und Inhalten (Krammer & Hugener, 2005) und des verwendeten Videomaterials (Kobarg et al., 2007) sowie die kompetente Begleitung und Unterstützung der Lernenden (Borko et al., 2008; van Es & Sherin, 2006) haben sich in ersten Projekten als relevante Bedingungen für ein produktives Lernen mit Unterrichtsvideos herausgestellt.

Aufgrund der vorliegenden Erkenntnisse zum Lernen mit Unterrichtsvideos lassen sich folgende vier Merkmale für die Gestaltung von Lernsettings mit Unterrichtsvideos für den Aufbau und die Erweiterung der unterrichtsbezogenen Kompetenzen von (angehenden) Lehrpersonen beschreiben (vgl. Krammer et al., 2008):

1. Einsatz von fremden und eigenen Videos zum systematischen Heranführen an die Reflexion und Kommunikation über Unterricht:
Vielfach zeigen sich in Diskussionen über Unterrichtsvideos Tendenzen zum abwertenden und generalisierenden Beurteilen der gefilmten Lehrpersonen ohne Bezugnahme auf konkrete Unterrichtssituationen oder Reflexion über Kontext und Ziele des Unterrichts sowie die auszulösenden Prozesse seitens der Lernenden. Aus diesem Grund bedürfen die Reflexion und Diskussion über gefilmte Unterrichtsszenen einer sorgfältigen Einführung und Begleitung. Durch die explizite Auseinandersetzung mit Prozessen der Wahrnehmung von Unterricht und Kriterien des Feedbacks bauen die Lehrpersonen eine professionelle Reflexions- und Kommunikationsform im Umgang mit Unterrichtsvideos auf. Unter Anleitung vertiefen und reflektieren sie ihre Kompetenzen zur konstruktiv-kritischen, wertschätzenden Unterrichtsrückmeldung. Während die fremden Unterrichtsvideos ein geeignetes Werkzeug zum Aufbau einer konstruktiven Kommunikation über Unterricht sind und die distanzierte Reflexion über Unterricht ermöglichen, regen die eigenen Unterrichtsvideos die authentische Auseinandersetzung mit Fragen der Unterrichtsgestaltung an und erhöhen die empfundene Relevanz der Auseinandersetzung mit den Unterrichtsvideos

und damit die Motivation der Lehrpersonen zur sorgfältigen Reflexion und Diskussion über Lehr-Lernprozesse im Unterricht.

2. *Fokussierung auf relevante thematische Gesichtspunkte und auf die Lernprozesse der Schülerinnen und Schüler:*
Für die Intensität der Auseinandersetzung mit den Unterrichtsvideos und die Tiefe der Verarbeitung erweist sich die Fokussierung auf einen aus theoretischer und empirischer Sicht relevanten allgemein- und/oder fachdidaktischen Gesichtspunkt als entscheidend. Die Erarbeitung und Begründung des thematischen Fokus sowie eine stringente Verknüpfung des Fokus mit den Arbeitsimpulsen (z.B. in Form von Beobachtungsaufträgen oder Diskussionspunkten) sind Voraussetzung für eine fundierte Auseinandersetzung mit dem Thema. Als Gesichtspunkt besonders geeignet ist ein flexibles Kriterium der Unterrichtsqualität wie zum Beispiel die kognitive Aktivierung der Lernenden, welches vielfältig anschluss- und umsetzungsfähig ist (z.B. kognitive Aktivierung durch kooperatives Lernen, herausfordernde Arbeitsaufträge oder individuelle Lernunterstützung). Damit die Auseinandersetzung mit dem Unterricht nicht auf der Beschreibung der Oberflächenstruktur respektive der Inszenierungs- und Interaktionsformen verbleibt und sich auch auf die Zieldimension des Unterrichts bezieht, braucht es Arbeitsimpulse, welche die Reflexion über das Denken und Lernen der Schülerinnen und Schüler im beobachteten Unterricht anregen.

3. *Arbeit in Kleingruppen mit adaptiver inhaltlicher und organisatorischer Begleitung:*
Ein befriedigender und gewinnbringender Austausch über Unterrichtsvideos in Kleingruppen erfordert ein Engagement der einzelnen Lehrpersonen, welches einerseits durch anregende Inputs und Arbeitsimpulse, andererseits aber auch durch angemessene Strukturierung und Begleitung der kooperativen Lernprozesse unterstützt werden muss. Vorgegebene Strukturierungshilfen können den Kleingruppen helfen, die Arbeit zu planen (verbindliche Termine, Abläufe, Umfang der Arbeit, Arbeitsziele, usw.). Während der Kooperation ist sowohl eine organisatorische als auch inhaltliche Begleitung der Arbeit der Kleingruppen angezeigt, die angepasste Anregungen und Aufforderungen zur Zusammenarbeit enthält. Die Begleitung erfolgt wertschätzend und berücksichtigt die Bedürfnisse der einzelnen Gruppen und ihrer Mitglieder. Adaptiv können zusätzliche inhaltliche Inputs (z.B. in Form von Lektüre) angeboten und Rückmeldungen gegeben werden.

4. *Umsetzung der Erkenntnisse durch die Planung, Durchführung und Reflexion von Unterrichtseinheiten:*
In Ergänzung zur retrospektiven fokussierten Reflexion und Diskussion über Lehr-Lernprozesse im Unterricht auf der Basis von Videoaufnahmen wird der Transfer der Erkenntnisse in die eigene Unterrichtspraxis angeregt. Die Lehrpersonen setzen ihre Erkenntnisse im Unterricht bei der Planung und Begrün-

dung um und sammeln bei der Durchführung neue Erfahrungen. Die Durchführung des Unterrichts kann gefilmt werden und wiederum als Ausgangspunkt für die gemeinsame Reflexion über Lehr-Lernprozesse im Unterricht dienen sowie die Vertiefung und Differenzierung der Auseinandersetzung anregen.

Unterrichtsvideos können zusätzlich für die Dokumentation der Lernprozesse oder Erhebung der unterrichtsbezogenen Kompetenzen genutzt werden, indem sie zum Beispiel in digitalen Lernportfolios als Grundlage für Reflexionen und zur Veranschaulichung der gewonnenen Erkenntnisse dienen (vgl. Gassner, 2005) oder die Basis von schriftlichen Unterrichtskommentaren bilden, welche inhaltlich analysiert werden können (vgl. Kersting, 2008; Krammer et al., 2007b; Schwindt, 2008; Schnetzler et al., in Vorb.).

10.5.3 Aufbau von Unterstützungskompetenzen durch Lernen mit Unterrichtsvideos

Das Potenzial der Unterrichtsvideos macht sie, wie aufgezeigt, sowohl für die Unterrichtsforschung als auch als Werkzeug für die Aus- und Weiterbildung von Lehrpersonen attraktiv (vgl. Pauli & Reusser, 2006). Erste Studien zeigen, dass insbesondere der Aufbau eines förderlichen Gesprächs- und Unterstützungsverhaltens möglich ist und sich das Interaktionsverhalten speziell für die Analyse mit den Lehrpersonen anbietet (Webb et al., 2006). Ein gutes Beispiel dafür, wie Lehrpersonen im Sinne von „Action Research" (Altrichter & Posch, 1998) gemeinsam mit Forschenden ihr Sprechverhalten im Unterricht analysieren und so zu Erkenntnissen bezüglich ihres Interaktionsverhaltens und dessen Wirkungsweise kommen, sind die Arbeiten von Myhill und Mitarbeitenden (Myhill et al., 2006). Mit der Dissertation von Kobarg liegen Belege dafür vor, dass die Wahrnehmung der Unterstützungsqualität in Unterrichtsvideos tatsächlich mit der eigenen Unterrichtspraxis zusammenhängt. Der Vergleich der Sichtweise von Lehrpersonen und Experten zeigt, dass Lehrpersonen, die bei der Analyse von videografierten Unterrichtsaufnahmen auf Merkmale der Unterstützung im Unterricht achten (z.B. prozessorientierte Lernbegleitung), diese in ihrem eigenen Unterricht eher umsetzen (Kobarg, 2009).

Auch für das Potenzial der Förderung der Diagnosekompetenz (als Voraussetzung für adaptive Unterstützung) durch die Arbeit mit Unterrichtsvideos liegen erste Belege vor. Beispielsweise haben die Lehrpersonen in den Studien von Sherin und Mitarbeitenden zu einer verstärkt auf die Lernprozesse der Schülerinnen und Schüler orientierten Sichtweise auf den Unterricht gefunden, „... teachers developed professional vision. In particular, they began to pay close attention to student thinking and began to reason about what they noticed in new ways" (Sherin, 2007, S. 16). „Learning to notice" (van Es & Sherin, 2002) meint hier sinngemäß das Entwickeln der Fähigkeit, auf die Lernprozesse der Lernenden zu fokussieren und verstärkt auf deren Äußerungen zu achten, um auf ihren individuellen Verstehensstand und ihre spezifischen Fragen oder Schwierigkeiten sowie die notwendigen Reaktionen der Lehrperson schließen zu können.

Eine unabdingbare Voraussetzung für die Analyse und Reflexion von Unterrichtsvideos besteht darin, dass geeignete Videoaufnahmen vorhanden sind. Bereits vorliegend sind unter anderem die am Pädagogischen Institut der Universität Zürich entstandenen DVDs mit Videoausschnitten aus dem Mathematikunterricht (Hugener et al., 2007; Krammer et al., 2007a; Zobrist, Krammer & Reusser, 2004), welche neben den Videos und Unterrichtsmaterialien einen Theorieteil sowie Arbeitsanregungen zum Einsatz der Aufnahmen in der Lehre umfassen. Insbesondere die DVD zum adaptiven Unterricht eignet sich auch zur Auseinandersetzung mit der individuellen Unterstützung der Lernenden während Schülerarbeitsphasen (Krammer et al., 2007a). Zur Reflexion der Interaktionen in den Videoaufnahmen der DVDs oder auch des eigenen Unterrichts bieten sich zum Beispiel die in Kapitel 5.5 ausgeführten Kriterien der wirksamen individuellen Lernunterstützung an.

Die theoriegeleitete Auseinandersetzung mit gefilmten Interaktionen im Unterricht bietet Möglichkeiten der Unterstützung der Lehrpersonen beim Aufbau und der Erweiterung von Kompetenzen zur Unterstützung der Schülerinnen und Schüler im Unterricht. Der Fokuswechsel weg vom richtigen Lehrverhalten hin zum Denken der Lernenden erweist sich aufgrund der Ergebnisse aus Weiterbildungsstudien (Schnetzler et al., in Vorb.; Sherin & Han, 2003) als möglich und ist für die effektive Unterstützung der Schülerinnen und Schüler im Unterricht zentral. Eine wichtige Voraussetzung für die Erweiterung der Kompetenzen sowie die „Um"-Orientierung der Blickrichtung weg von der Darbietung des Lehrstoffs auf die Lernprozesse der Schülerinnen und Schüler und deren Anregung und Begleitung ist die längerfristige Zusammenarbeit von Studierenden oder Lehrpersonen mit Expertinnen und Experten, welche als kooperative Partner und nicht als Vermittler auftreten. Wie bei der individuellen Lernunterstützung im (Mathematik-)Unterricht knüpft die effektive Unterstützung der Lernprozesse der Lehrpersonen an den individuellen Lernvoraussetzungen an, hat das selbständige Verstehen und Handeln zum Ziel und beruht auf einer wertschätzenden gegenseitigen Beziehung. Gleichzeitig entspricht dies dem Prinzip des didaktischen Doppeldeckers, da die (angehenden) Lehrpersonen die Form von Unterstützung erfahren, welche sie auch im Unterricht leisten werden (Wahl, 2006).

Entsprechend ist es zentral, dass auch die Lehrerbildnerinnen und -bildner (vgl. Koster, Brekelmans, Korthagen & Wubbels, 2005) sowie die Praktikumslehrpersonen, welche mit Studierenden arbeiten (vgl. Stadelmann, 2006) einen prozessorientierten, respektvollen Umgang mit den Unterrichtsvideos pflegen sowie einen theoretisch abgestützten und analytisch begründeten Diskurs über das beobachtete Unterstützungsverhalten, dessen kontextuelle Bedingtheit und seine möglichen Auswirkungen auf das Lernen der Schülerinnen und Schüler führen können.

11 Literatur

Abele, A. (1988). Kommunikationsprozesse im Mathematikunterricht. *Mathematische Unterrichtspraxis, 9* (2), 23-30.

Achermann, E. (1993). *Mit Kindern Schule machen.* Zürich: Verlag Lehrerinnen und Lehrer Schweiz.

Aebli, H. (1976). *Grundformen des Lehrens. Eine allgemeine Didaktik auf kognitionspsychologischer Grundlage.* (9. Aufl.). Stuttgart: Ernst Klett Verlag.

Aebli, H. (1997). *Zwölf Grundformen des Lehrens. Eine Allgemeine Didaktik auf psychologischer Grundlage* (9. Aufl.). Stuttgart: Klett Kotta.

Allal, L. & Pelgrims Ducrey, G. (2000). Assessment of – or in – the zone of proximal development. *Learning and Instruction, 10* (2), 137-152.

Althof, W. (Hrsg.). (1999). *Fehlerwelten. Vom Fehlermachen und Lernen aus Fehlern. Beiträge und Nachträge zu einem interdisziplinären Symposium aus Anlass des 60. Geburtstags von Fritz Oser.* Opladen: Leske & Budrich.

Altrichter, H. & Posch, P. (1998). *Lehrer erforschen ihren Unterricht. Eine Einführung in die Methoden der Aktionsforschung* (3., durchges. u. erw. Aufl.). Bad Heilbrunn: Klinkhardt.

Anderson, J. R., Boyle, D. F. & Reiser, B. J. (1985). Intelligent tutoring systems. *Science, 228,* 456-462.

Anghileri, J. (2006). Scaffolding practices that enhance mathematics learning. *Journal of Mathematics Teacher Education, 9* (1), 1386-1416.

Applebee, A. N. & Langer, J. A. (1983). Instructional scaffolding: Reading and writing as natural language activities. *Language Arts, 60* (2), 8-15.

Atkinson, R. K., Derry, S. J., Renkl, A. & Wortham, D. (2000). Learning from examples: Instructional principles from the worked examples research. *Review of Educational Research, 70* (2), 181-214.

Atteslander, P. (2000). *Methoden der empirischen Sozialforschung* (9. bearb. u. erweit. Aufl.). Berlin: De Gruyter.

Azevedo, R., Cromley, J. G., Winters, F. I., Moos, D. C. & Greene, J. A. (2005). Adaptive human scaffolding facilitates adolescents' self-regulated learning with hypermedia. *Instructional Science, 33* (5/6), 381-412.

Azevedo, R. & Hadwin, A. F. (2005). Scaffolding self-regulated learning and metacognition – Implications for the design of computer-based scaffolds. *Instructional Science, 33* (5/6), 367-379.

Baer, M., Fuchs, M., Füglister, P., Reusser, K. & Wyss, H. (Hrsg.). (2006). *Didaktik auf psychologischer Grundlage. Von Hans Aeblis kognitionspsychologischer Didaktik zur modernen Lehr- und Lernforschung.* Bern: h.e.p. verlag ag.

Bakeman, R. & Gottman, J. M. (1986). *Observing Interaction. An introduction to sequential analysis.* Cambridge: University Press.

Bastian, J. (1995). Offener Unterricht. Zehn Merkmale zur Gestaltung von Übergängen. *Pädagogik, 47* (12), 6-11.

Bauersfeld, H. (1988). Interaction, construction, and knowledge – Alternative perspectives for mathematical education. In D. A. Grouws & T. J. Cooney (Hrsg.), *Perspectives on research on effective mathematics teaching: Research agenda for mathematics education* (Vol. 1, S. 27-46). Reston, VA: Erlbaum.

Bauersfeld, H. (1994). Theoretical perspectives on interaction in the mathematics classroom. In R. Biehler, R. W. Scholz, R. Strässer & B. Winkelmann (Hrsg.), *Didactics of mathematics as a scientific discipline* (S. 133-146). Dordrecht: Kluwer.

Bauersfeld, H. (1995). The structuring of the structures: Development and function of mathematizing as a social practice. In L. B. Steffe & J. Gale (Hrsg.), *Constructivism in education* (S. 137-158). Hillsdale, NJ: Erlbaum.

Baumert, J., Gruehn, S., Heyn, S., Köller, O. & Schnabel, K.-U. (1997). *Bildungsverläufe und psychosoziale Entwicklung im Jugendalter (BIJU). Dokumentation, Band 1. Skalen Längsschnitt I, Welle 1-4.* Berlin: Max-Planck-Institut für Bildungsforschung.

Baumert, J. & Kunter, M. (2006). Stichwort: Pofessionelle Kompetenz von Lehrkräften. *Zeitschrift für Erziehungswissenschaft, 9* (4), 469-520.

Beaton, A. E., Mullis, I. V. S., Martin, M. O., Gonzalez, E. J., Kelly, D. L. & Smith, T. A. (1996). *Mathematics achievement in the middle school years. IEA's Third International Mathematics and Science Study.* Chestnut Hill, MA: Boston College.

Beck, E., Baer, M., Guldimann, T., Bischoff, S., Brühwiler, C., Müller, P., et al. (2008). *Adaptive Lehrkompetenz. Analyse von Struktur, Veränderbarkeit und Wirkung handlungssteuernden Lehrerwissens.* Münster: Waxmann.

Beck, E. & Guldimann, T. (2006). Was trägt die Lehr-Lernforschung zum „guten" Unterricht bei? In M. Baer, M. Fuchs, P. Füglister, K. Reusser & H. Wyss (Hrsg.), *Didaktik auf psychologischer Grundlage. Von Hans Aeblis kognitions-psychologischer Didaktik zur modernen Lehr- und Lernforschung* (S. 218-226). Bern: h.e.p. verlag ag.

Becker-Mrotzek, M. & Vogt, R. (2001). *Unterrichtskommunikation: Linguistische Analysemethoden und Forschungsergebnisse.* Tübingen: Max Niemeyer Verlag.

Becker, G. (1997). Der lange Abschied von der grossen Illusion. Lernwege differenziert gestalten. *Praxis Schule, 10-15* (2), 6-8.

Becker, G., Horstkemper, M., Risse, E., Stäudel, L., Werning, R. & Winter, F. (2006). *Friedrich Jahresheft XXIV: Diagnostizieren und Fördern. Stärken entdecken – Können entwickeln* (Vol. 2006). Seelze: Erhard Friedrich GmbH.

Begehr, A. (2004). *Teilnahme und Teilhabe am Mathematikunterricht. Eine Analyse von Schülerpartizipation.* Freie Universität Berlin: Elektronische Dissertation.

Begehr, A. (2006). Students' verbal actions in German mathematics classes. In D. Clarke, C. Keitel & Y. Shimizu (Hrsg.), *Mathematics classrooms in twelve countries: the insider's perspective* (S. 167-182). Rotterdam: Sense Publishers.

Bereiter, C. & Scardamalia, M. (1989). Intentional learning as a goal of instruction. In L. B. Resnick (Hrsg.), *Knowing, learning, and instruction* (S. 361-392). Hillsdale, NJ: Erlbaum.

Biermann, R. (Hrsg.). (1985). *Interaktion – Unterricht – Schule.* Darmstadt: Wissenschaftliche Buchgesellschaft.

Bittner, S. (2006). *Das Unterrichtsgespräch: Formen und Verfahren des dialogischen Lehrens und Lernens.* Bad Heilbrunn: Klinkhardt.

Black, P. & William, D. (1998). *Inside the black box: Raising standards through classroom assessment.* London: King's College.

Bliss, J., Askew, M. & Macrae, S. (1996). Effective teaching and learning: scaffolding revisited. *Oxford Review of Education, 22* (1), 37-61.

Bloom, B. S. (1984). The 2 sigma problem: The search for methods of group instruction as effective as one-to-one tutoring. *Educational Researcher, 13*, 4-16.

Bloome, D. & Theodorou, E. (1988). Analyzing teacher-student and student-student discourse. In J. L. Green & J. O. Harker (Hrsg.), *Multiple perspective analyses of classroom discourse* (S. 217-248). Norwood, NJ: Ablex Publishing Corporation.

Bolhuis, S. (2003). Towards process-oriented teaching for self-directed lifelong learning: a multidimensional perspective. *Learning and Instruction, 13*, 327-347.

Bollnow, O. F. (1964/2001). *Die pädagogische Atmosphäre: Untersuchungen über die gefühlsmässigen zwischenmenschlichen Voraussetzungen der Erziehung.* Heidelberg: Quelle & Meyer.

Bönsch, M. (1981). *Moderne Unterrichtsgestaltung: Konzepte – Methoden – Mittel.* München: Don Bosco.

Bönsch, M. (1983). Differenzierung. In D. Lenzen & K. Mollenhauer (Hrsg.), *Theorien und Grundbegriffe der Erziehungswissenschaft* (Vol. 1, S. 318-331). Stuttgart, Dresden: Klett.

Bönsch, M. (1991). *Variable Lernwege: Ein Lehrbuch der Unterrichtsmethoden.* Paderborn: UTB.

Bönsch, M. (1995). *Differenzierung in Schule und Unterricht. Ansprüche, Formen, Strategien.* München: Ehrenwirth.

Bönsch, M. (1997). Differenzierung und Optimierung von Lernprozessen. Didaktische – diagnostische – dialogische Gestaltung des Unterrichts. *Die deutsche Schule, 89* (3), 335-352.

Bönsch, M. (2000). Differenzierung als Lernprozessoptimierung. *Erziehung und Unterricht, 150* (9/10), 1136-1152.

Bönsch, M. (2002). *Beziehungslernen: Pädagogik der Interaktionen.* Hohengehren: Schneider.

Borko, H., Jacobs, J., Eiteljorg, E. & Pittman, M. E. (2008). Videos as a tool for fostering productive discussions in mathematics professional development. *Teaching and Teacher Education, 24* (2), 417-436.

Bortz, J. (2005). *Statistik für Human- und Sozialwissenschaftler.* Heidelberg: Springer.

Bos, W. & Tarnai, C. (1999). Content analysis in empirical social research. *International Journal of Educational Research, 31*, 659-671.

Bransford, J. D., Brown, A. L. & Cocking, R. R. (Hrsg.). (1999). *How People Learn. Brain, Mind, Experience and School.* Washington, DC: National Academy Press.

Bräu, K. (2006). Gesprächsanalytische Untersuchung der Lehrer-Schüler-Kommunikation bei der Betreuung individualisierten Lernens. In I. Mammes, S. Rahm & M. Schratz (Hrsg.), *Schulpädagogische Forschung – Unterrichtsforschung – Perspektiven innovativer Ansätze.* Innsbruck: StudienVerlag.

Bromme, R. & Tillema, H. (1995). Fusing experience and theory: The structure of professional knowledge. *Learning and Instruction, 5*, 261-267.

Brophy, J. (1999). *Teaching.* Brüssel/Genf: IAE/IBE.

Brophy, J. (Hrsg.). (2004). *Using Video in Teacher Education.* Oxford: Elsevier.

Brophy, J. (2006). Observational research on generic aspects of classroom teaching. In P. A. Alexander & P. H. Winne (Hrsg.), *Handbook of educational psychology* (2. Aufl., S. 755-780). Mahwah NJ: Erlbaum.

Brophy, J. & Good, T. L. (1976). *Die Lehrer-Schüler-Interaktion. Das Wechselspiel von Erwarten, Verhalten und Erfahrungen im Klassenzimmer. Folgerungen für Unterricht, Forschung und Lehrerausbildung.* München, Berlin, Wien: Urban & Schwarzenberg.

Brophy, J. & Good, T. L. (1986). Teacher behavior and student achievement. In M. C. Wittrock (Hrsg.), *Handbook of research on teaching* (3. Aufl., S. 328-375). New York: MacMillan.

Brouwer, N. (2006). Imaging teacher learning. A literature review on the use of digital video for preservice teacher education and teacher professionalization. ILS Graduate School of Education, Radboud University Nijmegen (NL).

Brown, A. L. (1984). Metakognition, Handlungskontrolle, Selbststeuerung und andere, noch geheimnisvollere Mechanismen. In F. E. Weinert & R. H. Kluwe (Hrsg.), *Metakognition, Motivation und Lernen* (S. 60-109). Stuttgart: Kohlhammer.

Brown, A. L., Metz, K. E. & Campione, J. C. (1996). Social interaction and individual understanding in a community of learners: The influence of Piaget and Vygotsky. In A. Tryphon & J. Vonèche (Hrsg.), *Piaget – Vygotsky. The social genesis of thought* (S. 145-170). Sussex: Psychology Press.

Brown, R. A. J. & Renshaw, P. D. (2000). Collective argumentation: a sociocultural approach to reframing classroom teaching and learning. In H. Cowie & G. van der Aalsvoort (Hrsg.), *Social interaction in learning and instruction. The meaning of discourse for the construction of knowledge* (S. 52-66). Amsterdam: Pergamon.

Brügelmann, H. (1998). Öffnung des Unterrichts: Befunde und Probleme der empirischen Forschung. In H. Brügelmann, M. Fölling-Albers & S. Richter (Hrsg.), *Jahrbuch Grundschule. Fragen der Praxis – Befunde der Forschung* (S. 8-42). Seelze/Velber: Friedrich.

Bruner, J. S. (1961). The act of discovery. *Harvard Educational Review, 31*, 21-32.

Bruner, J. S. (1986). *Actual minds, possible words.* New York: Harvard.

Bruner, J. S. (2006). *In search of pedagogy, Volume II: The selected works of Jerome S. Bruner.* New York: Routledge.

Brunner, E. J. (2006). Lehrer-Schüler-Interaktion. In D. H. Rost (Hrsg.), *Handwörterbuch Pädagogische Psychologie* (3. überarb. erw. Aufl., S. 378-385). Weinheim: Beltz PVU.

Brush, T. & Saye, J. W. (2002). A summary of research exploring hard and soft scaffolding for teachers and students using a multimedia supported learning environment. *The Journal of Interactive Online Learning, 1* (2), 1-12.

Bühl, A. & Zöfel, P. (2002). *SPSS 11. Einführung in die moderne Datenanalyse unter Windows.* München: Pearson Education Deutschland.

Buholzer, A. (2003). *Förderdiagnostisches Sehen, Denken und Handeln. Grundlagen, Erfassungsmodelle und Hilfsmittel.* Aarau: Sauerländer.

Burbules, N. C. & Bruce, B. C. (2001). Theory and research on teaching as dialogue. In V. Richardson (Hrsg.), *Handbook of research on teaching* (4. Aufl., S. 1102-1121). Washington: American Educational Research Association.

Burri, A. (Hrsg.). (1997). *Sprache und Denken (Grundlagen der Kommunikation und Kognition)*. Berlin: De Gruyter.

Cazden, C. (1986). Classroom discourse. In M. C. Wittrock (Hrsg.), *Handbook of research on teaching* (3. Aufl., S. 432-462). New York: MacMillan.

Cazden, C. B. (1988). *Classroom discourse: The language of teaching and learning*. Portsmouth, N.H.: Heinemann.

Cazden, C. B., John, V. P. & Hymes, D. (Hrsg.). (1972). *Functions of language in the classroom*. New York, London: Teachers College Press.

Chi, M. T. H. (1996). Constructing self-explanations and scaffolded explanations in tutoring. *Applied Cognitive Psychology, 10*, 33-49.

Chi, M. T. H. (1997). Quantifying qualitative analyses of verbal data: A practical guide. *The Journal of the Learning Sciences, 6* (3), 271-315.

Chi, M. T. H., de Leeuw, N., Chiu, M.-H. & LaVancher, C. (1994). Eliciting self-explanations improves understanding. *Cognitive Science, 18*, 439-477.

Chi, M. T. H., Roy, M. & Hausmann, R. G. M. (2008). Observing tutorial dialogues collaboratively: Insights about human tutoring effectiveness from vicarious learning. *Cognitive Science, 32*, 301-341.

Chi, M. T. H., Siler, S. A., Jeong, H., Yamauchi, T. & Hausmann, R. G. (2001). Learning from human tutoring. *Cognitive Science, 25*, 471-533.

Choi, I., Land, S. M. & Turgeon, A. J. (2005). Scaffolding peer-questioning strategies to facilitate metacognition during online small group discussion. *Instructional Science, 33* (5/6), 483-511.

Christie, F. (2005). *Classroom discourse analysis: a functional perspective*. London: Continuum.

Clark, A.-M., Anderson, R. C., Kuo, L., Kim, I.-H., Archodidou, A. & Nguyen-Jahiel, K. (2003). Collaborative reasoning: Expanding ways for children to talk and think in school. *Educational Psychology Review, 15* (2), 181-198.

Clarke, D. (2004). *Patterns of participation in the mathematics classroom*. Paper presented at the proceedings of the 28th conference of the international group for the psychology of mathematics education.

Clarke, D. (2006). Deconstructing dichotomies: arguing for a more inclusive approach. In D. Clarke, C. Keitel & Y. Shimizu (Hrsg.), *Making connections: comparing mathematics classrooms around the world* (S. 215-236). Rotterdam: Sense Publishers.

Clarke, D., Keitel, C. & Shimizu, Y. (2006). The Learner's Perspective Study (LPS). In D. Clarke, C. Keitel & Y. Shimizu (Hrsg.), *Mathematics classrooms in twelve countries: the insider's perspective* (S. 1-13). Rotterdam: Sense Publishers.

Clausen, M. (2002). *Unterrichtsqualität: Eine Frage der Perspektive? Empirische Analysen zur Übereinstimmung, Konstrukt- und Kriteriumsvalidität*. Münster: Waxmann.

Clausen, M., Reusser, K. & Klieme, E. (2003). Unterrichtsqualität auf der Basis hoch-inferenter Unterrichtsbeurteilungen. Ein Vergleich zwischen Deutschland und der deutschsprachigen Schweiz. *Unterrichtswissenschaft, 31* (2), 122-141.

Cobb, P. (1996). Where is the mind? A coordination of sociocultural and cognitive constructivist perspectives. In C. T. Fosnot (Hrsg.), *Constructivism: Theory, perspectives and practice* (S. 34-52). New York: Teachers College Press.

313

Cobb, P. & Bauersfeld, H. (Hrsg.). (1995). *The emergence of mathematical meaning: Interaction in classroom cultures.* Hillsdale, NJ: Erlbaum.

Cobb, P., Boufi, A., McClain, K. & Whitenack, J. W. (1997). Reflective discourse and collective reflection. *Journal for Research in Mathematics Education, 28* (3), 258-277.

Cobb, P. & Bowers, J. (1999). Cognitive and situated learning perspectives in theory and practice. *Educational Researcher, 28* (2), 4-15.

Cobb, P. & Whitenack, J. W. (1996). A method for conducting longitudinal analyses of class-room videorecordings and transcripts. *Educational studies in mathematics, 30,* 213-228.

Cobb, P., Yackel, E. & McClain, K. (2000). *Symbolizing and communicating in mathematics classrooms. Perspectives on discourse, tools, and instructional design.* Mahwah: LEA.

Cohen, J. (1988). *Statistical power analysis for the behavioral sciences.* Hillsdale: Lawrence Erlbaum.

Cohen, P. A., Kulik, J. A. & Kulik, C.-L. C. (1982). Educational outcomes of tutoring: A meta-analysis of findings. *American Educational Research Journal, 19* (2), 237-248.

Collins, A. & Brown, J. S. (1988). The computer as a tool for learning through reflection. In H. Mandl & A. Lesgold (Hrsg.), *Learning issues for intelligent tutoring system* (S. 1-18). New Jork: Springer-Verlag.

Collins, A., Brown, J. S. & Newman, S. E. (1989). Cognitive apprenticeship: Teaching the crafts of reading, writing, and mathematics. In L. B. Resnick (Hrsg.), *Knowing, learning, and instruction: Essays in honor of Robert Glaser* (S. 453-494). Hillsdale, NJ: Erlbaum.

Cornelius-White, J. (2007). Learner-centered teacher-student relationships are effective: A meta-analysis. *Review of Educational Research, 77* (1), 113-143.

Corno, L. & Snow, R. E. (1986). Adapting teaching to individual differences among learners. In M. C. Wittrock (Hrsg.), *Handbook of research on teaching* (3. Aufl., S. 605-629). New York: Macmillan.

Cowie, H. & van der Aalsvoort, G. (Hrsg.). (2000). *Social interaction in learning and instruction, the meaning of discourse for the construction of knowledge.* Amsterdam: Pergamon Press.

Croci, A., Imgrüth, P., Landwehr, N. & Spring, K. (1995). *ELF – Ein Projekt macht Schule. Magazin zum Thema erweiterte Lernformen.* Aarau: Nordwestschweizerische Erziehungsdirektorenkonferenz NW EDK.

Cromley, J. G. & Azevedo, R. (2005). What do reading tutors do? A naturalistic study of more and less experienced tutors in reading. *Discourse Processes, 40* (2), 83-113.

Cronbach, L. J. & Snow, R. E. (1977). *Aptitudes and instructional methods: A handbook for research on interactions.* New York: Irvington.

Czerwanski, A. (2006). Voraussetzungen für Individualisierung schaffen. Von der Haltung der Lehrenden bis zu den Kompetenzen der Lehrperson. *Pädagogik, 1/06,* 10-14.

Dabbagh, N. & Kitsantas, A. (2005). Using web-based pedagogical tools as scaffolds for self-regulated learning. *Instructional Science, 33* (5/6), 513-540.

Dalehefte, I. M. (2006). *Unterrichtsskripts – ein multikriterialer Ansatz. Eine Video-studie zum Zusammenspiel von Mustern unterrichtlicher Aktivitäten, Ziel-orientierung und prozessorientierter Lernbegleitung.* Christian-Albrechts-Universität Kiel: Elektronische Dissertation.

Dann, H.-D., Diegritz, T. & Rosenbusch, H. S. (Hrsg.). (1999). *Gruppenunterricht im Schulalltag. Realität und Chancen.* Erlangen: Universitätsbibliothek (= Erlangener Forschungen, Reihe A, Bd. 90).

Davis, E. A. & Miyake, N. (2004). Explorations of scaffolding in complex classroom systems. *The Journal of the Learning Sciences, 13* (3), 265-272.

De Corte, E. (1995). Forstering cognitive growth: A perspective from research on mathematics learning and instruction. *Educational Psychologist, 30* (1), 37-46.

De Corte, E. (2003). Designing learning environments that foster the productive use of acquired knowledge and skills. In E. De Corte, L. Verschaffel, N. Entwistle & J. van Merriënboer (Hrsg.), *Powerful learning environments: unravelling basic components and dimensions* (S. 21-33). Amsterdam: Pergamon.

de Kock, A., Sleegers, P. & Voeten, M. J. M. (2005). New learning and choices of secondary school teachers when arranging learning environments. *Teaching and Teacher Education, 21,* 799-816.

Deci, E. L. & Ryan, R. M. (1993). Die Selbstbestimmungstheorie der Motivation und ihre Bedeutung für die Pädagogik. *Zeitschrift für Pädagogik, 39,* 223-238.

DeJong, R. & Westerhof, K. J. (2001). The quality of student ratings of teacher behaviour. *Learning Environments Research, 4* (1), 51-85.

Dewey, J. (2002). *Wie wir denken.* Zürich: Verlag Pestalozzianum.

Diedrich, M., Thussbas, C. & Klieme, E. (2002). Professionelles Lehrerwissen und selbstberichtete Unterrichtspraxis im Fach Mathematik. *Zeitschrift für Pädagogik, 45. Beiheft,* 107-123.

Dietrich, T. (1991). Der Beitrag der Reformpädagogik zur Unterrichtsgestaltung heute. In J. Ipfling (Hrsg.), *Unterrichtsmethoden der Reformpädagogik. Anregungen für die Schule von heute* (S. 35-50). Bad Heilbrunn: Klinkhardt.

Doise, W. (1978). Soziale Interaktion und kognitive Entwicklung. In G. Steiner (Hrsg.), *Die Psychologie des 20. Jahrhunderts: VII Piaget und die Folgen* (S. 331-347). Zürich: Kindler Verlag AG.

Doise, W., Mugny, G. & Pérez, J. A. (1995). Soziale Konstruktion des Wissens – Soziale Markierung und soziokognitiver Konflikt. In U. Flick (Hrsg.), *Psychologie des Sozialen. Repräsentationen in Wissen und Sprache* (S. 100-118). Reinbek bei Hamburg: Rowohlt.

Drollinger-Vetter, B. (in Vorb.). *Fachdidaktischer Strukturaufbau.* Universität Zürich: Dissertation.

du Boulay, B. & Luckin, R. (2001). Modelling human teaching tactics and strategies for tutoring systems. *International Journal of Artificial Intelligence in Education, 12* (3), 235-256.

Dudenredaktion (Hrsg.). (2000). *Duden, Das große Fremdwörterbuch: Herkunft und Bedeutung der Fremdwörter.* Mannheim: Dudenverlag.

Dufficy, P. (2001). Scaffolding and assisted performance in multilingual classrooms. *Journal of Educational Enquiry, 2* (1), 33-49.

Duit, R. & Treagust, D. F. (2003). Conceptual change: a powerful framework for improving science teaching and learning. *International Journal of Science Education, 26* (6), 671-688.

Edelmann, W. (2000). *Lernpsychologie* (6. überarb. Aufl.). Weinheim: Beltz PVU.

EDK, S. K. d. K. E. (1993). *Erweiterte Lernformen im Mathematikunterricht (Dossier 26).* Bern: Verlag EDK.

Edwards, A. D. & Westgate, D. P. G. (1994). *Investigating classroom talk* (2. überarb. erw. Aufl.). London: The Falmer Press.

Einsiedler, W. (2000). Von Erziehungs- und Unterrichtsstilen zur Unterrichtsqualität. In M. K. W. Schweer (Hrsg.), *Lehrer-Schüler-Interaktion. Pädagogisch-psychologische Aspekte des Lehrens und Lernens in der Schule* (S. 109-128). Opladen: Leske & Budrich.

Ellinger, S. & Engelhardt, C. (2006). Integration durch Differenzierung: Konzept und Praxis der schwedischen Einheitsschule. *Die Deutsche Schule, 98* (1), 77-89.

Evertson, C. M. & Green, J. L. (1986). Observation as inquiry and method. In M. C. Wittrock (Hrsg.), *Handbook of research on teaching* (3. Aufl., S. 162-213). New York: MacMillan.

Fantuzzo, J. & Ginsburg-Block, M. (1998). Reciprocal peer tutoring: Developing and testing effective peer collaborations for elementary school students. In K. Topping & S. Ehly (Hrsg.), *Peer-assisted learning* (S. 121-144). Mahwah: Erlbaum.

Fend, H. (1998). *Qualität im Bildungswesen. Schulforschung zu Systembedingungen, Schulprofilen und Lehrerleistung.* Weinheim: Juventa.

Fend, H. (2002). Mikro- und Makrofaktoren eines Angebot-Nutzungsmodells von Schulleistungen. Zum Stellenwert der Pädagogischen Psychologie bei der Erklärung von Schulleistungsunterschieden verschiedener Länder. *Zeitschrift für Pädagogische Psychologie, 16* (3/4), 141-149.

Feng, M. & Heffernan, N. T. (2005). Informing teachers live about student learning: Reporting in the assistment system. *Technology, Instruction, Cognition and Learning Journal, Vol. 3.* Old City Publishimg, Philadelphia, PA.

Feuerstein, R., Hoffmann, M. & Miller, R. (1980). *Instrumental Enrichment.* Baltimore: University Park Press.

Fischer, F. (2002). Gemeinsame Wissenskonstruktion – theoretische und methodologische Aspekte. *Psychologische Rundschau, 53* (3), 119-134.

Flammer, A. (1975). *Individuelle Unterschiede im Lernen.* Weinheim und Basel: Beltz Verlag.

Fox, B. A. (1991). Cognitive and interactional aspects of correction in tutoring. In P. Goodyear (Hrsg.), *Teaching knowledge and intelligent tutoring* (S. 149-172). Norwood, NJ: Ablex Publishing Corporation.

Fraser, B. J., Walberg, H. J., Welch, W. W. & Hattie, J. A. (1987). Syntheses of educational productivity research. *International Journal of Educational Research, 11*, 145-252.

Freire, P. (1974). *Erziehung als Praxis der Freiheit.* Stuttgart: Kreuz Verlag.

Friedrich, H. F. & Mandl, H. (1992). Lern- und Denkstrategien – ein Problemaufriss. In H. Mandl & F. E. Weinert (Hrsg.), *Lern- und Denkstrategien. Analyse und Intervention* (S. 3-54). Göttingen: Hogrefe.

Früh, W. (1991). *Inhaltsanalyse. Theorie und Praxis* (3. überarb. Aufl.). München: Ölschläger.

Fuchs, L. S., Fuchs, D., Bentz, J., Phillips, N. B. & Hamlett, C. L. (1994). The nature of student interactions during peer tutoring with and without prior training and experience. *American Educational Research Journal, 31* (1), 75-103.

Fuchs, M. (2002). *Hans Aebli – Zwischen Psychologie und Pädagogik.* Oberentfelden: Sauerländer.

Gage, N. L. & Berliner, D. C. (1996). *Pädagogische Psychologie* (5. vollst. überarb. Aufl.). Weinheim: Beltz/PVU.

Gärtner, H. (2007). *Unterrichtsmonitoring. Evaluation eines videobasierten Qualitätszirkels zur Unterrichtsentwicklung.* Münster: Waxmann.

Gaskins, I. W., Rauch, S., Gensemer, E., Cunicelli, E., O'Hara, C., Six, L., et al. (1997). Scaffolding the development of intelligence among children who are delayed in learning to read. In K. Hogan & M. Pressley (Hrsg.), *Scaffolding student learning: Instructional approaches and issues* (S. 43-73). Cambridge MA: Brookline Books.

Gassner, O. (2005). Lernprozesse sichtbar machen durch Digitale Portfolios. *Journal für Lehrerinnen- und Lehrerbildung, 5* (1), 25-32.

Gayle, B. M., Preiss, R. W., Burrell, N. & Allen, M. (Hrsg.). (2006). *Classroom communication and instructional processes. Advances through meta-analysis.* Mahwah, NJ: Erlbaum.

Geppert, K. & Preuss, E. (1978). *Differenzierender Unterricht – konkret.* Bad Heilbrunn: Julius Klinkhardt.

Gerstenmaier, J. & Mandl, H. (1995). Wissenserwerb unter konstruktivistischer Perspektive. *Zeitschrift für Pädagogik, 41* (6), 867-888.

Gijbels, D., van de Watering, G., Dochy, F. & van den Bossche, P. (2006). New learning environments and constructivism: the students' perspective. *Instructional Science, 34*, 213-226.

Goldenberg, C. (1993). Instructional conversations: Promoting comprehension through discussion. *The Reading Teacher, 46* (4), 316-326.

Goldman, R., Pea, R. & Derry, S. J. (Hrsg.). (2007). *Video research in the learning sciences.* Mahwah, NJ: LEA Publishing.

Good, T. L. & Grouws, D. A. (1979). The Missouri mathematics effectiveness project: An experimental study in fourth-grade classrooms. *Journal of Educational Psychology, 71* (3), 355-362.

Graesser, A. C., Bowers, C. A., Hacker, D. J. & Person, N. (1997). An anatomy of naturalistic tutoring. In K. Hogan & M. Pressley (Hrsg.), *Scaffolding student learning: Instructional approaches and issues* (S. 145-184). Cambridge MA: Brookline Books.

Graesser, A. C., Person, N. K. & Magliano, J. P. (1995). Collaborative dialogue patterns in naturalistic one-on-one tutoring. *Applied Cognitive Psychology, 9*, 495-522.

Green, J. L. & Harker, J. O. (Hrsg.). (1988). *Multiple perspective analyses of classroom discourse.* Norwood, NJ: Ablex.

Green, J. L., Weade, R. & Graham, K. (1988). Lesson construction and student participation: a sociolinguistic analysis. In J. L. Green & J. O. Harker (Hrsg.),

Multiple perspective analyses of classroom discourse (S. 11-47). Norwood, NJ: Ablex.

Gruehn, S. (2000). *Unterricht und schulisches Lernen. Schüler als Quellen der Unterrichtsbeschreibung.* Münster: Waxmann.

Gustafsson, J. E. & Undheim, J. O. (1996). Individual differences in cognitive functions. In C. Berliner & R. C. Calfee (Hrsg.), *Handbook of educational psychology* (S. 186-242). New York: Macmillan Library.

Gutstein, E. & Mack, N. K. (1999). Learning about teaching for understanding through the study of tutoring. *Journal of Mathematical Behavior, 17* (4), 441-465.

Hadwin, A. F., Wozney, L. & Pontin, O. (2005). Scaffolding the appropriation of self-regulatory activity: A socio-cultural analysis of changes in teacher-student discourse about a graduate research portfolio. *Instructional Science, 33* (5/6), 413-450.

Hage, K., Bischoff, H., Dichanz, H., Eubel, K., Oehlschläger, H. & Schwittmann, D. (1985). *Das Methodenrepertoire von Lehrern. Eine Untersuchung zum Unterrichtsalltag in der Sekundarstufe I.* Opladen: Leske & Budrich.

Hartinger, A. (2005). Verschiedene Formen der Öffnung von Unterricht und ihre Auswirkung auf das Selbstbestimmungsempfinden von Grundschulkindern. *Zeitschrift für Pädagogik, 51* (3), 397-414.

Hartley, S. S. (1977). *Meta-analysis of the effects of individually paced instruction in mathematics.* University of Colorado: Unveröffentlichte Dissertation.

Hascher, T. (2003). Diagnose als Voraussetzung für gelingende Lernprozesse. *Journal für Lehrerinnen- und Lehrerbildung, 3* (2), 25-30.

Hascher, T. (2004). *Wohlbefinden in der Schule.* Münster: Waxmann.

Hascher, T. (2005). Die Erfahrungsfalle. *Journal für Lehrerinnen- und Lehrerbildung, 5* (1), 40-46.

Hascher, T., Baillod, J. & Wehr, S. (2004). Feedback von Schülerinnen und Schülern als Quelle des Lernprozesses im Praktikum von Lehramtsstudierenden. *Zeitschrift für Pädagogik, 50* (2), 223-243.

Haselbeck, F. (2006). Kleine Klassen – gute Lernbedingungen? Eine qualitative Untersuchung in Hauptschulklassen. *Pädagogik, 58* (5), 36-40.

Hattie, J. & Timperley, H. (2007). The power of feedback. *Review of Educational Research, 77* (1), 81-112.

Heller, K. A. (2004). Diagnosekompetenz von Lehrkräften: Funktionen, Methodenprobleme und Verbesserungsmöglichkeiten. *SEMINAR – Lehrerbildung und Schule, 10* (1), 51-63.

Helmke, A. (2002). Kommentar: Unterrichtsqualität und Unterrichtsklima: Perspektiven und Sackgassen. *Unterrichtswissenschaft, 30* (3), 261-277.

Helmke, A. (2003). *Unterrichtsqualität – erfassen, bewerten, verbessern.* Seelze: Kallmeyer.

Helmke, A. (2006). Unterrichtsqualität. In D. H. Rost (Hrsg.), *Handwörterbuch Pädagogische Psychologie* (3. überarb. erw. Aufl., S. 812-820). Weinheim: Beltz PVU.

Helmke, A. & Helmke, T. (2004). Videobasierte Unterrichtsreflexion. *SEMINAR – Lehrerbildung und Schule, 10* (4), 48-66.

Helmke, A. & Schrader, F.-W. (1987). Interactional effects of instructional quality and teacher judgement accuracy on achievement. *Teaching and Teacher Education, 3*, 91-98.

Helmke, A. & Schrader, F.-W. (1988). Successful student practice during seatwork: Efficient management and active supervision not enough. *Journal of Educational Research, 82* (2), 70-76.

Hess, K. (2003). *Lehren – zwischen Belehrung und Lernbegleitung: Einstellungen, Umsetzungen und Wirkungen im mathematischen Anfangsunterricht.* Bern: h.e.p.-Verlag.

Hess, K. (2004). Sonderpädagogische Kompetenz für den Umgang mit Heterogenität. *Journal für Lehrerinnen- und Lehrerbildung, 4* (4), 69-78.

Hicks, D. (Hrsg.). (1996). *Discourse, learning, and schooling.* Cambridge: Cambridge University Press.

Hiebert, J., Carpenter, T., Fennema, E., Fuson, K., Wearne, D., Murray, F. B., et al. (1997). *Making sense. Teaching and learning mathematics with understanding.* Portsmouth: Heinemann.

Hiebert, J., Gallimore, R., Garnier, H., Givvin, K. B., Hollingsworth, H., Jacobs, J. K., et al. (2003). *Teaching mathematics in seven countries: Results from the TIMSS 1999 Video Study.* Washington, DC: U.S. Department of Education, National Center for Educational Statistics.

Hiebert, J. & Grouws, D. A. (2007). The effects of classroom mathematics teaching on students' learning. In F. K. Lester (Hrsg.), *Second handbook of research on mathematics teaching and learning: a project of the National Council of Teachers of Mathematics* (S. 371-404). Charlotte, NC: Information Age Pub.

Hiebert, J. & Wearne, D. (1993). Instructional tasks, classroom discourse, and students' learning in second-grade arithmetic. *American Educational Research Journal, 30* (2), 393-425.

Hill, H. C., Rowan, B. & Ball, D. L. (2005). Effects of teachers' mathematical knowledge for teaching on student achievement. *American Educational Research Journal, 42*, 371-406.

Hino, K. (2006). The role of seatwork in three Japanese classrooms. In D. Clarke, C. Keitel & Y. Shimizu (Hrsg.), *Mathematics classrooms in twelve countries: the insider's perspective* (S. 59-73). Rotterdam: Sense Publishers.

Hixon, E. & Sanborn, S. (2005). *Using video-based cases to create a virtual field experience.* Wisconsin: 19th Annual Conference on Distance Teaching and Learning.

Hmelo-Silver, C. E. & Barrows, H. S. (2006). Goals and strategies of a problem-based learning facilitator. *The Interdisciplinary Journal of Problem-based Learning, 1* (1), 21-39.

Hmelo-Silver, C. E. & Barrows, H. S. (2008). Facilitating collaborative knowledge building. *Cognition and Instruction, 26*, 48-94.

Höffe, O. (Hrsg.). (1997). *Platon, Politeia.* Berlin: Akademie-Verlag.

Hogan, K., Nastasi, B. K. & Pressley, M. (2000). Discourse patterns and collaborative scientific reasoning in peer and teacher-guided discussions. *Cognition and Instruction, 17* (4), 379-432.

Hogan, K. & Pressley, M. (1997a). Becoming a scaffolder of students' learning. In K. Hogan & M. Pressley (Hrsg.), *Scaffolding student learning: Instructional approaches and issues* (S. 184-191). Cambridge MA: Brookline Books.

Hogan, K. & Pressley, M. (1997b). Scaffolding scientific competencies within classroom communities of inquiry. In K. Hogan & M. Pressley (Hrsg.), *Scaffolding student learning: Instructional approaches and issues* (S. 74-107). Cambridge MA: Brookline Books.

Hogan, K. & Pressley, M. (Hrsg.). (1997c). *Scaffolding student learning: Instructional approaches & issues*. Cambridge MA: Brookline Books.

Hugener, I. (2008). *Inszenierungsmuster im Unterricht und Lernqualität. Sichtstrukturen schweizerischen und deutschen Mathematikunterrichts in ihrer Beziehung zu Schülerwahrnehmung und Lernleistung – eine Videoanalyse.* Münster: Waxmann.

Hugener, I. & Krammer, K. (2001). *Individualisierung im Unterricht. Eine videobasierte Unterrichtsanalyse von 75 Mathematiklektionen.* Universität Zürich: unveröffentlichte Lizentiatsarbeit.

Hugener, I. & Krammer, K. (in Druck). Differenzierende Massnahmen zur Individualisierung des Unterrichts. In K. Reusser, C. Pauli & M. Waldis (Hrsg.), *Unterrichtsgestaltung und Unterrichtsqualität – Ergebnisse einer internationalen und schweizerischen Videostudie zum Mathematikunterricht.* Münster: Waxmann.

Hugener, I., Krammer, K. & Pauli, C. (2008). Kompetenzen der Lehrpersonen im Umgang mit Heterogenität: Differenzierungsmassnahmen im Mathematikunterricht. In M. Gläser-Zikuda & J. Seifried (Hrsg.), *Lehrerexpertise – Analyse und Bedeutung unterrichtlichen Handelns.* Münster: Waxmann.

Hugener, I., Krammer, K. & Reusser, K. (2007). Problemlösen im Mathematikunterricht. In K. Reusser, C. Pauli & K. Krammer (Hrsg.), *Unterrichtsvideos mit Begleitmaterialien für die Aus- und Weiterbildung von Lehrpersonen – DVD 2.* Universität Zürich: Pädagogisches Institut.

Hugener, I., Pauli, C. & Reusser, K. (2006a). Videoanalysen. In E. Klieme, C. Pauli & K. Reusser (Hrsg.), *Dokumentation Erhebungs- und Auswertungsinstrumente zur schweizerisch-deutschen Videostudie „Unterrichtsqualität, Lernverhalten und mathematisches Verständnis" (Teil 3).* Frankfurt a. M.: Gesellschaft zur Förderung Pädagogischer Forschung (GFPF)/Deutsches Institut für Internationale Pädagogische Forschung (DIPF).

Hugener, I., Rakoczy, K., Pauli, C. & Reusser, K. (2006b). Videobasierte Unterrichtsforschung: Integration verschiedener Methoden der Videoanalyse für eine differenzierte Sicht auf Lehr-Lernprozesse. In S. Rahm, I. Mammes & M. Schratz (Hrsg.), *Schulpädagogische Forschung (Band 1). Unterrichtsforschung. Perspektiven innovativer Ansätze* (S. 41-53). Wien: Studienverlag.

Hume, G., Michael, J., Rovick, A. & Evens, M. (1996). Hinting as a tactic in one-to-one tutoring. *The Journal of the Learning Sciences, 5* (1), 23-47.

Ipfling, H.-J. (Hrsg.). (1991). *Unterrichtsmethoden der Reformpädagogik. Anregungen für die Schule von heute.* Bad Heilbrunn: Klinkhardt.

Jacobs, J., Garnier, H., Gallimore, R., Hollingsworth, H., Givvin, K. B. & Rust, K. (2003). *Third international mathematics and science study 1999. Video study technical report.* Washington DC: NCES.

Jacobs, J. K., Kawanaka, T. & Stigler, J. W. (1999). Integrating qualitative and quantitative approaches to the analysis of video data on classroom teaching. *International Journal of Educational Research, 31*, 717-724.

Jenzer, C. (1991). *Die Schulklasse. Eine historisch-systematische Untersuchung.* Bern: Lang.

Johnson, B. & Onwuegbuzie, A. J. (2004). Mixed method research: a research paradigm whose time has come. *Educational Researcher, 33* (7), 14-26.

Joller-Graf, K. (2006). *Lernen und Lehren in heterogenen Gruppen. Zur Didaktik des integrativen Unterrichts.* Luzern: Comenius.

Jonassen, D. H. & Grabowski, B. L. (1993). *Handbook of individual differences, learning and instruction.* New Jersey: Lawrence Erlbaum Associates.

Jürgens, E. (2000). *Die 'neue' Reformpädagogik und die Bewegung Offener Unterricht: Theorie, Praxis und Forschungslage* (5., unveränd. Aufl.). Sankt Augustin: Academia-Verlag.

Kaiser, G. (1999). *Unterrichtswirklichkeit in England und Deutschland. Vergleichende Untersuchungen am Beispiel des Mathematikunterrichts.* Weinheim: Beltz.

Karabenick, S. A. & Newman, R. S. (Hrsg.). (2006). *Help seeking in academic settings. Goals, groups and contexts.* Mahwah, NJ: Erlbaum.

Keller, G. (1993). *Lehrer helfen lernen: Lernförderung, Lernhilfe, Lernberatung* (4. Aufl.). Donauwörth: Auer.

Kersting, N. (2008). Using video clips of mathematics classroom instruction as item prompts to measure teachers' knowledge of teaching mathematics. *Educational and Psychological Measurement, 68* (5), 845-861.

Kieran, C., Forman, E. & Sfard, A. (Hrsg.). (2002). *Learning discourse. Discursive approaches to research in mathematics education.* Dordrecht: Kluwer.

King, A., Staffieri, A. & Adelgais, A. (1998). Mutual peer tutoring: Effects of structuring tutorial interaction to scaffold peer learning. *Journal of Educational Psychology, 90* (1), 134-152.

Kirschner, P. A., Sweller, J. & Clark, R. E. (2006). Why minimal guidance during instruction does not work: an analysis of the failure of constructivist, discovery, problem-based, experiential, and inquiry-based teaching. *Educational Psychologist, 41* (2), 75-86.

Klafki, W. & Stöcker, H. (1976). Innere Differenzierung des Unterrichts. *Zeitschrift für Pädagogik, 22*, 497-523.

Klafki, W. & Stöcker, H. (1985). Innere Differenzierung des Unterrichts. In W. Klafki (Hrsg.), *Neue Studien zur Bildungstheorie und Didaktik. Beiträge zur kritisch-konstruktiven Didaktik* (S. 119-154). Weinheim und Basel: Beltz.

Klauer, K. J. (2006). Forschungsmethoden der Pädagogischen Psychologie. In A. Krapp & B. Weidenmann (Hrsg.), *Pädagogische Psychologie. Ein Lehrbuch* (5. vollst. überarb. Aufl., S. 75-98). Weinheim: Beltz PVU.

Klieme, E. (2006). Empirische Unterrichtsforschung: Aktuelle Entwicklungen, theoretische Grundlagen und fachspezifische Befunde. *Zeitschrift für Pädagogik, 52* (6), 765-773.

Klieme, E., Lipowsky, F., Rakoczy, K. & Ratzka, N. (2006a). Qualitätsdimensionen und Wirksamkeit von Mathematikunterricht. Theoretische Grundlagen und ausgewählte Ergebnisse des Projekts „Pythagoras". In M. Prenzel & L. Allolio-

Näcke (Hrsg.), *Untersuchungen zur Bildungsqualität von Schule, Abschlussbericht des DFG-Schwerpunktprogramms* (S. 128-146). Münster: Waxmann.

Klieme, E., Pauli, C. & Reusser, K. (Hrsg.). (2006b). *Dokumentation der Erhebungs- und Auwertungsinstrumente der schweizerisch-deutschen Videostudie „Unterrichtsqualität, Lernverhalten und mathematisches Verständnis".* Frankfurt a.M.: Deutsches Institut für Internationale Pädagogische Forschung (DIPF).

Klieme, E. & Rakoczy, K. (2008). Empirische Unterrichtsforschung und Fachdidaktik. Outcome-orientierte Messung und Prozessqualität des Unterrichts. *Zeitschrift für Pädagogik, 54* (2), 222-237.

Klieme, E., Schümer, G. & Knoll, S. (2001). Mathematikunterricht in der Sekundarstufe I: „Aufgabenkultur" und Unterrichtsgestaltung. In E. Klieme & J. Baumert (Hrsg.), *TIMSS – Impulse für Schule und Unterricht* (S. 43-57). Bonn: Bundesministerium für Bildung und Forschung.

Knierim, B. (2008) *Lerngelegenheiten anbieten – Lernangebote nutzen. Eine Videostudie im Schweizer Physikunterricht.* Hamburg: Kovač

Knoll, S. & Stigler, J. W. (1999). Management and analysis of large-scale video surveys using the software vPrism. *International Journal of Educational Research, 31,* 725-734.

Kobarg, M. (2004). *Die Bedeutung prozessorientierter Lernbegleitung für kognitive und motivationale Prozesse im Physikunterricht – eine Videostudie.* Institut für Psychologie der Christian-Albrechts-Universität Kiel: Unveröffentlichte Diplomarbeit.

Kobarg, M. (2009). *Unterstützung unterrichtlicher Lernprozesse aus zwei Perspektiven. Eine Gegenüberstellung.* Münster: Waxmann.

Kobarg, M., Prenzel, M. & Schwindt, K. (in Druck). Stand der empirischen Unterrichtsforschung zum Unterrichtsgespräch im naturwissenschaftlichen Unterricht. In M. Becker-Mrotzek (Hrsg.), *Handbuch: Deutschunterricht in Theorie und Praxis. Band 3: Mündliche Kommunikation und Gesprächsdidaktik.* Baltmannsweiler: Schneider.

Kobarg, M., Schwindt, K. & Seidel, T. (2007). *Lehrpersonen analysieren Unterricht – Die Bedeutung der persönlichen Relevanz des Videomaterials für die Analyse von Unterricht.* Referat auf der 4. Tagung der Sektion „Empirische Bildungsforschung" der Deutschen Gesellschaft für Erziehungswissenschaft (DGfE). Tagungsband, S. 161. Bergische Universität Wuppertal.

Kobarg, M. & Seidel, T. (2003). Prozessorientierte Lernbegleitung im Physikunterricht. In T. Seidel, M. Prenzel, R. Duit & M. Lehrke (Hrsg.), *Technischer Bericht zur Videostudie „Lehr-Lern-Prozesse im Physikunterricht"* (S. 151-200). Kiel: Leibniz-Institut für die Pädagogik der Naturwissenschaften.

Kobarg, M. & Seidel, T. (2007). Prozessorientierte Lernbegleitung – Videoanalysen im Physikunterricht der Sekundarstufe I. *Unterrichtswissenschaft, 35* (2), 148-168.

Korthagen, F. A. J. & Kessels, J. P. I. (1999). Linking theory and practice: Changing the pedagogy of teacher education. *Educational Researcher, 28* (4), 4-17.

Koster, B., Brekelmans, M., Korthagen, F. & Wubbels, T. (2005). Quality requirements for teacher educators. *Teaching and Teacher Education, 21,* 157-176.

Kovalainen, M., Kumpulainen, K. & Vasama, S. (2001). Orchestrating classroom interaction in a community of inquiry: Modes of teacher participation. *Journal of Classroom Interaction, 36* (2), 17-28.

Krammer, K. (in Druck). Individuelle Unterstützung der Schülerinnen und Schüler durch die Lehrperson während der Schülerarbeitsphasen. In K. Reusser, C. Pauli & M. Waldis (Hrsg.), *Unterrichtsgestaltung und Unterrichtsqualität – Ergebnisse einer internationalen und schweizerischen Videostudie zum Mathematikunterricht.* Münster: Waxmann.

Krammer, K. & Hugener, I. (2005). Netzbasierte Reflexion von Unterrichtsvideos in der Ausbildung von Lehrpersonen – eine Explorationsstudie. *Beiträge zur Lehrerbildung, 23* (1), 51-61.

Krammer, K., Hugener, I. & Reusser, K. (2007a). Adaptiver Unterricht mit Arbeitsplänen. In K. Reusser, C. Pauli & K. Krammer (Hrsg.), *Unterrichtsvideos für die Aus- und Weiterbildung von Lehrpersonen – DVD 3.* Universität Zürich: Pädagogisches Institut.

Krammer, K., Ratzka, N., Klieme, E., Lipowsky, F., Pauli, C. & Reusser, K. (2006). Learning with classroom videos: Conception and first results of an online teacher learning project. *Zentralblatt für Didaktik der Mathematik, 38* (5), 422-432.

Krammer, K., Ratzka, N., Schnetzler, C. L., Pauli, C. & Reusser, K. (2007b). *Veränderungen im Wissen von Lehrpersonen durch videobasierte Unterrichtsanalyse – Ergebnisse aus der Evaluation einer netzbasierten Weiterbildung mit Unterrichtsvideos.* Referat auf der 4. Tagung der Sektion „Empirische Bildungsforschung" der Deutschen Gesellschaft für Erziehungswissenschaft (DGfE). Tagungsband, S. 163-164. Bergische Universität Wuppertal.

Krammer, K. & Reusser, K. (2004). Unterrichtsvideos als Medium der Lehrerinnen- und Lehrerbildung. *SEMINAR – Lehrerbildung und Schule, 10* (4), 81-101.

Krammer, K., Schnetzler, C. L., Pauli, C., Ratzka, N. & Lipowsky, F. (2009). Kooperatives netzgestütztes Lernen mit Unterrichtsvideos. Wie Mathematiklehrpersonen aus Deutschland und der Schweiz gemeinsam ihren Unterricht analysieren und entwickeln. In K. Maag Merki (Hrsg.), *Kooperation und Netzwerkbildung. Strategien zur Qualitätsentwicklung in Einzelschulen* (S. 40-52). Seelze: Klett-Kallmeyer.

Krammer, K., Schnetzler, C. L., Ratzka, N., Pauli, C., Reusser, K., Lipowsky, F. & Klieme, E. (2008). Videobasierte Unterrichtsanalyse in der Weiterbildung von Lehrpersonen: Konzeption und Ergebnisse eines netzgestützten Weiterbildungsprojekts mit Mathematiklehrpersonen aus Deutschland und der Schweiz. *Beiträge zur Lehrerbildung, 26* (2), 178-197.

Krause, U.-M. (2007). *Feedback und kooperatives Lernen.* Münster: Waxmann.

Krummheuer, G. (1997). *Narrativität und Lernen. Mikrosoziologische Studien zur sozialen Konstitution schulischen Lernens.* Weinheim: Deutscher Studien Verlag.

Kumpulainen, K. & Mutanen, M. (2000). Mapping the dynamics of peer group interaction: a method of analysis of socially shared learning processes. In H. Cowie & G. van der Aalsvoort (Hrsg.), *Social interaction in learning and instruction. The meaning of discourse for the construction of knowledge* (S. 144-160). Amsterdam: Pergamon.

Kunter, M. (2005). *Multiple Ziele im Mathematikunterricht*. Münster: Waxmann.

Kunter, M., Brunner, M., Baumert, J., Klusmann, U., Krauss, S., Blum, W., et al. (2005). Der Mathematikunterricht der PISA-Schülerinnen und -Schüler. Schulformunterschiede in der Unterrichtsqualität. *Zeitschrift für Erziehungswissenschaft, 8* (4), 502-520.

Kunter, M., Dubberke, T., Baumert, J., Blum, W., Brunner, M., Jordan, A., et al. (2006). Mathematikunterricht in den PISA-Klassen 2004: Rahmenbedingungen, Formen und Lehr-Lernprozesse. In M. Prenzel, J. Baumert, W. Blum, R. Lehmann, D. Leutner, M. Neubrand, R. Pekrun, J. Rost & U. Schiefele (Hrsg.), *PISA-Konsortium Deutschland: PISA 2003. Untersuchungen zur Kompetenzentwicklung im Verlauf eines Schuljahrs* (S. 161-194). Münster: Waxmann.

Laging, R. (Hrsg.). (1999). *Altersgemischtes Lernen in der Schule*. Baltmannsweiler: Schneider-Verlag Hohengehren.

Lajoie, S. P. (2005). Extending the scaffolding metaphor. *Instructional Science, 33* (5/6), 541-557.

Lambert, N. M. & McCombs, B. L. (Hrsg.). (1998). *How students learn. Reforming schools through learner-centered education*. Washington, DC: American Psychological Association.

Lampert, M. & Blunk, M. L. (1998). *Talking mathematics in school. Studies of teaching and learning*. Cambridge: Cambridge University Press.

Lave, J. (1991). Situating learning in communities of practice. In L. B. Resnick, J. M. Levine & S. D. Teasley (Hrsg.), *Perspectives on socially shared cognition* (S. 63-82). Washington, DC: American Psychological Association.

Lave, J. & Wenger, E. (1991). *Situated learning: Legitimate Peripheral Participation*. Cambridge: Cambridge University Press.

Leinhardt, G. & Greeno, J. G. (1986). The cognitive skill of teaching. *Journal of Educational Psychology, 78* (2), 2.

Leinhardt, G. & Steele, M. D. (2005). Seeing the complexity of standing to the side: instructional dialogues. *Cognition and Instruction, 23* (1), 87-163.

Leiss, D. (2007). *„Hilf mir es selbst zu tun" – Lehrerinterventionen beim mathematischen Modellieren*. Hildesheim: Franzbecker.

Leiss, D. & Wiegand, B. (2005). A classification of teacher interventions in mathematics teaching. *Zentralblatt für Didaktik der Mathematik, 37* (3), 240-245.

Lepper, M. R. (1988). Motivational considerations in the study of instruction. *Cognition and Instruction, 5*, 289-309.

Lepper, M. R., Drake, M. F. & O'Donnell-Johnson, T. (1997). Scaffolding techniques of expert human tutors. In K. Hogan & M. Pressley (Hrsg.), *Scaffolding student learning: Instructional approaches and issues* (S. 108-144). Cambridge MA: Brookline Books.

Lersch, R. (2006). Unterricht zwischen Standardisierung und individueller Förderung. Überlegungen zu einer neuen Lernkultur angesichts der bevorstehenden Einführung von Bildungsstandards. *Schweizerische Zeitschrift für Bildungswissenschaften, 98* (1), 28-40.

LessonLab. (2003). TIMSS 1999 Video Study. Mathematics Public Release Lessons (4 CD-Set). Santa Monica, CA: LessonLab.

Leuchter, M., Pauli, C., Reusser, K. & Lipowsky, F. (2006). Unterrichtsbezogene Überzeugungen und handlungsleitende Kognitionen von Lehrpersonen. *Zeitschrift für Erziehungswissenschaft, 9* (4), 562-579.

Leuchter, M., Reusser, K., Pauli, C. & Klieme, E. (2008). Zusammenhänge zwischen unterrichtsbezogenen Kognitionen und Handlungen von Lehrpersonen. In M. Gläser-Zikuda & J. Seifried (Hrsg.), *Lehrerexpertise – Analyse und Bedeutung unterrichtlichen Handelns* (S. 167-188). Münster: Waxmann.

Leutner, D. (2006). Programmierter und computerunterstützter Unterricht. In D. H. Rost (Hrsg.), *Handwörterbuch Pädagogische Psychologie* (3. überarb. erw. Aufl., S. 595-601). Weinheim: Beltz PVU.

Levine, A. (2006). *Educating school teachers.* Washington, DC: The Education Schools Project.

Lipowsky, F. (1999). Lernzeit und Konzentration. Grundschulkinder in offenen Lernsituationen. *Die Deutsche Schule, 91* (2), 232-245.

Lipowsky, F. (2002). Zur Qualität offener Lernsituationen im Spiegel empirischer Forschung – auf die Mikroebene kommt es an. In U. Drews & W. Wallrabenstein (Hrsg.), *Freiarbeit in der Grundschule: Offener Unterricht in Theorie, Forschung und Praxis* (S. 206-237). Frankfurt a.M.: Arbeitskreis Grundschule.

Lipowsky, F. (2006). Auf den Lehrer kommt es an. Empirische Evidenzen für Zusammenhänge zwischen Lehrerkompetenzen, Lehrerhandeln und dem Lernen der Schüler. *Zeitschrift für Pädagogik, 52* (51. Beiheft), 47-70.

Lipowsky, F., Pauli, C. & Rakoczy, K. (2008). Schülerbeteiligung und Unterrichtsqualität. In M. Gläser-Zikuda & J. Seifried (Hrsg.), *Lehrerexpertise – Analyse und Bedeutung unterrichtlichen Handelns* (S. 67-90). Münster: Waxmann.

Lipowsky, F., Rakoczy, K., Klieme, E., Reusser, K. & Pauli, C. (2005). Unterrichtsqualität im Schnittpunkt unterschiedlicher Perspektiven – Rahmenkonzept und erste Ergebnisse einer binationalen Studie zum Mathematikunterricht in der Sekundarstufe I. In H. G. Holtappels & K. Höhmann (Hrsg.), *Schulentwicklung und Schulwirksamkeit. Systemsteuerung, Bildungschancen und Entwicklung der Schule* (S. 223-238). Weinheim: Juventa.

Lipowsky, F., Rakoczy, K., Pauli, C., Reusser, K. & Klieme, E. (2007). Gleicher Unterricht – gleiche Chancen für alle? Die Verteilung von Schülerbeiträgen im Klassenunterricht. *Unterrichtswissenschaft, 35* (2), 125-147.

Luke, A. (2006). Editorial introduction: Why pedagogies? *Pedagogies: an International Journal, 1* (1), 1-6.

Macbeth, D. (2003). Hugh Mehan's Learning Lessons reconsidered: On the differences between the naturalistic and critical analysis of classroom discourse. *American Educational Research Journal, 40* (1), 239-280.

Magoulas, G., Papanikolaou, K. & Grigoriadou, M. (2003). Adaptive web-based learning: accommodating individual differences through system's adaptation. *British Journal of Educational Technology, 34* (4), 1-19.

Maier, H. & Voigt, J. (Hrsg.). (1991). *Interpretative Unterrichtsforschung.* Köln: Aulis.

Mandl, H. & Friedrich, H. F. (Hrsg.). (2006). *Handbuch Lernstrategien.* Göttingen: Hogrefe.

Mayer, R. E. (2004). Should there be a three-strikes rule against pure discovery learning? *American Psychologist, 59* (1), 14-19.

Mayring, P. (2003). *Qualitative Inhaltsanalyse.* Weinheim: Deutscher Studien Verlag.

McArthur, D., Stasz, C. & Zmuidzinas, M. (1990). Tutoring techniques in algebra. *Cognition and Instruction, 7,* 197-244.

McKenzie, J. (2000). *Beyond technology: Questioning, research and the information literate school.* Bellingham, WA: FNO Press.

McNamara, D. S. (2004). SERT: Self-explaining reading training. *Discourse Processes, 38,* 1-30.

Meichenbaum, D. & Biemiller, A. (1998). *Nurturing independent learners. Helping students take charge of their learning.* Newton, Massachusetts: Brookline Books.

Meichenbaum, D. & Goodman, J. (1971). Training impulsive children to talk to themselves: a means of developing self-control. *Journal for abnormal psychology, 77,* 115-126.

Mercer, N. (1995). *The guided construction of knowledge. Talk amongst teachers and learners.* Clevedon: Multilingual Matters.

Mercer, N. (1996). The quality of talk in children's collaborative activity in the classroom. *Learning and Instruction, 6* (4), 359-377.

Mercer, N. & Fisher, E. (1992). How do teachers help children to learn? An analysis of teachers' interventions in computer-based activities. *Learning and Instruction, 2* (4), 339-355.

Mercer, N. & Littleton, K. (2007). *Dialogue and the development of children's thinking.* New York: Routledge.

Merrill, D. C., Reiser, B. J., Merrill, S. K. & Landes, S. (1995). Tutoring: Guided Learning by doing. *Cognition and Instruction, 13* (3), 315-372.

Messner, H. & Reusser, K. (2000). Die berufliche Entwicklung von Lehrpersonen als lebenslanger Prozess. *Beiträge zur Lehrerbildung, 18* (2), 157-171.

Meyer-Willner, G. (1979). *Differenzieren und Individualisieren. Begründung und Darstellung des Differenzierungsproblems.* Bad Heilbrunn: Klinkhardt.

Meyer, H. (1987). *UnterrichtsMethoden II: Praxisband* (3. Aufl.). Frankfurt a.M.: Cornelsen Scriptor.

Meyer, H., Pfiffner, M. & Walter, C. (2007). Ein unterstützendes Lernklima erzeugen. Was wissen wir über den Einfluss der Lernumwelt. *Pädagogik, 59* (11), 42-47.

Meyer, L., Seidel, T. & Prenzel, M. (2006). Wenn Lernsituationen zu Leistungssituationen werden: Untersuchung zur Fehlerkultur in einer Videostudie. *Schweizerische Zeitschrift für Bildungswissenschaften, 28* (1), 21-41.

Moser, U., Ramseier, E., Keller, C. & Huber, M. (1997). *Schule auf dem Prüfstand. Eine Evaluation der Sekundarstufe I auf der Grundlage der „Third International Mathematics and Science Study".* Chur: Rüegger.

Müllener-Malina, J. & Leonhardt, R. (1997). *Unterrichtsformen konkret. Auf dem Weg zu einem pädagogischen Schulprofil.* Zug: Klett und Balmer.

Myhill, D., Jones, S. & Hopper, R. (2006). *Talking, listening, learning. Effective talk in the primary classroom.* Berkshire: Open University Press.

Neber, H. (2006). Entdeckendes Lernen. In D. H. Rost (Hrsg.), *Handwörterbuch Pädagogische Psychologie* (3. überarb. erw. Aufl., S. 115-120). Weinheim: Beltz PVU.

Neubrand, J. (2002). *Eine Klassifikation mathematischer Aufgaben zur Analyse von Unterrichtssituationen: Selbsttätiges Arbeiten in Schülerarbeitsphasen in den Stunden der TIMSS-Video-Studie.* Hildesheim: Franzbecker.

Nickel, H. (1985). Die Lehrer-Schüler-Beziehung aus der Sicht neuerer Forschungsergebnisse: Ein transaktionales Modell. In R. Biermann (Hrsg.), *Interaktion, Unterricht, Schule* (S. 254-280). Darmstadt: Wissenschaftliche Buchgesellschaft.

Nickerson, R. S. (2001). The projective way of knowing: A useful heuristic that sometimes misleads. *Current Directions in Psychological Science, 10,* 168-172.

Niegemann, H. (2004). Lernen und Fragen: Bilanz und Perspektiven der Forschung. *Unterrichtswissenschaft, 32* (4), 345-356.

Niegemann, H. & Stadler, S. (2001). Hat noch jemand eine Frage? Systematische Unterrichtsbeobachtung zu Häufigkeit und kognitivem Niveau von Fragen im Unterricht. *Unterrichtswissenschaft, 29* (2), 171-192.

Nohl, H. (1935/2002). *Die pädagogische Bewegung in Deutschland und ihre Theorie.* Frankfurt a. M.: Klostermann.

Nürnberg, G. (1999). *Das Unterrichtsgespräch als Textsorte und Methode. Klärung des Begriffs, Entwicklung und Erprobung eines kommunikationstheoretisch-didaktischen Modells zur Analyse von Unterrichtsgesprächen.* Frankfurt a. M.: Lang.

Nürnberger Projektgruppe. (2001). *Erfolgreicher Gruppenunterricht: Praktische Anregungen für den Schulalltag.* Stuttgart: Klett.

O'Connor, M. C. (1998). Can we trace the „Efficacy of social constructivism"? *Review of Educational Research, 23,* 25-71.

Ober, R., Bentley, E. & Miller, E. (1971). *Systematic observation of teaching: an interaction-analysis instructional strategy approach.* New York: Prentice Hall.

Oelkers, J. (1996). *Reformpädagogik. Eine kritische Dogmengeschichte* (3. überarb. erw. Aufl.). Weinheim, München: Juventa.

Oelkers, J. (1999). Das „Jahrhundert des Kindes". Eine Bilanz. *Pädagogik, 51* (12), 9-12.

Oelkers, J. & Reusser, K. (2008). *Qualität entwickeln – Standards sichern – mit Differenz umgehen. Bildungsforschung Band 27.* Berlin: Bundesministerium für Bildung und Forschung (BMBF).

Oser, F. K. & Baeriswyl, F. J. (2001). Choreographies of teaching: Bridging instruction to learning. In V. Richardson (Hrsg.), *Handbook of research on teaching* (4. Aufl., S. 1031-1065). Washington: American Educational Research Association.

Pädagogik. (2006). Individualisierung. *Themenheft der Zeitschrift Pädagogik, 58* (1).

Palincsar, A. S. (1986). The role of dialogue in providing scaffolded instruction. *Educational Psychologist, 21* (1&2), 73-98.

Palincsar, A. S. & Brown, A. L. (1984). Reciprocal teaching of comprehension-fostering and monitoring activities. *Cognition and Instruction, 1,* 117-175.

Paradies, L. (2006). Unterrichtsmethoden und Instruktionsmodelle: Stufung des Unterrichts. In K.-H. Arnold, U. Sandfuchs & J. Wiechmann (Hrsg.), *Handbuch Unterricht.* Bad Heilbrunn: Julius Klinkhardt.

Paradies, L. & Linser, H. J. (2001). *Differenzieren im Unterricht*: Cornelsen.

Pata, K., Lehtinen, E. & Sarapuu, T. (2006). Inter-relations of tutors' and peers' scaffolding and decision-making discourse acts. *Instructional Science, 34*, 313-341.

Pata, K., Sarapuu, T. & Lehtinen, E. (2005). Tutor scaffolding styles of dilemma solving in network-based role-play. *Learning and Instruction, 15*, 571-587.

Pauli, C. (1998). *Computerunterstützte Schülerzusammenarbeit im Mathematikunterricht*. Zürich: Zentralstelle der Studentenschaft.

Pauli, C. (2006). „Fragend-entwickelnder Unterricht" aus der Sicht der soziokulturalistisch orientierten Unterrichtsgesprächsforschung. In M. Baer, M. Fuchs, P. Füglister, K. Reusser & H. Wyss (Hrsg.), *Didaktik auf psychologischer Grundlage. Von Hans Aeblis kognitionspsychologischer Didaktik zur modernen Lehr- und Lernforschung* (S. 192-206). Bern: h.e.p. verlag ag.

Pauli, C. & Lipowsky, F. (2007). Mitmachen oder zuhören? Mündliche Schülerinnen- und Schülerbeteiligung im Mathematikunterricht. *Unterrichtswissenschaft, 35* (2), 101-124.

Pauli, C. & Reusser, K. (2000). Zur Rolle der Lehrperson beim kooperativen Lernen. *Schweizerische Zeitschrift für Bildungswissenschaften, 22* (3), 421-442.

Pauli, C. & Reusser, K. (2003). Unterrrichtsskripts im schweizerischen und im deutschen Mathematikunterricht. *Unterrichtswissenschaft, 31* (3), 238-272.

Pauli, C. & Reusser, K. (2006). Von international vergleichenden Video Surveys zur videobasierten Unterrichtsforschung und -entwicklung. *Zeitschrift für Pädagogik, 52* (6), 774-798.

Pauli, C., Reusser, K., Waldis, M. & Grob, U. (2003). „Erweiterte Lehr- und Lernformen" im Mathematikunterricht der Deutschschweiz. *Unterrichtswissenschaft, 31* (4), 291-320.

Pea, R. (2004). The social and technological dimensions of scaffolding and related theoretical concepts for learning, education, and human activity. *The Journal of the Learning Sciences, 13* (3), 423-451.

Perret-Clermont, A.-N. (1992). Transmitting knowledge: implicit negotiations in the student-teacher relationship. In F. Oser, A. Dick & J.-L. Patry (Hrsg.), *Effective and responsible teaching* (S. 329-341). San Francisco: Jossey-Bass.

Perret-Clermont, A.-N. & Brossard, A. (1985). On the interdignitation of social and cognitive processes. In R. Paru in Hinde, A.-N. Perret-Clermont & J. Stevenson (Hrsg.), *Social relationships and cognitive development* (S. 309-327): Clarendon Press.

Perret-Clermont, A.-N. & Carugati, F. (2001). Learning and instruction, social-cognitive perspectives. In N. J. Smelser & P. B. Baltes (Hrsg.), *International encyclopedia of the social and behavioral sciences* (S. 8586-8588). Oxford: Pergamon.

Perret-Clermont, A.-N., Perret, J.-F. & Bell, N. (1999). The social construction of meaning and cognitive activity in elementary school children. In P. Lloyd & C. Fernyhough (Hrsg.), *Lev Vygotsky: Critical assessments* (Vol. 4, S. 51-73). London & New York: Routledge.

Perrez, M., Huber, G. L. & Geissler, K. A. (2006). Psychologie der pädagogischen Interaktion. In A. Krapp & B. Weidenmann (Hrsg.), *Pädagogische Psychologie. Ein Lehrbuch* (5. vollst. überarb. Aufl., S. 357-421). Weinheim: Beltz PVU.

Perry, M. (2000). Explanations of mathematical concepts in Japanese, Chinese, and U.S. first and fifth-grade classrooms. *Cognition and Instruction, 18* (2), 181-207.

Peters, O. (1970). Soziale Interaktion in der Schulklasse. In K. Ingenkamp (Hrsg.), *Handbuch der Unterrichtsforschung. Teil II: Zentrale Faktoren in der Unterrichtsforschung* (S. 1807-1977). Weinheim: Beltz.

Petko, D., Waldis, M., Pauli, C. & Reusser, K. (2003). Methodologische Überlegungen zur videogestützten Forschung in der Mathematikdidaktik. *Zentralblatt für Didaktik der Mathematik, 35* (6), 265-280.

Piaget, J. (1935/1998). Psychologische Anmerkungen zur Gruppenarbeit. In J. Piaget (Hrsg.), *Über Pädagogik* (S. 179-198). Weinheim: Beltz.

Piaget, J. (1936/1969). *Das Erwachen der Intelligenz beim Kinde.* Stuttgart: Klett.

Piaget, J. (1950/1957). *Der Aufbau der Wirklichkeit beim Kinde.* Stuttgart: Klett.

Piaget, J. (1964/1994). *Die Entwicklung des Zahlbegriffs beim Kinde.* Stuttgart: Klett.

Pintrich, P. R., Marx, R. W. & Boyle, R. A. (1993). Beyond cold conceptual change: The role of motivational beliefs and classroom contextual factors in the process of conceptual change. *Review of Educational Research, 63,* 167-199.

Polya, G. (1949). *Schule des Denkens. Vom Lösen mathematischer Probleme.* Tübingen: Francke.

Prenzel, M. (1995). Zum Lernen bewegen. Unterstützung von Lernmotivation durch Lehre. *Blick in die Wissenschaft,* 58-66.

Prenzel, M. (2003). Unterrichtsentwicklung auf der Grundlage empirisch fundierter Diagnosen und Interventionskonzepte. In E. J. Brunner, P. Noack, G. Scholz & I. Scholl (Hrsg.), *Diagnose und Intervention in schulischen Handlungsfeldern* (S. 29-46). Münster: Waxmann.

Prenzel, M. (2005). Zur Situation der Empirischen Bildungsforschung. In H. Mandl & B. Kopp (Hrsg.), *Impulse für die Bildungsforschung. Stand und Perspektiven. Dokumentation eines Expertengesprächs. Deutsche Forschungsgemeinschaft* (S. 7-21). Berlin: Akademie Verlag.

Prenzel, M., Baumert, J., Blum, W., Lehmann, R., Leutner, D., Neubrand, M., et al. (Hrsg.). (2004). *PISA 2003. Der Bildungsstand der Jugendlichen in Deutschland – Ergebnisse des zweiten internationalen Vergleichs.* Münster: Waxmann.

Prenzel, M., Baumert, J., Blum, W., Lehmann, R., Leutner, D., Neubrand, M., et al. (Hrsg.). (2005). *PISA 2003. Der zweite Vergleich der Länder in Deutschland – Was wissen und können Jugendliche?* Münster: Waxmann.

Prenzel, M., Kramer, K. & Drechsel, B. (2001). Selbstbestimmt motiviertes und interessiertes Lernen in der kaufmännischen Erstausbildung – Ergebnisse eines Forschungsprojekts. In K. Beck & V. Krumm (Hrsg.), *Lehren und Lernen in der beruflichen Erstausbildung. Grundlagen einer modernen kaufmännischen Berufsqualifizierung* (S. 37-61). Opladen: Leske & Budrich.

Prenzel, M. & Seidel, T. (2006). Der „traditionelle" und der „moderne" Unterricht: Ein Rückblick auf Aeblis „Psychologische Didaktik". In M. Baer, M. Fuchs, P. Füglister, K. Reusser & H. Wyss (Hrsg.), *Didaktik auf psychologischer Grundlage. Von Hans Aeblis kognitionspsychologischer Didaktik zur modernen Lehr- und Lernforschung* (S. 133-134). Bern: h.e.p. verlag ag.

Puntambekar, S. & Hübscher, R. (2005). Tools for scaffolding students in a complex learning environment: What have we gained and what have we missed? *Educational Psychologist, 40* (1), 1-12.

Putnam, R. T. & Borko, H. (2000). What do new views of knowledge and thinking have to say about research on teacher learning? *Educational Researcher, 29* (1), 4-16.

Rakoczy, K. (2006). Motivationsunterstützung im Mathematikunterricht. Zur Bedeutung von Unterrichtsmerkmalen für die Wahrnehmung von Schülerinnen und Schülern. *Zeitschrift für Pädagogik, 52* (6), 822-843.

Rakoczy, K. (2008). *Motivationsunterstützung im Mathematikunterricht. Unterricht aus der Perspektive von Lernenden und Beobachtern.* Münster: Waxmann.

Rakoczy, K., Klieme, E., Drollinger-Vetter, B., Lipowsky, F., Pauli, C. & Reusser, K. (2007). Structure as a qualitiy feature in mathematics instruction of the learning environment vs. a structured presentation of learning content. In M. Prenzel (Hrsg.), *Studies on the educational quality of schools. The final report of the DFG priority programme* (S. 101-120). Münster: Waxmann.

Rasku-Puttonen, H., Eteläpelto, A., Arvaja, M. & Häkkinen, P. (2003). Is successful scaffolding an illusion? – Shifting patterns of responsibility and control in teacher-student interaction during a long-term learning project. *Instructional Science, 31* (6), 377-393.

Reble, A. (1991). Reformpädagogik heute. In H.-J. Ipfling (Hrsg.), *Unterrichtsmethoden der Reformpädagogik. Anregungen für die Schule von heute* (S. 17-34). Bad Heilbrunn: Klinkhardt.

Reeve, J. (2002). Self-determination theory applied to educational settings. In E. L. Deci & R. M. Ryan (Hrsg.), *Handbook of self-determination research* (S. 183-203). Rochester: The University of Rochester Press.

Reinmann, G. & Mandl, H. (2006). Unterrichten und Lernumgebungen gestalten. In A. Krapp & B. Weidenmann (Hrsg.), *Pädagogische Psychologie. Ein Lehrbuch* (5. vollst. überarb. Aufl., S. 613-657). Weinheim: Beltz PVU.

Reiss, K. & Reiss, M. (2006). Unterrichtsqualität und der Mathematikunterricht. In I. Hosenfeld & F.-W. Schrader (Hrsg.), *Schulische Leistung. Grundlagen, Bedingungen, Perspektiven* (S. 225-242). Münster: Waxmann.

Renkl, A. (2002). Worked-out examples: instructional explanations support learning by self-explanations. *Learning and Instruction, 12*, 529-556.

Renkl, A., Wittwer, J., Grosse, C., Hauser, S., Hilbert, T., Nückles, M., et al. (2006). Instruktionale Erklärungen beim Erwerb kognitiver Fertigkeiten: sechs Thesen zu einer oft vergeblichen Bemühung. In I. Hosenfeld & F.-W. Schrader (Hrsg.), *Schulische Leistungen: Grundlagen, Bedingungen, Perspektiven* (S. 205-223). Münster: Waxmann.

Renshaw, P. D. (2004). Dialogic learning teaching and instruction: Theoretical roots and analytical frameworks. In J. van der Linden & P. D. Renshaw (Hrsg.), *Dialogic learning: Shifting perspectives to learning, instruction and teaching* (S. 1-15). Dordrecht London: Kluwer Academic.

Reusser, K. (1993). Tutoring systems and pedagogical theory: Representational tools for understanding, planning, and reflection in problem-solving. In S. P. Lajoie & S. J. Derry (Hrsg.), *Computers as cognitive tools* (S. 143-177). Hillsdale, NJ: Lawrence Erlbaum.

Reusser, K. (1994). Die Rolle von Lehrerinnen und Lehrern neu denken. Kognitionspädagogische Anmerkungen zur „neuen Lernkultur". *Beiträge zur Lehrerbildung, 12* (1), 19-37.

Reusser, K. (1999). Und sie bewegt sich doch – aber man behalte die Richtung im Auge. Zum Wandel der Schule und zum neu-alten pädagogischen Rollenverständnis von Lehrerinnen und Lehrern. *Die neue Schulpraxis, 7/8,* 11-15.

Reusser, K. (2000). Success and failure in school mathematics: effects of instruction and school environment. *European Child & Adolescent Psychiatry, 9* (2), 17-26.

Reusser, K. (2001a). Unterricht zwischen Wissensvermittlung und Lernen lernen. Alte Sackgassen und neue Wege in der Bearbeitung eines pädagogischen Jahrhundertproblems. In C. Finkbeiner & G. W. Schnaitmann (Hrsg.), *Lehren und Lernen im Kontext empirischer Forschung und Fachdidaktik.* Donauwörth: Auer.

Reusser, K. (2001b). Co-constructivism in educational theory and practice. In N. J. Smelser, P. B. Baltes & F. E. Weinert (Hrsg.), *International encylopedia of the social and behavioral sciences* (S. 2058-2062). Oxford: Elsevier Science.

Reusser, K. (2001c). Denkstrukturen und Wissenserwerb in der Ontogenese. In F. Klix & H. Spada (Hrsg.), *Enzyklopädie der Psychologie: Themenbereich C, Serie II, Bd. 6 (Wissen)* (S. 115-166). Göttingen: Hogrefe.

Reusser, K. (2004). KAFKA und SAMBA als Grundfigur der Artikulation des Lehr-Lerngeschehens. Aus Skript zur Vorlesung der Allgemeinen Didaktik. Pädagogisches Institut der Universität Zürich. In B. Zobrist, K. Krammer & K. Reusser (Hrsg.), *Einführungssequenzen. DVD 1 aus der Reihe Unterrichtsvideos mit Begleitmaterialien für die Aus- und Weiterbildung von Lehrpersonen.* Universität Zürich: Pädagogisches Institut.

Reusser, K. (2005a). Problemorientiertes Lernen – Tiefenstruktur, Gestaltungsformen, Wirkung. *Beiträge zur Lehrerbildung, 23* (2), 159-182.

Reusser, K. (2005b). Situiertes Lernen mit Unterrichtsvideos. Unterrichtsvideografie als Medium des situierten beruflichen Lernens. *Journal für Lehrerinnen- und Lehrerbildung, 5* (2), 8-18.

Reusser, K. (2006a). Jean Piagets Theorie der Entwicklung des Erkennens. In W. Schneider & F. Wilkening (Hrsg.), *Enzyklopädie der Psychologie, Serie Entwicklungspsychologie, Band 1: Theorien, Modelle und Methoden der Entwicklungspsychologie* (S. 91-189). Göttingen: Hogrefe.

Reusser, K. (2006b). Konstruktivismus – vom epistemologischen Leitbegriff zur Erneuerung der didaktischen Kultur. In M. Baer, M. Fuchs, P. Füglister, K. Reusser & H. Wyss (Hrsg.), *Didaktik auf psychologischer Grundlage. Von Hans Aeblis kognitionspsychologischer Didaktik zur modernen Lehr-Lernforschung* (S. 151-168). Bern: h.e.p. verlag ag.

Reusser, K. & Pauli, C. (2003). *Mathematikunterricht in der Schweiz und in weiteren sechs Ländern. Bericht über die Ergebnisse einer internationalen und schweizerischen Video-Unterrichtsstudie. Doppel-CD-ROM.* Zürich: Universität Zürich.

Reusser, K. & Pauli, C. (2006). *Didaktische Kommunikation und Bildungswirkungen im problemorientierten Mathematikunterricht.* Universität Zürich: unveröffentlicher Forschungsantrag an den Schweizerischen Nationalfonds zur Förderung der wissenschaftlichen Forschung (SNF).

Reusser, K., Pauli, C. & Waldis, M. (in Druck). *Unterrichtsgestaltung und Unterrichtsqualität – Ergebnisse einer internationalen und schweizerischen Videostudie zum Mathematikunterricht.* Münster: Waxmann.

Rex, L. A., Steadman, S. & Graciano, M. K. (2006). Researching the complexity of classroom interaction. In J. Green, G. Camilli & P. Elmore (Hrsg.), *Handbook of complementary methods in education research* (S. 727-771). Washington, DC: American Educational Research Association / Erlbaum.

Richert, P. (2006). Unterricht als Lehrer-Schüler-Interaktion. In K.-H. Arnold, U. Sandfuchs & J. Wiechmann (Hrsg.), *Handbuch Unterricht* (S. 225-229). Bad Heilbrunn: Julius Klinkhardt.

Rittle-Johnson, B. & Koedinger, K. R. (2005). Designing knowledge scaffolds to support mathematical problem solving. *Cognition and Instruction, 23* (3), 313-349.

Rodgers, E. M. (2004). Interactions that scaffold reading performance. *Journal of Literacy Research, 36* (4), 501-532.

Roehler, L. R. & Cantlon, D. J. (1997). Scaffolding: A powerful tool in social constructivist classrooms. In K. Hogan & M. Pressley (Hrsg.), *Scaffolding student learning: Instructional approaches and issues* (S. 6-42). Cambridge MA: Brookline Books.

Rogoff, B. (1990). *Apprenticeship in thinking. Cognitive development in social context.* New York: Oxford University Press.

Rogoff, B. (1995). Observing sociocultural activity on three planes: participatory appropriation, guided participation, and apprenticeship. In J. Wertsch, P. del Rio & A. Alvarez (Hrsg.), *Sociocultural studies of mind* (S. 139-164). New York: Cambridge University Press.

Röhrs, H. (1998). *Die Reformpädagogik. Ursprung und Verlauf unter internationalem Aspekt.* Weinheim: Deutscher Studienverlag.

Rojas-Drummond, S. (2000). Guided participation, discourse and the construction of knowledge in Mexican classrooms. In H. Cowie & G. van der Aalsvoort (Hrsg.), *Social interaction in learning and instruction. The meaning of discourse for the construction of knowledge* (S. 193-213). Amsterdam: Pergamon.

Rojas-Drummond, S. & Mercer, N. (2003). Scaffolding the development of effective collaboration and learning. *International Journal of Educational Research, 39*, 99-111.

Rosenshine, B. & Meister, C. (1994). Reciprocal teaching: A review of the research. *Review of Educational Research, 64* (4), 479-530.

Rosenshine, B. & Stevens, R. (1986). Teaching functions. In M. C. Wittrock (Hrsg.), *Handbook of research on teaching* (3. Aufl., S. 376-391). New York: Macmillan.

Ruf, U. & Gallin, P. (1998). *Dialogisches Lernen in Sprache und Mathematik (Bd. 1). Austausch unter Ungleichen: Gründzüge einer interaktiven und fächerübergreifenden Didaktik.* Seelze-Velber: Kallmeyer.

Ryan, A. M., Pintrich, P. R. & Midgley, C. (2001). Avoiding seeking help in the classroom: Who and why? *Educational Psychology Review, 13* (2), 93-114.

Ryan, R. M. & Deci, E. L. (2000). Self-determination theory and the facilitation of intrinsic motivation, social development and well-being. *American Psychologist, 55*, 68-78.

Säljö, R. (2004). Notes on classroom practices, dialogicality, and the transformation of learning. In J. van der Linden & P. D. Renshaw (Hrsg.), *Dialogic learning: shifting perspectives to learning, instruction, and teaching* (S. 251-260). Dordrecht: Kluwer.

Salonen, P. & Vauras, M. (2006). Von der Fremdregulation zur Selbstregulation. Die Rolle von sozialen Makrostrukturen in der Interaktion zwischen Lehrenden und Lernenden. In M. Baer, M. Fuchs, P. Füglister, K. Reusser & H. Wyss (Hrsg.), *Didaktik auf psychologischer Grundlage. Von Hans Aeblis kognitionspsychologischer Didaktik zur modernen Lehr- und Lernforschung* (S. 207-217). Bern: h.e.p. verlag ag.

Santagata, R. (2005). Practices and beliefs in mistake-handling activities: A video study of Italian and US-mathematics lessons. *Teaching and Teacher Education, 21*, 491-508.

Savery, J. R. (2006). Overview of problem-based learning. *The Interdisciplinary Journal of Problem-based Learning, 1* (1), 9.

Savin-Baden, M. & Major, C. H. (2004). *Foundations of problem-based learning.* Berkshire: Open University Press.

Scardamalia, M. & Bereiter, C. (1985). Fostering development of evaluative, diagnostic, and remedial capabilities in children's knowledge processing. In S. F. Chipman, J. W. Segal & R. Glaser (Hrsg.), *Thinking and learning skills: Research and open questions* (S. 563-577). Hillsdale, NJ: Lawrence Erlbaum Associates.

Scheerens, J. & Bosker, R. J. (1997). *The foundations of educational effectiveness.* Oxford: Pergamon.

Schegloff, E. A. (1989). Conversation analysis and socially shared cognition. In L. B. Resnick, J. M. Levine & S. D. Teasley (Hrsg.), *Perspectives on socially shared cognition* (S. 150-171). Washington, DC: American Psychological Association.

Scheibe, W. (1994). *Die Reformpädagogische Bewegung 1900-1932. Eine einführende Darstellung* (10). Weinheim: Beltz.

Schittko, K. (1984). *Differenzierung in Schule und Unterricht: Ziele – Konzepte – Beispiele.* München: Franz Ehrenwirth Verlag.

Schnetzler, C. L., Krammer, K., Pauli, C., Reusser, K., Ratzka, N., Lipowsky, F. & Klieme, E. (in Vorb.). Entwicklung und Erfassung von Lehrkompetenzen mit Unterrichtsvideos: Verändern sich die Unterrichtskommentare der Lehrpersonen?

Schoen, D. (1983). *The reflective practitioner. How professionals think in action.* New York: Basic Books.

Schoen, D. (1987). *The reflective practicioner: Toward a new design for teaching and learning in the profession.* San Francisco: Jossey Bass.

Schoenfeld, A. H. (1985). *Mathematical problem solving.* New York: Academic Press.

Schoenfeld, A. H. (1994). Reflections on doing and teaching mathematics. In A. H. Schoenfeld (Hrsg.), *Mathematical thinking and problem solving* (S. 53-70). Hillsdale, NJ: Lawrence Erlbaum Associates.

Schrader, F.-W. (1989). *Diagnostische Kompetenzen von Lehrern und ihre Bedeutung für die Gestaltung und Effektivität des Unterrichts.* Frankfurt: Lang.

Schrader, F.-W. (1997). Lern- und Leistungsdiagnostik im Unterricht. In F. E. Weinert (Hrsg.), *Psychologie des Unterrichts und der Schule (Enzyklopädie der Psychologie, Themenbereich D, Serie I, Bd. 3)* (S. 559-661). Göttingen: Hogrefe.

Schrader, F.-W. (2006). Diagnostische Kompetenz von Eltern und Lehrern. In D. H. Rost (Hrsg.), *Handwörterbuch Pädagogische Psychologie* (3. überarb. erw. Aufl., S. 95-100). Weinheim: Beltz PVU.

Schubauer-Leoni, M. L. & Perret-Clermont, A.-N. (1997). Social interactions and mathematics learning. In T. Nunes & P. Bryant (Hrsg.), *Learning and teaching mathematics: An international perspective* (S. 265-283). Hove: Psychology Press.

Schulz von Thun, F. (2001). *Miteinander reden 1. Störungen und Klärungen: Allgemeine Psychologie der Kommunikation.* Reinbek bei Hamburg: Rowohlt.

Schweer, M. K. W. (Hrsg.). (2000). *Lehrer-Schüler-Interaktion. Pädagogisch psychologische Aspekte des Lehrens und Lernens in der Schule.* Opladen: Leske & Budrich.

Schweer, M. K. W. & Thies, B. (2000). Situationswahrnehmung und interpersonales Verhalten im Klassenzimmer. In M. K. W. Schweer (Hrsg.), *Lehrer-Schüler-Interaktion. Pädagogisch psychologische Aspekte des Lehrens und Lernens in der Schule* (S. 59-78). Opladen: Leske & Budrich.

Schwerdt, T. (1955). *Kritische Didaktik in Unterrichtsbeispielen.* Paderborn: Schöningh.

Schwindt, K. (2008). *Lehrpersonen betrachten Unterricht. Kriterien für die kompetente Unterrichtswahrnehmung.* Münster: Waxmann.

Schwonke, R., Wittwer, J., Aleven, V., Salden, R., Krieg, C. & Renkl, A. (2007). Can tutored problem solving benefit from faded worked-out examples? In S. Vosniadou, D. Kayser & A. Protopapas (Hrsg.), *Proceedings of the European Cognitive Science Conference 2007* (S. 59-64). Mahwah: Erlbaum.

Schworm, S. & Fischer, F. (2006). Academic help seeking. In H. Mandl & H. F. Friedrich (Hrsg.), *Handbuch Lernstrategien* (S. 135-147). Göttingen: Hogrefe.

Schworm, S. & Renkl, A. (2006). Computer-supported example-based learning: When instructional explanations reduce self-explanations. *Computers & Education, 46* (4), 426-445.

Scott, J. W. & Bushell, D. (1974). The length of teacher contacts and students' off-task behavior. *Journal of Applied Behavior Analysis, 7* (1), 39-44.

Seago, N. (2004). Using videos as an object of inquiry for mathematics teaching and learning. In J. Brophy (Hrsg.), *Using Video in Teacher Education* (S. 259-286). Oxford: Elsevier.

Seel, N. M. (2000). *Psychologie des Lernens. Lehrbuch für Pädagogen und Psychologen.* München: Ernst Reinhardt.

Seidel, T. (2003). *Lehr-Lernskripts im Unterricht.* Münster: Waxmann.

Seidel, T. & Kobarg, M. (in Vorb.). Process-oriented teaching in the classroom and its effects on student learning.

Seidel, T. & Prenzel, M. (2003). Video als Methode in der Lehr-Lernforschung. *Journal für Lehrerinnen- und Lehrerbildung, 1*, 54-61.

Seidel, T. & Prenzel, M. (2006). Stability of teaching patterns in physics instruction: findings from a video study. *Learning and Instruction, 16* (3), 228-240.

Seidel, T., Prenzel, M., Duit, R. & Lehrke, M. (Hrsg.). (2003a). *Technischer Bericht zur Videostudie „Lehr-Lernprozesse im Physikunterricht".* Kiel: Leibniz-Institut für die Pädagogik der Naturwissenschaften.

Seidel, T., Prenzel, M., Rimmele, R., Dalehefte, I. M., Herweg, C., Kobarg, M., et al. (2006). Blicke auf den Physikunterricht. Ergebnisse der IPN Videostudie. *Zeitschrift für Pädagogik, 52* (6), 798-821.

Seidel, T., Prenzel, M., Rimmele, R., Herweg, C., Kobarg, M., Schwindt, K., et al. (2007). Science teaching and learning in German physics classrooms. Findings from the IPN video study. In M. Prenzel (Hrsg.), *Studies on the educational quality of schools. The final report on the DFG priority programme* (S. 79-99). Münster: Waxmann.

Seidel, T., Rimmele, R. & Prenzel, M. (2003b). Gelegenheitsstrukturen beim Klassengespräch und ihre Bedeutung für die Lernmotivation. *Unterrichtswissenschaft, 31* (2), 142-165.

Seidel, T. & Shavelson, R. J. (2007). Teaching effectiveness research in the last decade: Role of theory and research design in disentangling meta-analysis results. *Review of Educational Research, 77* (4), 454-499.

Seifried, J. & Klüber, C. (2006). Unterrichtserleben in schüler- und lehrerzentrierten Unterrichtsphasen. *Unterrichtswissenschaft, 34* (1), 2-21.

Serrano, A. (1996). *Opportunities for on-line assessment during mathematics classroom instruction.* University of California, Los Angeles: Unpublished Dissertation.

Shayer, M. (2003). Not just Piaget; not just Vygotsky, and certainly not Vygotsky as alternative to Piaget. *Learning and Instruction, 13* (5), 465-485.

Shepard, L. A. (2001). The role of classroom assessment in teaching and learning. In V. Richardson (Hrsg.), *Handbook of research on teaching* (4. Aufl., S. 1066-1101). Washington: American Educational Research Association.

Sherin, M. G. (2002). When teaching becomes learning. *Cognition and Instruction, 20* (2), 119-150.

Sherin, M. G. (2007). The development of teachers' professional vision in video clubs. In R. Goldman, R. Pea & S. J. Derry (Hrsg.), *Video research in the learning sciences.* Mahwah, NJ: LEA Publishing.

Sherin, M. G. & Han, S. Y. (2003). Teacher learning in the context of a video club. *Teaching and Teacher Education, 20,* 163-183.

Sherin, M. G. & van Es, E. A. (2005). Using video to support teachers' ability to notice classroom interactions. *Journal of Technology and Teacher Education, 13* (3), 475-491.

Shimizu, Y. (1999). Aspects of mathematics teacher education in Japan: Focusing on teachers' roles. *Journal of Mathematics Teacher Education, 2,* 107-116.

Shuell, T. J. (1996). Teaching and learning in a classroom context. In D. C. Berliner & R. C. Calfee (Hrsg.), *Handbook of educational psychology* (S. 726-764). New York: Macmillan.

Shulman, L. S. (1987). Knowledge and teaching: Foundations of the New Reform. *Harvard Educational Review, 57* (1), 1-22.

Shute, V. J. (2008). Focus on formative feedback. *Review of Educational Research, 78* (1), 153-189.

Shute, V. & Towle, B. (2003). Adaptive E-Learning. *Educational Psychologist, 38* (2), 105-114.

Siemon, D. & Virgona, J. (2003). *Identifying and describing teachers' scaffolding practices in mathematics*. Paper presented at the NZARE/AARE Conference.

Simons, K. D. & Klein, J. D. (2007). The impact of scaffolding and student achievement levels in a problem-based learning environment. *Instructional Science, 35*, 41-72.

Sleeman, D. & Brown, J. S. (Hrsg.). (1982). *Intelligent Tutoring Systems*. New York: Academic Press.

Snow, R. E., Corno, L. & Jackson, D. I. (1996). Individual differences in affective and conative functions. In D. C. Berliner & R. C. Calfee (Hrsg.), *Handbook of educational psychology* (S. 243-310). New York: Macmillan.

Snow, R. E. & Swanson, J. (1992). Instructional psychology: Aptitude, adaption, and assessment. *Annual Review of Psychology, 43*, 583-626.

Stadelmann, M. (2006). *Differenz oder Vermittlung in der Lehrerbildung? Das Verhältnis von Theorie und Praxis im Urteil von Praktikumslehrpersonen der Primar- und Sekundarstufe I*. Bern: Haupt.

Staub, F. C. & Stern, E. (2002). The nature of teachers' pedagogical content beliefs matters for students' achievement gains: Quasi-experimental evidence from elementary mathematics. *Journal of Educational Psychology, 94* (2), 344-355.

Stebler, R. (1999). *Eigenständiges Problemlösen*. Bern: Peter Lang.

Stebler, R. & Reusser, K. (2000). Progressive, classical or balanced – a look at mathematical learning environments in Swiss-German lower-secondary schools. *Zentralblatt für die Didaktik der Mathematik, 32* (1), 1-10.

Stebler, R., Reusser, K. & Pauli, C. (1994). Interaktive Lehr-Lern-Umgebungen: Didaktische Arrangements im Dienste des gründlichen Verstehens. In K. Reusser & M. Reusser-Weyeneth (Hrsg.), *Verstehen. Psychologischer Prozess und didaktische Aufgabe* (S. 227-259). Bern: Huber.

Stigler, J. W., Gallimore, R. & Hiebert, J. (2000). Using video surveys to compare classrooms and teaching across cultures: Examples and lessons from the TIMSS video studies. *Educational Psychologist, 35* (2), 87-100.

Stigler, J. W., Gonzales, P., Kawanaka, T., Knoll, S. & Serrano, A. (1999). *The TIMSS 1995 Videotape Classroom Study: Methods and findings from an exploratory research project on eight-grade mathematics instruction in Germany, Japan, and the United States*. National Center for Education Statistics: U.S. Department of Education.

Stigler, J. W. & Hiebert, J. (1999). *The teaching gap*. New York: Free Press.

Stipek, D. J., Givvin, K. B., Salmon, J. M. & MacGyvers, V. L. (2001). Teachers' beliefs and practices related to mathematics instruction. *Teaching and Teacher Education, 17*, 213-226.

Stone, C. A. (1998). The metaphor of scaffolding: Its utility for the field of learning disabilities. *Journal of Learning Disabilities, 31*, 370-373.

Swanson, H. L. & Lussier, C. M. (2001). A selective synthesis of the experimental literature on dynamic assessment. *Review of Educational Research, 71* (2), 321-363.

Sweller, J., van Merriënboer, J. J. G. & Paas, F. G. (1998). Cognitive architecture and instructional design. *Educational Psychology Review, 10* (3), 251-296.

Tausch, R. & Tausch, A. (1998). *Erziehungspsychologie.* Göttingen: Hogrefe.

Terhart, E. (1997). *Lehr-Lernmethoden. Eine Einführung in Probleme der methodischen Organisation von Lehren und Lernen.* Weinheim: Juventa.

Tharp, R. G. & Gallimore, R. (1988). *Rousing minds to life. Teaching, learning, and schooling in social context.* Cambridge: University Press.

Tharp, R. G. & Gallimore, R. (1989). Rousing schools to life. *American Educator, 13* (2), 20-25.

Thies, B. (2000). Interaktion im Unterricht: Modelle und Methoden der Erfassung. In M. K. W. Schweer (Hrsg.), *Lehrer-Schüler-Interaktion. Pädagogisch-psychologische Aspekte des Lehrens und Lernens in der Schule* (S. 37-58). Opladen: Leske & Budrich.

Thoma, G.-B. (2005). *Lernbegleitung und Lernklima im Mathematikunterricht – eine international vergleichende Analyse der TIMSS 1999 public release lessons.* Christian-Albrechts-Universität Kiel: Unveröffentlichte Diplomarbeit.

Tillmann, K.-J. & Wischer, B. (2006). Heterogenität in der Schule. Forschungsstand und Konsequenzen. *Pädagogik, 58* (3), 44-48.

Topping, K. (2000). *Tutoring.* Brüssel/Genf: IAE/IBE.

Tsui, A. B. M., Marton, F., Mok, I. A. C. & Ng, D. F. P. (2004). Questions and the space of learning. In F. Marton & A. B. M. Tsui (Hrsg.), *Classroom discourse and the space of learning* (S. 113-137). Mahwah, NJ: Lawrence Erlbaum Associates.

Turner, C. J. & Meyer, D. K. (2004). Are challenge and caring compatible in middle school mathematics classrooms? *Motivating students, improving schools. Advances in motivation and achievement, 13,* 331-360.

Ulewicz, M. & Beatty, A. (2001). *The power of video technology in international comparative research in education.* Washington, DC: National Academy Press.

van Boxtel, C. (2004). Studying peer interactions from three perspectives. The example of collaborative learning concept. In J. van der Linden & P. Renshaw (Hrsg.), *Dialogic learning: shifting perspectives to learning, instruction, and teaching* (S. 125-143). Dordrecht: Kluwer.

van den Boom, G., Paas, F. & van Merriënboer, J. J. G. (2007). Effects of elicited reflections combined with tutor or peer feedback on self-regulated learning and learning outcomes. *Learning and Instruction, 17* (5), 532-548.

van der Aalsvoort, G., Cowie, H. & Mercer, N. (2000). Overview and new perspectives. In H. Cowie & G. van der Aalsvoort (Hrsg.), *Social Interaction in Learning and Instruction* (S. 214-220). Amsterdam: Pergamon.

van der Aalsvoort, G. & Harink, F. J. H. (2000). Studying social interaction in instruction and learning: methodological approaches and problems. In H. Cowie & G. van der Aalsvoort (Hrsg.), *Social interaciton in learning and instruction. The meaning of discourse for the construction of knowledge* (S. 5-20). Amsterdam: Pergamon.

van Es, E. A. & Sherin, M. G. (2002). Learning to notice: scaffolding new teachers' interpretations of classroom interactions. *Journal of Technology and Teacher Education, 10* (4), 571-596.

van Es, E. A. & Sherin, M. G. (2006). How different video club designs support teachers in „learning to notice". *Journal of Computing in Teacher Education, 22* (4), 125-135.

van Merriënboer, J., Clark, R. E. & de Croock, M. B. M. (2002). Blueprints for complex learning: The 4C/ID-Model. *Educational Technology Research and Development, 50* (2), 39-64.

van Merriënboer, J., Kirschner, P. A. & Kester, L. (2003). Taking the load off a learner's mind. *Educational Psychologist, 38* (1), 5-13.

van Merriënboer, J. & Paas, F. G. (2003). Powerful learning and the many faces of instructional design: Toward a framework for the design of powerful learning environments. In E. De Corte, L. Verschaffel, N. Entwistle & J. van Merriënboer (Hrsg.), *Powerful learning environments: Unravelling basic components and dimensions* (S. 3-22). Amsterdam: Pergamon.

VanLehn, K., Graesser, A. C., Tanner Jackson, G., Jordan, P., Olney, A. & Rosé, C. P. (2007). When are tutorial dialogues more effective than reading? *Cognitive Science, 31* (1), 3-62.

VanLehn, K., Siler, S., Murray, C., Yamauchi, T. & Baggett, W. B. (2003). Why do only some events cause learning during human tutoring? *Cognition and Instruction, 21* (3), 209-249.

Vaughn, S., Schumm, J. S., Niarhos, F. J. & Daugherty, T. (1993). What do students think when teachers make adaptations? *Teaching and Teacher Education, 9* (1), 107-118.

Vermunt, J. D. & Verloop, N. (1999). Congruence and friction between learning and teaching. *Learning and Instruction, 9* (3), 257-280.

Voigt, J. (1995). Thematic patterns of interaction and sociomathematical norms. In P. Cobb & H. Bauersfeld (Hrsg.), *The emergence of mathematical meaning: Interaction in classroom cultures* (S. 163-201). Hillsdale, NJ: Erlbaum.

von Aufschnaiter, S. & Welzel, M. (Hrsg.). (2001). *Nutzung von Videodaten zur Untersuchung von Lehr-Lern-Prozessen. Aktuelle Methoden empirischer pädagogischer Forschung.* Münster: Waxmann.

Vygotsky, L. S. (1978). *Mind in society.* Cambridge, MA: Harvard University Press.

Vygotsky, L. S. (1986). *Thought and language.* Cambridge MA: Harvard University Press.

Wagenschein, M. (1999). *Verstehen lehren. Genetisch – sokratisch – exemplarisch.* Weinheim: Beltz.

Wahl, D. (2001). Nachhaltige Wege vom Wissen zum Handeln. *Beiträge zur Lehrerbildung, 19* (2), 157-174.

Wahl, D. (2006). *Lernumgebungen erfolgreich gestalten. Vom trägen Wissen zum kompetenten Handeln.* Bad Heilbrunn: Klinkhardt.

Waldis, M. (in Druck). Methode. In K. Reusser, C. Pauli & M. Waldis (Hrsg.), *Unterrichtsgestaltung und Unterrichtsqualität – Ergebnisse einer internationalen und schweizerischen Videostudie zum Mathematikunterricht.* Münster: Waxmann.

Waldis, M. (in Vorb.). *Mathematikinteresse und Unterrichtsgestaltung. Analysen im Rahmen einer internationalen und schweizerischen Videostudie im Mathematikunterricht in der Sekundarstufe I.* Universität Zürich: Unveröffentlichte Dissertation.

Waldis, M., Buff, A., Pauli, C. & Reusser, K. (2002). *Skalendokumentation zur Schülerinnen- und Schülerbefragung im schweizerischen Videoprojekt.* Universität Zürich: Pädagogisches Institut.

Waldis, M. & Grob, U. (in Druck-a). Der schweizerische Mathematikunterricht aus der Sicht von Schülerinnen und Schülern und in der Perspektive hoch-inferenter Beobachterurteile. In K. Reusser, C. Pauli & M. Waldis (Hrsg.), *Unterrichtsgestaltung und Unterrichtsqualität – Ergebnisse einer internationalen und schweizerischen Videostudie zum Mathematikunterricht.* Münster: Waxmann.

Waldis, M. & Grob, U. (in Druck-b). Der Zusammenhang zwischen Unterrichtsqualität, Fachinteresse und Mathematikleistung. In K. Reusser, C. Pauli & M. Waldis (Hrsg.), *Unterrichtsgestaltung und Unterrichtsqualität – Ergebnisse einer internationalen und schweizerischen Videostudie zum Mathematikunterricht.* Münster: Waxmann.

Walshaw, M. & Anthony, G. (2008). The teacher's role in classroom discourse: A review of recent research into mathematics classrooms. *Review of Educational Research, 78* (3), 516-551.

Wang, M. C. (1980). Adaptive instruction: Building on diversity. *Theory into Practice, 19* (2), 122-128.

Wang, M. C., Rubenstein, J. L. & Reynolds, M. C. (1985). Clearing the road to success for students with special needs. *Educational Leadership, 43* (1), 62-67.

Webb, N. M. & Mastergeorge, A. (2003). Promoting effective helping behavior in peer-directed groups. *International Journal of Educational Research, 39,* 73-97.

Webb, N. M., Nemer, K. M. & Ing, M. (2006). Small-group reflections: Parallels between teacher discourse and student behaviour in peer-directed groups. *The Journal of the Learning Sciences, 15* (1), 63-119.

Webb, N. M. & Palincsar, A. (1996). Group processes in the classroom. In D. C. Berliner & R. C. Calfee (Hrsg.), *Handbook of Educational Psychology* (S. 841-873). New York: MacMillan.

Wegerif, R. & Mercer, N. (2000). Language for thinking: a study of children solving reasoning test problems. In H. Cowie & G. van der Aalsvoort (Hrsg.), *Social interaction in learning and instruction. The meaning of discourse for the construction of knowledge* (S. 179-192). Amsterdam: Pergamon.

Weinert, F. E. (1984). Metakognition und Motivation als Determinanten der Lerneffektivität: Einführung und Überblick. In F. E. Weinert & R. H. Kluwe (Hrsg.), *Metakognition, Motivation und Lernen* (S. 9-23). Stuttgart: Kohlhammer.

Weinert, F. E. (1996). Lerntheorien und Instruktionsmodelle. In F. E. Weinert (Hrsg.), *Psychologie des Lernens und der Instruktion (Enzyklopädie der Psychologie, Themenbereich D, Serie I, Bd. 2)* (S. 1-48). Göttingen: Hogrefe.

Weinert, F. E. & Helmke, A. (1996). Der gute Lehrer: Person, Funktion oder Fiktion? In A. Leschinski (Hrsg.), *Die Institutionalisierung von Lehren und Lernen* (S. 223-233). Weinheim: Beltz.

Wellenreuther, M. (2005). Konsequenzen aus PISA in unterrichtspraktischer Sicht – empirisch geprüfte Modelle des Umgangs mit Heterogenität. *SEMINAR – Lehrerbildung und Schule, 11* (4), 34-50.

Wellman, H. & Lagattuta, K. H. (2004). Theory of mind for learning and teaching: the nature and role of explanation. *Cognitive Development, 19,* 479-497.

Welzel, M. & Stadler, H. (Hrsg.). (2005). „*Nimm doch mal die Kamera!*" – *Zur Nutzung von Videos in der Lehrerbildung – Beispiele und Empfehlungen aus den Naturwissenschaften*. Münster: Waxmann.

Wenning, N. (2004). Heterogenität als neue Leitidee der Erziehungswissenschaft? Zur Berücksichtigung von Gleichheit und Verschiedenheit. *Zeitschrift für Pädagogik, 50* (4), 565-582.

Wertsch, J. V. (1985). *Vygotsky and the social formation of mind*. Cambridge: Harvard University Press.

White, D. Y. (2003). Promoting productive mathematical classroom discourse with diverse students. *Journal of Mathematical Behavior, 22*, 37-53.

Wild, K.-P. (2003). Videoanalysen als neue Impulsgeber für eine praxisnahe prozessorientierte empirische Unterrichtsforschung. *Unterrichtswissenschaft, 31* (2), 98-102.

Wilkinson, L. C. (1982). *Communicating in the classroom*. New York: Academic Press.

Winkeler, R. (1975). *Differenzierung. Funktionen, Formen und Probleme*. Ravensburg: Otto Maier Verlag.

Winne, P. H. (2005). A perspective on state-of-the-art research on self-regulated learning. *Instructional Science, 33*, 559-565.

Wittwer, J. (2007). *Die Diagnose von Fehlkonzepten im Tutoring*. Leibniz-Institut für die Pädagogik der Naturwissenschaften in Kiel: Unveröffentlichter Forschungsantrag Deutsche Forschungsgemeinschaft (DFG).

Wittwer, J. (2008). Warum wirkt Nachhilfe? Hinweise aus der Forschung zum Einzelunterricht. *Zeitschrift für Pädagogik, 54* (3), 416-432.

Wittwer, J., Nückles, M. & Renkl, A. (2005). What happens when experts over- or underestimate a layperson's knowledge in communication? Effects on learning and question asking. In B. G. Bara, L. Barsalon & M. Bucciarelli (Hrsg.), *Proceedings of the 27th annual conference of the cognitive science society* (S. 2365-3270). Mahwah: Erlbaum.

Wittwer, J. & Renkl, A. (2008). Why instructional explanations often do not work: A framework for understanding the effectiveness of instructional explanations. *Educational Psychologist, 43*, 49-64.

Wong, R. M. F., Lawson, M. J. & Keeves, J. (2002). The effects of self-explanation training on students' problem solving in high-school mathematics. *Learning and Instruction, 12*, 233-262.

Wood, D. (1988). *How children think and learn*. Oxford, England: Basil Blackwell.

Wood, D. (2001). Scaffolding, contingent tutoring and computer-supported learning. *International Journal of Artificial Intelligence in Education, 12*, 280-292.

Wood, D., Bruner, J. S. & Ross, G. (1976). The role of tutoring in problem solving. *Journal of Child Psychology and Psychiatry, 17*, 89-100.

Wood, D. & Wood, H. (1996). Vygotsky, tutoring and learning. *Oxford Review of Education, 22* (1), 5-16.

Wood, D., Wood, H. & Middleton, D. (1978). An experimental evaluation of four face-to-face teaching strategies. *International Journal of Behavioural Development, 1*, 131-147.

Wood, T. (1995). An emerging practice of teaching. In P. Cobb & H. Bauersfeld (Hrsg.), *The emergence of mathematical meaning: Interaction in classroom cultures* (S. 203-227). Hillsday, NJ: Lawrence Erlbaum.

Wuttke, E., Seifried, J. & Mindnich, A. (2008). Umgang mit Fehlern und Ungewissheit im Unterricht – Entwicklung eines Beobachtungsinstruments und erste empirische Befunde. In M. Gläser-Zikuda & J. Seifried (Hrsg.), *Lehrerexpertise – Analyse und Bedeutung unterrichtlichen Handelns* (S. 91-111). Münster: Waxmann.

Zahner Rossier, C., Berweger, S., Brühwiler, C., Holzer, T., Mariotta, M., Moser, U., et al. (2004). *PISA 2003: Kompetenzen für die Zukunft – Erster nationaler Bericht*. Neuchâtel/Bern: BFS/EDK.

Zahner Rossier, C., Berweger, S., Brühwiler, C., Holzer, T., Mariotta, M., Moser, U., et al. (2005). *PISA 2003: Kompetenzen für die Zukunft – Zweiter nationaler Bericht*. Neuchâtel/Bern: BFS/EDK.

Zobrist, B., Krammer, K. & Reusser, K. (2004). Einführungssequenzen. In K. Reusser, C. Pauli & K. Krammer (Hrsg.), *Unterrichtsvideos mit Begleitmaterialien für die Aus- und Weiterbildung von Lehrpersonen – DVD 1*. Universität Zürich: Pädagogisches Institut.

Zohar, A., Schwartzer, N. & Tamir, P. (1998). Assessing the cognitive demands required of students in class discourse, homework and tests. *International Journal of Science Education, 20* (7), 769-782.

12 Anhang

12.1 Kategorien zur Erfassung der Unterstützung mit ausschließlich organisatorischen Informationen (OU)

Diese Kategorie umfasst Lehrer-Schüler-Interaktionen, in denen die Lehrperson den Lernenden rein organisatorische Informationen gibt und keine inhaltlich auf die Aufgaben bezogenen Äußerungen macht.

Die Kategorie der Organisations-Interaktionen wird noch weiter unterteilt in Allgemeine Organisation (OA) und auf die Bearbeitung von Mathematikaufgaben bezogene Organisation (OM).

12.1.1 Organisation Allgemein (OA)

Allgemeine organisatorische Bemerkungen der Lehrperson werden als OA codiert. Alle Bemerkungen/Interaktionen der Lehrperson, welche sich nicht auf die zu bearbeitenden Aufgaben beziehen, sondern auf andere mathematische Themen wie zum Beispiel eine Prüfung oder die Hausaufgaben werden ebenfalls als OA codiert. Auch rein disziplinarische Bemerkungen fallen unter die Kategorie OA.

Interaktionsbeispiele
– Disziplinarische Bemerkungen („Hier ist es zu laut!")
– Allgemeine Organisation der Klasse („Wo sind die anderen der Klasse?")

Ankerbeispiele

SW 002 19:18-19:55   Lehrer fragt Schülerin, ob sie gefilmt werden darf
SW 055 40:05-40:10   Schülerin muss auf die Toilette

Codierregeln
Wenn die Hausaufgaben, um die es sich in der Interaktion handelt, identisch sind mit den in der betreffenden Schülerarbeitsphase zu bearbeitenden Hausaufgaben, wird das Besprechen dieser Aufgaben nicht als OG codiert. Handelt es sich aber um Aufgaben, welche für die betreffende Schülerarbeitsphase nicht geöffnet wurden, wird die Interaktion, welche diese Hausaufgaben betrifft, als OG codiert.

12.1.2 Organisation Mathematikaufgaben (OM)

Diese Kategorie umfasst organisatorische Bemerkungen, welche *direkt* mit der Bearbeitung der aufgetragenen Aufgaben verbunden sind. Dieser Code wird in die folgenden zwei Unterkategorien OMM und OMA unterteilt. Trifft für eine Interaktion sowohl OMM als auch OMA zu, dann wird sie als OM codiert.

12.1.3 Organisation Mathematikaufgaben: Material (OMM)

Die OM-Interaktion kann mit dem für die zu bearbeitenden Aufgaben benötigten Material und formalen Aspekten der Bearbeitung zusammenhängen.

Interaktionsbeispiele
- Beratung zur Aufgabenauswahl („Die sind für dich zu einfach, nimm die anderen", „Mach zuerst Aufgabe 150!")
- Aufgeben von weiteren Aufgaben („Mach noch Nummer 21 und Nummer 22a")
- Korrektur von Fehlern auf dem aufliegenden Lösungsblatt („Streich das falsche Resultat auf dem Lösungsblatt durch")
- Bemerkungen zur Heftführung/Heftdarstellung („Unterstreiche die Resultat doppelt")
- Organisation des für die Arbeit benötigten Materials („Im Schrank kannst du dir ein neues Heft holen", „Nimm das Formelblatt auf den Tisch")
- Bemerkungen zum Antwortformat („Die Resultate auf dem Lösungsblatt sind vielleicht anders gerundet", „Gebt das Resultat auf zwei Stellen genau an", „Vergiss die Benennung nicht", „Du kannst das Resultat in Franken oder in Rappen angeben")

Ankerbeispiele

SW 055 24:35-24:38	Material suchen
SW 055 27:12-27:40	Darstellung
SW 055 40:17-41:02	Auftragen von Aufgaben
SW 067 33:29-33:50	Bemerkung zu Material und Arbeitsort
SW 002 33:01-33:28	Heftdarstellung

T: Etwas fehlt...
T: Was fehlt?
S: Die Seitennummern und die Aufgaben.
T: Gut.

12.1.4 Organisation Mathematikaufgaben: Arbeitsform (OMA)

Äußerungen der Lehrperson, welche sich auf die Organisation der Arbeitsform beziehen, werden als OMA codiert. Diese Äußerungen können sowohl mit der Organisation der Unterstützung durch die Lehrperson zusammenhängen als auch mit der Organisation der Unterstützung für einzelne Lernende durch andere Lernende. Auch in die Organisation der Arbeitsform fallen Äußerungen zur Bearbeitungszeit der Aufgaben.

Interaktionsbeispiele

- Äußerungen zur Arbeitsform („Versuch diese Aufgaben alleine zu lösen")
- Organisation gegenseitiger Unterstützung („Arbeitet doch zu zweit", „Helft einander")
- Organisation der Unterstützung durch die Lehrperson („Versuch's zuerst selber, wenn's nicht geht, komme ich dir helfen!", „Ja, ich komme nachher gleich")
- Bemerkungen zur Bearbeitungszeit („Brauchst du noch mehr Zeit für diese Aufgaben?")

Ankerbeispiele

SW 040 26:36-26:59   Anregen der Zusammenarbeit von Lernenden

SW 011 39:45-40:19   Organisation gegenseitiger Hilfe der Lernenden
T: Du weißt, was wir noch suchen, oder?
S: Nein.
T: Kannst du ihr – ( ), kannst du ihr helfen, oder ihr erzählen ( )?

12.2 Kategorien zur Erfassung der inhaltlichen, mathematikbezogenen Unterstützung (MU)

12.2.1 Evaluation des Lernfortschritts (EV)

Als Evaluation werden Fragen der Lehrperson codiert, welche zum Abschätzen des Verstehens dienen oder auf das Erfassen des gegenwärtigen Lernstandes abzielen. Sobald die Lehrperson auch Rückmeldungen, Erklärungen oder Hinweise zur Aufgabe gibt, wird die Interaktion als FB, E, H oder EH codiert (vgl. folgende Codes).

Interaktionsbeispiele

- „Geht es?"
- „Kommst du drauf?"
- „Ist es jetzt gegangen?"
- „Wie weit bist du?"
- „Bist du fertig geworden?"
- „Bist du soweit?"
- „Hast du Nr. 54 schon fertig?"

Ankerbeispiele

SW 040 25:56-26:02   Lehrperson fragt, ob Schüler die Formeln auswendig können

SW 002 36:15-36:18   Abschätzen des Verstehens
T: Hast du Probleme?
S: Es geht.

SW 002 39:59-40:18   Erfassen Lernstand
T: Ich muss hier noch schnell festhalten: du bist sechsundsiebzig die Dritte, nicht wahr?
S: Mhm.
T: Das sind Koordinaten.
S: Ja.

Codierregel
Wenn sich die Frage „An welcher Aufgabe bist du?" eindeutig auf die Auswahl der Aufgabe und nicht auf den Lernstand bezieht, wird die Interaktion als OMM codiert.

12.2.2   Feedback (FB)

Die Lehrperson meldet einem Lernenden oder einer Gruppe von Lernenden zurück, ob die Aufgabe oder ein Teilschritt der Aufgabe richtig oder falsch gelöst wurde. Dies kann ein „mhm" sein oder eine ausgedehntere Rückmeldung wie „Schau hier nochmals genau hin, hier scheint ein Fehler zu sein".

Wichtiges Merkmal dieses Codes ist, dass er nur eine Rückmeldung der Lehrperson beinhaltet und keine weitere Unterstützung geleistet wird. Die Lehrperson sagt, *was falsch/richtig* ist oder *welcher Teil falsch/richtig* ist, ohne auf die weitere Bearbeitung der Frage einzugehen. Die Art und der Inhalt des Fehlers werden nicht gekennzeichnet.

Es gibt auch eine *indirekte Form* von Rückmeldung. Zum Beispiel fallen die Bemerkungen „Bist du sicher, dass das hier richtig ist?" oder „Kann das sein?" unter den Code FB, da sie für den Lernenden eine *Rückmeldung ohne weitere Unterstützung* darstellen. Er muss aufgrund einer solchen eher rhetorischen Frage der Lehrperson davon ausgehen, dass in seinem Lösungsweg ein Fehler ist.

Auch als FB werden Ja/Nein-Antworten der Lehrperson auf eine Schülerfrage bezüglich der Aufgabenbearbeitung codiert. Auch hier weiß der Lernende nur, dass sein Gedanke richtig oder falsch ist, ohne weitere Hinweise zu erhalten. Sobald ein Feedback weitere Hinweise zur Aufgabenbearbeitung enthält, wird es als E, H oder EH codiert.

Ankerbeispiele

SW 055 24:00-24:30	zuerst EV, dann FB, darum FB
SW 055 26:31-27:04	kein E, weil der Schüler das bereits selber heraus-gefunden hat
SW 204 11:27-11:32	Antwort auf eine Schüler-Frage
SW 011 42:13-42:16	Bestätigen von Lösungsschritten

S: Stimmt das bis hierhin?
T: Ja.

SW 055 27:41-28:11   indirektes Feedback
T: Hast du diese schon mal kontrolliert?
S: Hm-m (Nein).
T: Also, Reto, Stefan und Ralf, bitte die mittlere Spalte, da würde ich mal kurz
überprüfen, ob ihr auch richtig rechnet.

SW 055 39:34 – 40:04   ausführliches FB, Lehrperson muss selber kontrollieren
S: Sie, bei uns stimmt die eins nicht.
T: Die eins stimmt nicht?
S: Ja, Sie müssen ( ).
T: Die eins stimmt nicht. Gut. Jetzt müssen wir schnell überprüfen. Occasionspreis ist
achtzehntausend, (geht noch). Das ist – das ist da jetzt Folgendes. Das ist der Fehler.
Das ist nicht bei euch, der Fehler.
S: Eben.
T: Sehr gut, jawohl. Da ist der Fehler drin. ... Kreist du mir das bitte rot ein und legst es
mir nach hinten auf den Tisch?
S: Mhm.

Codierregeln
– Ein Feedback kann auch länger dauern, wenn die Lehrperson nicht gleich sicher
  ist, ob die Lösung wirklich stimmt oder nicht, und dies selber nachprüft.
– Äußerungen der Lehrperson wie „Schreib die Gleichung nochmals ab!" (SW
  011, 39:14-39:22) gelten nicht als weitere Hinweise, sondern beinhalten lediglich die Information, dass die Gleichung falsch gelöst wurde.
– Äußerungen der Lehrperson wie z.B. „Dein Resultat liegt völlig daneben"
  gelten nicht als weitere Unterstützung.
– Fragt eine Schülerin oder ein Schüler, ob der eingeschlagene Lösungsweg
  richtig sei, und die Lehrperson antwortet: „Das ist richtig, aber du musst es
  genau machen" wird dies als FB codiert, weil die Anweisung zur genauen
  Tätigkeit nicht als weiterer Hinweis aufgefasst wird.
– Bestätigende Feedbacks wie z.B. „Jawohl, das hast du falsch" oder „Das ist
  falsch, nicht wahr" werden als FB codiert, wenn den Lernenden die Lösungen
  nicht zur Verfügung stehen.
– Wenn die Lehrperson einem Lernenden nur das richtige Resultat nennt, ist dies
  auch ein FB, weil der oder die Lernende anschließend weiß, ob das eigene
  Resultat richtig oder falsch ist.

12.2.3   Erklärung, direkt (E)

Die Lehrperson erklärt einem oder einer kleinen Gruppe von Lernenden, wie eine
Aufgabe oder ein Teilschritt einer Aufgabe zu lösen ist. Die Lehrperson zeigt den
Schritt oder die Schritte vor. Sie kann auch eine Erklärung darüber abgeben, warum
dieser Schritt oder diese Schritte so vorgenommen werden müssen. Die Erklärung
kann auch eine Begründung eines Lösungsschrittes beinhalten. Die Erklärung kann

überdies zusätzlich ein Feedback beinhalten. Als Erklärung gilt auch, wenn die Lehrperson eine Frage eines Lernenden beanwortet (nicht nur mit Ja/Nein, vgl. FB). Stellt die Lehrperson eine Frage und beantwortet diese Frage im folgenden Satz gleich selber, wird dies auch als Erklärung codiert (Bsp. SW 040, 29:17-29:25).

Eine Erklärung bedeutet aus der Sicht des Lernenden, dass die Lehrperson ihm eine Information zur Aufgabe gibt und sie nicht aus ihm herauslockt. Der Lernende weiß nach der Erklärung, *wie* der nächste Schritt oder die Lösung der ganzen Aufgabe aussieht.

Mögliche Interaktionen
– Beschreiben von Beziehungen zwischen verschiedenen Begriffen oder Schritten
– Begründen von Problemlösungsschritten oder von Antworten
– Begründen von Feedbacks („Das ist falsch, weil ....")
– Aufgabenstellung erklären
– Erklären/Vorzeigen von Lösungsschritten
– Sagen, welche konkreten Schritte der Schüler als Nächstes tun soll („Gut, jetzt Minus null Komma fünf X auf diese Seite, und minus neun Komma sechs auf diese Seite.")
– Anweisung zum nächsten Lösungsschritt (SW 011, 38:54-38:58 „Jetzt auflösen und vereinfachen")
– Übersetzen von schwierigen Begriffen in Alltagsbegriffe

Ankerbeispiele

SW 039 45:23-45:46   Begründung einer Rückmeldung

SW 067 41:27-42:17   Begründung eines Fehlers

SW 067 43:45-44:12   Anweisung zum nächsten Lösungsschritt

SW 204 11:41-12:08   Erklären von Lösungsschritten

SW 041 26:28-26:47   Erklären eines Lösungsschrittes

T: Das ist gut, das kannst du so aufschreiben. Großer Bruchstrich und dann meistens wird der auch anders geschrieben, das durch und nachher kehren. Wenn du gerade kehren kannst, ist es auch gut.

12.2.4 Hinweis, indirekt (H)

Die Lehrperson unterstützt einen Lernenden oder eine Gruppe von Lernenden beim Bearbeiten von Aufgaben, indem sie einen Hinweis oder Tipp gibt, der den oder die Lernenden zum Denken anregt. Der Hinweis kann inhaltlicher oder strategischer Art sein, ohne prozedurale, konkrete kleinschrittige Anweisungen zu geben und den nächsten konkreten Lösungsschritt oder die richtige Lösung zu nennen.

Diese Form der Unterstützung bedeutet aus der Sicht des Lernenden, dass die Lehrperson ihn zum Denken anregt, ihn auf dem Lösungsweg weiterbringt, ohne selber die Erklärung abzugeben. Der Lernende soll selber herausfinden, wie er die Aufgabe lösen muss, wie der nächste Lösungsschritt aussieht.

Interaktionsbeispiele

- Auf ein wichtiges Merkmal der Aufgabe aufmerksam machen, ohne zu erklären, was dieses Merkmal bedeutet („Achtung, hier vorne steht ein *Minus*")[32]
- Fill-in-the-blank Gelegenheiten geben[33]
- Aufforderung, wichtige Informationen/Elemente zu suchen („Wie machst du das, was steht da vorne für ein Zeichen?")
- Aufforderung, die Aufgabe in Teilschritte zu zerlegen („Was musst du als Erstes tun?")
- Physische Hilfsmittel bereitstellen
- Aufforderung, mit Gegenständen/Skizzen zu handeln („Mach doch eine Skizze!")
- Zu bearbeitendes Problem mit einem bereits behandelten Problem oder einer anderen Situation vergleichen (analoges Beispiel)
- Zielorientierung aufrechterhalten („Vergiss nicht, was bei der Aufgabe gefragt wurde!", „Denk daran, am Schluss musst du den Umfang dieses Quadrates haben")
- Lernende zu weiteren Schritten auffordern („Benenne jedes Teil hier...", „Jetzt probier, das mit einer Gleichung aufzuschreiben")
- Lernende auf anderen Denkweg bringen („Versuche einmal, diese Aufgabe mit einem Dreisatz zu lösen")
- Reflexion anregen, Aufforderung, den eigenen Denkweg zu beschreiben, begründen, erklären
- Hinweise zu allgemeinen Arbeitsstrategien wie „schätzen"[34], „Probe machen", „Ich würde es nicht nur im Kopf rechnen, ich würde es aufschreiben, vielleicht siehst du es dann besser..."
- Aufforderung, etwas zu präzisieren (Bsp. SW 210, 29:45) („Versuch es so aufzuzeigen, dass du es andern erklären könntest", „Versuche, deinen Lösungsweg genau aufzuschreiben")

Ankerbeispiele

SW 040 35:55-37:09

SW 055 25:01-26:28   Aufforderung, etwas im Buch nachzuschlagen

SW 204 12:12-12:29

SW 011 32:34-32:53   Eigenen Denkweg beschreiben, klären, überprüfen

T: Wie hast du diesen kleinen Kreis definiert? Wodurch ist er bestimmt?

S: ( )

T: Jawohl, genau. Wo sind die Berührpunkte, kannst du sie genau lokalisieren?

S: ( )

---

32 Wenn die Lehrperson sagt, was mit diesem *Minus* geschehen muss, wird die Äußerung als E codiert (z.B. „Hier musst du Minus rechnen").

33 Wenn die Lehrperson minimale Fill-in-the-blank-Gelegenheiten bietet, die sich nur auf Grundoperationen beziehen („Die Hälfte von acht ist?"), genügt dies nicht, um eine Interaktion als H zu codieren.

34 Wenn die Lehrperson aber selber an der zu bearbeitenden Aufgabe vorzeigt, wie man schätzt, dann wird diese Interaktion als Erklärung codiert.

T: Aha.

SW 055 42:36-44:06   Reflexion

T: Jan, darf ich einmal das andere Blatt anschauen?
S: Ja, hier ist es.
T: Alles richtig?
S: Fast.
T: Wo hast du Schwierigkeiten?
S: Eh – ich weiß nicht.
T: Weißt
S: Ich habe nur ein paar Fehler.
T: Was? Rechnungsfehler?
S: Ja.
T: Rechnen wir einmal zusammen. Was rechnest du da, in dieser Aufgabe als Erstes?
S: Das da.
T: Nein.
S: Zuerst die Klammer.
T: Zuerst die Klammer. Aber du hast keine Klammer, also zuerst?
S: Potenz.
T: Potenzen, jawohl. Also drei hoch drei?
S: Eh – nein, siebenundzwanzig.
T: Drei hoch drei? ... Schreib es mal schnell auf. Wie sieht es aus? Drei hoch drei, schreibe einmal.
S: Siebenundzwanzig.
T: Drei hoch drei. Schreib einmal: drei hoch drei.
S: Drei mal drei gibt neun.
T: Ja. Ja und?
S: Mal drei ... sind siebenundzwanzig.
T: Sehr gut. Also? ... Schreiben wir – notieren wir ein bisschen, da siebenundzwanzig. So was machst du als Nächstes?
S: Dies, die Klammern.
T: Gut, also?
S: Sieben.
T: Gut. Und als – dann?
S: Das halbieren minus das.
T: Also, rechne.
S: Sind – ( ) sind vierunddreissig ... plus (neun).
T: Gut, jawohl. Jetzt ist klar?

Codierregeln

– Anregungen der Lehrperson erkennt man daran, dass die Lehrperson einen Vorschlag für das weitere Vorgehen macht, aber nicht eine eindeutige Arbeitsanweisung gibt („Jetzt könntest zum Beispiel ...").
– Bemerkungen wie z.B. „Bist du sicher, dass das richtig ist?", „Überprüfe diese Aufgabe" oder „Nein, schreib die Gleichung nochmals ab" (SW 011, 39:14-39:22) genügen nicht als Hinweis. Sie geben dem Lernenden lediglich die Rückmeldung, dass er diese Aufgabe nochmals durchdenken muss (vgl. FB).

12.2.5 Erklärung und Hinweis (EH)

Sobald die Lehrperson einem oder einer Gruppe von Lernenden sowohl eine Erklärung als auch weiterführende Hinweise gibt, wird der Code EH vergeben. In einer solchen Interaktion kann auch ein Feedback enthalten sein. Die Reihenfolge von Erklärung und Hinweis ist nicht entscheidend, es können auch zuerst weiterführende Hinweise abgegeben und dann kann noch eine Erklärung hinzugefügt werden.

Ankerbeispiele

SW 055   28:11-29:11

SW 204   14:31-16:09

SW 019   13:03-13:58
T: Kennst du ... den Unter- den Unterschied – kennst du den Unterschied zwischen einer Fläche und einem Umfang? Also ein Fläche ist:
S: Das mal das.
T: Und der Umfang (Mirjam)?
S: Das ist ... .
T: Ja, aber was genau? Das ist ( ) das rundherum geht, oder.
S: Das ist ( )
T: (Das mit dem Umfang ist) wahrscheinlich schon gut die Idee, wenn man sagt: Der Umfang geteilt durch vier. Und vier habe ich, diese Länge. Und wie kann ich denn eine Fläche ausrechnen?
S: (Geteilt durch vier.)
T: Nein. Ich habe eine Seitenlänge im Quadrat. Wie kann ich noch – kann ich dann die Quadratfläche berechnen?
T: Also du sag – rechnest: Vierunddreißig mal vierunddreißig (dann hast du doch) diese Fläche. Minus die Fläche des Bildes, ui, schon haben wir es.

SW 067   47:25-49:16
S: Frau Suter.
T: Ja.
S: Da. Wie weiß ich – wie kann ich herausfinden, wo die Achse H ist. Wie muss ich jetzt – hier das zuerst abbilden? ... Hier?
T: Hm-m. ... Ja, die macht allen gleich viel Mühe. Zeichne schnell hier die Verbindungslinie ein. ... Jawohl. Also, jetzt musst du das Dreieck hier spiegeln, dass es nachher so hinkommt. Dass A hierher kommt und B hierhin.
S: Mhm.
T: Also dann hast du so ein Bild von dieser Gerade. Zeig einmal zum Beispiel mit einem Schreibzeug, wo liegt denn diese Spiegelachse ungefähr?
S:Also, das muss nachher hier drauf liegen?
T: Mhm.
S: Das wäre hier dann A und nachher so.
T: Mhm.
S: In dem Fall hier durch die Mitte.
T: Genau. Genau durch die Mitte, ja sicher.
S: Ja.

T: Und wie kannst du die konstruieren, die Gerade, die hier durch die Mitte geht?
S: Eh, so irgendwie. ... Ah, nein, so.
T: Jawohl, ... genau. Ja. jetzt möchte ich noch schnell schauen, wie du B Strich – mach es
nur, das ist gut. Jetzt zeichnest du die Gerade ein. Und du musst B Strich abtra- such
jetzt noch B Strich. Wo liegt ganz genau B Strich?
T: Gut jawohl.

12.3 Kategorie zur Erfassung der nicht bestimmbaren Unterstützung (UN)

In seltenen Fällen ist die Form der Unterstützung nicht bestimmbar. Diese Interaktionen werden als UN codiert.

Ankerbeispiele

SW 055 09:10-09:18   Lehrperson sammelt Blätter ein „Gut,... ou, Daniela"

SW 019 06:20-06:33   Lehrperson sagt zu einer Schülerfrage nur „Aha"

SW 019 11:50-12:07   Äußerung der Lehrperson aufgrund Mikrofon-Störung
nicht codierbar

Codierregeln

Interaktionen, welche nicht transkribiert sind, werden gar nicht erfasst und deshalb
auch nicht mit UN codiert (vgl. Analyseeinheit). Sind Äußerungen der Lehrperson
zum Teil unvollständig transkribiert (z.B. Mikrofonausfall), wird versucht, der
transkribierten Äußerung einen Code zuzuordnen. Lässt sich als Folge der Unvollständigkeit der Aufzeichnung/Transkription keiner der TA-Codes zuordnen,
wird die Äußerung als UN codiert (z.B. SW 014, 11:50 – 12:07).